सामान्य विज्ञान

Class 6-12 (Old+New)

सामान्य विज्ञान

Class 6-12 (Old+New)

लेखक

दिग्विजय सिंह (भौतिक विज्ञान)

स्वति भदौरिया (रसायन विज्ञान)

चिराग मेंदावत (जीव विज्ञान)

अरिहन्त पब्लिकेशन्स (इण्डिया) लिमिटेड

卐 **रजि. कार्यालय**

'रामछाया' 4577/15, अग्रवाल रोड, दरिया गंज, नई दिल्ली- 110002
फोन: 011-47630600, 43518550

卐 **मुख्य कार्यालय**

कालिन्दी, टी०पी० नगर, मेरठ (यूपी)– 250002
फोन: 0121-7156203, 7156204

卐 **शाखा कार्यालय**

आगरा, अहमदाबाद, बरेली, बंगलुरु, चेन्नई, दिल्ली, गुवाहाटी, हैदराबाद, जयपुर, झाँसी, कोलकाता, लखनऊ, नागपुर तथा पुणे

卐 **मूल्य** ₹ 185.00

PO No : TXT-59-T061540-10-24

PUBLISHED BY ARIHANT PUBLICATIONS (INDIA) LTD.

'अरिहन्त' की पुस्तकों के बारे में अधिक जानकारी के लिए हमारी वेबसाइट **www.arihantbooks.com** पर लॉग इन करें या **info@arihantbooks.com** पर सम्पर्क करें।

Follow us on...

पूरा करना है अगर IAS का सपना तो जरूरी है NCERTs को समझना...

सिविल सेवा परीक्षा भारत की सर्वाधिक प्रतिष्ठित, कठिन एवं चुनौतीपूर्ण परीक्षा है।

भारत में सिविल सेवा की परीक्षा इसलिए भी कठिन और चुनौतीपूर्ण हो जाती है कि इसमें "कितना पढ़ना है" से ज्यादा महत्त्वपूर्ण होता है "क्या पढ़ना है"

सफल अभ्यर्थियों के अनुभवों तथा विगत् वर्षों के प्रश्न-पत्रों के विश्लेषण से यह सिद्ध हुआ है कि इस परीक्षा में **NCERT की पुस्तकों** का विशेष महत्त्व है, क्योंकि इन्हीं पुस्तकों को आधार बनाकर सामान्य अध्ययन के प्रश्नों को परीक्षा में पूछा जाता है। **NCERT के तथ्यों** से प्रत्येक वर्ष सीधे प्रश्न पूछे जा रहे हैं।

NCERT पुस्तकों के अध्ययन को आसान तथा उद्देश्यपूर्ण बनाने हेतु 'अरिहन्त पब्लिकेशन्स' द्वारा **'NCERT MCQs'** सीरीज तैयार की गई है। इस सीरीज में कक्षा 6 से 12 तक की पुरानी व नई **NCERT का कवरेज वस्तुनिष्ठ प्रश्नों** के रूप में किया गया है।

2nd संस्करण की प्रमुख विशेषताएँ

- प्रश्नों का स्तर सिविल सेवा एवं विभिन्न लोक सेवा आयोगों की प्रारम्भिक परीक्षाओं के अनुरूप
- पुस्तक में **प्रश्नों को अध्यायवार रूप** में रखा गया है, जिससे अभ्यर्थी को NCERT पुस्तक से सम्बन्धित विषय के सम्पूर्ण अध्ययन का ज्ञान प्राप्त हो
- 100% त्रुटि रहित एवं विस्तृत व्याख्या
- तमिलनाडु बोर्ड एवं NIOS की पुस्तकों से अतिरिक्त प्रश्नों का संकलन
- विषय से संबंधित सम्पूर्ण अभ्यास के लिए तीन प्रैक्टिस सेट्स

इस सीरीज को पूरा करने में विशेषज्ञों की एक टीम ने उत्साह के साथ कार्य किया है। इस पुस्तक के संकलन में विशेषज्ञों के साथ-साथ प्रोजेक्ट मैनेजमेण्ट टीम का भी विशेष योगदान रहा, जिसमें मोना यादव (प्रोजेक्ट मैनेजर), दिव्या गुसाईं (प्रोजेक्ट कॉर्डिनेटर), प्रीति रंधावा, मीनाक्षी, सुशील (प्रूफ रीडर्स), विनय शर्मा, कमल किशोर (डीटीपी ऑपरेटर) और शानू एवं मजहर (कवर एवं इनर डिजाइनर) प्रमुख हैं।

आशा है कि सिविल सेवा तथा अन्य प्रतियोगी परीक्षाओं के अभ्यर्थी इस पुस्तक का अध्ययन कर अपने लक्ष्य को निश्चित ही प्राप्त करेंगे। आपके उपयोगी सुझाव सदैव हमें बेहतर संस्करण बनाने में सहायक सिद्ध हुए हैं। इसलिए आप हमें अपने सुझाव अवश्य भेजें, जिनके आधार पर हम पुस्तक के आगामी संस्करण को और भी बेहतर बना सकें।

लेखक

विषय-सूची

भौतिक विज्ञान

रसायन विज्ञान

जीव विज्ञान

मात्रक तथा मापन

मात्रक तथा मापन

भौतिक राशियाँ एवं मात्रक

भौतिक राशियाँ

- ऐसी सभी राशियाँ, जिन्हें एक नियत संख्या द्वारा व्यक्त किया जा सकता है तथा प्रत्यक्ष रूप से मापा जा सकता है, **उदाहरण** बल, दूरी, ताप आदि।
- **मूल राशियाँ** ऐसी भौतिक राशियाँ, जो अन्य राशियों पर निर्भर नहीं करती है। **उदाहरण**–द्रव्यमान, लंबाई, समय, ताप, ज्योति तीव्रता, विद्युत धारा तथा पदार्थ की मात्रा आदि।
- **व्युत्पन्न राशियाँ** ऐसी भौतिक राशियाँ, जो मूल राशियों की सहायता से व्युत्पन्न की जाती हैं **उदाहरण**– क्षेत्रफल, आयतन, दाब तथा घनत्व आदि।
- **पूरक राशियाँ** वे भौतिक राशियाँ जो न तो मूल राशियाँ होती हैं और न व्युत्पन्न राशियाँ होती हैं। **उदाहरण**- समतल कोण तथा घन कोण आदि।

मात्रक

- **मूल मात्रक** ऐसे मात्रक जो मूल राशियों को व्यक्त करने के लिए प्रयुक्त किए जाते है। **उदाहरण**–किलोग्राम, मीटर, सेकण्ड, केल्विन, कैण्डिला, ऐम्पियर तथा मोल आदि।
- **व्युत्पन्न मात्रक** ऐसे मात्रक जो व्युत्पन्न राशियों को व्यक्त करने के लिए प्रयुक्त किए जाते हैं **उदाहरण**–मीटर^2, मीटर^3, न्यूटन/मी^{2} आदि।
- **पूरक मात्रक** ऐसे मात्रक जो पूरक राशियों को व्यक्त करने के लिए प्रयुक्त किए जाते है।

मूल मात्रक एवं पूरक मात्रक की परिभाषाएँ

मूलमात्रक एवं पूरक मात्रक की परिभाषायें

- **मीटर** वह दूरी है जिसे प्रकाश, निर्वात् में 1 सेकण्ड के 299792458 वें भाग में तय करता है।
- **किलोग्राम** परमाण्वीय स्केल पर 1 किलोग्राम मात्रा C^{12} (कार्बन) के 5.0188×10^{25} परमाणुओं के द्रव्यमान के बराबर होती है।
- **सेकण्ड** वह समय जिसमें सीजियम-133 का परमाणु, परमाणु घड़ी में जितने समय में 9192631770 कंपन्न करता है
- **ऐम्पियर** वह विद्युत धारा है, जोकि निर्वात् में 1 मीटर की दूरी पर स्थित दो सीधे, अनंत लंबाई के समान्तर तारों में प्रवाहित होने पर, प्रत्येक तार की प्रति मीटर लंबाई पर तारों के बीच 2×10^{-7} न्यूटन का दाब उत्पन्न करती है।
- **केण्डिला** केण्डिला किसी दिशा में 540×10^{12} हर्ट्ज आवृत्ति वाले उस स्रोत की ज्योति तीव्रता है, जो उस दिशा में एकवर्णीय प्रकाश उत्सर्जित करता है।
- **केल्विन** यह सामान्य वायुमण्डलीय दाब पर गलते हुए बर्फ के ताप के अंतर का सौवाँ भाग होता है।
- **मोल** किसी पदार्थ की वह मात्रा है, जिसमें उस पदार्थ के अवयवों की वही संख्या हो, जितनी कार्बन-12(C^{12}) के 0.012 किग्रा में परमाणु की संख्या होती है।
- **रेडियन** वह कोण है, जो किसी वृत्त में वृत्त की त्रिज्या के बराबर एक चाप, वृत्त के केंद्र पर अंतरित करता है।

महत्त्वपूर्ण प्रौद्योगिक मात्रक

लम्बाई के बड़े मात्रक

- **खगोलीय मात्रक** सूर्य के केंद्र से पृथ्वी के केंद्र के मध्य की औसत दूरी होती है।
  1 AU = 1.496×10^{11} मीटर
  = 1.5×10^{11} मीटर
- **प्रकाश वर्ष** प्रकाश द्वारा निर्वात् में एक वर्ष में तय की गई दूरी होती है।
  1 (ly) = $3\times10^{8}\times365\times24\times60\times60$ मीटर
  9.461×10^{15} मीटर
- **पारसेक** वह दूरी है, जो एक खगोलीय मात्रक दूरी के चाप के रूप में होने पर एक आर्क सेकण्ड का कोण बनाने पर प्राप्त होती है।
  1 (pc) = 3.26 प्रकाश वर्ष
  = 3.08×10^{16} मीटर

लंबाई के छोटे मात्रक

1 डेसीमीटर (डेसीमी) = 10^{-1} मीटर
1 सेन्टीमीटर (सेमी) = 10^{-2} मीटर
1 मिलीमीटर (मिमी) = 10^{-3} मीटर

द्रव्यमान के बड़े मात्रक

1 क्विंटल = 10^{2} किग्रा
1 मीट्रिक टन = 10^{3} किग्रा = 10 क्विंटल
1 मेगाग्राम = 10^{3} किग्रा
1 गीगाग्राम = 10^{6} किग्रा

द्रव्यमान के छोटे मात्रक

1 हेक्टोग्राम = 10^{-1} किग्रा
1 डेकाग्राम = 10^{-2} किग्रा
1 ग्राम = 10^{-3} किग्रा
1 डेसीग्राम = 10^{-4} किग्रा
1 सेन्टीग्राम = 10^{-5} किग्रा

SOURCE New NCERT Class-VI (गति एवं दूरियों का मापन), New NCERT Class-XI (मात्रक तथा मापन), Tamil Nadu Board Class-IX (मापन), NIOS Chap 1 Module-1

1 **निम्न कथन (A) व कारण (R) को पढ़िए और नीचे दिए गए कूट की सहायता से सही उत्तर का चयन कीजिए।** *(Chap 1, Class-XI, NCERT)*

कथन (A) जब हम एक राशि के मापन की इकाई परिवर्तित करते हैं, तो इसका संख्यात्मक मान परिवर्तित हो जाता है।

कारण (R) मापन की इकाई छोटी होने के कारण इसका संख्यात्मक मान छोटा होता है।

कूट

(a) A और R दोनों सही हैं तथा R, A का सही स्पष्टीकरण है।
(b) A और R दोनों सही हैं, परंतु R, A का सही स्पष्टीकरण नहीं है।
(c) A सही है, किंतु R गलत है।
(d) A गलत है, किंतु R सही है।

उत्तर *(c)*

व्याख्या कथन (A) सही है, किंतु कारण (R) गलत है, क्योंकि जब किसी भौतिक राशि की इकाई परिवर्तित करते हैं, तो उसका संख्यात्मक (Numerical) मान परिवर्तित हो जाता है तथा मापन की इकाई छोटी होने पर संख्यात्मक मान बड़ा हो जाता है। उदाहरणार्थ

1 मीटर = 100 सेमी = 1000 मिलीमीटर   तथा 1 कैरेट = 200 मिलीग्राम।

2 **निम्नलिखित में से कौन-सा सूत्र भौतिक राशि के मान को व्यक्त करता है?** *(Chap 1, Module-1, NIOS)*

(a) संख्यात्मक मान × मात्रक
(b) संख्यात्मक मान $\times 10^{-2}$
(c) मात्रक × संख्यात्मक मान
(d) उपरोक्त में से कोई नहीं

उत्तर *(a)*

व्याख्या भौतिक राशि का मान दो भागों से मिलकर बनता है, संख्यात्मक राशि और मात्रक और यह दोनों के गुणनफल के बराबर होता है अर्थात्

भौतिक राशि का मान = संख्यात्मक मान × मात्रक

अतः किसी मापन के परिणाम को व्यक्त करने के लिए संख्यात्मक राशि और मात्रक दोनों को बताना आवश्यक है।

3 **निम्नलिखित में से सत्य कथन चुनिए।** *(Chap 1, Class-XI, NCERT)*

(a) 1 मानक मीटर वह दूरी है, जिसे प्रकाश निर्वात में 1 सेकंड के 399729458 वें भाग में निर्धारित करता है।
(b) 1 किलोग्राम कार्बन-12 के 5.0188×10^{26} परमाणुओं के द्रव्यमान के तुल्य होता है।
(c) 1 सेकंड वह समयांतराल है, जिसमें परमाणुक घड़ी में सीजियम-133 का परमाणु 9192631770 बार कंपन करता है।
(d) ऊष्मा का SI मात्रक केल्विन होता है।

उत्तर *(c)*

व्याख्या दिए गए कथनों में कथन (c) सत्य है, क्योंकि 1 सेकंड वह समयांतराल है, जिसमें परमाणुक घड़ी में सीजियम-133 का परमाणु 9192631770 बार कंपन करता है।

कथन (a), (b) और (d) असत्य हैं। 1 मानक मीटर वह दूरी है, जिसे प्रकाश निर्वात में 1 सेकंड के 299729458 वें भाग में तय करता है।

1 मानक किलोग्राम, परमाण्वीय स्केल पर 1 किलोग्राम कार्बन-12 के 5.0188×10^{25} परमाणुओं के द्रव्यमान के तुल्य होता है। ऊष्मागतिक तापमान का मापन केल्विन में करते हैं तथा ऊष्मा का SI मात्रक जूल होता है।

4 **विद्युत विभव के संदर्भ में निम्नलिखित कथनों में से कौन-सा/से सही है/हैं?** *(Chap 1, Class-XI, NCERT)*

1. यह एक अदिश राशि है।
2. यह एक सदिश राशि है।

कूट

(a) केवल 1
(b) केवल 2
(c) 1 और 2 दोनों
(d) न तो 1 और न ही 2

उत्तर *(a)*

व्याख्या विद्युत विभव के संदर्भ में कथन (1) सही है, क्योंकि विद्युत विभव एक अदिश राशि है, जोकि वस्तु के वैद्युतीकरण के परिमाण को दर्शाता है। अर्थात् विद्युत क्षेत्र में किसी बिंदु पर विद्युत विभव, किसी धन परीक्षण आवेश को अनंत से उस बिंदु तक लाने में किए गए कार्य (W) तथा धन परीक्षण आवेश (Positive test charge) (q_0) के मान के अनुपात के बराबर होता है।

अर्थात् विद्युत विभव, $V = \dfrac{W}{q_0}$

इसका मात्रक वोल्ट या जूल/कूलॉम होता है।

जबकि एक सदिश राशि, परिमाण के साथ-साथ दिशा को भी प्रदर्शित करती है।

5 **निम्नलिखित में से असत्य कथन चुनिए।** *(Chap 1, Class-XI, NCERT)*

(a) स्टेरेडियन एक मूल मात्रक (Basic unit) है।
(b) स्टेरेडियन घनकोण का मात्रक होता है।
(c) 10^6 डाइन/सेमी^{2} का दाब 10^5 न्यूटन/मी^{2} के बराबर होता है।
(d) न्यूटन/किग्रा त्वरण का मात्रक है।

उत्तर *(a)*

व्याख्या दिए गए कथनों में से कथन (a) असत्य है, क्योंकि स्टेरेडियन एक पूरक मात्रक है, जिसके द्वारा घनकोण का मापन किया जाता है।

कथन (b), (c) और (d) सत्य हैं।

10^6 डाइन/सेमी^{2} का दाब 10^5 न्यूटन/मी^{2} के बराबर होता है।

हम जानते हैं, 1 न्यूटन = 10^5 डाइन

$$\therefore \quad 10^5 \text{ न्यूटन/मी}^2 = \frac{10^5 \times 10^5}{(100)^2} = 10^6 \text{ डाइन/सेमी}^2$$

न्यूटन/किग्रा त्वरण का मात्रक है। न्यूटन के गति के द्वितीय नियम द्वारा,

बल (F) = द्रव्यमान (m) × त्वरण (a), $a = \dfrac{F}{m}$ न्यूटन/किग्रा

6 **कथन (A) तथा कारण (R) को पढ़िए तथा नीचे दिए गए कूट के आधार की सहायता से सही उत्तर का चयन कीजिए।**

कथन (A) द्रव्यमान का SI मात्रक किलोग्राम है।

कारण (R) 1 किलोग्राम एक विशिष्ट सिलेंडर का द्रव्यमान होता है, जो प्लेटिनम-इरीडियम मिश्रधातु का बना है। *(Chap 1, Class-XI, NCERT)*

कूट

(a) A और R दोनों सही हैं तथा R, A का सही स्पष्टीकरण है।
(b) A और R दोनों सही हैं, परंतु R, A का सही स्पष्टीकरण नहीं है।
(c) A सही है, किंतु R गलत है।
(d) A गलत है, किंतु R सही है।

उत्तर *(a)*

व्याख्या कथन A तथा कारण R दोनों सही हैं तथा R, A का सही स्पष्टीकरण है। अर्थात् द्रव्यमान का SI मात्रक किलोग्राम है। एक किलोग्राम एक विशिष्ट सिलेंडर का द्रव्यमान होता है, जो प्लेटिनम-इरीडियम मिश्रधातु का बना है एवं इसे फ्रांस में स्थित मापतोल के अंतर्राष्ट्रीय ब्यूरो में रखा गया है।

इस मानक को 1887 में स्थापित किया गया था तथा इसमें कोई परिवर्तन नहीं हुआ है, क्योंकि यह असाधारण रूप से एक स्थायी मिश्रधातु का बना है। इस मिश्रधातु के किलोग्राम के आदि-प्रारूप बनवाकर सदस्य देशों में वितरित किए गए। भारत का राष्ट्रीय आदि-प्रारूप किलोग्राम संख्या 57 है। इसे राष्ट्रीय भौतिक प्रयोगशाला, नई दिल्ली में संरक्षित रखा गया है।

तथा इसे प्लांक नियतांक h के नियत संख्यात्मक मान $6.62607015 \times 10^{-34}$ को लेकर, जोकि J.S. मात्रक में व्यक्त है, से परिभाषित किया गया है; यहाँ मात्रक J.S. kg $m^2 s^{-1}$ के समान है, जहाँ मीटर और सेकंड की परिभाषा c तथा Δv_{cs} के पदों में दी गई है।

7 **निम्नलिखित में से मानक मात्रक के उपयोगी होने के लिए कौन-सा अभिलक्षण नहीं होना चाहिए।** *(Chap 1, Module-1, NIOS)*

(a) सुसंगत (b) सुविधाजनक (c) सुपरिभाषित (d) असंगत

उत्तर (d)

व्याख्या मानक मात्रक के उपयोगी होने के लिए असंगत होना, उसका अभिलक्षण नहीं है, क्योंकि मात्रक को मापी जाने वाली राशि के संगत, सुविधाजनक एवं सुपरिभाषित होना चाहिए, ताकि इसे प्रत्येक व्यक्ति द्वारा सरलता से समझा जा सके। आज के समय में परिशुद्ध मापन आवश्यक है।

8 **FPS प्रणाली में द्रव्यमान और समय के मात्रक हैं।** *(Chap 1, Class-XI, NCERT)*

(a) सेमी और सेकंड (b) फुट और $(\text{सेकंड})^2$
(c) पाउंड और $(\text{सेकंड})^2$ (d) पाउंड और सेकंड

उत्तर (d)

व्याख्या FPS (Foot-Pound-Second) प्रणाली में द्रव्यमान और समय के मात्रक क्रमश: पाउंड और सेकंड होते हैं। मापन की मुख्यत: तीन प्रणालियाँ हैं, जिन्हें MKS (Metre-Kilogram-Second), CGS (Centimetre-Gram-Second) तथा FPS प्रणाली के रूप में जाना जाता है।

MKS प्रणाली में लंबाई, द्रव्यमान तथा समय के मात्रक क्रमश: मीटर, किलोग्राम तथा सेकंड होते हैं तथा CGS प्रणाली में लंबाई, द्रव्यमान तथा समय के मात्रक क्रमश: सेंटीमीटर, ग्राम तथा सेकंड होते हैं। वर्तमान समय में मापन की SI प्रणाली प्रयुक्त की जाती है, जोकि MKS पद्धति का संशोधित रूप है।

9 **निम्नलिखित कथनों पर विचार कीजिए।** *(Chap 1, Class-XI, NCERT)*

1. पास्कल, दाब का SI मात्रक है। 2. 1 पास्कल में 1 न्यूटन/मी^3 होते हैं।

उपरोक्त में से कौन-सा/से कथन सही है/हैं?

(a) केवल 1 (b) 1 और 2 दोनों
(c) न तो 1 और न ही 2 (d) केवल 2

उत्तर (a)

व्याख्या दिए गए कथनों में से कथन (1) सही है। दाब का SI मात्रक पास्कल होता है।

कथन (2) गलत है, क्योंकि 1 पास्कल में न्यूटन/मी^3 नहीं, बल्कि 1 न्यूटन/मी^2 होते हैं।

$$\text{दाब } (p) = \frac{\text{बल } (F)}{\text{क्षेत्रफल } (A)} = \text{न्यूटन/मी}^2 \text{ या पास्कल}$$

10 **निम्नलिखित कथनों पर विचार कीजिए।** *(Chap 1, Class-XI, NCERT)*

1. अश्वशक्ति (Horsepower), शक्ति का SI मात्रक है।
2. अश्वशक्ति में 748 वाट होते हैं।
3. अश्वशक्ति में केवल कार्य को मापा जा सकता है।

उपरोक्त में से कौन-सा/से कथन सही है/हैं?

(a) 1 और 2 (b) 2 और 3
(c) 1, 2 और 3 (d) इनमें से कोई नहीं

उत्तर (d)

व्याख्या दिए गए कथनों में से कोई भी कथन सही नहीं है, क्योंकि शक्ति का SI मात्रक वाट (Watt) है। शक्ति के अन्य बड़े मात्रक निम्नलिखित हैं

1 अश्वशक्ति (Horsepower) = 746 वाट

1 मेगावाट = 10^6 वाट

अश्वशक्ति में कार्य को नहीं, कार्य करने की दर (अर्थात शक्ति) को मापा जा सकता है।

11 **निम्नलिखित कथनों पर विचार कीजिए।** *(Chap 1, Class-XI, NCERT)*

1. पानी के जहाज की चाल को नॉटिकल गति में मापा जाता है।
2. मैक मात्रक के द्वारा प्रकाश की चाल को मापा जाता है।

उपरोक्त में से कौन-सा/से कथन असत्य है/हैं?

(a) केवल 1 (b) केवल 2
(c) 1 और 2 दोनों (d) न तो 1 और न ही 2

उत्तर (b)

व्याख्या दिए गए कथनों में से कथन (2) असत्य है, क्योंकि प्रकाश की चाल को प्रकाश वर्ष या मी/से में मापा जाता है, जबकि मैक मात्रक के द्वारा ध्वनि की चाल को मापा जाता है।

12 **सूची-I तथा सूची-II का मिलान कीजिए तथा दिए गए कूट का प्रयोग करके उचित उत्तर दीजिए।** *(Chap 1, Class-XI, NCERT)*

सूची-I (राशियाँ)	**सूची-II** (मात्रक)
A. आवृत्ति	1. कैलोरी
B. ध्वनि	2. हर्ट्ज
C. ऊर्जा	3. अर्ग
D. ऊष्मा	4. डेसीबल

कूट

	A	B	C	D
(a)	4	1	2	3
(b)	2	4	3	1
(c)	3	2	1	4
(d)	4	3	2	1

उत्तर (b)

व्याख्या सही सुमेलन A-2, B-4, C-3, D-1 है।

कण द्वारा 1 सेकंड में किए गए कंपनों की संख्या को कण की आवृत्ति (Frequency) कहते हैं, इसका SI मात्रक हर्ट्ज होता है।

ध्वनि की तीव्रता का मापन डेसीबल (dB) में किया जाता है।

वैज्ञानिक दृष्टि से मानव कान के लिए निर्धारित ध्वनि सीमा 85 डेसीबल है।

CGS (सेंटीमीटर-ग्राम-सेकंड) पद्धति में ऊर्जा का मात्रक अर्ग होता है, जबकि SI पद्धति में ऊर्जा का मात्रक जूल होता है। ऊष्मा का मात्रक कैलोरी होता है, 1 कैलोरी ऊष्मा 4.186 जूल के तुल्य होती है।

13 **सूची-I को सूची-II से सुमेलित करें तथा नीचे दिए गए कूट का प्रयोग करके सही उत्तर चुनिए।** *(Chap 1, Class-XI, NCERT)*

सूची-I (भौतिक राशियाँ)	**सूची-II** (इकाई)
A. त्वरण	1. जूल
B. बल	2. न्यूटन-सेकंड
C. कृत कार्य	3. न्यूटन
D. आवेग	4. मीटर/सेकंड^2

कूट

	A	B	C	D
(a)	1	2	3	4
(b)	3	4	1	2
(c)	2	3	4	1
(d)	4	3	1	2

उत्तर (d)

व्याख्या सही सुमेलन A-4, B-3, C-1, D-2 है।

त्वरण, किसी गतिमान वस्तु के वेग में प्रति एकांक समयांतराल (Time interval) में होने वाला परिवर्तन त्वरण कहलाता है। इसका मात्रक मीटर प्रति वर्ग सेकंड होता है।

बल, वह भौतिक राशि, जिसके कारण वस्तु की विराम तथा गति की अवस्था में परिवर्तन होता है, बल कहलाता है। इसका मात्रक न्यूटन होता है।

कार्य, किसी पिंड पर आरोपित बल द्वारा वस्तु को अपने स्थान से विस्थापित करना कार्य कहलाता है, जिसका मात्रक जूल होता है।

आवेग, बल तथा समयांतराल के गुणनफल को बल का आवेग कहते हैं, जिसका मात्रक न्यूटन-सेकंड होता है।

14 इकाइयों की समस्त व्यवस्थाओं में किसकी इकाई की मात्रा समान होती है? *(Chap 1, Class-XI, NCERT)*

(a) गुरुत्वाकर्षण के कारण त्वरण
(b) विशिष्ट गुरुत्व
(c) दबाव
(d) घनत्व

उत्तर (b)

व्याख्या इकाइयों की समस्त व्यवस्थाओं में विशिष्ट गुरुत्व (Specific gravity) की इकाई की मात्रा समान होती है, क्योंकि इसका कोई मात्रक नहीं है। किसी पदार्थ के घनत्व व 4°C पर जल के घनत्व के अनुपात को पदार्थ का विशिष्ट गुरुत्व या आपेक्षिक घनत्व (Relative density) कहते हैं।

गुरुत्वाकर्षण के कारण त्वरण का मात्रक मीटर/सेकंड^2 होता है। दबाव का मात्रक न्यूटन/मी^{2} या पास्कल है। घनत्व का मात्रक किग्रा/मी^{3} है।

15 सूची-I तथा सूची-II का मिलान कीजिए तथा दिए गए कूट का प्रयोग करके उचित उत्तर दीजिए। *(Chap 1, Class-XI, NCERT)*

सूची-I (राशियाँ)	सूची-II (मात्रक)
A. दाब	1. डाइन
B. बल	2. बार
C. संवेग	3. किग्रा/मी^{3}
D. घनत्व	4. किग्रा-मी/से

कूट

	A	B	C	D
(a)	2	1	4	3
(b)	1	2	3	4
(c)	3	2	1	4
(d)	1	2	4	3

उत्तर (a)

व्याख्या सही सुमेलन A-2, B-1, C-4, D-3 है।

दाब का मात्रक बार होता है तथा दाब का SI मात्रक न्यूटन/मी^{2} या पास्कल होता है।

CGS पद्धति में बल का मात्रक डाइन होता है, जबकि SI पद्धति में बल का मात्रक न्यूटन होता है।

संवेग को द्रव्यमान × वेग के रूप में परिभाषित किया जाता है तथा इसका मात्रक किग्रा-मी/से होता है।

घनत्व को द्रव्यमान/आयतन के रूप में परिभाषित किया जाता है तथा इसका मात्रक किग्रा/मी^{3} होता है।

16 निम्नलिखित में से कौन-सा कारण खगोलीय दूरियों को प्रकाश वर्ष में मापे जाने के लिए सत्य है। *(Chap 1, Class-XI, NCERT)*

(a) तारकीय पिंडों के बीच की दूरियाँ परिवर्तित नहीं होती हैं।
(b) तारकीय पिंडों का गुरुत्व परिवर्तित नहीं होता है।
(c) प्रकाश सदैव सीधी रेखा में यात्रा करता है।
(d) प्रकाश की गति (स्पीड) सदैव एकसमान होती है।

उत्तर (d)

व्याख्या विकल्प (d) में दिया गया कथन खगोलीय दूरियाँ को प्रकाश वर्ष में मापे जाने के लिए उपयुक्त है, क्योंकि प्रकाश की गति सदैव एकसमान होती है।

17 निम्न कथनों पर विचार कीजिए। *(Chap 1, Class-XI, NCERT)*

1. 1 कैरेट में 200 मिलीग्राम होते हैं।
2. 1 दिन में 86480 सेकंड होते हैं।
3. 1 लीटर में 10^{-3} मीटर होते हैं।
4. 1 क्विंटल में 10^5 ग्राम होते हैं।

उपरोक्त में से कौन-सा/से कथन सत्य है/हैं?

(a) 1 और 3
(b) 1 और 4
(c) 1 और 2
(d) 1, 2 और 4

उत्तर (b)

व्याख्या दिए गए कथनों में से कथन (1) और (4) सत्य हैं।

1 कैरेट = 200 मिलीग्राम

1 क्विंटल = 100 किग्रा
= 100 × 1000 ग्राम [∵ 1 किग्रा = 1000 ग्राम]
= 10^5 ग्राम

कथन (2) और (3) असत्य हैं।

1 दिन = 24 घंटे = 24 × 60 मिनट = 24 × 60 × 60 = 86400 सेकंड

1 लीटर = 1000 सेमी^{3}

$$= 1000\left(\frac{1}{100}\text{ मी}\right)^3 \qquad \left[\because 1\text{ सेमी} = \frac{1}{100}\text{ मी}\right]$$

= 10^{-3} मीटर^3

18 निम्नलिखित में से सत्य कथन चुनिए। *(Chap 1, Class-XI, NCERT)*

(a) एक प्रकाश वर्ष में 3×10^8 मी होते हैं।
(b) प्रकाश वर्ष समय का सबसे बड़ा मात्रक है।
(c) एक प्रकाश वर्ष में 9.46×10^{17} सेमी होते हैं।
(d) एक प्रकाश वर्ष में 9.46×10^{16} सेमी होते हैं।

उत्तर (c)

व्याख्या दिए गए कथनों में कथन (c) सत्य है, क्योंकि एक प्रकाश वर्ष = 9.46×10^{17} सेमी के तुल्य होता है।

1 प्रकाश वर्ष = निर्वात अथवा वायु में प्रकाश की चाल × 1 वर्ष में सेकंड
= (3×10^8 मी/से) × (365 × 24 × 60 × 60 सेकंड)
= 9.461×10^{15} मी = 9.461×10^{17} सेमी

प्रकाश वर्ष, दूरी का बहुत बड़ा मात्रक होता है।

19 निम्नलिखित में से असत्य कथन चुनिए। *(Chap 1, Class-XI, NCERT)*

(a) एक खगोलीय मात्रक में 1.496×10^{13} सेमी होते हैं।
(b) 1 ऐंग्स्ट्रॉम में 10^{-8} सेमी होते हैं।
(c) 1 फर्मी में 10^{-13} सेमी होते हैं।
(d) 1 पारसेक में 3.08×10^{16} सेमी होते हैं।

उत्तर (d)

व्याख्या दिए गए कथनों में से कथन (d) असत्य है, क्योंकि 1 पारसेक का मान, 3.08×10^{18} सेमी के तुल्य होता है।

1 पारसेक = 3.26 प्रकाश वर्ष
= $3.26 \times 9.461 \times 10^{15}$ मी
= 3.08×10^{16} मी = 3.08×10^{18} सेमी

कथन (a), (b) और (c) सत्य हैं।

एक खगोलीय मात्रक में 1.496×10^{11} मी या 1496×10^{13} सेमी होते हैं।

ऐंग्स्ट्रॉम लंबाई का एक अत्यंत छोटा मात्रक होता है।

$1\text{ Å} = 10^{-10}$ मी = 10^{-8} सेमी

फर्मी का उपयोग नाभिक की लंबाई मापने हेतु किया जाता है।

1 फर्मी = 10^{-15} मी = 10^{-13} सेमी

20 निम्नलिखित कथनों में से असत्य कथन चुनिए। *(Chap 1, Class-XI, NCERT)*

(a) 1 सेमी 0.39 इंच के बराबर होता है।
(b) 1 फुट में 30.5×10^7 नैनोमीटर होते हैं।
(c) 1 माइक्रोमीटर में 10^{-4} सेमी होते हैं।
(d) 1 पिकोमीटर में 10^{-9} सेमी होते हैं।

उत्तर (d)

व्याख्या दिए गए कथनों में से कथन (d) असत्य है, क्योंकि 1 पिकोमीटर, 10^{-12} मी या 10^{-10} सेमी के तुल्य होता है।

कथन (a), (b) और (c) सत्य हैं।

1 इंच = 2.54 सेमी

अत: 1 सेमी = $\frac{1}{2.54}$ इंच = 0.39 इंच

1 फुट = 0.3048 मी = 0.3048×10^9 नैनोमीटर

= 30.5×10^7 नैनोमीटर

1 माइक्रोमीटर = 1×10^{-6} मी

= $1 \times 10^{-6} \times 100$ सेमी [∵ 1 मी = 100 सेमी]

= 10^{-4} सेमी

21 परमाण्विक पैमाने पर लंबाई का सुविधाजनक मात्रक ऐंग्स्ट्रॉम है जो निम्न में से मापन इकाई है। *(Chap 1, Class-XI, NCERT)*

(a) तरंगदैर्ध्य (b) ऊर्जा (c) आवृत्ति (d) वेग

उत्तर (a)

व्याख्या परमाण्विक पैमाने पर लंबाई का सुविधाजनक मात्रक ऐंग्स्ट्रॉम है, जो प्रकाश की तरंगदैर्ध्य तथा परमाणु व नाभिक के आकार को व्यक्त करते हैं। इसे Å से प्रदर्शित करते हैं।

1 ऐंग्स्ट्रॉम, 1 माइक्रोन का दस हजारवाँ भाग होता है।

अत: 1 ऐंग्स्ट्रॉम Å = $\frac{1}{10000^\circ}$ माइक्रोन या 10^{-4} माइक्रोन (μ)

22 निम्न में से $1 \text{ kg m}^2\text{s}^{-2}$ के उचित परिवर्तन को दर्शाता है। *(Chap 1, Class-XI, NCERT)*

(a) $10^3 \text{ g cm}^2/\text{s}^2$ (b) $10^4 \text{ g cm}^2/\text{s}^2$

(c) $10^2 \text{ g cm}^2/\text{s}^2$ (d) $10^7 \text{ g cm}^2/\text{s}^2$

उत्तर (d)

व्याख्या $1 \text{ kg m}^2\text{s}^{-2} = 1\,(10^3\text{g})\,(10^2 \text{ cm})^2/\text{s}^2$

{∵ 1 kg = 1000 g या 10^3 g, 1 m = 100 cm या 10^2 cm}

$= 10^3 \times 10^4 \text{ g cm}^2/\text{s}^2$

$= 10^7 \text{ g cm}^2/\text{s}^2$

23 सूची-I को सूची-II से सुमेलित कीजिए। सूचियों के नीचे दिए गए कूट का प्रयोग करके सही उत्तर चुनिए। *(Class-XII, Old NCERT)*

सूची-I	सूची-II
A. उच्च वेग	1. मैक
B. तरंगदैर्ध्य	2. ऐंग्स्ट्रॉम
C. दबाव	3. पास्कल
D. ऊर्जा	4. जूल

कूट

	A	B	C	D
(a)	2	1	3	4
(b)	1	2	4	3
(c)	1	2	3	4
(d)	2	1	4	3

उत्तर (c)

व्याख्या सही सुमेलन A-1, B-2, C-3, D-4 है।

उच्च वेग को मापने के लिए मैक संख्या (Mach number) का उपयोग किया जाता है। मुख्यत: इसका उपयोग रॉकेट वायुयान की गति को मापने में होता है।

तरंगदैर्ध्य को ऐंग्स्ट्रॉम में मापा जाता है। माध्यम के किसी कण द्वारा एक कंपन पूरा करने में तरंग द्वारा तय की गई दूरी तरंगदैर्ध्य कहलाती है।

दबाव का मात्रक पास्कल है। इसे वैज्ञानिक ब्लैज़ पास्कल (Blaise Pascal) के सम्मान में रखा गया था तथा प्रति एकांक क्षेत्रफल पर लगने वाले बल को दाब कहते हैं।

ऊर्जा का मात्रक जूल है तथा किसी वस्तु द्वारा कार्य करने की क्षमता को ऊर्जा कहते हैं।

24 निम्नलिखित कथनों पर विचार कीजिए। *(Chap 1, Class-XI, NCERT)*

कथन I. डॉब्सन इकाई का प्रयोग ओजोन परत की मोटाई मापने में किया जाता है।

कथन II. वायुमंडल में ओजोन की औसत मात्रा मोटे तौर पर 300 डॉब्सन इकाई है।

उपरोक्त में से कौन-से कथन सही हैं।

(a) केवल I (b) केवल II

(c) I तथा II दोनों (d) न तो I, न ही II

उत्तर (c)

व्याख्या दिए गए कथनों में से कथन I तथा II दोनों सत्य हैं क्योंकि डॉब्सन इकाई का प्रयोग ओजोन परत की मोटाई मापने में किया जाता है।

वायुमंडल में ओजोन की औसत मात्रा मोटे तौर पर 300 डॉब्सन इकाई है तथा वायुमंडल के ऊर्ध्वाधर स्तम्भ में किसी गैस की मात्रा को मापने के लिए भी डॉब्सन इकाई का प्रयोग किया जाता है, जबकि पृथ्वी की मोटाई किलोमीटर में मापी जाती है। हीरे की मोटाई इंच में मापी जाती है तथा शोर का मापन डेसीबल में किया जाता है।

25 एक पारसेक, तारों संबंधी दूरियाँ मापने का मात्रक किसके बराबर है? *(Chap 1, Class-XI, NCERT)*

(a) 4.25 प्रकाश वर्ष (b) 3.25 प्रकाश वर्ष

(c) 4.50 प्रकाश वर्ष (d) 3.85 प्रकाश वर्ष

उत्तर (b)

व्याख्या एक पारसेक तारों संबंधी दूरियों को मापने का मात्रक 3.25 प्रकाश वर्ष अथवा 3.08×10^{16} मीटर के बराबर होता है। इसका प्रयोग खगोलीय दूरियों को व्यक्त करने के लिए करते हैं तथा एक पारसेक 2.05×10^5 खगोलीय मात्रक के बराबर होता है।

अध्याय 02

गति

गति

गति के प्रकार एवं गति संबंधित समीकरण

गति के प्रकार एवं गति के समीकरण

- **सरल रेखीय गति** वह गति जिसमें वस्तु सरल रेखा के अनुदिश गति करती है,
  उदाहरण- सीधी चलती ट्रेन की गति।
- **वृत्तीय गति** वह गति जिसमें वस्तु वृत्तीय पथ के अनुदिश गति करती है
  उदाहरण-सूर्य के चारों ओर पृथ्वी की गति।
- **घूर्णन गति** वह गति जिसमें वस्तु अपने अक्ष के चारों ओर घूमती है
  उदाहरण-लट्टू की गति।
- **आवर्त गति** वह गति जिसमें वस्तु किसी निश्चित समयांतराल के बाद अपनी गति को दोहराती है
  उदाहरण- सितार की डोरियों की गति

एकसमान त्वरित गति के समीकरण

- गति के तीन समीकरण निम्नलिखित हैं।

$v = u + at$ (वेग समय संबंध)

$S = ut + \frac{1}{2}at^2$(समय स्थिति संबंध)

$v^2 = u^2 + 2as$ (वेग स्थिति संबंध)

पृथ्वी के गुरुत्व के अधीन समीकरण

- स्वतंत्रतापूर्वक गिरती वस्तु के समीकरण निम्नलिखित हैं

(i) $v = u + gt$ (ii) $h = ut + \frac{1}{2}gt^2$

(iii) $v^2 = u^2 + 2ah$

जहाँ, g गुरुत्वीय त्वरण है।

गति सम्बन्धी भूव मूल पद

दूरी

- किसी वस्तु द्वारा निश्चित समय में तय किए गए पथ की लंबाई।
  इसका मात्रक मीटर होता है।

विस्थापन

- किसी गतिशील वस्तु की प्रारंभिक एवं अंतिम स्थितियों के बीच की न्यूनतम दूरी।
  इसका मात्रक मीटर होता है।

चाल

- किसी गतिमान वस्तु द्वारा एकांक समय में तय की गई दूरी
- यह एक अदिश राशि है, इसका मात्रक मीटर/सेकण्ड होता है तथा वस्तु की चाल सदैव धनात्मक होती है।

वेग

- गतिमान वस्तु के एकांक समय में निश्चित दिशा में चली गई दूरी या विस्थापन
  वेग एक सदिश राशि है, इसका मात्रक मीटर/सेकण्ड होता है। इसका मान धनात्मक, शून्य तथा ऋणात्मक हो सकता है।

त्वरण

- समय के साथ गतिमान वस्तु के वेग में परिवर्तन की दर त्वरण एक सदिश राशि है, इसका SI मात्रक मीटर/सेकण्ड^2 होता है
- इसका मान धनात्मक, शून्य तथा ऋणात्मक हो सकता है।

वृत्तीय तथा प्रक्षेप्य गति

प्रक्षेप्य गति

- ऐसी गति जिसमें वस्तु गुरुत्व के अंतर्गत एक परवलय पथ के अनुदिश गति करती है
  उड्डयन काल, $T = \frac{2u\sin\theta}{g}$

  प्रक्षेप्य की ऊँचाई, $H = \frac{u^2\sin2\theta}{2g}$

  प्रक्षेप्य का परास, $H = \frac{u^2\sin^2\theta}{2g}$

वृत्तीय गति

- ऐसी गति जिसमें कोई वस्तु किसी वृत्त की परिधि के अनुदिश गति करती है।
- वृत्तीय पथ में गति एक त्वरित गति है।

कोणीय विस्थापन

- एकसमान वृत्तीय गति करते हुए वस्तु के त्रिज्य सदिश द्वारा वृत्त के केंद्र पर अंतरित किया गया कोण
  कोणीय विस्थापन $(\Delta\theta) = \frac{\text{विस्थापन } (\Delta S)}{\text{त्रिज्या } (r)}$
- इसका मात्रक रेडियन होता है।

कोणीय वेग

- वृत्तीय गति में किसी वस्तु की समय के सापेक्ष कोणीय विस्थापन में परिवर्तन की दर इसका मात्रक रेडियन/सेकण्ड होता है।

कोणीय त्वरण

- कोणीय वेग परिवर्तन की दर
  इसका मात्रक रेडियन/से^{2} होता है।

SOURCE New NCERT Class-VI (गति एवं दूरियों का मापन), New NCERT Class-VII (गति एवं समय), New NCERT Class-IX (गति), New NCERT Class-XI (सरल रेखा में गति), (समतल में गति), Tamil Nadu Board Class IX (गति), NIOS Chap 9 Module-3

1 **निम्नलिखित कथनों में से कौन-सा कथन वस्तु की विरामावस्था के संदर्भ में सत्य है?** *(Chap 7, Class-IX, NCERT)*

(a) पेड़ों से गिरते हुए पत्ते (b) बाँध से बहता हुआ पानी
(c) मोटरगाड़ी की सड़क पर गति (d) मेज पर रखी वस्तु

उत्तर *(d)*

व्याख्या दिए गए कथनों में से मेज पर रखी वस्तु विरामावस्था के संदर्भ में सत्य है, क्योंकि जब वस्तु की स्थिति में समय के साथ कोई परिवर्तन नहीं होता है, तो वह स्थिति वस्तु की विरामावस्था (Rest) कहलाती है, जबकि वस्तु की स्थिति में समय के सापेक्ष परिवर्तन को गति कहते हैं अर्थात् पेड़ों से गिरते हुए पत्ते, बांध से बहता पानी, मोटरगाड़ी की सड़क पर गति गत्यावस्था को प्रदर्शित करती है।

2 **सूची-I तथा सूची-II का मिलान कीजिए तथा दिए गए कूट का प्रयोग करके उचित उत्तर दीजिए।** *(Chap 7, Class-VI, NCERT)*

सूची-I (गति के प्रकार)	सूची-II (वस्तुओं की गति)
A. वृत्तीय गति	1. घड़ी के दोलक की गति
B. घूर्णन गति	2. नदी के प्रवाह की गति
C. आवर्ती गति	3. पृथ्वी के परित: चंद्रमा की गति
D. सरल रेखीय गति	4. लट्टू का अपने अक्ष पर घूमना

कूट

	A	B	C	D
(a)	2	3	4	1
(b)	3	4	1	2
(c)	4	3	2	1
(d)	3	1	4	2

उत्तर *(b)*

व्याख्या सही सुमेलन A-3, B-4, C-1, D-2 है।

पृथ्वी के परित: चंद्रमा की गति, वृत्तीय गति है, क्योंकि चंद्रमा, पृथ्वी को केंद्र मानकर उसके परित: घूमता है।

लट्टू का अपने अक्ष पर घूमना, घूर्णन गति है, क्योंकि लट्टू अपने अक्ष पर ही घूर्णन करता है।

घड़ी के दोलक की गति एक आवर्ती गति है, क्योंकि दोलक निश्चित समयांतराल के बाद पुन: उसी पथ पर गति को दोहराता है।

नदी के प्रवाह की गति सरल रेखीय गति होती है, क्योंकि नदी एक सरल रेखा के अनुदिश प्रवाहित होती है।

3 **निम्न कथनों पर विचार कीजिए।** *(Chap 7, Class-VI, NCERT)*

1. दौड़ते हुए धावक के हाथों की गति, आवर्ती गति है।
2. मार्च पास्ट करते सैनिक की गति, आवर्ती गति है।

उपरोक्त में से कौन-सा/से कथन सही है/हैं?

(a) केवल 1
(b) केवल 2
(c) 1 और 2 दोनों
(d) न तो 1 और न ही 2

उत्तर *(a)*

व्याख्या दिए गए कथनों में से कथन (1) सही है। दौड़ते हुए धावक के हाथों की गति आवर्ती गति होती है, क्योंकि धावक के हाथ निश्चित समयांतराल के पश्चात् एक निश्चित पथ पर अपनी गति को दोहराते हैं।

कथन (2) गलत है, क्योंकि मार्च पास्ट करते हुए सैनिकों की गति, सरल रेखीय गति होती है न कि आवर्ती गति।

4 **निम्नलिखित में से कौन-सा उदाहरण आवर्ती गति के लिए असत्य है?** *(Chap 7, Class-IX, NCERT)*

(a) वृक्ष की शाखाओं का इधर-उधर लहराना
(b) सितार की डोरियों का कंपन
(c) बजते समय तबलों की झिल्ली की गति
(d) अपने अक्ष पर घूमती हुई पृथ्वी की गति

उत्तर *(d)*

व्याख्या अपने अक्ष पर घूमती हुई पृथ्वी की गति घूर्णी गति (Rotational motion) का उदाहरण है। इस गति के अंतर्गत वस्तु अपने अक्ष पर घूमती है, जबकि वृक्ष की शाखाओं का इधर-उधर लहराना, सितार की डोरी का कंपन, बजते समय तबलों की झिल्ली की गति आदि आवर्ती गति के उदाहरण हैं।

5 **जब कोई वस्तु सरल रेखा में गति करती है, तब निम्न में से कौन-सा कथन सत्य है?** *(Chap 7, Class-IX, NCERT)* *(Unit 2, Class-IX Tamil Nadu Board)*

(a) वस्तु द्वारा निर्धारित की गई दूरी, उसके विस्थापन से अधिक होती है।
(b) वस्तु द्वारा निर्धारित की गई दूरी, उसके विस्थापन से कम होती है।
(c) वस्तु द्वारा निर्धारित की गई दूरी तथा उसके विस्थापन का अनुपात सदैव एक होता है।
(d) वस्तु द्वारा निर्धारित किया गया विस्थापन हमेशा शून्य होता है।

उत्तर *(c)*

व्याख्या जब कोई वस्तु सरल रेखा में गति करती है, तब वस्तु द्वारा निर्धारित की गई दूरी तथा उसके विस्थापन का अनुपात सदैव एक होता है, क्योंकि सरल रेखा में गतिमान वस्तु के लिए विस्थापन तथा दूरी का मान समान होता है।

6 **जब कोई वस्तु वृत्तीय पथ पर दो चक्कर लगाती है, तब इसके द्वारा निश्चित** *(Chap 3, Class-XI, NCERT)*

1. दूरी का मान शून्य होता है।
2. दूरी का मान वृत्तीय पथ (Circular path) की परिधि के बराबर होता है।
3. विस्थापन का मान वृत्तीय पथ की परिधि के मान के दोगुने के बराबर होता है।
4. विस्थापन का मान शून्य होता है।

उपरोक्त में से कौन-सा/से कथन सत्य है/हैं?

(a) 1 और 2 (b) केवल 4 (c) 1, 3 और 4 (d) 1 और 3

उत्तर *(b)*

व्याख्या दिए गए कथनों में से कथन (4) सत्य है।

जब कोई वस्तु वृत्तीय पथ पर दो चक्कर लगाती है, तब इसके द्वारा निश्चित विस्थापन का मान शून्य होता है, क्योंकि वस्तु की प्रारंभिक स्थिति तथा अंतिम स्थिति के मध्य न्यूनतम दूरी को विस्थापन कहते हैं तथा वृत्तीय पथ पर चक्कर लगाने के बाद वस्तुओं की प्रारंभिक स्थिति एवं अंतिम स्थिति समान होती है। इसलिए इस स्थिति में वस्तु का विस्थापन शून्य होगा।

कथन (1), (2) और (3) असत्य हैं, क्योंकि वस्तु द्वारा निर्धारित पथ की कुल लंबाई को दूरी कहते हैं।

दूरी का मान कभी भी शून्य नहीं होता है। वस्तु द्वारा निश्चित दूरी का मान वृत्तीय पथ की परिधि के दोगुने के बराबर होगा।

7 **R त्रिज्या के साइकिल के पहिए के उच्चतम बिंदु के संदर्भ में, किसी सीधी सड़क के अनुदिश पहिए के आधा चक्कर लगाने में निम्नलिखित में से कौन-सा कथन सही है?** *(Chap 9, Module-3, NIOS)*

(a) दूरी = विस्थापन (b) दूरी < विस्थापन
(c) विस्थापन = $2R$ (d) विस्थापन = πR

उत्तर *(c)*

व्याख्या दिये गये विकल्पों मे से विकल्प (c) सही है।

पहिए के आधा चक्कर लगाने के बाद, पहिए का उच्चतम बिन्दु, निम्नतम स्थित में आ जाएगा/तब

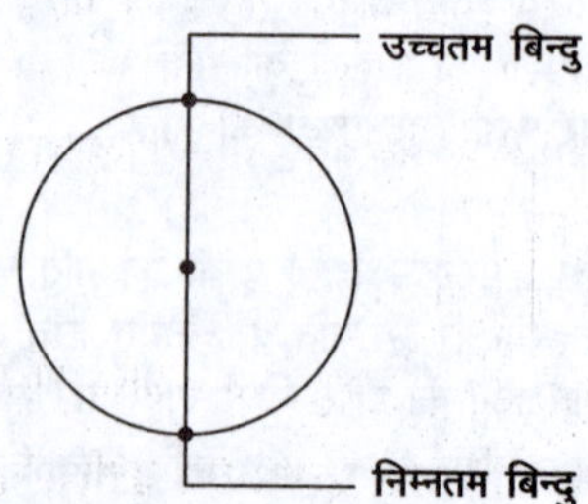

(i) पहिए के उच्चतम बिन्दु के निम्नतम स्थिती में आने पर विस्थापन = पहिए का व्यास $= 2R$

(ii) पहिए के उच्चतम बिन्दु द्वारा तय की गई दूरी = पहिए की आधी परीधी $= \pi R$

(iii) वस्तु द्वारा तय की गई दूरी, विस्थापन से कम नहीं होती है। अर्थत दूरी ≥ विस्थापन

8 निम्नलिखित कथनों में से असत्य कथन चुनिए।

(Chap 7, Class-IX, NCERT)

(a) औसत चाल, वस्तु द्वारा निर्धारित की गई दूरी तथा कुल समयावधि का अनुपात होती है।
(b) एक निश्चित दिशा में चाल, वेग कहलाती है।
(c) औसत चाल तथा औसत वेग के मात्रक एकसमान नहीं होते हैं।
(d) 'a' और 'b' दोनों

उत्तर *(c)*

व्याख्या दिए गए कथनों में से कथन (c) असत्य है, क्योकि औसत चाल तथा औसत वेग का मात्रक, मीटर/सेकंड है। अत: इनका मात्रक समान होता है।

कथन (a) और (b) सत्य हैं, क्योकि दिए गए समयांतराल में चली गई कुल दूरी तथा कुल समय के अनुपात को औसत चाल कहते हैं।

$$\text{औसत चाल} = \frac{\text{चली गई दूरी}}{\text{लिया गया समय}}$$

एक निश्चित दिशा में चाल को वेग कहते हैं।

9 निम्न कथन (A) व कारण (R) को पढ़िए और नीचे दिए गए कूट की सहायता से सही उत्तर का चयन कीजिए।

(Chap 2 & 9, Class-VII, NCERT)

कथन (A) किसी वस्तु की चाल ऋणात्मक नहीं हो सकती है।

कारण (R) जब वस्तु धनात्मक गति की विपरीत दिशा में गति करती है, तब इसकी चाल धनात्मक होती है।

कूट

(a) A और R सही हैं तथा R, A का सही स्पष्टीकरण है।
(b) A और R सही हैं, परंतु R, A का सही स्पष्टीकरण नहीं है।
(c) A सही है, किंतु R गलत है।
(d) A गलत है, किंतु R सही है।

उत्तर *(b)*

व्याख्या कथन (A) और कारण (R) सही हैं, परंतु कारण (R), कथन (A) का सही स्पष्टीकरण नहीं है। किसी वस्तु की दूरी तथा समयांतराल का अनुपात, चाल के तुल्य होता है तथा वस्तु द्वारा निर्धारित दूरी सदैव धनात्मक होती है। अत: वस्तु की चाल भी सदैव धनात्मक होती है तथा दूरी अदिश राशि है, इसलिए गति की दिशा बदलने पर भी चाल का मान धनात्मक रहता है।

10 त्वरण ज्ञात करने का सही सूत्र कौन-सा है?

(Chap 7, Class-IX, NCERT)

(a) $a = \frac{v - u}{t}$ (b) $a = u + vt$
(c) $a = \frac{v + u}{t}$ (d) $a = \frac{v + u}{2}$

उत्तर *(a)*

व्याख्या त्वरण ज्ञात करने का सही सूत्र विकल्प (a) है।

यदि t समय में वस्तु का प्रारंभिक वेग u से परिवर्तित होकर v हो जाता है

$$\because \quad \text{त्वरण} = \frac{\text{वेग में परिवर्तन}}{\text{लिया गया समय}}$$

$$\text{अत:} \quad a = \frac{v - u}{t}$$

11 निम्नलिखित में से कौन-सा कथन सत्य है?

(Chap 7, Class-IX, NCERT)

(a) समय के साथ दूरी में परिवर्तन त्वरण कहलाता है।
(b) वेग के विपरीत दिशा में त्वरण धनात्मक होता है।
(c) स्वतंत्र रूप से गिर रही वस्तु की गति एकसमान त्वरित गति का उदाहरण है।
(d) त्वरण का मात्रक वेग के मात्रक के समतुल्य होता है।

उत्तर *(c)*

व्याख्या दिए गए कथनों में से कथन (c) सत्य है, क्योकि स्वतंत्र रूप से गिर रही वस्तु के वेग में समान समयांतरालों में समान परिवर्तन होता है, जिस कारण वस्तु एकसमान त्वरित गति करती है।

$$\text{वेग} = \frac{\text{विस्थापन}}{\text{समयांतराल}}$$

अत: वेग का मात्रक = मी/से

$$\because \quad \text{त्वरण} = \frac{\text{वेग में परिवर्तन}}{\text{समयांतराल}} = \frac{\text{मी/से}}{\text{से}} = \text{मी/से}^2$$

अत: त्वरण का मात्रक = मी/से^{2}

अर्थात् वेग का मात्रक त्वरण के समतुल्य नहीं होता है।

वेग के विपरीत दिशा में त्वरण का मान ऋणात्मक (Negative) लिया जाता है। समय के साथ दूरी में परिवर्तन, चाल कहलाती है।

12 जब एक वस्तु वृत्तीय पथ पर नियत चाल से गति करती है, तब

(Chap 3, Class-XI, NCERT)

1. त्वरण का परिमाण अचर (Constant) रहता है।
2. त्वरण की दिशा सदैव वृत्त के केंद्र की ओर होती है।
3. वेग का मान अचर रहता है।
4. त्वरण की दिशा वृत्त के केंद्र से विपरीत दिशा में होती है।

उपरोक्त में से कौन-सा/से कथन सही है/हैं?

(a) 1 और 2 (b) 2 और 3
(c) 3 और 4 (d) 1, 2 और 4

उत्तर *(a)*

व्याख्या दिए गए कथनों में से कथन (1) और (2) सही हैं, क्योकि जब कोई कण एकसमान वृत्तीय गति करता है, तब कण के वेग का परिमाण नियत/अचर रहता है, परन्तु उसकी दिशा बदलती रहती है।

इस स्थिति में कण पर उसके वेग की दिशा के लंबवत् एक त्वरण कार्य करता है, जिसकी दिशा सदैव वृत्त के केंद्र की ओर होती है। इसे अभिकेंद्र त्वरण कहते हैं।

कथन (3) और (4) गलत हैं, क्योकि कण का वेग सदिश (Velocity vector) बदलता रहता है तथा त्वरण की दिशा वृत्त के केंद्र की ओर होती है।

13 निम्नलिखित में से कौन-सा उदाहरण प्रक्षेप्य गति के लिए सही है? *(Chap 3, Class-XI, NCERT)*

(a) अंतरिक्ष में छोड़ा गया रॉकेट (b) पृथ्वी के चक्कर लगाता उपग्रह
(c) तोप से छोड़ा गया गोला (d) फूलों पर मंडराती तितली

उत्तर (c)

व्याख्या प्रक्षेप्य गति (Projectile motion) का उदाहरण विकल्प (c) में दिया गया है, क्योंकि तोप से छोड़ा गया गोला एक वक्र पथ के अनुदिश गति करता है तथा इस प्रकार की गति को प्रक्षेप्य गति कहते हैं, जबकि अंतरिक्ष में रॉकेट की गति, पृथ्वी के परित: उपग्रह की गति तथा फूलों पर मंडराती तितली की गति वक्र पथ के अनुदिश नहीं होती हैं, अत: ये प्रक्षेप्य गति के उदाहरण नहीं हैं।

14 जब एक वस्तु को ऊर्ध्वाधर दिशा में गिराया जाता है तथा उसी समय दूसरी वस्तु को क्षैतिज दिशा में प्रक्षेपित किया जाता है, तब निम्न में से क्या प्रभाव पड़ेगा? *(Chap 3, Class-XI, NCERT)*

(a) दोनों वस्तु पृथ्वी पर एक-साथ पहुँचेंगी
(b) पहला कण पृथ्वी पर पहले पहुँच जाएगा
(c) दूसरा कण पृथ्वी पर पहले पहुँच जाएगा
(d) कुछ कहा नहीं जा सकता

उत्तर (a)

व्याख्या दिए गए कथनों में से कथन (a) सत्य है, जब एक वस्तु को ऊर्ध्वाधर (Vertical) दिशा में गिराया जाता है तथा उसी समय दूसरी वस्तु को क्षैतिज (Horizontal) दिशा में प्रक्षेपित किया जाता है, तब दोनों वस्तु पृथ्वी पर एक साथ पहुँचेगीं, क्योंकि दोनों वस्तुओं पर कार्यरत् गुरुत्वीय त्वरण (g) का मान समान होता है।

15 निम्नलिखित आलेखों में से कौन-सा एक, एकसमान गति निरूपित करता है? *(Chap 2, Class-XI, NCERT)*

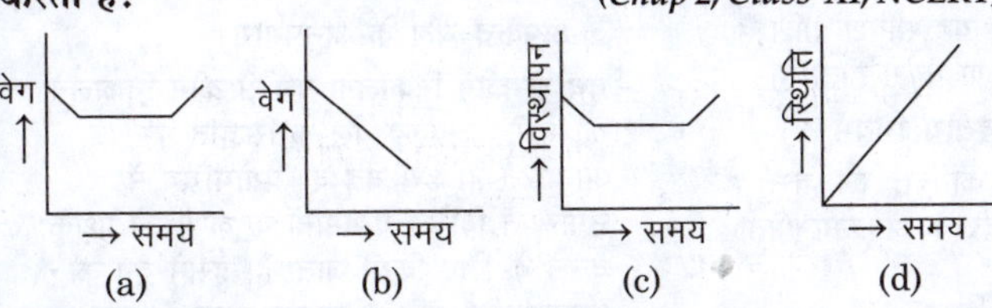

उत्तर (d)

व्याख्या विकल्प (d) में दिया गया आलेख एकसमान गति को निरूपित करता है, क्योंकि स्थिति-समय ग्राफ में समय-अक्ष से न्यूनकोण बनाती हुई, एक सरल रेखा गतिमान वस्तु की एकसमान गति को प्रदर्शित करती है।

16 किसी वस्तु के लिए दूरी-समय ग्राफ ऊपर दर्शाया गया है। इस वस्तु के लिए निम्नलिखित में से कौन-सा कथन सत्य है? *(Chap 7, Class-IX, NCERT)*

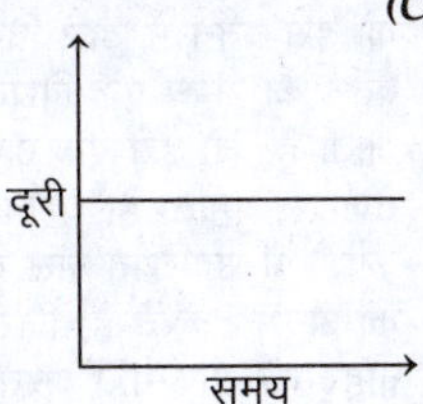

(a) वस्तु एकसमान चाल से चल रही है।
(b) वस्तु विरामावस्था में है।
(c) वस्तु की गति अरेखीय है।
(d) वस्तु असमान चाल से चल रही है।

उत्तर (b)

व्याख्या दिए गए कथनों में से ग्राफ के संबंध में कथन (b) सत्य है, क्योंकि प्रश्न में दर्शाया गया दूरी-समय ग्राफ समय-अक्ष के समांतर एक सीधी रेखा है, जोकि वस्तु की विरामावस्था को प्रदर्शित करता है।

17 एक ऊँची इमारत से एक गेंद 9.8 मी/से^{2} के एकसमान त्वरण के साथ गिराई जाती है, 3 सेकंड बाद उसका वेग क्या होगा? *(Chap 7, Class-IX, NCERT)*

(a) 9.8 मी/से (b) 19.6 मी/से (c) 29.4 मी/से (d) 39.2 मी/से

उत्तर (c)

व्याख्या प्रश्नानुसार, प्रारंभिक वेग $(u) = 0$, त्वरण $(g) = 9.8$ मी/से^{2}, समय, $(t) = 3$ सेकंड

गति के प्रथम समीकरण से,

वेग, $v = u + gt = 0 + 9.8 \times 3 = 29.4$ मी/से

18 एकसमान रैखिक गति और एकसमान वृत्तीय गति के संदर्भ में निम्नलिखित में से कौन-सा/से कथन सत्य है/हैं? *(Chap 2, Class-XI, NCERT)*

1. एकसमान रैखिक गति में एक पिंड स्थिर चाल के साथ एक ही दिशा में चलता है, लेकिन एकसमान वृत्तीय गति में पिंड की चाल स्थिर रहती है, लेकिन गति की दिशा लगातार बदलती रहती है।
2. एकसमान रैखिक गति में वेग में तात्कालिक परिवर्तन होता है, लेकिन एकसमान वृत्तीय गति में वेग समान रहता है।
3. एकसमान रैखिक गति एक त्वरित गति है, लेकिन एकसमान वृत्तीय गति त्वरित गति नहीं है।

कूट

(a) 2 और 3 (b) केवल 3 (c) केवल 1 (d) 1 और 3

उत्तर (c)

व्याख्या एकसमान रैखिक गति (Linear motion) और एकसमान वृत्तीय गति के संदर्भ में दिए गए कथनों में से कथन (1) सत्य है। एकसमान रैखिक गति में एक पिंड स्थिर चाल के साथ एक ही दिशा में चलता है, जबकि एकसमान वृत्तीय गति में पिंड की चाल स्थिर रहती है, लेकिन गति की दिशा लगातार बदलती रहती है।

कथन (2) एवं (3) असत्य हैं, क्योंकि एकसमान रैखिक गति में वेग में तात्कालिक (Instantaneous) परिवर्तन नहीं होता है, जबकि वृत्तीय गति में वेग में परिवर्तन होता रहता है। अत: एकसमान रैखिक गति त्वरित गति का उदाहरण नहीं है, जबकि वृत्तीय गति त्वरित गति का उदाहरण है।

19 दो गेंदें A तथा B क्रमश: 10 किग्रा तथा 1 किग्रा की हैं। उन्हें 20 मी की ऊँचाई से वायु की अनुपस्थिती में एक-साथ गिराया जाता है। निम्नलिखित में से कौन-सा सही है? *(Chap 2, Class-IX, NCERT)*

(a) भूमि पर गेंद A पहले पहुँचेगी
(b) भूमि पर गेंद B पहले पहुँचेगी
(c) भूमि पर दोनों गेदें A और B एक-साथ पहुँचेंगी
(d) उपरोक्त में से कोई नहीं

उत्तर (c)

व्याख्या दिए गए विकल्पों में से विकल्प (c) सही है।

प्रश्नानुसार, प्रारंभिक वेग, $u = 0$

ऊँचाई, $h = 20$ मी

गति-समीकरण तृतीय समीकरण से,

$$v^2 = u^2 + 2gh$$

यहाँ, $v^2 = 2gh$ या $v = \sqrt{2gh}$

उपरोक्त सूत्र से ज्ञात होता है, कि गेंदों का वेग द्रव्यमान पर निर्भर नहीं करता है। चूँकि दोनों गेंदों की ऊँचाई समान है, इसलिए वायु की अनुपस्थिति में दोनों गेंदों, A एवं B का वेग एकसमान होगा इसलिए भूमि पर दोनों गेंदें A और B एक-साथ पहुँचेंगी।

अध्याय 03

बल तथा न्यूटन के गति विषयक नियम

बल तथा न्यूटन के गति विषयक नियम

बल तथा जड़त्व

बल
- वह बाह्य कारक जो पिण्ड के आकार एवं स्थिति में परिवर्तन कर सकता है।
- **सन्तुलित बल**- यदि किसी वस्तु पर एक साथ दो या दो से अधिक बल कार्य पर रहे हों और बलों का परिणामी प्रभाव शून्य हो, तो वे बल सन्तुलित बल कहलाते हैं।
- **असन्तुलित बल** यदि किसी वस्तु अथवा निकाय पर लाये हुए बलों का परिणामी बल शून्य नहीं होता है, तो वे बल असन्तुलित बल कहलाते है।
- **सम्पर्क बल** ऐसे बल जो दो वस्तुओं के वास्तविक सम्पर्क में आने पर कार्य करते हैं। **उदाहरण** पेशीय बल, घर्षण बल
- **असम्पर्क बल**-ऐसे बल जिनमें दो वस्तुओं के मध्य सम्पर्क आवश्यक नहीं होता है **उदाहरण** चुंबकीय बल, स्थिर वैद्युत बल आदि

जड़त्व
- वस्तु का वह गुण जिसके कारण वह अपनी विरामावस्था अथवा एकसमान गति की अवस्था में परिवर्तन का विरोध करती है।
- **विराम का जड़त्व**-वस्तु का वह गुण जिसके कारण वह अपनी विराम अवस्था में होने वाले परिवर्तन का विरोध करती है। **उदाहरण** पेड़ हिलाने पर फल का गिरना
- **दिशा का जड़त्व**-वस्तु का वह गुण जिसके कारण वह अपनी गति की दिशा में होने वाले परिवर्तन का विरोध करती है **उदाहरण** तेज गति में वक्राकार मोड़ पर बस के मुड़ने से यात्रियों का बाहर की ओर झुकना।
- **गति का जड़त्व**-वस्तु का वह गुण जिसके कारण वह अपनी एकसमान गति में होने वाले परिवर्तन का विरोध करती है। **उदाहरण**-चलती बस के रुकने पर बैठे यात्री का आगे की ओर झुकना

न्यूटन के गति विषयक नियम एवं घर्षण

न्यूटन की गति का प्रथम नियम
- जब वस्तु विराम में है, तो विराम में ही रहेगी और यदि गति में है, तो गति में ही रहेगी जब तक कि उस पर कोई बाह्य बल न लगे
उदाहरण मेज पर रखी पुस्तक

संवेग
- किसी वस्तु का संवेग उसके द्रव्यमान m और वेग का गुणनफल होता है। यह सदिश राशि है तथा इसका S.I मात्रक किग्रा मी/से होता है।

न्यूटन की गति का द्वितीय नियम
- वस्तु पर बल की दिशा में कार्यरत बल, वस्तु के संवेग में परिवर्तन की दर के अनुक्रमानुपाती होता है।

$$F \propto \frac{\Delta p}{\Delta t} \text{ या } F = ma$$

न्यूटन की गति का तृतीय नियम
- प्रत्येक क्रिया के बराबर परन्तु विपरीत दिशा में प्रतिक्रिया होती है **उदाहरण**-रेत पर चलना

संवेग संरक्षण सिद्धान्त
- यदि किन्ही दो पिण्डों के निकाय पर कोई बाह्य बल कार्य न करे तो संयुक्त निकाय का कुल संवेग नियत रहता है। **उदाहरण** रॉकेट का प्रक्षेपण

घर्षण
- ऐसा बल जो किसी सतह पर वस्तु के फिसलने एवं लुढ़कने के कारण होने वाली आपेक्षिक गति का विरोध करता है।

घर्षण के प्रकार
- स्थैतिक घर्षण
- सीमान्त घर्षण
- गतिक घर्षण
- लोटनिक घर्षण
- सर्पी घर्षण

अभिकेन्द्र एवं अपकेन्द्र बल

- **अभिकेंद्र बल**-वृत्तीय गति करते हुए पिण्ड पर एक बल कार्य करता है। जिसकी दिशा सदैव वृत्त के केंद्र की ओर रहती है। इस बल को अभिकेंद बल कहते है।
- **अपकेंद्र बल**-वृत्तीय गति करती हुई वस्तु पर लगने वाला वह बल जो वृत्तीयपथ को केंद्र से बाहर की ओर लगता है।

अपकेंद्र बल के अनुप्रयोग
- **दूध से क्रीम निकालना** दूध से क्रीम निकालने की मशीन अपकेंद्र बल के सिद्धांत पर आधारित है। इस यंत्र का प्रयोग द्रव में उपस्थित विभिन्न द्रव्यमानों के कणों को पृथक करने के लिए किया जाता है। इसमें द्रव को भरकर तीव्र गति से घुमाया जाता है। इस प्रक्रिया में द्रव के भारी कण, हल्के कणों की अपेक्षा अधिक दूरी पर अर्थात् परिधि की ओर चले जाते हैं।
- **वॉशिंग मशीन में ड्रायर द्वारा कपड़ों का सूखना** वॉशिंग मशीन के ड्रायर में एक लंबा तथा ऊर्ध्वाधर बेलनाकार बर्तन होता है तथा इसकी दीवार में छिद्र बने होते हैं। गीले कपड़ों को इस बर्तन में डाल दिया जाता है। इस बर्तन का संबंध एक विद्युत मोटर से कर दिया जाता है, जो इसे एक ऊर्ध्वाधर अक्ष के परितः तेजी से घुमाता है। घूर्णन गति के कारण कपड़ों में उपस्थित जल के कण अपकेंद्र बल का अनुभव करते हैं, जिसके कारण यह कण बाहर की ओर गति करते हुए बर्तन की दीवार में बने छिद्रों से बाहर निकल जाते हैं। इस प्रकार, जल के कण कपड़ों से अलग हो जाते हैं और कपड़े सूख जाते हैं।

SOURCE New NCERT Class-VIII (बल तथा दाब), New NCERT Class-IX (बल तथा गति के नियम), New NCERT Class-XI (गति के नियम), Tamil Nadu Board Class-X (गति के नियम), NIOS Chap 10 Module-3

1 निम्न में से सम्पर्क बल के सन्दर्भ में कौन-सा कथन सही है? *(Chap 8, Class-VIII, NCERT)*

(a) दो चुंबकों के बीच लगने वाला चुंबकीय बल
(b) माँसपेशियों के क्रियास्वरूप लगने वाला पेशीय बल
(c) एक आवेशित वस्तु द्वारा किसी दूसरी आवेशित वस्तु पर लगने वाला स्थिर वैद्युत बल
(d) पृथ्वी द्वारा लगने वाला गुरुत्व बल

उत्तर *(b)*

व्याख्या माँसपेशियों के क्रियास्वरूप लगने वाला पेशीय बल संपर्क बल का उदाहरण है, क्योंकि पेशीय बल तभी लगाया जा सकता है, जब पेशियाँ किसी वस्तु के संपर्क में होती हैं। वह बल जिसमें दो वस्तुओं के मध्य संपर्क की आवश्यकता नहीं होती है, असंपर्क बल कहलाता है। उदाहरणार्थ चुंबकीय बल, स्थिर वैद्युत बल, गुरुत्व बल आदि।

2 निम्न में से असंपर्क बल के संदर्भ में असत्य कथन का चयन कीजिए। *(Chap 8, Class-VIII, NCERT)*

1. दो सतहों के मध्य लगने वाला घर्षण बल
2. चुंबक द्वारा लोहे पर लगाया गया बल
3. दो वस्तुओं के मध्य लगने वाला गुरुत्वाकर्षण बल
4. रस्सी को खींचते समय मनुष्य द्वारा लगाया गया बल

कूट

(a) 1 और 3 (b) 1 और 4
(c) 1, 2 और 3 (d) केवल 4

उत्तर *(b)*

व्याख्या दिए गए कथनों में से कथन (1) और (4) असंपर्क (Non-contact) बल के उदाहरण नहीं हैं, क्योंकि घर्षण बल तथा रस्सी को खींचते समय मनुष्य द्वारा लगाया गया बल दो वस्तुओं के मध्य लगने वाला संपर्क बल है, जिसमें किन्हीं दो सतहों या पृष्ठों के मध्य संपर्क होता है।

कथन (2) और (3) असंपर्क बल के उदाहरण हैं, क्योंकि जब दो वस्तुओं के मध्य कोई संपर्क नहीं होता है, तब उनके मध्य जो बल कार्यरत् होता है, तो उसे असंपर्क बल कहते हैं; जैसे-चुंबकीय बल तथा गुरुत्वाकर्षण बल आदि।

3 निम्नलिखित कथनों पर विचार कीजिए। *(Chap 8, Class-VIII, NCERT)*

1. बल केवल गतिशील वस्तु की चाल में परिवर्तन कर सकता है।
2. कागज की शीट से रगड़े जाने पर स्ट्रॉ स्थिर वैद्युत आवेश उपार्जित कर लेता है।
3. घर्षण बल के कारण नदियों में पानी नीचे की ओर बहता है।
4. विश्व में सभी वस्तुएँ एक-दूसरे पर गुरुत्व बल लगाती हैं।

उपरोक्त में से कौन-सा/से कथन सही है/हैं?

(a) 1 और 2 (b) 2 और 4
(c) 3 और 4 (d) 1, 3 और 4

उत्तर *(b)*

व्याख्या दिए गए कथनों में से कथन (2) और (4) सही हैं।
जब कागज की शीट से स्ट्रॉ को रगड़ा जाता है, तो वह स्थिर वैद्युत आवेश उपार्जित कर लेता है, क्योंकि स्ट्रॉ तथा कागज के मध्य आवेश का स्थानांतरण होता है। पृथ्वी के गुरुत्वीय बल के कारण विश्व की सभी वस्तुएँ एक-दूसरे पर गुरुत्व बल लगाती हैं।

कथन (1) और (3) गलत हैं। बल के कारण गतिशील वस्तु को रोका जा सकता है तथा स्थिर वस्तु को गतिमान किया जा सकता है। गुरुत्व बल के कारण नदियों में पानी नीचे की ओर बहता है।

4 निम्नलिखित कथनों पर विचार कीजिए। *(Chap 8, Class-IX, NCERT)*

1. घर्षण बल गतिशील वस्तु की विपरीत दिशा में कार्य करता है।
2. किसी वस्तु को त्वरित करने के लिए एक असंतुलित बल की आवश्यकता होती है।

उपरोक्त में से कौन-सा/से कथन सही है/हैं?

(a) केवल 1
(b) केवल 2
(c) 1 और 2 दोनों
(d) उपरोक्त में से कोई नहीं

उत्तर *(c)*

व्याख्या दिए गए कथनों में से कथन (1) और (2) दोनों सही हैं।
घर्षण बल गतिशील वस्तु की विपरीत दिशा में कार्य करता है, जोकि वस्तु की गति का विरोध करता है।
किसी वस्तु को त्वरित करने हेतु असंतुलित बल की आवश्यकता होती है। अर्थात् इस बल द्वारा किसी स्थिर वस्तु को गति प्रदान की जा सकती है तथा किसी गतिमान वस्तु को रोका जा सकता है।

5 निम्न में से संतुलित बल को कौन-सा कथन व्यक्त करता है? *(Unit 1, Class-X, Tamil Nadu Board),*

(a) गुब्बारे पर दोनों हथेलियों से बल लगाकर आकृति में परिवर्तन
(b) ईंट पर अलग-अलग परिमाण का बल लगाना
(c) रस्साकशी में एक शक्तिशाली टीम का दूसरी टीम को खींचना
(d) उपरोक्त में से कोई नहीं

उत्तर *(a)*

व्याख्या दिए गए कथनों में से गुब्बारे पर दोनों हथेलियों से दबाकर गुब्बारे पर बल लगाने पर उसकी आकृति में परिवर्तन करना संतुलित बल को व्यक्त करता है, क्योंकि दोनों हथेलियों द्वारा गुब्बारे पर समान परिमाण का बल लगाया जाता है।
जबकि ईंट पर अलग-अलग परिमाण का बल तथा रस्साकशी में शक्तिशाली टीम का अधिक परिणामी, असंतुलित बल को व्यक्त करता है।

6 निम्नलिखित कथनों पर विचार कीजिए। *(Chap 8, Class-IX, NCERT)*

1. किसी वस्तु का द्रव्यमान उसके जड़त्व की माप है।
2. किसी भी वस्तु का जड़त्व केवल वस्तु की गति की अवस्था में परिवर्तन का विरोध करता है।

उपरोक्त में से कौन-सा/से कथन सही है/हैं?

(a) केवल 1 (b) केवल 2
(c) 1 और 2 दोनों (d) इनमें से कोई नहीं

उत्तर *(a)*

व्याख्या दिए गए कथनों में से कथन (1) सही है।
किसी वस्तु का द्रव्यमान उसके जड़त्व (Inertia) की माप होती है, क्योंकि किसी वस्तु का जड़त्व उसके द्रव्यमान के अनुक्रमानुपाती होता है, अत: जिस वस्तु का द्रव्यमान अधिक होगा, उसका जड़त्व भी अधिक होगा।
कथन (2) असत्य है, क्योंकि किसी वस्तु का वह गुण जो उसकी विराम या गति की अवस्था में परिवर्तन का विरोध करता है, जड़त्व कहलाता है।

7 बस के अचानक चलने पर उसमें बैठे यात्री पीछे की ओर गिर पड़ते हैं, यह उदाहरण है *(Chap 4, Class-XI, NCERT)*

(a) विराम का जड़त्व (b) गति का जड़त्व
(c) दिशा का जड़त्व (d) इनमें से कोई नहीं

उत्तर *(a)*

व्याख्या बस के अचानक चलने पर उसमें बैठे यात्री पीछे की ओर विराम के जड़त्व (Inertia of rest) के कारण गिरते हैं, क्योंकि यात्रियों का नीचे वाला भाग जो बस के संपर्क में है, आगे की ओर गतिमान हो जाता है, जबकि ऊपर वाला भाग जड़त्व के कारण विराम की स्थिति में रहने की कोशिश करता है इसलिए वह पीछे की ओर विस्थापित हो जाता है।

8 एक ट्रेन जैसे ही चलना प्रारंभ करती है, उसमें बैठे हुए यात्री का सिर पीछे की ओर झुक जाता है, इसका कारण है

(Chap 8, Class-IX, NCERT) (Chap 4, Class-XI, NCERT)

(a) स्थिरता का जड़त्व
(b) गति का जड़त्व
(c) जड़त्व-आघूर्ण
(d) द्रव्यमान का संरक्षण

उत्तर *(a)*

व्याख्या एक ट्रेन जैसे ही चलना प्रारंभ करती है, तो उसमें बैठे हुए यात्री का सिर पीछे की ओर झुक जाता है, इसका कारण स्थिरता का जड़त्व है।

बस अथवा ट्रेन के अचानक चलने पर यात्री के शरीर का निचला भाग जो बस या ट्रेन के संपर्क में है, शीघ्र ही बस अथवा ट्रेन के साथ गति प्रारंभ कर देता है, परन्तु शरीर का ऊपरी भाग जो बस या ट्रेन के संपर्क में नहीं है, अपने विराम या स्थिरता के जड़त्व के गुण के कारण विरामावस्था में ही बना रहता है, जिस कारण यात्री पीछे की ओर गिर पड़ते हैं, या उनका सिर पीछे की ओर झुक जाता है।

9. सूची-I तथा सूची-II का मिलान कीजिए तथा दिए गए कूट का प्रयोग करके उचित उत्तर दीजिए। *(Chap 4, Class-XI, NCERT)*

सूची-I (जड़त्व के प्रकार)	सूची-II (जड़त्व के उदाहरण)
A. दिशा का जड़त्व	1. कंबल को पीटने पर धूल के कणों का अलग होना
B. विराम का जड़त्व	2. बस के मुड़ने पर यात्रियों का बाहर की ओर झुकाव
C. गति का जड़त्व	3. तेज दौड़ते घोड़े के अचानक रुक जाने पर घुड़सवार का आगे की ओर गिरना

कूट

	A	B	C		A	B	C
(a)	3	2	1	(b)	2	1	3
(c)	1	2	3	(d)	3	1	2

उत्तर *(b)*

व्याख्या सही सुमेलन A-2, B-1, C-3 है।

बस के मुड़ने पर यात्री, दिशा के जड़त्व के कारण बाहर की ओर झुक जाते हैं, क्योंकि जब तेज गति से चलती बस वक्राकार मोड़ पर मुड़ती है, तो उसमें बैठे यात्री दिशा के जड़त्व के कारण पहली दिशा में ही गति करते रहते हैं, जिस कारण यात्री मोड़ के केंद्र से बाहर की ओर झुक जाते हैं।

कंबल को पीटने पर धूल के कणों का अलग होना, विराम के जड़त्व का उदाहरण है, क्योंकि जब कंबल को तेजी से झाड़ते हैं, तो विराम के जड़त्व के कारण धूल के कण अपने स्थान पर ही रहते हैं और कंबल से अलग होकर नीचे गिर जाते हैं।

तेज दौड़ते घोड़े के अचानक रुक जाने पर घुड़सवार का आगे की ओर गिरना, गति के जड़त्व के कारण होता है, क्योंकि जब घोड़ा तेजी से दौड़ता है, तो घोड़ा तथा घुड़सवार एक चाल से गति करते हैं। घोड़े के अचानक रुक जाने पर घुड़सवार गति के जड़त्व के कारण आगे की ओर गति करता है, जिससे घुड़सवार आगे की ओर गिर जाता है।

10 न्यूटन के प्रथम नियम से संबंधित निम्नलिखित कथनों पर विचार कीजिए।

(Chap 8, Class-IX, NCERT)
(CGPSC Pre 2019)

1. बाह्य बल किसी वस्तु की अवस्था में परिवर्तन करने के लिए आवश्यक होता है।
2. न्यूटन का प्रथम नियम जड़त्व का नियम भी कहलाता है।

उपरोक्त में से कौन-सा/से कथन सही है/हैं?

(a) केवल 1
(b) केवल 2
(c) 1 और 2 दोनों
(d) न तो 1 और न ही 2

उत्तर *(c)*

व्याख्या न्यूटन के प्रथम नियम से संबंधित कथन (1) और (2) दोनों सही हैं। यदि कोई वस्तु अपनी स्थिर अवस्था या सरल रेखा में एकसमान (Uniform) गति की अवस्था में है, तो वह उसी अवस्था में बनी रहती है, जब तक कि उस पर बाह्य बल न लगाया जाए। यह नियम जड़त्व का नियम या न्यूटन का प्रथम नियम कहलाता है।

11 निम्नलिखित कथनों पर विचार कीजिए।

(Chap 8, Class-IX, NCERT)

1. संवेग में परिमाण और दिशा दोनों होते हैं।
2. संवेग द्रव्यमान तथा त्वरण के गुणनफल के बराबर होता है।
3. संवेग की दिशा वेग की दिशा में होती है।

उपरोक्त में से कौन-सा/से कथन सही है/हैं?

(a) केवल 3 (b) 1 और 3
(c) केवल 2 (d) 2 और 3

उत्तर *(b)*

व्याख्या दिए गए कथनों में से कथन (1) और (3) सही हैं, क्योंकि संवेग एक सदिश राशि है अर्थात् इसमें परिमाण तथा दिशा दोनों होते हैं। संवेग की दिशा वही होती है, जो वेग की दिशा होती है। अत: कथन (2) गलत है, क्योंकि संवेग, द्रव्यमान (m) तथा वेग (v) के गुणनफल के बराबर होता है।

$$p = mv$$

12 बल गुणनफल है *(Chap 8, Class-IX, NCERT), (BPSC Pre 2001)*

(a) द्रव्यमान और वेग का (b) द्रव्यमान और त्वरण का
(c) भार और वेग का (d) भार और त्वरण का

उत्तर *(b)*

व्याख्या बल का मान द्रव्यमान और त्वरण के गुणनफल के बराबर होता है।

अत: बल = द्रव्यमान × त्वरण

यह एक सदिश राशि है, जिसकी दिशा त्वरण की दिशा के अनुदिश होती है।

13 निम्नलिखित कथनों पर विचार कीजिए।

(Chap 4, Class-XI, NCERT)

1. समान समय के लिए लगाया गया समान बल विभिन्न पिंडों में समान संवेग परिवर्तन करता है।
2. किसी पिंड के संवेग परिवर्तन की दर आरोपित बल के व्युत्क्रमानुपाती होती है।
3. बल को न्यूटन/किग्रा में भी मापा जा सकता है।

उपरोक्त में से कौन-सा/से कथन सत्य है/हैं?

(a) केवल 1 (b) 2 और 3
(c) 1 और 3 (d) 1, 2 और 3

उत्तर *(a)*

व्याख्या दिए गए कथनों में से कथन (1) सत्य है, क्योंकि समान समय के लिए लगाया गया समान बल विभिन्न पिंडों में समान संवेग परिवर्तन करता है।

कथन (2) और (3) असत्य हैं। न्यूटन के गति विषयक द्वितीय नियम के अनुसार किसी वस्तु के संवेग (Momentum) परिवर्तन की दर, उस पर लगने वाले असंतुलित बल के अनुक्रमानुपाती होती है अर्थात्

$$F \propto \frac{\Delta p}{\Delta t}$$

यहाँ, Δp = संवेग में परिवर्तन

तथा Δt = परिवर्तन में लगा समय

बल का मात्रक किग्रा-मी/से^{2} या न्यूटन है।

14 निम्नलिखित में से कौन-सा/से न्यूटन के द्वितीय नियम का/के उदाहरण है/हैं? *(Chap 8, Class-IX, NCERT)*

1. क्रिकेट के खेल के मैदान में क्षेत्ररक्षक को तेजी से आ रही गेंद को लपकते समय हाथ को पीछे की ओर खींचना।
2. ऊँची कूद वाले मैदान में खिलाड़ियों का कुशन या बालू पर कूदना।
3. किसी तीव्र गति की कैरम की गोटी (या स्ट्राइकर) से टकराकर ढेरी के सबसे नीचे वाली गोटी ही ढेरी से बाहर आती है।

कूट

(a) 2 और 3 (b) 1 और 2

(c) 1 और 3 (d) 1, 2 और 3

उत्तर *(b)*

व्याख्या दिए गए कथनों में से कथन (1) और (2) न्यूटन के द्वितीय नियम के उदाहरण हैं।

क्रिकेट मैच के दौरान मैदान में क्षेत्ररक्षक (Fielder), गेंद को लपकते समय हाथ को पीछे की ओर खींचता है। इस प्रकार से क्षेत्ररक्षक गेंद के वेग को शून्य करने के लिए अधिक समय लगाता है, जिससे गेंद में संवेग परिवर्तन की दर कम हो जाती है और तेज गति से आ रही गेंद का प्रभाव हाथ पर कम पड़ता है।

इसी प्रकार ऊँची कूद वाले मैदान में खिलाड़ियों के बालू या कुशन पर कूदने से, संवेग शून्य होने में कुछ देर लगेगी जिससे उनके पैर में चोट नहीं आएगी।

कथन (3) न्यूटन के गति के प्रथम नियम का उदाहरण है जिसमें जड़त्व के कारण सबसे नीचे वाली गोटी ही ढ़ेरी से बाहर आयेगी।

15 निम्नलिखित कथनों पर विचार कीजिए। *(Chap 8, Class-IX, NCERT)*

1. दो पिंडों के बीच परस्पर बल सदैव समान और एक दिशा में होते हैं।
2. क्रिया तथा प्रतिक्रिया बल एक वस्तु पर कार्य करते हैं।

उपरोक्त में से कौन-सा/से कथन सही है/हैं?

(a) केवल 1 (b) केवल 2

(c) 1 और 2 दोनों (d) इनमें से कोई नहीं

उत्तर *(d)*

व्याख्या दिए गए कथनों में से कोई भी कथन सही नहीं है, क्योंकि न्यूटन के गति के तृतीय नियम के अनुसार, जब कोई वस्तु किसी दूसरी वस्तु पर बल लगाती है, तब दूसरी वस्तु भी पहली वस्तु पर विपरीत दिशा में बल लगाती है। एक वस्तु द्वारा लगाया गया बल क्रिया तथा दूसरी वस्तु द्वारा लगाए गए बल को प्रतिक्रिया कहते हैं।

अत: प्रत्येक क्रिया की बराबर व विपरीत दिशा में प्रतिक्रिया प्राप्त होती है तथा क्रिया-प्रतिक्रिया बल अलग-अलग वस्तुओं पर कार्य करते हैं।

16 आवेग के संदर्भ में निम्नलिखित कथनों पर विचार कीजिए। *(Chap 4, Class-XI, NCERT)*

1. बल तथा समय का गुणनफल आवेग है।
2. संवेग परिवर्तन की दर आवेग को निरूपित करती है।
3. संवेग में परिवर्तन को आवेग कहते हैं।

उपरोक्त में से कौन-सा/से कथन सही है/हैं?

(a) 1 और 2 (b) 1 और 3 (c) केवल 2 (d) 1, 2 और 3

उत्तर *(b)*

व्याख्या आवेग के संदर्भ में दिए गए कथनों में से कथन (1) और (3) सही हैं, क्योंकि बल (F) तथा समयांतराल (Δt) (जिसके लिए बल कार्य करता है) के गुणनफल को बल का आवेग (Impulse, I) कहते हैं

अर्थात् $I = F \times \Delta t$

आवेग-संवेग प्रमेय के अनुसार, किसी बल का आवेग उस बल द्वारा उत्पन्न संवेग में परिवर्तन के बराबर होता है। जबकि कथन (2) असत्य है, क्योंकि संवेग परिवर्तन की दर आरोपित बल को निरूपित करती है।

17 निम्न में से किसका संबंध न्यूटन के तृतीय नियम से है? *(Chap 8, Class-IX, NCERT)*

1. बंदूक से गोली छूटने पर बंदूक का पीछे की ओर गति करना।
2. नाविक का नाव से किनारे पर कूदना।
3. सड़क पर चलना।

कूट

(a) 1 और 3 (b) केवल 1

(c) 1 और 2 (d) 1, 2 और 3

उत्तर *(d)*

व्याख्या दिए गए कथन (1), (2) और (3) न्यूटन के तृतीय नियम के उदाहरण हैं; जैसे-बंदूक से गोली छूटने पर बंदूक का पीछे की ओर गति करना, सड़क पर चलना तथा नाविक का नाव से किनारे पर कूदने पर नाव का पीछे जाना। इस नियम के अनुसार, जब कोई वस्तु किसी दूसरी वस्तु पर बल लगाती है, तब दूसरी वस्तु भी पहली वस्तु पर विपरीत दिशा में बराबर बल लगाती है।

18 निम्न कथन (A) व कारण (R) को पढ़िए और नीचे दिए गए कूट की सहायता से सही उत्तर का चयन कीजिए। *(Chap 4, Class-XI, NCERT)*

कथन (A) गोली-बंदूक निकाय (System) का कुल संवेग संरक्षित रहता है।

कारण (R) गोली का संवेग परिवर्तन, बंदूक के संवेग परिवर्तन के बराबर है।

कूट

(a) A और R दोनों सही हैं तथा R, A का सही स्पष्टीकरण है।

(b) A और R दोनों सही हैं, परंतु R, A का सही स्पष्टीकरण नहीं है।

(c) A सही है, किंतु R गलत है।

(d) A गलत है, किंतु R सही है।

उत्तर *(a)*

व्याख्या कथन (A) और कारण (R) दोनों सही हैं तथा कारण (R), कथन (A) का सही स्पष्टीकरण है, क्योंकि जब बंदूक से गोली चलती है, तब गोली आगे की ओर गति करती है, जबकि बंदूक पीछे की ओर गति करती है। गोली-बंदूक निकाय का गोली चलने से पहले संवेग शून्य होता है।

गोली चलने के बाद गोली का संवेग बंदूक के संवेग के बराबर, परंतु विपरीत दिशा में होता है, जिस कारण गोली-बंदूक निकाय का संवेग बाद में भी शून्य बना रहता है अर्थात् संवेग संरक्षित रहता है।

19 निम्नलिखित कथनों पर विचार कीजिए। *(Chap 10, Module-3, NIOS)*

1. रेखीय संवेग संरक्षण का नियम न्यूटन के गति के तृतीय नियम पर आधारित है।
2. रॉकेट का प्रक्षेपण रेखीय संवेग संरक्षण के सिद्धांत पर आधारित है।
3. टकराने से पहले कुल संवेग = टकराने के पश्चात् कुल संवेग

उपरोक्त में से कौन-सा/से कथन सही है/हैं?

(a) केवल 1 (b) केवल 2
(c) 1, 2 और 3 (d) केवल 3

उत्तर *(c)*

व्याख्या दिए गए कथनों में से कथन (1), (2) तथा (3) सही हैं।

रेखीय संवेग संरक्षण का नियम न्यूटन के गति के तृतीय नियम पर आधारित है, क्योंकि तृतीय नियम के अनुसार पिंडों के समुदाय (Community) से बने किसी निकाय पर सभी प्रतिक्रियात्मक बलों का योग अर्थात् नेट बल (Net force) सदैव शून्य होता है।

रॉकेट का प्रक्षेपण रेखीय संवेग संरक्षण के सिद्धांत पर आधारित है।

इस सिद्धांत के अनुसार, "यदि वस्तुओं के निकाय पर बाह्य बल आरोपित न हो, तो संयुक्त निकाय का कुल संवेग सदैव संरक्षित रहता है।"

यदि m_1 व m_2 द्रव्यमान के दो पिंड u_1 व u_2 वेग से गतिमान हैं तथा आपस में टकराने के पश्चात् उनके वेग v_1 व v_2 हो जाते हैं,

तो टकराने से पहले कुल संवेग = टकराने के बाद कुल संवेग

$$m_1u_1 + m_2u_2 = m_1v_1 + m_2v_2$$

20 निम्न कथन (A) व कारण (R) को पढ़िए और नीचे दिए गए कूट की सहायता से सही उत्तर का चयन कीजिए। *(Chap 4, Class-XI, NCERT)*

कथन (A) एक पूर्णतः घर्षणहीन पृष्ठ पर खड़ा एक व्यक्ति सीटी बजाने से स्वयं को गति में ला सकता है।

कारण (R) यदि किसी तंत्र पर कोई बाह्य बल क्रियाशील नहीं है, तो इसका संवेग परिवर्तित नहीं हो सकता।

कूट

(a) A और R दोनों सही हैं तथा R, A का सही स्पष्टीकरण है।
(b) A और R दोनों सही हैं, परंतु R, A का सही स्पष्टीकरण नहीं है।
(c) A सही है, किंतु R गलत है।
(d) A गलत है, किंतु R सही है।

उत्तर *(b)*

व्याख्या कथन (A) और कारण (R) दोनों सही हैं परंतु R, A का सही स्पष्टीकरण नहीं है।

पूर्णतः घर्षणहीन पृष्ठ (Completely frictionless surface) पर खड़ा व्यक्ति सीटी बजाने से अपने को गति में ला सकता है। सीटी बजाने के लिए व्यक्ति एक दिशा में हवा छोड़ेगा जिसके परिणामस्वरूप विपरीत दिशा में वह गति करने लगेगा।

यदि किसी तंत्र पर कोई बाह्य बल क्रियाशील नहीं है, तो इसका संवेग परिवर्तित नहीं हो सकता। अतः यह संवेग संरक्षण का उल्लेख करता है, जोकि पूर्णतः सही है।

21 यदि घर्षण न हो, तो वस्तु जो गतिशील है *(Chap 4, Class-XI, NCERT)*

(a) अपनी दिशा को परिवर्तित करेगी।
(b) अपनी चाल को परिवर्तित करेगी।
(c) अपनी गति की अवस्था में रहेगी।
(d) अपनी गति की अवस्था को विरामावस्था में परिवर्तित करेगी।

उत्तर *(c)*

व्याख्या घर्षण की अनुपस्थिति में गति को नियंत्रित नहीं किया जा सकता अर्थात् वस्तु गति की अवस्था में ही बनी रहेगी, क्योंकि घर्षण बल सदैव वस्तु की विपरीत दिशा में कार्य करता है अर्थात् वह वस्तु की गति का अवरोध करता है।

22 सड़क पर चलने की अपेक्षा बर्फ पर चलना कठिन है, क्योंकि *(Chap 4, Class-XI, NCERT), (UPPSC Pre 1994)*

(a) बर्फ सड़क से सख्त होती है।
(b) सड़क बर्फ से सख्त होती है।
(c) जब हम अपने पैर से धक्का देते हैं, तो बर्फ कोई प्रतिक्रिया व्यक्त नहीं करती।
(d) बर्फ में सड़क की अपेक्षा घर्षण कम होता है।

उत्तर *(d)*

व्याख्या सड़क पर चलने की अपेक्षा बर्फ पर चलना कठिन है, क्योंकि चलने के लिए घर्षण बल की आवश्यकता होती है और बर्फ में सड़क की अपेक्षा घर्षण कम होता है।

23 घर्षण से संबंधित निम्नलिखित कथनों पर विचार कीजिए। *(Chap 9, Class-VIII, NCERT)*

1. स्वचालित वाहनों में ब्रेक प्रणालियों में ब्रेक पेडों का उपयोग करके घर्षण को घटाया जाता है।
2. कबड्डी खिलाड़ी मिट्टी रगड़कर घर्षण को बढ़ाते हैं, ताकि प्रतिद्वंद्वी को अच्छी तरह पकड़ सकें।
3. द्रवों तथा गैसों द्वारा उत्पन्न घर्षण को कर्षण कहते हैं।
4. घर्षण से ऊष्मा उत्पन्न होती है।

उपरोक्त में से कौन-सा/से कथन सत्य है/हैं?

(a) केवल 1
(b) 2, 3 और 4
(c) 1 और 3
(d) 1, 2, 3 और 4

उत्तर *(b)*

व्याख्या घर्षण से संबंधित दिए गए कथनों में कथन (2), (3) और (4) सत्य हैं, क्योंकि कबड्डी के खिलाड़ी के हाथों में पसीना आने के कारण घर्षण कम हो जाता है, जिस कारण पकड़ कमजोर हो जाती है। इस समस्या के समाधान हेतु कबड्डी का खिलाड़ी हाथों पर मिट्टी लगाता है।

द्रवों तथा गैसों द्वारा उत्पन्न घर्षण को कर्षण कहते हैं तथा घर्षण के कारण ही माचिस की तीली को रगड़ने पर वह आग उत्पन्न करती है। अतः घर्षण से ऊष्मा उत्पन्न होती है।

कथन (1) असत्य है, क्योंकि स्वचालित वाहनों में ब्रेक प्रणालियों में ब्रेक पेडों का उपयोग करके घर्षण को बढ़ाया जाता है, ताकि ब्रेक लगाने पर वाहन रुक जाए।

24 निम्नलिखित कथनों पर विचार कीजिए। *(Chap 9, Class-VIII, NCERT)*

1. लोटनिक घर्षण, सर्पी घर्षण से अधिक होता है।
2. सर्पी घर्षण, स्थैतिक घर्षण से कम होता है।
3. स्थैतिक घर्षण, लोटनिक घर्षण से कम होता है।
4. बॉल बेयरिंग, सर्पी घर्षण को लोटनिक घर्षण में परिवर्तित कर देते हैं।

उपरोक्त में से कौन-सा/से कथन सही है/हैं?

(a) 1, 2 और 3
(b) 2, 3 और 4
(c) 2 और 4
(d) उपरोक्त सभी

उत्तर *(c)*

व्याख्या दिए गए कथनों में से कथन (2) और (4) सही हैं।

सर्पी घर्षण का मान, स्थैतिक घर्षण से कम होता है, क्योंकि जब कोई वस्तु किसी पृष्ठ पर सरकती है, तो उसके पृष्ठ के संपर्क बिंदुओं को उतना समय नहीं मिल पाता कि ये सतह के संपर्क बिंदुओं में धँस सके।

जब एक वस्तु किसी पृष्ठ के ऊपर लुढ़कती है, तो उनके संपर्क पृष्ठों के मध्य कार्य करने वाले घर्षण को लोटनिक घर्षण कहते हैं। बॉल बेयरिंग की सहायता से सर्पी घर्षण को लोटनिक घर्षण में परिवर्तित किया जाता है।

कथन (1) और (3) गलत हैं, क्योंकि लोटनिक घर्षण का मान सर्पी घर्षण तथा स्थैतिक घर्षण से कम होता है, जिस कारण वस्तु को सरकाने की अपेक्षा लुढ़काना बहुत आसान होता है।

25 निम्न कथन पर तथा उससे निकाले गए निष्कर्ष पर विचार कीजिए तथा बताइए कि कौन-सा निष्कर्ष सही है? *(Chap 4, Class-XI, NCERT), (UPPSC Mains 2013)*

कथन भरी हुई गाड़ी को चलाने में, उसे चलायमान रखने के लिए आवश्यक ताकत से अपेक्षाकृत अधिक ताकत से धक्का देना पड़ता है।

निष्कर्ष

(a) किसी चलायमान वस्तु का भार कम होता है।
(b) प्रारंभ में पहिए फिसलने लगते हैं।
(c) एक बार गाड़ी चल पड़ने के बाद घर्षण कम होता है।
(d) अभ्यास से निपुणता प्राप्त होती है।

उत्तर (c)

व्याख्या भरी हुई गाड़ी को चलाने में, उसे चलायमान रखने के लिए आवश्यक ताकत से अपेक्षाकृत अधिक ताकत से धक्का देना पड़ता है, क्योंकि एक बार गाड़ी चल देने के बाद घर्षण कम हो जाता है। जब वस्तु स्थिर अवस्था में होती है, तब उस पर स्थैतिक घर्षण बल कार्य करता है तथा जब वस्तु गतिमान अवस्था में होती है, तब उस पर गतिक घर्षण बल कार्य करता है और गतिक घर्षण बल का मान स्थैतिक घर्षण से कम होता है।

26 निम्नलिखित में से अभिकेंद्र बल से संबंधित कौन-सा/से कथन सही है/हैं? *(Chap 4, Class-XI, NCERT)*

1. साइकिल सवार का वृत्तीय मोड़ पर मुड़ना।
2. सूर्य के चारों ओर किसी ग्रह का गति करना।
3. डोरी से बँधे कण की क्षैतिज वृत्त में गति।

कूट

(a) 1 और 2
(b) 2 और 3
(c) 1 और 3
(d) ये सभी

उत्तर (d)

व्याख्या अभिकेंद्र बल से संबंधित सभी कथन सही हैं।

वृत्तीय गति करते हुए पिंड पर एक बल कार्य करता है, जिसकी दिशा सदैव वृत्त के केंद्र की ओर रहती है। इस बल को अभिकेंद्र बल कहते हैं।

जब वृत्ताकार पथ पर साइकिल सवार मुड़ता है, तो साइकिल को अभिकेंद्र बल टायरों तथा सड़क के मध्य विद्यमान घर्षण बल से प्राप्त होता है।

सूर्य के चारों ओर ग्रहों की गति में गुरुत्वाकर्षण बल द्वारा अभिकेंद्र बल प्राप्त होता है।

डोरी से बँधे कण की क्षैतिज वृत्त में गति के दौरान अभिकेन्द्र बल, डोरी में उत्पन्न तनाव द्वारा प्रदत्त होता है।

27 निम्न कथनों पर विचार कीजिए। *(Chap 4, Class-XI, NCERT)*

एक तीक्ष्ण वृत्ताकार पथ पर तीव्र गति से जाता हुआ चार पहियों वाला वाहन

1. बाहरी पहियों पर उलटेगा
2. अंदर के पहियों पर उलटेगा
3. बाहर की तरफ फिसलेगा
4. अंदर की तरफ फिसलेगा

इसमें से कौन-से कथन सही हैं?

(a) 1 और 3
(b) 2 और 4
(c) 2 और 3
(d) 1 और 4

उत्तर (a)

व्याख्या दिए गए कथनों में से कथन (1) और (3) सही हैं। एक तीक्ष्ण वृत्ताकार पथ पर तीव्र गति से जाता हुआ चार पहियों वाला वाहन बाहरी पहियों पर उलटेगा तथा बाहर की ही तरफ फिसलेगा। कथन (2) और (4) सही नहीं हैं, क्योंकि किसी वृत्ताकार मार्ग पर चलने वाले पिंड पर दो प्रकार का बल लगता है।

केंद्र की तरफ लगने वाला अभिकेंद्र बल तथा बाहर की तरफ लगने वाला अपकेंद्र बल। जब गाड़ी किसी मोड़ पर मुड़ती है, तो अपकेंद्र बल ज्यादा प्रभावी होता है जिस कारण, वेग अधिक होने पर किसी मोड़ पर गति करता चार पहियों वाला वाहन बाहर की तरफ तथा बाहरी पहियों पर उलटेगा।

अध्याय 04

कार्य, ऊर्जा और शक्ति

कार्य, ऊर्जा और शक्ति

कार्य तथा ऊर्जा

कार्य
- वह भौतिक क्रिया, जिसमें बल लगाकर किसी वस्तु को बल की दिशा में विस्थापित किया जाता है। SI पद्धति में कार्य का मात्रक जूल होता है।

कार्य के प्रकार
- **धनात्मक कार्य** यदि बल और विस्थापन के मध्य बन रहे कोण का मान शून्य से अधिक तथा 90° से कम हो, तो किया गया कार्य धनात्मक होगा।
- **ऋणात्मक कार्य** यदि बल और विस्थापन के मध्य बन रहे कोण का मान 90° से अधिक तथा 270° से कम हो, तो किया गया कार्य ऋणात्मक होगा।
- **शून्य कार्य** जब बल तथा विस्थापन लंबवत् दिशा में होते हैं, तो बल द्वारा किया गया कार्य शून्य होगा।

ऊर्जा
- किसी वस्तु द्वारा कार्य करने की क्षमता को ऊर्जा कहते हैं। SI पद्धति में इसका मात्रक जूल होता है।
- **गतिज ऊर्जा** किसी गतिशील वस्तु में वह ऊर्जा जो उसकी गति के कारण निहित होती है
- **स्थितिज ऊर्जा**
  किसी वस्तु या पिंड में वह ऊर्जा जो उसकी स्थिति या विन्यास के कारण निहित होती है

ऊर्जा संरक्षण का नियम तथा शक्ति

ऊर्जा संरक्षण का नियम
- इस नियम के अनुसार, ऊर्जा न तो उत्पन्न की जा सकती है और न ही नष्ट की जा सकती है, किंतु एक रूप से दूसरे रूप में इसका रूपांतरण हो सकता है। अतः विश्व की कुल ऊर्जा का परिमाण स्थिर रहता है।
- निकाय में गतिज ऊर्जा, स्थितिज ऊर्जा में तथा स्थितिज ऊर्जा, गतिज ऊर्जा में परिवर्तित होती रहती है। परन्तु प्रत्येक क्षण उनका योग नियत रहता है।

ऊर्जा का रूपांतरण
- ऊर्जा के एक रूप से दूसरे रूप में परिवर्तित होने की प्रक्रिया ऊर्जा का रूपांतरण कहलाती है।

शक्ति
- किसी वस्तु के कार्य करने की समय दर
  $P = \frac{W}{t}$
- इसका SI मात्रक वाट होता है।
  1 किलोवाट = 10^3 वाट
  1 मेगावाट = 10^6 वाट
  1 अश्वशक्ति = 746 वाट

ऊर्जा के स्रोत

ऊर्जा के स्रोत
- वह स्रोत जो सरलता से नियत दर पर, लंबे समय तक ऊर्जा प्रदान कर सके
- **ऊर्जा के परंपरागत स्रोत**
  ऊर्जा के वे स्रोत, जो प्रकृति द्वारा प्रदत्त हैं तथा जिनका निर्माण अत्यंत अधिक समय में हुआ है
- **कोयला** यह कार्बन तथा कार्बन के अन्य तत्वों (हाइड्रोजन, नाइट्रोजन, ऑक्सीजन, सल्फर, आदि) के साथ बनाए गए यौगिकों का मिश्रण है,
- **प्राकृतिक गैस** प्राकृतिक गैस एक महत्त्वपूर्ण स्वच्छ ऊर्जा संसाधन है, यह जलने पर कम कार्बन और प्रदूषक उत्पन्न करती है। कोयला और पेट्रोलियम उत्पादों की तुलना में यह हानिकारक गैसों और अन्य प्रदूषकों के कम उत्सर्जन के साथ जलती है।
- **ऊर्जा के गैर परम्परागत स्रोत** ऊर्जा के वे स्रोत जो प्रकृति से बिना किसी रूकावट के लगातार मिलते रहते हैं। जैसे सौर ऊर्जा, ज्वारीय ऊर्जा आदि।
- **सौर ऊर्जा** सूर्य से प्राप्त ऊर्जा जिससे हमें उष्मा और प्रकाश प्राप्त होता है।
- **ज्वारीय ऊर्जा** - चन्द्रमा के आकर्षण से समुद्र के जल के ऊपर व नीचे गिरने की प्रक्रिया के कारण उत्पन्न ऊर्जा

SOURCE New NCERT Class-IX (कार्य तथा ऊर्जा), Old NCERT Class-X (ऊर्जा के स्रोत), New NCERT Class-XI (कार्य, ऊर्जा तथा शक्ति), NIOS Chap 12 and 13 Module 4

1 कार्य से संबंधित निम्नलिखित कथनों पर विचार कीजिए। *(Chap 10, Class-IX, NCERT)*

1. किसी वस्तु पर किया गया कार्य उस वस्तु पर लगने वाले बल के परिमाण तथा बल की दिशा में उत्पन्न त्वरण के बराबर होता है।
2. कार्य में केवल परिमाण होता है, कोई दिशा नहीं होती है।
3. यदि वस्तु विस्थापित नहीं होती है, तब वस्तु पर किया गया कार्य शून्य होता है।

उपरोक्त में से कौन-सा/से कथन असत्य है/हैं?

(a) केवल 1 (b) 1 और 2 (c) 2 और 3 (d) ये सभी

उत्तर *(a)*

व्याख्या दिए गए कथनों में से कथन (1) असत्य है, क्योंकि किसी वस्तु पर किया गया कार्य उस पर लगने वाले बल तथा बल की दिशा में उत्पन्न विस्थापन के गुणनफल के तुल्य होता है।

कथन (2) और (3) सत्य हैं, क्योंकि कार्य एक अदिश (Scalar) राशि है अर्थात् कार्य में केवल परिमाण उपस्थित होता है। जब विस्थापन या आरोपित बल का मान शून्य होता है, तो किए गए कार्य का मान भी शून्य होता है।

2 निम्नलिखित में से कौन-सा उदाहरण शून्य कार्य से संबंधित है? *(Chap 5, Class-XI, NCERT)*

1. घर्षणहीन चिकनी क्षैतिज मेज पर गतिमान पिंड।
2. अपने सिर पर भार उठाकर एक स्थान पर खड़ा मनुष्य।
3. पृथ्वी के चारों ओर चक्कर लगाता चंद्रमा।
4. खुरदरे तल पर वस्तु को खींचने पर घर्षण बल द्वारा किया गया कार्य।

कूट

(a) 1 और 2 (b) 2 और 3 (c) केवल 4 (d) 1, 2 और 3

उत्तर *(d)*

व्याख्या दिए गए कथनों में से कथन (1), (2) और (3) शून्य कार्य के उदाहरण हैं।

किसी चिकनी क्षैतिज मेज पर गतिमान पिंड पर कोई क्षैतिज बल कार्य नहीं करता है, क्योंकि वहाँ घर्षण उपस्थित नहीं है अर्थात् इस स्थिति में किया गया कार्य शून्य माना जाएगा।

यदि कोई मनुष्य सिर पर भार उठाकर एक स्थान पर खड़ा है, तो उसके द्वारा तय किया गया विस्थापन शून्य होने के कारण किया गया कार्य शून्य होगा।

पृथ्वी के परित: चक्कर लगाते चंद्रमा द्वारा कृत कार्य शून्य है, क्योंकि चन्द्रमा पर कार्य कर रहे बल की दिशा सदैव चन्द्रमा की गति के लम्बवत् होती है।

कथन (4) शून्य कार्य का उदाहरण नहीं है, क्योंकि घर्षण बल, वस्तु के विस्थापन की विपरीत दिशा में कार्यरत है, अत: इसके द्वारा किया गया कार्य ऋणात्मक होगा।

3 दिए गए कथन (A) और कारण (R) को पढ़िए और कूट की सहायता से सही उत्तर का चयन कीजिए। *(Chap 10, Class-IX, NCERT)*

कथन (A) जब कोई बल किसी वस्तु की गति को अवमंदित करता है, तो बल द्वारा किया गया कार्य शून्य होता है।

कारण (R) शून्य कार्य होने के लिए विस्थापन का मान शून्य होना चाहिए।

कूट

(a) A और R दोनों सही हैं तथा R, A का सही स्पष्टीकरण है।
(b) A और R दोनों सही हैं, परंतु R, A का सही स्पष्टीकरण नहीं है।
(c) A सही है, किंतु R गलत है।
(d) A गलत है, किंतु R सही है।

उत्तर *(d)*

व्याख्या कथन (A) गलत है, किंतु कारण (R) सही है।

जब कोई बल किसी वस्तु की गति को अवमंदित करता है, तो बल द्वारा किया गया कार्य ऋणात्मक होगा, क्योंकि बल, विस्थापन की दिशा की विपरीत दिशा में कार्य कर रहा है।

शून्य कार्य के लिए निम्न तीन स्थितियाँ संभव हैं
बल तथा विस्थापन का एक-दूसरे के लंबवत् होना
विस्थापन का मान शून्य होना
बल का मान शून्य होना

4 निम्नलिखित में से धनात्मक कार्य संबंधित कथन पर विचार कीजिए। *(Chap 5, Class-XI, NCERT)*

1. बल तथा विस्थापन के मध्य बन रहा कोण 90° से कम हो।
2. बल तथा विस्थापन के मध्य बन रहा कोण 90° से अधिक हो।
3. बल तथा विस्थापन के मध्य बन रहा कोण 0° से अधिक हो।
4. बल तथा विस्थापन के मध्य बन रहा कोण 0° के बराबर हो।

उपरोक्त में से कौन-सा कथन सही है?

(a) केवल 1 (b) केवल 2
(c) 1 तथा 3 (d) केवल 4

उत्तर *(c)*

व्याख्या दिए गए कथनों में से कथन (1) तथा (3) दोनों सत्य हैं, क्योंकि जब बल तथा विस्थापन के मध्य बनने वाले कोण का मान 90° से कम हो, तो किया गया कार्य धनात्मक होगा।

अर्थात् $0 \leq \theta < 90°$ जबकि अन्य कथन (2) ऋणात्मक कार्य तथा कथन (4) शून्य कार्य के संदर्भ में सत्य कथन है।

5 निम्न कथनों पर विचार कीजिए। *(Chap 10, Class-IX, NCERT)*

1. किसी वस्तु में निहित ऊर्जा का मापन उसके द्वारा किए गए कुल कार्य से किया जाता है।
2. यांत्रिक ऊर्जा, विद्युत ऊर्जा तथा प्रकाश ऊर्जा का योग होती है।

उपरोक्त में से कौन-सा/से कथन सही है/हैं?

(a) केवल 1 (b) केवल 2
(c) 1 और 2 दोनों (d) न तो 1 और न ही 2

उत्तर *(a)*

व्याख्या दिए गए कथनों में से कथन (1) सही है।

किसी वस्तु में निहित ऊर्जा का मापन उसके द्वारा किए गए उसके कुल कार्य से किया जाता है, जिसे वस्तु अपनी वर्तमान अवस्था से उस अवस्था में आने तक कर सकती है, जबकि वह कार्य करने के योग्य न रहे अर्थात् शून्य ऊर्जा वाली स्थिति में आने तक करती है।

कथन (2) गलत है, क्योंकि यांत्रिक ऊर्जा, गतिज ऊर्जा तथा स्थितिज ऊर्जा का योग होती है।

6 निम्नलिखित कथनों पर विचार कीजिए। *(Chap 5, Class-XI, NCERT)*

1. किसी वस्तु द्वारा किया गया कार्य वस्तु की गतिज ऊर्जा में परिवर्तन के बराबर होता है।
2. किसी वस्तु की चाल बढ़ने पर उस वस्तु की गतिज ऊर्जा का मान कम हो जाता है।

उपरोक्त में से कौन-सा/से कथन सही है/हैं?

(a) केवल 1 (b) केवल 2
(c) 1 और 2 दोनों (d) न तो 1 और न ही 2

उत्तर *(a)*

व्याख्या दिए गए कथनों में से कथन (1) सही है, क्योंकि कार्य-ऊर्जा प्रमेय के अनुसार, जब किसी वस्तु पर कई बल इस प्रकार लगे हों कि उनका परिणामी बल शून्य न हो, तब परिणामी बल द्वारा किया गया कार्य वस्तु की गतिज ऊर्जा में परिवर्तन के बराबर होता है।

कथन (2) गलत है, क्योंकि हम जानते हैं,

गतिज ऊर्जा, $KE = \frac{1}{2}mv^2$

यहाँ, v = पिंड का वेग तथा m = पिंड का द्रव्यमान

उपरोक्त सूत्र के अनुसार, यदि वस्तु की चाल को बढ़ाते हैं, तो गतिज ऊर्जा का मान बढ़ेगा।

7 जब कोई व्यक्ति कील ठोकने के लिए हथौड़े को किसी ऊँचाई तक उठाता है, तब इसमें संचित ऊर्जा होती है

(Chap 10, Class-IX, NCERT)

(a) गतिज ऊर्जा (b) स्थितिज ऊर्जा
(c) रासायनिक ऊर्जा (d) विद्युत ऊर्जा

उत्तर *(b)*

व्याख्या जब कोई व्यक्ति कील ठोकने के लिए हथौड़े को ऊपर उठाता है, तो उसमें गुरुत्वीय स्थितिज ऊर्जा संचित (Stored) हो जाती है। इस ऊर्जा का उपयोग कील ठोकने के लिए किया जाता है।

8 निम्नलिखित में से कौन-सी क्रिया/क्रियाओं में स्थितिज ऊर्जा संगृहीत रहती है?

(Chap 10, Class-IX, NCERT)

1. तीर को धनुष की डोरी पर रखकर खींचने में संचित ऊर्जा
2. किसी खिलौने वाली कार में चाबी भरने पर उसकी कमानी में संचित ऊर्जा
3. स्प्रिंग को खींचने पर इसमें उपार्जित ऊर्जा
4. बहती हुई हवा में निहित ऊर्जा

कूट

(a) 1 और 2 (b) 2 और 4
(c) 1, 2 और 3 (d) 1 और 4

उत्तर *(c)*

व्याख्या दिए गए कथनों में से कथन (1), (2) और (3) में स्थितिज ऊर्जा संचित होती है। जब धनुष की डोरी को खींचा जाता है, तो डोरी में प्रत्यास्थ स्थितिज ऊर्जा (Elastic potential energy) संचित हो जाती है, जिसके माध्यम से तीर को गति प्रदान की जाती है।

जब खिलौने वाली कार में चाबी भरी जाती है, तो खिलौने से संबंधित स्प्रिंग में प्रत्यास्थ स्थितिज ऊर्जा संचित हो जाती है। स्प्रिंग को खींचने पर स्प्रिंग विस्तारित हो जाता है, जिससे उसमें स्थितिज ऊर्जा संचित हो जाती है।

कथन (4) असत्य है, क्योंकि बहती हुई हवा में गति के कारण गतिज ऊर्जा संचित होती है।

9 दिए गए कथन (A) और कारण (R) को पढ़िए और कूट की सहायता से सही उत्तर का चयन कीजिए। *(Chap 5, Class-XI, NCERT)*

कथन (A) जब कोई वस्तु किसी चट्टान से गिराई जाती है, तब उसकी गतिज ऊर्जा, स्थितिज ऊर्जा में परिवर्तित हो जाती है।

कारण (R) किसी भी निकाय की कुल यांत्रिक ऊर्जा संरक्षित रहती है।

कूट

(a) A और R दोनों सही हैं तथा R, A का सही स्पष्टीकरण है।
(b) A और R दोनों सही हैं, परंतु R, A का सही स्पष्टीकरण नहीं है।
(c) A सही है, किंतु R गलत है।
(d) A गलत है, किंतु R सही है।

उत्तर *(d)*

व्याख्या कथन (A) गलत है, किंतु कारण (R) सही है, क्योंकि जब कोई वस्तु चट्टान से गिराई जाती है, तो उसकी स्थितिज ऊर्जा, गतिज ऊर्जा में परिवर्तित हो जाती है अर्थात् स्थितिज ऊर्जा का मान घटता है तथा गतिज ऊर्जा का मान बढ़ता है, जिससे निकाय की संपूर्ण ऊर्जा का मान नियत रहता है। अर्थात् निकाय की कुल यांत्रिक ऊर्जा संरक्षित रहती है।

10 एक ट्रक, एक कार और एक मोटर साइकिल की गतिज ऊर्जाएँ समान हैं। यदि समान अवरोधक बल लगाए जाएँ और वे क्रमशः X, Y और Z दूरी पर रुकें, तो

(Chap 4, Class-XI, NCERT) (IAS Pre 1996)

(a) $X > Y > Z$ (b) $X < Y < Z$
(c) $X = Y = Z$ (d) $X \cong 4Y \cong 8Z$

उत्तर *(c)*

व्याख्या यदि एक ट्रक, एक कार और एक मोटर साइकिल की गतिज ऊर्जाएँ समान हैं और उन पर समान अवरोधक बल लगाए जाएँ, तो वे समान दूरी पर ही रुकेंगी। अत: X, Y और Z आपस में बराबर होंगे।

गतिज ऊर्जा (K) = बल (F) × दूरी (s)

$$\text{दूरी} = \frac{\text{गतिज ऊर्जा}}{\text{बल}}$$

11. निम्नलिखित कथनों पर विचार कीजिए। *(Class-X, Old NCERT)*

1. कोयला, पैट्रोलियम तथा प्राकृतिक गैस ऊर्जा के परंपरागत स्रोत हैं।
2. तापीय विद्युत संयंत्र के द्वारा विद्युत ऊर्जा ऊष्मीय ऊर्जा में रूपांतरित की जाती है।

उपरोक्त में से कौन-सा/से कथन सही है/हैं?

(a) केवल 1 (b) केवल 2
(c) 1 और 2 दोनों (d) न तो 1 और न ही 2

उत्तर *(a)*

व्याख्या कथन (1) सही है, क्योंकि ऊर्जा के वे स्रोत, जो प्रकृति द्वारा प्रदत्त हैं तथा जिनका निर्माण अत्यंत अधिक समय में हुआ है, वे परंपरागत (Conventional) ऊर्जा स्रोत कहलाते हैं; जैसे- कोयला, पैट्रोलियम व प्राकृतिक गैस।

कथन (2) असत्य है, क्योंकि तापीय विद्युत संयंत्र में ईंधन के दहन द्वारा ऊष्मीय ऊर्जा उत्पन्न की जाती है, जिसे विद्युत ऊर्जा में रूपांतरित किया जाता है।

12 निम्न में से कौन-सी हानि जल विद्युत उत्पादन द्वारा नहीं होती है?

(Class-X, Old NCERT)

(a) ग्रीन हाउस गैस की उत्पत्ति
(b) खेतों की उत्पादन क्षमता में कमी
(c) अम्लीय वर्षा का निर्माण
(d) जीव-जन्तु, मछली आदि का प्रभावित होना

उत्तर *(c)*

व्याख्या अम्लीय वर्षा का निर्माण जल विद्युत उत्पादन द्वारा नहीं होता है। कारखानों तथा वाहनों से सल्फर डाइ ऑक्साइड और नाइट्रोजन ऑक्साइड के प्रदूषक उत्सर्जित होकर पृथ्वी के वायुमंडल में उपस्थित जल के साथ क्रिया करके नाइट्रिक अम्ल और गंधक का तेजाब बनाते हैं, जिससे अम्लीय वर्षा का निर्माण होता है, जबकि ग्रीन हाउस की उत्पत्ति, खेतों की उत्पादन क्षमता में कमी तथा जीव-जन्तु, मछली आदि का प्रभावित होना, जल विद्युत उत्पादन द्वारा उत्पन्न हानियाँ हैं।

13 निम्नलिखित में से कौन-सा जैव मात्रा ऊर्जा स्रोत का उदाहरण नहीं है?

(Class-X, Old NCERT)

(a) लकड़ी (b) बायोगैस
(c) नाभिकीय ऊर्जा (d) कोयला

उत्तर *(c)*

व्याख्या नाभिकीय ऊर्जा, गैर-परम्परागत (Non-conventional) ऊर्जा का स्रोत है, इसलिए यह जैव मात्रा ऊर्जा स्रोत का उदाहरण नहीं है, जैव-मात्रा परंपरागत ऊर्जा का स्रोत है। लकड़ी, फसलों के अवशेष, गन्ने के छिलके, गाय के गोबर के उपले आदि को घरों तथा उद्योगों में ईंधन के रूप में उपयोग किया जाता है, जिसे जैव-मात्रा कहते हैं। जैव-मात्रा का उपयोग विद्युत के उत्पादन में किया जाता है।

14 टरबाइन को आवश्यक चाल से चलने के लिए पवन की चाल होती है *(Class-X, Old NCERT)*

(a) 25 किमी/घंटा (b) 15 किमी/घंटा
(c) 20 किमी/घंटा (d) 5 किमी/घंटा

उत्तर (b)

व्याख्या टरबाइन को आवश्यक चाल से चलने के लिए, पवन की चाल 15 किमी/घंटा होनी चाहिए। पवन ऊर्जा संयंत्र गतिशील वायु की ऊर्जा से कार्य करने वाली एक युक्ति है, जिसके द्वारा पवन ऊर्जा को विद्युत ऊर्जा में रूपांतरित किया जाता है।

15 निम्नलिखित में से कौन-सा स्रोत अंततः सौर ऊर्जा से व्युत्पन्न नहीं है? *(Class-X, Old NCERT)*

(a) भू-तापीय ऊर्जा (b) पवन ऊर्जा (c) नाभिकीय ऊर्जा (d) जैव-मात्रा

उत्तर (c)

व्याख्या नाभिकीय ऊर्जा, सौर ऊर्जा से व्युत्पन्न नहीं होती है, क्योंकि नाभिकीय ऊर्जा, परमाणु के नाभिक में संगृहीत होती है, जोकि नाभिकीय अभिक्रिया (विखण्डन या संलयन) से मुक्त होती है, जबकि भू-तापीय ऊर्जा, पवन ऊर्जा तथा जैव-मात्रा आदि, प्रत्यक्ष या अप्रत्यक्ष रूप से सौर ऊर्जा से व्युत्पन्न होती हैं।

16 सूची-I को सूची-II से सुमेलित करें। *(Class-X, Old NCERT)*

सूची-I (ऊर्जा के प्रकार)	सूची-II (ऊर्जा के उदाहरण)
A. ज्वारीय ऊर्जा	1. समुद्र की सतह पर उत्पन्न तरंगों के कारण उत्पन्न ऊर्जा
B. तरंग ऊर्जा	2. भूमि के तप्त स्थान तथा भूमिगत जल के संपर्क से उत्पन्न ऊर्जा
C. सागरीय ऊर्जा	3. जलीय तरंगों के ऊपर-नीचे जाने पर उत्पन्न ऊर्जा
D. भू-तापीय ऊर्जा	4. समुद्र के तल तथा गहराई के जल के ताप के अंतर के कारण उत्पन्न ऊर्जा

कूट

	A	B	C	D
(a)	2	3	1	4
(b)	3	2	1	4
(c)	3	1	4	2
(d)	4	3	2	1

उत्तर (c)

व्याख्या सही सुमेलन A-3, B-1, C-4, D-2 है।

ज्वार भाटा में जलीय तरंगों के ऊपर-नीचे जाने से जो ऊर्जा उत्पन्न होती है, उसे ज्वारीय ऊर्जा कहते हैं। ज्वारीय तरंग चंद्रमा के आकर्षण के कारण समुद्र में उत्पन्न होती है। वायु के कारण समुद्र की सतह पर पानी में तरंगें उत्पन्न होती हैं। इन तरंगों द्वारा उत्पन्न ऊर्जा को तरंग ऊर्जा कहते हैं। उदाहरणार्थ जनित्र के टरबाइन के घूर्णन में तथा विद्युत उत्पादन में।

समुद्रों के पृष्ठ का जल सूर्य द्वारा तप्त हो जाता है, जबकि इनके गहराई वाले भाग का जल अपेक्षाकृत ठंडा होता है। ताप में इस अंतर का उपयोग सागरीय तापीय ऊर्जा विद्युत संयंत्र में ऊर्जा प्राप्त करने में किया जाता है। भूमि के तप्त स्थानों तथा भूमिगत जल के संपर्क के कारण भाप बनती है जिसकी सहायता से विद्युत जनित्र के टरबाइन घुमाकर विद्युत का उत्पादन किया जाता है। इस ऊर्जा को भू-तापीय ऊर्जा कहते हैं। न्यूजीलैंड तथा संयुक्त राज्य अमेरिका में भू-तापीय ऊर्जा पर आधारित कई विद्युत शक्ति संयंत्र कार्य कर रहे हैं।

17 सौर सेल को बनाने के लिए किस तत्त्व का उपयोग किया जाता है? *(Class-X, Old NCERT)*

(a) सीरियम (b) सिलिकॉन (c) फॉस्फोरस (d) जर्मेनियम

उत्तर (b)

व्याख्या सौर सेल को बनाने के लिए सिलिकॉन का उपयोग किया जाता है। जोकि सौर ऊर्जा को विद्युत ऊर्जा में परिवर्तित करता है। यह वातावरण के अनुकूल होने के कारण इनसे कोई प्रदूषण उत्पन्न नहीं होता तथा इसको बनाने की प्रक्रिया बहुत महँगी होती है।

18 निम्न कथनों पर विचार कीजिए। *(Class-X, Old NCERT)*

1. नाभिकीय विखंडन की प्रक्रिया में यूरेनियम, प्लूटोनियम अथवा थोरियम के नाभिकों को निम्न ऊर्जा न्यूट्रॉन से बमबारी कराकर हल्के नाभिक में तोड़ा जाता है।
2. हाइड्रोजन अथवा हाइड्रोजन समस्थानिकों से हीलियम उत्पन्न होना नाभिकीय विखंडन की प्रक्रिया है।
3. नाभिकीय रिएक्टर नाभिकीय विखंडन पर आधारित होता है।

उपरोक्त में से कौन-सा/से कथन सही है/हैं?

(a) केवल 1 (b) 1 और 2
(c) 1 और 3 (d) ये सभी

उत्तर (c)

व्याख्या दिए गए कथनों में से कथन (1) और (3) सही हैं।

नाभिकीय विखंडन अभिक्रिया में एक भारी नाभिक (यूरेनियम, प्लूटोनियम अथवा थोरियम) पर धीमी गति के न्यूट्रॉनों की बमबारी की जाती है, जिसके कारण नाभिक दो या दो से अधिक भागों में टूट जाता है।

इस विखंडन में असीम ऊर्जा उत्पन्न होती है। नाभिकीय रिएक्टर, नाभिकीय विखंडन पर आधारित एक युक्ति है। इसमें नियंत्रित श्रृंखला अभिक्रिया होती है।

कथन (2) गलत है, क्योंकि हाइड्रोजन अथवा हाइड्रोजन के समस्थानिकों द्वारा हीलियम का उत्पादन होना नाभिकीय संलयन की प्रक्रिया है।

19 निम्नलिखित में से कौन-सा कथन असत्य है? *(Chap 12, Module-4, NIOS)*

(a) हाइड्रोजन बम नाभिकीय संलयन पर आधारित होता है
(b) हाइड्रोजन बम के क्रोड में प्लूटोनियम के विखंडन पर आधारित किसी नाभिकीय बम को रखा जाता है।
(c) सूर्य तथा अन्य तारों की विशाल ऊर्जा का स्रोत नाभिकीय विखंडन है।
(d) नाभिकों के परस्पर स्थापित होने के लिए अत्यधिक ऊर्जा की आवश्यकता होती है।

उत्तर (c)

व्याख्या दिए गए कथनों में से कथन (c) असत्य है, क्योंकि सूर्य तथा अन्य तारों की विशाल ऊर्जा का स्रोत नाभिकीय संलयन है।

कथन (a), (b) और (d) सत्य हैं। सूर्य तथा तारों पर हाइड्रोजन गैस प्रचुर मात्रा में उपस्थित है, जिसके कारण इन पर नाभिकीय संलयन अभिक्रिया होती है तथा प्रचुर मात्रा में ऊर्जा उत्पन्न होती है। इसके अतिरिक्त हाइड्रोजन बम नाभिकीय संलयन का उदाहरण है। यह अनियंत्रित संलयन अभिक्रिया पर आधारित होता है।

हाइड्रोजन बम के क्रोड में यूरेनियम अथवा प्लूटोनियम के विखंडन पर आधारित बम को रख देते हैं, जब इस नाभिकीय बम को अधिविस्फोटित करते हैं, तो ताप कुछ ही माइक्रो सेकंड में 10^7 K तक बढ़ जाता है।

यह अति उच्चताप हल्के नाभिकों को संलयित करके अपार ऊर्जा उत्पन्न कर देता है, इसलिए नाभिकों को परस्पर स्थापित होने के लिए अत्यधिक ऊर्जा की आवश्यकता होती है।

20 **ऊर्जा रूपांतरण के संदर्भ में निम्नलिखित कथनों पर विचार कीजिए।** *(Chap 10, Class-IX, NCERT) (MPPSC Pre 2001)*

1. ऊर्जा को नष्ट तो किया जा सकता है, परन्तु ऊर्जा को उत्पन्न नहीं किया जा सकता है।
2. ऊर्जा रूपांतरण की अवस्था में निकाय की कुल ऊर्जा अपरिवर्तित रहती है।

उपरोक्त में से कौन-सा/से कथन सही है/हैं?

(a) केवल 1
(b) केवल 2
(c) 1 और 2 दोनों
(d) न तो 1 और न ही 2

उत्तर (b)

व्याख्या दिए गए कथनों में कथन (2) सही है, क्योंकि ऊर्जा के संरक्षण नियम के अनुसार, ऊर्जा न तो उत्पन्न की जा सकती है और न ही नष्ट की जा सकती है, किंतु एक रूप से दूसरे रूप में इसका रूपांतरण हो सकता है। अत: संसार की कुल ऊर्जा का परिमाण स्थिर रहता है।

21 **वायु शक्ति में ऊर्जा का कौन-सा रूप विद्युत ऊर्जा में परिवर्तित होता है?** *(Class-XII, Old NCERT)*

(a) गतिज ऊर्जा
(b) स्थितिज ऊर्जा
(c) सौर ऊर्जा
(d) विकिरण ऊर्जा

उत्तर (a)

व्याख्या वायु शक्ति में गतिज ऊर्जा प्राय: विद्युत ऊर्जा में परिवर्तित होती है क्योंकि वायु की तीव्र गति के कारण इसमें गतिज ऊर्जा होती है। इस गतिज ऊर्जा का उपयोग निम्न कार्यों में किया जाता है

विद्युत उत्पादन में।

नदियों तथा समुद्रों में नाव चलाने में।

पृथ्वी की सतह के अंदर से पानी बाहर निकालने में।

22 **सागरीय तापीय ऊर्जा स्थानान्तरण विद्युत संयंत्र तभी प्रचालित हो सकते हैं, जब** *(Class-XII, Old NCERT)*

(a) महासागर के पृष्ठ पर जल का ताप तथा 2 किमी तक की गहराई पर जल के ताप में 30° C का अंतर हो।
(b) महासागर के पृष्ठ पर जल का ताप तथा 2 किमी तक की गहराई पर जल के ताप में 20°C का अंतर हो।
(c) महासागर के पृष्ठ पर जल का ताप तथा 2 किमी तक की गहराई पर जल के ताप में 15°C का अंतर हो।
(d) महासागर के पृष्ठ पर जल का ताप 20°C हो।

उत्तर (b)

व्याख्या सागरीय तापीय ऊर्जा स्थानांतरण विद्युत संयंत्र तभी प्रचालित हो सकते हैं, जब महासागर के पृष्ठ पर जल का ताप तथा 2 किमी तक की गहराई पर जल के ताप में 20°C का अंतर हो। पृष्ठ के तप्त जल का उपयोग अमोनिया जैसे वाष्पशील द्रवों को उबालने में किया जाता है। इस प्रकार बनी द्रवों की वाष्प से टरबाइन घूमता है। महासागर की गहराई में ठण्डे जल को पंपों से खींचकर वाष्प को ठण्डा करके फिर संघनित किया जाता है।

23 **सूची-I को सूची-II से सुमेलित करें तथा नीचे दिए गए कूट का प्रयोग करके सही उत्तर चुनिए।** *(Chap 10, Class-IX, NCERT) (Chap 12, Module-4, NIOS)*

सूची-I (ऊर्जा का रूपान्तरण)	सूची-II (युक्ति/प्रक्रम)
A. ऊष्मा से विद्युत	1. कार ब्रेकिंग
B. विद्युत से ध्वनि	2. नाभिकीय रिएक्टर
C. द्रव्यमान से ऊष्मा	3. लाउडस्पीकर
D. रासायनिक से ऊष्मा एवं प्रकाश	4. सौर सेल
	5. ईंधन दहन

कूट

	A	B	C	D
(a)	1	2	3	4
(b)	4	3	2	5
(c)	2	1	3	5
(d)	3	1	2	4

उत्तर (b)

व्याख्या सही सुमेलन A-4, B-3, C-2, D-5 है।

सौर सेल वह युक्ति है, जिसके द्वारा ऊष्मीय ऊर्जा, विद्युत ऊर्जा में रूपांतरित होती है।

लाउडस्पीकर वह युक्ति है, जिसके द्वारा विद्युत ऊर्जा, ध्वनि ऊर्जा में रूपांतरित होती है।

नाभिकीय रिएक्टर द्वारा द्रव्यमान ऊर्जा को ऊष्मीय ऊर्जा में रूपांतरित किया जाता है।

ईंधन दहन में रासायनिक ऊर्जा से ऊष्मीय एवं प्रकाश ऊर्जा प्राप्त होती है।

24 **निम्न में से असत्य कथन कौन-सा है?** *(Chap 5, Class-XI, NCERT)*

(a) ऊर्जा रूपांतरण की दर को शक्ति कहते हैं।
(b) 1 किलोवाट-घंटा में 3.6×10^5 जूल होते हैं।
(c) 1 वाट उस अभिकर्ता की शक्ति है, जो 1 सेकंड में 1 जूल कार्य करता है।
(d) जूल प्रति सेकंड को एक वाट कहते हैं।

उत्तर (b)

व्याख्या दिए गए कथनों में से कथन (b) असत्य है।

1 किलोवाट घंटा = 1 किलोवाट × 1 घंटा
= 1000 वाट × 60 × 60 सेकंड
= 3.6×10^6 जूल

कार्य करने की दर या ऊर्जा रूपांतरण की दर को शक्ति कहते हैं। SI पद्धति में शक्ति का मात्रक वाट होता है।

किसी व्यक्ति या वस्तु द्वारा 1 स्कंड में 1 जूल कार्य किया जाता है, तो उसकी शक्ति 1 वाट कहलाती है।

अध्याय 05

गुरुत्वाकर्षण

न्यूटन का गुरुत्वाकर्षण नियम
- किन्ही दो पिण्डों के बीच कार्य करने वाला बल पिण्डों के द्रव्यमानों के गुणनफल के समानुपाती तथा उनके बीच की दूरी के वर्ग के व्युत्क्रमानुपाती होता है।

$$F = \frac{Gm_1Gm_2}{r^2}$$

गुरुत्वाकर्षण के नियम का महत्व
- यह बल हमें पृथ्वी से बाँधे रखता है
- पृथ्वी सूर्य के चारों ओर घुमती है
- चन्द्रमा के कारण ज्वार-भाटा

गुरुत्व बल
- वह आकर्षण बल जिससे पृथ्वी किसी वस्तु को अपनी ओर आकर्षित करती है।

गुरुत्वीय त्वरण
- पृथ्वी के आकर्षण बल के कारण गिरती हुई वस्तु के वेग में परिवर्तन की दर
- इसका S.I मात्रक मी/से^{2} होता है।
- नीचे जाने पर g का मान घटता है।
- ऊपर जाने पर भी g का मान घटता है।
- ध्रुवों पर g का मान अधिकतम होता है।
- विषुवत् रेखा पर न्यूनतम होता है।
- पृथ्वी के केंद्र पर शून्य होता है।

पलायन चाल
- वह न्यूनतम चाल जिससे वस्तु को ऊपर की ओर फेंके जाने पर वह पृथ्वी के गुरुत्वाकर्षण क्षेत्र से बाहर चली जाए और पुनः वापस न लौटे

गुरुत्वीय क्षेत्र
- किसी पिण्ड के चारों ओर का वह क्षेत्र जिसमें अन्य पिण्डों द्वारा उसके गुरुत्वाकर्षण बल का अनुभव किया जा सके।
- गुरुत्वीय क्षेत्र के किसी बिंदु पर गुरुत्वीय क्षेत्र की तीव्रता उस बिंदु पर स्थित एकांक द्रव्यमान के पिंड पर लगने वाले गुरुत्वीय बल के बराबर होती है।
- इसका मात्रक न्यूटन/किग्रा या मी/से^{2} है। यह एक सदिश राशि है, जिसकी दिशा सदैव उस पिंड के गुरुत्व केंद्र की ओर होती है।

गुरुत्वीय विभव
- एकांक द्रव्यमान को उनके गुरुत्वीय क्षेत्र में किसी बिन्दु तक जाने में किया गया कार्य

गुरुत्वीय स्थितिज ऊर्जा
- किसी वस्तु को गुरुत्वीय क्षेत्र के विरुद्ध अनंत से क्षेत्र के किसी बिन्दु तक लाने में किया गया कार्य

द्रव्यमान
- वस्तु में पदार्थ का परिमाण ही द्रव्यमान कहलाता है। यह एक अदिश राशि है। इसका S.I. मात्रक किलोग्राम है।

भार
- वस्तु को अपने केन्द्र की ओर आकर्षित करने वाला बल, भार कहलाता है।
- **भार** = वस्तु का द्रव्यमान × गुरुत्वीय त्वरण
- यह एक सदिश राशि है।
- इसका S.I. मात्रक न्यूटन है।

ग्रह
(i) **प्रथम नियम** (First law) प्रत्येक ग्रह सूर्य के चारों ओर एक दीर्घवृत्ताकार कक्षा में घूमता है, तथा सूर्य इसके फोकस पर स्थित होता है, इसे कक्षाओं का नियम (Law of orbits) भी कहा जाता है।
(ii) **द्वितीय नियम** (Second law) सूर्य तथा ग्रह को मिलाने वाली रेखा समान समय में समान क्षेत्रफल तय करती है। इसे क्षेत्रफलों का नियम (Law of areas) भी कहा जाता है।
(iii) **तृतीय नियम** (Third law) सूर्य से किसी ग्रह की औसत दूरी (r) का घन उस ग्रह के सूर्य के परितः परिक्रमण काल (T) के वर्ग के समानुपाती होता है।

उपग्रह
- वह आकाशीय पिण्ड जो ग्रहों की परिक्रमा करते हैं।
- चन्द्रमा पृथ्वी का प्राकृतिक उपग्रह है।

भू-स्थिर अथवा तुल्यकाली उपग्रह
- पृथ्वी का ऐसा उपग्रह जिसका परिक्रमण काल, पृथ्वी के अपने अक्ष पर परिक्रमण काल के बराबर हो अर्थात् 24 घंटे हो,
- यह उपग्रह पृथ्वी तल पर खड़े व्यक्ति को सदैव स्थिर प्रतीत होता है। यह उपग्रह पश्चिम से पूर्व की ओर **वामावर्त दिशा** में गति करता है।

ध्रुवीय उपग्रह
- वे उपग्रह जो पृथ्वी के चारों ओर ध्रुवीय कक्षाओं में परिक्रमण करते हैं, ध्रुवीय उपग्रह (Polar satellites) कहलाते हैं।
- ध्रुवीय उपग्रह पृथ्वी की सतह से 500-800 किमी की दूरी पर स्थित होते हैं।

SOURCE New NCERT Class-VIII (बल तथा दाब), New NCERT Class-IX (गुरुत्वाकर्षण), New NCERT Class-XI (गुरुत्वाकर्षण), Tamil Nadu Board Class-X (गति के नियम), NIOS Chap 11 and 12 Module-3

1 निम्न कथन किस महान वैज्ञानिक से संबंधित हैं?

(Chap 9, Class-IX, NCERT)

(Unit 1, Class-X, Tamil Nadu Board)

1. गति के सुप्रसिद्ध नियमों का प्रतिपादन किया।
2. खगोलीय प्रेक्षणों के लिए खगोलीय दूरदर्शी की रचना की।
3. गणित की नई शाखा कलन की खोज की।

कूट

(a) कैप्लर (b) गैलीलियो

(c) न्यूटन (d) कॉपरनिकस

उत्तर (c)

व्याख्या न्यूटन नामक महान वैज्ञानिक ने गति के सुप्रसिद्ध नियमों का प्रतिपादन किया। उन्होंने प्रकाश तथा रंगों के सिद्धांतों पर कार्य किया एवं खगोलीय प्रेक्षणों के लिए खगोलीय दूरदर्शी की रचना की। न्यूटन एक महान गणितज्ञ भी थे।

उन्होंने गणित की एक शाखा की खोज की, जिसे कलन (Calculus) कहते हैं। इसका उपयोग उन्होंने यह सिद्ध करने के लिए किया कि किसी एकसमान घनत्व वाले गोले के बाहर स्थित वस्तुओं के लिए, गोले का व्यवहार इस प्रकार का होता है जैसे कि उसका संपूर्ण द्रव्यमान उसके केंद्र पर है।

2 निम्नलिखित में से कौन-सी घटना/घटनाएँ गुरुत्वाकर्षण के सार्वत्रिक नियम की सही पुष्टि करता/करती है/हैं?

(Chap 9, Class-IX, NCERT)

1. सूर्य के चारों ओर ग्रहों की गति
2. पृथ्वी पर पेड़ों का उगना
3. सूर्य तथा चंद्रमा के कारण ज्वार-भाटा
4. हमें पृथ्वी से बाँधे रखने वाला बल

कूट

(a) 1, 2 और 4 (b) 1 और 4

(c) 1, 3 और 4 (d) 3 और 5

उत्तर (c)

व्याख्या दिए गए कथनों में से कथन (1), (3) और (4) में वर्णित घटनाएँ गुरुत्वाकर्षण के सार्वत्रिक नियम की पुष्टि करती हैं।

सूर्य के चारों ओर ग्रहों की गति के लिए अभिकेंद्रीय बल, गुरुत्वीय बल से ही प्राप्त होता है। सूर्य तथा चंद्रमा के गुरुत्वाकर्षण के कारण ही समुद्र की लहरें ऊपर-नीचे उठती हैं, जिसे ज्वार-भाटा कहा जाता है।

गुरुत्वाकर्षण बल के कारण ही हम पृथ्वी से बंधे रहते हैं। अन्यथा गुरुत्वाकर्षण बल की अनुपस्थिति में हम अंतरिक्ष के समान उड़ते रहते, क्योंकि अंतरिक्ष में गुरुत्वीय बल अनुपस्थित है।

कथन (2) की घटना गुरुत्वाकर्षण के सार्वत्रिक नियम की पुष्टि नहीं करती है, क्योंकि यह एक प्राकृतिक घटना है।

3 निम्नलिखित में से कौन-सा/से युग्म सही सुमेलित है/हैं?

(Chap 9, Class-IX, NCERT)

1. केप्लर — प्रत्येक ग्रह की कक्षा एक दीर्घ वृत्त होती है।
2. न्यूटन — सूर्य तथा ग्रह को मिलाने वाली रेखा समान समय में समान क्षेत्रफल तय करती है।
3. हेनरी — सुग्राही तुल्य द्वारा गुरुत्वीय स्थिरांक का मान ज्ञात करना।

कूट

(a) केवल 1 (b) 1 और 3

(c) 2 और 3 (d) केवल 3

उत्तर (b)

व्याख्या दिए गए युग्मों में से युग्म (1) और (3) सही सुमेलित हैं।

केप्लर के प्रथम नियम के अनुसार, प्रत्येक ग्रह सूर्य के चारों ओर एक दीर्घ वृत्ताकार कक्षा में घूमता है तथा सूर्य इसके फोकस पर स्थित होता है।

हैनरी कैवेंडिस ने एक सुग्राही तुल्य का उपयोग करके गुरुत्वीय स्थिरांक (Gravitational constant) का मान ज्ञात किया था। इसका मान 6.673×10^{-11}न्यूटन-मी^{2} किग्रा$^{-2}$ है।

युग्म (2) सही सुमेलित नहीं है, क्योंकि केप्लर के द्वितीय नियम के अनुसार, सूर्य तथा ग्रह को मिलाने वाली रेखा समान समय में समान क्षेत्रफल तय करती है।

4. निम्न में से कौन-सा कथन सत्य है? *(Chap 9, Class-IX, NCERT)*

(a) गुरुत्वाकर्षण के सार्वत्रिक नियम का प्रतिपादन आइंस्टीन ने किया था।

(b) गुरुत्वाकर्षण के सार्वत्रिक नियम का प्रतिपादन गैलीलियो ने किया था।

(c) गुरुत्वाकर्षण के सार्वत्रिक नियम का प्रतिपादन न्यूटन ने किया था।

(d) गुरुत्वाकर्षण के सार्वत्रिक नियम का प्रतिपादन कॉपरनिकस ने किया था।

उत्तर (c)

व्याख्या गुरुत्वाकर्षण के सार्वत्रिक नियम का प्रतिपादन न्यूटन ने किया था। जिनके अनुसार, ब्रह्मांड के किन्हीं दो पिंडों के मध्य कार्य करने वाला आकर्षण बल, पिंडों के द्रव्यमानों के गुणनफल के समानुपाती तथा उनके मध्य की दूरी के व्युत्क्रमानुपाती होता है।

5 निम्नलिखित कथनों पर विचार कीजिए। *(Chap 9, Class-IX, NCERT)*

1. किन्हीं दो पिंडों की दूरी बढ़ने के साथ गुरुत्वाकर्षण बल अधिक हो जाता है।
2. यदि पिंडों के द्रव्यमान अधिक कर दिए जाएँ, तो उनके बीच गुरुत्वाकर्षण बल भी अधिक हो जाएगा।

उपरोक्त में से कौन-सा/से कथन सत्य है/हैं?

(a) केवल 1

(b) केवल 2

(c) 1 और 2 दोनों

(d) न तो 1 और न ही 2

उत्तर (b)

व्याख्या दिए गए कथनों में से कथन (2) सत्य है।

गुरुत्वाकर्षण के नियमानुसार, दो पिंडों के मध्य कार्यरत् गुरुत्वाकर्षण बल उनके द्रव्यमान के समानुपाती होता है।

इसलिए यदि पिंडों के द्रव्यमान अधिक कर दिए जाएँ, तो उनके बीच गुरुत्वाकर्षण बल भी अधिक हो जाएगा।

कथन (1) असत्य है, क्योंकि गुरुत्वीय बल पिंडों के मध्य की दूरी के वर्ग के व्युत्क्रमानुपाती होता है, इसलिए दूरी का मान बढ़ाने पर गुरुत्वीय बल का मान कम होता है।

6 अलग-अलग द्रव्यमान की दो वस्तुएँ चंद्रमा की सतह के पास स्वतंत्र रूप से गिरने से क्या होगा? *(Chap 7, Class-XI, NCERT)*

(a) अलग-अलग त्वरण होगा

(b) उनके जड़त्व में परिवर्तन होगा

(c) किसी भी क्षण एक ही वेग होगा

(d) समान परिमाण के बल का अनुभव होगा

उत्तर (c)

व्याख्या अलग-अलग द्रव्यमान की दो वस्तुएँ चंद्रमा की सतह के पास स्वतंत्र रूप से गिरने से उत्पन्न वेग गुरुत्वाकर्षण द्वारा उत्पन्न त्वरण पर निर्भर करता है, जिसके कारण किसी भी क्षण एक ही वेग रहता है।

7 निम्न कथनों में से कौन-सा कथन असत्य है? *(Chap 9, Class-IX, NCERT)*

(a) पृथ्वी के चारों ओर चंद्रमा की गति अभिकेंद्र बल के कारण है।
(b) चंद्रमा को गति करने के लिए आवश्यक अभिकेंद्र बल पृथ्वी के आकर्षण बल से प्राप्त होता है।
(c) पृथ्वी द्वारा लगाया जाने वाला गुरुत्वाकर्षण बल, गुरुत्व कहलाता है।
(d) पृथ्वी के चारों ओर यदि अभिकेंद्र बल प्राप्त न हो, तो चंद्रमा स्थिर हो जाएगा।

उत्तर *(d)*

व्याख्या दिए गए कथनों में से कथन (d) असत्य है। पृथ्वी के चारों ओर चंद्रमा की गति अभिकेंद्रीय बल के कारण होती है, जोकि पृथ्वी के आकर्षण बल द्वारा उत्पन्न होता है, जिसे गुरुत्व कहा जाता है। यदि ऐसा कोई बल प्राप्त न हो, तो चंद्रमा एकसमान गति से सरल रेखीय पथ पर गति करेगा।

8 प्रकृति के ज्ञात बलों को चार वर्गों में विभाजित किया जा सकता है, जैसे कि गुरुत्व, विद्युत-चुंबकत्व, दुर्बल नाभिकीय बल और प्रबल नाभिकीय बल। उनके संदर्भ में निम्नलिखित कथनों में से कौन-सा एक सही नहीं है? *(Chap 8, Class-VIII, NCERT)*

(a) गुरुत्व, चारों में सबसे प्रबल है।
(b) विद्युत-चुंबकत्व सिर्फ विद्युत आवेश वाले कणों पर क्रिया करता है।
(c) दुर्बल नाभिकीय बल विघटनाभिकता का कारण है।
(d) प्रबल नाभिकीय बल परमाणु के केंद्रक में प्रोटॉनों और न्यूट्रॉनों को धारित किए रखता है।

उत्तर *(a)*

व्याख्या दिए गए कथनों में से कथन (a) सही नहीं है, क्योंकि गुरुत्व बल प्रकृति में पाए जाने वाले ज्ञात बलों में सबसे दुर्बल बल है। दो कणों के बीच कार्यरत् गुरुत्व बल पर किसी अन्य कण की उपस्थिति या अनुपस्थिति का कोई प्रभाव नहीं पड़ता है, जबकि प्रबल नाभिकीय बल समस्त मूलभूत बलों में प्रबलतम बल है।

जोकि परमाणु के केन्द्रक में प्रोटॉनों और न्यूट्रॉनों को धारित किए रखता है तथा यह गुरुत्व बल से लगभग 10^{38} गुना अधिकतम होता है।

9 गुरुत्व के अधीन विरामावस्था से मुक्त रूप से गिरने वाले किसी कण के मामले में समय (t) में विस्थापन (s) का विवरण किसमें सही दर्शाया गया है *(Chap 9, Class-IX, NCERT)*

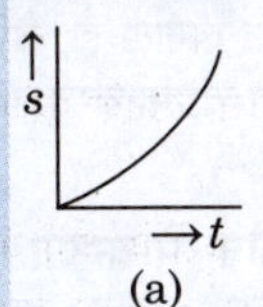

(a)

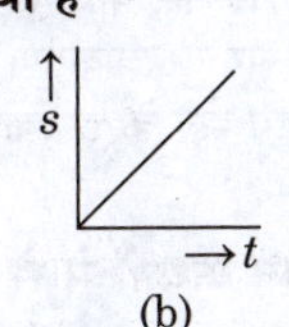

(b)

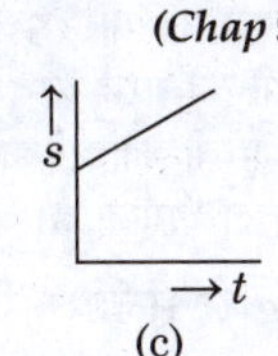

(c)

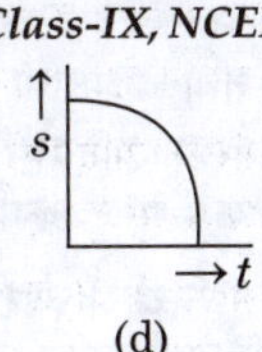

(d)

उत्तर *(a)*

व्याख्या गुरुत्व के अधीन विरामावस्था में मुक्त रूप से गिरने वाले किसी कण के मामले में समय (t) में विस्थापन (s) के सापेक्ष परवलय का समीकरण है अर्थात् $s = \frac{1}{2} gt^2$

अत: विकल्प (a) रेखाचित्र प्रश्न को सही दर्शाता है।

10 पीसा (Pisa) की झुकी हुई मीनार के लिए कौन-सा कथन सही है? *(Chap 11, Module-3, NIOS) (UPPSC Pre 2009)*

(a) वह शीर्ष भाग में पतली (Tapper) हो गई है
(b) वह बड़े तल क्षेत्रफल को आच्छादित करती है
(c) इसका गुरुत्वाकर्षण केंद्र निम्नतम स्थिति में रहता है
(d) गुरुत्वाकर्षण केंद्र से जाने वाली ऊर्ध्वाधर लाइन (रेखा) तल के अंदर रहती है

उत्तर *(d)*

व्याख्या पीसा की झुकी हुई मीनार नहीं गिरती है, क्योंकि इसके गुरुत्वाकर्षण केंद्र से जाने वाली ऊर्ध्वाधर लाइन (रेखा) तल के अंदर रहती है। कोई भी वस्तु, तब तक स्थिर रहती है, जब तक गुरुत्व केंद्र से जाने वाली ऊर्ध्वाधर रेखा उसके तल से गुजरती है।

गुरुत्वाकर्षण (गुरुत्व) केंद्र वह बिन्दु है, जहाँ वस्तु का सम्पूर्ण भार कार्य करता है। जब कोई वस्तु विरामावस्था में रहती है, तो इसके गुरुत्वाकर्षण (गुरुत्व) केंद्र में कोई परिवर्तन नहीं आता है, परंतु यदि वस्तु के आकार अथवा स्वरूप में परिवर्तन होता है, तो उसका गुरुत्वाकर्षण (गुरुत्व) केंद्र भी परिवर्तित होता है।

11 यदि कोई वस्तु पृथ्वी की ओर आकर्षित होती है, तो पृथ्वी भी उस वस्तु की ओर आकर्षित होती है, परंतु हम पृथ्वी को वस्तु की ओर गति करते नहीं देखते हैं। इस कारण की पुष्टि गति के कौन-से नियम द्वारा की जा सकती है? *(Chap 9, Class- IX, NCERT)*

(a) गति का द्वितीय नियम
(b) गति का तृतीय नियम
(c) गति का प्रथम नियम
(d) ऊर्जा संरक्षण का नियम

उत्तर *(a)*

व्याख्या पृथ्वी भी वस्तु की ओर आकर्षित होती है, परंतु हम पृथ्वी को वस्तु की ओर गति करते नहीं देखते हैं। इस कारण की पुष्टि गति के द्वितीय नियम द्वारा की जा सकती है। इस नियम के अनुसार, किसी वस्तु पर कार्यरत् बल, द्रव्यमान तथा त्वरण का गुणनफल होता है।

पृथ्वी का द्रव्यमान सदैव वस्तु से अधिक होता है, इसलिए पृथ्वी का गुरुत्वीय बल, वस्तु के बल से अधिक है। जिस कारण पृथ्वी वस्तु की ओर नहीं, अपितु वस्तु, पृथ्वी की ओर गति करती दिखाई देती है।

12 निम्नलिखित कथनों पर विचार कीजिए। *(Chap 9, Class-IX, NCERT)*

1. न्यूटन के अनुसार, विश्व के सभी पिंडों के बीच गुरुत्वाकर्षण बल लगता है।
2. गुरुत्वाकर्षण बल एक प्रबल बल है।
3. गुरुत्वाकर्षण बल, आकर्षण तथा प्रतिकर्षण दोनों प्रकार का होता है।

उपरोक्त में से कौन-सा/से कथन असत्य हैं?

(a) 1 और 2
(b) 2 और 3
(c) 1 और 3
(d) केवल 1

उत्तर *(b)*

व्याख्या दिए गए कथनों में से कथन (2) और (3) असत्य हैं, क्योंकि गुरुत्वाकर्षण बल दुर्बल तथा आकर्षण प्रकृति का होता है। हमारे सौर परिवार में सभी ग्रह सूर्य की परिक्रमा करते हैं, इसका अर्थ यह है कि सूर्य तथा ग्रहों के बीच एक बल विद्यमान है। इस तथ्य के आधार पर न्यूटन ने निष्कर्ष निकाला कि विश्व के सभी पिंड एक-दूसरे को आकर्षित करते हैं अर्थात् उनके बीच गुरुत्वाकर्षण बल कार्य करता है।

13 यदि पृथ्वी और सूर्य की दूरी जो है उसके स्थान पर दोगुनी होती, तो सूर्य द्वारा पृथ्वी पर गुरुत्वाकर्षण बल जो पड़ता, वह होता *(Chap 9, Class-IX, NCERT)*

(a) अब जितना है, उसका दोगुना
(b) अब जितना है, उसका चार गुना
(c) अब जितना है, उसका चौथा भाग
(d) अब जितना है, उसका आधा भाग

उत्तर *(c)*

व्याख्या यदि पृथ्वी और सूर्य की दूरी दोगुनी होती, तो सूर्य द्वारा पृथ्वी पर पड़ने वाला गुरुत्वाकर्षण बल अब जितना है उसका चौथा भाग होता है।

माना पृथ्वी एवं सूर्य के मध्य की दूरी r है, तो न्यूटन के सार्वत्रिक गुरुत्वाकर्षण के नियम के अनुसार, सूर्य के द्रव्यमान M_S द्वारा पृथ्वी के द्रव्यमान M_e है, तो

गुरुत्वाकर्षण बल, $F_1 = G \frac{M_s M_e}{r^2}$ ...(i)

G = गुरुत्वाकर्षण नियतांक।

यदि सूर्य एवं पृथ्वी के बीच की दूरी दोगुनी हो जाए, तब

$$r' = 2r$$

$$F_2 = G\frac{M_s M_e}{(2r)^2} = G\frac{M_s M_e}{4r^2} \quad \ldots(ii)$$

समी. (i) और (ii) से,

$$\frac{F_1}{F_2} = \frac{4}{1} \Rightarrow F_2 = \frac{1}{4}F_1$$

14 यदि एक पंख, एक रबड़ की गेंद और एक लकड़ी की गेंद निर्वात् में एकसमान ऊँचाई से स्वतंत्रतापूर्वक एक-साथ गिर रहे हैं, तो *(Chap 9, Class-IX, NCERT)*

(a) पंख सबसे पहले जमीन पर पहुँच जाएगा
(b) रबड़ की गेंद सबसे पहले जमीन पर पहुँच जाएगी
(c) लकड़ी की गेंद सबसे पहले जमीन पर पहुँच जाएगी
(d) तीनों एक-साथ जमीन पर पहुँचेंगे

उत्तर *(d)*

व्याख्या यदि एक पंख, एक रबड़ की गेंद और एक लकड़ी की गेंद निर्वात् में एकसमान ऊँचाई से स्वतंत्रतापूर्वक एक-साथ गिर रहे हैं, तो तीनों एक-साथ जमीन पर पहुँचेंगे, क्योंकि वायु की अनुपस्थिति में इसका प्रतिरोध बल नगण्य होता है।

15 कागज और पत्थर समान ऊँचाई से छोड़े जाने पर कागज पृथ्वी पर पत्थर के बाद पहुँचता है। इसका कारण है *(Chap 9, Class-IX, NCERT)*

(a) पत्थर का द्रव्यमान, कागज के द्रव्यमान से कम है।
(b) कागज पर लगने वाला वायु प्रतिरोध (घर्षण) बल, पत्थर पर लगने वाले वायु प्रतिरोध बल से अधिक होता है।
(c) पृथ्वी, कागज पर कोई गुरुत्वाकर्षण बल नहीं लगाती है
(d) उपरोक्त सभी

उत्तर *(b)*

व्याख्या जब कागज तथा पत्थर को समान ऊँचाई से गिराया जाता है, तो कागज पृथ्वी पर पत्थर के बाद पहुँचता है। क्योंकि कम द्रव्यमान वाली वस्तु पर वायु का प्रतिरोध बल अधिक लगता है। अर्थात् कागज के लिए वायु प्रतिरोध (घर्षण) बल पत्थर की तुलना में अधिक होता है, यदि वायु के स्थान पर निर्वात् हो, तो वायु का प्रतिरोध नगण्य होने के कारण कागज और पत्थर पृथ्वी पर एक साथ पहुँचेंगे।

16 निम्नलिखित कथनों पर विचार कीजिए। *(Chap 9, Class-IX, NCERT), (UPPSC Pre 2009)*

1. किसी वस्तु का द्रव्यमान, चंद्रमा पर पृथ्वी की अपेक्षा कम होता है।
2. किसी वस्तु का भार वह बल है, जिससे यह पृथ्वी की ओर आकर्षित होता है।
3. किसी वस्तु का भार ध्रुवों से विषुवत् वृत्त की ओर घटता है।

उपरोक्त में से कौन-सा/से कथन सही है/हैं?

(a) केवल 1 (b) 2 और 3 (c) 1 और 3 (d) ये सभी

उत्तर *(b)*

व्याख्या दिए गए कथनों में से कथन (2) और (3) सही हैं।

पृथ्वी जिस बल से किसी वस्तु को अपने केंद्र की ओर आकर्षित करती है, वह उस वस्तु का भार कहलाता है। अर्थात्

भार $(w) = mg$

उपरोक्त सूत्र से ज्ञात होता है कि भार का मान गुरुत्वीय त्वरण पर निर्भर करता है, क्योंकि ध्रुवों पर गुरुत्वीय त्वरण, विषुवत् पर गुरुत्वीय त्वरण से अधिक होता है, इसलिए वस्तु का भार ध्रुवों से विषुवत् वृत्त की ओर जाने पर घटता है।

कथन (1) गलत है, क्योंकि द्रव्यमान किसी वस्तु में उपस्थित पदार्थ की मात्रा है, जो सदैव नियत रहता है। इसलिए किसी वस्तु का द्रव्यमान चंद्रमा तथा पृथ्वी पर समान रहता है।

17 यदि पृथ्वी का गुरुत्वाकर्षण बल अचानक लुप्त हो जाता है, तो निम्न में से कौन-सा परिणाम सही होगा? *(Chap 9, Class-IX, NCERT), (UPPSC Mains 2012)*

(a) वस्तु का भार शून्य हो जायेगा, परंतु द्रव्यमान वही रहेगा
(b) वस्तु का द्रव्यमान शून्य हो जाएगा, परंतु भार वही रहेगा
(c) वस्तु का भार तथा द्रव्यमान दोनों शून्य हो जाएगें
(d) वस्तु का द्रव्यमान बढ़ जाएगा

उत्तर *(a)*

व्याख्या यदि पृथ्वी का गुरुत्वाकर्षण बल अचानक लुप्त हो जाता है, तो वस्तु का भार शून्य हो जाएगा, परंतु द्रव्यमान वही रहेगा, क्योंकि वस्तु का द्रव्यमान एक नियत राशि है। यह एक स्थान से दूसरे स्थान पर वस्तु को ले जाने पर परिवर्तित नहीं होता है, जबकि भार गुरुत्वीय त्वरण पर निर्भर करता है। गुरुत्वाकर्षण बल लुप्त होने पर गुरुत्वीय त्वरण का मान शून्य हो जाएगा, जिसके कारण वस्तु का भार शून्य हो जाएगा।

18 दिए गए कथन (A) और कारण (R) को पढ़िए और कूट की सहायता से सही उत्तर का चयन कीजिए। *(Chap 9, Class-IX, NCERT), (CGPSC Pre 2008)*

कथन (A) चंद्रमा पर किसी मानव का भार पृथ्वी पर भार की तुलना में 1/6 रहता है।

कारण (R) चंद्रमा पर पृथ्वी की तरह गुरुत्वाकर्षण नहीं है।

कूट

(a) A और R दोनों सही हैं तथा R, A की सही व्याख्या करता है।
(b) A और R दोनों सही हैं, परंतु R, A की सही व्याख्या नहीं करता है।
(c) A सही है, किंतु R गलत है।
(d) A गलत है, किंतु R सही है।

उत्तर *(c)*

व्याख्या कथन (A) सही है, किंतु कारण (R) गलत है।

हम जानते हैं,

पृथ्वी पर वस्तु का भार, $w = mg$ ...(i)

∵ चंद्रमा का गुरुत्वीय त्वरण, $g_m = \frac{g}{6}$

चंद्रमा पर वस्तु का भार, $w' = mg_m \Rightarrow w' = \frac{mg}{6} \Rightarrow w' = \frac{w}{6}$

अतः चंद्रमा पर मानव का भार, पृथ्वी पर भार की तुलना में 1/6 भाग होता है तथा चंद्रमा भी पृथ्वी की तरह वस्तुओं पर गुरुत्वाकर्षण बल लगाता है, लेकिन चंद्रमा का द्रव्यमान पृथ्वी की अपेक्षा कम होने के इस कारण चंद्रमा वस्तुओं पर कम गुरुत्वाकर्षण बल लगाता है।

19 गुरुत्वीय त्वरण g से संबंधित निम्न कथनों में से कौन-से कथन सत्य हैं? *(Chap 7, Class-XI, NCERT)*

1. पृथ्वी तल से ऊपर जाने पर g का मान घटता है।
2. पृथ्वी तल से नीचे जाने पर g का मान घटता है।
3. ध्रुवों से विषुवत् वृत्त की ओर जाने पर g का मान घटता है।

कूट

(a) 1 और 2 (b) 2 और 3 (c) 1 और 3 (d) ये सभी

उत्तर *(d)*

व्याख्या दिए गए कथनों में से सभी कथन सत्य हैं।

पृथ्वी तल से ऊपर जाने पर गुरुत्वीय त्वरण, $g' = g\left(1 - \frac{2h}{R}\right)$

अर्थात् ऊपर जाने पर h का मान बढ़ने के कारण गुरुत्वीय त्वरण g का मान घटता है।

पृथ्वी तल से नीचे जाने पर गुरुत्वीय त्वरण, $g_d = g\left(1 - \frac{d}{R_e}\right)$

अर्थात् नीचे जाने पर d का मान बढ़ने के कारण गुरुत्वीय त्वरण g का मान घटता है तथा पृथ्वी के केंद्र पर गुरुत्वीय त्वरण शून्य हो जाता है।

तथा हम जानते हैं, पृथ्वी सतह पर गुरुत्वीय त्वरण, $g = \frac{GM}{R^2}$

चूँकि पृथ्वी एक पूर्ण गोला नहीं है, जिससे पृथ्वी की त्रिज्या, ध्रुवों से विषुवत् वृत्त की ओर जाने पर बढ़ती है, इसलिए गुरुत्वीय त्वरण g का मान घटता है।

20 दिए गए कथन (A) और कारण (R) को पढ़िए और कूट की सहायता से सही उत्तर का चयन कीजिए। *(Chap 9, Class-IX, NCERT)*

कथन (A) गुरुत्वीय त्वरण का मान उस वस्तु के द्रव्यमान पर निर्भर करता है, जिस पर गुरुत्व बल लगाया जाता है।

कारण (R) पृथ्वी के तल पर गुरुत्वीय त्वरण का मान लगभग स्थिर रहता है।

कूट

(a) A और R दोनों सही हैं तथा R, A का सही स्पष्टीकरण है।
(b) A और R दोनों सही हैं, परंतु R, A का सही स्पष्टीकरण नहीं है।
(c) A सही है, किंतु R गलत है।
(d) A गलत है, किंतु R सही है।

उत्तर *(d)*

व्याख्या कथन (A) गलत है, किंतु कारण (R) सही हैं,

गुरुत्वीय त्वरण $(g) = \frac{GM}{R^2}$

यहाँ, M = पृथ्वी का द्रव्यमान
तथा R = पृथ्वी की त्रिज्या

अत: गुरुत्वीय त्वरण का मान पृथ्वी के द्रव्यमान तथा इसकी त्रिज्या पर निर्भर करता है। यह वस्तु के द्रव्यमान पर निर्भर नहीं करता है तथा अधिकांश गणनाओं के लिए पृथ्वी की सतह पर या इसके निकट गुरुत्वीय त्वरण के मान को लगभग स्थिर मान सकते हैं।

21 निम्न कथनों में से कौन-सा कथन तुल्यकाली उपग्रह के गुणों के लिए सत्य है? *(Chap 7, Class-XI, NCERT)*

(a) ये उपग्रह 24 घंटे में पृथ्वी के परित: परिक्रमण करते हैं।
(b) इनकी पृथ्वी तल से ऊँचाई 35830 किमी होती है।
(c) ये विषुवत् तल में पृथ्वी के परित: चक्कर लगाते हैं।
(d) उपरोक्त सभी

उत्तर *(d)*

व्याख्या पृथ्वी का ऐसा उपग्रह जिसका परिक्रमण काल, पृथ्वी के अपने अक्ष पर परिक्रमण काल के बराबर हो अर्थात् 24 घंटे हो, तुल्यकाली उपग्रह या भू-स्थिर उपग्रह (Geostationary satellite) कहलाता है।

इस प्रकार के उपग्रह पृथ्वी तल से 35830 किमी की ऊँचाई पर स्थित होते हैं तथा ये उपग्रह पृथ्वी के विषुवत् तल में पश्चिम से पूर्व की ओर पृथ्वी की परिक्रमा करते हैं।

22 ध्रुवीय उपग्रह की विशेषता यह है कि *(Chap 7, Class-XI, NCERT)*

1. ये ध्रुवों के परित: उत्तर-दक्षिण दिशा में गमन करते हैं।
2. ये पृथ्वी के अक्ष पर पश्चिम से पूर्व की ओर गमन करते हैं।
3. इनकी पृथ्वी पृष्ठ से ऊँचाई 500-800 किमी तक होती है।
4. इनका उपयोग पर्यावरण अध्ययन, सुदूर संवेदन इत्यादि के लिए किया जाता है।

उपरोक्त में से कौन-सा/से कथन सत्य है/हैं?

(a) केवल 2 (b) 2, 3 और 4 (c) 1, 3 और 4 (d) ये सभी

उत्तर *(c)*

व्याख्या दिए गए कथनों में से कथन (1), (3) और (4) ध्रुवीय (Polar) उपग्रह की विशेषताएँ हैं। वे उपग्रह जो पृथ्वी के चारों ओर ध्रुवीय कक्षाओं में परिक्रमण करते हैं, ध्रुवीय उपग्रह कहलाते हैं। इनकी कक्षा की दिशा उत्तर-दक्षिण होती है। जोकि पृथ्वी की सतह से 500-800 किमी दूरी पर स्थित होते हैं।

इन उपग्रहों का उपयोग पर्यावरण अध्ययन, मौसम संबंधी भविष्यवाणियाँ तथा पृथ्वी की सतह के अंदर खनिज पदार्थों इत्यादि की खोज में किया जाता है।

कथन (2) ध्रुवीय उपग्रह की विशेषता नहीं है, क्योंकि केवल तुल्यकाली उपग्रह पृथ्वी के अक्ष पर पश्चिम दिशा से पूर्व दिशा की ओर गति करते हैं।

23 नीचे दो कथन दिए गए हैं एक को अभिकथन (A) और दूसरे को कारण (R) नाम दिया गया है। *(Chap 7, Class-XI, NCERT)*

अभिकथन (A) जब कोई कृत्रिम उपग्रह पृथ्वी के चारों ओर वृत्तीय कक्षा में नियत गति से चक्कर लगाता है, तो उसका वेग स्थिर नहीं होता, क्योंकि उपग्रह की गति की दिशा लगातार बदल रही है।

कारण (R) पृथ्वी का गुरुत्वाकर्षण बल उपग्रह को अपने चारों ओर वृत्तीय कक्षा में रखता है।

उपरोक्त कथनों को ध्यान में रखते हुए नीचे दिए गए विकल्पों में से सही उत्तर का चयन कीजिए।

(a) A और R दोनों सही हैं और R, A की सही व्याख्या है
(b) A और R दोनों सही हैं, परंतु R, A की सही व्याख्या नहीं है
(c) A सही है, परंतु R गलत है
(d) A गलत है, परंतु R सही है
(e) अनुत्तरित प्रश्न

उत्तर *(b)*

व्याख्या विकल्प (b) के अनुसार, अभिकथन (A) और (R) दोनों सही हैं, परंतु (R), (A) की सही व्याख्या नहीं है।

जब कोई कृत्रिम उपग्रह पृथ्वी के चारों ओर वृत्तीय कक्षा में नियत गति से चक्कर लगाता है, तो उसका वेग एक सदिश राशि होने के कारण, स्थिर नहीं होता, क्योंकि उपग्रह की गति की दिशा लगातार बदल रही है। इसके अतिरिक्त जब कोई उपग्रह पृथ्वी के चारों ओर वृत्तीय पथ पर गति करता है, तो इस पर एक अभिकेंद्रित बल कार्य करता है। यह बल पृथ्वी द्वारा उपग्रह पर लगने वाला गुरुत्वाकर्षण बल होता है, जिसकी दिशा पृथ्वी के केन्द्र की ओर होती है।

24 निम्नलिखित कथनों पर विचार कीजिए। *(Chap 7, Class-XI, NCERT)*

1. पलायन वेग प्राप्त करने के बाद कोई पिंड पृथ्वी पर वापस नहीं आता है।
2. पलायन वेग पिंड के आकार पर भी निर्भर करता है।

उपरोक्त में से कौन-सा/से कथन सत्य है/हैं?

(a) केवल 1 (b) केवल 2
(c) 1 और 2 दोनों (d) इनमें से कोई नहीं

उत्तर *(a)*

व्याख्या दिए गए कथनों में से कथन (1) और (2) दोनों सत्य हैं।

पलायन वेग वह न्यूनतम वेग है, जिससे किसी वस्तु को ऊपर की ओर फेंके जाने पर वह पृथ्वी के गुरुत्वाकर्षण क्षेत्र से बाहर चली जाए और पुन: वापस न लौटे।

पलायन वेग, $v_e = \sqrt{2gR_e}$,
R_e = पृथ्वी की त्रिज्या
तथा g = गुरुत्वीय त्वरण

पिंड के आकार से स्वतंत्र होता है, यह उस ग्रह के द्रव्यमान तथा त्रिज्या पर निर्भर करता है, जिसकी सतह से इसे प्रक्षेपित किया जाता है।

अध्याय 06

पदार्थ के यांत्रिक गुण

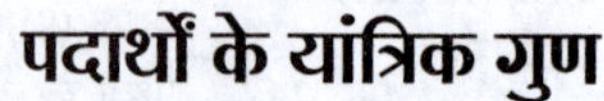

प्रत्यास्थता, दाब तथा पास्कल का नियम

प्रत्यास्थता
- किसी वस्तु का वह गुण जिसके कारण वह प्रत्यारोपित बल को हटाने पर अपनी प्रारम्भिक आकृति एवं आकार को पुनः प्राप्त कर लेती है। **उदाहरण** स्प्रिंग, रबड़ की डोरी

प्रतिबल
- एकांक क्षेत्रफल पर कार्य करने वाला आंतरिक प्रतिक्रिया बल

विकृति
- वस्तु की विमा में होने वाला भिन्नात्मक परिवर्तन

हुक का नियम
- प्रतिबल तथा विकृति एक दूसरे के अनुक्रमानुपाती होते हैं।

प्रत्यास्थता गुणांक
- प्रत्यास्थता की सीमा में कार्यरत् प्रतिबल व विकृति का अनुपात

प्रणोद
- किसी वस्तु की सतह के लम्बवत् लगने वाला सम्पूर्ण बल
- इसका SI मात्रक न्यूटन होता है।

दाब
- प्रति एकांक क्षेत्रफल पर लगने वाला बल
- इसका SI मात्रक न्यूटन/मीटर^2 होता है।

पास्कल का नियम
- किसी बद्ध द्रव के किसी भाग के दाब में होने वाली वृद्धि, द्रव के अन्य भागों में बिना क्षय हुए एकसमान रूप से संचरित हो जाती है। **उदाहरण** हाइड्रॉलिक लिफ्ट

आर्किमिडीज सिद्धान्त तथा द्रवों का प्रवाह

आर्किमिडीज़ का सिद्धांत
- आर्किमिडीज़ के सिद्धांत के अनुसार, जब किसी वस्तु को किसी तरल में पूर्ण या आंशिक रूप से डुबोया जाता है, तो वह ऊपर की दिशा में एक बल का अनुभव करती है, जो वस्तु द्वारा हटाए गए तरल के भार के बराबर होता है।

आर्किमिडीज़ के सिद्धांत के अनुप्रयोग
- जलयानों तथा पनडुब्बियों के डिज़ाइन बनाने में।
- **दुग्धमापी** दूध के किसी नमूने की शुद्धता की जाँच करने के लिए प्रयुक्त होते हैं।
- **हाइड्रोमीटर** द्रवों के घनत्व मापने के लिए प्रयुक्त होते हैं।
- पदार्थ का आपेक्षिक घनत्व ज्ञात करने में।

द्रवों का प्रवाह
- **धारा रेखीय प्रवाह**
- द्रव का ऐसा प्रवाह जिसमें प्रत्येक कण अपने आगे वाले कण के मार्ग का अनुसरण करता है।
- **विक्षुब्ध अथवा प्रक्षुब्ध प्रवाह**
- द्रव का ऐसा प्रवाह जिसमें किसी एक बिन्दु से होकर गुजरने वाले कण भिन्न-भिन्न वेगों से भिन्न-भिन्न मार्गों से होकर गुजरते हैं।

बरनौली का सिद्धांत
- इस सिद्धांत के अनुसार, जब कोई असंपीड्य अथवा अश्यान तरल एक स्थान से दूसरे स्थान तक धारा रेखीय प्रवाह में प्रवाहित होता है, तो मार्ग के प्रत्येक बिंदु पर इसके प्रति एकांक आयतन अथवा द्रव्यमान की कुल ऊर्जा अर्थात् दाब ऊर्जा, गतिज ऊर्जा तथा स्थितिज ऊर्जा का योग नियत रहता है।

श्यानता, स्टोक्स का नियम, पृष्ठ तनाव

श्यानता
- द्रव का वह गुण जिसके कारण द्रव अपनी भिन्न-भिन्न परतों के मध्य होने वाली सापेक्ष गति का विरोध करता है।

स्टोक्स का नियम
- श्यानता गुणांक (η) वाले द्रव में गिरती हुई त्रिज्या (r) की छोटी गोली पर कार्य करने वाला श्यान बल सूत्र $F = 6\pi\eta r v$ द्वारा प्राप्त होता है।

पृष्ठ तनाव
- किसी द्रव के मुक्त पृष्ठ के सिकुड़कर न्यूनतम क्षेत्रफल धारण करने की प्रवृति
- वर्षा की बूँदें पृष्ठ तनाव के कारण ही गोलाकार होती हैं।
- पतली सुई पृष्ठ तनाव के कारण ही पानी मे तैरती है।
- शेविंग ब्रश के बाल पानी से बाहर निकालने पर आपस में चिपक जाते है।

पृष्ठ ऊर्जा
- द्रव के पृष्ठ के प्रति एकांक क्षेत्रफल पर अणुओं में उपस्थित अतिरिक्त स्थितिज ऊर्जा

$$\text{पृष्ठ ऊर्जा } (S) = \frac{\text{पृष्ठीय क्षेत्र बढ़ाने हेतु कृतकार्य } (W)}{\text{पृष्ठीय क्षेत्रफल मे वृद्धि } (\Delta A)}$$

केशिकात्व
- केशनली में द्रव बल के ऊपर उठने तथा नीचे गिरने की प्रक्रिया
- केशिकात्व पर आधारित उदाहरण
- स्याही सोखने के महीन छिद्रों में स्याही का चढ़ना
- लिखने की निब में स्याही का चढ़ना
- लालटेन में मिट्टी के तेल का चढ़ना

SOURCE New NCERT Class-VIII (बल तथा दाब), New NCERT Class-XI (ठोसों के यांत्रिक गुण), (तरलों के यांत्रिक गुण), Tamil Nadu Board Class-IX (तरल पदार्थ), NIOS Chap 10 and 11 Module-3

1 **निम्नलिखित में से कौन-सा/से कथन सही है/हैं?**

(Chap 8, Class-XI, NCERT)

1. प्लास्टिकता का गुण ग्रहण करने के बाद वस्तु अपनी मूल अवस्था प्राप्त नहीं कर सकती है।
2. प्रत्यास्थता वस्तु का वह गुण है, जिसके कारण वह प्रत्यारोपित बल हटाने पर अपनी प्रारंभिक आकृति एवं आकार पुन: प्राप्त कर लेता है।

कूट

(a) केवल 1 (b) केवल 2
(c) 1 और 2 दोनों (d) न तो 1 और न ही 2

उत्तर *(c)*

व्याख्या दिए गए कथनों में से कथन (1) और (2) दोनों सही हैं।

कोई वस्तु प्लास्टिकता का गुण ग्रहण करने के बाद अपनी मूल अवस्था प्राप्त नहीं कर सकता है।

ऐसी वस्तुएँ जो विरूपक बल को हटा लेने पर अपनी पूर्व अवस्था में लौटने का प्रयत्न नहीं करती हैं अर्थात् पूर्ण रूप से विकृत हो जाती हैं, प्लास्टिक (अप्रत्यास्थ) कहलाती हैं।

वस्तु के इस गुण को प्लास्टिकता कहते हैं। प्रत्यास्थता (Elasticity) किसी वस्तु के पदार्थ का वह गुण है, जिसके कारण वस्तु अपने ऊपर आरोपित विरूपक बल द्वारा उत्पन्न आकार अथवा आकृति में हुए परिवर्तन का विरोध करती है और जैसे ही आरोपित बल हटाया जाता है, वह अपनी प्रारंभिक अवस्था को प्राप्त करने लगती है।

2 **हुक के नियम से संबंधित निम्न में से कौन-सा/से कथन सत्य है/हैं?**

(Chap 8, Class-XI, NCERT)

1. कम विरूपक के लिए प्रतिबल तथा विकृति एक-दूसरे के अनुक्रमानुपाती होते हैं।
2. यह नियम प्रत्यास्थता गुणांक को दर्शाता है।

कूट

(a) केवल 1 (b) केवल 2
(c) 1 और 2 दोनों (d) न तो 1 और न ही 2

उत्तर *(c)*

व्याख्या हुक के नियम से संबंधित दिए गए कथनों में से कथन (1) और (2) दोनों सत्य हैं।

हुक के नियमानुसार, प्रत्यास्थता की सीमा के अंदर प्रतिबल सदैव विकृति के अनुक्रमानुपाती होता है,

प्रतिबल $\propto$ विकृति ; प्रतिबल $= k \times$ विकृति

यहाँ k एक नियतांक है, जिसे प्रत्यास्थता गुणांक कहते हैं।

अत: यह नियम प्रत्यास्थता गुणांक को व्यक्त करता है।

3 **अधिक उपयोग की जाने वाली मशीनों और संरचनात्मक डिजाइनों में इस्पात को वरीयता दी जाती है, क्योंकि**

(Chap 8, Class-XI, NCERT)

(a) ताँबा, पीतल तथा एल्युमीनियम से इस्पात अधिक प्रत्यास्थ होता है।
(b) इस्पात का यंग गुणांक सबसे कम होता है।
(c) इस्पात की प्रत्यास्थता सभी धातु की तुलना में सबसे कम होती है।
(d) उपरोक्त में से कोई नहीं

उत्तर *(a)*

व्याख्या अधिक उपयोग की जाने वाली मशीनों और संरचनात्मक डिजाइनों में इस्पात को वरीयता दी जाती है, क्योंकि ताँबा, पीतल तथा एल्युमीनियम की तुलना में इस्पात अधिक प्रत्यास्थ होता है। इस्पात (Iron) की तन्यता अधिक होती है तथा इसका यंग गुणांक ताँबा, एल्युमीनियम तथा पीतल से अधिक होता है।

4 **एक ही पदार्थ से बने चार तार, जिनकी विमाएँ नीचे दी गई हैं, अलग-अलग बार एक ही भार से खींचे जाते हैं, उनमें से किस एक में अधिकतम दैर्ध्यवृद्धि होगी?** *(Chap 8, Class-XI, NCERT)*

(a) 1 मी लंबाई और 2 मिमी व्यास वाले तार में
(b) 2 मी लंबाई और 2 मिमी व्यास वाले तार में
(c) 3 मी लंबाई और 1.5 मिमी व्यास वाले तार में
(d) 1 मी लंबाई और 1 मिमी व्यास वाले तार में

उत्तर *(c)*

व्याख्या यंग प्रत्यास्थता गुणांक,

$$Y = \frac{MgL}{\pi r^2 \Delta L} \Rightarrow \Delta L = \frac{MgL}{Y\pi r^2}$$

चूँकि चारों तार एक ही पदार्थ के बने हैं, इसलिए इन सभी के यंग प्रत्यास्थता गुणांक बराबर होंगे तथा प्रत्येक तार समान भार का उपयोग करके खींचा जाता है। इसलिए Mg का मान भी सभी तारों के लिए बराबर होगा।

$$\therefore \quad \Delta L = \frac{L}{r^2}$$

इस प्रकार, इन तारों की दैर्ध्यवृद्धि (Elongation) इनकी लंबाई के समानुपाती तथा इनके व्यास के वर्ग के व्युत्क्रमानुपाती होगी। चारों तारों की लंबाई तथा व्यास का मान रखने पर 3 मी लंबाई और 1.5 मिमी व्यास वाले तार की दैर्ध्यवृद्धि सर्वाधिक होगी।

5 **निम्नलिखित कथनों पर विचार कीजिए।**

(Chap 8, Class-VIII, NCERT)
(Unit 3, Class-IX, Tamil Nadu Board)

1. किसी वस्तु का क्षेत्रफल, उसके द्वारा उत्पन्न दाब को बढ़ाने या घटाने में महत्त्वपूर्ण भूमिका निभाता है।
2. दाब को कम करने के लिए बल के मान को हमेशा अधिक करना पड़ता है।

उपरोक्त में से कौन-सा/से कथन सही है/हैं?

(a) केवल 1 (b) केवल 2
(c) 1 और 2 दोनों (d) न तो 1 और न ही 2

उत्तर *(a)*

व्याख्या दिए गए कथनों में से कथन (1) सही है, क्योंकि दाब, बल तथा क्षेत्रफल का अनुपात होता है अर्थात्

$$\text{दाब} = \frac{\text{बल}}{\text{क्षेत्रफल}}$$

अत: क्षेत्रफल का मान बढ़ाने पर दाब घटता है तथा क्षेत्रफल का मान घटाने पर दाब बढ़ता है। इस प्रकार वस्तु का क्षेत्रफल उसके द्वारा उत्पन्न दाब को बढ़ाने या घटाने में महत्त्वपूर्ण भूमिका निभाता है।

कथन (2) गलत है, क्योंकि बल का मान बढ़ाने पर दाब का मान बढ़ जाता है।

6 **नीचे दिए गए कथन (A) और कारण (R) को पढ़िए और कूट की सहायता से सही उत्तर दीजिए।** *(Chap 8, Class-VIII, NCERT)*

कथन (A) हमारे चारों ओर वायु का आवरण है, जो वायुमंडलीय दाब उत्पन्न करता है, परन्तु हमें वायुमंडलीय दाब का आभास नहीं होता है।

कारण (R) हमारे शरीर के अंदर का दाब वायुमंडलीय दाब को संतुलित कर देता है।

कूट

(a) A और R दोनों सही हैं तथा R, A का सही स्पष्टीकरण है।
(b) A और R दोनों सही हैं, परंतु R, A का सही स्पष्टीकरण नहीं है।
(c) A सही है, किंतु R गलत है।
(d) A गलत है, किंतु R सही है।

उत्तर *(a)*

व्याख्या कथन (A) और कारण (R) दोनों सही हैं तथा कारण (R), कथन (A) का सही स्पष्टीकरण है।

पृथ्वी के चारों ओर गैसों का सघन आवरण है, जिसे वायुमंडल कहते हैं तथा इसके द्वारा आरोपित दाब, वायुमंडलीय दाब कहलाता है।

परंतु हमें वायुमंडलीय दाब का आभास नहीं होता है। इसका कारण यह है कि हमारे शरीर के अंदर का दाब, वायुमंडलीय दाब को संतुलित कर देता है।

7 जब कोई व्यक्ति रेत में शिथिल खड़ा होता है, तो उसके पैर रेत में गहरे धँस जाते हैं, परन्तु यदि वह रेत में लेट जाता है, तो उसका शरीर रेत में अपेक्षाकृत कम धँसता है, क्योंकि

(Chap 9, Class-IX, NCERT)

(a) व्यक्ति का भार बढ़ जाता है और दाब कम हो जाता है।
(b) बल योग्य पृष्ठ का क्षेत्रफल बढ़ जाता है और शरीर के भार के कारण उत्पन्न दाब कम हो जाता है।
(c) बल योग्य पृष्ठ का क्षेत्रफल घट जाता है और शरीर के भार के कारण उत्पन्न दाब कम हो जाता है।
(d) बल योग्य पृष्ठ का क्षेत्रफल बढ़ जाता है और शरीर के भार के कारण उत्पन्न दाब अधिक हो जाता है।

उत्तर *(b)*

व्याख्या रेत में खड़े होने पर किसी व्यक्ति के पैर रेत में गहरे धँस जाते हैं, लेकिन लेटने पर उसका शरीर अपेक्षाकृत कम धँसता है। ऐसा इसलिए होता है, जब व्यक्ति लेटता है, तो बल योग्य पृष्ठ का क्षेत्रफल बढ़ जाता है और उसके शरीर के भार के कारण उत्पन्न दाब कम हो जाता है, क्योंकि किसी वस्तु द्वारा उत्पन्न दाब, उसके क्षेत्रफल के व्युत्क्रमानुपाती होता है।

8 नीचे दिए गए कथन (A) तथा कारण (R) को पढ़िए और कूट की सहायता से सही उत्तर का चयन कीजिए।

(Chap 9, Class-XI, NCERT)

कथन (A) बर्फ पानी पर तैरती है।

कारण (R) बर्फ का घनत्व पानी से कम होता है।

कूट

(a) A और R दोनों सही हैं, तथा R, A की सही व्याख्या करता है।
(b) A और R दोनों सही हैं, परन्तु R, A की सही व्याख्या नहीं करता है।
(c) A सही है, किंतु R गलत है।
(d) A गलत है, किंतु R सही है।

उत्तर *(a)*

व्याख्या दिए गए कथन (A) तथा कारण (R) सही हैं तथा R, A की सही व्याख्या करता है।

बर्फ पानी पर इसलिए तैरती है, क्योंकि बर्फ का घनत्व पानी से कम होता है। बर्फ का घनत्व 0.9 ग्राम/सेमी^{3} होता है, जबकि शुद्ध जल का घनत्व 1 ग्राम/सेमी^{3} या 1 किग्रा/मी^{3} होता है।

9 निम्न में से कौन-सा कथन समुद्र में तैरने के संदर्भ में सत्य है?

(Chap 9, Class-XI, NCERT)

(a) समुद्र में नदी की अपेक्षा तैरना आसान होता है, क्योंकि समुद्री जल नमकीन होता है।
(b) समुद्र में नदी की अपेक्षा तैरना आसान होता है, क्योंकि समुद्री जल गहरा होता है।
(c) समुद्र में नदी की अपेक्षा तैरना आसान होता है, क्योंकि समुद्री जल भारी होता है।
(d) समुद्र में नदी की अपेक्षा तैरना आसान होता है, क्योंकि समुद्री जल हल्का होता है।

उत्तर *(b)*

व्याख्या समुद्र में नदी की अपेक्षा तैरना आसान होता है, क्योंकि समुद्री जल, सोडियम क्लोराइड तथा अन्य लवणों की अधिकता के कारण नमकीन होता है। फलतः इसका घनत्व, नदी के जल के घनत्व की अपेक्षा अधिक होता है तथा उसमें उत्प्लावकता भी अधिक होती है, जिसके कारण तैरने के लिए मनुष्य को समुद्र के जल से अपेक्षाकृत कम आयतन हटाना होगा।

10 नीचे दिए गए कथन (A) और कारण (R) को पढ़िए और कूट की सहायता से सही उत्तर दीजिए। *(Chap 9, Class-XI, NCERT)*

कथन (A) जब कोई जहाज नदी से निकलकर सागर में प्रवेश करता है, तो वह कुछ ऊपर उठ जाता है।

कारण (R) सागर के जल का घनत्व, नदी के जल के घनत्व से अधिक है।

उपरोक्त कथनों के संदर्भ में निम्नलिखित में से कौन-सा सही है?

(a) A और R दोनों सही हैं और R, A की सही व्याख्या करता है।
(b) A और R दोनों सही है, परन्तु R, A की सही व्याख्या नहीं करता है।
(c) A सही है, परंतु R सही नहीं है।
(d) A सही नहीं है, परंतु R सही है।

उत्तर *(a)*

व्याख्या कथन (A) और कारण (R) दोनों सही हैं और कारण (R), कथन (A) की सही व्याख्या करता है, क्योंकि सागर के जल का घनत्व, नदी के जल के घनत्व से अधिक होता है। इसलिए जब कोई जहाज नदी से निकलकर सागर में प्रवेश करता है, तो वह कुछ ऊपर उठ जाता है।

कोई वस्तु किसी द्रव में तभी तैरती है, जब उसका घनत्व उस द्रव के घनत्व से कम होता है, अर्थात् द्रव का घनत्व उसमें तैरने वाली वस्तु से जितना अधिक होता है, वस्तु उस द्रव में उतनी ही ऊपर उठकर तैरती है, क्योंकि अधिक घनत्व वाला द्रव कम घनत्व वाले द्रव की तुलना में वस्तु पर अधिक उत्प्लावन बल (Buoyancy force) आरोपित करता है।

11 द्रवों से संबंधित निम्नलिखित कथनों पर विचार कीजिए।

(Chap 9, Class-IX, NCERT)

1. द्रव जिस बर्तन में रखे जाते हैं उसके आधार तथा दीवारों पर दाब लगाते हैं।
2. किसी द्रव में डुबोने पर सभी वस्तुओं पर उत्प्लावन बल लगता है।
3. द्रव के घनत्व से अधिक घनत्व की वस्तुएँ द्रव पर तैरती हैं।

उपरोक्त में से कौन-सा/से कथन सत्य है/हैं?

(a) 1 और 2 (b) 2 और 3 (c) 1 और 3 (d) 1, 2 और 3

उत्तर *(a)*

व्याख्या दिए गए कथनों में से कथन (1) और (2) सत्य हैं।

द्रवों को जिस बर्तन में रखा जाता है, ये उसके आधार व दीवारों पर दाब लगाते हैं। किसी बर्तन में रखे तरल के किसी बिंदु पर लगने वाला दाब सभी दिशाओं में बिना घटे संचरित होता है। जब किसी वस्तु को किसी द्रव में डुबोया जाता है, तो द्रव द्वारा उस वस्तु पर ऊपर की ओर एक बल लगता है, इसे उत्प्लावन (Buoyancy) बल कहते हैं। यह सभी वस्तुओं पर लगता है।

कथन (3) असत्य है, क्योंकि द्रव के घनत्व से अधिक घनत्व की वस्तुएँ द्रव में डूबती हैं, ऐसा इसलिए है कि अधिक घनत्व वाली वस्तु द्वारा द्रव में नीचे की ओर लगने वाला बल द्रव के उत्प्लावन बल से अधिक होता है।

12 निम्न में से कौन-सा/से आर्किमिडीज के सिद्धांत पर आधारित अनुप्रयोग नहीं है/हैं? *(Chap 9, Class-IX, NCERT)*

(Chap 11, Module-3, NIOS)

1. जलयानों तथा पनडुब्बियों के डिजाइन
2. दूध नमूनों की शुद्धता की जाँच करने में प्रयुक्त दुग्धमापी
3. द्रवों के घनत्व मापने के लिए प्रयुक्त हाइड्रोमीटर
4. दाब मापने के लिए बैरोमीटर

कूट

(a) 1 और 2 (b) 3 और 4
(c) 1, 2 और 3 (d) केवल 4

उत्तर *(d)*

व्याख्या कथन (4) में दिया गया अनुप्रयोग आर्किमिडीज के सिद्धांत पर आधारित नहीं है, क्योंकि बैरोमीटर द्वारा वायुमंडलीय दाब का मापन किया जाता है।

जबकि जलयानों तथा पनडुब्बियों के डिजाइन, दूध नमूनों की शुद्धता की जाँच करने में प्रयुक्त दुग्धमापी तथा द्रवों के घनत्व को मापने के लिए प्रयुक्त हाइड्रोमीटर, आर्किमिडीज के सिद्धान्त पर आधारित अनुप्रयोग है।

13 निम्नलिखित कथनों पर विचार कीजिए। *(Chap 9, Class-XI, NCERT), (JPSC Pre 2005)*

1. द्रव का दाब गहराई बढ़ने के साथ बढ़ता है।
2. द्रव चालित उत्थापक और द्रव चालित ब्रेक पास्कल के नियम पर आधारित युक्तियाँ हैं।
3. औषधि विज्ञान तथा शरीर क्रिया विज्ञान में दाब के मात्रक के रूप में टॉर (Torr) का उपयोग किया जाता है।

उपरोक्त में से कौन-सा/से कथन सत्य है/हैं?

(a) केवल 3
(b) 1 और 2
(c) 1 और 3
(d) 1, 2 और 3

उत्तर *(d)*

व्याख्या दिए गए सभी कथन सत्य हैं।

द्रव के कारण दाब, $p = h\rho g$

यहाँ, h = गहराई, ρ = घनत्व,
g = गुरुत्वीय त्वरण

अर्थात् $p \propto h$

अत: गहराई के साथ द्रव का दाब बढ़ता है।

औषधि विज्ञान तथा शरीर क्रिया विज्ञान में दाब के मात्रक के रूप में टॉर का उपयोग किया जाता है तथा मौसम विज्ञान में दाब का सामान्य मात्रक बार (Bar) तथा मिली बार (Millibar) लिया जाता है।

द्रव चालित उत्थापक और ब्रेक, पास्कल के नियम पर आधारित युक्तियाँ हैं। पास्कल के नियम के अनुसार, यदि गुरुत्व नगण्य हो, तो पात्र में रखे द्रव के किसी एक बिंदु पर दाब बढ़ाने पर, दाब द्रव के सभी बिंदुओं व पात्र की दीवारों पर समान रूप से संचरित होता है।

14 जब कुएँ से पानी की बाल्टी को ऊपर खींचते हैं, तो हमें महसूस होता है कि बाल्टी *(Chap 9, Class-IX, NCERT), (UPPSC Pre 2009)*

(a) पानी की सतह से ऊपर भारी हो गई है।
(b) पानी की सतह से ऊपर हल्की हो गई है।
(c) पानी से बाहर आकर स्थिरता खो देती है।
(d) पानी से बाहर आकर उसके द्रव्यमान में वृद्धि हुई है।

उत्तर *(a)*

व्याख्या जब कुएँ से पानी की बाल्टी को ऊपर खींचते हैं, तो हमें महसूस होता है कि बाल्टी पानी की सतह से ऊपर भारी हो गई है।

आर्किमिडीज के उत्प्लावन के सिद्धांत के अनुसार, जब कोई वस्तु पानी में होती है, तो उस पर ऊपर की ओर एक उत्प्लावन बल लगता है, जिसके कारण वस्तु के भार में कमी महसूस होती है, लेकिन जब वस्तु पानी की सतह से ऊपर आ जाती है तब उत्प्लावन बल के न होने के कारण वह भारी प्रतीत होती है।

15 निम्नलिखित कथनों पर विचार कीजिए। *(Chap 9, Class-IX, NCERT)*

1. उत्प्लावन बल का परिमाण तरल के घनत्व पर निर्भर करता है।
2. वस्तु को द्रव में डुबाने पर उस पर लगा बल वस्तु द्वारा हटाए गए द्रव के भार से कम होता है।

उपरोक्त में से कौन-सा/से कथन सत्य असत्य है/हैं?

(a) केवल 1 (b) केवल 2
(c) 1 और 2 दोनों (d) न तो 1 और न ही 2

उत्तर *(b)*

व्याख्या दिए गए कथनों में से कथन (2) असत्य है, क्योंकि आर्किमिडीज के सिद्धांत के अनुसार, जब किसी वस्तु को किसी तरल में पूर्णत: या आंशिक रूप से डुबोया जाता है, तो वह ऊपर की दिशा में एक बल का अनुभव करती है, जो वस्तु द्वारा हटाए गए द्रव के भार के बराबर होता है।

16 निम्नलिखित कथनों पर विचार कीजिए। *(Chap 9, Class-XI, NCERT)*

1. श्यानता तरलों में उपस्थित आंतरिक घर्षण होता है।
2. गैसों की श्यानता ताप बढ़ने पर घटती है, जबकि द्रवों की श्यानता ताप बढ़ने पर बढ़ती है।

उपरोक्त में से कौन-सा/से कथन सही नहीं है/हैं?

(a) केवल 1 (b) केवल 2
(c) 1 और 2 दोनों (d) न तो 1 और न ही 2

उत्तर *(b)*

व्याख्या दिए गए कथनों में से कथन (2) सही नहीं है, क्योंकि द्रवों में श्यानता का गुण अंतराण्विक बलों के कारण होता है, अत: ताप बढ़ाने पर द्रवों की श्यानता घटती है।

तथा यदि गैस का ताप बढ़ाया जाए, तो गैस के अणुओं की विसरण दर बढ़ जाती है, जिससे श्यानता बढ़ती है।

17 निम्नलिखित कथनों में से श्यानता के लिए कौन-सा कथन सत्य है? *(Chap 9, Class-XI, NCERT)*

(a) खून > शहद < जल < वायु (b) शहद < खून < जल < वायु
(c) खून < शहद < जल < वायु (d) शहद > खून > जल > वायु

उत्तर *(d)*

व्याख्या दिए गए विकल्पों में से कथन (d) सही है अर्थात् जो द्रव जितने गाढ़े होते हैं, वे उतने ही अधिक श्यान होते हैं। अत: श्यानता का घटता क्रम इस प्रकार है

शहद > खून > जल > वायु

18 नीचे दिए गए कथन (A) और कारण (R) को पढ़िए और कूट की सहायता से सही उत्तर दीजिए। *(Chap 9, Class-XI, NCERT)*

कथन (A) **तापमान में वृद्धि के साथ, ग्लिसरीन की श्यानता बढ़ जाती है।**

कारण (R) **तापमान में वृद्धि अणुओं की गतिज ऊर्जा को बढ़ा देती है।**

कूट

(a) A और R दोनों सही हैं तथा R, A का सही स्पष्टीकरण है।
(b) A और R दोनों सही हैं, किंतु R, A का सही स्पष्टीकरण नहीं है।
(c) A सही है, परंतु R गलत है।
(d) A गलत है, परंतु R सही है।

उत्तर *(d)*

व्याख्या कथन (A) गलत है, परंतु कारण (R) सही है। तापमान में वृद्धि करने पर अणुओं की गतिज ऊर्जा बढ़ जाती है, जिससे ग्लिसरीन की श्यानता घट जाती है, क्योंकि गतिज ऊर्जा परम ताप के समानुपाती होती है अर्थात् पदार्थ का तापमान जितना अधिक होगा, उसके अणुओं की गतिज ऊर्जा उतनी ही अधिक होगी।

19 बरनौली प्रमेय या बर्नूली प्रमेय से संबंधित निम्नलिखित कथनों पर विचार कीजिए। *(Chap 9, Class-XI, NCERT)*

1. बर्नूली प्रमेय केवल असंपीडय तरलों पर लागू होती है।
2. द्रव के विक्षुब्ध प्रवाह में बर्नूली प्रमेय का उपयोग नहीं होता है।
3. बर्नूली प्रमेय ऊर्जा संरक्षण के नियम का पालन नहीं करती है।

उपरोक्त में से कौन-सा/से कथन सही नहीं है/हैं?

(a) केवल 2 (b) 2 और 3
(c) 1 और 2 (d) केवल 3

उत्तर *(d)*

व्याख्या दिए गए कथनों में से कथन (3) गलत है, क्योंकि इस प्रमेय के अनुसार, जब कोई असंपीडय अथवा अश्यान तरल एक स्थान से दूसरे स्थान तक धारा रेखीय प्रवाह में प्रवाहित होता है (मार्ग में कोई स्रोत अथवा सिंक न हो), तो मार्ग के प्रत्येक बिंदु पर इसके प्रति एकांक आयतन अथवा द्रव्यमान की कुल ऊर्जा अर्थात् दाब ऊर्जा, गतिज ऊर्जा तथा स्थितिज ऊर्जा का योग नियत रहता है। अत: बर्नूली प्रमेय ऊर्जा संरक्षण के नियम का पालन करती है।

20 निम्न में से कितने कथन मैग्नस प्रभाव को प्रदर्शित नहीं करते है/हैं? *(Chap 9, Class-XI, NCERT)*

1. चक्रण करती हुई गेंद
2. वायुयान के पंखे की आकृति
3. कीटनाशकों के छिड़काव के लिए प्रयोग में लाए जाने वाले यंत्र

कूट

(a) केवल एक (b) केवल दो
(c) सभी तीन (d) ये सभी

उत्तर *(b)*

व्याख्या दिए गए कथनों में से केवल दो कथन अर्थात् (2) और (3) मैग्नस प्रभाव को प्रदर्शित नहीं करते हैं। वायुयान के पखों की आकृति को विशेष आकार का बनाया जाता है, जिस कारण ऊपरी हवा की परतों का वेग उसके नीचे वाली हवा की परतों के वेग से अधिक हो जाता है। इससे वायुयान पर ऊपर की ओर भी एक बल कार्य करता है, जो उसे ऊपर उठाने का प्रयास करता है।

यह क्रिया बर्नूली प्रमेय पर आधारित है तथा कीटनाशक के छिड़काव के लिए यंत्र भी बर्नूली प्रमेय पर आधारित है।

जबकि गति की दिशा के लम्बवत् अक्ष के पारित: चक्रण करती हुई क्रिकेट की गेंद मैग्नस प्रभाव को प्रदर्शित करती है।

21 अन्तराण्विक बलों के संदर्भ में निम्नलिखित कथनों पर विचार कीजिए। *(Chap 9, Class-XI, NCERT)*

1. तेल जल के तल पर फैल जाता है।
2. जल काँच को भिगोता है, पारा नहीं

उपरोक्त में से कौन-सा कथन सही है?

(a) केवल 1 (b) 1 और 2 दोनों
(c) केवल 2 (d) इनमें से कोई नहीं

उत्तर *(b)*

व्याख्या अंतराण्विक बलों के संदर्भ में कथन (1) और (2) दोनों सही हैं, क्योंकि तेल और जल के अणुओं के मध्य लगने वाला आसंजक बल, तेल के अणुओं के मध्य लगने वाले ससंजक बल से अधिक है, इसलिए तेल जल के तल पर फैल जाता है।

इसी प्रकार, पारे के अणुओं के मध्य लगने वाला ससंजक बल पारे व काँच के अणुओं के मध्य लगने वाले आसंजक बल से अधिक होने के कारण पारा काँच के बर्तन को भिगोता नहीं है।

22 तनाव के संदर्भ में निम्नलिखित कथनों पर विचार कीजिए। *(Chap 9, Class-XI, NCERT*

1. पृष्ठ तनाव ताप वृद्धि के साथ बढ़ता जाता है।
2. पृष्ठ तनाव द्रव तथा अन्य किसी पदार्थ के मध्य अंतरापृष्ठ के बल में प्रति एकांक लंबाई पर कार्यरत् बल है।

उपरोक्त में से कौन-सा/से कथन सत्य है/हैं?

(a) केवल 1 (b) केवल 2
(c) 1 और 2 दोनों (d) इनमें से कोई नहीं

उत्तर *(b)*

व्याख्या तनाव के संदर्भ में दिए गए कथनों में से कथन (2) सत्य है।

पृष्ठ तनाव, द्रव के मुक्त पृष्ठ क्षेत्रफल पर खींची गई काल्पनिक रेखा की प्रति एकांक लंबाई पर कार्यरत् बल होता है। कथन (1) असत्य है, क्योंकि ताप बढ़ाने पर पृष्ठ तनाव घटता है तथा क्रांतिक ताप पर यह शून्य हो जाता है।

23 किसी द्रव में अपमार्जक या साबुन का घोल मिलाने पर *(Chap 9, Class-XI, NCERT*

1. पृष्ठ तनाव घट जाता है।
2. स्पर्श कोण का मान कम हो जाता है।
3. ग्रीस तथा तेल के दाग-धब्बे इत्यादि को सरलतापूर्वक हटाया जा सकता है

उपरोक्त में से कौन-सा/से कथन सही है/हैं?

(a) केवल 1 (b) 2 और 3 (c) 1 और 3 (d) 1, 2 और 3

उत्तर *(d)*

व्याख्या दिए गए सभी कथन सही हैं। किसी द्रव में अपमार्जक या साबुन के घोल को मिलाने पर द्रव का पृष्ठ तनाव घटता है, क्योंकि अपमार्जक के अणुओं तथा द्रव के अणुओं के मध्य आसंजक बल (Non-cohesive force) घटता है तथा ससंजक बल प्रभावी होता है। जब द्रव में अपमार्जक को मिलाया जाता है तो संपर्क कोण या स्पर्श कोण का मान घट जाता है। जिस कारण ग्रीस तथा तेल के दाग इत्यादि सरलतापूर्वक हटाए जा सकते हैं।

24 निम्नलिखित कथनों पर विचार कीजिए यदि केशिकात्व की परिघटना नहीं होती, तो *(Chap 9, Class-XI, NCERT) (IAS Pre 2012*

1. कैरोसीन दीप का उपयोग मुश्किल हो जाता।
2. कोई मृदुपेय का उपभोग करने के लिए स्ट्रॉ का प्रयोग नहीं कर पाता।
3. स्याही सोख-पत्र काम करने में विफल हो जाता।
4. बड़े पेड़, जिन्हें हम अपने चारों ओर देखते हैं, पृथ्वी पर नहीं उगते।

उपरोक्त में से कौन-सा/से कथन सही है/हैं?

(a) 1, 2 और 3 (b) 1, 3 और 4 (c) 2 और 4 (d) ये सभी

उत्तर *(b)*

व्याख्या दिए गए कथनों में से कथन (1), (3) और (4) सही हैं।

केशनली में द्रव के ऊपर उठने तथा नीचे गिरने की प्रक्रिया को केशिकात्व (Capillarity) कहते हैं। प्रकृति, केशिकात्व क्रिया का बहुत अच्छा प्रयोग करती है। केशिकात्व क्रिया के फलस्वरूप लालटेन की बत्ती तेल को ऊपर पहुँचाती है। इसलिए केशिकात्व क्रिया के अभाव में कैरोसीन दीप का उपयोग मुश्किल हो जाता है।

स्याही सोख-पत्र (Blotting paper) में विद्यमान अनेक रंध्र (Pores) केशनलियों की तरह व्यवहार करते हैं, जिससे स्याही सोख ली जाती है। अत: केशिकात्व क्रिया के अभाव में स्याही सोख-पत्र विफल हो जाता है। पेड़-पौधों की जड़ों की बारीक शाखाएँ केशनलियों की भाँति कार्य करके भूमि से पोषक तत्त्वों को ग्रहण करती हैं अत: केशिकात्व क्रिया के अभाव में पृथ्वी पर पेड़ नहीं उगते।

कथन (2) की घटना केशिकात्व पर आधारित नहीं है, क्योंकि केशिकात्व क्रिया में द्रव बिना किसी बाह्य बल की सहायता के गुरुत्वाकर्षण से विपरीत दिशा में संकीर्ण नली में चढ़ता है, जबकि स्ट्रॉ द्वारा मृदुपेय का उपयोग करने में मुख द्वारा सहायक बल आरोपित किया जाता है।

अध्याय 07

ऊष्मा, ताप तथा ऊष्मागतिकी

ऊष्मा, ताप तथा ऊष्मागतिकी

ताप तथा ऊष्मा

ताप

- वस्तु की गर्माहट तथा ठण्डेपन की माप।
- इसका S.I मात्रक जूल होता है।

तापमापी

- वह युक्ति जो ताप मापने के लिए प्रयोग की जाती है।

द्रव तापमापी

- यह तापमान परिवर्तन के साथ द्रव के आयतन में परिवर्तन के सिद्धान्त पर आधारित होता है।

ऊष्मा

- वह ऊर्जा जिसका स्थानान्तरण दो निकायों के बीच अथवा किसी निकाय तथा उसके परिवेश के बीच ताप में अंतर के कारण होता है।
- इसका SI मात्रक जूल होता है।

तापीय प्रसार

- ऊष्मा ग्रहण करके पदार्थ के फैलने की घटना।

ठोसों में ऊष्मीय प्रसार

- **रेखीय प्रसार** किसी ठोस वस्तु के ताप में वृद्धि के कारण उसकी लम्बाई में वृद्धि
- **क्षेत्रीय प्रसार** किसी ठोस वस्तु के ताप में वृद्धि के कारण उसके क्षेत्रफल में होने वाली वृद्धि
- **आयतन प्रसार** किसी ठोस वस्तु के ताप में वृद्धि के कारण उसके आयतन में होने वाली वृद्धि संबंध

विशिष्ट ऊष्मा

- किसी पदार्थ के एकांक द्रव्यमान का ताप 1°C बढ़ाने के लिए आवश्यक ऊष्मा की मात्रा ΔT
- इसका मात्रक जूल/किग्रा-केल्विन होता है।

गुप्त ऊष्मा

- स्थिर ताप पर, किसी पदार्थ के एकांक द्रव्यमान की अवस्था में परिवर्तन के लिए दी गई अथवा ली गई ऊष्मा
- गलन की गुप्त ऊष्मा = 80 कैलोरी/ग्राम
- वाष्पन की गुप्त ऊष्मा = 539 कैलोरी/ग्राम

ऊष्मा संचरण

ऊष्मा संचरण

- ऊष्मा संचरण की मुख्यतः तीन विधियाँ निम्नलिखित हैं।

चालन

- ऊष्मा संचरण की वह विधि जिसमें पदार्थ के कण अपने स्थान से बिना विस्थापित हुए, अपनी ऊष्मा दूसरे कण को स्थानान्तरित कर देते हैं।
- वह केवल ठोसों में ही सम्भव है।

संवहन

- ऊष्मीय संचरण की वह विधि जिसमें ऊष्मा का प्रवाह उच्च ताप वाले स्थान से निम्न ताप वाले स्थान की ओर माध्यम के कणों की सहायता से इस प्रकार होता है कि माध्यम के कण ऊष्मा ग्रहण करके स्वयं एक स्थान से दूसरे स्थान तक चले जाते हैं, यह केवल तरलों में ही संभव है।

विकिरण

- विकिरण (Radiation) ऊष्मा स्थानांतरण की वह विधि है, जिसमें ऊष्मा प्रकाश की चाल से सरल रेखा में चलकर माध्यम को बिना गर्म किए एक स्थान से दूसरे स्थान तक स्थानांतरित होती है। इस विधि में ऊष्मा के स्थानांतरण के लिए माध्यम की आवश्यकता नहीं होती।
- यह ठोस, द्रव, तथा गैस सभी में संभव है।

किरचॉफ का विकिरण नियम

- इस नियम के अनुसार, किसी निश्चित ताप पर किसी दी हुई तरंगदैर्ध्य के लिए सभी पृष्ठों की उत्सर्जन क्षमता तथा अवशोषण क्षमता की निष्पत्ति समान एवं नियत होती है और यह उसी ताप पर एक पूर्णतः (आदर्श) कृष्णिका की उत्सर्जन क्षमता तथा अवशोषण क्षमता के अनुपात के बराबर होती है।

ऊष्मागतिकी

- भौतिक विज्ञान की वह शाखा जिसमें ऊष्मा तथा ऊर्जा के मध्य संबंधों का अध्ययन तथा उनके परस्पर रूपान्तरण का अध्ययन किया जाता है।

ऊष्मागतिकी के नियम

- **शून्य नियम** दो निकाय तीसरे निकाय के साथ तापीय साम्य में तो वह परस्पर आपस में भी तापीय साम्य में होंगे।

ऊष्मागतिकी का प्रथम नियम

- यदि बाह्य वातावरण के विरुद्ध कार्य करने में सक्षम किसी निकाय को ऊष्मा दी जाए, तो निकाय के द्वारा अवशोषित ऊष्मा (Q), निकाय की आंतरिक ऊर्जा में वृद्धि (ΔU) तथा निकाय के द्वारा किए गए बाह्य कार्य W के योग के तुल्य होती है।

  अर्थात् $Q = \Delta U + W$ ...(i)
- **केल्विन-प्लांक कथन** (Kelvin-Planck statement) ऐसा कोई प्रक्रम संभव नहीं है, जो किसी ऊष्मा स्रोत से ऊष्मा लेकर उस ऊष्मा को पूर्णतया कार्य में रूपांतरित कर दे।
- **क्लॉसियस का कथन** (Clausius statement) किसी भी स्वतः चालित मशीन के द्वारा, बिना किसी बाह्य ऊर्जा स्रोत अथवा कार्य की सहायता के, ऊष्मा को किसी शीतल वस्तु से लेकर तप्त वस्तु को देना असंभव है।
- **कार्नो इंजन** (Carnot's engine) दो तापों के मध्य कार्य करने वाला कोई उत्क्रमणीय ऊष्मा इंजन कार्नो इंजन कहलाता है। इसकी दक्षता 100% होती है। परन्तु वास्तव में ऐसा इंजन संभव नहीं है। दो तापों के मध्य कार्य करने वाला व्यावहारिक इंजन कभी भी कार्नो इंजन से अधिक दक्ष नहीं हो सकता है।

SOURCE New NCERT Class-VII (ऊष्मा), New NCERT Class-XI (द्रव्य के तापीय गुण), (ऊष्मागतिकी), (गैसों के अणुगति सिद्धान्त), Tamil Nadu Board Class-IX (ऊष्मा), NIOS Chap 14 Module-4

1 निम्न कथनों में से कौन-सा कथन असत्य है?
(Chap 10, Class-XI, NCERT)

(a) पारा तथा ऐल्कोहॉल ऐसे द्रव हैं, जिनका उपयोग अधिकांश काँच के द्रव-तापमापियों में किया जाता है।
(b) सेल्सियस ताप मापक्रम फॉरेनहाइट ताप मापक्रम में परिवर्तित किया जा सकता है।
(c) – 273.15°C का ताप परमताप कहलाता है।
(d) तापमापी का उपयोग करके ऊष्मा का मान प्राप्त किया जा सकता है।

उत्तर *(d)*

व्याख्या दिए गए कथनों में से कथन (d) असत्य है, क्योंकि तापमापी का उपयोग करके ताप का मापन किया जाता है।

कथन (a), (b) और (c) सत्य हैं। तापमापी में पारे तथा ऐल्कोहॉल का उपयोग काँच के द्रव तापमापियों में किया जाता है, क्योंकि इनमें आयतन तापीय प्रसार रेखीय होता है। किसी आदर्श गैस के लिए सबसे न्यूनतम संभव तापमान –273.15°C होता है, जिसे परमताप कहते हैं।

ताप के विभिन्न पैमानों में निम्न संबंध होता है

$$\frac{C}{5} = \frac{F-32}{9} = \frac{R}{4} = \frac{K-273.15}{5}$$

अत: उपरोक्त संबंध का प्रयोग करके सेल्सियस ताप (°C) को फॉरेनहाइट (°F) में परिवर्तित किया जा सकता है।

2 ठंडे देशों में पारे के स्थान पर ऐल्कोहॉल को तापमापी द्रव के रूप में वरीयता दी जाती है, क्योंकि *(Chap 10, Class-XI, NCERT)*

(a) ऐल्कोहॉल का द्रवांक निम्नतर होता है।
(b) ऐल्कोहॉल ऊष्मा का बेहतर संचालक होता है।
(c) ऐल्कोहॉल पारे से अधिक सस्ता होता है।
(d) विश्व में ऐल्कोहॉल का उत्पादन पारे से अधिक होता है।

उत्तर *(a)*

व्याख्या ठंडे देशों में पारे के स्थान पर ऐल्कोहॉल को तापमापी द्रव के रूप में वरीयता दी जाती है, क्योंकि ऐल्कोहॉल का द्रवांक निम्नतर होता है। द्रवांक निम्नतर होने के कारण इसका हिमांक काफी नीचे होता है, जिससे शून्य से काफी नीचे का तापमान हो जाने पर भी यह द्रव अवस्था में ही बना रहता है। यही कारण है कि ठंडे देशों में पारे की अपेक्षा ऐल्कोहॉल तापमापी अधिक उपयोगी होते हैं।

3 समय की दृष्टि से दो द्रवों P और Q के ताप का 0 डिग्री सेण्टीग्रेड से 100 डिग्री सेण्टीग्रेड तक उतार-चढाव नीचे दिए आरेख में दिखाया गया है *(Chap 10, Class-XI, NCERT)*

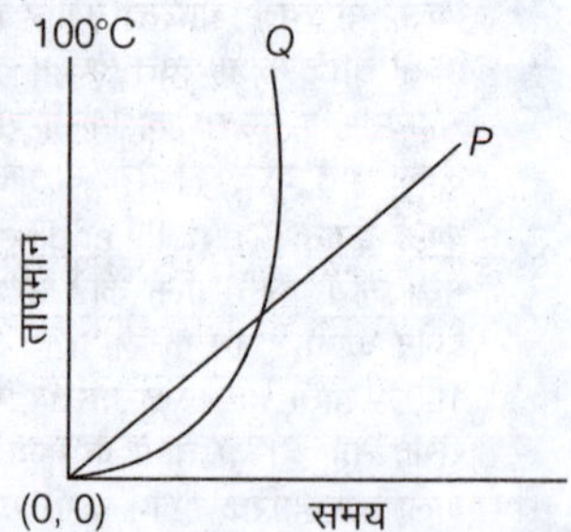

निम्नलिखित मे से कौन-सा कथन सही है?

(a) तापन प्रक्रिया मे द्रव P द्रव Q की तुलना में सदा उष्णतर रहा।
(b) तापन प्रक्रिया में दोनों ही द्रवों का माप किसी भी समय एक-जैसा नहीं रहा।
(c) P का ताप Q की तुलना में 100 डिग्री सेण्टीग्रेड पर तेजी से पहुँचा।
(d) Q का ताप P की तुलना में 100 डिग्री सेण्टीग्रेड पर तेजी से पहुँचा।

उत्तर *(d)*

व्याख्या दिए गए कथनों में से कथन (d) सही है।

दिए गए आरेख में Q का ताप P की तुलना में कम समय में, 100 डिग्री सेण्टीग्रेड पर तेजी से पहुँचता है, क्योकि आरेख मे द्रव Q का ताप त्वरित गति से बढ़ता है और P का ताप एकसमान गति से बढ़ता है।

4 निम्नलिखित में से कौन-सा कथन असत्य है?
(Chap 3, Class-VII, NCERT)

(a) डॉक्टरी थर्मामीटर का परिसर 35°C से 42°C तक होता है।
(b) प्रयोगशाला तापमापी का परास प्राय:–10°C से 110°C तक होता है।
(c) प्रयोगशाला तापमापी का उपयोग मानव शरीर का ताप मापने के लिए किया जा सकता है।
(d) डिजिटल थर्मामीटर में पारे का उपयोग नहीं किया जा सकता है।

उत्तर *(c)*

व्याख्या दिए गए कथनों में से कथन (c) असत्य है, क्योंकि मानव शरीर के ताप का मापन डॉक्टरी थर्मामीटर द्वारा किया जाता है, जिसकी परास 35°C से 42°C तक होती है। जबकि प्रयोगशाला तापमापी का उपयोग किसी द्रव में रखी वस्तु के ताप मापन के लिए किया जाता है। जिसकी परास–10°C से 110°C होती है। डॉक्टरी थर्मामीटर में पारे का उपयोग किया जाता है, जबकि डिजिटल थर्मामीटर में पारे का उपयोग नहीं होता।

5 निम्न कथन (A) और कारण (R) को पढ़िए तथा नीचे दिए गए कूट की सहायता से सही उत्तर का चयन कीजिए।
(Chap 10, Class-XI, NCERT)

कथन (A) **झील की सतह पर बर्फ जम जाने पर भी तली पर बर्फ नहीं जमती है।**

कारण (R) **4°C पर जल का घनत्व अधिकतम होता है।**

कूट

(a) A और R दोनों सही हैं तथा R, A का सही स्पष्टीकरण है।
(b) A और R दोनों सही हैं, परंतु R, A का सही स्पष्टीकरण नहीं है।
(c) A सही है, किंतु R गलत है।
(d) A गलत है, किंतु R सही है।

उत्तर *(a)*

व्याख्या कथन (A) तथा कारण (R) सही हैं तथा (R), (A) का सही स्पष्टीकरण है। ठंडे प्रदेशों में सर्दियों के दिनों में वायुमण्डल का ताप 0°C से कम होता है तथा वायुमण्डल का ताप घटने के कारण झीलों की ऊपरी सतह का ताप घट जाता है, जिसके कारण सतह का जल भारी होकर नीचे चला जाता है तथा नीचे का जल ऊपर आता रहता है। यह प्रक्रिया तब तक चलती है, जब तक कि पूरे जल का ताप 4°C तक नहीं गिर जाता है।

तथा 4°C पर जल का घनत्व अधिकतम हो जाता है। इसके बाद जब झील की सतह के जल का ताप 4°C से कम होने लगता है, तो इसका घनत्व कम होना शुरू हो जाता है तथा 0°C तक ठण्डा होकर बर्फ के रूप में सतह पर ही जमने लगता है।

चूँकि बर्फ ऊष्मा की कुचालक होती है। अत: बर्फ की परत के नीचे जल की ऊष्मा बाहर नहीं आ पाती है और जल का ताप 4°C बना रहता है, जिस कारण झील की सतह पर बर्फ जम जाने पर भी तली पर बर्फ नहीं जमती है।

6 निम्न कथनों में से कौन-सा कथन जल के आयतन में परिवर्तन को दर्शायेगा, यदि तापमान 9°C से गिराकर 3°C कर दिया जाये?
(Chap 10, Class-XI, NCERT)

(a) आयतन में कोई परिवर्तन नहीं होगा।
(b) आयतन पहले बढ़ेगा और बाद में घटेगा।
(c) आयतन पहले घटेगा और बाद में बढ़ेगा।
(d) पानी जम जाएगा।

उत्तर *(c)*

व्याख्या जल का तापमान 9°C से गिराकर 3°C करने पर आयतन पहले घटता है तथा बाद में बढ़ता है, क्योंकि जल के असंगत व्यवहार के कारण 4°C पर जल का घनत्व अधिकतम होता है, इसलिए जब जल का ताप 9°C से 4°C किया जाता है, तो जल का आयतन घटता है तथा 4°C से 3°C तक जल का आयतन बढ़ता है।

7 निम्नलिखित कथनों पर विचार कीजिए। *(Chap 10, Class-XI, NCERT)*

1. ऊष्मा ऊर्जा का एक रूप है, जिसका स्थानांतरण दो निकायों के मध्य अथवा किसी निकाय तथा उसके परिवेश के मध्य ताप में अंतर के कारण होता है।
2. ऊष्मा को केवल केल्विन में व्यक्त किया जा सकता है।

उपरोक्त में से कौन-सा/से कथन सत्य है/हैं?

(a) केवल 1 (b) 1 और 2 दोनों
(c) केवल 2 (d) न तो 1 और न ही 2

उत्तर *(a)*

व्याख्या दिए गए कथनों में से कथन (1) सत्य है, क्योंकि ऊष्मा ऊर्जा का ही एक रूप है, जिसका स्थानांतरण दो निकायों के मध्य तापांतर के कारण एक निकाय से दूसरे निकाय में होता है।

कथन (2) असत्य है, क्योंकि ऊष्मा का व्यावहारिक मात्रक कैलोरी होता है तथा SI पद्धति में ऊष्मा का मात्रक जूल होता है, जबकि केल्विन, ताप का SI मात्रक है।

8 निम्नलिखित कथनों में से कौन-सा कथन सत्य है? *(Chap 10, Class-XI, NCERT)*

(a) समान तापवृद्धि के लिए पारे के आयतन में ऐल्कोहॉल की तुलना में अधिक वृद्धि होती है।
(b) एल्युमीनियम को गर्म करने पर इसका प्रसार काँच की तुलना में कम होता है।
(c) गर्म करने पर अन्य द्रवों की तुलना में ऐल्कोहॉल का प्रसार सबसे अधिक होता है।
(d) सामान्य ताप पर ठोसों तथा द्रवों की अपेक्षा गैसों में सबसे कम प्रसार होता है।

उत्तर *(c)*

व्याख्या दिए गए कथनों में से कथन (c) सत्य है। गर्म करने पर ऐल्कोहॉल का प्रसार सबसे अधिक होता है, क्योंकि ऐल्कोहॉल का आयतन प्रसार गुणांक, अन्य द्रवों की तुलना में अधिक होता है। जोकि लगभग 110×10^{-5} प्रति °K होता है। कथन (a), (b) और (d) असत्य हैं।

पारे का आयतन प्रसार गुणांक 18.2×10^{-5} प्रति °K होता है, चूँकि पारे का आयतन प्रसार गुणांक ऐल्कोहॉल की तुलना में कम है इसलिए समान ताप पर पारे के आयतन में ऐल्कोहॉल की तुलना में कम वृद्धि होगी।

एल्युमीनियम का आयतन प्रसार गुणांक काँच से अधिक होता है, इसलिए गर्म करने पर एल्युमीनियम का प्रसार काँच से अधिक होता है। सामान्य ताप पर ठोसों तथा द्रवों की अपेक्षा गैसों में अपेक्षाकृत अधिक प्रसार होता है।

9 तापन के कारण पदार्थों में होने वाले प्रसारण के सम्बन्ध में निम्नलिखित कथनों में से कौन-सा एक सही नहीं है? *(Chap 10, Class-XI, NCERT)*

(a) जैसे-जैसे बर्फ पिघलती है, इसमें 4°C तक एकसमान प्रसारण होता है।
(b) पारद तापमापी, तापन के कारण प्रसारण होने के सिद्धान्त के आधार पर कार्य करता है।
(c) दो रेल की पटरियों के बीच, तापन के कारण होने वाले प्रसारण की सम्भावना रखने के लिए थोड़ा अन्तराल रखा जाता है।
(d) किसी धातु के तार का ताप बढ़ाने पर उसकी लम्बाई बढ़ती है।

उत्तर *(a)*

व्याख्या तापन के कारण पदार्थों में होने वाले प्रसारण के सम्बन्ध मे कथन (a) सही नहीं है, क्योंकि जैसे-जैसे बर्फ पिघलती है, तो 0°C से 4°C तक इसका संकुचन होता है

अर्थात् इसका आयतन घटता है और घनत्व बढ़ता है, जबकि 4°C से अधिक ताप होने पर इसका आयतन बढ़ने लगता है तथा घनत्व घटने लगता है।

10 निम्न में से कौन-सा कथन कैलोरीमिति के सिद्धान्त को निरूपित करता है? *(Chap 10, Class-XI, NCERT)*

1. ऊष्मा हानि = ऊष्मा वृद्धि
2. जब भिन्न-भिन्न ताप वाली दो वस्तुएँ एक-दूसरे के सम्पर्क में लाई जाती हैं, तो ऊष्मा का प्रवाह उच्च ताप वाली वस्तु से निम्न ताप वाली वस्तु की ओर होता है।
3. ऊष्मा का आदान-प्रदान तब तक होता है, जब तक दोनों वस्तुओं का ताप समान न हो जाये

कूट

(a) केवल 1 (b) केवल 2
(c) 1, 2 एवं 3 (d) इनमें से कोई नहीं

उत्तर *(c)*

व्याख्या दिए गए कथनों में कथन (1), (2) एवं (3) तीनों सही हैं-क्योंकि कैलोरीमिति के सिद्धान्तानुसार, जब भिन्न-भिन्न ताप वाली दो वस्तुएँ एक-दूसरे के सम्पर्क में लाई जाती हैं, तो ऊष्मा का प्रवाह उच्च ताप वाली वस्तु से निम्न ताप वाली वस्तु की ओर होता है।

यह प्रक्रिया तब तक चलती है जब तक कि दोनों वस्तुओं के ताप समान नही हो जाते। यदि इस प्रक्रिया में बाहर से ऊष्मा का आदान-प्रदान न हो, तो एक वस्तु द्वारा दी गई ऊष्मा, दूसरी वस्तु द्वारा ली गई ऊष्मा के बराबर होगी।

अर्थात् ऊष्मा हानि = ऊष्मा वृद्धि

11 निम्नलिखित कथनों पर विचार कीजिए। *(Chap 10, Class-XI, NCERT)*

1. वह ताप जिस पर किसी पदार्थ की ठोस तथा द्रव अवस्थाएँ परस्पर तापीय साम्य में होती हैं, उसे पदार्थ का गलनांक कहते हैं।
2. वाष्प से द्रव में अवस्था परिवर्तन को वाष्पन कहते हैं।
3. किसी पदार्थ का ठोस अवस्था से वाष्प अवस्था में बिना द्रव अवस्था से गुजरे पहुँचना क्वथनांक कहलाता है।

उपरोक्त में से कौन-सा/से कथन सत्य है/हैं?

(a) केवल 1 (b) केवल 2 (c) 1 और 2 (d) 1 और 3

उत्तर *(a)*

व्याख्या दिए गए कथनों में से कथन (1) सत्य है। स्थिर ताप पर पदार्थ का ठोस अवस्था से द्रव अवस्था में परिवर्तन गलन कहलाता है तथा जिस ताप पर क्रिया संपन्न होती है, उसे गलनांक कहते हैं। जिस पर ठोस तथा द्रव अवस्था तापीय साम्य में होती हैं।

कथन (2) और (3) असत्य हैं। स्थिर ताप पर पदार्थ का द्रव अवस्था से गैस अवस्था में परिवर्तन क्वथन कहलाता है। जिस ताप पर यह क्रिया संपन्न होती है, उसे क्वथनांक कहते हैं। किसी पदार्थ का ठोस अवस्था से वाष्प अवस्था में, बिना द्रव अवस्था से गुजरे पहुँचना ऊर्ध्वपातन कहलाता है तथा द्रव का वाष्प अवस्था में परिवर्तन वाष्पन कहलाता है।

12 निम्न कथन (A) और कारण (R) को पढ़िए तथा नीचे दिए गए कूट की सहायता से सही उत्तर का चयन कीजिए। *(Chap 10, Class-XI, NCERT)*

कथन (A) ऊँचाई बढ़ने के साथ-साथ जल का क्वथनांक बिंदु घटता जाता है।

कारण (R) ऊँचाई के साथ वायुमण्डलीय दाब बढ़ जाता है।

कूट
(a) A और R दोनों सही हैं तथा R, A का सही स्पष्टीकरण है।
(b) A और R दोनों सही हैं, परंतु R, A का सही स्पष्टीकरण नहीं है।
(c) A सही है, किंतु R गलत है।
(d) A गलत है, किंतु R सही है।

उत्तर (c)

व्याख्या कथन (A) सही है किंतु कारण (R) गलत है।
दाब में कमी के साथ क्वथनांक में भी कमी होती है। चूँकि ऊँचाई बढ़ने के साथ वायुमण्डलीय दाब घटता जाता है, जिसके कारण समुद्र तल की तुलना में, ऊँचाई बढ़ने के साथ-साथ जल का क्वथनांक भी घटता जाता है।

13 जल की विशिष्ट ऊष्मा धारिता उच्च होने के संबंध में निम्न कारणों पर विचार कीजिए। *(Chap 10, Class-XI, NCERT)*
1. इसका उपयोग स्वचालित वाहनों के रेडिएटरों में किया जाता है।
2. यह गर्मियों में थल की अपेक्षा बहुत धीमी गति से गर्म होता है।
3. इसका उपयोग सिकाई की बोतल में नहीं किया जा सकता है।

उपरोक्त में से कौन-सा/से कथन सत्य है/हैं?
(a) 1 और 2
(b) 2 और 3
(c) 1 और 3
(d) केवल 2

उत्तर (a)

व्याख्या जल की विशिष्ट ऊष्मा धारिता उच्च होने के संबंध में कथन (1) और (2) सत्य हैं। जल की विशिष्ट ऊष्मा का मान अन्य पदार्थों की तुलना में अधिक होता है, जिस कारण इसकी ऊष्मा धारिता भी उच्च होती है।
इसलिए जल का उपयोग शीतलक के रूप में स्वचालित वाहनों के रेडिएटरों में किया जाता है तथा इसी कारण गर्मियों में समुद्र से दूर थल का ताप सूर्य से ऊष्मा लेकर तेजी से बढ़ता है, जबकि समुद्र के जल का ताप बहुत धीरे-धीरे बढ़ता है। फलस्वरूप समुद्र की ओर से आने वाली हवाएँ ठंडी होती हैं।
कथन (3) असत्य है, क्योंकि जल की विशिष्ट ऊष्मा उच्च होने के कारण इसका उपयोग थैलियों में भरकर सिंकाई के लिए किया जाता है।

14 निम्नलिखित कथनों पर विचार कीजिए। *(Chap 10, Class-XI, NCERT)*

कथन I ग्रीष्म ऋतु मे महाद्वीपों और महासागरों के बीच तापमान विपर्यय शीत ऋतु की अपेक्षा अधिक होता है।

कथन II जल की विशिष्ट ऊष्मा, भूपृष्ठ की विशिष्ट ऊष्मा की अपेक्षा अधिक होती है।

उपरोक्त कथनों के बारे मे निम्नलिखित में से कौन-सा एक सही है?
(a) कथन I और कथन II दोनों सही हैं तथा कथन II, कथन I की सही व्याख्या है।
(b) कथन I और कथन II दोनों सही हैं, परन्तु कथन II, कथन I की सही व्याख्या नहीं है।
(c) कथन I सही है, किन्तु कथन II गलत है।
(d) कथन I गलत है, किन्तु कथन II सही है।

उत्तर (a)

व्याख्या कथन I और कथन II दोनों सही हैं तथा कथन II, कथन I की सही व्याख्या है। ग्रीष्म ऋतु में महाद्वीपों और महासागरों के बीच तापमान विपर्यय शीत ऋतु की अपेक्षा अधिक होता है, क्योंकि ग्रीष्म ऋतु में महाद्वीप की स्थलीय हवाओं का प्रवाह महासागर की समुद्री हवाओं की ओर होता है, जिसके कारण महाद्वीप जल्दी गर्म हो जाते है। इसका मुख्य कारण जल की विशिष्ट ऊष्मा, भूपृष्ठ की विशिष्ट ऊष्मा की अपेक्षा अधिक होना है जबकि शीत ऋतु के दौरान भूमि और जल दोनों शीघ्रता से ठण्डे हो जाते है परन्तु समुद्र का तापमान अपेक्षाकृत गर्म होता है।

15 उबलते जल की तुलना में उसी ताप की भाप प्राय: अधिक गंभीर जलन देती है। निम्न में कौन-सा कारण सत्य है? *(Chap 10, Class-XI, NCERT)*
(a) वाष्पन की गुप्त ऊष्मा
(b) गलन की गुप्त ऊष्मा
(c) विशिष्ट ऊष्मा
(d) पुनर्हिमायन

उत्तर (a)

व्याख्या उबलते जल की तुलना में उसी ताप की भाप प्राय: अधिक गंभीर जलन देती है, इसका कारण वाष्पन की गुप्त ऊष्मा है। किसी द्रव के एकांक द्रव्यमान को उसके क्वथनांक पर द्रव से गैस अवस्था में परिवर्तित करने के लिए पदार्थ द्वारा ग्रहण की गई ऊष्मा की मात्रा उस द्रव की वाष्पन की गुप्त ऊष्मा कहलाती है। इसका मान गलन की गुप्त ऊष्मा से अधिक होता है।

16 निम्न कथन (A) और कारण (R) को पढ़िए तथा नीचे दिए गए कूट की सहायता से सही उत्तर का चयन कीजिए। *(Unit 7, Class-IX, Tamil Nadu Board)*

कथन (A) **बर्फ का टुकड़ा पेय को ठण्डा बना देता है।**
कारण (R) **बर्फ पिघलने के लिए पेय से गुप्त ऊष्मा लेता है।**
कूट
(a) A और R दोनों सही हैं तथा R, A का सही स्पष्टीकरण है।
(b) A और R दोनों सही हैं, परंतु R, A का सही स्पष्टीकरण नहीं है।
(c) A सही है, किंतु R गलत है।
(d) A गलत है, किंतु R सही है।

उत्तर (a)

व्याख्या (A) और (R) दोनों सही हैं तथा (R), (A) का सही स्पष्टीकरण है।
बर्फ का टुकडा पेय को ठण्डा बना देता है, क्योंकि बर्फ पिघलने के लिए पेय से गुप्त ऊष्मा लेती है। निम्न ताप पर ठोस के एकांक द्रव्यमान को द्रव में बदलने के लिए आवश्यक ऊष्मा की मात्रा ठोस के गलन की गुप्त ऊष्मा कहलाती है। बर्फ की गलन की गुप्त ऊष्मा 80 कैलोरी/ग्राम होती है, अर्थात् 1 ग्राम बर्फ 0°C पर गलने के लिए 80 कैलोरी ऊष्मा लेती है। इसलिए जब बर्फ को पेय पदार्थ में डाला जाता है, तो यह पिघलने के लिए अधिक ऊष्मा ग्रहण करती हैं जिससे पेय ठण्डा हो जाता है।

17 निम्न कथन (A) और कारण (R) को पढ़िए तथा नीचे दिए गए कूट की सहायता से सही उत्तर का चयन कीजिए। *(Chap 10, Class-XI, NCERT)*

कथन (A) **जब सीले बिस्कुटों को थोड़ी देर के लिए फ्रिज के अन्दर रखा जाता है, तो वह कुरकरे हो जाते हैं।**
कारण (R) **फ्रिज के अन्दर आर्द्रता कम होती है और इसलिए अतिरिक्त नमी अवशोषित हो जाती है।**
कूट
(a) A और R दोनों सही हैं तथा R, A का सही स्पष्टीकरण है।
(b) A और R दोनों सही हैं, परंतु R, A का सही स्पष्टीकरण नहीं है।
(c) A सही है, किंतु R गलत है।
(d) A गलत है, किंतु R सही है।

उत्तर (a)

व्याख्या (A) और (R) दोनों सही हैं तथा (R), (A) का सही स्पष्टीकरण है, क्योंकि जब सीले बिस्कुटों को थोड़ी देर के लिए फ्रिज के अन्दर रखा जाता है, तो वह कुरकरे हो जाते हैं, क्योंकि फ्रिज के अन्दर की आर्द्रता कम होती है, जिससे सीले बिस्कुटों की अतिरिक्त नमी अवशोषित हो जाती है।

18 निम्न में से कौन-सी परिघटना वाष्पीकरण के सन्दर्भ में असत्य है? *(Chap 10, Class-XI, NCERT)*
(a) प्रशीतक को खुला छोड़ने पर इसके द्वारा वाष्पीकरण अत्याधिक मात्रा में होगा।
(b) मिट्टी के घड़े में वाष्पीकरण के कारण जल ठण्डा रहता है।
(c) तेज हवा वाली रात्रि में वाष्पीकरण के कारण ओस बनती है।
(d) गर्म मौसम मे पंखा वाष्पीकरण के कारण आराम का एहसास दिलाता है।

उत्तर (c)

व्याख्या दिए गए कथनों में कथन (c) वाष्पीकरण के संदर्भ में असत्य है। तेज हवा वाली रात्रि में ओस नहीं बनाती है। इसका कारण यह है कि तेज हवा बहने पर द्रव की सतह पर एकत्रित वाष्प लगातार हटती रहती है, जिससे ओस के कण शीघ्र वाष्पित हो जाते हैं।

19 निम्न कथन (A) और कारण (R) को पढ़िए तथा नीचे दिए गए कूट की सहायता से सही उत्तर का चयन कीजिए। *(Chap 3, Class-VIII, NCERT)*

कथन (A) ठंड के दिनों में, लोहे के गुटके और लकड़ी के गुटके को प्रात:काल में छुएँ तो लोहे का गुटका ठंडा लगता है।

कारण (R) लोहे के गुटके का ताप लकड़ी के गुटके से कम होता है।

कूट

(a) A और R दोनों सही हैं तथा R, A का सही स्पष्टीकरण है।
(b) A और R दोनों सही हैं, परंतु R, A का सही स्पष्टीकरण नहीं है।
(c) A सही है, किंतु R गलत है।
(d) A गलत है, किंतु R सही है।

उत्तर *(c)*

व्याख्या (A) सही है, किंतु (R) गलत है, क्योंकि लकड़ी की तुलना में लोहा ऊष्मा का अच्छा चालक होता है तथा लोहे में ऊष्मा का स्थानांतरण चालन विधि द्वारा शीघ्रता से होता है। जिसके कारण ठंड के दिनों में प्रात:काल लोहें के गुटके को छूने से वह लकड़ी के गुटके से अत्यधिक ठण्डा महसूस होता है।

20 निम्नलिखित में से कौन-सा/से कथन सही है/हैं? *(Chap 3, Class-VII, NCERT)*

1. ऊष्मा सदैव गर्म वस्तु से अपेक्षाकृत ठंडी वस्तु की ओर प्रवाहित होती है।
2. वह प्रक्रम जिसमें ऊष्मा किसी वस्तु के गर्म सिरे से ठंडे सिरे की ओर स्थानांतरित होती है, चालन कहलाती है।
3. समुद्र की ओर से थल पर आने वाली वायु थल समीर कहलाती है।

कूट

(a) केवल 1 (b) 2 और 3 (c) 1 और 2 (d) 1, 2 और 3

उत्तर *(c)*

व्याख्या दिए गए कथनों में से कथन (1) और (2) सही हैं।

ऊष्मा सदैव उच्च ताप से निम्न ताप की ओर प्रवाहित होती है अर्थात् ऊष्मा गर्म वस्तु से ठंडी वस्तु की ओर प्रवाहित होती है।

वह प्रक्रम जिसमें ऊष्मा किसी वस्तु के गर्म सिरे से ठंडे सिरे की ओर स्थानांतरित होती है, चालन (Conduction) कहलाता है तथा इसमें ऊष्मा स्थानांतरण पदार्थ के कणों द्वारा होता है। कथन (3) गलत है, क्योंकि समुद्र की ओर से थल पर आने वाली वायु समुद्र समीर कहलाती है।

21 निम्नलिखित कथनों पर विचार कीजिए। *(Chap 10, Class-IX, NCERT)*

1. घरों में प्रणोदित वायु तापन निकाय, मानव परिसंचरण तंत्र तथा स्वचालित वाहनों के इंजनों के शीतलन निकाय प्रणोदित संवहन निकायों के उदाहरण हैं।
2. व्यापारिक पवनें प्राकृतिक संवहन का उदाहरण नहीं हैं।

उपरोक्त में से कौन–सा/से कथन सत्य है/हैं?

(a) केवल 1 (b) केवल 2
(c) 1 और 2 दोनों (d) इनमें से कोई नहीं

उत्तर *(a)*

व्याख्या दिए गए कथनों में से कथन (1) सत्य है।

घरों में प्रणोदित वायु तापन निकाय, मानव परिसंचरण तंत्र, तथा स्वचालित वाहन के इंजनों के शीतलन निकाय, प्रणोदित संवहन निकायों के उदाहरण हैं क्योंकि इस प्रकार के संवहन में तरल को किसी गर्म वस्तु से ऊष्मा लेने के लिए बाध्य किया जाता है।

कथन (2) असत्य है, क्योंकि व्यापारिक पवनें प्राकृतिक संवहन का एक उदाहरण हैं। ये पवनें पृथ्वी पर उत्तर-पूर्व से विषुवत् वृत्त की ओर प्रवाहित होती हैं।

22 ऊष्मीय विकिरण से संबंधित निम्न कथनों पर विचार कीजिए। *(Chap 10, Class-XI, NCERT)*

1. ऊष्मीय विकिरण को स्थानांतरण के लिए माध्यम की आवश्यकता नहीं होती है।
2. सभी तप्त पिण्ड विकिरण ऊर्जा उत्सर्जित करते हैं।
3. विकिरण के द्वारा ही सूर्य से ऊष्मा निर्वात् से होकर पृथ्वी तक पहुँचती है।
4. ऊष्मीय विकिरण की चाल निर्वात् में प्रकाश की चाल की तुलना में कम होती है।

उपरोक्त में से कौन–सा/से कथन सत्य है/हैं?

(a) 1 और 3 (b) 1 और 4 (c) 1, 2 और 3 (d) 1, 2 और 4

उत्तर *(c)*

व्याख्या ऊष्मीय विकिरण से संबंधित कथन (1), (2) और (3) सत्य हैं। विकिरण ऊष्मा स्थानांतरण की वह विधि है, जिसमें ऊष्मा प्रकाश की चाल से सरल रेखा में चलकर माध्यम को बिना गर्म किए एक स्थान से दूसरे स्थान तक स्थानांतरित होती है।

इस विधि में ऊष्मा के स्थानांतरण के लिए माध्यम की आवश्यकता नहीं होती है। सूर्य से ऊष्मा निर्वात्, से होकर पृथ्वी तक विकिरण के द्वारा ही पहुँचती है। किसी वस्तु द्वारा अपने ताप के विकिरण के रूप में उत्सर्जित ऊर्जा को ऊष्मीय विकिरण कहते हैं। यह ऊर्जा प्रत्येक वस्तु द्वारा परम शून्य से अधिक ताप पर उत्सर्जित होती रहती है अर्थात् सभी तप्त पिण्ड विकिरण ऊर्जा उत्सर्जित करते हैं।

कथन (4) असत्य है, क्योंकि निर्वात् में ऊष्मीय विकिरण की चाल, प्रकाश की चाल के बराबर होती है।

23 निम्न कथन (A) और कारण (R) को पढ़िए तथा नीचे दिए गए कूट की सहायता से सही उत्तर का चयन कीजिए। *(Chap 10, Class-XI, NCERT)*

कथन (A) हल्के रंगीन कपड़ें को गर्मी में वरीयता दी जाती है।

कारण (R) हल्के रंग ऊष्मा को कम अवशोषित करते हैं।

कूट

(a) A और R दोनों सही हैं तथा R, A का सही स्पष्टीकरण है।
(b) A और R दोनों सही हैं, परंतु R, A का सही स्पष्टीकरण नहीं है।
(c) A सही है, किंतु R गलत है।
(d) A गलत है, किंतु R सही है।

उत्तर *(a)*

व्याख्या (A) और (R) दोनों सही हैं तथा (R, (A) का सही स्पष्टीकरण है। हल्के रंगीन कपड़ों को गर्मी में वरीयता दी जाती है, क्योंकि हल्के रंग ऊष्मा को कम अवशोषित करते हैं तथा ऊष्मा का अधिकांश भाग परावर्तित करते हैं, जिससे गर्मी का अहसास कम होता है।

24 निम्नलिखित में से कौन-सा कथन असत्य है? *(Chap 10, Class-XI, NCERT)*

(a) कृष्ण पिण्ड विकिरण ऊर्जा का अवशोषण तथा उत्सर्जन हल्के वर्णों के पिण्डों की अपेक्षा अधिक करते हैं।
(b) वीन के नियम से चंद्रमा के ताप का अनुमान लगाया जा सकता है।
(c) क्लोरो फ्लोरोकार्बन गैस ग्रीनहाउस प्रभाव के लिए कोई भूमिका नहीं निभाती है।
(d) ग्रीनहाउस प्रभाव से रेगिस्तान का प्रसार हो सकता है।

उत्तर *(c)*

व्याख्या दिए गए कथनों में से कथन (c) असत्य है।

ग्रीनहाउस प्रभाव के लिए क्लोरो फ्लोरोकार्बन, कार्बन डाइ-ऑक्साइड, मीथेन, जल आदि उत्तरदायी होते हैं।

कथन (a), (b) और (d) में दिए गए कथन सत्य है।

कृष्ण पिण्ड स्वयं पर आपतित सभी तरंगदैर्ध्य के विकिरणों को अवशोषित कर लेते हैं क्योंकि ये अच्छे अवशोषक तथा उत्सर्जक होते हैं। वीन के विस्थापन नियम के द्वारा आकाशीय पिण्डों; जैसे-सूर्य, तारे तथा चंद्रमा के तापों का निर्धारण किया जाता है।

ग्रीनहाउस प्रभाव से मानव जीवन, पौधों तथा जानवरों को खतरा है। इसके कारण ग्लेशियर तेजी से पिघल रहे हैं। समुद्र तल ऊपर जा रहा है तथा इसके प्रभाव से आने वाले समय में रेगिस्तान का प्रसार हो सकता है।

25 निम्नलिखित कथनों पर विचार कीजिए। *(Chap 11, Class XI, NCERT)*

1. ऊष्मागतिकी का प्रथम नियम ऊर्जा के संरक्षण पर आधारित है।
2. निकाय द्वारा अवशोषित ऊष्मा (Q) निकाय की आन्तरिक ऊर्जा में वृद्धि ΔU तथा निकाय द्वारा किये गये बाह्य कार्य (W) के योग के तुल्य होती है।
3. $Q = \Delta U + \Delta W$

उपरोक्त में से कौन-सा कथन सही है।

(a) केवल 1 (b) केवल 2
(c) केवल 3 (d) 1, 2 एवं 3

उत्तर (d)

व्याख्या कथन (1), (2) एवं (3) सत्य है।

ऊष्मागतिकी का प्रथम नियम ऊर्जा के संरक्षण पर आधारित है, जिसके अनुसार बाह्य वातावरण के विरुद्ध कार्य करने में सक्षम किसी निकाय को ऊष्मा दी जाए, तो निकाय द्वारा अवशोषित ऊष्मा (Q) निकाय की आंतरिक ऊर्जा में वृद्धि (ΔU) तथा निकाय के द्वारा किए गए बाह्य कार्य (W) के योग के तुल्य होती है।

$Q = \Delta U + \Delta W$

26 निम्न में से कौन-सा कथन केल्विन प्लांक का प्रकथन को बताता है। *(Chap 11, Class-XI, NCERT)*

(a) किसी ऊष्मा भंडार से ऊष्मा का अवशोषण करना तथा उस ऊष्मा का पूर्णतया कार्य में रूपांतरित करना किसी भी प्रक्रम द्वारा संभव नहीं है।
(b) ऐसा कोई प्रक्रम संभव नहीं जिसका परिणाम किसी ठंडे पिण्ड से किसी गर्म पिण्ड में ऊष्मा स्थानांतरण हो।
(c) प्रशीतक पर किया बाह्य कार्य शून्य होता है।
(d) ऊष्मा इंजन की दक्षता का मान एक के बराबर हो सकता है।

उत्तर (a)

व्याख्या केल्विन प्लांक के अनुसार, ऐसा कोई प्रक्रम संभव नहीं है, जो किसी स्रोत से ऊष्मा लेकर उस ऊष्मा को पूर्णतया कार्य में रूपांतरित कर दे।

27 सूची-I को सूची-II से सुमेलित कीजिए तथा नीचे दिए गए कूट की सहायता से सही उत्तर का चयन कीजिए। *(Chap 11, Class-XI, NCERT)*

सूची-I (ऊष्मागतिकी प्रक्रम)	सूची-II (भौतिक राशियाँ)
A. समतापीय प्रक्रम	1. स्थिर दाब
B. समदाबीय प्रक्रम	2. स्थिर ताप
C. समआयतनिक प्रक्रम	3. ऊष्मा का प्रवाह नहीं
D. रुद्धोष्म प्रक्रम	4. स्थिर आयतन

कूट

	A	B	C	D		A	B	C	D
(a)	4	3	1	2	(b)	2	1	4	3
(c)	2	1	3	4	(d)	2	3	4	1

उत्तर (b)

व्याख्या सही सुमेलन A-2, B-1, C-4, D-3 है।

यदि किसी निकाय में होने वाले प्रक्रम के दौरान ताप स्थिर रहे तो, ऐसा प्रक्रम समतापीय प्रक्रम (Isothermal process) कहलाता है।

यदि किसी निकाय में होने वाले प्रक्रम के दौरान दाब स्थिर रहे तो, उसे समदाबीय प्रक्रम (Isobaric process) कहते हैं।

यदि किसी निकाय में होने वाले प्रक्रम के दौरान आयतन स्थिर रहे तो, ऐसे प्रक्रम को समआयतनिक प्रक्रम (Isochoric process) कहते हैं।

यदि किसी निकाय में होने वाले प्रक्रम के दौरान निकाय की ऊष्मा स्थिर रहे तो, ऐसा प्रक्रम रुद्धोष्म प्रक्रम (Adiabatic process) कहलाता है।

28 निम्नलिखित कथनों पर विचार कीजिए। *(Chap 11, Class-XI, NCERT)*

1. ऊष्मा इंजन एक ऐसी युक्ति है, जिसके फलस्वरूप ऊष्मा को कार्य में रूपांतरित किया जाता है।
2. ऊष्मा इंजन में ऊष्मा को पूर्ण रूप से कार्य में रूपांतरित नहीं किया जा सकता है।
3. प्रशीतक तथा ऊष्मा इंजन की क्रियाविधि में समानता पाई जाती है।

उपरोक्त में से कौन-सा/से कथन सही है/हैं?

(a) 1 और 2 (b) 2 और 3
(c) केवल 1 (d) 1, 2 और 3

उत्तर (a)

व्याख्या दिए गए कथनों में से कथन (1) और (2) सही हैं।

ऊष्मा इंजन वह युक्ति है, जिसके द्वारा ऊष्मा को अविरत (Continuous) रूप से यांत्रिक कार्य में रूपांतरित किया जाता है तथा ऊष्मा इंजन में ऊष्मा को पूर्ण रूप से कार्य में रूपांतरित नहीं किया जा सकता, क्योंकि ऊष्मा इंजन की दक्षता कभी भी 100% नहीं हो सकती है।

कथन (3) गलत है, क्योंकि प्रशीतक (Refrigerator) शीतल स्थान से ऊष्मा लेकर तप्त स्थान को देने की युक्ति है, जबकि ऊष्मा इंजन, ऊष्मा को यांत्रिक कार्य में रूपांतरित करता है।

अत: दोनों की क्रियाविधि अलग है।

29 कार्नो इंजन से संबंधित निम्न कथनों पर विचार कीजिए। *(Chap 11, Class-XII, NCERT)*

1. समान तापों के मध्य कार्यरत किसी भी इंजन की दक्षता कार्नो इंजन की दक्षता से अधिक नहीं हो सकती है।
2. कार्नो इंजन की दक्षता कार्यकारी पदार्थ की प्रकृति पर निर्भर नहीं करती।

उपरोक्त में से कौन-सा/से कथन सत्य है/हैं?

(a) केवल 1 (b) केवल 2
(c) 1 और 2 दोनों (d) न तो 1 और न ही 2

उत्तर (c)

व्याख्या कार्नो इंजन से संबंधित कथन (1) और (2) दोनों सत्य हैं।

कार्नो इंजन वास्तविक इंजनों के सभी दोषों से मुक्त होता है तथा इसकी दक्षता 100% होती है। दो तापों के बीच कार्यरत किसी भी इंजन की दक्षता कार्नो इंजन की दक्षता से अधिक नहीं हो सकती है। कार्नो इंजन की दक्षता, गैस द्वारा प्रति चक्र में किए गए कार्य (W) तथा स्रोत से ली गई ऊष्मा (Q) के अनुपात पर निर्भर करती है अर्थात् यह कार्यकारी पदार्थ की प्रकृति पर निर्भर नहीं करती है।

30 गैसों के अणुगति सिद्धांत से संबंधित निम्नलिखित कथनों पर विचार कीजिए। *(Chap 12, Class-XI, NCERT)*

1. गैस के अणु एक-दूसरे से और धारक पात्र की दीवारों से संघट्ट करते रहते हैं।
2. गैस के अणुओं की कुल गतिज ऊर्जा संरक्षित रहती है।
3. गैस के अणुओं का संवेग संरक्षित नहीं रहता है।

उपरोक्त में से कौन-सा/से कथन सत्य है/हैं?

(a) 1 और 2
(b) 2 और 3
(c) केवल 3
(d) 1, 2 और 3

उत्तर *(a)*

व्याख्या गैसों के अणुगति सिद्धांत से संबंधित कथन (1) और (2) सत्य हैं। आदर्श गैस के अणु परस्पर तथा पात्र की दीवारों से निरंतर टकराते रहते हैं। ये टक्करें पूर्णतया प्रत्यास्थ होती हैं।

गैस के अणुओं के मध्य किसी प्रकार का आकर्षण या प्रतिकर्षण बल कार्य नहीं करता है। अतः संपूर्ण गतिज ऊर्जा आंतरिक ऊर्जा के रूप में प्रकट होती है अर्थात् गैस के अणुओं की कुल गतिज ऊर्जा संरक्षित रहती है।

कथन (3) असत्य है, क्योंकि गैस के अणुओं का कुल संवेग भी संरक्षित रहता है।

31 निम्नलिखित कथनों पर विचार कीजिए। *(IAS Pre 2023)*
(Unit 7, Class-IX, Tamil Nadu Board)

कथन I ग्रीष्म ऋतु में महाद्वीपों और महासागरों के बीच तापमान विपर्यास शीत ऋतु की अपेक्षा अधिक होता है।

कथन II जल की विशिष्ट ऊष्मा, भूपृष्ठ की विशिष्ट ऊष्मा की अपेक्षा अधिक होती है।

उपर्युक्त कथनों के बारे में निम्नलिखित में से कौन-सा एक सही है?

(a) कथन I और कथन II दोनों सही हैं तथा कथन II, कथन I की सही व्याख्या है।
(b) कथन I और कथन II दोनों सही हैं परन्तु कथन II, कथन I की सही व्याख्या नहीं है।
(c) कथन I सही है, किन्तु कथन II गलत है।
(d) कथन I गलत है, किन्तु कथन II सही है।

उत्तर *(a)*

व्याख्या कथन I तथा कथन II दोनों सही हैं तथा कथन II, कथन I की सही व्याख्या है।

ग्रीष्म ऋतु में महाद्वीपों और महासागरों के बीच तापमान विपर्यास शीत ऋतु की अपेक्षा अधिक होता है, क्योंकि हम जानते हैं कि ग्रीष्म ऋतु में महाद्वीप की स्थलीय हवाओं का प्रवाह महासागरीय की समुद्री हवाओं की तरफ होता है जिसके कारण महाद्वीप जल्दी गर्म हो जाते हैं तथा इसका मुख्य कारण जल की विशिष्ट ऊष्मा, भुपृष्ठ की विशिष्ट ऊष्मा की अपेक्षा अधिक होती है जबकि शीत ऋतु के दौरान भूमि और जल दोनों शीघ्रता से ठण्डे हो जाते हैं परन्तु समुद्र का तापमान अपेक्षाकृत गर्म होता है।

अध्याय 08

आवर्त गति

आवर्त गति

आवर्त, दोलनी तथा सरल आवर्त गति

आवर्त गति
- वह गति जिसके अन्तर्गत कोई पिण्ड एक निश्चित समयांतराल में एक निश्चित पथ पर बार-बार अपनी गति को दोहराता है।

दोलनी अथवा कांपनिक गति
- किसी पिंड या कण के नियत बिंदु के इधर-उधर होने वाली आवर्त गति को दोलनी या कांपनिक गति कहते हैं।

सरल आवर्त गति
- वह गति जिसके अन्तर्गत कोई कण किसी निश्चित बिंदु के इधर-उधर सरल रेखा में इस प्रकार गति करता है कि कण पर कार्य करने वाले प्रत्यानयन बल अथवा त्वरण की दिशा सदैव उस निश्चित बिंदु की ओर दिष्ट होती है तथा त्वरण का परिमाण उस निश्चित बिंदु के कण के विस्थापन के समानुपाती होता है, तो कण की यह गति सरल आवर्त गति कहलाती है। **उदाहरण**-कंपन करने वाली वस्तु की गति, डोरी से लटके लोलक की गति

सरल आवर्त गति के प्रतिबंध
- सरल आवर्त गति करते हुए कण की गति एक स्थिर बिंदु (साम्य स्थिति) के इधर-उधर सरल रेखा में होनी चाहिए।
- बल अथवा त्वरण की दिशा सदैव साम्य बिंदु की ओर होनी चाहिए।
- सरल आवर्त गति में कण पर कार्यरत् प्रत्यानयन बल, कण के विस्थापन के सदैव अनुक्रमानुपाती होता है तथा बल की दिशा विस्थापन के विपरीत होती है।

सरल आवर्त गति से सम्बन्धित परिभाषाएँ एवं सरल लोलक

विस्थापन
- सरल आवर्त गति करते हुए किसी कण की मूल बिन्दु के सापेक्ष स्थिति में परिवर्तन
- **आयाम** (a)
- सरल आवर्त गति करते कण का माध्य स्थिति से अधिकतम विस्थापन।
- **आवर्तकाल** (T)
- सरल आवर्त गति करते कण द्वारा एक कम्पन या दोलन पूर्ण करने में लगा समय।
- **आवृत्ति** (ω)
- एक सेकण्ड में सरल आवर्त गति करते कण द्वारा किए गए कम्पनों की संख्या।
- **कला/कला कोण** (θ)
- सरल आवर्त गति करते कण की साम्यवस्था से उसकी स्थिति या गति की दिशा को व्यक्त करने वाली राशि

सरल लोलक
- ऐसा समायोजन जिसमें एक भारी द्रव्यमान एक द्रव्यमान रहित, लम्बाई में न बढ़ने वाली पूरी प्रत्यास्थ डोरी की सहायता से एक घर्षण रहित, दृढ़ आधार से लटका होता है।
  सरल लोलक का आवर्तकाल $(T) = 2\pi\sqrt{\frac{l}{g}}$
- अनन्त लम्बाई के सरल लोलक का आवर्तकाल 87.6 मिनट होता है।
- सेकण्ड लोलक का आवर्तकाल 2 सेकण्ड होता है।
- गर्मियों में लोलक की लम्बाई बढ़ जाती है, इसलिए उसका आवर्तकाल (T) भी बढ़ जाता है।

दोलन के प्रकार व अनुनाद

अवमंदन एवं अवमंदित दोलन
- किसी वस्तु द्वारा किए गए ऐसे दोलन जिनका आयाम वस्तु की गति के विरुद्ध अवरोधी बल (घर्षण बल) के कारण घटता जाता है और अंत में शून्य हो जाता है।

प्रणोदित दोलन
- किसी वस्तु द्वारा बाह्य आवर्ती बल के अंतर्गत किए गए ऐसे दोलन जिन्हें वस्तु अपनी स्वाभाविक आवृत्ति से भिन्न किसी आवृत्ति से करती है,

उदाहरण-
- जब सरल लोलक के बॉब (Bob) को हाथ में रखकर कंपन कराते हैं, तो इस प्रकार के कंपन प्रणोदित कंपन कहलाते हैं।

मुक्त दोलन
- ऐसे दोलन जो वस्तु द्वारा स्वाभाविक आवृत्ति से किए जाते हैं।
- यह आवृत्ति वस्तु की प्रत्यास्थता, आकार आदि गुणों पर निर्भर करती है।
- मुक्त दोलनों पर किसी बाह्य बल (घर्षण बल) का प्रभाव नहीं पड़ता है।

अनुनाद
- जब किसी वस्तु पर लगाए गए बाह्य बल की आवृत्ति वस्तु की स्वाभाविक आवृत्ति के बराबर अथवा पूर्ण गुणज में होती है, तो वस्तु के प्रणोदित दोलनों का आयाम बहुत अधिक बढ़ जाता है। इस घटना को अनुनाद कहते हैं तथा इन दोलनों को अनुनादी दोलन कहते हैं।

SOURCE New NCERT Class-VII (गति एवं समय), New NCERT Class-XI (दोलन),

1 निम्नलिखित में से कौन-से उदाहरण सरल आवर्त गति से संबंधित हैं? *(Chap 13, Class-XI, NCERT)*

1. कमानी के दोलन
2. सरल लोलक
3. नदी में डूबती हुई नाव
4. किसी U- नली में दोलायमान पारे के स्तम्भ की गति

कूट

(a) 1 और 3 (b) 1 और 4 (c) 3 और 4 (d) 1, 2 और 4

उत्तर *(d)*

व्याख्या कमानी के दोलन, सरल लोलक तथा किसी U-नली में दोलायमान पारे के स्तम्भ की गति सरल आवर्त गति के उदाहरण हैं क्योंकि इन सभी स्थितियों में वस्तुओं के त्वरण की दिशा मध्यमान स्थिति की ओर होती है। जबकि नदी में डूबती हुई नाव की गति, सरल रेखीय होती है।

2 निम्न कथनों में से कौन-सा कथन असत्य है? *(Chap 13, Class-XI, NCERT)*

(a) सरल आवर्त गति करते हुए कण की स्थितिज ऊर्जा मध्य स्थिति में शून्य होती है।
(b) सरल आवर्त गति करते हुए कण की स्थितिज ऊर्जा अधिकतम विस्थापन की स्थिति में अधिकतम होती है।
(c) सरल आवर्त गति करते हुए कण की गतिज ऊर्जा ऋणात्मक होती है।
(d) सरल आवर्त गति करते हुए कण की गतिज ऊर्जा मध्य स्थिति में अधिकतम होती है।

उत्तर *(c)*

व्याख्या दिए गए कथनों में से कथन (c) असत्य है, सरल आवर्त गति करते हुए कण की गतिज ऊर्जा कभी ऋणात्मक नहीं हो सकती, क्योंकि यह चाल के वर्ग के समानुपाती होती है तथा इसका मान मध्य स्थिति में अधिकतम तथा अधिकतम विस्थापन होने की स्थिति में शून्य होती है जबकि कण की स्थितिज ऊर्जा, मध्य स्थिति में शून्य तथा अधिकतम विस्थापन की स्थिति में अधिकतम होती है।

3 निम्नलिखित कथनों पर विचार कीजिए। *(Chap 13, Class-XI, NCERT)*

1. आवर्त गति करती वस्तु का आवर्तकाल वह न्यूनतम समय है, जिसके पश्चात् गति की पुनरावृत्ति होती है।
2. आवर्त गति करती वस्तु की आवृत्ति आवर्तकाल का व्युत्क्रम होती है।
3. आवर्त गति करती वस्तु की आवृत्ति को मापने के लिए मात्रक का विशेष नाम हट्‌र्ज रेडियो तरंगों के आविष्कारक हेनरिस रूडोल्फ हट्‌र्ज के नाम पर रखा गया।

उपर्युक्त में से कौन-सा/से कथन सत्य है/हैं?

(a) 1 और 2 (b) 2 और 3
(c) 1 और 3 (d) 1, 2 और 3

उत्तर *(d)*

व्याख्या दिए गए कथनों में सभी कथन सत्य हैं।

आवर्तकाल वह न्यूनतम समय है, जिसके पश्चात् गति की पुनरावृत्ति होती है अर्थात् कण द्वारा एक कंपन पूर्ण करने में लगा समय आवर्तकाल कहलाता है।

सरल आवर्त गति करता हुआ कण एक सेकण्ड में जितने कंपन पूरे करता है, उन कंपनों की संख्या आवृत्ति कहलाती है अर्थात्

$$\text{आवृत्ति} \propto \frac{1}{\text{आवर्तकाल}}$$

आवृत्ति का मात्रक हट्‌र्ज या चक्र सेकण्ड अथवा प्रति सेकण्ड होता है, जो हेनरिस रूडोल्फ हट्‌र्ज के नाम पर रखा गया है।

4 निम्न उदाहरणों में से कौन-आवर्त गति को निरूपित करता है? *(Chap 13, Class-XI, NCERT)*

1. किसी तैराक द्वारा नदी के एक तट से दूसरे तट पर जाना और अपनी एक वापसी यात्रा पूरी करना।
2. किसी स्वतंत्रतापूर्वक लटकाए गए दंड चुंबक को उसकी *N-S* दिशा से विस्थापन कर छोड़ देना।
3. अपने द्रव्यमान केंद्र के परितः घूर्णीय गति करता कोई हाइड्रोजन अणु।
4. किसी कमान से छोड़ा गया तीर।

कूट

(a) 1 और 2 (b) 1 और 3 (c) 2 और 3 (d) 1, 2 और 4

उत्तर *(c)*

व्याख्या दिए गए कथनों में से कथन (2) और (3) आवर्त गति को निरूपित करते हैं।

किसी स्वतंत्रतापूर्वक लटकाए गए दंड चुंबक को उसकी *N-S* दिशा से विस्थापित कर छोड़ देना, आवर्त गति को निरूपित करता है, क्योंकि विस्थापन के पश्चात् दंड चुंबक निश्चित पथ पर बार-बार अपनी गति को दोहराता है।

हाइड्रोजन का अणु द्रव्यमान के परितः घूर्णीय गति करता है, जोकि एक आवर्त गति का उदाहरण है, क्योंकि हाइड्रोजन का अणु एक निश्चित पथ पर बार-बार अपनी गति को दोहराता है।

कथन (1) और (4) सरल रेखीय गति को निरूपित करते हैं।

5 सरल लोलक के आवर्तकाल के सम्बन्ध में निम्न कथनों पर विचार कीजिए। *(Chap 13, Class-XI, NCERT)*

1. लोलक की लंबाई बढ़ने के साथ बढ़ता है।
2. गुरुत्वीय त्वरण पर निर्भर नहीं करता है।
3. लोलक के द्रव्यमान, आकार व पदार्थ पर निर्भर करता है।
4. लोलक के आयाम पर निर्भर करता है।

उपर्युक्त कथनों में से कौन-सा/से सत्य है/हैं?

(a) केवल 1 (b) 1 और 2 (c) 2 और 3 (d) 2, 3 और 4

उत्तर *(a)*

व्याख्या लोलक के आवर्तकाल के संदर्भ में कथन (1) सत्य है।

सरल लोलक का आवर्तकाल, $T = 2\pi \sqrt{\frac{l}{g}}$

यहाँ l = लोलक की लंबाई, g = गुरुत्वीय त्वरण

अर्थात् लोलक का आवर्तकाल, लोलक की लंबाई के समानुपाती होता है, अतः लोलक की लंबाई बढ़ाने पर लोलक का आवर्तकाल बढ़ता है।

कथन (2), (3) और (4) असत्य हैं।

लोलक का आवर्तकाल, गुरुत्वीय त्वरण के व्युत्क्रमानुपाती होता है तथा यह लोलक के द्रव्यमान, आकार, आयाम व पदार्थ पर निर्भर नहीं करता है।

6 निम्न कथन (A) और कारण (R) को पढ़िए तथा नीचे दिए गए कूट की सहायता से सही उत्तर का चयन कीजिए। *(Chap 9, Class-VII, NCERT)*

कथन (A) लोलक घड़ियाँ गर्मियों में सुस्त हो जाती हैं, क्योंकि

कारण (R) लोलक की लम्बाई बढ़ जाती है।

कूट

(a) A और R दोनों सही हैं तथा R, A का सही स्पष्टीकरण है।
(b) A और R दोनों सही हैं, परंतु R, A का सही स्पष्टीकरण नहीं है।
(c) A सही है, किंतु R गलत है।
(d) A गलत है, किंतु R सही है।

उत्तर *(a)*

व्याख्या कथन (A) और कारण (R) दोनों सत्य हैं तथा (R), (A) का सही स्पष्टीकरण है। चूँकि लोलक का आवर्तकाल

$$T = 2\pi\sqrt{\frac{l}{g}}$$

अर्थात् लोलक की लम्बाई बढ़ने से आवर्तकाल बढ़ जाता है, जिससे लोलक घड़ियाँ गर्मियों में सुस्त हो जाती हैं अर्थात् एक दोलन करने में उसको अधिक समय लगता है।

7 निम्न कथन (A) और कारण (R) को पढ़िए तथा नीचे दिए गए कूट की सहायता से सही उत्तर का चयन कीजिए। *(Chap 13, Class-XI, NCERT)*

कथन (A) एक लड़की झूले पर बैठी स्थिति में झूला झूल रही है। उस लड़की के खड़े हो जाने पर आर्वतकाल कम हो जाएगा।

कारण (R) गुरुत्व केन्द्र पहले की तुलना में ऊपर चले जाने से झूले की प्रभावी लम्बाई कम हो जाती है।

कूट

(a) A और R दोनों सही हैं तथा R, A का सही स्पष्टीकरण है।
(b) A और R दोनों सही हैं, परंतु R, A का सही स्पष्टीकरण नहीं है।
(c) A सही है, किंतु R गलत है।
(d) A गलत है, किंतु R सही है।

उत्तर *(a)*

व्याख्या कथन (A) और कारण (R) दोनों सत्य हैं तथा (R), (A) का सही स्पष्टीकरण है, एक लड़की झूले पर बैठी स्थिति में झूला झूल रही है, उस लड़की के खड़े हो जाने पर उसका आवर्तकाल कम हो जाएगा।

इसका कारण यह है कि लड़की के खड़े होने पर निकाय का गुरुत्वकेन्द्र पहले की तुलना में ऊपर चला जाएगा, जिससे झूले की प्रभावी लम्बाई कम हो जाएगी जिससे उसका आवर्तकाल कम हो जाएगा। क्योंकि आवर्तकाल $(T) \propto \sqrt{l}$

8 निम्नलिखित युग्मों पर विचार कीजिए। *(Chap 13, Class-XI, NCERT)*

1. वाष्प इंजन में अग्र और पश्च चलता हुआ पिस्टन — दोलन गति
2. दीवार घड़ी का लोलक — सरल रेखीय गति
3. किसी संगीत वाद्य के तार — कंपन

उपर्युक्त में से कौन-सा/से युग्म सही सुमेलित है/हैं?

(a) केवल 1 (b) 1 और 3
(c) 2 और 3 (d) 1, 2 और 3

उत्तर *(b)*

व्याख्या दिए गए युग्मों में से युग्म (1) और (3) सही सुमेलित है।

इंजन में पिस्टन के आगे तथा पीछे की ओर गति दोलनी गति का उदाहरण है, क्योंकि पिस्टन साम्य बिंदु के इर्द-गिर्द गति करता है।

संगीत वाद्य का तार साम्यावस्था के इर्द-गिर्द गति करता है। अत: उसकी गति कंपनिक गति होती है।

कथन (2) में दिया गया युग्म सही सुमेलित नहीं है, क्योंकि दीवार घड़ी का लोलक, दोलनी गति करता है, जिसमें वह साम्य बिंदु के इर्द-गिर्द दोलन करता है।

9 निम्नलिखित कथनों पर विचार कीजिए। *(Chap 13, Class-XI, NCERT)*

1. प्रत्येक दोलनी गति आवर्त गति होती है।
2. वर्तुल गति दोलनी गति होती है।
3. प्रत्येक आवर्त गति दोलनी गति होती है।

उपर्युक्त में से कौन-सा/से कथन असत्य है/हैं?

(a) 1 और 3 (b) 2 और 3
(c) 1 और 2 (d) इनमें से कोई नहीं

उत्तर *(b)*

व्याख्या दिए गए कथनों में से कथन (2) और (3) असत्य हैं।

वर्तुल (Circular) गति दोलनी गति नहीं होती है, क्योंकि वर्तुल गति में कण वृत्तीय पथ पर गति करता है, जबकि दोलनी गति में कण साम्यावस्था के इर्द-गिर्द आवर्त गति करता है।

वर्तुल गति आवर्त गति होती है। प्रत्येक आवर्त (Periodic) गति, दोलनी गति नहीं होती है, क्योंकि आवर्त गति में पिण्ड निश्चित समयांतराल में एक ही निश्चित पथ पर बार-बार अपनी गति को दोहराता है।

कथन (1) सत्य है, क्योंकि प्रत्येक दोलनी गति आवर्त गति होती है।

10 निम्न कथनों पर विचार कीजिए। *(Chap 9, Class-VII, NCERT)*

एक सामान्य दोलक के दोलन करते समय

1. जब गोला माध्य स्थान से गुजरता है, त्वरण शून्य होता है।
2. हर आवर्तन में गोलक दो बार किसी एक निर्दिष्ट वेग को प्राप्त करता है।
3. दोलन के दौरान जब गोला चरम स्थिति पर पहुँचता है, तब उसके गति और त्वरण दोनों शून्य होते हैं।
4. सामान्य दोलक का दोलन-आयाम समय के साथ-साथ कम होता जाता है।

उपरोक्त कथनों मे से कौन-से सही हैं?

(a) 1 और 2 (b) 3 और 4 (c) 1, 2 और 4 (d) 2, 3 और 4

उत्तर *(c)*

व्याख्या दिए गए कथनों में से कथन (1), (2) और (4) सही हैं।

एक सामान्य दोलक के दोलन करते समय वह जब अपनी मध्यमान स्थिति से गुजरता है, तो उसका त्वरण शून्य हो जाता है, जबकि इसका वेग अधिकतम होता है। हर आवर्तन में गोला दो बार एक निर्दिष्ट वेग को प्राप्त करता है तथा वायु के प्रतिरोध के कारण दोलक का दोलन आयाम कम होता जाता है। कथन (3) सही नहीं है, क्योंकि जब पिण्ड गति अंत: बिंदुओं (चरम स्थिति) पर पहुँचती है, तो उसका त्वरण अधिकतम होता है, जबकि उसका वेग और गतिज ऊर्जा शून्य होती है।

11 किसी सरल लोलक या कमानी से लटके हुए पिण्ड के दोलन प्रणोदित कहलाते हैं। जब *(Chap 13, Class-XI, NCERT)*

(a) यह दोलन मुक्त रूप से होते रहते हैं।
(b) बाह्य कारक दोलन को निरंतर बनाए रखता है।
(c) दोलन क्षय बलों के कारण रुकने लगते हैं।
(d) उपर्युक्त में से कोई नहीं।

उत्तर *(b)*

व्याख्या किसी सरल लोलक या कमानी से लटके हुए पिण्ड के दोलन प्रणोदित दोलन कहलाते हैं, जब बाह्य कारक दोलन को निरंतर बनाए रखता है। जब किसी निकाय (जैसे सरल लोलक या कमानी से लटका हुआ कोई गुटका) को उसकी साम्यावस्था से विस्थापित कर मुक्त किया जाता है, तो वह अपनी स्वाभाविक (Natural) आवृत्ति से दोलन करने लगता है। इस प्रकार के दोलन मुक्त दोलन कहलाते हैं। सभी मुक्त दोलन सदैव उपस्थित रहने वाले क्षय बलों के कारण अंतत: रुक जाते हैं तथापि कोई बाह्य कारक (बल) इन दोलनों को बनाए रख सकता है।

12 निम्नलिखित कथनों में से कौन-सा कथन सत्य है? *(Chap 13, Class-XI, NCERT)*

(a) अनुनाद की स्थिति में वस्तु के दोलनों का आयाम बढ़ जाता है।
(b) अनुनाद की स्थिति में वस्तु पर लगने वाले बाह्य बल की आवृत्ति वस्तु की स्वाभाविक आवृत्ति के बराबर नहीं हो सकती है।
(c) बाह्य बल जैसे कर्षण वास्तविक दोलायमान निकाय की यांत्रिक ऊर्जा को परिवर्तित नहीं करते हैं।
(d) उपर्युक्त कथनों में से कोई नहीं

उत्तर *(a)*

व्याख्या दिए गए कथनों में से कथन (a) सत्य है, क्योंकि जब किसी वस्तु पर लगाए गए बाह्य बल की आवृत्ति वस्तु की स्वाभाविक आवृत्ति के बराबर या पूर्ण गुणज में होती है, तो वस्तु के प्रणोदित दोलनों का आयाम बहुत अधिक बढ़ जाता है।

इस घटना को अनुनाद कहते हैं तथा इन दोलनों को अनुनादी दोलन कहते हैं। किसी भी वास्तविक दोलायमान निकाय की यांत्रिक ऊर्जा दोलन करते समय घट जाती है, क्योंकि बाह्य बल; जैसे कर्षण (वायु द्वारा लगाया गया घर्षण बल) दोलनों को रोकते हैं तथा यांत्रिक ऊर्जा को चुंबकीय ऊर्जा में स्थानांतरित कर देते हैं।

13 निम्नलिखित घटनाओं में से कौन-सी घटना के कारण अनुनाद की स्थिति उत्पन्न होती है? *(Chap 13, Class-XI, NCERT)*

1. पुल से गुजरते समय सैनिकों का कदम-से-कदम मिलाकर चलना।
2. भूकंपी तरंगों की आवृत्ति का भवन की प्राकृतिक आवृत्ति के निकट होना।

कूट

(a) केवल 1 (b) केवल 2
(c) 1 और 2 दोनों (d) न तो 1 और न ही 2

उत्तर (c)

व्याख्या कथन (1) और (2) में दी गयी घटनाओं के कारण अनुनाद की स्थिति उत्पन्न होती है।

जब सैनिक, पुल से गुजरते समय कदम-से-कदम मिलाकर चलते हैं, तब सैनिकों के कदमों की आवृत्ति पुल की स्वाभाविक (Natural) आवृत्ति के बराबर हो जाती है, जिससे अनुनाद की स्थिति उत्पन्न होने से अनुनादी कंपनों के द्वारा पुल के टूटने का खतरा बढ़ जाता है। यदि भूकंप की तरंगों की आवृत्ति, भवन की प्राकृतिक आवृत्ति के निकट आ जाती है, तो अनुनाद की स्थिति उत्पन्न हो जाती है, जिसके कारण मकान कंपित होकर ध्वस्त हो सकते हैं।

14 निम्नलिखित कथनों पर विचार कीजिए। *(IAS Pre 2001)*
(Unit 7, Class-XII, Tamil Nadu Board)

एक सामान्य दोलक का दोलन चल रहा है। ऐसे में

1. जब गोला माध्य स्थान से गुजरता है, त्वरण शून्य होता है।
2. हर आवर्तन में गोलक दो बार किसी एक निर्दिष्ट वेग को प्राप्त करता है।
3. दोलन के दौरान जब गोला चरम स्थिति पर पहुँचता है, तब उसके गति और त्वरण दोनों शून्य होते हैं।
4. सामान्य दोलक का दोलन-आयाम समय के साथ-साथ कम होता जाता है।

उपरोक्त कथनों में से कौन-से सही हैं?

(a) 1 और 2 (b) 3 और 4
(c) 1, 2 और 4 (d) 2, 3 और 4

उत्तर (c)

व्याख्या दिए गए कथनों में से कथन (1), (2) और (4) सही हैं।
सरल आवर्त गति करने वाला पिण्ड जब अपनी मध्यमान स्थिति या माध्य स्थिति (Mean position) से गुजरता है, तो उसका त्वरण शून्य हो जाता है, जबकि इसका वेग अधिकतम होता है। हर आवर्त में गोला दो बार एक निर्दिष्ट वेग को प्राप्त करता है तथा वायु के प्रतिरोध के कारण दोलक का दोलन आयाम कम होता जाता है। कथन (3) सही नहीं है, क्योंकि जब पिण्ड गति अन्त: बिन्दुओं (चरम स्थिति) (End points) पर पहुँचती है, तो उसका त्वरण अधिकतम होता है। जबकि उसका वेग और गतिज ऊर्जा शून्य होती हैं।

अवमन्दित दोलन जब वस्तु किसी माध्यम में दोलन करती है, तो उसकी गति के विरुद्ध अवरोधी बल भी कार्य करता है, जिससे दोलन आयाम लगातार घटता जाता है और अन्त में शून्य हो जाता है। आयाम के लगातार क्षय को 'अवमन्दन' कहते हैं।

अध्याय 09

तरंगगति

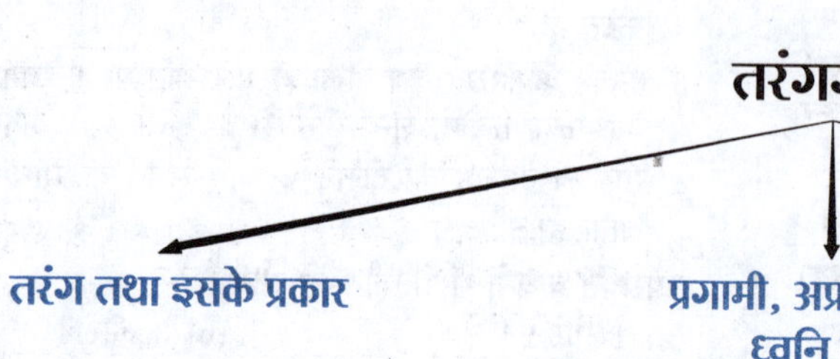

तरंगगति

तरंग तथा इसके प्रकार

तरंग
- किसी भौतिक माध्यम में उत्पन्न वह विक्षोभ, जो अपना स्वरूप बिना बदले माध्यम में एक निश्चित चाल से आगे बढ़ता है
- तरंगों द्वारा केवल ऊर्जा तथा संवेग का संचरण होता है, द्रव्य का नहीं।
- **उदाहरण** ध्वनि तरंगें, रेडियो तरंगें, विद्युत चुम्बकीय तरंगे आदि।

तरंगों के प्रकार
- **प्रत्यास्थ या यांत्रिक तरंगें**
  - यांत्रिक तरंगें किसी माध्यम में उत्पन्न वह विक्षोभ है, जो अपने स्वरूप को परिवर्तित किए बिना माध्यम में एक निश्चित चाल से आगे बढ़ता है। इन तरंगों के संचरण के लिए माध्यम की आवश्यकता होती है।
  - **उदाहरण**-ध्वनि तरंगें, डोरी में उत्पन्न तरंगें
  - यांत्रिक तरंगें दो प्रकार की होती है।

अनुप्रस्थ तरंगें
- ऐसी तरंगें, जिनमें माध्यम के कण अपनी माध्य स्थितियों पर तरंग संचरण के लंबवत् कंपन करते हैं
- **उदाहरण** - जल के पृष्ठ पर संचरित तरंगें, डोरी में कंपन, प्रकाश तरंगें आदि।

अनुदैर्ध्य तरंगें
- ऐसी तरंगें, जिनमें माध्यम के कणों का कंपन तरंगों के संचरण की दिशा के समांतर होता है,
- **उदाहरण** - वायु में चलने वाली ध्वनि तरंगें, ऑर्गन पाइप में वायु स्तंभ में कंपन

विद्युत चुंबकीय तरंगें
- ऐसी तरंगें, जिनके संचरण के लिए माध्यम की आवश्यकता नहीं होती है
- इन तरंगों में विद्युत तथा चुंबकीय क्षेत्र आवर्ती रूप से परिवर्तित होते हैं।
- **उदाहरण** - प्रकाश तरंगें, रेडियो तरंगें, X-किरणें, γ-किरणें आदि।

प्रगामी, अप्रगामी तथा ध्वनि तरंगें

प्रगामी तरंगें
- माध्यम में उत्पन्न वह विक्षोभ है, जो एक नियत वेग से माध्यम में आगे बढ़ता है। उदाहरण-द्रव की सतह पर उत्पन्न तरंगें।

अप्रगामी तरंगें
- जब दो समान अनुप्रस्थ अथवा अनुदैर्ध्य तरंगें किसी बद्ध माध्यम में एक ही चाल से परस्पर विपरीत दिशाओं में संचरित होती हैं, तो उनके अध्यारोपण से एक नई प्रकार की तरंग जो माध्यम में स्थिर प्रतीत होती है। इसे अप्रगामी तरंग कहते हैं।
- **उदाहरण**-सितार, गिटार आदि में उत्पन्न अनुप्रस्थ अप्रगामी तरंगें

ध्वनि तरंगें
- ऊर्जा का वह प्रारूप, जिसके कानों में पड़ने से प्रत्येक प्राणी में सुनने की संवेदना उत्पन्न होती है। ध्वनि तरंगें, वायु में अनुदैर्ध्य तरंगें होती हैं।

ध्वनि के अभिलक्षण
- **तारत्व अथवा पिच**
  - ध्वनि का वह गुण है, जिससे ध्वनि का मोटा या पतला होना ज्ञात होता है ध्वनि का तारत्व उसकी आवृत्ति पर निर्भर करता है।
  - अधिक तारत्व वाली ध्वनि की आवृत्ति अधिक होती है और कम तारत्व वाली ध्वनि की आवृत्ति कम होती है।

प्रबलता
- प्रबलता ध्वनि का वह लक्षण है, जिसके आधार पर कोई ध्वनि कान को धीमी या तेज सुनाई पड़ती है।
- ध्वनि की प्रबलता व्यवहारतः डेसीबल (dB) में मापी जाती है।

गुणता
- ध्वनि का वह लक्षण है, जिसके आधार पर दो भिन्न-भिन्न वाद्य-यंत्रों द्वारा उत्पन्न की गई समान आवृत्ति एवं समान तीव्रता की ध्वनियों में भी अंतर प्रतीत होता है।

ध्वनि की चाल एवं श्रव्यता का परिसर

ध्वनि की चाल
- किसी माध्यम में ध्वनि जिस गति से संचरित होती है, उसे ध्वनि की चाल कहते हैं। किसी माध्यम में ध्वनि की चाल माध्यम की प्रत्यास्थता तथा घनत्व पर निर्भर करती है।

ध्वनि की चाल पर भौतिक राशियों का प्रभाव
- **दाब का प्रभाव** ताप समान होने पर गैस में ध्वनि की चाल पर दाब का कोई प्रभाव नहीं पड़ता है।
- **ताप का प्रभाव** गैसों में ध्वनि की चाल, गैस के परमताप के वर्गमूल के समानुपाती होती है।

श्रव्यता का परिसर
- मनुष्य के कानों द्वारा आवृत्ति परिसर के सुनने की सुग्राहिता को श्रव्य परिसर कहते हैं।
- **श्रव्य तरंगें** वे ध्वनि तरंगें, जिनकी आवृत्ति 20 हर्ट्ज से 20000 हर्ट्ज परास की होती है, श्रव्य तरंगें कहलाती हैं।
  उदाहरण-संगीत के वाद्य यंत्रों, मनुष्य व पशु-पक्षियों की आवाज द्वारा उत्पन्न तरंगें।
- **अपश्रव्य तरंगें** वे ध्वनि तरंगें, जिनकी आवृत्ति श्रव्य तरंगों की न्यूनतम परास (20 हर्ट्ज) से कम होती है, अपश्रव्य तरंगें कहलाती हैं।
  उदाहरण-पृथ्वी के पृष्ठ के अंदर भूकंप आने के समय अपश्रव्य तरंगें उत्पन्न होती हैं।
- **पराश्रव्य तरंगें** वे तरंगें जिनकी आवृत्ति, श्रव्य तरंगों की उच्चतम आवृत्ति (20000 हर्ट्ज) से अधिक होती है, पराश्रव्य तरंगें या पराध्वनि कहलाती हैं।
  उदाहरण-डॉलफिन, चमगादड़ और पारपॉइज जैसे जंतु से उत्पन्न तरंगें।

SOURCE New NCERT Class-VIII (ध्वनि), New NCERT Class-IX (ध्वनि), New NCERT Class-XI (तरंग गति), New NCERT Class-XII (विद्युत चुम्बकीय तरंगें), Tamil Nadu Board Class-IX (ध्वनि), Tamil Nadu Board Class-X (ध्वनिकी), NIOS Chap 18 Module-4

1 **निम्नलिखित कथनों पर विचार कीजिए।**

(Chap 14, Class-XI, NCERT)

1. तरंगें एक ऐसा विक्षोभ है, जो एक स्थान से दूसरे स्थान तक बिना द्रव्य के प्रवाह के गति करता है।
2. तरंगों के द्वारा एक बिंदु से दूसरे बिंदु तक ऊर्जा का संचरण नहीं होता है।
3. जल में उत्पन्न तरंगें विद्युत चुंबकीय तरंगें होती हैं।

उपरोक्त में से कौन-सा/से कथन सही है/हैं?

(a) केवल 1 (b) 2 और 3 (c) केवल 2 (d) 1 और 3

उत्तर *(a)*

व्याख्या दिए गए कथनों में से कथन (1) सही है।

तरंग किसी भौतिक माध्यम से उत्पन्न एक विक्षोभ है, जो अपना स्वरूप परिवर्तित किए बिना, माध्यम में एक निश्चित चाल से आगे बढ़ती है।

कथन (2) और कथन (3) गलत हैं। तरंगों द्वारा ऊर्जा तथा संवेग का संचरण होता है, द्रव्य का नहीं। जल में उत्पन्न तरंगें, यांत्रिक तरंगें होती हैं, जबकि विद्युत चुम्बकीय तरंगों के संचरण हेतु माध्यम की आवश्यकता होती है।

2 **निम्नलिखित कथनों पर विचार कीजिए।**

(Chap 14, Class-XI, NCERT)
(Unit 5, Class-X, Tamil Nadu Board)

1. अनुदैर्ध्य तरंगों में माध्यम के कण तरंग की दिशा के लंबवत् गति करते हैं।
2. किसी डोरी के अनुदिश प्रेषित आवर्त तरंग अनुप्रस्थ तरंग का उदाहरण है।
3. अनुप्रस्थ तरंगों के संचरित होने के लिए माध्यम की आवश्यकता होती है।

उपरोक्त में से कौन-सा/से कथन सही है/हैं?

(a) केवल 2 (b) 2 और 3 (c) केवल 3 (d) 1, 2 और 3

उत्तर *(b)*

व्याख्या दिए गए कथनों में से कथन (2) और (3) सही हैं।

किसी डोरी के अनुदिश प्रेषित आवर्त तरंग अनुप्रस्थ तरंग (Transverse wave) का उदाहरण है, क्योंकि अनुप्रस्थ तरंगों में माध्यमों के कण अपनी माध्य स्थितियों पर तरंग संचरण के लंबवत् कंपन करते हैं। अत: इन तरंगों के संचरण हेतु माध्यम की आवश्यकता होती है।

कथन (1) गलत है, क्योंकि अनुदैर्ध्य तरंगों में माध्यम के कणों का कंपन, तरंग संचरण की दिशा के समांतर होता है।

3 **निम्न कथनों में से कौन-सा कथन असत्य है?**

(Chap 14, Class-XI, NCERT)

(a) अनुप्रस्थ तरंगों का संचरण केवल ठोसों में हो सकता है।
(b) अनुदैर्ध्य तरंगों का संचरण सभी प्रत्यास्थ माध्यमों में कराया जाता है।
(c) समुद्र में उत्पन्न तरंगें अनुप्रस्थ तथा अनुदैर्ध्य तरंगों का संयोजन होती हैं।
(d) वायु में केवल अनुप्रस्थ यांत्रिक तरंगों का ही संचरण संभव है।

उत्तर *(d)*

व्याख्या दिए गए कथनों में से कथन (d) असत्य है, क्योंकि वायु में अनुप्रस्थ तरंगों के साथ-साथ अनुदैर्ध्य तरंगों (Longitudinal waves) का संचरण भी हो सकता है।

कथन (a), (b) और (c) में दिए कथन सत्य हैं। अनुप्रस्थ तरंगों के संचरण हेतु माध्यम में दृढ़ता का गुण होना आवश्यक है। अत: यह केवल ठोसों में संचरित होती है। अनुदैर्ध्य तरंगों का संचरण सभी माध्यमों (ठोस, द्रव तथा गैस) में हो सकता है, क्योंकि सभी में प्रत्यास्थता का गुण विद्यमान होता है। समुद्र के जल की सतह पर उत्पन्न तरंगें अनुप्रस्थ तरंगें तथा जल के अंदर उत्पन्न तरंगें अनुदैर्ध्य तरंगें होती हैं। अत: समुद्र में उत्पन्न तरंगें अनुप्रस्थ तथा अनुदैर्ध्य तरंगों का संयोजन होती हैं।

4 **सूची-I को सूची-II से सुमेलित कीजिए और सूचियों के नीचे दिए गए कूट का प्रयोग कर सही उत्तर का चयन कीजिए।**

(Chap 14, Class-XI, NCERT)

	सूची-I (यांत्रिक तरंगों के उदाहरण)	सूची-II (यांत्रिक तरंगें)
A.	किसी कमानी के एक सिरे को एक ओर विस्थापित करने पर उस कमानी के किसी एक विभंग (ऐंठन) की गति	1. अनुप्रस्थ तथा अनुदैर्ध्य
B.	द्रव से भरे किसी सिलिण्डर में इसके पिस्टन को आगे-पीछे करके सिलिण्डर में उत्पन्न तरंगें	2. अनुप्रस्थ
C.	जल के पृष्ठ पर चलाई मोटर बोट द्वारा उत्पन्न तरंगें	3. अनुदैर्ध्य

कूट

	A	B	C
(a)	1	2	3
(b)	1	3	2
(c)	2	3	1
(d)	3	2	1

उत्तर *(c)*

व्याख्या सही सुमेलन A-2, B-3, C-1 है।

अनुप्रस्थ तरंगें किसी कमानी के एक सिरे को एक ओर विस्थापित करने पर उसके किसी एक विभंग की गति को प्रदर्शित करती है, क्योंकि माध्यम के कण अपनी माध्य स्थितियों पर तरंग संचरण के लंबवत् कंपन करते हैं।

अनुदैर्ध्य तरंगें द्रव से भरे किसी सिलिण्डर में इसके पिस्टन को आगे-पीछे करके सिलिण्डर में उत्पन्न होती हैं, क्योंकि माध्यम (द्रव) के कण अपनी माध्य स्थिति के आगे-पीछे दोलन करते हैं।

अनुप्रस्थ तथा अनुदैर्ध्य तरंगें जल के पृष्ठ पर चलाई गई मोटर बोट द्वारा उत्पन्न होती हैं। जल के पृष्ठ पर अनुप्रस्थ तरंगें उत्पन्न होती हैं, जबकि जल के अंदर अनुदैर्ध्य तरंगें उत्पन्न होती हैं।

5 **निम्नलिखित कथनों पर विचार कीजिए।** *(Chap 8, Class-XII, NCERT)*

1. विद्युत चुम्बकीय तरंगों के गमन के लिये भौतिक माध्यम की आवश्यकता होती है।
2. रेडियो तरंगें विद्युत चुम्बकीय तरंगें नहीं हैं।
3. अवरक्त तरंगें घरेलू प्रणालियों जैसे टी. वी., वीडियो रिकॉर्डर में प्रयोग की जाती हैं।
4. सर्प, अवरक्त तरंगों को संसूचित कर सकते हैं।

उपर्युक्त में से कौन-सा/से कथन सही है/हैं?

(a) 1 और 2 (b) 3 और 4
(c) 1 और 4 (d) 2 और 4

उत्तर *(b)*

व्याख्या दिए गए कथनों में से कथन (3) और (4) सही हैं। अवरक्त तरंगें, ऊष्मीय तरंगें कहलाती हैं।

ये तरंगें तप्त वस्तु तथा अणुओं से विकिरण के रूप में उत्पन्न होती हैं तथा इनकी भेदन क्षमता उच्च होती है।

इनका उपयोग वीडियो रिकॉर्डर, टी.वी. रिमोट आदि में किया जाता है। सर्प अवरक्त तरंगों को संसूचित कर सकते हैं।

कथन (1) और (2) गलत हैं। वे तरंगें जिनके संचरण के लिए माध्यम की आवश्यकता नहीं होती है, विद्युत चुम्बकीय तरंगें (Electromagnetic waves) कहलाती हैं जैसे X- किरण, रेडियो तरंगें, गामा तरंगें आदि।

6 **निम्नलिखित युग्मों पर विचार कीजिए।** *(Chap 8, Class-XII, NCERT)*

तरंगें		आवृत्ति
1. रेडियो तरंगें	—	500 kHz – 1000 kHz
2. गामा किरणें	—	3×10^{14} Hz – 7×10^{14} Hz
3. दृश्य प्रकाश तरंगें	—	4×10^{14} Hz – 7×10^{14} Hz

उपर्युक्त में से कौन-सा/से सही सुमेलित है/हैं?

(a) केवल 1 (b) 1 और 3
(c) 1 और 2 (d) 1, 2 और 3

उत्तर *(b)*

व्याख्या दिए गए युग्मों में से युग्म (1) और (3) सही सुमेलित हैं।
रेडियो तरंगों का उत्सर्जन, आवेशित कणों के दोलनों के कारण होता है। इनकी आवृत्ति 500 kHz से 1000 kHz तक परिवर्तित होती है।
दृश्य क्षेत्र (Visible region) में आने वाली तरंगों को दृश्य किरणें कहते हैं। इनकी आवृत्ति की परास 4×10^{14} Hz से 7×10^{14} Hz के मध्य होती है।
युग्म 2 सही सुमेलित नहीं है।
गामा किरणों की आवृत्ति परास 3×10^{8} Hz से 5×10^{22} Hz के मध्य होती है। अर्थात् इनकी चाल प्रकाश की चाल बराबर होती है।

7 **हेनरिच रूडोल्फ हट्र्ज ने निम्न में से कौन-सी उपलब्धियों की खोज की?** *(Chap 18, Class-XII, NCERT)*

1. विद्युत चुम्बकीय सिद्धांत की प्रयोगों द्वारा पुष्टि।
2. रेडियो, टेलीविजन के विकास की नींव।
3. प्रकाश विद्युत प्रभाव की खोज।

कूट

(a) 1 और 2 (b) 2 और 3
(c) 1 और 3 (d) 1, 2 और 3

उत्तर *(d)*

व्याख्या हेनरिच रूडोल्फ हट्र्ज ने विद्युत चुम्बकीय सिद्धांत की प्रायोगिक पुष्टि की तथा रेडियो, टेलीफोन, टेलिग्राफ तथा टेलीविजन की भी भविष्य में विकास की नींव रखी। उन्होंने प्रकाश-विद्युत प्रभाव की भी खोज की जिसकी बाद में अल्बर्ट आइन्स्टीन ने व्याख्या की थी।

8 **सूची-I व सूची-II को सुमेलित कीजिए और सूचियों के नीचे दिए गए कूट का प्रयोग कर सही उत्तर का चयन कीजिए।** *(Chap 8, Class-XII, NCERT)*

सूची-I (विद्युत चुंबकीय तरंगें)	सूची-II (उपयोग)
A. प्रकाश तरंगें	1. कैंसर कोशिकाओं को नष्ट करने में
B. पराबैंगनी तरंगें	2. वाहनों की गति ज्ञात करने में
C. *X*-किरणें	3. नेत्र शल्य में
D. सूक्ष्म तरंगें	4. पदार्थों को देखने में

कूट

	A	B	C	D
(a)	4	3	1	2
(b)	3	4	1	2
(c)	1	2	3	4
(d)	1	2	4	3

उत्तर *(a)*

व्याख्या सही सुमेलन A-4, B-3, C-1, D-2 है।
प्रकाश तरंगों या *दृश्य किरणों* की सहायता से पदार्थों को देखा जाता है। इनकी आवृत्ति की परास 4×10^{14} Hz से 8×10^{14} Hz के मध्य होती है।
पराबैंगनी तरंगों का उपयोग चिकित्सा के क्षेत्र में (नेत्र शल्य) में किया जाता है। इसकी आवृत्ति की परास 10^{14} Hz से 10^{17} Hz के मध्य होती है।
X-किरणों का उपयोग चिकित्सा के क्षेत्र में टूटी हड्डी का पता लगाने, कैंसर कोशिकाओं को नष्ट करने आदि में किया जाता है। इन किरणों की तरंग आवृत्ति 4×10^{16} Hz से 3×10^{21} Hz के मध्य होती है।
सूक्ष्म तरंगों का उपयोग रडार, तेज गेंदों जैसे टेनिस में सर्व की गई गेंदें या वाहनों की गति ज्ञात करने के उपयोग में लाए जाने वाले यंत्रों में किया जाता है। इनकी आवृत्ति 1 GHz होती है।

9 **माइक्रोवेव ओवन की विशेषताओं के संदर्भ में निम्नलिखित कथनों पर विचार कीजिए।** *(Chap 8, Class-XII, NCERT)*

1. माइक्रोवेव ओवन में सूक्ष्म तरंगों का उपयोग किया जाता है।
2. माइक्रोवेव ओवन में केवल चीनी मिट्टी के बर्तनों का उपयोग लाभकारी रहता है।
3. माइक्रोवेव ओवन में धातु के बर्तनों का भी उपयोग लाभकारी रहता है।

उपर्युक्त में से कौन-सा/से कथन सही है/हैं?

(a) केवल 1 (b) 2 और 3
(c) 1 और 2 (d) 1, 2 और 3

उत्तर *(c)*

व्याख्या दिए गए कथनों में से कथन (1) और (2) सही हैं, क्योंकि माइक्रोवेव ओवन में खाना पकाने हेतु केवल सूक्ष्म तरंगों का उपयोग किया जाता है। तथा इसमें खाना गर्म करने हेतु चीनी मिट्टी के बर्तनों का उपयोग लाभकारी होता है। क्योंकि चीनी मिट्टी के बर्तन की अपेक्षा उसमें रखा खाना अधिक गर्म हो जाता है। कथन (3) गलत है, क्योंकि माइक्रोवेव ओवन में धातु के बर्तनों का उपयोग नहीं करना चाहिए, अन्यथा विद्युत आवेश के कारण करंट लगने की संभावना रहती है।

10 **निम्नलिखित कथनों पर विचार कीजिए।** *(Chap 11, Class-IX, NCERT) (Chap 14, Class-XI, NCERT)*

1. कम लंबाई की बाँसुरी से निम्न आवृत्ति की तरंगें उत्पन्न होती हैं।
2. ध्वनि, शैलों (ठोसों) में केवल अनुदैर्ध्य प्रत्यास्थ तरंगों के रूप में प्रगामी होती है।

उपर्युक्त में से कौन-सा/से कथन सही है/हैं?

(a) केवल 1 (b) केवल 2
(c) 1 और 2 दोनों (d) न तो 1 और न ही 2

उत्तर *(d)*

व्याख्या दिए गए कथनों में कथन (1) और (2) दोनों ही सही नहीं हैं। बाँसुरी से उत्पन्न किसी तरंग की आवृत्ति उसके तरंगदैर्ध्य अर्थात् लंबाई के व्युत्क्रमानुपाती होती है। अतः कम लंबाई की बाँसुरी से उच्च आवृत्ति की तरंगें उत्पन्न होती हैं। ठोसों (शैलों) में ध्वनि तरंगें अनुप्रस्थ तथा अनुदैर्ध्य दोनों तरंगों के रूप में प्रगामी होती हैं, जबकि तरल में ये अनुदैर्ध्य तरंगों के रूप में प्रगामी होती हैं।

11 **अप्रगामी तरंगें उत्पन्न होती हैं** *(Chap 14, Class-XI, NCERT)*

1. खुले पाइप में 2. तनी हुई डोरी में

उपर्युक्त में से कौन-सा/से विकल्प सत्य है/हैं?

(a) केवल 1 (b) केवल 2
(c) 1 और 2 (d) उपरोक्त में से कोई नहीं

उत्तर *(c)*

व्याख्या अप्रगामी तरंग खुले पाइप तथा तनी हुई डोरी दोनों में उत्पन्न होती हैं, जोकि खुले पाइप में, दो अनुदैर्ध्य प्रगामी तरंगों के अध्यारोपण से बनती हैं। तनी हुई डोरी में अनुप्रस्थ अप्रगामी तरंग उत्पन्न होती है, जोकि दो अनुप्रस्थ प्रगामी तरंगों के अध्यारोपण से प्राप्त होती है।

12 निम्नलिखित कथनों में से असत्य कथन चुनिए। *(Chap 10, Class-VIII, NCERT)*

(a) जब किसी कंपित वस्तु का आयाम अधिक होता है, तो इसके द्वारा उत्पन्न ध्वनि प्रबल होती है।
(b) यदि किसी कार्यरत वस्तु की आवृत्ति अधिक है, तब उसका तारत्व कम होता है।
(c) ध्वनि की प्रबलता डेसीबल में मापी जाती है।
(d) सामान्यत: महिला की आवाज पुरुष की अपेक्षा अधिक तारत्व वाली होती है।

उत्तर *(b)*

व्याख्या दिए गए कथनों में से कथन (b) असत्य है, क्योंकि किसी ध्वनि का तारत्व उसकी आवृत्ति पर निर्भर करता है। जैसे-जैसे ध्वनि स्रोत की आवृत्ति बढ़ती जाती है वैसे-वैसे ध्वनि का तारत्व बढ़ता जाता है तथा ध्वनि पतली अथवा तीक्ष्ण हो जाती है।

कथन (a), (c) और (d) सत्य हैं। ध्वनि की प्रबलता, ध्वनि के आयाम पर निर्भर करती है। यदि किसी कंपित वस्तु का आयाम का मान अधिक होता है, तो ध्वनि की प्रबलता भी अधिक होती है। ध्वनि की प्रबलता डेसीबल में मापी जाती है। महिला की आवाज की आवृत्ति, पुरुषों की आवाज की आवृत्ति से अधिक होती है। जिस कारण, महिला की आवाज, पुरुष की अपेक्षा अधिक तारत्व वाली होती है।

13 निम्नलिखित कथनों पर विचार कीजिए। *(Chap 11, Class-IX, NCERT)*

1. ध्वनि का मोटा या पतला होना इसकी तीव्रता द्वारा निर्धारित होता है।
2. ध्वनि की गुणता द्वारा संपन्न तारत्व तथा समान प्रबलता की दो ध्वनियों में अंतर किया जा सकता है।
3. प्रबलता ध्वनि के लिए कानों की संवेदनशीलता की माप है।

उपर्युक्त में से कौन-सा/से कथन सही है/हैं?

(a) 2 और 3 (b) 1 और 3
(c) 1 और 2 (d) 1, 2 और 3

उत्तर *(d)*

व्याख्या दिए गए कथनों में सभी कथन सही हैं।

किसी एकांक क्षेत्रफल से प्रत्येक सेकण्ड में प्रवाहित ऊर्जा की मात्रा को ध्वनि की तीव्रता कहते हैं। ध्वनि की तीव्रता के कारण ध्वनि मोटी या पतली सुनाई देती है।

गुणता ध्वनि का वह लक्षण है, जिसके आधार पर तारत्व एवं समान प्रबलता की दो ध्वनियों में अंतर प्रतीत होता है।

प्रबलता ध्वनि के लिए कानों की संवेदनशीलता की माप है। यद्यपि दो ध्वनियाँ समान तीव्रता की हो सकती हैं। फिर भी हम एक दूसरे की अपेक्षा अधिक प्रबल ध्वनि सुन सकते हैं, क्योंकि हमारे कान इसके लिए अधिक संवेदनशील हैं।

14 निम्न युग्मों पर विचार कीजिए। *(Chap 11, Class-IX, NCERT)*

1. टोन - एकल आवृत्ति की ध्वनि
2. स्वर - अनेक आवृत्तियों के मिश्रण से उत्पन्न ध्वनि
3. ध्वनि की तीव्रता - एकांक क्षेत्रफल से एक सेकण्ड में गुजरने वाली ध्वनि ऊर्जा

उपर्युक्त में से कौन-सा/से युग्म सही है/हैं?

(a) 1 और 2 (b) 2 और 3
(c) 1 और 3 (d) 1, 2 और 3

उत्तर *(d)*

व्याख्या दिए गए युग्मों में सभी युग्म सही हैं। एकल आवृत्ति की ध्वनि को टोन कहते हैं, अनेक आवृत्तियों के मिश्रण से उत्पन्न ध्वनि को स्वर कहते हैं। ये हमारे कानों को सुनने में सुखद लगते हैं। किसी एकांक क्षेत्रफल में प्रत्येक सेकण्ड में प्रवाहित ध्वनि ऊर्जा की मात्रा को ध्वनि की तीव्रता कहते हैं।

15 निम्नलिखित कथनों पर विचार कीजिए। *(Chap 11, Class-IX, NCERT)*

1. हृदय, अपश्रव्य आवृत्ति पर कम्पन्न करता है।
2. ध्वनि की गति गैस में, द्रव एवं ठोस की तुलना में अधिक होती है।
3. मैक संख्या, ध्वनि की गति वर्णित करने के लिए प्रयोग में लाते हैं।
4. पराश्रव्य ध्वनि की आवृत्ति 20000 हर्ट्ज से अधिक होती है।

इन कथनों में

(a) 1, 2 तथा 3 सही हैं। (b) 2, 3 तथा 4 सही हैं।
(c) 1, 3 तथा 4 सही हैं। (d) 1, 2 तथा 4 सही हैं।

उत्तर *(c)*

व्याख्या उपरोक्त कथनों में से कथन 1, 3 एवं 4 सही हैं, क्योंकि हृदय, अपश्रव्य आवृत्ति पर कम्पन्न करता है, जिसे सुनने के लिए स्टेथोस्कोप का प्रयोग किया जाता है, मैक संख्या ध्वनि की गति वर्णित करने के लिए प्रयोग में लाते हैं तथा पराश्रव्य ध्वनि की आवृत्ति 20000 हर्ट्ज से अधिक होती है जबकि कथन 2 गलत है। क्योंकि ध्वनि की गति गैस में, द्रव एवं ठोस की अपेक्षा न्यूनतम होती है।

16 निम्नलिखित कथनों पर विचार कीजिए। *(Chap 11, Class-IX, NCERT)* *(Unit 8, Class-IX, Tamil Nadu Board)*

1. पाँच वर्ष से कम आयु के बच्चे तथा कुत्ते पराश्रव्य ध्वनियों को सुन सकते हैं।
2. व्हेल तथा हाथी अपश्रव्य, जबकि डॉलफिन और चमगादड़ पराश्रव्य ध्वनियाँ उत्पन्न करने में सक्षम हैं।
3. सामान्य मनुष्य के लिये ध्वनि की श्रव्यता का परिसर (Range) लगभग 20 Hz से 2000 Hz तक होता है।

उपर्युक्त में से कौन-सा/से कथन सही है/हैं?

(a) 1 और 2 (b) 2 और 3 (c) केवल 3 (d) 1, 2 और 3

उत्तर *(a)*

व्याख्या दिए गए कथनों में से कथन (1) और (2) सही हैं।

पाँच वर्ष से कम आयु के बच्चे तथा कुत्ते 25 kHz तक ध्वनि अर्थात् पराश्रव्य ध्वनियों को सुन सकते हैं। जैसे-जैसे मनुष्य की आयु बढ़ती है उसके कान उच्च आवृत्तियों के लिए कम सुग्राही होते जाते हैं। व्हेल तथा हाथी अपश्रव्य ध्वनि (Infrasound) परिसर की ध्वनियाँ उत्पन्न करते हैं, जबकि डॉलफिन और चमगादड़ पराश्रव्य ध्वनियाँ उत्पन्न करते हैं। अपश्रव्य ध्वनि की आवृत्ति श्रव्य तरंगों की न्यूनतम आवृत्ति से कम होती है जबकि पराश्रव्य ध्वनि की आवृत्ति, श्रव्य तरंगों की उच्चतम आवृत्ति से अधिक होती है। कथन (3) गलत है, क्योंकि सामान्य मनुष्य के लिए श्रव्यता परिसर 20 Hz से 20000 Hz होती है।

17 निम्नलिखित में से कौन-सा/से कथन पराश्रव्य ध्वनियों या पराध्वनियों का/के अनुप्रयोग है/हैं? *(Chap 11, Class-IX, NCERT)*

1. ऐसे भागों की सफाई करने में किया जाता है, जहाँ पहुँचना कठिन होता है। जैसे सर्पिलाकार नली, विषम आकार के पुर्जे, इलेक्ट्रॉनिक अवयव आदि।
2. धातु के ब्लॉक में दरारों तथा अन्य दोषों का पता लगाने में किया जाता है।
3. गुर्दे की पथरी को बारीक कणों में तोड़ने के लिए किया जाता है।
4. मानव शरीर के आंतरिक अंगों का प्रतिबिंब प्राप्त करने के लिए नहीं किया जाता है।

कूट

(a) 1 और 4 (b) 2 और 3 (c) 2, 3 और 4 (d) 1, 2 और 3

उत्तर *(d)*

व्याख्या दिए गए कथनों में से कथन (1), (2) और (3) पराश्रव्य (Ultrasound) ध्वनियों के अनुप्रयोग हैं। पराध्वनि प्राय: उन भागों को साफ करने में उपयोग की जाती है, जहाँ पर पहुँचना कठिन होता है। जैसे सर्पिलाकार नली, विषम आकार के पुर्जे, इलेक्ट्रॉनिक अवयव आदि।

जिन वस्तुओं को साफ करना होता है, उन्हें मार्जन विलयन में रखते हैं और इस विलयन में पराध्वनि तरंगें भेजी जाती हैं।

उच्च आवृत्ति के कारण धूल, चिकनाई तथा गंदगी के कण अलग होकर नीचे गिर जाते हैं। धातु के ब्लॉक में दरारों तथा अन्य दोषों का पता लगाने हेतु, धातु के ब्लॉक से पराध्वनि को गुजारा जाता है तथा प्रेषित तरंगों का पता लगाने हेतु संसूचक का उपयोग किया जाता है। यदि थोड़ा-सा भी दोष होता है, तो पराध्वनि परावर्तित हो जाती है।

पराध्वनि की आवृत्ति उच्च होती है, जिस कारण इसका उपयोग गुर्दे की पथरी को बारीक कणों में तोड़ने के लिए किया जा सकता है।

कथन (4) गलत है, क्योंकि मानव शरीर के आंतरिक अंगों का प्रतिबिंब प्राप्त करने हेतु पराश्रव्य तरंगों का उपयोग किया जाता है।

18 निम्नलिखित कथनों पर विचार कीजिए।

(Chap 11, Class-IX, NCERT)

1. चमगादड़ गहन अंधकार में भोजन की खोज के लिए पराध्वनि तरंगें उत्सर्जित करता है।
2. सोनार तकनीक का उपयोग समुद्र की गहराई ज्ञात करने तथा जल के अंदर स्थित चट्टानों, घाटियों इत्यादि की जानकारी प्राप्त करने के लिए किया जाता है।
3. केवल पारपाइन मछलियाँ भोजन के लिये श्रव्य तरंगों का उपयोग कर सकती हैं।

उपर्युक्त में से कौन-सा/से कथन सत्य है/हैं?

(a) केवल 1 (b) 2 और 3
(c) 1 और 2 (d) 1, 2 और 3

उत्तर *(c)*

व्याख्या दिए गए कथनों में से कथन (1) और (2) सत्य हैं।

चमगादड़ गहन अंधकार में अपने भोजन को खोजने के लिए उड़ते समय पराध्वनि तरंगें उत्सर्जित करता है, जोकि अवरोधों या कीटों से परावर्तित होकर चमगादड़ के कानों तक पहुँचती हैं। इन परावर्तित स्पंदों की सहायता से चमगादड़ यह ज्ञात कर पाता है कि अवरोध या कीट कहाँ है।

सोनार तकनीक का उपयोग समुद्र की गहराई ज्ञात करने तथा जल के अंदर स्थित चट्टानों, घाटियों, पनडुब्बियों आदि की जानकारी के लिए किया जाता है।

कथन (3) असत्य है, क्योंकि पारपाइन मछलियाँ तथा अन्य जीव जैसे, डॉलफिन, कछुआ आदि भी भोजन की खोज के लिए पराध्वनि तरंगों का उपयोग करते हैं।

19 पराध्वनि तरंगों के संदर्भ में निम्नलिखित कथनों पर विचार कीजिए।

(Chap 11, Class-IX, NCERT)

1. पराध्वनि संसूचक यंत्र द्वारा मानव शरीर के आंतरिक अंग यकृत, गुर्दे इत्यादि का प्रतिबिंब प्राप्त किया जा सकता है।
2. ईकोकार्डियोग्राफी (ECG) तथा अल्ट्रासोनोग्राफी में पराध्वनि तरंगों का उपयोग किया जाता है।

उपर्युक्त में से कौन-सा/से कथन सही है/हैं?

(a) केवल 1
(b) केवल 2
(c) 1 और 2 दोनों
(d) न तो 1 और न ही 2

उत्तर *(c)*

व्याख्या पराध्वनि तरंगों के संदर्भ में कथन (1) और (2) दोनों सही हैं।

पराध्वनि संसूचक एक ऐसा यंत्र हैं, जो पराध्वनि तरंगों का उपयोग कर मानव शरीर के आंतरिक अंगों का प्रतिबिंब प्राप्त करने के लिए काम में ला जाता है। इस संसूचक से रोगी के अंगों; जैसे-यकृत, पित्ताशय, गर्भाशय, गु आदि का प्रतिबिंब प्राप्त किया जा सकता है।

इन प्रतिबिंबों को मॉनीटर पर प्रदर्शित किया जाता है या फिल्म पर मुद्रित कर लि जाता है। इस तकनीक को अल्ट्रासोनोग्राफी (Ultrasonography) इकोकार्डियोग्राफी कहते हैं।

इसका उपयोग गर्भकाल में भ्रूण की जाँच तथा उसके जन्मजात दोषों तथा उसक वृद्धि की अनियमितताओं का पता लगाने में किया जाता है।

पराध्वनि तरंगों को हृदय के विभिन्न भागों से परावर्तित कर हृदय का प्रतिबिंब बनाया जाता है।

20 पराश्रव्य तरंगों के बारे में निम्नांकित कथनों पर विचार कीजिए

(Chap 11, Class-IX, NCERT)

1. ये कीड़ों को नष्ट कर सकती हैं।
2. ये कपड़ों से धूल हटाकर उन्हें साफ कर सकती हैं।
3. इनका उपयोग बीमारियों के उपचार के लिए किया जा सकता है।
4. ये स्वचालित दरवाजों को नियन्त्रित कर सकती हैं।

उपरोक्त कथनों में से कौन-से कथन सही हैं?

(a) 1 और 2 (b) 3 और 4 (c) 1, 2 तथा 3 (d) ये सभी

उत्तर *(d)*

व्याख्या पराश्रव्य तरंगों के बारे में दिए गए सभी कथन सही हैं।

पराश्रव्य तरंगों का उपयोग संकेतक के रूप में, कीड़ों को नष्ट करने में, कपड़ों से धूल हटाने में, स्वचालित दरवाजों को नियन्त्रित करने में तथा इसका उपयोग बीमारियों के उपचार के लिए भी किया जाता है; जैसे—इसके द्वारा यकृत; पित्ताशय, गर्भाशय आदि का प्रतिबिम्ब प्राप्त किया जा सकता है। इसके अतिरिक्त इसका उपयोग गुर्दे की पथरी को बारीक कणों में तोड़ने के लिए भी किया जा सकता है। ये कण बाद में मूत्र के साथ बाहर निकल जाते हैं।

21 किसी समुद्र की गहराई सोनार का उपयोग करके मापी जा सकती है। इसके बारे में निम्नलिखित कथनों पर विचार कीजिए।

(Chap 9, Class-IX, NCERT)

1. समुद्र की गहराई नापने के लिए यह अल्ट्रासोनिक तरंगों का उपयोग करता है।
2. समुद्र के पानी में अल्ट्रासोनिक तरंगों की गति हवा में ध्वनि की गति के समान होती है।
3. अल्ट्रासोनिक तरंगों द्वारा समुद्र तल से परावर्तन के उपरान्त इसके संसूचक तक पहुँचने में लिए गए समय का उपयोग समुद्र की गहराई के मापन में किया जाता है।

उपरोक्त कथनों में से कौन-सा/से सही है/हैं?

(a) केवल 3 (b) 1 और 2 (c) 2 और 3 (d) 1 और 3

उत्तर *(d)*

व्याख्या दिए गए कथनों में से कथन (1) और (3) सही हैं। समुद्र की गहराई नापने के लिए सोनार में पराध्वनि अर्थात् अल्ट्रासोनिक तरंगों का उपयोग किया जाता है। सोनार में लगा प्रेषित्र पराध्वनि तरंगें उत्पन्न तथा प्रेषित करता है। ये तरंगें जल में चलती हैं तथा समुद्र तल में पिण्ड से टकराने के बाद परावर्तित होकर संसूचक द्वारा ग्रहण कर ली जाती हैं। संसूचक पराध्वनिक या अल्ट्रासोनिक तरंगों को विद्युत संकेतों में बदल देता है।

अल्ट्रासोनिक तरंगों द्वारा समुद्र तल से परावर्तन के उपरान्त इसके संसूचक तक पहुँचने में लिए गए समय का उपयोग समुद्र की गहराई को मापने में किया जाता है।

कथन (2) सही नहीं है, क्योंकि समुद्र के पानी में अल्ट्रासोनिक तरंगों की गति या चाल हवा में ध्वनि की चाल या गति के समान नही होती है, क्योंकि वायु में ध्वनि की चाल (331 मी/से) की अपेक्षा जल में ध्वनि की चाल (1531 मी/से) अधिक होती है।

22 अनुमति योग्य शोर के स्तर के संदर्भ में सूची-I को सूची-II से सुमेलित कीजिए तथा सूचियों के नीचे दिए गए कूट से सही उत्तर का चयन कीजिए। *(Chap 10, Class-VIII, NCERT)*

सूची I (क्षेत्र)	सूची II (अनुमति योग्य शोर स्तर)
A. आवासीय क्षेत्र	1. 50 dB
B. शान्त क्षेत्र	2. 55 dB
C. औद्योगिक क्षेत्र	3. 65 dB
D. व्यापारिक क्षेत्र	4. 70 dB

कूट

	A	B	C	D		A	B	C	D
(a)	3	4	2	1	(b)	1	2	3	4
(c)	2	1	4	3	(d)	2	1	4	3

उत्तर *(d)*

व्याख्या सही सुमेलन A-2, B-1, C-4, D-3 है।

आवासीय क्षेत्र का अनुमति योग्य शोर का स्तर दिन में 55 dB तथा रात में 45 dB मान्य है।

शान्त क्षेत्र का अनुमति योग्य शोर का स्तर दिन में 50 dB तथा रात में 40 dB मान्य है।

औद्योगिक क्षेत्र के लिए अनुमति योग्य शोर स्तर दिन में 75 dB तथा रात में 70 dB होता है।

व्यापारिक क्षेत्र के लिएं अनुमति योग्य शोर स्तर दिन में 65 dB तथा रात में 55 dB होता है।

23 निम्न में से क्या सही नहीं है/हैं? *(Chap 11, Class-IX, NCERT)*

1. मनुष्य में श्रव्यता का परिसर लगभग 20 Hz से 10 kHz है।
2. 10 kHz की आवृत्ति से अधिक की ध्वनियों को पराश्रव्य ध्वनि कहते हैं।
3. भूकम्प में, मुख्य प्रघाती तरंगों से पहले पराश्रव्य ध्वनियाँ उत्पन्न होती हैं।

कूट

(a) 1 और 2 (b) 1 और 3 (c) 1, 2 और 3 (d) केवल 3

उत्तर *(c)*

व्याख्या उपर्युक्त कथनों में से कथन 1, 2 व 3 तीनों ही सही नहीं हैं। मनुष्य में श्रव्यता का परिसर लगभग 20 Hz से 20000 Hz तक होता है तथा 20000 Hz की आवृत्ति से अधिक की ध्वनियों को पराश्रव्य ध्वनि कहते हैं। भूकम्प में, मुख्य प्रघाती तरंगों से पहले अपश्रव्य तरंगें उत्पन्न होती हैं।

24 निम्न कथन (A) व कारण (R) को पढ़िए और नीचे दिए गए कूट की सहायता से सही उत्तर का चयन कीजिए। *(Chap 11, Class-IX, NCERT)*

कथन (A) सर्दियों के दिनों की तुलना में गर्मियों में ध्वनि की चाल अधिक होती है।

कारण (R) ध्वनि का वेग ताप बढ़ने पर बढ़ता है।

कूट

(a) A और R सही हैं तथा R, A का सही स्पष्टीकरण है।
(b) A और R दोनों सही हैं, परंतु R, A का सही स्पष्टीकरण नहीं है।
(c) A सही है, किंतु R गलत है।
(d) A गलत है, किंतु R सही है।

उत्तर *(a)*

व्याख्या कथन (A) और कारण (R) दोनों सत्य हैं तथा (R), (A) का सही स्पष्टीकरण है।

ताप बढ़ने पर ध्वनि की चाल बढ़ जाती है। चूँकि गर्मियों में तापमान सर्दियों की तुलना में अधिक होता है इसलिए गर्मियों में ध्वनि की चाल सर्दियों की तुलना में अधिक होती है।

25 ध्वनि तरंगों से सम्बन्धित निम्नलिखित कथनों में से कौन-सा/से कथन सही है/हैं? *(Chap 11, Class-IX, NCERT)*

कथन 1 जब हम ठोस से गैसीय अवस्था में जाते हैं, तब ध्वनि की गति कम हो जाती है।

कथन 2 किसी भी माध्यम में जैसे ही हम तापमान को कम करते हैं, वैसे ही ध्वनि की गति बढ़ जाती है।

कथन 3 ध्वनि की गति काँच के माध्यम की तुलना में ऐल्युमीनियम के माध्यम में कम रहती है।

कूट

(a) 1, 2 और 3 (b) 1 और 2 (c) केवल 1 (d) 2 और 3

उत्तर *(c)*

व्याख्या दिए गए कथनों में से कथन (1) सही है। जब हम ठोस से गैसीय अवस्था में जाते हैं, तब ध्वनि की गति कम हो जाती है, क्योंकि ठोसों एवं धातुओं की प्रत्यास्थता गैसों से अधिक होने के कारण ध्वनि की गति गैसों की अपेक्षा ठोसों में अधिक होती है।

कथन (2) और (3) सही नहीं है, क्योंकि किसी भी माध्यम में जैसे ही हम तापमान को कम करते हैं वैसे ही ध्वनि की गति कम हो जाती है, क्योंकि किसी माध्यम में ध्वनि की गति उस माध्यम के परम ताप के वर्गमूल के अनुक्रमानुपाती होती है। अतः तापमान घटने पर ध्वनि की गति घटती है।

तथा काँच में ध्वनि की गति (3980 मी/से), ऐल्युमीनियम में ध्वनि की गति (6420 मी/से) से कम होती है।

26 जब ध्वनि तरंगें एक माध्यम से दूसरे माध्यम में गमन करती हैं, तो माध्यम में परिवर्तन के साथ निम्नलिखित में से किसमें/किनमें परिवर्तन नहीं आता है? *Chap 11, Class-IX, NCERT)*

1. वेग 2. तरंगदैर्ध्य 3. आवृत्ति

कूट

(a) केवल 2 (b) केवल 3 (c) 1 और 2 (d) 1, 2 और 3

उत्तर *(b)*

व्याख्या जब ध्वनि एक माध्यम से दूसरे माध्यम में जाती है, तो ध्वनि की आवृत्ति अपरिवर्तित रहती है, जबकि ध्वनि तरंग का वेग तथा तरंगदैर्ध्य परिवर्तित हो जाते हैं।

27 ध्वनि की चाल के संदर्भ में निम्नलिखित कथनों पर विचार कीजिए। *Chap 11, Class-XII, NCERT)*

1. वायु में ध्वनि की चाल 0°C पर 331 मी/से होती है।
2. द्रवों तथा गैसों की तुलना में ठोसों में ध्वनि की चाल बहुत कम होती है।
3. प्रकाश की चाल ध्वनि की चाल से बहुत अधिक होती है।

उपर्युक्त में से कौन-सा/से कथन सही है/हैं?

(a) 1 और 2 (b) केवल 2 (c) 1 और 3 (d) 2 और 3

उत्तर *(c)*

व्याख्या दिए गए कथनों में से कथन (1) और (3) सही हैं।

वायु में ध्वनि की चाल 331 मी/से होती है। प्रकाश की चाल (3×10^8 मी/से) ध्वनि की चाल से बहुत अधिक होती है। इसलिए आकाश में बिजली कड़कने पर प्रकाश पहले दिखाई देता है तथा उसके कुछ समय बाद ध्वनि सुनाई देती है।

कथन (2) गलत है, क्योंकि ठोसों में ध्वनि की चाल सर्वाधिक होती है।

28 ध्वनि बूम उत्पन्न होता है, जब *(Chap 11, Class-IX, NCERT)*

1. कोई पिण्ड ध्वनि की चाल से अधिक तेजी से गति करता है।
2. प्रघाती तरंगों (Shock waves) से संबद्ध वायुदाब में परिवर्तन से एक बहुत तेज और प्रबल ध्वनि उत्पन्न होती है।

उपर्युक्त में से कौन-सा/से कथन सही है/हैं?

(a) केवल 1 (b) 2 और 3
(c) 1 और 2 दोनों (d) इनमें से कोई नहीं

उत्तर *(c)*

व्याख्या दिए गए कथनों में से कथन (1) और (2) दोनों सही हैं।
जब ध्वनि उत्पादक स्रोत ध्वनि की चाल से अधिक तेजी से गति करती है, तो ये वायु में प्रघाती तरंगें उत्पन्न करता है। इस प्रकार की प्रघाती तरंगों में बहुत अधिक ऊर्जा होती है तथा इन तरंगों से संबद्ध वायुदाब में परिवर्तन से एक बहुत तेज और प्रबल ध्वनि उत्पन्न होती है, जिसे ध्वनि बूम कहते हैं। पराध्वनिक वायुयान से उत्पन्न इस ध्वनि में इतनी मात्रा में ऊर्जा होती है कि यह खिड़कियों के शीशे को तोड़ सकती है।

29 कथन (A) समुद्र तल के निकट मैक संख्या 1 पर जा रहे वायुयान की चाल की तुलना में 15 किमी की ऊँचाई पर मैक संख्या 1 पर जा रहे वायुयान की चाल अधिक होती है।
कारण (R) ध्वनि की गति, परिवर्ती माध्यम के ताप पर निर्भर करती है। *(Chap 14, Class-XI, NCERT)*

कूट

(a) A और R दोनों सही हैं और R, A का सही स्पष्टीकरण है।
(b) A और R दोनों सही हैं, किन्तु R, A का सही स्पष्टीकरण नहीं है।
(c) A सही है, परन्तु R गलत है।
(d) A गलत है, परन्तु R सही है।

उत्तर *(d)*

व्याख्या समुद्र तल के निकट मैक संख्या 1 पर जा रहे वायुयान की चाल की तुलना में 15 किमी की ऊँचाई पर मैक संख्या 1 पर जा रहे वायुयान की चाल कम होती है। मैक संख्या किसी माध्यम में पिण्ड की चाल तथा उसी माध्यम में ध्वनि की चाल के अनुपात द्वारा ज्ञात की जाती है। अर्थात्

$$\text{मैक संख्या} = \frac{\text{किसी माध्यम में पिण्ड की चाल}}{\text{उसी माध्यम में ध्वनि की चाल}}$$

ध्वनि की चाल, गति परिवर्ती माध्यम के ताप पर निर्भर करती है अर्थात् ध्वनि की चाल 15 किमी ऊँचाई पर ताप कम होने के कारण घटती है क्योंकि 15 किमी ऊँचाई पर वायुयान मैक संख्या 1 के साथ गति कर रहा है।
इसलिए वायुयान की चाल 15 किमी ऊँचाई पर ध्वनि की चाल के सापेक्ष कम होती है।

30 निम्नलिखित कथनों पर विचार कीजिए। *(Chap 14, Class-XI, NCERT)*

1. विस्तृत रूप से प्रयुक्त संगीतिक स्वरग्राम, जिसे द्विटोनी स्वरग्राम कहते हैं, सात आवृत्तियों वाला होता है।
2. स्वर 'सा' की आवृत्ति 256 Hz होती है और स्वर 'नी' की आवृत्ति 512 Hz होती है।

उपरोक्त कथनों में से कौन-सा/से सही हैं/हैं?

(a) केवल 1
(b) केवल 2
(c) 1 और 2 दोनों
(d) न तो 1 और न ही 2

उत्तर (a)

व्याख्या दिए गए कथनों में से कथन (1) सही है। विस्तृत रूप से प्रयुक्त संगीतिक स्वरग्राम जिसे द्विटोनी स्वरग्राम कहते हैं, सात आवृत्तियों वाला होता है। सात आवृत्तियाँ इस प्रकार हैं

	सा	रे	गा	मा	पा	धा	नी
Hz	265	294	330	347	392	440	494

कथन (2) सही नहीं है, क्योंकि स्वर 'सा' की आवृत्ति 265 Hz तथा स्वर 'नी' की आवृत्ति 494 Hz होती है।

31 मानवों में वाक्यंत्र से संबंधित निम्नलिखित कथनों पर विचार कीजिए। *(Chap 10, Class-VIII, NCERT)*

1. बच्चों के वाक्-तंतु बहुत बड़े होते हैं।
2. मानवों में ध्वनि वाक्यंत्र द्वारा उत्पन्न होती है।
3. पुरुषों के वाक् तंतुओं की लंबाई महिलाओं के वाक् तंतुओं से अधिक होती है, जिसके कारण महिला की वाक् ध्वनि उत्तम होती है।

उपर्युक्त में से कौन-सा/से कथन सही है/हैं?

(a) 1 और 3 (b) 1 और 2 (c) 2 और 3 (d) 1, 2 और 3

उत्तर *(c)*

व्याख्या मानवों में वाक्यंत्र से संबंधित कथन (2) और (3) सही हैं।
मानवों में ध्वनि, वाक्यंत्र अथवा कंठ द्वारा उत्पन्न होती है। पुरुषों के वाक् तंतुओं की लंबाई (20 mm) महिलाओं के वाक् तंतुओं की लंबाई (15 mm) से अधिक होती है, जिस कारण महिलाओं की आवाज, पुरुषों की तुलना में भिन्न या मधुर होती है।
कथन (1) गलत है, क्योंकि बच्चों के वाक् तंतु बहुत छोटे होते हैं।

32 मानव कान के संदर्भ में निम्नलिखित कथनों पर विचार कीजिए। *(Chap 10, Class-VIII, NCERT)*

1. कर्ण पल्लव परिवेश से ध्वनि एकत्रित करता है।
2. आंतरिक कर्ण में कर्णावर्त (Cochlea) दाब परिवर्तनों को विद्युत संकेतों में परिवर्तित करता है।
3. कान में मुग्दरक हड्डी कंपनों को घटा देती है।

उपर्युक्त में से कौन-सा/से कथन सही है/हैं?

(a) 1 और 2 (b) 2 और 3 (c) 1 और 3 (d) 1, 2 और 3

उत्तर *(a)*

व्याख्या मानव कान के संदर्भ में कथन (1) और कथन (2) सही हैं।
कर्ण पल्लव, कर्ण का बाहरी भाग होता है। यह परिवेश से ध्वनि को एकत्र करता है। आंतरिक कर्ण में एक घुमावदार नलिका होती है, जिसे कर्णावृत कहते हैं। इस कर्णावृत द्वारा दाब परिवर्तनों को विद्युत संकेतों में परिवर्तित करके श्रवण तंत्रिका द्वारा मस्तिष्क को भेजा जाता है।
कथन (3) गलत है, क्योंकि मध्य कर्ण में तीन हड्डियाँ मुग्दरक, निहाई तथा वलयक विद्यमान होती हैं। ये हड्डियाँ एक-दूसरे से जुड़ी होती हैं तथा कर्ण पटह के कंपनों को एक-गुना बढ़ा देती हैं।

33 निम्न कथनों पर विचार कीजिए। *(Chap 11, Class-IX, NCERT)*

1. अनुरणन बारंबार परावर्तन से ध्वनि में स्थायित्व की एक स्थिति है।
2. सिनेमा हॉल की छत वक्राकार बनाई जाती है, जिससे ध्वनि का बारंबार परावर्तन न हो और ध्वनि स्पष्ट सुनी जा सके।
3. अनुरणन को फाइबर बोर्ड, खुरदरे प्लास्टर अथवा पर्दे द्वारा बढ़ाया जा सकता है।
4. स्टेथोस्कोप से चिकित्सक रोगी के हृदय की धड़कन सुन सकता है।

उपर्युक्त में से कौन-सा/से कथन सही है/हैं?

(a) 1 और 4 (b) 1, 2 और 4 (c) 1, 2 और 3 (d) केवल 4

उत्तर *(b)*

व्याख्या दिए गए कथनों में से कथन (1), (2) और (4) सही हैं।

किसी बड़े हॉल में उत्पन्न होने वाली ध्वनि दीवारों से बारंबार परावर्तन के बहुत लंबे समय तक बनी रहती है।

ध्वनि का यह बार-बार परावर्तन जिसके कारण ध्वनि निर्बध होती है, अनुरणन (Reverberation) कहलाता है।

सिनेमा हॉल की छतें वक्राकार बनायी जाती हैं, जिससे कि परावर्तन के पश्चात् ध्वनि हॉल के सभी भागों में स्पष्ट पहुँच जाए।

स्टेथोस्कोप से रोगी की धड़कन की ध्वनि, बार-बार परावर्तन के कारण डॉक्टर के कानों तक पहुँचती है।

कथन (3) गलत है, क्योंकि फाइबर बोर्ड, खुरदरे प्लास्टर अथवा पर्दे द्वारा अनुरणन को कम किया जाता है, क्योंकि यह सभी ध्वनि अवशोषक होते हैं।

34 डॉप्लर प्रभाव के उपयोग के संदर्भ में निम्नलिखित कथनों पर विचार कीजिए। *(Chap 14, Class-XI, NCERT)*

1. सेना, औषधि विज्ञान, जैसे विविध क्षेत्रों में पिण्डों का वेग मापने के लिए किया जाता है।
2. मॉनीटरिंग स्टेशन पर पिण्ड द्वारा परावर्तित तरंगें प्राप्त करके इनकी आवृत्ति ज्ञात करने में किया जाता है।
3. तारों का वेग मापने के लिए किया जाता है।
4. तारों के प्रकाश का ताप मापने के लिए किया जाता है।

उपर्युक्त में से कौन-सा/से कथन सत्य है/हैं?

(a) 1 और 2
(b) 2, 3 और 4
(c) 1 और 4
(d) 1, 2 और 3

उत्तर *(d)*

व्याख्या दिए गए कथनों में कथन (1), (2) और (3) सत्य हैं। गतिमान पिण्डों की आवृत्तियों में, डॉप्लर प्रभाव के कारण आने वाले अंतर का उपयोग, सेना, औषधि विज्ञान, खगोलिकी तारे और अन्य खगोलीय पिण्डों का अध्ययन करने की एक शाखा जैसे विविध क्षेत्रों में पिण्डों का वेग मापने के लिए किया जाता है। इसका उपयोग पुलिस यह जाँचने के लिए भी करती है कि कोई गाड़ी गति सीमा से अधिक गति से तो नहीं चलाई जा रही।

मॉनीटरिंग स्टेशन पर पिण्ड द्वारा परावर्तित तरंगें प्राप्त करके इनकी आवृत्ति ज्ञात की जाती है। इन दो आवृत्तियों का अंतर डॉप्लर प्रभाव कहलाता है।

कथन (4) असत्य है, क्योंकि प्रकाश का ताप मापने के लिए वीन के विस्थापन के नियम का प्रयोग किया जाता है।

35 निम्न कथन (A) और कारण (R) को पढ़िए तथा नीचे दिए गए कूट की सहायता से सही उत्तर का चयन कीजिए। *(Chap 11, Class-IX, NCERT)*

कथन (A) अनुरणन, विशेषतः बड़े गिरजाघरों तथा अन्य बड़े भवनों में प्रतीत होता है।

कारण (R) दीवारों, छत एवं धरातल से ध्वनि परावर्तन हो सकता है।

कूट

(a) A और R दोनों सही हैं तथा R, A का सही स्पष्टीकरण है।
(b) A और R दोनों सही हैं, परंतु R, A का सही स्पष्टीकरण नहीं है।
(c) A सही है, किंतु R गलत है।
(d) A गलत है, किंतु R सही है।

उत्तर *(a)*

व्याख्या कथन (A) और कारण (R) दोनों सत्य हैं तथा (R), (A) का सही स्पष्टीकरण है।

बड़े गिरजाघरों तथा भवनों की दीवारें समतल होती हैं, जिससे ध्वनि दीवारों से बार-बार परावर्तन (Reflection) करती हुई लंबे समय तक बनी रहती है, जिस कारण अनुरणन उत्पन्न हो जाता है।

अध्याय 10

वैद्युतिकी

वैद्युतिकी

विद्युत आवेश, विभव तथा धारिता

विद्युत आवेश
- पदार्थ का वह भौतिक गुण जिसके कारण इसमें विद्युत तथा चुम्बकीय प्रभाव उत्पन्न हो जाता है।

कूलॉम का नियम
- इस नियम के अनुसार, दो स्थिर बिंदु आवेशों के बीच लगने वाला आकर्षण अथवा प्रतिकर्षण बल दोनों आवेशों की मात्राओं के गुणनफल के अनुक्रमानुपाती तथा उनके बीच की दूरी के वर्ग के व्युत्क्रमानुपाती होता है।

विद्युत क्षेत्र
- वैद्युत आवेश के चारों ओर का क्षेत्र जिसमें अन्य आवेश आकर्षण या प्रतिकर्षण बल अनुभव करता है
- इसका मात्रक न्यूटन/कूलॉम होता है
- विद्युत क्षेत्र की तीव्रता

विद्युत विभव
- वह कार्य जो एकांक धनावेश को अनंत से विद्युत क्षेत्र में स्थित किसी बिंदु तक लाने में किया जाता है।

विद्युत विभवांतर
- किसी धारावाही विद्युत परिपथ में दो बिंदुओं के बीच विद्युत विभवांतर वह कार्य है, जो एकांक आवेश को एक बिंदु से दूसरे बिंदु तक लाने में किया जाता है।

धारिता
- किसी चालक की आवेश ग्रहण करने की क्षमता
- इसका मात्रक फैरड होता है।

संधारित्र
- ऐसा समायोजन जिसमें चालक के आधार में परिवर्तन किए बिना उस पर आवेश की पर्याप्त मात्रा संचित की जा सके।

विद्युत धारा एवं प्रतिरोध

विद्युत धारा
- चालक के अनुप्रस्थ काट पर कुल आवेश प्रवाह की दर
- इसका मात्रक ऐम्पियर होता है

ओम का नियम
- चालक की भौतिक अवस्था स्थिर रहे तो चालक में उत्पन्न धारा उसके सिरों के मध्य आरोपित विभवान्तर के अनुक्रमानुपाती होती है।

विद्युत प्रतिरोध
- किसी चालक का वह गुण, जिसके कारण वह उसमें प्रवाहित होने वाली विद्युत धारा के प्रवाह का विरोध करता है
- यह एक अदिश राशि है। इसका मात्रक वोल्ट/ऐम्पियर अथवा ओम (Ω) होता है।

विभिन्न कारक जिन पर किसी चालक का प्रतिरोध निर्भर करता है
- **लंबाई** किसी भी चालक तार का प्रतिरोध, चालक की लंबाई के अनुक्रमानुपाती होता हैं
- **क्षेत्रफल** किसी भी चालक तार का विद्युत प्रतिरोध, चालक के अनुप्रस्थ-काट के क्षेत्रफल के व्युत्क्रमानुपाती होता है
- **पदार्थ की प्रकृति** यदि समान लंबाई व समान अनुप्रस्थ-काट के क्षेत्रफल के तारों को भिन्न-भिन्न पदार्थों द्वारा निर्मित किया जाता है, तो दोनों चालक तारों का प्रतिरोध भी भिन्न-भिन्न होता है।

विशिष्ट प्रतिरोध
- किसी पदार्थ का विशिष्ट प्रतिरोध वह प्रतिरोध है, जो उस पदार्थ के 1 मीटर लंबे व 1 वर्ग मीटर अनुप्रस्थ-काट के क्षेत्रफल के तार द्वारा उत्पन्न किया जाता है।
- इसका मात्रक ओम-मीटर होता है।

विद्युत धारा का चुंबकीय प्रभाव तथा गैल्वेनोमीटर

विद्युत धारा का चुम्बकीय प्रभाव
- वह घटना जिसमें किसी चालक से विद्युत धारा प्रवाहित करने पर, चालक के चारों ओर चुम्बकीय क्षेत्र उत्पन्न हो जाता है।

सीधे धारावाही चालक तार से उत्पन्न चुंबकीय क्षेत्र
- जब किसी सीधे तार में धारा प्रवाहित करते हैं, तो उसके चारों ओर चुंबकीय क्षेत्र उत्पन्न हो जाता है।

दक्षिण-हस्त अंगुष्ठ नियम
- किसी विद्युत धारावाही चालक से संबद्ध चुंबकीय क्षेत्र की दिशा ज्ञात करने के लिए इस नियम का प्रयोग करते हैं।

गैल्वेनोमीटर
- धारामापी वह यंत्र है, जो किसी विद्युत परिपथ में धारा की उपस्थिति का पता लगाने तथा मापने के लिए प्रयोग किया जाता है।

अमीटर
- अमीटर एक कम प्रतिरोध वाला धारामापी होता है। किसी विद्युत परिपथ में प्रवाहित धारा के मापन के लिए अमीटर को सदैव उस परिपथ में श्रेणीक्रम में जोड़ा जाता है।
- धारामापी को अमीटर में बदलने के लिए धारामापी की कुंडली के समांतर क्रम में निम्न प्रतिरोध को जोड़ देते हैं।

वोल्टमीटर
- वोल्टमीटर उच्च प्रतिरोध वाला धारामापी है तथा इसे उस परिपथ खंड के समांतर क्रम में जोड़ा जाता है, जिसके सिरों के बीच विभवांतर मापना है।
- धारामापी को वोल्टमीटर में बदलने के लिए इसके श्रेणीक्रम में उच्च प्रतिरोध जोड़ते हैं।

SOURCE

New NCERT Class-VI (विद्युत तथा परिपथ), New NCERT Class-VII (विद्युत धारा और इसके प्रभाव), New NCERT Class-VIII (विद्युत धारा के रासायनिक प्रभाव), New NCERT Class-X (विद्युत), (विद्युत धारा के चुम्बकीय प्रभाव), Tamil Nadu Board Class-IX (विद्युत आवेश तथा विद्युत धारा), Tamil Nadu Board Class X (वैद्युतिकी), NIOS Chap 16 and 17 Module-4

1 दो आवेशों के बीच लगने वाला बल *(Chap 1, Class-XII, NCERT)*

1. केवल आकर्षित होता है।
2. आवेशों के मान पर निर्भर नहीं करता है।
3. आवेशों के बीच की दूरी बढ़ने के साथ बढ़ता है।

उपरोक्त में से कौन-सा/से कथन सत्य है/हैं?

(a) 1 और 2
(b) 2 और 3
(c) 1 और 3
(d) इनमें से कोई नहीं

उत्तर (d)

व्याख्या दिए गए कथनों में सभी कथन असत्य हैं।

दो आवेशों (q_1) तथा (q_2) के मध्य कार्यरत् बल

$$F = \frac{Kq_1 q_2}{r^2}$$

यहाँ $r =$ आवेश के मध्य दूरी

दो आवेशों के मध्य कार्यरत् बल की प्रकृति आकर्षण तथा प्रतिकर्षण दोनों प्रकार की होती है तथा यह आवेशों की प्रकृति पर निर्भर करती है। यह बल, आवेशों के गुणनफल के समानुपाती होता है अर्थात् यह आवेशों के मान पर निर्भर करता है तथा दूरी के वर्ग के व्युत्क्रमानुपाती होता है। अतः आवेशों के मध्य दूरी बढ़ने पर इस बल का मान घटता है।

2 निम्नलिखित कथनों पर विचार कीजिए। *(Chap 1, Class-XII, NCERT)*

1. स्थिर विद्युत क्षेत्र रेखाएँ बंद लूप नहीं बनाती हैं।
2. क्षेत्र रेखाएँ ऋणावेश से प्रारंभ होकर धनावेश पर समाप्त होती हैं।
3. दो क्षेत्र रेखाएँ एक-दूसरे को कदापि नहीं काटतीं।

उपरोक्त में से कौन-सा/से कथन सत्य है/हैं?

(a) 1 और 2
(b) 1 और 3
(c) 2 और 3
(d) केवल 2

उत्तर (b)

व्याख्या दिए गए कथनों में से कथन (1) और (3) सत्य हैं। विद्युत बल रेखाएँ बंद लूप नहीं बनाती हैं।

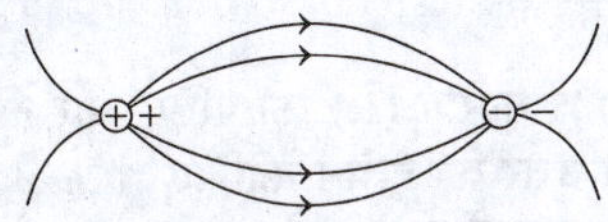

दो विद्युत बल रेखाएँ (Electric field lines) एक-दूसरे को नहीं काटती हैं, क्योंकि यदि वे काटती हैं तो उनके कटान बिंदु पर नैट विद्युत क्षेत्र (Electric field) की दो दिशाएँ प्रदर्शित होंगी, जो असंभव है।

कथन (2) असत्य है, क्योंकि विद्युत बल रेखाएँ धनावेश से प्रारंभ होकर ऋणावेश पर समाप्त होती हैं।

3 निम्न कथन (A) व कारण (R) को पढ़िए और नीचे दिए गए कूट की सहायता से सही उत्तर का चयन कीजिए। *(Chap 1, Class-XII, NCERT)*

कथन (A) प्रकृति में, कूलॉम बल प्रभावी होता है।

कारण (R) कूलॉम बल, गुरुत्वीय बल से कम होता है।

कूट

(a) A और R दोनों सही हैं और R, A का सही स्पष्टीकरण है।
(b) A और R दोनों सही हैं, परन्तु R, A का सही स्पष्टीकरण नहीं है।
(c) A सही है, परन्तु R गलत है।
(d) A गलत है, परन्तु R सही है।

उत्तर (c)

व्याख्या दिए गए कथन A सही है, परन्तु R गलत है, क्योंकि प्रकृति में कूलॉम बल प्रभावी होता है तथा यह बल दोनों आवेशों के परिमाणों के गुणनफल के अनुक्रमानुपाती तथा उनके बीच की दूरी के वर्ग के व्युत्क्रमानुपाती होता है। अर्थात् $F = \frac{Kq_1 q_2}{r^2}$

जबकि गुरुत्वीय बल प्रकृति में सबसे दुर्बल बल के रूप मे जाना जाता है।

4 निम्नलिखित कथनों में से कौन-सा सत्य है? *(Chap 2, Class-XII, NCERT)*

(a) समविभव पृष्ठ के सभी बिंदुओं पर विद्युत क्षेत्र पृष्ठ के समांतर होता है।
(b) समविभव पृष्ठ के प्रत्येक बिंदु पर विद्युत विभव शून्य होता है।
(c) समविभव पृष्ठ के प्रत्येक बिंदु पर विभवांतर शून्य होता है।
(d) उपरोक्त सभी

उत्तर (c)

व्याख्या दिए गए कथनों में से कथन (c) सत्य है।

समविभव पृष्ठ के प्रत्येक बिंदु पर विद्युत विभव का मान समान होता है, इसलिये समविभव पृष्ठ के किन्हीं दो बिंदुओं के मध्य विभवांतर का मान शून्य होता है तथा समविभव पृष्ठ पर विद्युत क्षेत्र, पृष्ठ के लंबवत् होता है इसलिये विद्युत क्षेत्र में आवेश के विस्थापन में किया गया कार्य शून्य होता है।

5 एक खोखला धात्विक गोला, जिसकी भीतरी त्रिज्या a और बाहरी त्रिज्या b हैं, के केन्द्र पर एक धन आवेश $+q$ रखा है। केन्द्र से r दूरी पर विद्युत क्षेत्र को E से दर्शाया गया है। इस सम्बन्ध में निम्नलिखित में से कौन-सा कथन सही है? *(Chap 2, Class XII, NCERT)*

(a) $E = 0$ के लिए $a < r < b$
(b) $E = 0$ के लिए $r < a$
(c) $E = q / 4\pi\varepsilon_0 r$ के लिए $a < r < b$
(d) $E = q / 4\pi\varepsilon_0 a$ के लिए $r < a$

उत्तर (b)

व्याख्या एक खोखला धात्विक गोला, जिसकी भीतरी त्रिज्या a और बाहरी त्रिज्या b है, के केन्द्र पर एक धनावेश $+q$ रखा है। केन्द्र से r दूरी पर, विद्युत क्षेत्र को E से दर्शाया गया है। इस सम्बन्ध मे $E = 0$ के लिए $r < a$ कथन सही है, क्योंकि खोखले चालक के अन्दर विद्युत क्षेत्र E का मान शून्य होता है।

6 निम्नलिखित में से संधारित्र किस प्रकार का संयोजन है। *(Chap 2, Class-XII, NCERT), (Unit 4, Class-IX, Tamil Nadu Board)*

(a) आवेश पर्याप्त मात्रा में संचित रहता है।
(b) विद्युत धारा पर्याप्त मात्रा में संचित रहती है।
(c) चुंबकीय क्षेत्र पर्याप्त मात्रा में संचित रहता है।
(d) आवेश को संचित नहीं किया जा सकता है।

उत्तर (a)

व्याख्या संधारित्र (Capacitor) एक ऐसा समायोजन है, जिसमें किसी चालक के आधार में परिवर्तन किये बिना उस पर आवेश की पर्याप्त मात्रा संचित की जा सकती है। सामान्यतः संधारित्र किसी विद्युतरोधी के द्वारा पृथक् दो चालकों का निकाय होता है।

7 विद्युत धारा से संबंधित निम्नलिखित कथनों पर विचार कीजिए। *(Chap 11, Class-X, NCERT)*

1. विद्युत आवेश के प्रवाह की दर को विद्युत धारा कहते हैं।
2. विद्युत धारा की दिशा परिपथ में इलेक्ट्रॉनों के प्रवाह की दिशा के अनुरूप होती है।
3. विद्युत धारा की दिशा परिपथ में धन आवेशों की दिशा के विपरीत होती है।
4. विद्युत धारा की दिशा परिपथ में इलेक्ट्रॉनों के प्रवाह की दिशा के विपरीत होती है।

उपरोक्त में से कौन-से कथन सही हैं?

(a) 1 और 2 (b) 1 और 4 (c) 1, 2 और 4 (d) 1, 2 और 3

उत्तर *(b)*

व्याख्या विद्युत धारा से संबंधित कथन (1) और (4) सही हैं। विद्युत आवेश के प्रवाह की दर को विद्युत धारा कहते हैं।

विद्युत धारा की दिशा मुक्त इलेक्ट्रॉनों के प्रवाह की दिशा के विपरीत होती है।

विद्युत धारा $i = \frac{q}{t}$ धारा का SI मात्रक ऐम्पियर होता है।

8 निम्नलिखित कथनों पर विचार कीजिए। *(Chap 9, Class-VI, NCERT)*

1. जो पदार्थ विद्युत-धारा का प्रवाह होने देते हैं, ऐसे पदार्थ 'विद्युत-चालक' कहलाते हैं तथा जो पदार्थ विद्युत-धारा का प्रवाह बन्द कर देते हैं, 'विद्युत-रोधक' कहलाते हैं।
2. मानव शरीर विद्युत का बहुत अच्छा चालक है।

उपरोक्त में से कौन-सा/से कथन सत्य है/हैं?

(a) केवल 1 (b) केवल 2
(c) 1 और 2 दोनों (d) इनमें से कोई नहीं

उत्तर *(c)*

व्याख्या दिए गए कथनों में से कथन (1) और (2) दोनों सत्य हैं।

वे पदार्थ जिनमें विद्युत धारा का प्रवाह सुगमता से होता है, विद्युत चालक (Conductor) पदार्थ कहलाते हैं। इनमें मुक्त इलेक्ट्रॉन उपस्थित होते हैं तथा वे पदार्थ जिनमें विद्युत धारा का प्रवाह नहीं होता है, कुचालक या विद्युत रोधक (Insulator) कहलाते हैं। इनमें मुक्त इलेक्ट्रॉन उपस्थित नहीं होते हैं।

मानव शरीर विद्युत का बहुत अच्छा चालक है, क्योंकि मानव शरीर में मुक्त इलेक्ट्रॉन उपस्थित होते हैं।

9 निम्न में से कौन-सा कथन सही है। *(Chap-2, Class-XI, NCERT)*

1. विद्युत धारा का मापन अमीटर से किया जाता है।
2. हाइग्रोमीटर द्वारा विद्युत धारा का मापन किया जाता है।
3. वोल्टमीटर को श्रेणीक्रम मे जोड़ा जाता है।

कूट

(a) केवल 1 (b) केवल 2
(c) 1, 2 तथा 3 (d) केवल 3

उत्तर *(a)*

व्याख्या दिए गए कथनों मे केवल (1) सही है। परिपथ में विद्युत के मापन हेतु अमीटर का प्रयोग किया जाता है। इसे परिपथ के श्रेणीक्रम में संयोजित किया जाता है तथा वोल्टमीटर द्वारा परिपथ की वोल्टता का मापन किया जाता है। इसे परिपथ में समान्तर क्रम में जोड़ते हैं। हाइग्रोमीटर द्वारा आर्द्रता का मापन किया जाता है।

10 ओम के नियम से संबंधित निम्नलिखित कथनों पर विचार कीजिए। *(Chap 1, Class-XII, NCERT)*

1. किसी चालक तार के सिरों के बीच विभवान्तर उसमें प्रवाहित होने वाली विद्युत धारा के समानुपाती होता है।
2. यह नियम केवल धात्विक चालकों तथा मिश्रधातुओं के लिए ही लागू होता है।

उपरोक्त में से कौन-सा/से कथन सही है/हैं?

(a) केवल 1 (b) केवल 2
(c) 1 और 2 दोनों (d) न तो 1 और न ही 2

उत्तर *(c)*

व्याख्या दिए गए कथनों में से कथन (1) और (2) दोनों सही हैं।

ओम के नियम के अनुसार यदि किसी चालक की भौतिक अवस्थाएं (जैसे–ताप, दाब आदि) नियत रहें, तो चालक के सिरों के मध्य आरोपित विभवान्तर (V) उसमें प्रवाहित होने वाली धारा (I) के अनुक्रमानुपाती होता है अर्थात्

$$V \propto I$$
$$V = IR$$

यहाँ R नियतांक है, जिसे चालक का विद्युत प्रतिरोध कहते हैं।

यह नियम केवल धात्विक चालकों और मिश्र धातुओं के चालकों के लिए ही लागू होता है। अधात्विक चालक तथा अर्द्धचालक के लिए यह नियम लागू नहीं होता है।

11 किसी चालक के प्रतिरोध के संबंध में निम्नलिखित कथनों पर विचार कीजिए। *(Chap 11, Class-X, NCERT)*

1. किसी चालक का प्रतिरोध चालक की लंबाई पर निर्भर करता है।
2. किसी चालक का प्रतिरोध चालक के अनुप्रस्थ काट के क्षेत्रफल पर निर्भर करता है।
3. किसी चालक का प्रतिरोध चालक के पदार्थ की प्रकृति पर निर्भर करता है।

उपरोक्त में से कौन-सा/से कथन सही है/हैं?

(a) केवल 1 (b) 2 और 3
(c) 1 और 3 (d) 1, 2 और 3

उत्तर *(d)*

व्याख्या दिए गए कथनों में से सभी कथन सही हैं।

किसी चालक का प्रतिरोध, $R = \frac{\rho l}{A}$

यहाँ ρ = चालक का विशिष्ट प्रतिरोध

l = चालक की लंबाई

A = चालक की अनुप्रस्थ काट का क्षेत्रफल

अत: चालक का प्रतिरोध, चालक की प्रकृति, अनुप्रस्थ-काट के क्षेत्रफल तथा लंबाई पर निर्भर करेगा।

12 निम्न कथन (A) व कारण (R) को पढ़िए और नीचे दिए गए कूट की सहायता से सही उत्तर का चयन कीजिए *(Chap 11, Class-X, NCERT)*

कथन (A) **मिश्र धातुओं का उपयोग विद्युत इस्तरी, टोस्टर आदि सामान्य वैद्युत तापन युक्तियों में किया जाता है।**

कारण (R) **मिश्र धातुओं की प्रतिरोधकता उनकी अवयवी धातुओं से अधिक होती है।**

कूट

(a) A और R दोनों सही हैं तथा R, A की सही व्याख्या करता है।
(b) A और R दोनों सही हैं, परंतु R, A की सही व्याख्या नहीं करता है।
(c) A सही है, किंतु R गलत है।
(d) A गलत है, किंतु R सही है।

उत्तर *(a)*

व्याख्या कथन (A) और कारण (R) दोनों सही हैं तथा कारण (R), कथन (A) की सही व्याख्या करता है।

मिश्र धातुओं का उपयोग वैद्युत तापक युक्तियों (हीटर, विद्युत फ्यूज तथा विद्युत इस्तरी) में किया जाता है।

इसमें मिश्र धातु का उपयोग इसलिए किया जाता है, क्योंकि मिश्र धातु की प्रतिरोधकता उच्च होती है तथा यह ऊष्मा के अच्छे चालक होते हैं।

13 निम्नलिखित कथनों पर विचार कीजिए। *(Chap-11, Class-X, NCERT)*

1. किसी पदार्थ की प्रतिरोधकता (विशिष्ट प्रतिरोध) ताप बढ़ने पर बढ़ती है।
2. किसी पदार्थ की प्रतिरोधकता (विशिष्ट प्रतिरोध) उसकी लंबाई पर निर्भर करती है।
3. किसी पदार्थ की प्रतिरोधकता (विशिष्ट प्रतिरोध) पदार्थ की प्रकृति पर निर्भर करती है।

उपरोक्त में से कौन-से कथन सत्य हैं?

(a) 1 और 2 (b) 2 और 3
(c) 1 और 3 (d) 1, 2 और 3

उत्तर *(c)*

व्याख्या दिए गए कथनों में से कथन (1) और (3) सत्य हैं।

प्रतिरोधकता (Resistivity) पदार्थ का एक गुण है। प्रतिरोधकता ताप पर निर्भर करती है तथा चालक का ताप बढ़ाने पर उसकी प्रतिरोधकता का मान बढ़ता है। किसी पदार्थ की प्रतिरोधकता उसके पदार्थ की प्रकृति पर निर्भर करती है।

कथन (2) असत्य है, क्योंकि किसी पदार्थ की प्रतिरोधकता लंबाई तथा क्षेत्रफल पर निर्भर नहीं करती है।

14 **विद्युत धारा प्रवाहित करने पर किसी प्रतिरोधक में उत्पन्न होने वाली ऊष्मा निम्न में से किस पर निर्भर करती है?** *(Chap 11, Class-X, NCERT)*

(a) प्रतिरोधक में उत्पन्न होने वाली विद्युत धारा पर
(b) प्रतिरोधक के प्रतिरोध पर
(c) विद्युत धारा के प्रवाह में लगे समय पर
(d) उपरोक्त सभी पर

उत्तर *(d)*

व्याख्या दिए गए सभी कथन सही हैं।

विद्युत धारा के प्रवाह के कारण किसी चालक के ताप में वृद्धि की घटना को विद्युत धारा का ऊष्मीय प्रभाव कहते हैं।

विद्युत धारा प्रवाह के कारण प्रतिरोधक में उत्पन्न ऊष्मा, $H = I^2Rt$

अत: प्रतिरोध में उत्पन्न ऊष्मा (H), प्रतिरोधक में प्रवाहित विद्युत धारा (I), प्रतिरोधक का प्रतिरोध (R) तथा विद्युत धारा के प्रवाहन के समय (t) पर निर्भर करती है।

15 **निम्नलिखित मे से कौन-सा कथन सही है जब नियत विभव पर किसी तार के प्रतिरोध को (बढ़ाकर) दोगुना कर दिया जाए तो विद्युत धारा पहले की तुलना में** *(Chap 11, Class-X, NCERT)*

(a) तीन गुनी हो जाएगी (b) आधी हो जाएगी
(c) दो गुनी हो जाएगी (d) चार गुनी हो जाएगी

उत्तर *(b)*

व्याख्या ओम के नियम से $V = IR$

$$I = \frac{V}{R} \quad \text{...(i)}$$

यहाँ V = चालक के सिरों पर विभवान्तर

I = चालक में प्रवाहित धारा, R = चालक का प्रतिरोध

प्रश्नानुसार, $R' = 2R$

धारा $I' = \frac{V}{2R}$

समी (i) से, $I' = \frac{I}{2}$

अत: धारा का मान पहले की तुलना में आधा हो जाएगा।

16 **निम्नलिखित में से कौन-सा/से विद्युत चालक का/के उदाहरण है/हैं?** *(Chap 9, Class-VI, NCERT)*

1. थर्माकोल 2. रबड़
3. काँच 4. एल्युमीनियम की पत्ती

कूट

(a) 1 और 2 (b) 2 और 3
(c) 3 और 4 (d) केवल 4

उत्तर *(d)*

व्याख्या एल्युमीनियम की पत्ती विद्युत चालक का उदाहरण है, क्योंकि एल्युमीनियम एक धातु है, जिसमें विद्युत के चालन हेतु मुक्त इलेक्ट्रॉन उपस्थित होते हैं जबकि थर्माकोल, रबड़ तथा काँच कुचालक पदार्थ होते हैं, जिनमें चालन हेतु मुक्त इलेक्ट्रॉन उपस्थित नहीं होते हैं।

17 **निम्नलिखित कथनों पर विचार कीजिए।** *(Chap 14, Class-VIII, NCERT)*

1. आसुत जल भी विद्युत का एक अच्छा चालक है।
2. पेयजल में खनिज लवणों की अल्प मात्रा प्राकृतिक रूप से होने के कारण यह विद्युत का सुचालक होता है।
3. जल में नमक मिलाने पर वह विद्युत का अच्छा चालक बन जाता है।

उपरोक्त में से कौन-सा/से कथन सत्य है/हैं?

(a) केवल 1 (b) 1 और 2
(c) 2 और 3 (d) इनमें से कोई नहीं

उत्तर *(c)*

व्याख्या दिए गए कथनों में से कथन (2) और (3) सत्य हैं।

पेयजल में मुक्त आयन उपस्थित होते हैं, जिस कारण यह विद्युत का सुचालक होता है। जल में नमक मिलाने पर यह विद्युत का अच्छा चालक बन जाता है।

कथन (1) असत्य है, क्योंकि आसुत जल में मुक्त आयन उपस्थित नहीं होते हैं, इसलिए यह विद्युत का अच्छा चालक नहीं होता है।

18 **निम्न कथन (A) व कारण (R) को पढ़िए और नीचे दिए गए कूट की सहायता से सही उत्तर का चयन कीजिए।**

कथन (A) एक धातु तार का तापक्रम बढ़ जाता है, जब उसके बीच से विद्युत धारा प्रवाहित की जाती है।

कारण (R) धातु अणुओं के पारस्परिक संघटन से ऊष्मा ऊर्जा का मोचन होता है। *(Chap 3, Class XII, NCERT)*

कूट

(a) A और R दोनों सही हैं और R, A का सही स्पष्टीकरण है।
(b) A और R दोनों सही हैं, किन्तु R, A का सही स्पष्टीकरण नहीं है।
(c) A सही है, परन्तु R गलत है।
(d) A गलत है, परन्तु R सही है।

उत्तर *(a)*

व्याख्या (A) और (R) दोनों सही हैं और (R), (A) का सही स्पष्टीकरण है।

जब धातु के मध्य से विद्युत धारा प्रवाहित की जाती है, तो धातु तार का तापक्रम बढ़ जाता है।

क्योंकि धातु के अन्दर मुक्त इलेक्ट्रानों तथा धनायनों के पारस्परिक संघटन से ऊष्मा उत्पन्न होती है। अर्थात् जब किसी चालक में विद्युत धारा प्रवाहित की जाती है, तो उसमें गतिशील इलेक्ट्रॉन निरंतर चालक के धनायनों से टकराते रहते हैं। इस प्रक्रिया में ये अपनी ऊर्जा चालक के धनायनों को स्थानांतरित करते हैं, जिससे चालक की आंतरिक ऊर्जा बढ़ जाती है।

इसके फलस्वरूप चालक का ताप बढ़ जाता है। इस प्रकार वैद्युत ऊर्जा, ऊष्मा ऊर्जा में परिवर्तित हो जाती है।

19 **निम्न में कौन विद्युत खपत को बढ़ते क्रम में प्रदर्शित कर रहा है?** *(Chap 12, Class-X, NCERT)*

(a) टेलीविजन, पंखा, विद्युत प्रेस, इलेक्ट्रिक केतली
(b) टेलीविजन, पंखा, इलेक्ट्रिक केतली, विद्युत प्रेस
(c) पंखा, टेलीविजन, विद्युत प्रेस, इलेक्ट्रिक केतली
(d) विद्युत प्रेस, इलेक्ट्रिक केतली, पंखा, टेलीविजन

उत्तर (c)

व्याख्या उपकरणों का विद्युत खपत का बढ़ता हुआ क्रम पंखा, टेलीविजन, विद्युत प्रेस, इलेक्ट्रिक केतली है। विद्युत एवं इलेक्ट्रॉनिक उपकरणों के निर्माताओं द्वारा प्रत्येक उपकरण की एक पावर रेटिंग निर्धारित की जाती है, जो उस उपकरण द्वारा खपत की जा सकने वाली अधिकतम ऊर्जा को निर्दिष्ट करती है।

20 **बिजली की खपत का बिल किसके मापन पर आधारित होता है?** *(Chap 12, Class-X, NCERT)*

1. वाटेज
2. वोल्टेज
3. ओम
4. ऐम्पियर

निम्नलिखित कूटों से अपना उत्तर चुनें

(a) केवल 1
(b) 1 एवं 2
(c) 2 एवं 3
(d) 1 एवं 4

उत्तर (a)

व्याख्या बिजली की खपत का बिल वाटेज के मापन पर आधारित होता है। घरेलू व औद्योगिक कार्यों के लिये प्रयुक्त विद्युत ऊर्जा के मापन हेतु किलोवाट-घण्टा का प्रयोग किया जाता है। जिसे सामान्य भाषा में यूनिट कहा जाता है। एक यूनिट विद्युत ऊर्जा की वह मात्रा है, जो एक किलोवाट शक्ति वाले परिपथ में 1 घण्टे में व्यय होती है।

21 **विद्युत फ्यूज का सिद्धांत है।** *(Chap 11, Class-X, NCERT)*

(a) विद्युत धारा का रासायनिक प्रभाव
(b) विद्युत धारा का यांत्रिक प्रभाव
(c) विद्युत धारा का ऊष्मीय प्रभाव
(d) विद्युत धारा का चुंबकीय प्रभाव

उत्तर (c)

व्याख्या विद्युत फ्यूज विद्युत धारा के ऊष्मीय प्रभाव (Heating effect) पर आधारित ऐसी युक्ति है, जो विद्युत धारा अधिक होने पर विद्युत उपकरण को क्षतिग्रस्त होने से बचाती है।

22 **विद्युत फ्यूज के संबंध में निम्नलिखित कथनों पर विचार कीजिए।** *(Chap 10, Class-VII, NCERT)*

1. फ्यूज सुरक्षा युक्ति है, जो विद्युत परिपथ की क्षति तथा संभावित आग के प्रति सुरक्षा प्रदान करता है।
2. इनका उपयोग लघुपथन (Short Circuit) रोकने हेतु होता है।
3. उच्च विद्युत धारा के प्रवाहित होने से विद्युत फ्यूज के तार पिघल जाते हैं।

उपरोक्त में से कौन-सा/से कथन सही है/हैं?

(a) केवल 1
(b) 2 और 3
(c) 1 और 2
(d) 1, 2 और 3

उत्तर (d)

व्याख्या दिए गए सभी कथन सही हैं।

विद्युत फ्यूज सुरक्षा युक्ति है, जो विद्युत परिपथ की क्षति तथा संभावित आग के प्रति सुरक्षा प्रदान करता है।

विद्युत परिपथ में लघुपथन (Short circuit) के दोष को दूर करने हेतु विद्युत फ्यूज का उपयोग किया जाता है।

यदि किसी परिपथ में लघुपथन के कारण धारा का मान बढ़ता है, तो फ्यूज पिघल जाता है, जिसके कारण परिपथ का मेन लाइन से विच्छेदन हो जाता है व परिपथ में लगे उपकरण सुरक्षित बच जाते हैं।

23 **स्विच से संबंधित निम्नलिखित में से कौन-सा कथन सत्य है?** *(Chap 9, Class-VI, NCERT)*

1. स्विच एक सरल युक्ति है, जो परिपथ को जोड़ या तोड़ सकती है।
2. घरों में स्विच का उपयोग केवल बल्ब को दीप्तिमान करने के लिये किया जाता है।

कूट

(a) केवल 1
(b) केवल 2
(c) 1 और 2 दोनों
(d) न तो 1 और न ही 2

उत्तर (a)

व्याख्या स्विच से संबंधित कथन (1) सत्य है।

स्विच एक सरल युक्ति है, जो परिपथ को जोड़ या तोड़ सकती है। जब स्विच परिपथ पूरा करता है, तो उसे स्विच ऑन कहते हैं और जब परिपथ पूरा नहीं होता, तब इस स्थिति में स्विच ऑफ कहते हैं।

कथन (2) असत्य है, क्योंकि घरों में स्विच का उपयोग बल्ब को दीप्तिमान करने तथा अन्य युक्तियों को चलाने के लिए करते हैं।

24 **टंगस्टन धातु के संदर्भ में निम्नलिखित में से कौन-सा/से कथन सत्य है/हैं?** *(Chap 11, Class-X, NCERT), (UKPSC Pre 2012)*

(a) विद्युत बल्ब में टंगस्टन का उपयोग किया जाता है।
(b) टंगस्टन उच्च गलनांक की प्रबल धातु है।
(c) टंगस्टन का गलनांक 3380°C होता है।
(d) उपरोक्त सभी

उत्तर (d)

व्याख्या टंगस्टन धातु के संदर्भ में दिए गए सभी कथन सत्य हैं, क्योंकि विद्युत बल्ब के आंतरिक सिरों से टंगस्टन का एक बारीक तार जुड़ा होता है, जिसे तंतु कहते हैं। टंगस्टन का गलनांक अति उच्च (3380°C) होता है। जब तंतु में विद्युत धारा प्रवाहित की जाती है, तो यह श्वेत तप्त होकर श्वेत प्रकाश प्रदान करता है।

25 **बल्बों में रासायनिक दृष्टि से निम्नलिखित में से कौन-सी अक्रिय गैसें भरी जाती हैं?** *(Chap 11, Class-X, NCERT)*

1. नाइट्रोजन
2. ऑक्सीजन
3. ऑर्गन
4. हाइड्रोजन

कूट

(a) 1 और 3
(b) 1 और 4
(c) 3 और 4
(d) 2 और 3

उत्तर (a)

व्याख्या बल्बों में रासायनिक दृष्टि से नाइट्रोजन और ऑर्गन गैस भरी जाती हैं। सामान्यतः कम सामर्थ्य के बल्बों के अंदर निर्वात् उपस्थित होता है, जबकि उच्च सामर्थ्य के बल्बों में निष्क्रिय गैस (नाइट्रोजन एवं ऑर्गन) भरी होती है, क्योंकि इन गैसों द्वारा तंतु का ऑक्सीकरण एवं वाष्पीकरण नहीं हो पाता जिससे बल्ब की दक्षता व आयु बढ़ जाती है।

26 **निम्नलिखित कथनों पर विचार कीजिए।**
एक साधारण बिजली के बल्ब का अपेक्षाकृत अल्प जीवन होता है, क्योंकि *(Chap 11, Class-X, NCERT) (IAS Pre 1999)*

1. फिलामेंट का तार एकसमान नहीं होता।
2. बल्ब पूर्ण रूप से निर्वातित नहीं किया जा सकता।
3. फिलामेंट के सहायक तार उच्च ताप पर पिघल जाते हैं।

उपरोक्त कथनों में से कौन-कौन से कथन सत्य हैं?

(a) 1 और 3
(b) 2 और 3
(c) 1 और 2
(d) 1, 2 और 3

उत्तर (d)

व्याख्या दिए गए कथनों में कथन (1), (2) और (3) सत्य हैं। विद्युत बल्ब विद्युत धारा के ऊष्मीय प्रभाव पर आधारित एक उपकरण है। जब विद्युत बल्ब के तंतु (Filament) में धारा प्रवाहित की जाती है, तो तंतु का प्रतिरोध अत्यधिक होने के कारण इसका तापमान बढ़ जाता है। जिस कारण यह चमकने लगता है। एक साधारण बिजली के बल्ब का अपेक्षाकृत अल्प जीवन होता है, इसके निम्न कारण हैं
फिलामेंट का तार एकसमान नहीं होना
बल्ब पूर्ण रूप से निर्वातित नहीं किया जाना
फिलामेंट के सहायक तार का उच्च ताप पर पिघलना

27 एक मकान में दो बल्बों में से एक, दूसरे से अधिक (रोशनी देता है) चमकदार है। इन दोनों में से किस बल्ब में उच्चतर अवरोधक है? *(Chap 11, Class-X, NCERT)*

(a) मंद रोशनी वाले बल्ब में
(b) अधिक रोशनी वाले बल्ब में
(c) दोनों बल्बों में अवरोधक समतुल्य हैं।
(d) रोशनी की तीव्रता अवरोधक पर निर्भर नहीं होती है।

उत्तर (a)
व्याख्या मंद रोशनी वाले बल्ब में उच्चतर अवरोध (Resistance) होता है, जबकि तीव्र या अधिक रोशनी वाले बल्ब में निम्न अवरोध होता है। क्योंकि

शक्ति $P = \frac{V^2}{R}$ या $P \propto \frac{1}{R}$

अत: प्रतिरोध (अवरोध) बढ़ने पर बल्ब की शक्ति कम हो जाती है, जिससे उसकी रोशनी भी कम हो जाती है।

28 दो एक-जैसे बल्बों को किस प्रकार जोड़ने पर अधिक रोशनी मिलेगी? *(Chap 11, Class-X, NCERT)*

1. दोनों श्रेणीक्रम में जुड़े हों
2. दोनों समान्तर क्रम में जुड़े हों

नीचे दिए गए कूट का प्रयोग करके सही उत्तर का चयन कीजिए।
(a) 1 में अधिक (b) 2 में अधिक
(c) 1 और 2 दोनों में समान (d) कुछ कहा नहीं जा सकता

उत्तर (b)
व्याख्या दो एक-जैसे बल्बों को समान्तर क्रम में जोड़ने पर अधिक रोशनी मिलेगी।
जब बल्ब को श्रेणीक्रम में जोड़ा जाता है।

$$R' = R + R$$
$$R' = 2R$$

तब शक्ती $P' = \frac{V^2}{R} = \frac{V^2}{2R} \Rightarrow P^1 = \frac{P}{2}$

जब बल्ब को समान्तर क्रम में जोडा जाता है।

$$\frac{1}{R''} = \frac{1}{R} + \frac{1}{R}$$
$$\frac{1}{R''} = \frac{2}{R} \Rightarrow R^{11} = \frac{R}{2}$$

तब शक्ती $P'' = \frac{V^2}{R} = \frac{V^2}{R/2}$

$$P'' = \frac{2V^2}{R} = 2P$$

उपरोक्त समीकरणों से स्पष्ट है कि समान्तर क्रम में जुड़ने पर शक्ति अधिक हो जायेगी। अत: समान्तर क्रम में बल्ब अधिक रोशनी देंगे।

29 निम्नलिखित कथनों पर विचार कीजिए। *(Chap 9, Class-VI, NCERT)*

1. विद्युत सेल में दोनों सिरे धनात्मक होते हैं।
2. विद्युत सेल के दो टर्मिनलों को मिलाने पर उसके रासायनिक पदार्थ शीघ्र खर्च हो जाते हैं।

उपरोक्त में से कौन-सा/से कथन सही है/हैं?
(a) 1 और 2 (b) केवल 2 (c) केवल 1 (d) न तो 1 और न ही 2

उत्तर (b)
व्याख्या दिए गए कथनों में कथन (2) सही है।
जब विद्युत के दो टर्मिनलों को मिला दिया जाता है, तो रासायनिक पदार्थ शीघ्र खर्च हो जाता है, क्योंकि रासायनिक अभिक्रिया की दर बढ़ जाती है।
कथन (1) गलत है क्योंकि सेल के दो सिरे धनात्मक तथा ऋणात्मक होते हैं।

30 निम्नलिखित कथनों पर विचार कीजिए।
(Chap 10, Class-VII, NCERT)
(Chap 16, Module-4, NIOS)

1. बंद विद्युत-परिपथ में विद्युत-धारा की दिशा विद्युत सेल के टर्मिनल के धनात्मक सिरे से ऋणात्मक सिरे की ओर होती है।
2. दो या अधिक सेलों से बने संयोजन को बैटरी कहते हैं। इसमें एक सेल का धन टर्मिनल दूसरे सेल के ऋण टर्मिनल से संयोजित किया जाता है।

उपरोक्त में से कौन-सा/से कथन सही है/हैं?
(a) केवल 1 (b) केवल 2
(c) 1 और 2 दोनों (d) न तो 1 और न ही 2

उत्तर (c)
व्याख्या दिए गए कथनों में कथन (1) और (2) दोनों सही हैं।
बंद विद्युत-परिपथ में विद्युत-धारा की दिशा विद्युत सेल के टर्मिनल के धनात्मक सिरे से ऋणात्मक सिरे की ओर होती है, क्योंकि विद्युत धारा सदैव उच्च विभव से निम्न विभव की ओर प्रवाहित होती है। बैटरी का निर्माण करने के लिए दो या अधिक सेलों की आवश्यकता होती है। इसमें एक सेल का धन टर्मिनल दूसरे सेल के ऋण टर्मिनल से संयोजित किया जाता है।

31 विद्युत लेपन के संदर्भ में निम्नलिखित कथनों पर विचार कीजिए।
(Chap 11, Class-VIII, NCERT)

1. विद्युत लेपन, विद्युत द्वारा किसी पदार्थ पर किसी वांछित धातु की परत निक्षेपित करने की प्रक्रिया है।
2. विद्युत लेपन विद्युत धारा के रासायनिक प्रभाव का एक उपयोग है।
3. आभूषण बनाने वाली सस्ती धातुओं पर विद्युत लेपन नहीं किया जा सकता है।

उपरोक्त में से कौन-सा/से कथन सत्य है/हैं?
(a) 1 और 3 (b) केवल 2 (c) 1 और 2 (d) 1, 2 और 3

उत्तर (c)
व्याख्या विद्युत लेपन के संदर्भ में कथन (1) और (2) सत्य हैं।
विद्युत द्वारा किसी पदार्थ पर किसी वांछित धातु की परत निक्षेपित करने की प्रक्रिया को विद्युत लेपन (Electroplating) कहते हैं।
यह विद्युत धारा के रासायनिक प्रभाव का एक सर्वाधिक सामान्य उपयोग है।
कथन (3) असत्य है, क्योंकि विद्युत लेपन अत्यंत उपयोगी प्रक्रम है तथा आभूषण बनाने वाली सस्ती धातुओं पर चाँदी तथा सोने का विद्युत लेपन करते हैं।
ये आभूषण देखने में चाँदी या सोने के जैसे प्रतीत होते हैं, लेकिन वास्तव में अपेक्षाकृत बहुत सस्ते होते हैं।

32 **मोटरकार बैटरी के सम्बन्ध में निम्नलिखित कथनों पर विचार कीजिए।** *(Chap 11, Class-VIII , NCERT)*

1. वोल्टता सामान्यत: 12 वोल्ट होती है।
2. प्रयुक्त विद्युत अपघट्य हाइड्रोक्लोरिक अम्ल होता है।
3. इलेक्ट्रोड सीसा और ताम्र होते हैं।
4. धारिता को ऐम्पियर-घण्टा में व्यक्त करते हैं।

उपरोक्त कथनों में से कौन-से सही है?

(a) 1 और 2 (b) 2 और 3
(c) 3 और 4 (d) 1 और 4

उत्तर (d)

व्याख्या मोटरकार बैटरी के सम्बन्ध में कथन (1) व (4) सही हैं।

मोटरकार बैटरी के सम्बन्ध में वोल्टता सामान्यत: 12 वोल्ट होती है तथा धारिता अर्थात् आवेश को ग्रहण करने की क्षमता को ऐम्पियर-घण्टे में मापते हैं।

कथन (2) व (3) सही नहीं हैं, क्योंकि प्रयुक्त विद्युत अपघट्य में 35% सल्फ्यूरिक अम्ल तथा 65% जल होता है। कार बैटरी का कैथोड लेड डाइऑक्साइड (PbO_2) का तथा एनोड लेड (Pb) का होता है।

33 **निम्नलिखित कथनों में से कौन-सा/से कथन सही है/हैं?** *(Chap 11, Class-VIII, NCERT)*

1. खाद्य पदार्थों के भंडारण में उपयोग किए जाने वाले टिन के डिब्बों में लोहे के ऊपर टिन का विद्युत लेपन किया जाता है।
2. टिन लोहे से कम क्रियाशील होता है।

कूट

(a) केवल 1
(b) केवल 2
(c) 1 और 2 दोनों
(d) न तो 1 और न ही 2

उत्तर (c)

व्याख्या दिए गए कथनों में कथन (1) और (2) दोनों सही हैं।

खाद्य पदार्थों के भंडारण में उपयोग किए जाने वाले टिन के डिब्बों में लोहे के ऊपर टिन का विद्युत लेपन किया जाता है, क्योंकि टिन लोहे से कम क्रियाशील होती है, जिस कारण खाद्य पदार्थ खराब नहीं होते हैं।

34 **निम्न कथन (A) व कारण (R) को पढ़िए और नीचे दिए गए कूट की सहायता से सही उत्तर का चयन कीजिए।** *(Chap 11, Class-VIII, NCERT)*

कथन (A) **लोहे में संक्षारित होने तथा जंग लगने की प्रवृत्ति होती है, तब भी इसका उपयोग पुलों तथा स्वचालित वाहनों को प्रबल बनाने के लिए किया जाता है।**

कारण (R) **संक्षारण तथा जंग लगने से बचाने के लिए लोहे पर विद्युत-लेपन द्वारा जिंक की परत निक्षेपित की जाती है।**

कूट

(a) A और R दोनों सही हैं तथा R, A का सही स्पष्टीकरण है।
(b) A और R दोनों सही है, परंतु R, A का सही स्पष्टीकरण नहीं है।
(c) A सही है, किंतु R गलत है।
(d) A गलत है, किंतु R सही है।

उत्तर (a)

व्याख्या कथन (A) और कारण (R) दोनों सही हैं तथा (R), (A) का सही स्पष्टीकरण है। लोहे में संक्षारित होने तथा जंग लगने की प्रवृत्ति होती है। अत: इसे संक्षारण (Corrosion) तथा जंग लगने से बचाने के लिए जिंक की परत निक्षेपित कर दी जाती है।

35 **निम्नलिखित कथनों पर विचार कीजिए।** *(Chap 10, Class-VII, NCERT)*

1. किसी तार में विद्युत धारा प्रवाहित करने पर वह तार तप्त हो जाता है। इसे विद्युत धारा का तापीय प्रभाव कहते हैं।
2. किसी तार में विद्युत धारा प्रवाहित करने पर वह तार चुंबक की भाँति व्यवहार करता है।

उपरोक्त में कौन-सा/से कथन सही है/हैं?

(a) केवल 1 (b) केवल 2
(c) 1 और 2 दोनों (d) न तो 1 और न ही 2

उत्तर (c)

व्याख्या दिए गए कथनों में कथन (1) और (2) दोनों सही हैं।

किसी चालक में विद्युत धारा के प्रवाह के कारण तार का तप्त होना अर्थात् चालक के ताप में वृद्धि की घटना को विद्युत धारा का तापीय प्रभाव कहते हैं तथा जब किसी तार में विद्युत प्रवाहित की जाती है, तो वह तार चुंबक की भाँति व्यवहार करता है, इसे विद्युत धारा का चुंबकीय प्रभाव कहते हैं। हैंस क्रिश्चियन ऑर्स्टेड चुंबकीय प्रभाव का अवलोकन करने वाले सर्वप्रथम व्यक्ति थे।

36 **निम्नलिखित में से कौन-सा कथन किसी लंबे विद्युत धारावाही तार के निकट चुंबकीय क्षेत्र का सही वर्णन करता है?** *(Chap 12, Class-X, NCERT)*

(a) चुंबकीय क्षेत्र की क्षेत्र रेखाएँ तार के लंबवत् होती हैं।
(b) चुंबकीय क्षेत्र की क्षेत्र रेखाएँ तार के समांतर होती हैं।
(c) चुंबकीय क्षेत्र की क्षेत्र रेखाएँ अरीय होती हैं, जिनका उद्भव तार से होता है।
(d) चुंबकीय क्षेत्र की संकेंद्री क्षेत्र रेखाओं का केंद्र तार होता है।

उत्तर (d)

व्याख्या धारावाही चालक तार के परित: चुंबकीय क्षेत्र की रेखाएँ एक संकेंद्रित वृत्त के रूप में होती हैं अर्थात् संकेंद्री क्षेत्र रेखाओं का केंद्र तार होता है। जैसे-जैसे चालक से दूर जाते हैं वैसे-वैसे चुंबकीय क्षेत्र की प्रबलता कम होती जाती है तथा बड़े वृत्त चुंबकीय क्षेत्र की घटती हुई प्रबलता को प्रदर्शित करते हैं।

37 **परिनालिका की निम्नलिखित विशेषताओं में से कौन-सी विशेषता सत्य है?** *(Chap 12, Class-X, NCERT)*

1. परिनालिका के अंदर चुंबकीय क्षेत्र रेखाएँ समान्तर सरल रेखाओं की भाँति होती है।
2. परिनालिका के अंदर सभी बिंदुओं पर चुंबकीय क्षेत्र समान होता है।
3. परिनालिका का उपयोग विद्युत चुंबक बनाने में किया जा सकता है।

कूट

(a) 1 और 2 (b) 2 और 3 (c) केवल 2 (d) 1, 2 और 3

उत्तर (d)

व्याख्या दिए गए सभी कथन परिनालिका (Solenoid) की विशेषताओं के संदर्भ में सत्य हैं। विद्युत चुंबकीय परिनालिका के अक्ष पर चुंबकीय क्षेत्र रेखाएँ अक्ष के समान्तर तथा बहुत पास-पास होती हैं, जिसके कारण परिनालिका के अंदर सभी बिंदुओं पर चुंबकीय क्षेत्र समान होता है तथा इसका उपयोग विद्युत चुंबक बनाने के लिए किया जाता है।

38 **निम्न में से कौन-सा कथन लघुपथन के समय परिपथ में विद्युत धारा के लिए सत्य है।** *(Chap 12, Class-X, NCERT)*

(a) बहुत कम हो जाता है (b) परिवर्तित नहीं होता
(c) बहुत अधिक बढ़ जाता है (d) निरंतर परिवर्तित होता है

उत्तर (c)

व्याख्या लघुपथन (Short circuit) के समय परिपथ में विद्युत धारा का मान बहुत अधिक बढ़ जाता है, क्योंकि लघुपथन के समय विद्युन्मय तार तथा उदासीन तार दोनों सीधे संपर्क में आ जाते हैं।

39 घरेलू परिपथ में उपयोग होने वाले अवयव निम्न में से कौन-से हैं? *(Chap 12, Class-X, NCERT)*

1. सर्विस लाइन
2. उदासीन तार
3. गर्म तार
4. लकड़ी का बोर्ड
5. फ्यूज

कूट

(a) 1 और 2
(b) 2, 3 और 4
(c) 1, 2, 3 और 5
(d) 1, 2, 3 और 4

उत्तर (c)

व्याख्या सर्विस लाइन, उदासीन तार, गर्म तार और फ्यूज का उपयोग घरेलू विद्युत परिपथ में किया जाता है। घरों में विद्युत शक्ति की आपूर्ति को मुख्य तारों, से प्राप्त करते हैं। इन्हें सर्विस लाइन कहते हैं।

ये मुख्य तार या तो धरती पर लगे विद्युत खंभों के सहारे अथवा भूमिगत केबलों से घरों तक आते हैं। इस आपूर्ति के तारों में से एक तार को जिस पर प्राय: लाल विद्युतरोधी आवरण होता है, विद्युन्मय तार (गर्म तार) कहते हैं। अन्य तार को जिस पर काला आवरण होता है, उदासीन तार कहते हैं। विद्युत फ्यूज परिपथ का महत्त्वपूर्ण अवयव होता है जोकि अतिभारण के मध्य परिपथ को युक्तियों से विच्छेदित कर देता है।

विकल्प (4) में दिया गया लकड़ी का बोर्ड घरेलू परिपथ में उपयोग होने वाला अवयव नहीं है। यह केवल विद्युत के कार्यों में उपयोग किया जाता है।

40 निम्न में से किस संबंधन द्वारा घरेलू विद्युत तार की स्थापना मूलत: की जाती है। *(Chap 12, Class-X, NCERT), (IAS Pre 1996)*

(a) श्रेणी संबंधन है।
(b) समांतर संबंधन है।
(c) श्रेणी और समांतर संबंधनों का संयोग है।
(d) प्रत्येक कमरे के अंदर श्रेणी संबंधन और अन्यत्र समांतर संबंधन है।

उत्तर (b)

व्याख्या घरेलू विद्युत तार, मूलत: समांतर क्रम संयोजन में संबद्ध होते हैं, क्योंकि समांतर क्रम संयोजन में प्रतिरोध का मान न्यूनतम होता है, जिस कारण युक्तियों को पूर्ण आपूर्ति प्राप्त होती है।

41 निम्न में से विद्युत उपकरणों में अर्थ के उपयोग के लिए सत्य कथन है? *(Chap 12, Class-X, NCERT), (UPPSC Pre 2002)*

(a) खर्च को कम करने के लिए
(b) क्योंकि उपकरण 3-फेज में कार्म करते हैं
(c) सुरक्षा के लिए
(d) फ्यूज के रूप में

उत्तर (c)

व्याख्या सुरक्षा के लिए विद्युत उपकरणों में अर्थ का उपयोग किया जाता है। विद्युत उपकरणों में तीन पिनें होती हैं। मोटी पिन का संबंध अर्थ (पृथ्वी) से होता है।

अर्थ का कनेक्शन इसलिए किया जाता है ताकि उपकरण जीवित परिपथ (Live circuit) से संबंध होने से पहले पृथ्वी से जुड़ सके और अतिरिक्त वोल्टेज का नियंत्रण हो सके।

42 निम्न में से कौन-सा दक्षिण हस्त अंगुष्ठ नियम के अनुसार सत्य कथन है? *(Chap 12, Class-X, NCERT)*

(a) अगूँठा विद्युत धारा की दिशा की ओर संकेत करता है।
(b) अँगूठा चुंबकीय क्षेत्र की दिशा को बताता है।
(c) अँगुलियाँ विद्युत धारा की दिशा की ओर संकेत करती हैं।
(d) अँगूठा विद्युत धारा का केवल परिमाण बताता है।

उत्तर (a)

व्याख्या दक्षिण हस्त अँगुष्ठ नियम के अनुसार कथन (a) सत्य है। यदि दाएँ हाथ में एक सीधे धारावाही चालक को इस प्रकार पकड़े कि अगुलियाँ तार पर लिपटी हों, तो अँगूठा विद्युत धारा की दिशा को प्रदर्शित करता हैं तथा लिपटी हुई अँगुलियों की दिशा चुंबकीय बल-रेखाओं की दिशा को प्रदर्शित करेगी।

43 साइक्लोट्रॉन डीज द्वारा बना होता है। इससे संबंधित सत्य कथन कौन-सा है? *(Chap 4, Class-XII, NCERT)*

1. साइक्लोट्रॉन आवेशित कणों को त्वरित करने वाला यंत्र है।
2. साइक्लोट्रॉन का आविष्कार नाभिकीय अन्वेषण के लिए किया गया था।
3. साइक्लोट्रॉन में केवल चुंबकीय क्षेत्र का उपयोग किया जाता है।

कूट

(a) 1 और 3
(b) 1 और 2
(c) 2 और 3
(d) ये सभी

उत्तर (b)

व्याख्या दिए गए कथनों में कथन (1) और (2) सत्य हैं।

साइक्लोट्रॉन धन आवेशित कणों प्रोटॉन, ड्यूट्रॉन एवं आयनों को अति उच्च ऊर्जा तक त्वरित करने के लिए एक सरल उपकरण है।

इसका आविष्कार सन् 1934 में लॉरेन्ज एवं लिविंसटन ने नाभिकीय अन्वेषण के लिए किया था।

कथन (3) असत्य है, क्योंकि आवेशित कणों की ऊर्जा में वृद्धि करने के लिए साइक्लोट्रॉन में संयुक्त रूप से विद्युत व चुंबकीय क्षेत्रों का उपयोग किया जाता है। ये दोनों क्षेत्र एक-दूसरे के लंबवत् होते हैं।

अध्याय 11

चुंबकत्व एवं विद्युत चुंबकीय प्रेरण

चुंबकत्व एवं विद्युत चुंबकीय प्रेरण

चुंबकीय क्षेत्र तथा चुंबकीय बल रेखाएँ

चुंबक

- प्रकृति में पाए जाने वाले ऐसे पदार्थ जो लौह तत्वों को आकर्षित करने का गुण रखते हैं
- प्रकृति में विद्यमान मैग्नेटाइड पत्थर (लोहे का अयस्क (Fe_3O_4) में लोहे के छोटे-छोटे टुकड़ों को अपनी ओर आकर्षित करने का गुण होता है। यह पत्थर एक प्राकृतिक चुंबक है, इसकी कोई निश्चित आकृति नहीं होती है।
- कुछ पदार्थों; जैसे-लोहा, इस्पात, कोबाल्ट आदि से कृत्रिम विधियों द्वारा चुंबक बनाया जाता है, इन्हें कृत्रिम चुंबक कहते हैं। ये विभिन्न आकृति के होते हैं; जैसे–छड़ चुंबक, घोड़ा नाल चुंबक, चुम्बकीय सुईं आदि।

चुंबकीय क्षेत्र

- चुंबक के चारों ओर का वह क्षेत्र जिसमें चुंबक के प्रभाव का अनुभव किया जा सके चुंबकीय क्षेत्र का SI मात्रक टेस्ला होता है।
- चुम्बकीय क्षेत्र एक ऐसी राशि है, जिसमें परिमाण तथा दिशा दोनों होते हैं।

चुंबकीय बल रेखाएँ

- किसी चुंबकीय क्षेत्र में चुंबकीय बल रेखाएँ वे काल्पनिक रेखाएँ हैं, जो उस स्थान में चुंबकीय क्षेत्र की दिशा को अविरत प्रदर्शित करता है तथा इन रेखाओं के किसी बिंदु पर खीचीं गई स्पर्श रेखा उस बिंदु पर चुंबकीय क्षेत्र की दिशा को प्रदर्शित करती हैं।
- किसी चुंबक (या धारावाही परिनालिका) की चुंबकीय क्षेत्र रेखाएँ संतत बंद लूप बनाती हैं।
- चुंबक के बाहर इनकी दिशा उत्तरी ध्रुव से दक्षिणी ध्रुव की ओर होती है, जबकि चुंबक के भीतर इनकी दिशा दक्षिण दिशा से उत्तर की ओर होती है। चुम्बकीय क्षेत्र रेखाएँ एक-दूसरे को काटती नहीं है।

पृथ्वी का चुंबकत्व एवं चुंबकीय पदार्थ

पृथ्वी का चुम्बकत्व

- पृथ्वी चुम्बकीय क्षेत्र का वह प्राकृतिक स्रोत हैं, जिसकी सतह के प्रत्येक स्थान पर चुम्बकीय क्षेत्र उपस्थित रहता है।

पृथ्वी के चुम्बकीय क्षेत्र के अवयव

- किसी स्थान पर पृथ्वी के चुंबकीय क्षेत्र को तीन अवयवों द्वारा व्यक्त किया जाता है।
  - **दिक्पात कोण** किसी स्थान पर बना वह कोण जो चुंबकीय याम्योत्तर तथा भौगोलिक याम्योत्तर के मध्य निर्मित होता है।
  - **नति कोण** पृथ्वी के चुंबकीय क्षेत्र की दिशा तथा क्षैतिज दिशा के मध्य निर्मित कोण को नति कोण कहते हैं। यह ध्रुवों पर 90° होता है, तथा निरक्ष पर 0° होता है।
  - **चुंबकीय क्षेत्र का क्षैतिज घटक** पृथ्वी के चुम्बकत्व का अवयव जो चुम्बकीय याम्योत्तर में क्षैतिज दिशा में होता है।

चुंबकीय पदार्थ

- **प्रतिचुंबकीय पदार्थ** ये वे पदार्थ होते हैं, जो चुम्बकीय क्षेत्र में रखे जाने पर क्षेत्र की विपरीत दिशा में मामूली से चुम्बकीय हो जाते हैं **उदाहरण**-बिस्मथ, ताँबा, सीसा, सिलिकॉन
- **अनुचुंबकीय पदार्थ** ये वे पदार्थ होते हैं, जो बाह्य चुंबकीय क्षेत्र में रखे जाने पर (क्षेत्र की दिशा में) क्षीण चुंबकत्व प्राप्त कर लेते हैं। **उदाहरण**-ऐलुमीनियम, सोडियम, कैल्शियम, ऑक्सीजन आदि
- **लौह-चुंबकीय पदार्थ** ये वे पदार्थ होते हैं, जो बाह्य चुंबकीय क्षेत्र में रखे जाने पर शक्तिशाली चुंबक बन जाते हैं। उनमें चुंबकीय क्षेत्र के क्षीण भाग से शक्तिशाली भाग की ओर चलने की तीव्र प्रवृत्ति होती है **उदाहरण**-लोहा, कोबाल्ट, निकेल, गैडोलीनियम आदि।

विद्युत चुंबकीय प्रेरण

विद्युत चुम्बकीय प्रेरण

- वह परिघटना जिसमें परिवर्ती चुम्बकीय फ्लास्क द्वारा विद्युत वाहक बल अथवा विद्युत धारा उत्पन्न होती है।
  - **स्वप्रेरण** ऐसी परिघटना जिसमें किसी परिपथ में धारा परिवर्तन के कारण स्वयं इसी परिपथ में विद्युत वाहक बल उत्पन्न हो जाता है।
  - **अन्योन्य प्रेरण** ऐसी परिघटना जिसमें दो अतिसमीप रखी कुण्डलियों में से एक में धारा परिवर्तन करने पर, तो दूसरी कुण्डली में प्रेरित विद्युत वाहक बल उत्पत्ति हो जाती है।

प्रत्यावर्ती धारा तथा दिष्ट धारा

- वह विद्युत धारा जिसका परिमाण व दिशा आवर्त रूप से बदलता रहता है, प्रत्यावर्ती धारा कहलाती है।
- वह विद्युत धारा जिसका परिमाण निश्चित रहता है तथा परिपथ के किसी भी बिंदु पर एक ही दिशा में प्रवाहित होती है, दिष्ट धारा कहलाती है।

विद्युत जनित्र

- वह यंत्र जो यांत्रिक ऊर्जा को विद्युत ऊर्जा में बदल देता है, यह विद्युत चुंबकीय प्रेरण के सिद्धांत पर कार्य करता है।

ट्रांसफॉर्मर

- वह युक्ति जिसके द्वारा वोल्टता या धारा के मान को घटाया या बढ़ाया जा सकता है, ट्रांसफॉर्मर, अन्योन्य प्रेरण के सिद्धांत पर कार्य करता है।
  - **उच्चायी ट्रांसफॉर्मर** यह निम्न प्रत्यावर्ती वोल्टता को उच्च प्रत्यावर्ती वोल्टता में बदलता है।
  - **अपचायी ट्रांसफॉर्मर** यह उच्च प्रत्यावर्ती वोल्टता को निम्न प्रत्यावर्ती वोल्टता में बदलता है।

SOURCE New NCERT Class-VI (चुंबकों द्वारा मनोरंजन), New NCERT Class X (विद्युत धारा के चुम्बकीय प्रभाव), New NCERT Class-XII (गतिशील आवेश तथा चुम्बकत्व), (चुम्बकत्व एवं द्रव्य), (विद्युत चुम्बकीय प्रेरण), (प्रत्यावर्ती धारा), Tamil Nadu Board Class-IX (चुम्बकत्य एवं विद्युत चुम्बकत्व), NIOS Chap-17 Module-4

1 चुंबक के संदर्भ में निम्नलिखित कथनों पर विचार कीजिए।

(Chap 10, Class-VI, NCERT)
(Unit 5, Class-IX Tamil Nadu Board)

1. मैग्नेटाइट एक प्राकृतिक चुंबक है तथा इसमें लोहा पाया जाता है।
2. जिन पदार्थों में लोहे को आकर्षित करने का गुण होता है, वे पदार्थ चुंबक कहलाते हैं।
3. दो चुंबकों के समान ध्रुव एक-दूसरे को आकर्षित करते हैं, जबकि असमान ध्रुवों में परस्पर प्रतिकर्षण होता है।

उपरोक्त में से कौन-सा/से कथन सत्य है/हैं?

(a) केवल 1 (b) 1 और 2 (c) केवल 3 (d) 1, 2 और 3

उत्तर (b)

व्याख्या चुंबक के संदर्भ में कथन (1) और (2) सत्य हैं।

प्रकृति में विद्यमान मैग्नेटाइट (लोहे का अयस्क, Fe_3O_4) नामक पत्थर में लोहे के छोटे-छोटे टुकड़ों को अपनी ओर आकर्षित करने का गुण होता है। इसे प्राकृतिक चुंबक कहते हैं। अर्थात् जिन पदार्थों में लोहे को आकर्षित करने का गुण विद्यमान होता है, वे पदार्थ चुंबक कहलाते हैं।

कथन (3) असत्य है, क्योंकि चुंबक के समान ध्रुव एक-दूसरे को प्रतिकर्षित करते हैं, जबकि असमान ध्रुव एक-दूसरे को आकर्षित करते हैं।

2 निम्नलिखित कथनों पर विचार कीजिए।

(Chap 5, Class-XII, NCERT)

1. पृथ्वी का चुंबकीय क्षेत्र भौगोलिक दक्षिण से उत्तर की ओर संकेत करता है।
2. छड़ चुंबक लटकाने पर उत्तर-दक्षिण दिशा में ठहरता है।

उपरोक्त में से कौन-सा/से कथन सही है/हैं?

(a) केवल 1 (b) केवल 2
(c) 1 और 2 दोनों (d) न तो 1 और न ही 2

उत्तर (c)

व्याख्या दिए गए कथनों में कथन (1) और (2) दोनों सत्य हैं।

पृथ्वी एक चुंबक की भाँति व्यवहार करती है, जिसका चुंबकीय क्षेत्र लगभग भौगोलिक दक्षिण से उत्तर की ओर संकेत करता है। जब एक छड़ को स्वतंत्रतापूर्वक लटकाया जाता है, तो वह उत्तर-दक्षिण दिशा में ठहरता है। इसका वह सिरा जो भौगोलिक उत्तर की ओर संकेत करता है, उत्तरी ध्रुव और जो भौगोलिक दक्षिण की ओर संकेत करता हैं, चुंबक का दक्षिणी ध्रुव कहलाता है।

3 निम्नलिखित में से कौन-सा कथन असत्य है?

(Chap 5, Class-XII, NCERT)

(a) किसी चुंबक की चुंबकीय क्षेत्र रेखाएँ सतत लूप बनाती हैं।
(b) चुंबकीय क्षेत्र रेखाएँ एक-दूसरे को नहीं काटती हैं।
(c) अधिक क्षेत्र रेखाओं की संख्या प्रबल चुंबकीय क्षेत्र प्रकट करती है।
(d) चुंबकीय क्षेत्र रेखाएँ दक्षिण ध्रुव से निकलती हैं तथा उत्तरी ध्रुव में प्रवेश करती हैं।

उत्तर (d)

व्याख्या दिए गए कथनों में से कथन (d) असत्य है, क्योंकि चुंबकीय क्षेत्र रेखाओं की दिशा चुंबक के बाहर उत्तरी ध्रुव (N) से दक्षिणी ध्रुव (S) की ओर होती है, जबकि चुंबक के भीतर दक्षिणी ध्रुव S से उत्तरी ध्रुव N की ओर होती है। कथन (a), (b) और (c) सत्य हैं। चुंबक की चुंबकीय क्षेत्र की रेखाएँ सतत लूप बनाती हैं। दो चुंबकीय बल रेखाएँ कभी भी एक-दूसरे को नहीं काटती हैं, क्योंकि ऐसा होने पर कटान (Intersection) बिंदु पर खींची गयी दो स्पर्श रेखाएँ उस बिंदु पर चुंबकीय क्षेत्र की दो दिशाओं को प्रदर्शित करेंगी जोकि असंभव है।

चुंबकीय क्षेत्र की रेखाओं की सघनता, चुंबकीय क्षेत्र की प्रबलता का मापक है।

4 चुंबक से संबंधित निम्नलिखित कथनों पर विचार कीजिए।

(Chap 10, Class-VI, NCERT), (Unit 17, Module-4, NIOS)

1. चुंबक को गर्म करने, चोट करने तथा ऊँचाई से गिराने पर चुंबक अपना गुण खो देती है।
2. प्राचीनकाल में यात्री कृत्रिम चुंबक का प्रयोग दिशा निर्धारण के लिए करते थे।
3. कृत्रिम चुंबक केवल छड़ के आकार के बनाए जाते हैं।

उपरोक्त में कौन-सा/से कथन सत्य है/हैं?

(a) 1 और 2 (b) 2 और 3 (c) केवल 1 (d) 1, 2 और 3

उत्तर (c)

व्याख्या चुंबक से संबंधित दिए गए कथनों में कथन (1) सत्य है।

चुंबक को गर्म करने, चोट मारने या ऊँचाई से गिराने पर चुंबक का चुंबकत्व गुण नष्ट हो जाता है।

कथन (2) और (3) असत्य हैं। स्वतंत्रपूर्वक लटका हुआ चुंबक सदैव एक निश्चित दिशा में आकर ठहरता है, जो उत्तर-दक्षिण होती है। इसी गुण के कारण प्राचीनकाल में यात्री प्राकृतिक चुंबक का प्रयोग दिशा-निर्धारण के लिए करते थे। इसके पश्चात् लोहे के टुकड़े से चुंबक बनाने की विधि का आविष्कार हुआ इन्हें कृत्रिम चुंबक कहते हैं। ये विभिन्न आकृतियों के बनाये जाते हैं। जैसे—छड़ चुंबक, नाल चुंबक, बेलनाकार अथवा गोलीय चुंबक इत्यादि।

5 निम्नलिखित कथनों में से कौन-से कथन सत्य हैं?

(Chap 5, Class-XII, NCERT)

1. देशांतर वृत्त एवं पृथ्वी के घूर्णन अक्ष में से गुजरने वाला ऊर्ध्वाधर तल भौगोलिक याम्योत्तर कहलाता है।
2. पृथ्वी के चुंबकीय क्षेत्र की दिशा तथा क्षैतिज दिशा के मध्य निर्मित कोण नति कोण कहलाता है।
3. किसी स्थान पर चुंबकीय याम्योत्तर तथा भौगोलिक याम्योत्तर के बीच बना न्यूनकोण उस स्थान का दिक्पात कोण कहलाता है। इसका मान सभी स्थानों पर समान होता है।
4. ध्रुवों पर नति कोण का मान 90° होता है।

कूट

(a) 1 और 2 (b) 2 और 3 (c) 1, 2 और 3 (d) 1, 2 और 4

उत्तर (d)

व्याख्या दिए गए कथनों में से कथन (1), (2) और (4) सत्य हैं।

पृथ्वी की सतह पर किसी बिंदु से गुजरने वाला देशांतर वृत्त भौगोलिक उत्तर-दक्षिण दिशा निर्दिष्ट करता है। देशांतर वृत्त एवं पृथ्वी के घूर्णन अक्ष में से गुजरने वाला ऊर्ध्वाधर तल भौगोलिक याम्योत्तर (Geographical meridian) कहलाता है। पृथ्वी के चुंबकीय क्षेत्र की दिशा तथा क्षैतिज दिशा के मध्य निर्मित कोण को नति कोण (Angle of dip) कहते हैं। नति कोण का मान चुंबकीय ध्रुवों पर 90° तथा निरक्ष पर 0° होता है।

कथन (3) असत्य है, क्योंकि किसी स्थान पर चुंबकीय याम्योत्तर तथा भौगोलिक याम्योत्तर के बीच बना न्यूनकोण उस स्थान का दिक्पात कोण कहलाता है। इसका मान सभी स्थानों पर असमान होता है। अर्थात् इसका मान उच्च अक्षांशों पर अधिक एवं विषुवत् रेखा के पास कम होता है।

6 सूची-I तथा सूची-II का मिलान कीजिए।

(Chap 5, Class-XII, NCERT)

सूची-I (चुंबकीय पदार्थ के प्रकार)	सूची-II (चुंबकीय पदार्थ)
A. प्रतिचुंबकीय पदार्थ	1. निकिल
B. अनुचुंबकीय पदार्थ	2. ताँबा
C. लौहचुंबकीय पदार्थ	3. कैल्सियम

कूट

	A	B	C			A	B	C
(a)	2	3	1		(b)	2	1	3
(c)	1	3	2		(d)	1	2	3

उत्तर *(a)*

व्याख्या सही सुमेलन A-2, B-3, C-1 है।

प्रतिचुंबकीय पदार्थ (Diamagnetic material) बाह्य प्रबल चुंबकीय क्षेत्र में रखने पर चुंबकीय क्षेत्र की विपरीत दिशा में अति क्षीण रूप से चुंबकित हो जाते हैं तथा किसी शक्तिशाली चुंबक के सिरों के पास लाए जाने पर मामूली से प्रतिकर्षित होते हैं। इन पदार्थों का यह गुण प्रतिचुंबकत्व कहलाता है; जैसे—ताँबा, चाँदी, सोना, नमक, जल, हाइड्रोजन, नाइट्रोजन, हीरा, जस्ता, ऐन्टिमनी, फॉस्फोरस, बिस्मिथ, क्वार्ट्ज आदि।

अनुचुंबकीय पदार्थ (Paramagnetic material) बाह्य चुंबकीय क्षेत्र में रखे जाने पर क्षेत्र की ही दिशा में क्षीण रूप से चुंबकित हो जाते हैं तथा किसी शक्तिशाली चुंबक के सिरों के बीच रखने पर कुछ आकर्षित होते हैं। पदार्थों के इस गुण को अनुचुंबकत्व कहते हैं; जैसे—ऐल्युमीनियम, कैल्सियम, मैंगनीज, प्लेटिनम, क्रोमियम, टाइटेनियम, टंगस्टन, सोडियम, द्रव, ऑक्सीजन, कॉपर सल्फेट, वायु एवं लोहे तथा निकिल के लवणों के घोल, आदि।

लौहचुंबकीय पदार्थ (Ferromagnetic material) बाह्य चुंबकीय क्षेत्र में रखे जाने पर क्षेत्र की ही दिशा में प्रबल रूप से चुंबकित होते हैं एवं किसी चुंबक के सिरे के निकट लाने पर उस सिरे की ओर तेजी से आकर्षित होते हैं; जैसे—लोहा, निकिल, कोबाल्ट, स्टील आदि।

7 स्थायी चुंबक से संबंधित निम्नलिखित कथनों पर विचार कीजिए। *(Chap 5, Class-XII, NCERT)*

1. स्थायी चुंबक बनाने के लिये पदार्थ की उच्च चुंबकीय धारणशीलता और उच्च निग्राहिता होनी चाहिए।
2. निकिल, कोबाल्ट एवं ताँबे का एक मिश्रधातु स्थायी चुंबक बनाने के लिये उपयुक्त पदार्थ है।
3. स्थायी चुंबक बनाने के लिए कम चुंबकशीलता होनी चाहिए।

उपरोक्त में से कौन-सा/से कथन सत्य है/हैं?

(a) केवल 2 (b) केवल 3 (c) 1 और 2 (d) 2 और 3

उत्तर *(c)*

व्याख्या स्थायी (Permanent) चुंबक से संबंधित कथन (1) और (2) सत्य हैं। स्थायी चुंबक का चुंबकत्व दीर्घ समय तक रहता है तथा इसकी धारणशीलता (Retentivity) तथा निग्राहिता (Coercivity) उच्च होती है, जिससे कि चुंबक प्रबल चुंबकीय क्षेत्र उत्पन्न करता है। निकिल, कोबाल्ट और ताँबे की एक मिश्रधातु का उपयोग स्थायी चुंबक बनाने हेतु किया जाता है।

कथन (3) असत्य है। स्थायी चुंबक बनाने के लिए अधिक चुंबकशीलता होनी चाहिए जिससे कि चुंबक का चुंबकत्व प्रबल बाह्य क्षेत्रों में ताप परिवर्तन, रख-रखाव के कारण नष्ट न हो।

8 निम्न कथनों में से विद्युत चुंबक के सन्दर्भ में सत्य कथन है। *(Chap 5, Class-XII, NCERT)*

1. जिनकी धारणशीलता बहुत कम होती है।
2. जिनकी चुम्बकशीलता बहुत कम होती है।
3. जिनका उपयोग क्रेनों में, दूरभाष यन्त्रों में, विद्युत घंटियों की ध्वनि विस्तारक इत्यादि में होता है।

उपरोक्त में से कौन-से कथन सत्य हैं?

(a) 1 और 2 (b) 2 और 3
(c) 1 और 3 (d) 1, 2 और 3

उत्तर *(c)*

व्याख्या विद्युत चुम्बक के संदर्भ मे कथन (1) और (3) सत्य हैं।

विद्युत चुम्बक एक अस्थायी चुम्बक है। यह ऐसे लौह चुम्बकीय पदार्थों के बने होते हैं जिनकी चुम्बकशीलता बहुत अधिक एवं धारणशीलता बहुत कम होती है।

विद्युत चुम्बक, फैक्टरियों मे चलनशील क्रेनों के द्वारा लोहे तथा फौलाद के बड़े-बड़े यंत्रों व गट्ठों को एक स्थान से दूसरे स्थान पर स्थानांतरित करने में बिजली की घंटी, तार-संचार, ट्रांसफॉर्मर तथा डायनेमों की क्रोड, टेलीफोन के डायफ्राम बनाने के काम आते हैं तथा इनका उपयोग ध्वनि विस्तारक में भी किया जाता है।

9 सूची-I को सूची-II से सुमेलित कीजिए और सूचियों के नीचे दिये गये कूट का प्रयोग कर सही उत्तर का चयन कीजिए। *(Chap 10, Class-VI, NCERT)*

सूची-I	सूची-II
A. अचुंबकीय	1. कोबाल्ट
B. मैग्नस	2. प्राकृतिक चुंबक
C. मैग्नेटाइट	3. यूनानी
D. चुंबकीय	4. मिट्टी

कूट

	A	B	C	D			A	B	C	D
(a)	4	3	2	1		(b)	3	2	4	1
(c)	4	3	1	2		(d)	3	4	1	2

उत्तर *(a)*

व्याख्या सही सुमेलन A-4, B-3, C-2, D-1 है।

वे पदार्थ जो चुंबक से आकर्षित नहीं होते हैं, अचुंबकीय पदार्थ कहलाते हैं, जैसे-मिट्टी, लकड़ी आदि। मैग्नस एक प्राचीन यूनानी व्यक्ति था, जिसने प्राकृतिक चुंबक की खोज की।

मैग्नेटाइट एक प्राकृतिक चुंबक है, जो लोहे का एक अयस्क होता है। चुंबकीय पदार्थ लोहा, निकिल, कोबाल्ट; जैसे-कुछ पदार्थों को आकर्षित करता है।

10 जब कोई कण चुम्बकीय क्षेत्र में गति करता है, तो कण पर लगने वाला चुम्बकीय बल *(Chap 4, Class-XII, NCERT)*

1. कण के आवेश पर निर्भर करता है
2. कण के वेग पर निर्भर करता है
3. चुम्बकीय क्षेत्र पर निर्भर करता है
4. केवल वेग तथा चुम्बकीय क्षेत्र पर निर्भर करता है

कूट

(a) 1, 2 और 3 (b) 2 और 3
(c) 3 और 4 (d) केवल 4

उत्तर *(a)*

व्याख्या दिए गए कथनों में कथन (1), (2) और (3) सत्य हैं।

जब कोई आवेशित कण किसी चुंबकीय क्षेत्र में गति करता है, तो इस पर एक चुंबकीय बल कार्य करने लगता है। चुंबकीय बल $F = qvB \sin\theta$

यहाँ, B = चुंबकीय क्षेत्र की तीव्रता, v = आवेशित कण का वेग

q = कण का आवेश,

θ = वेग v से क्षेत्र का कोण

अत: चुंबकीय क्षेत्र में गतिमान आवेशित कण पर लगने वाला चुंबकीय बल कण के आवेश, इसके वेग तथा चुंबकीय क्षेत्र पर निर्भर करता है।

11 निम्नलिखित में से कौन-सा कथन चुम्बकीय क्षेत्र के संदर्भ में असत्य है? *(Chap 12, Class-X, NCERT)*

(a) मानव शरीर की तंत्रिका कोशिकाओं के अनुदिश गमन करने वाली आयन धाराएँ चुंबकीय क्षेत्र उत्पन्न करती हैं।

(b) मानव शरीर के भीतर चुंबकीय क्षेत्र शरीर के विभिन्न भागों के प्रतिबिंब प्राप्त करने में सहायक होता है।

(c) हृदय व मस्तिष्क में चुंबकीय क्षेत्र उत्पन्न नहीं होता है।

(d) चुंबकीय अनुनाद प्रतिबिंबन तकनीक द्वारा मानव शरीर के प्रतिबिंबों को प्राप्त किया जाता है।

उत्तर *(c)*

व्याख्या दिए गए कथनों में से कथन (c) असत्य है, क्योंकि हृदय व मस्तिष्क में चुंबकीय क्षेत्र उत्पन्न होता है। मस्तिष्क व हृदय में समस्त सूचनाएँ संकेतों के माध्यम से जाती हैं अर्थात् आवेश का प्रवाह होता है।

12 विद्युत चुंबकीय प्रेरण की परिघटना *(Chap 6, Class-XII, NCERT)*

(a) किसी वस्तु को आवेशित करने की प्रक्रिया है।

(b) किसी कुंडली में विद्युत धारा प्रवाहित होने के कारण चुंबकीय क्षेत्र उत्पन्न करने की प्रक्रिया है।

(c) कुंडली तथा चुंबक के बीच आपेक्षिक गति के कारण कुंडली में प्रेरित विद्युत धारा उत्पन्न होना है।

(d) किसी विद्युत मीटर की कुंडली को घूर्णन कराने की प्रक्रिया है।

उत्तर *(c)*

व्याख्या फैराडे के विद्युत चुंबकीय प्रेरण (Electromagnetic induction) के प्रयोग द्वारा स्पष्ट होता है कि जब किसी कुंडली तथा चुंबक के मध्य सापेक्ष गति होती है, तो परिपथ में प्रेरित विद्युत धारा प्रवाहित होती है। यही घटना विद्युत चुंबकीय प्रेरण कहलाती है।

13 निम्न में से कौन-से नियम पर लेन्ज का नियम आधारित है? *(Chap 6, Class-XII, NCERT)*

(a) ऊर्जा संरक्षण पर (b) संवेग संरक्षण पर
(c) कोणीय संरक्षण पर (d) इनमें से कोई नहीं

उत्तर *(a)*

व्याख्या लेन्ज का नियम ऊर्जा संरक्षण के नियम पर आधारित है। इस नियमानुसार, विद्युत चुंबकीय प्रेरण के कारण किसी परिपथ में प्रेरित विद्युत धारा की दिशा इस प्रकार होती है कि वह उस परिवर्तन का विरोध करती है, जिसके कारण यह उत्पन्न हुई है।

14 भँवर धाराओं का उपयोग निम्न में से किसमें किया जाता है? *(Chap 6, Class-XII, NCERT)*

1. रेलगाड़ियों के चुंबकीय ब्रेकों 2. प्रेरण भट्टी
3. ट्रैक्टर 4. विद्युत शक्ति मीटर

कूट

(a) 1, 2 और 4 (b) 1, 2 और 3 (c) 2 और 4 (d) 2, 3 और 4

उत्तर *(a)*

व्याख्या भँवर धारा का उपयोग रेलगाड़ियों के चुंबकीय ब्रेक, प्रेरण भट्टी तथा विद्युत शक्ति मीटर में किया जाता है। कुछ विद्युत चालित रेलगाड़ियों में पटरियों के ऊपर प्रबल विद्युत चुंबक स्थित होते हैं। जब विद्युत चुंबकों को सक्रिय किया जाता है, तो पटरियों में प्रेरित भँवर धाराएँ रेलगाड़ी की गति का विरोध करती हैं, क्योंकि यहाँ कोई यांत्रिक संयोजन नहीं है इसलिए ब्रेक के कारण किसी प्रकार के झटके नहीं लगते हैं।

प्रेरण भट्टी उच्च ताप उत्पन्न करने के लिए उपयोग की जाती है तथा घटक धातुओं को पिघला कर मिश्रधातु तैयार करने के काम आ सकती हैं। एक कुंडली में उच्च आवृत्ति की प्रत्यावर्ती धारा प्रवाहित की जाती है। यह कुंडली उन धातुओं को घेरे होती है, जिनको पिघलाना होता है। धातुओं में उत्पन्न होने वाली भँवर धाराएँ उच्च ताप उत्पन्न करती हैं।

विद्युत शक्ति मीटर में धातु की चमकदार डिस्क भँवर धाराओं (Eddy current) के कारण घूर्णन करती है। कुंडली में ज्यावक्रीय (Sinusoidal) परिवर्ती धाराओं से उत्पन्न चुंबकीय क्षेत्रों में डिस्क में प्रेरित विद्युत धाराएँ उत्पन्न होती हैं।

15 ट्रांसफॉर्मर से संबंधित निम्नलिखित कथनों पर विचार कीजिए। *(Chap 6, Class-XII, NCERT)*

1. ट्रांसफॉर्मर अन्योन्य प्रेरण के सिद्धांत पर कार्य करता है।
2. ट्रांसफॉर्मर का उपयोग कम दूरियों तक विद्युत ऊर्जा का वितरण करने के लिए किया जाता है।

उपरोक्त में से कौन-सा/से कथन सही है/हैं?

(a) केवल 1 (b) केवल 2
(c) 1 और 2 दोनों (d) न तो 1 और न ही 2

उत्तर *(a)*

व्याख्या ट्रांसफॉर्मर के संबंध में कथन (1) सही है।

ट्रांसफॉर्मर अन्योन्य प्रेरण के सिद्धांत पर कार्य करता है। अन्योन्य प्रेरण की घटना में एक कुंडली में धारा प्रवाहित करने पर उसके समीप रखी कुंडली में स्वत: ही धारा प्रवाहित हो जाती है।

कथन (2) गलत है, क्योंकि विद्युत ऊर्जा का लंबी दूरियों तक, बड़े पैमाने पर संप्रेषण एवं वितरण करने के लिए ट्रांसफॉर्मरों का उपयोग किया जाता है।

16 निम्नलिखित कथनों में से कौन-सा/से कथन सत्य है/हैं? *(Chap 7, Class-XII, NCERT)*

1. प्रत्यावर्ती धारा एक निश्चित समय अंतराल के बाद अपनी दिशा में परिवर्तन कर देती है तथा इसकी आवृत्ति 50 Hz होती है।
2. सुदूर स्थानों पर बिना ऊर्जा क्षय के विद्युत धारा को प्रत्यावर्ती धारा के रूप में प्रेषित किया जा सकता है।
3. दिष्ट धारा सदैव एक ही दिशा में प्रवाहित होती है।

कूट

(a) केवल 1 (b) 1 और 2
(c) 2 और 3 (d) ये सभी

उत्तर *(d)*

व्याख्या दिए गए कथनों में कथन (1), (2) और (3) सत्य हैं।

वह धारा जिसका मान तथा दिशा लगातार आवर्त रूप से परिवर्तित होते हैं, प्रत्यावर्ती धारा कहलाती है। इसकी आवृत्ति 50 Hz होती है। सुदूर स्थानों पर बिना ऊर्जा क्षय के विद्युत धारा को प्रत्यावर्ती धारा के रूप में प्रेषित किया जा सकता है।

दिष्ट धारा के परिमाण एवं दिशा में सामान्यत: कोई परिवर्तन नहीं होता है। वह सदैव एक ही दिशा में प्रवाहित होती है। किसी बैटरी परिपथ में हम जो धारा प्राप्त करते हैं, वह दिष्ट धारा कहलाती है।

17 व्यावसायिक मोटरों के संदर्भ में निम्न में से कौन-सा/से कथन सत्य है/हैं? *(Chap 12, Class-X, NCERT)*

(a) इनमें विद्युत चुंबक प्रयोग किए जाते हैं।

(b) इनमें कुंडली को गर्म लौह-क्रोड पर लपेटा जाता है।

(c) इनकी शक्ति अधिक होती है।

(d) उपरोक्त सभी

उत्तर *(d)*

व्याख्या व्यावसायिक मोटरों के सन्दर्भ में दिए गए सभी कथन सत्य हैं।

व्यावसायिक मोटरों में स्थायी चुंबक के स्थान पर विद्युत चुंबक का प्रयोग किया जाता है तथा विद्युत धारावाही कुंडली में फेरों की संख्या अधिक होती है। वह गर्म लौह क्रोड जिस पर कुंडली को लपेटा जाता है तथा कुंडली दोनों मिलकर आर्मेचर कहलाते हैं। इससे मोटर की शक्ति में वृद्धि हो जाती है।

18 **निम्नलिखित में विद्युत मोटर के सन्दर्भ में सत्य कथन है?**

(Chap 12, Class-X, NCERT)

(a) ऊष्मा को विद्युत ऊर्जा में बदला जाता है।

(b) विद्युत ऊर्जा को ऊष्मा में बदला जाता है।

(c) विद्युत ऊर्जा को यांत्रिक ऊर्जा में बदला जाता है।

(d) यांत्रिक ऊर्जा को विद्युत ऊर्जा में बदला जाता है।

उत्तर *(c)*

व्याख्या विद्युत मोटर एक ऐसी युक्ति है, जिसके द्वारा विद्युत ऊर्जा को यांत्रिक ऊर्जा में बदला जाता है तथा जनित्र के द्वारा यांत्रिक ऊर्जा को विद्युत ऊर्जा में रूपांतरित किया जाता है।

19 **निम्नलिखित में कौन-सा कथन किसी AC जनित्र तथा DC जनित्र में एक मूलभूत अंतर को बताता है?** ***(Chap 12, Class-X, NCERT)***

1. AC जनित्र में आर्मेचर होता है, जबकि DC मोटर में आर्मेचर का प्रयोग नहीं होता है।
2. DC जनित्र उच्च वोल्टता का जनन करता है, जबकि AC जनित्र निम्न वोल्टता का जनन करता है।
3. AC जनित्र में क्षेत्र चुम्बक होता है जबकि DC जनित्र में क्षेत्र चुम्बक नहीं होता है।
4. AC जनित्र में सर्पी वलय होते हैं, जबकि DC जनित्र में दिक्परिवर्तक होता है।

कूट

(a) केवल 1 (b) 1 और 2 (c) 3 और 4 (d) केवल 4

उत्तर *(d)*

व्याख्या दिये गये कथनों में से कथन (4) सही है।

किसी AC जनित्र तथा DC जनित्र में मूलभूत अंतर यह है कि AC जनित्र में सर्पी वलय (Slip rings) होते हैं, सर्पी वलीय समअक्षीय होते हैं तथा कुण्डली के साथ-साथ घूमते हैं, जबकि DC जनित्र में दिक्परिवर्तक होता है।

DC जनित्र में दिक्परिवर्तक में वलय का भाग आपस में ब्रशों के स्थान को परिवर्तित कर देता है।

20 **निम्नलिखित कथनों में से विद्युत जनित्र के सन्दर्भ मे कौन-सा कथन सत्य है?** ***(Chap 6, Class-XII, NCERT)***

(a) आधुनिक जनित्र 50 MW उच्च विद्युत शक्ति उत्पन्न कर सकते हैं।

(b) विद्युत जनित्र वैद्युत चुंबकीय प्रेरण के सिद्धांत पर कार्य करता है।

(c) प्रत्यावर्ती जनित्र का निर्माण फैराडे ने किया था।

(d) विद्युत मोटर यांत्रिक ऊर्जा को विद्युत ऊर्जा में परावर्तित करती है।

उत्तर *(b)*

व्याख्या दिए गए कथनों में कथन (b) सत्य है। विद्युत जनित्र वैद्युत चुंबकीय प्रेरण के सिद्धांत पर कार्य करता है।

कथन (a), (c) और (d) असत्य हैं।

100 MW सामर्थ्य का आधुनिक प्रत्यावर्ती धारा जनित्र एक अत्यंत विकसित मशीन है।

जो कि उच्च विद्युत शक्ति उत्पन्न करती है।

निकोला टेस्ला ने प्रत्यावर्ती धारा जनित्र की संकल्पना दी थी। विद्युत मोटर एक ऐसी घूर्णी युक्ति है, जिसमें विद्युत ऊर्जा का यांत्रिक ऊर्जा में परिवर्तन होता है।

अध्याय 12

प्रकाशिकी

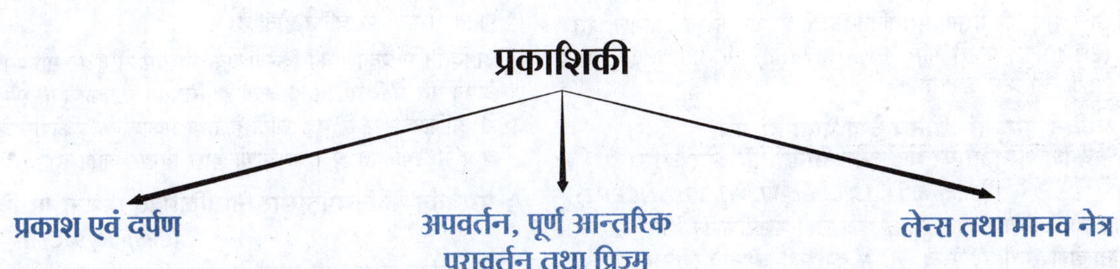

प्रकाश एवं दर्पण

प्रकाश
- प्रकाश ऊर्जा का वह रूप है, जो हमारी आँखों पर दृष्टि संवेदना उत्पन्न करता है, इसकी सहायता से हमें वस्तुएँ दिखाई देती हैं।

प्रकाश के गुण
- प्रकाश स्वयं अदृश्य है, परंतु इसकी उपस्थिति में वस्तुएँ दिखाई देती हैं।
- साधारणतया प्रकाश सरल रेखा में गमन करता है।
- निर्वात् में प्रकाश की चाल 3×10^8 मी/से होती है।

प्रकाश का परावर्तन
- वह घटना जिसमें प्रकाश किसी वस्तु की सतह से टकराकर लौट आता है।

परावर्तन के नियम
- आपतित किरण, परावर्तित किरण तथा आपतन बिन्दु पर डाला गया अभिलम्ब तीनों एक ही तल में होते हैं।
- आपतन कोण = परावर्तन कोण

दर्पण
- चिकनी पारदर्शी व पॉलिश किया गया वह निकाय जो प्रकाश को परावर्तित कर देता है।
- दर्पण दो प्रकार के होते हैं।
  समतल दर्पण ऐसा दर्पण जिसका परावर्तन पृष्ठ समतल होता है।
  गोलीय दर्पण ऐसा दर्पण जिसका परावर्तन पृष्ठ अन्दर या बाहर की ओर होता है।

गोलीय दर्पण के प्रकार
- **अवतल दर्पण** ऐसा गोलीय दर्पण, जिसका परावर्तक पृष्ठ अंदर की ओर अर्थात् गोले के केंद्र की ओर वक्रित है
- **उत्तल दर्पण** ऐसा गोलीय दर्पण, जिसका परावर्तक पृष्ठ बाहर की ओर वक्रित है,

अपवर्तन, पूर्ण आन्तरिक परावर्तन तथा प्रिज्म

प्रकाश का अपवर्तन
- वह घटना जिसमें प्रकाश एक माध्यम से दूसरे माध्यम में जाने पर अपने पथ से विचलित हो जाता है।
- अपवर्तन के कारण ही किसी गिलास अथवा बीकर में डूबी हुई छड़ अथवा पेंसिल टूटी हुई (मुड़ी हुई) प्रतीत होती है।

पूर्ण आंतरिक परावर्तन
- सघन माध्यम में वह आपतन कोण जिसके लिए विरल माध्यम में अपवर्तन कोण, समकोण के बराबर हो जाता है, सघन माध्यम का क्रांतिक कोण कहलाता है।
- यदि सघन माध्यम में प्रकाश की किरण क्रांतिक कोण से अधिक कोण पर आपतित होती है, तो यह दोनों माध्यमों को अलग करने वाली सतह से वापस सघन माध्यम में परावर्तित हो जाती है, इस घटना को पूर्ण आंतरिक परावर्तन कहते हैं।

प्रिज्म
- किसी कोण पर झुके दो समतल पृष्ठों के बीच घिरा व पारदर्शक माध्यम जो प्रकाश का अपवर्तन करता है।

प्रकाश का वर्ण विक्षेपण
- वह घटना जिसमें श्वेत प्रकाश अपने अवयवी रंगों में विभक्त हो जाता है।

प्रकाशिक तंतु
- यह पूर्ण आन्तरिक परावर्तन पर आधारित है।
- प्रकाशिक तंतु उच्च गुणवत्ता वाले काँच या क्वार्ट्ज तंतुओं से बनाया जाता है। प्रत्येक तंतु में एक क्रोड तथा आवरण होता है। क्रोड का अपवर्तनांक, आवरण के अपवर्तनांक से अधिक होता है।

लेन्स तथा मानव नेत्र

लेंस
- दो पृष्ठों से घिरा हुआ कोई पारदर्शी माध्यम जिसके एक या दोनों पृष्ठ गोलीय हों
- **उत्तल लेंस** वे लेंस जो बीच में से मोटे तथा किनारों पर पतले होते हैं इन्हें अभिसारी लेंस भी कहते हैं।
- **अवतल लेंस** वे लेंस जो बीच में से पतले तथा किनारों पर मोटे होते हैं इन्हें अपसारी लेंस भी कहते हैं।

लेंस की क्षमता
- लेंस की सामर्थ्य जो प्रकाश किरणों को अभिसरित व अपसरित करती है।
- लेंस की क्षमता (P), फोकस दूरी (f) के प्रतिलोम के बराबर होती है, अर्थात्
- लेंस की क्षमता का मात्रक डायोप्टर होता है।

मानव नेत्र
- एक अत्यंत मूल्यवान व सुग्राही ज्ञानेन्द्रिय, जिसकी सहायता से वस्तुओं को देखा जाता है। मानव नेत्र की संरचना में एक उत्तल लेंस होता है, इसका लेंस निकाय एक प्रकाश सुग्राही परदे पर प्रतिबिंब बनाता है, जिसे रेटिना या दृष्टिपटल कहते हैं। प्रकाश एक पतली झिल्ली से होकर नेत्र में प्रवेश करता है, इस झिल्ली को कॉर्निया या स्वच्छ मंडल कहते हैं।
- रेटिना एक कोमल सूक्ष्म झिल्ली होती है, जिसमें वृहत् संख्या में प्रकाश सुग्राही कोशिकाएँ होती हैं। सूक्ष्म झिल्ली होती है, जिसमें बृहत् संख्या में प्रकाश सुग्राही कोशिकाएँ होती हैं।

मानव नेत्र की समंजन क्षमता
- मांसपेशियों द्वारा नेत्र लेन्स की फोकस दूरी को आवश्यकतानुसार परिवर्तित करने की क्षमता को नेत्र की समंजन क्षमता कहते हैं।

SOURCE New NCERT Class-VI (प्रकाश-छायाएँ एवं परावर्तन), New NCERT Class VII (प्रकाश), New NCERT Class-VIII (प्रकाश), New NCERT Class-X (प्रकाश-परावर्तन तथा अपवर्तन), (मानव नेत्र तथा रंग-बिरंगा संसार), New NCERT Class-XII (किरण प्रकाशिकी), (तरंग प्रकाशिकी), Tamil Nadu Board Class-IX (प्रकाश), Tamil Nadu Board Class-X (वैद्युतिकी), NIOS Chap 15 Module-4

1 **निम्नलिखित में से कौन अन्य तीनों की तुलना में ज्यादा सूर्य की रोशनी परावर्तित करता है?** *(Chap 9, 11, Class-VII, X, NCERT)*

(a) रेत का रेगिस्तान
(b) धान की खेती की भूमि
(c) ताजा बर्फ से ढकी भूमि
(d) प्रेअरी भूमि (सम शीतोष्ण)

उत्तर (c)

व्याख्या दिए गए विकल्पों में से विकल्प (c) ताजा बर्फ से ढकी भूमि (80–85) %, तक सूर्य की रोशनी परावर्तित करती है। उसके बाद क्रमश: रेत का रेगिस्तान (30-40)%, प्रेअरी भूमि (Prairie land) (20-25)% एवं धान के खेत (10-20)% का क्रम आता है।

2 **कथन (A) व्यक्ति वस्तुओं को तब देख पाता है, जब**
कारण (R) प्रकाश वस्तुओं पर पड़े और आँखों की ओर आए। *(Chap 8, 11, 13, Class-VI, VII, VIII, NCERT)*

(a) A तथा R दोनों सत्य हैं तथा R, A का सही स्पष्टीकरण है।
(b) A तथा R दोनों सत्य हैं, परन्तु R, A का सही स्पष्टीकरण नहीं है।
(c) A सही है, परन्तु R गलत है।
(d) A गलत है, परन्तु R सही है।

उत्तर (a)

व्याख्या A तथा R दोनों सत्य हैं तथा R, A का सही स्पष्टीकरण है।
कोई भी व्यक्ति वस्तुओं को तब देख पाता है, जब प्रकाश वस्तुओं पर पड़े और आँखों की ओर आए अर्थात् जब प्रकाश किसी वस्तु पर आपतित होता है, तो वह परावर्तित होकर हमारी आँखों तक पहुँचता है, जिसके फलस्वरूप हमें वस्तुएँ दिखाई देती हैं।

3 **निम्नलिखित पर विचार कीजिए।** *(Chap 8, Class-VI, NCERT)*

1. पारभासी वस्तु अपने अंदर से (पूर्णत:) प्रकाश को जाने देती है।
2. पारदर्शी वस्तु अपने अंदर से प्रकाश को जाने देती है।
3. अपारदर्शी वस्तु अपने अंदर से प्रकाश को जाने देती है।
4. दीप्त वस्तु अपने अंदर से प्रकाश को जाने देती है।

कूट

(a) केवल 1 (b) केवल 2 (c) 1 और 2 दोनों (d) 3 और 4 दोनों

उत्तर (b)

व्याख्या दिए गए कथनों में से कथन (2) सत्य है, क्योंकि पारदर्शी (Transparent) माध्यमों से प्रकाश का अधिकांश भाग गुजर जाता है।
कथन (1), (2) तथा (4) असत्य हैं, क्योंकि पारभासक माध्यमों से प्रकाश का केवल आंशिक भाग ही गुजर पाता है और अपारदर्शक माध्यमों से प्रकाश का कोई भी भाग नहीं गुजर पाता है। दीप्त वस्तु अपने अंदर से प्रकाश को जाने नहीं देती है।

4 **निम्न कथनों पर विचार कीजिए।** *(Chap 9, Class-X, XII, NCERT)*

कथन 1 प्रकाश का शून्यावकाश में वेग उच्चतम है।
कथन 2 निर्वात में प्रकाश का वेग 3×10^8 मीटर/सेकण्ड है।
उपरोक्त में से कौन-सा कथन सही है।

(a) केवल 1
(b) केवल 2
(c) 1 और 2 दोनों
(d) उपरोक्त में से कोई नहीं

उत्तर (c)

व्याख्या प्रकाश का शून्यावकाश या निर्वात् में वेग 3×10^8 मीटर/सेकंड होता है। जोकि प्रकृति में प्राप्त उच्चतम चाल है। इसके अतिरिक्त विभिन्न माध्यमों में प्रकाश की चाल विभिन्न हो सकती है।

5 **निम्न में से कौन-सी घटनाएँ प्रकाश में पाई जाती हैं?** *(Chap 9, Class-X, XII, NCERT)*

1. परावर्तन 2. अपवर्तन 3. विवर्तन 4. प्रकीर्णन

कूट

(a) 1 और 2
(b) 1 और 3
(c) 1, 2 और 3
(d) ये सभी

उत्तर (d)

व्याख्या परावर्तन, अपवर्तन, विवर्तन तथा प्रकीर्णन की घटनाएँ प्रकाश में पाई जाती हैं। प्रकाश के परावर्तन में प्रकाश किरणें किसी चमकदार या पॉलिशयुक्त सतह से पुन: परावर्तित होती हैं।
अपवर्तन में प्रकाश की किरणें एक माध्यम से दूसरे माध्यम में जाती हैं, तो वह अपने पथ से विचलित हो जाती है। विवर्तन में प्रकाश किरण अवरोध के किनारों से आंशिक रूप से मुड़ जाती है तथा प्रकाश के प्रकीर्णन में प्रकाश की किरणें वायु में उपस्थित धूल के कणों द्वारा बिखर जाती हैं।

6 **परावर्तन के नियमानुसार निम्नलिखित कथनों पर विचार कीजिए।** *(Chap 13, 9, Class-VIII, X, NCERT)*

1. आपतन कोण तथा परावर्तन कोण भिन्न-भिन्न होते हैं।
2. आपतित किरण, दर्पण के आपतन बिंदु पर अभिलंब तथा परावर्तित किरण सभी एक तल में होते हैं।

उपरोक्त में से कौन-सा/से कथन सत्य है/हैं?

(a) केवल 1
(b) केवल 2
(c) 1 और 2 दोनों
(d) न तो 1 और न ही 2

उत्तर (b)

व्याख्या दिए गए कथनों में कथन (2) सत्य है। प्रकाश के परावर्तन के नियमानुसार, आपतित किरण, दर्पण के आपतन बिंदु पर अभिलंब तथा परावर्तित किरण सभी एक तल में होते हैं।

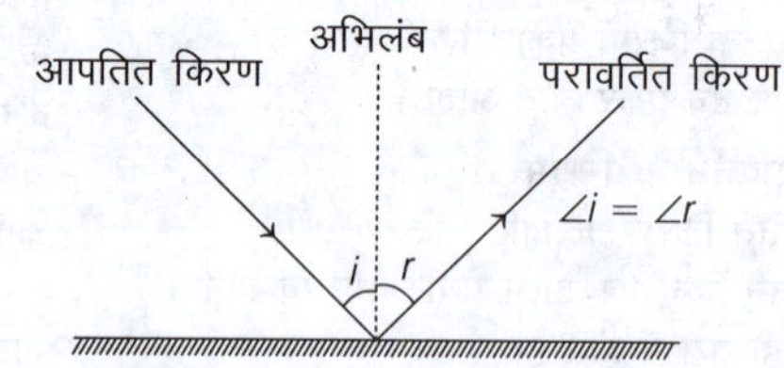

कथन (1) असत्य है, क्योंकि आपतन कोण सदैव परावर्तन कोण के समान होता है।

7 **निम्नलिखित कथनों में से कौन-सा कथन असत्य है?** *(Chap 9, 11, 13, Class-X, VII, VIII, NCERT)*

(a) जब प्रकाश की समांतर किरणें खुरदुरे पृष्ठ से परावर्तित होने के पश्चात् समांतर नहीं होती हैं, तब इसे विसरित परावर्तन कहते हैं।
(b) चिकने पृष्ठ से प्रकाश के परावर्तन होने की घटना नियमित परावर्तन कहलाती है।
(c) विसरित परावर्तन में परावर्तनों के नियमों का सफलतापूर्वक पालन नहीं होता है।
(d) नियमित परावर्तन में परावर्तनों के नियमों का पालन होता है।

उत्तर (c)

व्याख्या दिए गए कथनों में कथन (c) असत्य है, क्योंकि विसरित परावर्तन में परावर्तनों के नियमों का सफलतापूर्वक पालन होता है।
जब प्रकाश का परावर्तन किसी खुरदुरे पृष्ठ से होता है, तो प्रकाश की किरणें परावर्तन के पश्चात् विभिन्न दिशाओं में फैल जाती हैं, ऐसे परावर्तन को विसरित परावर्तन कहते हैं। इस परावर्तन में भी परावर्तन के नियम वैध होते हैं।
जब प्रकाश का परावर्तन किसी पॉलिशयुक्त चिकने पृष्ठ से होता है, तो प्रकाश की किरणें परावर्तन के पश्चात् एक-दूसरे के समांतर होती हैं। इस प्रकार के परावर्तन को नियमित परावर्तन कहते हैं तथा नियमित परावर्तन में परावर्तन के नियम वैध होते हैं।

8 निम्नलिखित कथनों में से असत्य कथन का चयन करें।
(Chap 8, 9, 13, Class-VI, X, VIII, NCERT)

(a) प्रकाश एक सरल रेखा में गमन करता है।
(b) छाया देखने के लिए प्रकाश स्रोत तथा प्रकाश के पथ में किसी अपारदर्शी वस्तु का होना आवश्यक है।
(c) सूची छिद्र कैमरे द्वारा खगोलीय पिंडों को देखा जा सकता है।
(d) दर्पण में प्रतिबिंब के बनने के लिए प्रकाश परावर्तन आवश्यक है।

उत्तर *(c)*

व्याख्या दिए गए कथनों में कथन (c) असत्य है, क्योंकि सूची छिद्र कैमरे द्वारा पेड़ अथवा इमारतों का प्रतिबिंब देखा जा सकता है।

लेकिन अत्यधिक दूरी पर स्थित खगोलीय पिंडों के प्रतिबिंब को नहीं देखा जा सकता है।

कथन (a), (b) और (d) सत्य हैं। प्रकाश सरल रेखा में गति करता है, जब प्रकाश के पथ में कोई अपारदर्शी वस्तु आ जाती है, तो उस वस्तु की छाया निर्मित होती है तथा दर्पण में प्रतिबिंब के बनने के लिए प्रकाश का परावर्तन होता है।

9 निम्नलिखित कथनों पर विचार कीजिए।
(Chap 9, 11, 13, Class-X, VII, VIII, NCERT)

1. समतल दर्पण द्वारा बना प्रतिबिंब आभासी, सीधा तथा बिंब के समान दिखाई देता है।
2. समतल दर्पण द्वारा बने प्रतिबिंब में बिंब का वाम भाग, प्रतिबिंब के वाम की भाँति ही दिखाई देता है तथा बिंब का दक्षिण भाग प्रतिबिंब के दक्षिण भाग की भाँति ही दिखाई देता है।

उपरोक्त में से कौन-सा/से कथन सत्य है/हैं?

(a) केवल 1 (b) केवल 2
(c) 1 और 2 दोनों (d) न तो 1 और न ही 2

उत्तर *(a)*

व्याख्या दिए गए कथनों में कथन (1) सत्य है। समतल दर्पण द्वारा निर्मित प्रतिबिंब आभासी, सीधा तथा वस्तु के आकार के बराबर होता है। प्रतिबिंब दर्पण से उतनी ही दूरी पीछे बनता है, जितनी कि वस्तु दर्पण के आगे होती है।

कथन (2) असत्य है, क्योंकि समतल दर्पण में बने प्रतिबिंब में बिंब का वाम भाग, प्रतिबिंब के दक्षिण भाग की भाँति दिखाई देता है तथा बिंब का दक्षिण भाग, प्रतिबिंब के वाम भाग की भाँति दिखाई देता है। इस घटना को पार्श्व उत्क्रमण कहते हैं।

10 दर्पण के संबंध में कौन-सा कथन असत्य है?
(Chap 9, 11, Class-X, VII, NCERT)

(a) चम्मच का भीतरी पृष्ठ अवतल दर्पण की भाँति कार्य करता है।
(b) अवतल दर्पण का परावर्तन पृष्ठ अंदर की ओर होता है।
(c) उत्तल दर्पण का परावर्तन पृष्ठ बाहर की ओर होता है।
(d) अवतल दर्पण द्वारा बना प्रतिबिंब हमेशा आभासी होता है।

उत्तर *(d)*

व्याख्या दिए गए कथनों में कथन (d) असत्य है, क्योंकि अवतल दर्पण द्वारा निर्मित प्रतिबिंब वस्तु की स्थिति पर निर्भर करता है, जोकि आभासी अथवा वास्तविक हो सकता है।

कथन (a), (b) और (c) सत्य हैं। चम्मच का भीतरी पृष्ठ दबा हुआ तथा बाहरी पृष्ठ उभरा होता है; अत: चम्मच का भीतरी पृष्ठ, अवतल दर्पण की भाँति व्यवहार करता है, जबकि बाहरी सतह, उत्तल दर्पण की भाँति व्यवहार करता है। अवतल दर्पण में परावर्तन दबे हुए पृष्ठ से होता है, जबकि उत्तल दर्पण में परावर्तन उभरे पृष्ठ से होता है।

11 निम्नलिखित कथनों पर विचार कीजिए।
(Chap 9, 11, Class-X, VII, NCERT)

1. उत्तल दर्पण अधिक क्षेत्र के दृश्य का प्रतिबिंब बना सकते हैं।
2. अवतल दर्पण का उपयोग आँख, कान, नाक तथा गले के निरीक्षण के लिए किया जाता है।
3. पार्श्व दर्पणों के रूप में अवतल दर्पण का उपयोग किया जाता है।

उपरोक्त में से कौन-सा/से कथन असत्य है/हैं?

(a) केवल 1 (b) 2 और 3
(c) केवल 3 (d) 1 और 3

उत्तर *(c)*

व्याख्या दिए गए कथनों में कथन (3) असत्य है, क्योंकि उत्तल दर्पण का उपयोग स्कूटर, मोटरकारों आदि वाहनों में साइड दर्पणों (पार्श्व दर्पण) के रूप में किया जाता है।

कथन (1) और (2) सत्य हैं। उत्तल दर्पण द्वारा काफी बड़े क्षेत्र का स्पष्ट व सीधा प्रतिबिंब दिखाई पड़ता है तथा अवतल दर्पण द्वारा प्रकाश की किरणें परावर्तित करके डॉक्टर आँख, दाँत, नाक, गले आदि का निरीक्षण करते हैं।

12 निम्न में से किन वस्तुओं में अवतल दर्पणों का प्रयोग किया जा सकता है?
(Chap 9, 11, Class-X, VII, NCERT)

1. वाहनों के अग्रदीपों में 2. टॉर्च में
3. खगोलीय दूरदर्शी में 4. शेविंग दर्पणों में
5. सौर भट्टियों में

कूट

(a) 1, 2 और 5 (b) 1, 2 और 3
(c) 1, 2, 4 और 5 (d) 1, 2, 3 और 4

उत्तर *(c)*

व्याख्या अवतल दर्पणों का उपयोग सामान्यत: सौर भट्टियों टॉर्च, सर्चलाइट तथा वाहनों के अग्रदीपों (Headlights) में प्रकाश का शक्तिशाली समांतर किरण पुंज प्राप्त करने के लिए किया जाता है।

जबकि खगोलीय दूरदर्शी में बड़े द्वारक और छोटे द्वारक का उत्तल लेन्स प्रयोग में लिया जाता है।

13 निम्नलिखित में प्रकाश के अपवर्तन के सन्दर्भ में कौन-सा कथन सत्य है।
(Chap 9, Class-X, NCERT)

1. प्रकाश का एक पारदर्शी माध्यम से दूसरे माध्यम में प्रवेश करने के पश्चात् प्रकाश की चाल अपरिवर्तित रहती है।
2. प्रकाश का एक परदर्शी माध्यम से दूसरे पारदर्शी माध्यम में प्रवेश करने के पश्चात् प्रकाश की चाल परिवर्तित होती है।
3. प्रकाश की चाल विभिन्न माध्यमों में भिन्न-भिन्न होती है।

कूट

(a) 1 तथा 2 दोनों (b) केवल 3
(c) 2 तथा 3 दोनों (d) 1, 2 तथा 3

उत्तर *(c)*

व्याख्या दिए गए कथनों में कथन (2) व (3) सत्य हैं, क्योंकि एक पारदर्शी माध्यम से दूसरे पारदर्शी माध्यम में प्रवेश करने पर प्रकाश की चाल में परिवर्तन, प्रकाश के अपवर्तन गुण को प्रदर्शित करता है।

जिसका कारण प्रकाश की चाल का विभिन्न माध्यमों में भिन्न-भिन्न होना है तथा अपवर्तन के पश्चात् प्रकाश किरण सरल रेखीय पथ में गमन करती है।

14 **निम्न में से कौन-सी घटना या घटनाएँ प्रकाश के अपवर्तन को प्रदर्शित करती है/हैं?** *(Chap 9, Class-X, NCERT)*

1. आंशिक रूप से डूबी पेंसिल का मुड़ा होना।
2. पानी से भरी हुई टंकी की तली ऊपर उठी दिखाई देना।
3. प्रकाश का एक माध्यम से दूसरे माध्यम में जाने पर अपने मार्ग से विचलित होना।

कूट

(a) 1 और 2 (b) 2 और 3
(c) केवल 3 (d) 1, 2 और 3

उत्तर *(d)*

व्याख्या दिए गए कथनों में कथन (1), (2) और (3) प्रकाश के अपवर्तन को प्रदर्शित करते हैं।

प्रकाश किरण का एक माध्यम से दूसरे माध्यम में गमन करते समय, दोनों माध्यमों को पृथक् करने वाले तल पर अपने मार्ग से विचलित हो जाना, प्रकाश का अपवर्तन कहलाता है, जिसके कारण किसी गिलास अथवा बीकर में डूबी हुई छड़ अथवा पेंसिल टूटी हुई (मुड़ी हुई) प्रतीत होती है तथा पानी से भरी हुई टंकी की तली ऊपर उठी हुई दिखाई देती है।

15 **निम्नलिखित परिघटनाओं पर विचार कीजिए।** *(Chap 9, Class-X, NCERT)*

1. गोधूलि से सूर्य का आमाप
2. ऊषाकाल में सूर्य का रंग
3. ऊषाकाल में चंद्रमा का दिखना
4. आकाश में तारों का टिमटिमाना
5. आकाश में ध्रुवतारे का दिखना

उपरोक्त में से कौन-से दृष्टिभ्रम हैं?

(a) 1, 2 और 3 (b) 3, 4 और 5
(c) 1, 2 और 4 (d) 2, 3 और 5

उत्तर *(c)*

व्याख्या प्रश्न में दी गईं परिघटनाएँ (1), (2) और (4) दृष्टिभ्रम के उदाहरण हैं। संध्या के समय सूर्य का बड़ा दिखाई देना, ऊषाकाल में सूर्य का रंग, आकाश में तारों का टिमटिमाना आदि दृष्टिभ्रम वायुमंडलीय अपवर्तन के उदाहरण हैं, क्योंकि वायुमंडल में सभी स्थानों पर वायु होती है, लेकिन वायुमंडल में, संपूर्ण वायु का ताप एकसमान नहीं होता है।

वायुमंडल के कुछ स्तर ठंडे होते हैं, जबकि अन्य स्तर तुलनात्मक रूप से गर्म होते हैं।

ठंडे स्तर प्रकाश किरणों के लिए सघन माध्यम के रूप में तथा गर्म स्तर विरल माध्यम के रूप में व्यवहार करते हैं अर्थात् वायुमंडल में भिन्न-भिन्न प्रकाशिक घनत्वों वाले वायु स्तर होते हैं।

जब प्रकाश किरणें भिन्न-भिन्न प्रकाशिक घनत्वों के वायु स्तरों वाले वायुमंडल से होकर गुजरती हैं, तो प्रकाश का अपवर्तन होता है। यह घटना वायुमंडलीय अपवर्तन कहलाती है।

इसके अतिरिक्त ऊषाकाल में चंद्रमा का दिखना तथा आकाश में ध्रुवतारे का दिखना प्राकृतिक घटना का उदाहरण है।

16 **जब प्रकाश की किरण सघन माध्यम से विरल माध्यम में गमन करती है, तो** *(Chap 9, Class-X, NCERT)*

(a) इसकी चाल बढ़ जाती है तथा यह अभिलंब से दूर हट जाती है।
(b) इसकी चाल बढ़ जाती है तथा यह अभिलंब की ओर झुक जाती है।
(c) इसकी चाल घट जाती है तथा यह अभिलंब से दूर हट जाती है।
(d) इसकी चाल घट जाती है तथा यह अभिलंब की ओर झुक जाती है।

उत्तर *(a)*

व्याख्या जब प्रकाश की किरण सघन माध्यम से विरल माध्यम में गमन करती है, तो इसकी चाल बढ़ जाती है तथा यह अभिलंब से दूर हट जाती है, क्योंकि विरल माध्यम का अपवर्तनांक, सघन माध्यम के अपवर्तनांक की अपेक्षा कम होता है।

17 **निम्नलिखित कथनों पर विचार कीजिए।** *(Chap 9, Class-X, NCERT)*
(Unit 1, Class-IX, Tamil Nadu Board)

1. यदि कोई व्यक्ति पानी भरी बाल्टी में पड़े एक सिक्के को देखता है, तो उसे सिक्का अपने वास्तविक स्थल से अपेक्षाकृत निकट लगेगा।
2. यदि जल के अंदर कोई व्यक्ति जल तल से ऊपर एक सिक्के को देखता है, तो सिक्का अपने वास्तविक स्थल से अपेक्षाकृत अधिक ऊँचाई पर लगेगा।

उपरोक्त कथनों में से कौन-सा/से सही है/हैं?

(a) 1 और 2 (b) केवल 1
(c) केवल 2 (d) न तो 1 और न ही 2

उत्तर *(a)*

व्याख्या दिए गए कथन (1) व (2) दोनों सही हैं।

यदि कोई व्यक्ति पानी से भरी बाल्टी में पड़े सिक्के को देखता है, तो उसे सिक्का अपने वास्तविक स्थल से अपेक्षाकृत निकट लगता है, क्योंकि बाल्टी से आने वाली प्रकाश की किरणें जल (सघन माध्यम) से वायु (विरल माध्यम) में प्रवेश करती हैं, तो अपने मार्ग से विचलित होकर अभिलम्ब से दूर हट जाती हैं।

यदि जल के अंदर कोई व्यक्ति तल से ऊपर एक सिक्के को देखता है, तो सिक्का अपने वास्तविक स्थल से अपेक्षाकृत अधिक ऊँचाई पर लगता है, क्योंकि प्रकाश की किरणें वायु (विरल माध्यम) से जल (सघन माध्यम) में प्रवेश करती हैं, तो अपने मार्ग से विचलित होकर अभिलम्ब के निकट आ जाती है।

18 **निम्न कथनों पर विचार कीजिए।** *(Chap 9, Class-XII, NCERT)*

1. पूर्ण आंतरिक परावर्तन में प्रकाश सघन से विरल माध्यम में गमन करता है।
2. प्रकाश का अपने पथ से विचलित होना पूर्ण आंतरिक परावर्तन कहलाता है।

उपरोक्त में से कौन-सा/से कथन सत्य है/हैं?

(a) केवल 1 (b) केवल 2
(c) 1 और 2 दोनों (d) न तो 1 और न ही 2

उत्तर *(a)*

व्याख्या दिए गए कथनों में कथन (1) सत्य है।

पूर्ण आंतरिक परावर्तन (Total Internal Reflection) में प्रकाश की किरणें सघन से विरल माध्यम में गमन करती हैं तथा आपतन कोण, क्रांतिक कोण से अधिक होता है। कथन (2) असत्य है, क्योंकि पूर्ण आंतरिक परावर्तन में, सघन माध्यम से विरल माध्यम में जाने पर प्रकाश की किरण दोनों माध्यमों को अलग करने वाली सतह से वापस सघन माध्यम में परावर्तित हो जाती है अर्थात् यह अपने पथ से विचलित नहीं होती, बल्कि सतह से परावर्तित हो जाती है।

19 **कथन** (A) हीरा अपने ही आकार के अनुकारी काँच से अधिक झिलमिलाता है।

कारण (R) हीरे का अपवर्तनांक काँच के अपवर्तनांक से कम होता है। *(Chap 9, Class-X, NCERT)*

कूट

(a) A और R दोनों सही हैं और R, A का सही स्पष्टीकरण है।
(b) A और R दोनों सही हैं, किन्तु R, A का सही स्पष्टीकरण नहीं है।
(c) A सही है, परन्तु R गलत है।
(d) A गलत है, परन्तु R सही है।

उत्तर *(c)*

व्याख्या A सही है, परन्तु R गलत है।

हीरा अपने ही आकार के अनुकारी काँच से अधिक झिलमिलाता है, क्योंकि इसकी कटाई या तराशी इस प्रकार होती है कि इसकी आन्तरिक सतह पर प्रकाश किरण का अनेक बार पूर्ण आन्तरिक परावर्तन होता है।

इसके अतिरिक्त हीरे का अपवर्तनांक काँच के अपवर्तनांक से अधिक होता है।

20 निम्न घटनाओं में से कौन-सी घटनाएँ प्रकाश के पूर्ण आंतरिक परावर्तन को दर्शाती हैं? *(Chap 9, Class-XII, NCERT)*

1. मरीचिका 2. हीरे का चमकना 3. प्रकाशिक तंतु का निर्माण
4. टिण्डल प्रभाव 5. तारों का टिमटिमाना

कूट

(a) 1 और 2 (b) 2, 3 और 4
(c) 1, 2 और 3 (d) 2, 3 और 5

उत्तर *(c)*

व्याख्या मरीचिका (Mirage), हीरे का चमकना तथा प्रकाशिक तंतु का निर्माण पूर्ण आंतरिक परावर्तन की घटना को दर्शाते हैं।

रेगिस्तान में विचरण करने वाले यात्रियों को गर्मी के दिनों में कभी-कभी कुछ दूरी पर लहराते हुए जलाशय अथवा दूरस्थ वस्तु या पेड़ों के उल्टे प्रतिबिंब जल के सदृश दिखाई पड़ते हैं, इस भ्रम को मरीचिका कहते हैं।

हीरे की आंतरिक सतहों पर प्रकाश का पूर्ण आंतरिक परावर्तन बार-बार होता है, जिसके कारण हीरा चमकदार दिखाई देता है।

जब प्रकाशिक तंतु में प्रकाश प्रवेश करता है, तो क्रोड व बाह्य बेलन की उभयनिष्ठ परत पर आपतन कोण, क्रांतिक कोण से अधिक होता है और प्रकाश का पूर्ण आंतरिक परावर्तन हो जाता है। इसके अतिरिक्त टिण्डल प्रभाव और तारों का टिमटिमाना क्रमशः प्रकाश के प्रकीर्णन तथा वायुमंडलीय अपवर्तन के उदाहरण हैं।

21 लेंस के संदर्भ में निम्नलिखित कथनों पर विचार कीजिए। *(Chap 9, 11, Class-X, VIII, NCERT)*

1. लेंस दो गोलीय पृष्ठों से घिरा हुआ एक पारदर्शी माध्यम होता है।
2. उत्तल लेंस को अपसारी लेंस कहते हैं।
3. अवतल लेंस को अभिसारी लेंस कहते हैं।

उपरोक्त में से कौन-सा/से कथन सत्य है/हैं?

(a) केवल 1 (b) 2 और 3
(c) केवल 2 (d) 1 और 3

उत्तर *(a)*

व्याख्या दिए गए कथनों में कथन (1) सत्य है, क्योंकि लेंस एक ऐसा पारदर्शी माध्यम होता है, जो दो गोलीय पृष्ठों या एक गोलीय तथा एक समतल पृष्ठ से घिरा होता है। लेंस दो प्रकार के होते हैं—अवतल तथा उत्तल।

कथन (2) और (3) असत्य हैं, क्योंकि उत्तल लेंस को अभिसारी लेंस कहते हैं क्योंकि यह परावर्तित किरणों को एक जगह केन्द्रित कर देता है। जबकि अवतल लेंस को अपसारी लेंस कहते हैं, जो कि परावर्तित किरणों को प्रसारित कर देता है।

22 निम्नलिखित कथनों में से असत्य कथन कौन-सा है? *(Chap 9, Class-X, NCERT)*

(a) किसी लेंस द्वारा प्रकाश की किरणों को अभिसरित या अपसरित करने की मात्रा लेंस की क्षमता होती है।
(b) लेंस की क्षमता उसकी फोकस दूरी पर निर्भर करती है।
(c) लेंसों को संयोजित करने पर प्रतिबिंब, आवर्धित व सुस्पष्ट नहीं बन सकते हैं।
(d) लेंस की क्षमता को डायोप्टर में व्यक्त करते हैं।

उत्तर *(c)*

व्याख्या दिए गए कथनों में कथन (c) असत्य है, क्योंकि लेंसों को संशोधित करने पर प्रतिबिंब, आवर्धित तथा सुस्पष्ट बनता है। इस कारण लेंसों का उपयोग दृष्टि दोष निवारण हेतु किया जाता है।

कथन (a), (b) और (d) सत्य हैं।

लेंस द्वारा प्रकाश की किरणों को अभिसरित या अपसरित करने की सामर्थ्य को लेंस की क्षमता कहते हैं, तथा ये फोकस दूरी के व्युत्क्रम के तुल्य होती है, जिसका SI मात्रक डायोप्टर होता है।

23 निम्नलिखित कथनों में से कौन-सा कथन सत्य है? *(Chap 11, Class-VII, NCERT)*

(a) अवतल लेंस वस्तुओं को आवर्धित करके देखने के लिए उपयोग किया जाता है।
(b) उत्तल लेंस द्वारा बना प्रतिबिंब सदैव सीधा, आभासी तथा वस्तु से छोटा होता है।
(c) उत्तल लेंस वास्तविक व उल्टा प्रतिबिंब बना सकता है।
(d) अवतल लेंस द्वारा बना प्रतिबिंब सदैव उल्टा तथा वास्तविक होता है।

उत्तर *(c)*

व्याख्या कथन (c) सत्य है। उत्तल लेंस द्वारा बने प्रतिबिंब की स्थिति, आकार और प्रकृति लेंस के प्रकाशिक केंद्र से वस्तु की दूरी पर निर्भर करती है। वस्तु की दूरी उत्तल लेंस की फोकस दूरी से अधिक होने पर इसके द्वारा बना प्रतिबिंब वास्तविक तथा उल्टा होता है।

वस्तु की दूरी उत्तल लेंस की फोक्स दूरी से कम होने पर इसके द्वारा बना प्रतिबिंब आभासी, सीधा तथा वस्तु से बड़ा होता है अर्थात् उत्तल लेंस द्वारा वास्तविक, उल्टा, वस्तु से छोटा व बड़ा प्रतिबिंब प्राप्त किया जा सकता है। इसलिए इसे आवर्धक लेन्स की भाँति प्रयोग किया जाता है।

अवतल लेंस द्वारा बना प्रतिबिंब सदैव आभासी, सीधा तथा वस्तु से छोटा होता है। इसे आवर्धक लेंस की भाँति प्रयोग नहीं किया जा सकता है।

24 निम्नलिखित में से किस एक लेन्स के उपयोग को, लेबल पर छपे अत्यन्त लघु अक्षरों को पढ़ने के समय तरजीह दी जाएगी? *(Chap 9, Class-X, NCERT)*

(a) अत्यधिक फोकस दूरी का उत्तल लेन्स
(b) अत्यधिक फोकस दूरी का अवतल लेन्स
(c) लघु फोकस दूरी का उत्तल लेन्स
(d) लघु फोकस दूरी का अवतल लेन्स

उत्तर *(a)*

व्याख्या अत्यधिक फोकस दूरी के उत्तल लेन्स के उपयोग को लेबल पर छपे अत्यन्त लघु अक्षरों को पढ़ने के समय तरजीह दी जाएगी, क्योंकि निकट की वस्तु का उत्तल लेन्स द्वारा बना प्रतिबिम्ब आभासी, सीधा तथा आवर्धित बनता है, जिससे बारीक अक्षर भी आसानी से पढ़े जा सकते हैं।

25 प्रकाश में सात रंग होते हैं। निम्नलिखित में से कौन-सा रंगों को अलग करने का तरीका सही है? *(Chap 9, Class-X, NCERT)*

(a) एक प्रिज्म से रंगों को अलग-अलग किया जा सकता है।
(b) फिल्टर से रंगों को अलग-अलग किया जा सकता है।
(c) पौधों से रंगों को अलग-अलग किया जा सकता है।
(d) रंगों को अलग-अलग नहीं किया जा सकता है।

उत्तर *(a)*

व्याख्या प्रकाश के सात रंगों को अलग-अलग करने के लिए प्रिज्म का उपयोग किया जाता है। जब श्वेत प्रकाश की किरणें किसी पारदर्शी प्रिज्म में से गुजरती हैं, तो वह अपने मार्ग से विचलित होकर प्रिज्म के आधार की ओर झुक जाती हैं और सात विभिन्न रंगों की किरणों में विभाजित होती हैं। इस प्रकार उत्पन्न विभिन्न रंगों के समूहों को वर्णक्रम या स्पेक्ट्रम कहते हैं तथा इस परिघटना को वर्ण विक्षेपण कहते हैं।

26 **निम्नलिखित कथनों पर विचार कीजिए।**

(Chap 11, Class-VII, NCERT)

1. इंद्रधनुष प्रकाश के सात वर्णों से मिलकर बना होता है।
2. प्रकाश के सात वर्ण मिलकर लाल प्रकाश उत्पन्न करते हैं।

उपरोक्त में से कौन-सा/से कथन सत्य है/हैं?

(a) केवल 1 (b) केवल 2
(c) 1 और 2 दोनों (d) न तो 1 और न ही 2

उत्तर *(a)*

व्याख्या दिए गए कथनों में कथन (1) सत्य है। इंद्रधनुष प्रकाश के सात वर्णों लाल, नारंगी, पीला, हरा, नीला, इंडिगो, जामुनी से मिलकर बनता है।

कथन (2) असत्य है, क्योंकि जब प्रकाश के सात वर्णों को आपस में मिलाया जाता है तो श्वेत प्रकाश निर्मित होता है।

27 **निम्न में से कौन-सा कथन प्रिज्म से निकलने के बाद प्रकाश के रंगों के विचलन के सन्दर्भ मे सत्य है?** *(Chap 9, Class-X, NCERT)*

1. लाल रंग के प्रकाश का विचलन कम होता है।
2. बैंगनी रंग के प्रकाश का विचलन अधिक होता है।
3. हरे रंग के प्रकाश का विचलन सर्वाधिक होता है।

कूट

(a) केवल 1 (b) 1 तथा 2
(c) 2 तथा 3 (d) केवल 3

उत्तर *(b)*

व्याख्या कथन (1) तथा (2) सही है, क्योंकि प्रिज्म से प्राप्त सात रंगों के वर्णक्रम में लाल रंग के प्रकाश का विचलन कम होता है, क्योंकि लाल रंग के प्रकाश के लिए प्रिज्म के पदार्थ का अपवर्तनांक कम होता है, जबकि बैंगनी रंग के प्रकाश के लिए प्रिज्म के पदार्थ का अपवर्तनांक उच्च होता है। इस कारण बैंगनी रंग का विचलन सर्वाधिक होता है।

28 **कथन** (A) **ट्रैफिक सिग्नल में लाल प्रकाश प्रयुक्त होता है, क्योंकि**

कारण (R) **इसकी तरंगों की दैर्ध्य (लम्बाई) सर्वाधिक होती है।**

(Chap 9, Class-X, NCERT)

(a) A और R दोनों सही हैं और R, A का सही स्पष्टीकरण है।
(b) A और R दोनों सही हैं, किन्तु R, A का सही स्पष्टीकरण नहीं है।
(c) A सही है, परन्तु R गलत है।
(d) A गलत है, परन्तु R सही है।

उत्तर *(a)*

व्याख्या A और R दोनों सही हैं और R, A का सही स्पष्टीकरण है।

ट्रैफिक सिग्नल तथा खतरे के संकेत के लिए लाल रंग का प्रयोग किया जाता है, क्योंकि लाल रंग के प्रकाश की तरंगदैर्ध्य अन्य रंगों की तुलना में अधिक होती है, जिसके कारण लाल रंग के प्रकाश का प्रकीर्णन सबसे कम होता है, इसलिए इसे अधिक दूरी से देखा जा सकता है।

29 **निम्न में से किन कथनों के अनुसार टिण्डल प्रभाव उत्पन्न होता है**

(Chap 9, Class-X, NCERT)

1. कोलाइडी कणों द्वारा प्रकाश के प्रकीर्णन की घटना द्वारा।
2. घने जंगल में वितान से सूर्य के प्रकाश के गुजरने पर।
3. कोलाइडी कणों द्वारा प्रकाश के अपवर्तन की घटना द्वारा।

कूट

(a) 1 और 2 (b) 2 और 3
(c) 1 और 3 (d) 1, 2 और 3

उत्तर *(a)*

व्याख्या दिए गए कथनों में कथन (1) और (2) में टिण्डल प्रभाव उत्पन्न होता है। जब प्रकाश किसी विषमांगी मिश्रण या कोलाइडी विलयन से होकर गुजरता है, तो प्रकाश के मार्ग के कणों द्वारा इसका प्रकीर्णन हो जाता है, प्रकाश के प्रकीर्णन की यह घटना टिण्डल प्रभाव कहलाती है। जब घने जंगल के वितान से सूर्य का प्रकाश गुजरता है, तो टिण्डल प्रभाव उत्पन्न होता है।

कथन (3) टिण्डल प्रभाव को उत्पन्न नहीं करता है, क्योंकि कोलाइडी कणों द्वारा प्रकाश के प्रकीर्णन की घटना, टिण्डल प्रभाव उत्पन्न करती है।

30 **निम्नलिखित में से कौन-सी घटनाएँ प्रकाश के प्रकीर्णन के कारण होती हैं?** *(Chap 9, Class-X, NCERT)*

1. स्वच्छ आकाश का रंग नीला होना
2. सूर्योदय तथा सूर्यास्त के समय सूर्य का रंग लाल दिखाई देना
3. गहरे समुद्र का जल नीला दिखाई देना

कूट

(a) 1 और 2 (b) 2 और 3
(c) 1 और 3 (d) 1, 2 और 3

उत्तर *(d)*

व्याख्या घटनाएँ (1), (2) और (3) प्रकाश के प्रकीर्णन के कारण होती हैं। वायुमंडल में धूल के अतिसूक्ष्म कण, गैसों के अणु तथा परमाणु उपस्थित होते हैं। जब सूर्य का प्रकाश वायुमंडल से गुजरता है, तो धूल के कणों द्वारा उसका प्रकीर्णन हो जाता है। नीले व बैंगनी रंग का प्रकीर्णन लाल रंग की तुलना में लगभग 16 गुना अधिक होता है। अत: नीला व बैंगनी प्रकाश चारों ओर बिखर जाता है तथा यह बिखरा हुआ प्रकाश हमारी आँखों तक पहुँचता है, जिससे हमें आकाश नीला दिखाई देता है।

सूर्योदय तथा सूर्यास्त के समय, प्रकाश के प्रकीर्णन के कारण सूर्य हमें लाल दिखाई देता है, क्योंकि सूर्योदय के समय सूर्य क्षितिज के निकट होता है, जिस कारण प्रकाश की किरणों को आँख तक पहुँचने में दोपहर की तुलना में अधिक दूरी तय करनी पड़ती है। इन किरणों का वायुमंडल में उपस्थित धूल एवं वायु के कणों द्वारा प्रकीर्णन होता है, जिसमें केवल लाल किरणें ही आँख तक पहुँचती हैं। इस प्रकार गहरे समुद्र का जल, प्रकाश के प्रकीर्णन के कारण नीला दिखाई देता है।

31 **जब धूप वर्षा की बूँदों पर गिरती है, तो इन्द्रधनुष बनता है। इसके लिए निम्नलिखित में से कौन-सी भौतिक परिघटनाएँ जिम्मेदार हैं?**

(Chap 9, Class-X, NCERT)

1. परिक्षेपण 2. अपवर्तन
3. आन्तरिक परावर्तन

नीचे दिए गए कूट का प्रयोग कर सही उत्तर चुनिए।

(a) 1 और 2 (b) 2 और 3
(c) 1 और 3 (d) 1, 2 और 3

उत्तर *(d)*

व्याख्या इन्द्रधनुष (Rainbow) बनने के लिए दी गई सभी परिघटनाएँ (1), (2) और (3) जिम्मेदार हैं।

इन्द्रधनुष सूर्य के प्रकाश का पानी की बूँदों से अपवर्तन, वर्ण विक्षेपण तथा पूर्ण आन्तरिक परावर्तन की घटनाओं के कारण बनता है। वर्षा के बाद कुछ बूँदें वायुमण्डल में रह जाती हैं। ये बूँदें प्रिज्म की भाँति कार्य करती हैं।

जब कोई प्रकाश की किरण वायु (विरल माध्यम) से बूँद (सघन माध्यम) में प्रवेश करती है, तब इसका वर्ण विक्षेपण होता है। उसी बूँद की दूसरी सतह से इसका पूर्ण आन्तरिक परावर्तन होता है। इसके बाद अपवर्तन के द्वारा प्रकाश किरण पुन: विरल माध्यम (वायु) में प्रवेश कर जाती है। इससे आकाश में एक प्राकृतिक संकेन्द्रीय वृत्तीय वर्णक्रम बनता है, जिसे इन्द्रधनुष कहते हैं।

32 कथन (A) एक छड़ी को जल में तिरछी स्थिति में डुबोया गया है। यदि बगल से देखा जाए, तो छड़ी छोटी और जल की सतह पर झुकी हुई प्रतीत होती है। *(Chap 9, Class-X, NCERT)*

कारण (R) छड़ी से आने वाला प्रकाश, जल अणुओं से प्रकीर्णित होकर छड़ी के छोटी एवं झुकी हुई होने का आभास देता है।

कूट

(a) A और R दोनों सही हैं और R, A का सही स्पष्टीकरण है।
(b) A और R दोनों सही हैं, किन्तु R, A का सही स्पष्टीकरण नहीं है।
(c) A सही है, परन्तु R गलत है।
(d) A गलत है, परन्तु R सही है।

उत्तर *(c)*

व्याख्या (A) सही है, परन्तु (R) गलत है।

छड़ी को जल में तिरछी स्थिति में डुबोने पर छड़ी छोटी तथा जल की सतह पर झुकी हुई प्रतीत होती है, इसका कारण प्रकाश का अपवर्तन है।

जब छड़ी के डूबे हिस्से से चलने वाली किरणें जल की सतह पर पहुँचती हैं, तो वे सघन माध्यम से विरल माध्यम में जाने के कारण अभिलम्ब से दूर हटकर (अपवर्तित होकर) हमारी आँख में प्रवेश करती हैं। इस कारण छड़ी छोटी और जल की सतह पर झुकी हुई प्रतीत होती है।

33 जब एक सीडी (ऑडियो एवं वीडियो प्रणालियों में प्रयुक्त होने वाली कॉम्पैक्ट डिस्क) सूर्य के प्रकाश में देखी जाती है, तो इन्द्रधनुष के समान रंग दिखाई पड़ते हैं। इसकी व्याख्या की जा सकती है *(Chap 9, Class-X, NCERT)*

(a) परावर्तन एवं विवर्तन (Reflection and Diffraction) की परिघटना के आधार पर
(b) परावर्तन एवं पारगमन (Reflection and Transmission) की परिघटना के आधार पर
(c) विवर्तन पर पारगमन की परिघटना के आधार पर
(d) अपवर्तन (Refraction), विवर्तन एवं पारगमन की परिघटना के आधार पर

उत्तर *(d)*

व्याख्या जब एक सीडी (ऑडियो एवं वीडियो प्रणालियों में प्रयुक्त होने वाली कॉम्पैक्ट डिस्क) सूर्य के प्रकाश में देखी जाती है, तो इन्द्रधनुष के समान रंग दिखाई पड़ते हैं। इसकी व्याख्या अपवर्तन, विवर्तन एवं पारगमन की परिघटना के आधार पर की जा सकती है।

सीडी (कॉम्पैक्ट डिस्क) ऑप्टिकल डिस्क होने के कारण पारगमन युक्त होती है। प्रकाश किरण सीडी पर आपतित होने के पश्चात् अपवर्तन के कारण अपने पथ से विचलित अथवा विवर्तित होकर फैल जाती है। जिससे प्रकाश के सात रंग अलग होकर इन्द्रधनुष के समान दिखाई पड़ते हैं।

34 निम्न में से कौन-सा कथन परितारिका से संबंधित नहीं है? *(Chap 10, 13, Class-X, VIII, NCERT)*

(a) परितारिका नेत्र में प्रवेश करने वाले प्रकाश की मात्रा को नियंत्रित करता है।
(b) परितारिका नेत्र को विशिष्ट रंग प्रदान करती है।
(c) परितारिका पुतली के साइज को नियंत्रित करती है।
(d) परितारिका नेत्र के आंतरिक भागों की दुर्घटनाओं से बचाव करती है।

उत्तर *(d)*

व्याख्या दिए गए कथनों में कथन (d) परितारिका से संबंधित नहीं है। नेत्र का बाहरी आवरण सफेद होता है। यह कठोर होता है ताकि यह नेत्र के आंतरिक भागों का दुर्घटनाओं से बचाव कर सके। अन्य कथन परितारिका से संबंधित हैं। कॉर्निया के पीछे एक रंगीन अपारदर्शक झिल्ली का पर्दा होता है, जिसे आइरिस कहते हैं। यह कैमरे के डायफ्राम की भाँति कार्य करता है। आँख का रंग आइरिस के रंग पर निर्भर करता है, इसे परितारिका भी कहते हैं। यह नेत्र में प्रवेश करने वाले प्रकाश की मात्रा तथा पुतली के साइज को नियंत्रित करती है।

35 रेटिना के संदर्भ में निम्नलिखित कथनों पर विचार कीजिए। *(Chap 10, 13, Class-X, VIII, NCERT)*

1. रेटिना अनेक तंत्रिका कोशिकाओं का बना होता है।
2. नेत्र द्वारा प्रतिबिंब रेटिना पर बनता है।
3. रेटिना पर बने प्रतिबिंब का प्रभाव वस्तु को हटा लेने पर, तुरंत समाप्त हो जाता है।
4. अंध बिंदु, दृक् तंत्रिका तथा रेटिना की संधि पर बनता है।

उपरोक्त में से कौन-सा/से कथन असत्य है/हैं?

(a) 1 और 2 (b) 2 और 3 (c) केवल 3 (d) 2, 3 और 4

उत्तर *(c)*

व्याख्या दिए गए कथनों में कथन (3) असत्य है, क्योंकि रेटिना पर बने प्रतिबिंब का प्रभाव वस्तु को हटा लेने पर तुरंत समाप्त नहीं होता है। यह लगभग 1/16 सेकंड तक बना रहता है। कथन (1), (2) और (4) सत्य हैं।

रेटिना दृष्टि नाड़ियों से बना एक पर्दा होता है, जिस पर वस्तु का प्रतिबिंब बनता है। रेटिना अनेक तंत्रिका कोशिकाओं का बना होता है। तंत्रिका कोशिकाओं द्वारा अनुभव की गई संवेदनाओं को दृक् तंत्रिकाओं द्वारा मस्तिष्क तक पहुँचा दिया जाता है। दृक् तंत्रिकाओं तथा रेटिना की संधि पर कोई तंत्रिका नहीं होती। इसे अंध बिंदु कहते हैं। रेटिना पर शंक्वाकार तथा दंडाकार दो प्रकार की प्रकाश संवेदी कोशिकाएँ होती हैं, जो क्रमशः प्रकाश के रंग तथा तीव्रता के लिए सुग्राही होती हैं।

36 निम्नलिखित कथनों पर विचार कीजिए। *(Chap 10, 13, Class-X, VIII, NCERT)*

1. सामान्य नेत्र द्वारा पढ़ने के लिए सुविधाजनक न्यूनतम दूरी लगभग 25 सेमी होती है।
2. सामान्य नेत्र दूर रखी वस्तुओं के साथ-साथ निकट की वस्तुओं को देख सकता है।
3. मोतियाबिंद नेत्र रोग को ठीक नहीं किया जा सकता।
4. वस्तुओं को स्पष्ट देखने की न्यूनतम दूरी आयु बढ़ने के साथ भी परिवर्तित नहीं होती है।

उपरोक्त में से कौन-से कथन सत्य हैं?

(a) 1 और 2 (b) 3 और 4 (c) 1 और 3 (d) 1, 2 और 3

उत्तर *(a)*

व्याख्या दिए गए कथनों में कथन (1) और (2) सत्य हैं।

वह निकटतम बिंदु जिसे नेत्र अपनी अधिकतम समंजन क्षमता लगाकर स्पष्ट देख सकता है, नेत्र का निकट बिंदु कहलाता है। नेत्र से इस बिंदु की दूरी को स्पष्ट दृष्टि की न्यूनतम दूरी कहते हैं। स्वस्थ नेत्र के लिए स्पष्ट दृष्टि की न्यूनतम दूरी 25 सेमी होती है। सामान्य नेत्र द्वारा दूर रखी तथा निकट रखी वस्तुओं को आसानी से देखा जा सकता है, क्योंकि नेत्र लेंस की फोकस दूरी को पक्ष्माभी माँसपेशियों द्वारा संयोजित किया जा सकता है।

कथन (3) और (4) असत्य हैं, क्योंकि कभी-कभी अधिक आयु के कुछ व्यक्तियों के नेत्र का क्रिस्टलीय लेंस दूधिया तथा धुंधला हो जाता है। इस स्थिति को मोतियाबिंद कहते हैं। मोतियाबिंद को शल्य चिकित्सा द्वारा ठीक किया जा सकता है। आयु बढ़ने के साथ व्यक्ति की निकट बिंदु स्थिति परिवर्तित होती रहती है।

37 निम्न में से कौन-सा कथन मानव नेत्र में दृक् तंत्रिका के कार्य को प्रदर्शित करता है। *(Chap 10, Class-X, NCERT)*

(a) प्रकाश को विद्युत सिग्नल में परिवर्तित करना
(b) विद्युत सिग्नलों का मस्तिष्क तक पहुँचाना
(c) विद्युत सिग्नल को प्रकाश में परिवर्तित करना
(d) उपर्युक्त में से कोई नहीं

उत्तर *(b)*

व्याख्या मानव नेत्र में दृक् तंत्रिका के द्वारा विद्युत सिग्नलों को मस्तिष्क तक पहुँचाया जाता है, जिससे मस्तिष्क अनुभव के आधार पर रेटिना पर निर्मित प्रतिबिंब सीधा दिखाई देता है।

38 जंतु नेत्रों से संबंधित विभिन्न विशेषताएँ रखते हैं, इनकी विशेषताओं के संदर्भ में निम्नलिखित कथनों पर विचार कीजिए। *(Chap 13, Class-VIII, NCERT)*

1. नेत्र छोटे होने पर भी केकड़ा चारों ओर देख सकता है।
2. तितली के नेत्र पीछे की ओर भी देख सकते हैं।
3. उल्लू के नेत्र में कॉर्निया बड़ी तथा पुतली छोटी होती है।
4. पक्षियों के नेत्र में शंकु अधिक तथा शलाकाएँ अधिक होती हैं।

उपरोक्त में से कौन-सा/से कथन सत्य है/हैं?

(a) 3 और 4 (b) 1, 2 और 3
(c) 1 और 2 (d) 2, 3 और 4

उत्तर *(c)*

व्याख्या दिए गए कथनों में कथन (1) और (2) सत्य हैं।

केकड़े के नेत्र बहुत छोटे होते हैं, परंतु इनके द्वारा केकड़ा चारों ओर देख सकता है इसलिए शत्रु पीछे से भी उसकी ओर आता है, तब भी उसे पता लग जाता है। तितली के बड़े नेत्र होते हैं जो सहस्त्रों छोटे नेत्रों से मिलकर बने प्रतीत होते हैं। यह केवल सामने अथवा पार्श्व में ही नहीं, बल्कि पीछे भी देख सकती है। कथन (3) और (4) असत्य हैं।

उल्लू रात में भली-भाँति देख सकता है, परंतु दिन में नहीं देख पाता। इसके विपरीत दिन के प्रकाश में सक्रिय पक्षी (चील, गरुड़) दिन में अच्छी प्रकार देख सकते हैं, लेकिन रात में ठीक से नहीं देख पाते। उल्लू के नेत्र में बड़ा कॉर्निया तथा बड़ी पुतली होती है, ताकि नेत्र में अधिक प्रकाश प्रवेश कर सके।

इसी के साथ-साथ इसके रेटिना में बड़ी संख्या में शलाकाएँ होती हैं तथा केवल कुछ ही शंकु होते हैं। इसके विपरीत दिन के पक्षियों के नेत्रों में शंकु अधिक तथा शलाकाएँ कम होती हैं।

39 ब्रैल पद्धति से संबंधित निम्नलिखित कथनों पर विचार कीजिए। *(Chap 13, Class-VIII, NCERT)*

1. इस पद्धति का उपयोग चक्षुष विकृति युक्त व्यक्तियों के लिए किया जाता है।
2. इस पद्धति को लुई ब्रैल ने विकसित किया था।

उपरोक्त में से कौन-सा/से कथन सत्य है/हैं?

(a) केवल 1 (b) केवल 2
(c) 1 और 2 (d) इनमें से कोई नहीं

उत्तर *(c)*

व्याख्या ब्रैल पद्धति के संदर्भ में कथन (1) और (2) सत्य हैं। लुई ब्रैल ने चक्षुष विकृति युक्त व्यक्तियों के लिए ब्रैल पद्धति विकसित की तथा इसे 1821 ई. में प्रकाशित किया गया। ब्रैल पद्धति में 63 बिंदुकित पैटर्न तथा छाप हैं। प्रत्येक छाप एक अक्षर, अक्षरों के समुच्चय, सामान्य शब्द अथवा व्याकरणीय चिह्न को प्रदर्शित करती है।

40 निकट दृष्टिदोष के संदर्भ में निम्नलिखित कथनों पर विचार कीजिए। *(Chap 10, Class-X, NCERT)*

1. निकट दृष्टिदोष में व्यक्ति दूर रखी वस्तुओं को सुस्पष्ट नहीं देख पाता है।
2. निकट दृष्टिदोष में वस्तु का प्रतिबिंब रेटिना पर न बनकर इसके सामने बनता है।
3. अवतल लेंस द्वारा निकट दृष्टिदोष का संशोधन किया जा सकता है।

उपरोक्त में से कौन-सा/से कथन सत्य है/हैं?

(a) 1 और 2 (b) 2 और 3
(c) 1 और 3 (d) 1, 2 और 3

उत्तर *(d)*

व्याख्या निकट दृष्टिदोष के संदर्भ में कथन (1), (2) और (3) सत्य हैं।

निकट दृष्टिदोष से पीड़ित व्यक्ति को निकट की वस्तुएँ तो स्पष्ट दिखाई देती हैं, परंतु दूर की वस्तुएँ स्पष्ट दिखाई नहीं देती हैं। इस दोषयुक्त नेत्र का दूर बिंदु अनंत पर न होकर पास आ जाता है।

अतः व्यक्ति दूर बिंदु से अधिक दूरी पर स्थित वस्तुओं को स्पष्टतः नहीं देख पाता। इस दोष के कारण अनंत पर स्थित वस्तु का प्रतिबिंब रेटिना पर फोकस न होकर, रेटिना के सामने फोकस हो जाता है। इस कारण अनंत पर स्थित वस्तु स्पष्ट दिखाई नहीं देती।

इस दोष को दूर करने के लिए उचित फोकस दूरी वाले अवतल लेंस के चश्मे का प्रयोग किया जाता है, जिससे अनंत से चलने वाली किरणें अवतल लेंस से अपवर्तन के पश्चात् नेत्र के दूर बिंदु से आती हुई प्रतीत होती हैं, जिससे ये किरणें रेटिना पर फोकस हो जाती हैं। इस प्रकार प्रतिबिंब रेटिना पर बन जाता है और वस्तु स्पष्ट दिखाई देती है।

41 दूर दृष्टिदोष वाले व्यक्ति के संबंध में नीचे दिए गए कथनों पर विचार कीजिए। *(Chap 10, Class-X, NCERT)*

1. इसमें व्यक्ति दूर की वस्तुओं को स्पष्ट देख सकता है।
2. इसमें निकट रखी वस्तु का प्रतिबिंब रेटिना के पीछे बनता है।
3. इस दोष को दूर करने के लिए अवतल लेंस का प्रयोग किया जाता है।

उपरोक्त में से कौन-सा/से कथन सत्य है/हैं?

(a) केवल 1 (b) केवल 2
(c) 1 और 2 (d) 2 और 3

उत्तर *(c)*

व्याख्या दूर दृष्टिदोष के संदर्भ में कथन (1) और (2) सत्य हैं।

दूर दृष्टिदोष से पीड़ित व्यक्ति को दूर की वस्तुएँ तो स्पष्ट दिखाई देती हैं, परंतु निकट की वस्तुएँ स्पष्ट दिखाई नहीं देती हैं। इस दोष युक्त नेत्र का निकट बिंदु 25 सेमी से अधिक दूर हो जाता है। अतः व्यक्ति को 25 सेमी तथा उससे निकट स्थित वस्तुएँ स्पष्ट दिखाई नहीं देती हैं। इस दोष के कारण निकट स्थित वस्तु का प्रतिबिंब रेटिना पर फोकस न होकर रेटिना के पीछे फोकस हो जाता है, जिस कारण वस्तु स्पष्ट दिखाई नहीं देती है।

कथन (3) असत्य है, क्योंकि दूर दृष्टिदोष को दूर करने के लिए उचित फोकस दूरी वाले उत्तल लेंस के चश्में का प्रयोग किया जाता है, जिससे दूर स्थित वस्तु से चलने वाली प्रकाश, किरणें, उत्तल लेंस से अपवर्तन के पश्चात् नेत्र के निकट बिंदु से आती हुई प्रतीत होती हैं। ये किरणें अपवर्तित होकर रेटिना पर फोकस हो जाती हैं, जिससे प्रतिबिंब रेटिना पर बनता है तथा वस्तु स्पष्ट दिखाई देती है।

42 पक्ष्माभी पेशियों के धीरे-धीरे दुर्बल होने के कारण तथा क्रिस्टलीय लेंस के लचीलेपन में कमी आने के कारण उत्पन्न नेत्र दोष क्या कहलाता है? *(Chap 10, Class-X, NCERT)*

(a) निकट दृष्टिदोष (b) मोतियाबिंद
(c) जरा दूर दृष्टिदोष (d) दूर दृष्टिदोष

उत्तर *(c)*

व्याख्या पक्ष्माभी पेशियों के धीरे-धीरे दुर्बल होने के कारण जरा दूर दृष्टिदोष हो जाता है। आयु में वृद्धि के साथ-साथ नेत्र की मांसपेशियाँ दुर्बल होती जाती हैं, जिस कारण नेत्र की समंजन क्षमता घट जाती है, जिससे व्यक्ति को दूर अथवा निकट या दोनों ही स्थानों की वस्तुएँ स्पष्ट दिखाई नहीं देती हैं। इसे ही जरा दूरदृष्टिता कहते हैं।

43 निम्नलिखित कथनों पर विचार कीजिए।

(Chap 9, Class-XII, NCERT)

1. सरल सूक्ष्मदर्शी कम फोकस दूरी का एक अभिसारी लेंस होता है।
2. संयुक्त सूक्ष्मदर्शी में अभिदृश्यक लेंस वस्तु का वास्तविक, उल्टा, आवर्धित प्रतिबिंब बनाता है।
3. दूरदर्शी में अवतल लेंस का प्रयोग किया जाता है।

उपरोक्त में से कौन-सा/से कथन सत्य है/हैं?

(a) 1 और 2
(b) 2 और 3
(c) 1 और 3
(d) 1, 2 और 3

उत्तर *(a)*

व्याख्या दिए गए कथनों में कथन (1) और (2) सत्य हैं।

सरल सूक्ष्मदर्शी कम फोकस दूरी का एक ऐसा अभिसारी प्रकाशिक यंत्र है, जिसकी सहायता से सूक्ष्म वस्तुओं का आभासी एवं बड़ा प्रतिबिंब स्पष्ट दृष्टि की न्यूनतम दूरी पर बनता है।

सरल सूक्ष्मदर्शी में प्रमुख उत्तल लेंस की फोकस दूरी कम होती है। संयुक्त सूक्ष्मदर्शी में अभिदृश्यक लेंस वस्तु का वास्तविक, उल्टा तथा आवर्धित प्रतिबिंब बनाता है। यह प्रतिबिंब नेत्रिका के लिए आभासी वस्तु का कार्य करता है।

कथन (3) असत्य है, क्योंकि दूरदर्शी में अभिदृश्यक तथा नेत्रिका के रूप में उत्तल लेंस का प्रयोग किया जाता है।

44 **खगोलीय दूरदर्शी से बना प्रतिबिंब होता है**

(Unit 2, Class-X, Tamil Nadu Board)

(a) काल्पनिक और छोटा
(b) काल्पनिक और बड़ा
(c) वास्तविक और छोटा
(d) वास्तविक और बड़ा

उत्तर *(b)*

व्याख्या खगोलीय दूरदर्शी में बना प्रतिबिंब काल्पनिक तथा बड़ा होता है। यह एक ऐसा प्रकाशिक यंत्र है, जिसके द्वारा बहुत अधिक दूरी पर स्थित वस्तु के प्रतिबिंब का आँख पर बड़ा दर्शन कोण बनाया जाता है, जिससे वह वस्तु आँख को बड़ी दिखाई देती है।

45 निम्नलिखित कथनों पर विचार कीजिए।

(Chap 10, Class-XII, NCERT)

1. प्रकाश तरंगों की प्रकृति अनुप्रस्थ होती है।
2. साबुन के बुलबुलों का रंगीन दिखाई देना प्रकाश के व्यतिकरण की घटना है।
3. ध्वनि तरंगें प्रकाश तरंगों की तुलना में अधिक विवर्तित होती हैं।

उपरोक्त में से कौन-सा/से कथन सत्य है/हैं?

(a) 1 और 2
(b) 2 और 3
(c) 1 और 3
(d) 1, 2 और 3

उत्तर *(d)*

व्याख्या दिए गए कथनों में कथन (1), (2) और (3) सत्य हैं।

प्रकाश तरंगें अनुप्रस्थ तरंगें होती हैं। जब समान आवृत्ति की दो प्रकाश तरंगें किसी माध्यम में एक ही दिशा में गमन करती है, तो उनके अध्यारोपण के फलस्वरूप प्रकाश की तीव्रता में परिवर्तन हो जाता है। इस घटना को प्रकाश का व्यतिकरण कहते हैं। साबुन के बुलबुलों का रंगीन दिखाई देना प्रकाश के व्यतिकरण की घटना है। इसके अतिरिक्त प्रकाश में ध्रुवण तथा विवर्तन की घटना भी होती है। ध्वनि तरंगें प्रकाश तरंगों की तुलना में अधिक विवर्तित होती हैं, क्योंकि ध्वनि तरंगें यांत्रिक तरंगें होती हैं।

46 **पोलेराइडों का उपयोग किया जा सकता है**

(Chap 10, Class-XII, NCERT)

1. धूप के चश्मों में
2. फोटोग्राफी कैमरों में
3. ध्वनि नियंत्रकों में
4. त्रिआयामी चलचित्र कैमरों में

कूट

(a) 1, 2 और 4
(b) 3 और 4
(c) 1, 2 और 3
(d) 1 और 2

उत्तर *(a)*

व्याख्या धूप के चश्मों में, फोटोग्राफी कैमरों में तथा त्रिआयामी चलचित्र कैमरों में पोलेराइडों का उपयोग किया जाता है। पोलेराइडों का उपयोग धूप के चश्मों में प्रकाश की तीव्रता को नियंत्रित करने में किया जाता है। बादलों के फोटो खींचने हेतु कैमरे के आगे पोलेराइड लगाया जाता है, जिससे बादलों के स्वच्छ फोटो प्राप्त होते हैं। पोलेराइड की सहायता से त्रिविमीय चित्र को देखा जा सकता है। इसके अतिरिक्त ध्वनि नियंत्रकों में पोलेराइडों का उपयोग नहीं किया जाता है।

अध्याय 13

विकिरण तथा द्रव्य की द्वैत प्रकृति

विकिरण तथा द्रव्य की द्वैत प्रकृति

प्रकाश की द्वैत प्रकृति

प्रकाश की द्वैत प्रकृति
- प्रकाश तरंग तथा कण दोनों की भाँति व्यवहार करता है। इसी को प्रकाश की द्वैत अथवा दोहरी प्रकृति कहते हैं।

कार्यफलन
- वह-न्यूनतम ऊर्जा जो इलेक्ट्रॉनों को धातु पृष्ठ से बाहर निकालने के लिए आवश्यक है।

इलेक्ट्रॉन उत्सर्जन
- वह घटना जिसमें किसी धातु सतह से इलेक्ट्रॉन का उत्सर्जित होना

इलेक्ट्रॉन उत्सर्जन के प्रकार
- **तापायनिक उत्सर्जन** वह प्रक्रिया जिसमें उपयुक्त तापन के द्वारा मुक्त इलेक्ट्रॉनों को पर्याप्त तापीय ऊर्जा दी जा सकती है, जिससे कि वे धातु से बाहर आ सकें।
- **क्षेत्र उत्सर्जन** वह प्रक्रिया जिसमें किसी धातु पर लगाया गया एक प्रबल विद्युत क्षेत्र इलेक्ट्रॉनों को धातु-पृष्ठ के बाहर ला सकता है,
- **प्रकाश-विद्युत उत्सर्जन** वह प्रक्रिया जिसमें उपयुक्त आवृत्ति का प्रकाश जब किसी धातु-पृष्ठ पर पड़ता है, तो इलेक्ट्रॉनों का उत्सर्जन होता है। ये प्रकाशजनित इलेक्ट्रॉन प्रकाशिक इलेक्ट्रॉन कहलाते हैं।

प्रकाश विद्युत प्रभाव

प्रकाश विद्युत प्रभाव
- निश्चित न्यूनतम आवृत्ति (या अधिकतम तरंगदैर्ध्य) की प्रकाश ऊर्जा का धात्विक सतह पर गिरकर उससे इलेक्ट्रॉनों के उत्सर्जन की घटना। प्रकाश विद्युत प्रभाव कहलाती है।

देहली आवृत्ति (ν)
- किसी धातु सतह पर आपतित प्रकाश की वह न्यूनतम आवृत्ति जो इलेक्ट्रॉन उत्सर्जन के लिए आवश्यक होती है

प्रकाश विद्युत धारा
- प्रकाश विद्युत प्रभाव में वह विद्युत धारा जो इलेक्ट्रॉनों के उत्सर्जन के कारण परिपथ में प्रवाहित होती है।

आइन्स्टीन का प्रकाश विद्युत समीकरण
- प्रकाश विद्युत प्रभाव में इलेक्ट्रॉन फोटॉन की सम्पूर्ण ऊर्जा को अवशोषित कर देता है, तब इलेक्ट्रॉन द्वारा प्राप्त इस ऊर्जा का एक भाग धातु के तल से इलेक्ट्रॉन निकालने या धातु के परमाणु से इलेक्ट्रॉन मुक्त करने में व्यय होता है। इस ऊर्जा को कार्य फलन की ऊर्जा कहते हैं तथा फोटॉन की शेष ऊर्जा उत्सर्जित इलेक्ट्रॉन को गतिज ऊर्जा प्रदान करती है। तब उत्सर्जित इलेक्ट्रॉन की अधिकतम गतिज ऊर्जा निम्न सूत्र द्वारा प्राप्त होती है

$$K_{max} = h\nu - \phi_0$$

यह आइन्सटीन का प्रकाश विद्युत समीकरण है।

फोटॉन एवं फोटो सेल

फोटॉन
- प्लांक के अनुसार, किसी पदार्थ अथवा पृष्ठ द्वारा ऊर्जा का उत्सर्जन तथा अवशोषण सतत न होकर ऊर्जा के छोटे-छोटे बंडलों अथवा पैकेटों के रूप में होता है, जिसे फोटॉन या क्वांटा कहते हैं।

द्रव्य की तरंग प्रकृति
- एक फ्रांसीसी भौतिक वैज्ञानिक लुइस विक्टर दे-ब्रोग्ली ने बताया कि पदार्थ के गतिमान कण तरंग सदृश गुण प्रदर्शित कर सकते हैं अर्थात् प्रकाश में कण व तरंग दोनों के ही गुण विद्यमान हैं गतिमान द्रव्य कणों से एक तरंग संबंधित होती है, जिसे द्रव्य तंरग कहते हैं।

फोटो सेल
- फोटो सेल एक ऐसी युक्ति है, जो प्रकाश ऊर्जा को वैद्युत ऊर्जा में बदल देती है। ये अर्द्धचालक होते हैं, जो प्रकाश संसूचक की तरह कार्य करते हैं।
- ये प्रकाश आधारित प्रतिरोधक हैं जो प्रकाश की अनुपस्थिति में उच्च प्रतिरोधकता दर्शाते हैं। प्रकाश की उपस्थिति में इनकी प्रतिरोधक कम पड़ जाती है।

SOURCE New NCERT Class-XII (विकिरण तथा द्रव्य की द्वैत प्रकृति), NIOS Chap 12 Module-4

1 **भौतिकी की किस शाखा में अति सूक्ष्म कणों की चाल का अध्ययन किया जाता है?** *RAS/RTS (Pre) 2003*

(a) फील्ड थ्योरी (b) पार्टिकल फिजिक्स
(c) क्वाण्टम मैकेनिक्स (d) परमाण्वीय भौतिक

उत्तर (c)

व्याख्या भौतिकी की क्वाण्टम मैकेनिक्स (Quantum mechanics) शाखा में अति सूक्ष्म कणों की चाल का अध्ययन किया जाता है। इसके अतिरिक्त इस शाखा में मूलभूत उप-परमाण्विक कणों के पारस्परिक सम्बन्धों तथा उनके अस्तित्व का अध्ययन किया जाता है।

2 **निम्न कणों में से कौन-सा एक, जिसका आविष्कार करने का दावा किया जा रहा है, अल्बर्ट आइन्स्टीन के सापेक्षवाद सिद्धान्त को गलत साबित करने के जोखिम में डाल सकता है?** *UPPSC (Pre) 2009*

(a) माइक्रोवेव फोटॉन (b) न्यूट्रिनो
(c) तरल क्रिस्टल (d) प्रकाश उत्सर्जित करने वाले डायोड

उत्तर (a)

व्याख्या माइक्रोवेव फोटॉन का आविष्कार अल्बर्ट आइन्स्टीन के सापेक्षवाद सिद्धान्त को गलत साबित करने के जोखिम में डाल सकता है, क्योंकि कोबेन्ज विश्वविद्यालय के भौतिकविदों गुन्टूर तथा अल्फांस स्टाहलोफन ने आइन्स्टीन के सापेक्षवाद सिद्धान्त को गलत साबित करने का दावा किया है। उनके अनुसार, माइक्रोवेव फोटॉनों को प्रकाश के वेग से अधिक वेग से संचारित किया जा सकता है।

3 **निम्न में से कौन-सा कथन प्रकाश वैद्युत प्रभाव के संदर्भ में सत्य है?** *(Chap 11, Class-XII, NCERT)*

(a) वैद्युत ऊर्जा का प्रकाश ऊर्जा में रूपांतरण होता है।
(b) प्रकाश ऊर्जा का वैद्युत ऊर्जा में रूपांतरण होता है।
(c) प्रकाश ऊर्जा का रासायनिक ऊर्जा में रूपांतरण होता है।
(d) रासायनिक ऊर्जा का प्रकाश ऊर्जा में रूपांतरण होता है।

उत्तर (b)

व्याख्या प्रकाश वैद्युत प्रभाव में प्रकाश ऊर्जा का वैद्युत ऊर्जा में रूपांतरण होता है, इस प्रभाव में धातु पृष्ठ पर विकिरण आपतित होते हैं, जिनके परिणामस्वरूप फोटो इलेक्ट्रॉन उत्सर्जित होते हैं तथा फोटो इलेक्ट्रॉन के द्वारा प्रकाश-विद्युत धारा प्रवाहित होती है।

4 **प्रकाश के तरंग सिद्धांत के अनुसार निम्न में से कौन-सी घटनाओं की व्याख्या की जा सकती है?** *(Chap 11, Class-XII, NCERT)*

1. व्यतिकरण 2. ध्रुवण
3. विवर्तन 4. क्वांटम प्रभाव

कूट

(a) 1 और 2 (b) 2 और 3
(c) 1, 2 और 3 (d) केवल 4

उत्तर (c)

व्याख्या प्रकाश की द्वैत प्रकृति (तरंग-कण) होती है, जहाँ प्रकाश के तरंग सिद्धांत के अनुसार व्यतिकरण, ध्रुवण तथा विवर्तन की व्याख्या की जा सकती है, जबकि क्वांटम प्रभाव की व्याख्या प्रकाश के कण प्रकृति के आधार पर की जा सकती है।

5 **धात्विक सतह से इलेक्ट्रॉन उत्सर्जन तभी संभव है, जब आपतित प्रकाश की आवृत्ति हो** *(Chap 11, Class-XII, NCERT)*

(a) देहली आवृत्ति की आधी हो। (b) देहली आवृत्ति की एक तिहाई हो।
(c) देहली आवृत्ति से कुछ कम हो। (d) देहली आवृत्ति से अधिक हो।

उत्तर (d)

व्याख्या किसी धातु की सतह से इलेक्ट्रॉन उत्सर्जन तभी संभव है, जब आपतित प्रकाश की आवृत्ति देहली आवृत्ति से अधिक हो। प्रकाश की वह न्यूनतम आवृत्ति जो किसी पदार्थ से प्रकाश इलेक्ट्रॉन उत्सर्जित कर सके, उस पदार्थ की देहली आवृत्ति कहलाती है।

6 **निम्नलिखित कथनों पर विचार करें।** *(Chap- 11, Class- XII, NCERT)*

1. व्यतिकरण, विवर्तन और ध्रुवण जैसी घटनाओं की व्याख्या प्रकाश की तरंग प्रकृति द्वारा अच्छी तरह से की जा सकती है।
2. प्रकाश वैद्युत प्रभाव और कॉम्पटन प्रभाव को प्रकाश की कण प्रकृति से समझा जा सकता है।
3. प्रकाश की दोहरी प्रकृति होती है, प्रकृति उपयुक्त है लेकिन यह प्रयोग की प्रकृति पर निर्भर करता है कि किसी प्रयोग को समझने के लिए प्रकाश की कण प्रकृति की आवश्यकता है या उसकी तरंग प्रकृति की।

उपरोक्त में से कितने कथन सही है/हैं?

(a) केवल एक (b) केवल दो (c) सभी तीन (d) इनमें से कोई नहीं

उत्तर (c)

व्याख्या सभी कथन (1, 2 और 3) सही हैं। प्रकाश की तरंग प्रकृति व्यतिकरण, विवर्तन और ध्रुवण आदि घटनाओं की व्याख्या करती है दुसरी ओर (प्रकाश विद्युत प्रभाव) और कॉम्पटन प्रभाव में, जिसमें ऊर्जा और संवेग स्थानांतरण होता है, प्रकाश इस प्रकार व्यवहार करता है कि यह कणों के समूह अर्थात फोटॉन से बना है। अत: प्रकाश की द्वैत प्रकृति होती है, लेकिन यह प्रयोग की प्रकृति पर निर्भर करता है कि किसी प्रयोग को समझने के लिए प्रकाश की कण प्रकृति उपयुक्त है या प्रकाश की तरंग प्रकृति उपयुक्त है।

7 **किसी चालक के अनुदिश तापमान भिन्नता के कारण, उसके अनुदिश संभावित भिन्नता होती है। इस घटना को कहा जाता है** *(BPSC- Pre Re exam- 2022)*

(a) थॉमसन प्रभाव (b) जूल प्रभाव (c) सीबेक प्रभाव (d) पेल्टियर प्रभाव

उत्तर (a)

व्याख्या जब एक असमान उष्मीय चालक से धारा प्रवाहित होती है, तो चालक की लम्बाई के अनुदिश उष्मा फैलेगी या अवशोषित होगी यह धारा की दिशा पर निर्भर करता है। इस प्रभाव को थॉमसन प्रभाव कहा जाता है। यह प्रभाव उत्क्रमणीय होता है, जब विद्युत धारा के कारण ऊष्मा का धारा की दिशा में स्थानांतरण होता है। तो इसे धनात्मक थॉमसन प्रभाव कहा जाता है। यह धनात्मक थॉमसन प्रभाव दिखाने वाली धातुएँ Cd, zn, Ag और Sb हैं। दूसरी ओर, जब धारा के प्रवाह के कारण ऊष्मा का स्थानांतरण धारा के प्रवाह की दिशा के विपरीत दिशा में होता है, तो इसे ऋणात्मक थॉमसन प्रभाव कहा जाता है। जैसे, Fe, CO, Ni, Hg। सीसे में थॉमसन प्रभाव शून्य होता है।

8 **निम्नलिखित कथनों पर विचार करें।** *(Chap- 12, Class- XII, NCERT)*

1. फोटो-सेल का उपयोग ध्वनि के पुनरुत्पादन के लिए किया जा सकता है।
2. फोटो-सेल का उपयोग गणना उपकरण के रूप में किया जा सकता है।
3. फोटो-सेल का उपयोग चोर अलार्म में किया जा सकता है।

ऊपर दिए गए कथनों में से कौन-सा सही है?

(a) 1 और 2 (b) 2 और 3 (c) 1 और 3 (d) 1, 2 और 3

उत्तर (d)

व्याख्या सभी कथन (1), (2) और (3) सही हैं। सिनेमैटोग्राफी (Cinematography) में ध्वनि के पुनरुत्पादन के लिए फोटो-सेल का उपयोग किया जाता है। फोटो-सेल का उपयोग गणना उपकरणों में किया जा सकता है। इसका उपयोग चोर अलार्म में भी किया जा सकता है, जब कोई व्यक्ति दरवाजे के पास पहुँचता है, तो फोटो-सेल पर पड़ने वाली अदृश्य परावैद्युत प्रकाश की किरणों को बाधित कर देता है। प्रकाश विद्युत धारा में अचानक परिवर्तन से उपकरण चालू हो जाता है, जिसके कारण दरवाजा खुल जाता है या अलार्म बज जाता है।

9 निम्नलिखित पर विचार करें।

1. फोटोइलेक्ट्रॉन एक उत्सर्जक सतह से उत्सर्जित होते हैं। यह तभी हो सकता है, जब आपतित प्रकाश की आवृत्ति देहली आवृत्ति से अधिक हो।
2. प्रकाश विद्युत धारा आपतित विकिरणों की तीव्रता के सीधे अनुक्रमानुपाती होती है।
3. फोटोइलेक्ट्रिक धारा को माइक्रोएमीटर से मापा जाता है जो समानांतर क्रम में जुड़ा होता है।

उपरोक्त में से कितने कथन सही हैं?

(a) केवल एक (b) केवल दो
(c) केवल तीन (d) इनमें से कोई नहीं

उत्तर (b)

व्याख्या केवल दो कथन (1 और 2) सही हैं लेकिन कथन (3) गलत है।
प्रकाश-किरणों के प्रभाव से धातु से इलेक्ट्रॉनों को उत्सर्जन करने की घटना को प्रकाश वैद्युत प्रभाव अथवा प्रकाशवैद्युत उत्सर्जन कहते हैं। प्रकाश द्वारा उत्सर्जित इलेक्ट्रॉनों को प्रकाश इलेक्ट्रॉन अथवा फोटो इलेक्ट्रॉन तथा उत्पन्न धारा को प्रकाश वैद्युत धारा कहते हैं। ये फोटोइलेक्ट्रॉन किसी उत्सर्जक सतह से तभी उत्सर्जित होते हैं, जब आपतित प्रकाश की आवृत्ति देहली आवृत्ति से अधिक हो। फोटोइलेक्ट्रॉनों का प्रवाह प्रकाश विद्युत धारा का निर्माण करता है, जो आपतित प्रकाश की तीव्रता के सीधे अनुक्रमानुपाती होती है और इस धारा को श्रेणी क्रम में जुड़े माइक्रोएमीटर से मापा जाता है।

10 निम्नलिखित कथनों पर विचार करें।

कथन I फोटोइलेक्ट्रिक उत्सर्जन की प्रक्रिया तात्क्षणिक है।

कथन II प्रकाश विद्युत धारा आपतित प्रकाश की तीव्रता पर निर्भर नहीं करती है।

उपरोक्त कथनों के संबंध में निम्नलिखित में से कौन-सा सही है?

(a) कथन I और कथन II दोनों सही हैं और कथन II कथन I के लिए सही स्पष्टीकरण है।
(b) कथन I और कथन II दोनों सही हैं लेकिन कथन II कथन I के लिए सही स्पष्टीकरण नहीं है।
(c) कथन I सही है लेकिन कथन II गलत है।
(d) कथन I गलत है लेकिन कथन II सही है।

उत्तर (c)

व्याख्या कथन I सही है लेकिन कथन II गलत है।
प्रकाश विद्युत प्रभाव एक तात्क्षणिक घटना है। आपतित प्रकाश और उत्सर्जक सतह यानी धातु की सतह से फोटोइलेक्ट्रॉनों के उत्सर्जन के बीच कोई विलंब नहीं होता है। उत्सर्जित फोटोइलेक्ट्रॉनों की संख्या आपतित प्रकाश की तीव्रता के समानुपाती होती है। धातु की सतह से उत्सर्जित ये फोटोइलेक्ट्रॉन प्रकाश विद्युत धारा का निर्माण करते हैं। इस प्रकार, यह धारा आपतित प्रकाश की तीव्रता पर निर्भर करती है।

11 निम्नलिखित कथनों पर विचार करें।

कथन I प्रकाश विद्युत प्रभाव ने स्पष्ट किया कि प्रकाश में ऊर्जा के पैकेट होते हैं।

कथन II फोटॉन विद्युत और चुंबकीय क्षेत्र द्वारा विक्षेपित हो सकते हैं।

उपरोक्त कथनों के संबंध में निम्नलिखित में से कौन-सा सही है?

(a) कथन I और कथन II दोनों सही हैं और कथन II कथन I के लिए सही स्पष्टीकरण है।
(b) कथन I और कथन II दोनों सही हैं लेकिन कथन II कथन I के लिए सही स्पष्टीकरण नहीं है।
(c) कथन I सही है लेकिन कथन II गलत है।
(d) कथन I गलत है लेकिन कथन II सही है।

उत्तर (c)

व्याख्या कथन I सही है लेकिन कथन II गलत है।
फोटॉन विद्युत और चुबकीय क्षेत्रों द्वारा विक्षेपित नहीं होते हैं।

12 निम्नलिखित कथनों पर विचार करें।

कथन I प्रकाश धारा प्रति सेकंड उत्सर्जित फोटोइलेक्ट्रॉनों की संख्या के सीधे अनुक्रमानुपाती होती है।

कथन II देहली आवृत्ति आपतित प्रकाश की आवृत्ति पर निर्भर नहीं करती है।

उपरोक्त कथनों के संबंध में निम्नलिखित में से कौन-सा सही है?

(a) कथन I और कथन II दोनों सही हैं और कथन II कथन I के लिए सही स्पष्टीकरण है।
(b) कथन I और कथन II दोनों सही हैं लेकिन कथन II कथन I के लिए सही स्पष्टीकरण नहीं है।
(c) कथन I सही है लेकिन कथन II गलत है।
(d) कथन I गलत है लेकिन कथन II सही है।

उत्तर (c)

व्याख्या कथन I सही है लेकिन कथन II गलत है।
देहली आवृत्ति आपतित प्रकाश की आवृत्ति पर निर्भर करती है।
प्रकाश विद्युत धारा प्रति सेकंड उत्सर्जित फोटोइलेक्ट्रॉनों की संख्या के सीधे अनुक्रमानुपाती होती है। इसलिए, प्रति सेकंड उत्सर्जित फोटोइलेक्ट्रॉनों की संख्या आपतित विकिरणों की तीव्रता के सीधे अनुक्रमानुपाती होती है।

13 यदि एक समान तरंगदैर्ध्य वाले इलेक्ट्रॉन और एक फोटॉन तरंगों के रूप में संचारित होते हैं, तो इसका अर्थ है कि उनकी समान है।

(a) ऊर्जा (b) संवेग (c) वेग (d) कोणीय संवेग

उत्तर (c)

व्याख्या किसी कण या फोटॉन की दे-ब्रोग्ली तरंगदैर्ध्य सूत्र $\lambda = \dfrac{h}{p}$ दी जाती है, जहाँ h प्लांक स्थिरांक हैं और p संवेग है। चूँकि इलेक्ट्रॉन और फोटॉन की तरंगदैर्ध्य समान हैं इसलिए दोनों का संवेग समान होगा।

14 जब एक इलेक्ट्रॉन की गतिज ऊर्जा बढ़ जाती है, तो तरंग की तरंगदैर्ध्य में

(a) वृद्धि होगी (b) कमी होगी
(c) तरंगदैर्ध्य गतिज ऊर्जा पर निर्भर नहीं करती है
(d) उपरोक्त में से कोई नहीं

उत्तर (b)

व्याख्या हम जानते हैं कि

$$\lambda = \frac{h}{p} = \frac{h}{\sqrt{2mE}} \Rightarrow \lambda \propto \frac{1}{E}$$

(चूँकि h और m नियत होंगे) इसलिए, जब इलेक्ट्रॉन की गतिज ऊर्जा बढ़ती है, तो इलेक्ट्रॉनों की तरंगदैर्ध्य घट जाती है।

15 निम्नलिखित में से कौन-सा कथन लेजर के अभिप्राय को दर्शाता है।

(Chap 12, Class-XII, NCERT)

(a) विकिरण के उत्सर्जन द्वारा प्रकाश अवशोषण
(b) विकिरण के उत्सर्जन द्वारा प्रकाश प्रवर्धन
(c) विकिरण के उत्तेजित उत्सर्जन द्वारा प्रकाश परिवर्तन
(d) विकिरण के उत्तेजित उत्सर्जन द्वारा प्रकाश प्रकीर्णन

उत्तर (b)

व्याख्या लेजर से तात्पर्य है विकिरण के उद्दीप्त उत्सर्जन द्वारा प्रकाश प्रवर्धन (Light Amplification by Stimulated Emission of Radiation) आजकल विभिन्न क्षमताओं के लेजर उपलब्ध हैं, जिनका उपयोग आँख जैसे नाजुक अंगों अथवा आमाशय की ग्रंथि के शल्यकर्म के लिए होता है।

अध्याय 14

अर्द्धचालक ईलेक्ट्रॉनिक्स

अर्द्धचालक ईलेक्ट्रॉनिक्स

ऊर्जा बैण्ड तथा ठोस के प्रकार

ठोस

- पदार्थ की वह अवस्था, जिसमें आयतन व आकृति निश्चित होते हैं ठोसों के अभिलाक्षणिक गुण इसके अवयवी कणों के मध्य कार्यरत् बलों की प्रकृति पर निर्भर करते हैं।

ऊर्जा बैंड

- ऊर्जा बैण्ड ठोसों में ऊर्जा स्वयं का समूह होता है, जिसका निर्माण परमाणुओं के संचालन के कारण होता है।
- **चालन बैण्ड** वह ऊर्जा बैण्ड जिसमें चालक इलेक्ट्रॉनों के ऊर्जा स्तर उपस्थित होते हैं
- **संयोजी बैण्ड** वह ऊर्जा बैण्ड जिसमें संयोजक इलेक्ट्रॉनों के ऊर्जा स्तर उपस्थित होते हैं
- **वर्जित बैण्ड** वह न्यूनतम ऊर्जा जो इलेक्ट्रॉनों को संयोजी बैंड से चालन बैंड में स्थानांतरण के लिए आवश्यक होती है, बैंड ऊर्जा अंतराल कहलाती है।

ठोसों के प्रकार

- **चालक** वे पदार्थ जिसमें विद्युत आवेश सुगमता से प्रवाहित होता है उदाहरण चाँदी, ताँबा
- **कुचालक/अचालक** वे पदार्थ जिसमें विद्युत आवेशों का प्रवाह कठिनाई से होता है। उदाहरण रबड़, एबोनाइट
- **अर्द्धचालक** ऐसे पदार्थ जिसकी विद्युत चालकता चालकों से कम तथा कुचालकों से अधिक होती है उदाहरण - जर्मेनियम, सिलिकन

अर्द्धचालक के प्रकार

अर्द्धचालकों के प्रकार

- **नैज अर्द्धचालक** शुद्ध अर्द्धचालक, जिनमें कोई अपद्रव्य न मिला हो इसमें धारा इलेक्ट्रॉनों तथा होलों दोनों के कारण उत्पन्न होती है। परमशून्य ताप पर प्रत्येक अर्द्धचालक पूर्ण अचालक की भाँति व्यवहार करता है।
- **अपद्रव्यी या बाह्य अर्द्धचालक** ऐसे अर्द्धचालक जिसकी चालकता बढ़ाने के लिए उसके शुद्ध रूप में कोई उपयुक्त अशुद्धि अत्यल्प मात्रा में मिलाई जाती है

n-प्रकार के अर्द्धचालक

- शुद्ध अर्द्धचालक में त्रिसंयोजी (संयोजकता -5) अपद्रव्य; जैसे–एन्टीमनी, फॉस्फोरस अथवा आर्सेनिक मिलाने पर n-प्रकार के अर्द्धचालक प्राप्त होते हैं।

p-प्रकार के अर्द्धचालक

- शुद्ध अर्द्धचालक में त्रिसंयोजी (संयोजकता-3) अपद्रव्य; जैसे–एल्युमीनियम, बोरॉन मिलाने पर p- प्रकार के अर्द्धचालक प्राप्त होते हैं
- इन अर्द्धचालकों की विद्युत चालकता मुख्य रूप से कोटरों (धनात्मक छिद्रों) के कारण होती है

p-n संधि

- जब p-n टाइप क्रिस्टल के टुकड़े को परमाणवीय रूप से n-टाइप क्रिस्टल के टुकड़े के संपर्क में लाकर जोड़ा जाता है, तब दो विभिन्न क्षेत्रों के बीच की परिसीमा को p-n संधि कहते हैं।

अर्द्धचालक डायोड

अर्द्धचालक डायोड

- अर्द्धचालक डायोड मूल रूप में एक p-n संधि होती है, जिसके सिरों पर धात्विक संपर्क जुड़े होते हैं, ताकि इस संधि पर कोई बाह्य वोल्टता अनुप्रयुक्त की जा सके।

जेनर डायोड

- यह एक विशिष्ट प्रयोजन अर्द्धचालक डायोड है
- इसे भंजन क्षेत्र में पश्चदिशिक बायस में प्रचलित करने के लिए डिजाइन किया गया है तथा इसका उपयोग वोल्टता नियंत्रक के रूप में किया जाता है।

फोटोडायोड

- फोटोडायोड भी एक विशिष्ट प्रयोजन p-n संधि डायोड है, जिसमें एक पारदर्शी खिड़की होती है, जिससे प्रकाश-किरणें डायोड तक आ सकती हैं। यह पश्चदिशिक बायस में प्रचालित होता है।
- फोटोडायोड का उपयोग प्रकाशिक सिग्नलों के संसूचन के लिए प्रकाश संसूचक की भाँति प्रयोग किया जा सकता है।

प्रकाश उत्सर्जक डायोड

- यह एक अत्यधिक अपमिश्रित p-n संधि डायोड होता है, जो अग्रदिशिक बायस में स्वतः विकिरणों का उत्सर्जन करता है। यह डायोड पारदर्शी आवरण में बंद होता है, ताकि इसके द्वारा उत्सर्जित विकिरण (प्रकाश) बाहर आ सके।

SOURCE New NCERT Class-XII (अर्द्धचालक इलेक्ट्रॉनिक्स),
Tamil Nadu Board Class-X (वैद्युतिकी),

1 **निम्नलिखित में से कौन-सा कथन एक अर्द्धचालक में विद्युत चालन के लिए सत्य है?** *(Chap 14, Class-XII, NCERT)*

(a) केवल इलेक्ट्रॉन द्वारा
(b) केवल होल्स द्वारा
(c) इलेक्ट्रॉन एवं होल्स दोनों के द्वारा
(d) न इलेक्ट्रॉन द्वारा और न ही होल्स द्वारा

उत्तर *(c)*
व्याख्या एक अर्द्धचालक में विद्युत चालन इलेक्ट्रॉन एवं होल्स दोनों के द्वारा होता है। एक शुद्ध अर्द्धचालक जिसमें कोई अपद्रव्य न मिला हो, नैज अर्द्धचालक (Intrinsic semiconductor) कहलाता है।

2 **निम्न कथन (A) और कारण (R) को पढ़िए और नीचे दिए गए कूट की सहायता से सही उत्तर का चयन कीजिए।** *(Chap 14, Class-XII, NCERT)*

कथन (A) **अर्द्धचालकों का मादन करने पर इनकी चालकता बढ़ती है।**

कारण (R) **मादन करने से अर्द्धचालकों का ताप बढ़ जाता है।**

कूट

(a) A और R सही हैं तथा R, A का सही स्पष्टीकरण है।
(b) A और R सही हैं, परंतु R, A का सही स्पष्टीकरण नहीं है।
(c) A सही है, परन्तु R गलत है।
(d) A गलत है, परन्तु R सही है।

उत्तर *(c)*
व्याख्या कथन (A) सही है, परन्तु कारण (R) गलत है।

जब किसी शुद्ध अर्द्धचालक में कोई उपयुक्त अशुद्धि अल्पतम मात्रा में मिलाई जाती है, तो इसकी चालकता में कई गुना वृद्धि हो जाती है। यह क्रिया मादन (Doping) कहलाती है।

इस प्रकार के पदार्थों को अपद्रव्यी अर्द्धचालक कहते हैं। इनकी चालकता में वृद्धि अपमिश्रक के कारण मुक्त इलेक्ट्रॉनों की संख्या बढ़ने के कारण होती है। अर्थात् मादन करने से अर्द्धचालकों के ताप में कोई वृद्धि नहीं होती है।

3 **निम्नालिखित कथनों पर विचार कीजिए।** *(Chap 14, Class-XII NCERT)*

1. सिलिकॉन तथा जर्मेनियम अर्द्धचालक पदार्थ हैं।
2. क्वाट्र्ज तथा सिरेमिक्स अर्द्धचालक पदार्थ नहीं हैं।

उपरोक्त में से कौन-सा/से कथन असत्य है/हैं?

(a) 1 और 2 (b) केवल 1
(c) केवल 2 (d) इनमें से कोई नहीं

उत्तर *(d)*
व्याख्या दिए गए कथनों में से कोई कथन असत्य नहीं है

जबकि कथन 1 सत्य है, क्योंकि सिलिकॉन तथा जर्मेनियम अर्द्धचालक पदार्थ हैं। ये वे पदार्थ होते हैं जिनकी चालकता धातुओं तथा विद्युतरोधी पदार्थों के मध्य होती है तथा क्वाट्र्ज और सिरेमिक्स अर्द्धचालक पदार्थ की श्रेणी में नहीं आते हैं।

क्वाट्र्ज एक खनिज है। यह रेत एवं ग्रेनाइट का मुख्य घटक है। यह पारदर्शी, रंगहीन तथा कठोर पदार्थ होता है। इसका उपयोग प्रिज्मों के निर्माण में किया जाता है।

मुख्य पदार्थों के निर्माण, उनके तकनीकी लक्षण तथा निर्माण में प्रयुक्त कच्चे माल से संबंधित उद्योग को सिरेमिक्स कहते हैं।

4 **निम्नलिखित कथनों पर विचार कीजिए।** *(Chap 14, Class-XII, NCERT)*

1. n-प्रकार के अर्द्धचालक में मुख्य आवेश वाहक इलेक्ट्रॉन होते हैं।
2. p-प्रकार के अर्द्धचालक में बहुसंख्यक आवेश वाहक होल्स होते हैं।
3. परमशून्य ताप पर अर्द्धचालक की चालकता सर्वाधिक होती है।

उपरोक्त में से कौन-से कथन सत्य हैं?

(a) 1 और 2 (b) 2 और 3
(c) 1 और 3 (d) ये सभी

उत्तर *(a)*
व्याख्या दिए गए कथनों में कथन (1) और (2) सत्य हैं।

जर्मेनियम तथा सिलिकॉन में पंच-संयोजन तत्व अपमिश्रित करने से n-प्रकार के अर्द्धचालक का निर्माण होता है। इसलिए इसमें इलेक्ट्रॉन बहुसंख्यक आवेश वाहक तथा होल अल्पसंख्यक आवेश वाहक बन जाते हैं, अतः n-प्रकार के अर्द्धचालक में मुख्य आवेश वाहक इलेक्ट्रॉन होते हैं।

इसी प्रकार, जब जर्मेनियम तथा सिलिकॉन में त्रि-संयोजी अशुद्धियाँ मिश्रित की जाती हैं, तब p-प्रकार के अर्द्धचालक का निर्माण होता है। इसमें होल्स बहुसंख्यक आवेश वाहक तथा इलेक्ट्रॉन अल्पसंख्यक आवेश वाहक होते हैं।

कथन (3) असत्य है, क्योंकि परमशून्य ताप पर अर्धचालक की चालकता शून्य होती है अर्थात् यह अचालक की भाँति व्यवहार करता है।

5 **निम्नलिखित कथनों पर विचार कीजिए** *(Chap 14, Class-XII, NCERT)*

1. परमशून्य तापमान पर अर्द्धचालकों में प्रतिरोध शून्य हो जाता है।
2. परमशून्य तापमान पर अर्द्धचालकों में विद्युत प्रतिरोध अनन्त हो जाता है।

उपरोक्त में से कौन-सा/से कथन सत्य है/हैं?

(a) केवल 1 (b) केवल 2
(c) 1 तथा 2 (d) इनमें से कोई नहीं

उत्तर *(b)*
व्याख्या परमशून्य तापमान पर अर्द्धचालकों में विद्युत प्रतिरोध अनन्त हो जाता है। जिससे अर्द्धचालक की चालकता शून्य हो जाती है और वह एक आदर्श अचालक की भाँति व्यवहार करता है।

6 **p-n संधि डायोड का उपयोग निम्न में से किसमें हो सकता है?** *(Chap 14, Class-XII, NCERT)*

1. दिष्टकारी के रूप में 2. जनित्र के रूप में
3. प्रकाश उत्सर्जक डायोड के रूप में 4. ट्रांसफॉर्मर के रूप में

कूट

(a) 1 और 2 (b) 2 और 3
(c) 1 और 3 (d) 2, 3 और 4

उत्तर *(c)*
व्याख्या दिष्टकारी तथा प्रकाश उत्सर्जक डायोड के रूप में p-n संधि डायोड का उपयोग होता है। अर्द्धचालक डायोड मूल रूप से p-n संधि होता है। यदि किसी डायोड के सिरों पर कोई प्रत्यावर्ती वोल्टता अनुपर्युक्त की जाए, तो यह प्रत्यावर्ती वोल्टता का दिष्टकरण कर देता है, जिस कारण इसे दिष्टकारी कहते हैं।

प्रकाश उत्सर्जन डायोड अपमिश्रित p-n संधि डायोड होता है, जबकि ट्रांसफॉर्मर तथा जनित्र के रूप में p-n संधि डायोड का उपयोग नहीं हो सकता है, क्योंकि यह अर्द्धचालक युक्ति नहीं है।

7 **निम्नलिखित कथनों पर विचार कीजिए।**

(Chap 14, Class-XII, NCERT)
(Unit 4, Class-X, Tamil Nadu Board)

1. प्रकाश चालकीय डायोड का उपयोग प्रकाशिक संकेतों के संसूचन में होता है।
2. प्रकाश उत्सर्जन डायोड (LED) का उपयोग चोर घंटी संयंत्रों, प्रकाश संचार आदि में किया जाता है।
3. LED तापदीप्त लैंपों की तुलना में बहुत कम उपयोगी है।
4. सौर सेलों का उपयोग इलेक्ट्रॉनिक युक्तियों तथा अंतरिक्षयानों में किया जाता है।

उपरोक्त में से कौन-से कथन सत्य हैं?

(a) 1 और 2
(b) 2 और 3
(c) 1, 2 और 4
(d) 2, 3 और 4

उत्तर *(c)*

व्याख्या दिए गए कथनों में कथन (1), (2) और (4) सत्य हैं।

प्रकाश चालकीय डायोड या फोटो डायोड एक विशिष्ट प्रयोजन *p-n* संधि डायोड है। यह प्रकाश को विद्युत धारा में परिवर्तित करता है। इसका उपयोग प्रकाशिक सिग्नलों के संसूचन के लिए प्रकाश संसूचक की भाँति किया जाता है।

LED का उपयोग वृहत् रूप से सुदूर नियंत्रण, चोर घंटी संयंत्रों, प्रकाशिक संचार आदि में किया जाता है। सौर सेल फोटो डायोड के सिद्धांत पर ही कार्य करता है। इसका उपयोग इलेक्ट्रॉनिक युक्तियों, अंतरिक्षयानों तथा कुछ कैलकुलेटरों में विद्युत आपूर्ति के लिये भी किया जाता है।

कथन (3) असत्य है, क्योंकि प्रकाश उत्सर्जन डायोड (Light Emitting Diode, LED) एक अत्यधिक अपमिश्रित *p-n* संधि डायोड होता है। यह तापदीप्त लैम्पों की तुलना में बहुत उपयोगी है। क्योंकि यह निम्न प्रचालन वोल्टता, अधिक आयु एवं सुदृढ़ तथा अधिक क्षमता का गुण रखता है।

8 **एकीकृत परिपथ का उपयोग निम्न में से किसमें हो सकता है?**

(Chap 14, Class-XII, NCERT)

1. CD प्लेयर में
2. टेलीविजन में
3. सेल फोन में

कूट

(a) 1 और 2 (b) केवल 1
(c) 2 और 3 (d) ये सभी

उत्तर *(d)*

व्याख्या सभी वैद्युत युक्तियों; जैसे-कार, टेलीविजन, CD प्लेयर, सेल फोन इत्यादि में एकीकृत परिपथ लगे होते हैं तथा सभी कंप्यूटर प्रणालियों में एकीकृत परिपथ होता है।

9 **निम्नलिखित कथनों पर विचार कीजिए।**

(Chap 14, Class-XII , NCERT)

1. एकीकृत परिपथ ट्रांजिस्टर, प्रतिरोधक, संधारित्र आदि से बना होता है।
2. माइक्रोप्रोसेसर एक ऐसा IC होता है, जो किसी कंप्यूटर में सभी सूचनाओं को संचालित करता है।

उपरोक्त में से कौन-सा/से कथन सत्य है/हैं?

(a) केवल 1 (b) केवल 2
(c) 1 और 2 दोनों (d) न तो 1 और न ही 2

उत्तर *(c)*

व्याख्या दिए गए कथनों में दोनों कथन (1) और (2) सत्य हैं।

एकीकृत परिपथ ऐसी इलेक्ट्रॉनिक युक्तियाँ हैं, जिनमें बहुत-से ट्रांजिस्टर, प्रतिरोधक, संधारित्र संयोजी तार होते हैं। माइक्रोप्रोसेसर एक सेमीकंडक्टर इंटीग्रेटेड सर्किट पर बनाए गए प्रोग्राम पर कार्य करने योग्य डिजिटल इलेक्ट्रॉनिक डिवाइस है।

इसे सी.पी.यू. भी कहा जाता है, जिसका कार्य प्रत्येक गणितीय/लॉजिकल (Arithmetic/logical) ऑपरेशन को पूरा करना, प्रोग्राम क्रियान्वित करते समय अस्थायी रूप से डेटा संग्रह करना तथा माइक्रोप्रोसेसर के सभी भागों में टाइमिंग व कंट्रोल सिग्नलों का आदान-प्रदान करना होता है।

अर्थात् यह कंप्यूटर में सभी सूचनाओं को संचालित करता है।

10 **कथन (A) लाइट ऐमिटिंग डायोड (एल.ई.डी.) लैम्प, कॉम्पेक्ट फ्लोरीसेंट लैम्प (सी.एफ.एल) की तुलना में अधिक लम्बी सेवा अवधि प्रदान करती हैं।**

कारण (R) लाइट ऐमिटिंग डायोड (एल.ई.डी.) लैम्प, कॉम्पेक्ट फ्लोरीसेंट लैम्प (सी.एफ.एल) की तुलना में अधिक ऊर्जा दक्ष होते हैं।

(Chap 14, Class-XII, NCERT)
(Unit 4, Class-X, Tamil Nadu Board)

नीचे दिए गए कूटों की सहायता से सही उत्तर का चयन कीजिए।

(a) कथन A तथा कारण R दोनों सत्य हैं, तथा कारण R, कथन A का सही स्पष्टीकरण है।
(b) कथन A तथा कारण R दोनों सत्य हैं, लेकिन कारण R, कथन A का सही स्पष्टीकरण नहीं है।
(c) कथन A सत्य है तथा कारण R असत्य है।
(d) कथन A असत्य है तथा कारण R सत्य है।

उत्तर *(a)*

व्याख्या कथन (A) तथा कारण (R) दोनों सत्य हैं, तथा (R), (A) का सही स्पष्टीकरण है अर्थात् लाइट ऐमिटिंग डायोड, (LED) लैम्प काम्पैक्ट फ्लोरीसेन्ट लैम्प, (CFL) की तुलना में अधिक लम्बी सेवा अवधि प्रदान करता है क्योंकि LED लैम्प, CFL लैम्प की तुलना में अधिक ऊर्जा देते हैं तथा CFL 25% तथा LED 75% अधिक कुशल है तथा LED लैम्पों का जीवनकाल लगभग 50000 घण्टे होता है।

अध्याय 15

तारे एवं सौर परिवार

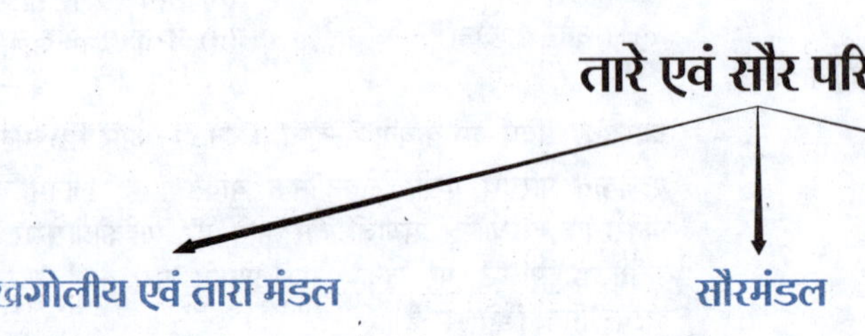

तारे एवं सौर परिवार

खगोलीय एवं तारा मंडल

खगोलीय पिंड

- आकाश में दिखाई देने वाले पिण्ड जैसे-आकाश गंगा, तारा, ग्रह, उपग्रह, धूमकेतु आदि

चंद्रमा

- चंद्रमा पृथ्वी का प्राकृतिक उपग्रह है तथा यह पृथ्वी के चारों ओर एक निश्चित पथ पर चक्कर लगाता है, जिसे उसकी कक्षा कहते हैं।
- चंद्रमा का व्यास पृथ्वी के व्यास का लगभग एक-चौथाई है तथा इसका द्रव्यमान पृथ्वी के द्रव्यमान का लगभग अठारहवाँ भाग है।

तारे

- ऐसे खगोलीय पिंड, जो अत्यधिक गर्म होते हैं तथा इनका अपना प्रकाश होता है, तारे लगातार ऊष्मा और प्रकाश उत्सर्जित करते हैं। तारे पृथ्वी के आकार की तुलना में बहुत बड़े हैं, और कई तारे सूर्य से भी बड़े हैं।
- सूर्य भी एक तारा है, जो पृथ्वी के सबसे निकट है, सूर्य बहुत बड़ा और चमकीला दिखाई देता है, क्योंकि यह किसी भी अन्य तारे की तुलना में हमारे अधिक निकट है।

तारामंडल

- तारों का ऐसा समूह जो किसी आकृति का निर्माण करता है, तारामंडल कहलाता है। प्रत्येक तारामंडल किसी जानवर, इंसान या अन्य वस्तु की आकृति में दिखाई देता है।
- एक विशेष तारामंडल में बड़ी संख्या में तारों का समूह होता है। उनमें से कुछ चमकीले होते हैं और नग्न आँखों से आसानी से देखे जा सकते हैं।

  वे सभी तारे जो तारामंडल बनाते हैं, समान दूरी पर नहीं होते हैं, परंतु वे आकाश में ठीक एक ही रेखा में होते हैं।

सौरमंडल

सौरमंडल

- सूर्य तथा इसकी परिक्रमा करने वाले खगोलीय पिंडों से मिलकर सौरमंडल बना होता है। इस परिवार में बहुत-से पिंड हैं; जैसे–ग्रह, धूमकेतु, क्षुद्रग्रह, उल्काएँ आदि।
- **सूर्य** सबसे निकटतम तारा है, यह निरंतर विशाल मात्रा में ऊष्मा तथा प्रकाश उत्सर्जित कर रहा है।
- **बुध** बुध ग्रह सूर्य से निकटतम ग्रह है। यह हमारे सौर परिवार का लघुत्तम ग्रह है,
- **शुक्र** ग्रहों में शुक्र पृथ्वी का निकटतम पड़ोसी है। रात्रि के आकाश में यह सबसे अधिक चमकीला ग्रह है।
- **पृथ्वी** पृथ्वी ही सौर परिवार का एकमात्र ऐसा ग्रह है, जिस पर जीवन का अस्तित्व ज्ञात है। पृथ्वी पर जीवन विद्यमान होने तथा उसकी निरंतरता बनाए रखने के लिए कुछ विशिष्ट पर्यावरणीय अवस्थाएँ उत्तरदायी हैं।
- **मंगल** पहला ग्रह जो पृथ्वी की कक्षा से बाहर है, उसे मंगल के नाम से जाना जाता है। यह थोड़ा लाल रंग का लगता है और इसलिए इसे लाल ग्रह भी कहा जाता है।
- **बृहस्पति** बृहस्पति सौर परिवार का सबसे बड़ा ग्रह है। यह इतना बड़ा है कि लगभग 1300 पृथ्वियाँ इस विशाल ग्रह के भीतर रखी जा सकती हैं।
- **शनि** सूर्य से छठा ग्रह शनि है, जो सौरमंडल का दूसरा सबसे बड़ा ग्रह है। शनि के बारे में एक तथ्य यह है कि यह सौरमंडल के सभी ग्रहों में सबसे कम घना है। शनि का घनत्व पानी से भी कम है।

सौर परिवार के अन्य सदस्य तथा कृत्रिम उपग्रह

क्षुद्र ग्रह

- मंगल तथा बृहस्पति की कक्षाओं के बीच काफी बड़ा अंतराल है। इस अंतराल को बहुत सारे ऐसे छोटे-छोटे पिंडों ने घेर रखा है, जो सूर्य की परिक्रमा करते हैं। इन्हें क्षुद्रग्रह कहते हैं।

धूमकेत

- ये भी हमारे सौर परिवार के सदस्य हैं। ये अत्यंत परवलीय कक्षाओं में सूर्य की परिक्रमा करते हैं, परंतु इनका सूर्य का परिक्रमण काल सामान्यतः काफी अधिक होता है।
- सामान्यतः धूमकेतु चमकीले सिर तथा लंबी पूँछ वाले होते हैं। जैसे-जैसे कोई धूमकेतु सूर्य के समीप आता जाता है। इसकी पूँछ आकार में बढ़ती जाती है।

उल्का और उल्कापिंड

- रात्रि के समय जब आकाश साफ हो तथा चंद्रमा भी न दिखाई दे रहा हो, तो आप कभी-कभी आकाश में प्रकाश की एक चमकीली धारी-सी देखी जा सकती है। इसे शूटिंग स्टार या टूटता तारा या उल्का कहते हैं
- वायुमंडलीय घर्षण के कारण ये तप्त होकर जल उठते हैं और चमक के साथ शीघ्र ही वाष्पित हो जाते हैं। यही कारण है कि प्रकाश की चमकीली धारी अति अल्प समय के लिए ही दृष्टिगोचर होती है।
- कुछ उल्का आकार में इतनी बड़ी होती हैं कि पूर्णतः वाष्पित होने से पूर्व ही वे पृथ्वी पर पहुँच जाती हैं। वह पिंड जो पृथ्वी पर पहुँचता है, उसे उल्कापिंड कहते हैं।

कृत्रिम उपग्रह

- यह एक मानव निर्मित अंतरिक्षयान होता है, जिसे रॉकेट प्रक्षेपणयान द्वारा पृथ्वी की कक्षा में स्थापित किया जाता है।

SOURCE NCERT Class-VIII (तारे एवं सौर परिवार) Tamil Nadu Board Class-IX (ब्रह्माण्ड)

निम्नलिखित कथनों पर विचार कीजिए। *(Chap 17, Class-VIII, NCERT)*

1. प्रदीप्त पिण्ड; जैसे-तारे, चंद्रमा इत्यादि खगोलीय पिण्ड नहीं होते हैं।
2. ग्रह प्रदीप्त नहीं होते हैं तथा यह खगोलीय पिण्ड कहलाते हैं।
3. ग्रह, चंद्रमा तथा तारे इनसे संबंधित परिघटनाओं के अध्ययन को खगोलिकी कहते हैं।

उपरोक्त में से कौन-सा/से कथन सही है/हैं?

(a) केवल 1 (b) 2 और 3 (c) 1 और 3 (d) न तो 1 और न ही 2

उत्तर *(b)*

व्याख्या कथन (2) और (3) सही हैं, ग्रह प्रदीप्त नहीं होते हैं और यह खगोलीय पिण्ड कहलाते हैं। खगोलीय पिण्डों और उनसे संबंधित घटनाओं के अध्ययन को खगोलिकी कहा जाता है।

कथन (1) सही नहीं है, क्योंकि प्रदीप्त पिण्ड; जैसे–तारे, चंद्रमा इत्यादि खगोलीय पिण्ड होते हैं।

निम्नलिखित कथनों पर विचार कीजिए। *(Chap 17, Class-VIII, NCERT)*

1. अमावस्या के दिन चंद्रमा की आकृति पूर्ण चक्रीय दिखाई देती है।
2. पूर्णिमा के दिन चंद्रमा बिल्कुल नहीं दिखाई देता है।

उपरोक्त में से कौन-सा/से कथन सत्य है/हैं?

(a) केवल 1 (b) केवल 2
(c) 1 और 2 दोनों (d) न तो 1 और न ही 2

उत्तर *(d)*

व्याख्या कथन (1) और (2) दोनों सत्य नहीं हैं।

चंद्रमा की आकृति में प्रतिदिन परिवर्तन होता है। वह दिन जब चंद्रमा की पूर्ण चक्रीय आकृति दिखाई देती है, पूर्णिमा कहलाता है।

इसके पश्चात् प्रत्येक रात्रि को चंद्रमा का चमकीला भाग घटता चला जाता है और पन्द्रहवें दिन चंद्रमा बिल्कुल भी दिखाई नहीं देता, वह दिन अमावस्या कहलाता है।

निम्नलिखित कथनों पर विचार कीजिए। *(Chap 17, Class-VIII, NCERT)*

1. एक पूर्णिमा से दूसरी पूर्णिमा तक की अवधि 29 दिन से कुछ कम होती है। इस अवधि को एक माह कहते हैं।
2. आकाश में बालचंद्र पूर्णिमा के बाद दिखाई देता है।

उपरोक्त में से कौन-सा/से कथन सत्य है/हैं?

(a) केवल 1 (b) केवल 2 (c) 1 और 2 दोनों (d) न तो 1 और न ही 2

उत्तर *(d)*

व्याख्या कथन (1) और (2) दोनों सत्य नहीं हैं।

अमावस्या के अगले दिन, चंद्रमा का एक छोटा भाग आकाश में दिखाई देता है, इसे बालचंद्र कहते हैं। इसके पश्चात् चंद्रमा बड़ा होता जाता है और पन्द्रहवें दिन चंद्रमा का पूर्ण रूप दिखाई देता है तथा एक पूर्णिमा से दूसरी पूर्णिमा तक की अवधि 29 दिन से कुछ अधिक होती है। इस अवधि को एक माह कहते हैं।

चंद्रमा की कलाओं के घटने का कारण यह है कि *(Chap 17, Class-VIII, NCERT)*

(a) हम चंद्रमा का केवल वह भाग ही देख सकते हैं, जो हमारी ओर प्रकाश को परावर्तित करता है।
(b) हमारी चंद्रमा से दूरी परिवर्तित होती रहती है।
(c) पृथ्वी की छाया चंद्रमा के पृष्ठ के केवल कुछ भाग को ही ढकती है।
(d) चंद्रमा के वायुमंडल की मोटाई नियत नहीं है।

उत्तर *(a)*

व्याख्या चंद्रमा की कलाओं के घटने का कारण यह है कि चंद्रमा, सूर्य, तथा अन्य तारों की भाँति अपना प्रकाश उत्पन्न नहीं करता। इसलिए हम चंद्रमा के उसी भाग को देख पाते हैं, जिस भाग से सूर्य का परावर्तित प्रकाश हम तक पहुँचता है। जहाँ पूरे माह तक दिखाई देने वाली चंद्रमा के प्रदीप्त भाग की विभिन्न आकृतियों को चंद्रमा की कलाएँ कहते हैं।

5 **निम्नलिखित कथनों में से कौन-सा कथन सत्य है?** *(Chap 17, Class-VIII, NCERT)*

(a) चंद्रमा पृथ्वी की एक परिक्रमा पूरा करने में अपने अक्ष पर एक घूर्णन पूरा करता है।
(b) चंद्रमा पृथ्वी की एक परिक्रमा पूरा करने में अपने अक्ष पर दो घूर्णन पूरा करता है।
(c) चंद्रमा पृथ्वी की दो परिक्रमा पूरा करने में अपने अक्ष पर एक घूर्णन पूरा करता है।
(d) चंद्रमा पृथ्वी की परिक्रमा करता है, वह अपने अक्ष पर घूर्णन नहीं करता है।

उत्तर *(a)*

व्याख्या पृथ्वी सूर्य की परिक्रमा करती है और चंद्रमा पृथ्वी की परिक्रमा करता है। चंद्रमा पृथ्वी की परिक्रमा पूरा करने में अपने अक्ष पर एक घूर्णन पूरा करता है। चंद्रमा पर न तो वायुमंडल है और न जल। 21 जुलाई, 1969 को अमेरिका के अंतरिक्ष यात्री नील आर्मस्ट्राँग ने सबसे पहले चद्रंमा पर अपने कदम रखे।

6 **निम्नलिखित में से कौन-सा सूर्य का ग्रह नहीं है?** *(Chap 17, Class-VIII, NCERT)*

(a) सीरियस (b) बुध
(c) शनि (d) पृथ्वी

उत्तर *(a)*

व्याख्या बुध, शनि तथा पृथ्वी सूर्य के ग्रह हैं। ये सूर्य के चारों ओर चक्कर लगाते रहते हैं, जबकि सीरियस आकाश में सबसे अधिक चमकीला तारा है, जो ओरिऑन तारामंडल के निकट दिखाई देता है।

7 **निम्नलिखित कथनों पर विचार कीजिए।** *(Unit 9, Class-IX, Tamil Nadu Board)*

1. तारे सूर्यास्त होते ही पूर्व में उदित होते हैं तथा सूर्योदय के पहले ही पश्चिम में अस्त हो जाते हैं।
2. सूर्य के पश्चात् दूसरा पृथ्वी के निकटतम तारा प्रॉक्सिमा सेंचुरी है।

उपरोक्त में से कौन-सा/से कथन सही है/हैं?

(a) केवल 1 (b) केवल 2
(c) 1 और 2 दोनों (d) न तो 1 और न ही 2

उत्तर *(b)*

व्याख्या कथन (2) सही है, पृथ्वी से सूर्य की दूरी 15,00,00,000 किलोमीटर है। सूर्य के पश्चात् दूसरा निकटतम तारा प्रॉक्सिमा सेंचुरी है। इसकी दूरी पृथ्वी से लगभग 40,000, 000, 000, 000 किलोमीटर है। इतनी अधिक दूरियों को लंबाई के अन्य मात्रक प्रकाश वर्ष में व्यक्त किया जाता है।

कथन (1) सही नहीं है, क्योंकि तारे दिन के समय में भी आकाश में स्थित होते हैं, तथापि उस समय सूर्य के तीव्र प्रकाश के कारण ये दिखाई नहीं देते हैं। पृथ्वी के अपने अक्ष पर पश्चिम से पूर्व दिशा में घूर्णन के कारण तारे पूर्व से पश्चिम की ओर गमन करते प्रतीत होते हैं।

8 **ध्रुव तारा एक ऐसा तारा है, जो** *(Chap 17, Class-VIII, NCERT)*

(a) पृथ्वी के अक्ष की दिशा में स्थित है।
(b) तेजी से गति करता है।
(c) चंद्रमा के चारों ओर चक्कर लगाता है।
(d) सूर्य के प्रकाश से चमकता है।

उत्तर *(a)*

व्याख्या ध्रुव तारा एक ऐसा तारा है, जो पृथ्वी के अक्ष की दिशा में स्थित है। यह आकाश में गति करता प्रतीत नहीं होता। सप्तर्षि तारामंडल की सहायता से ध्रुव तारे का स्थान निर्धारित किया जा सकता है। इसके अतिरिक्त सभी तारे, ध्रुव तारे की परिक्रमा करते प्रतीत होते हैं।

9 निम्नलिखित कथनों पर विचार कीजिए।

(Chap 17, Class-VIII, NCERT)

1. सप्तर्षि सबसे विख्यात तारामंडल है, इसे अर्सा मेजर भी कहते हैं।
2. ओरिऑन तारामंडल को गर्मियों में देखा जा सकता है, इसे शिकारी भी कहते हैं।
3. कैसियोपिया अंग्रेजी के अक्षर W या M के विकृत रूप में गर्मियों में दिखाई देता है।

उपरोक्त में से कौन-सा/से कथन सत्य है/हैं?

(a) केवल 1 (b) 2 और 3 (c) 1 और 3 (d) 1, 2 और 3

उत्तर *(a)*

व्याख्या केवल कथन (1) सत्य है। सर्व विख्यात तारामंडलों में से एक विख्यात तारामंडल सप्तर्षि है, जो गर्मियों की रात्रि के प्रथम प्रहर में देखा जा सकता है। इस तारामंडल को बिग डिपर, ग्रेट बीयर अथवा अर्सा मेजर भी कहते हैं। इस तारामंडल में सात सुस्पष्ट तारे होते हैं।

कथन (2) और (3) असत्य हैं, क्योंकि ओरिऑन एक अन्य विख्यात तारामंडल है, जिसे सर्दियों की मध्य रात्रि में देखा जा सकता है। इसमें सात अथवा आठ चमकीले तारे होते हैं। इसे शिकारी भी कहते हैं। उत्तरी आकाश में स्थित अन्य प्रमुख तारामंडल कैसियोपिया है। यह सर्दियों में रात्रि के प्रथम प्रहर में दिखाई देता है, यह अंग्रेजी के अक्षर W अथवा M के विकृत रूप जैसा दिखाई देता है।

10 ग्रह तथा तारों में मुख्य अंतर यह है कि

(Chap 17, Class-VIII, NCERT)

1. ग्रहों का अपना प्रकाश नहीं होता है, जबकि तारे स्वयं के प्रकाश से चमकते हैं।
2. तारे टिमटिमाते हैं, जबकि ग्रह नहीं टिमटिमाते।
3. प्रत्येक तारा एक निश्चित दूरी पर सूर्य की परिक्रमा करता है, जबकि ग्रह स्थिर रहते हैं।

उपरोक्त में से कौन-सा/से कथन सत्य है/हैं?

(a) 1 और 2 (b) 2 और 3 (c) केवल 3 (d) केवल 1

उत्तर *(a)*

व्याख्या तारों तथा ग्रहों के मुख्य अंतर में कथन (1) और (2) सत्य हैं। ग्रहों में अपना प्रकाश नहीं होता है। ये अपने ऊपर पड़ने वाले सूर्य के प्रकाश को परावर्तित करते हैं। अपना प्रकाश न होने के कारण ग्रह टिमटिमाते नहीं हैं, जबकि तारों में अपना प्रकाश होता है और ये टिमटिमाते हैं।

कथन (3) असत्य है, क्योंकि प्रत्येक ग्रह एक निश्चित पथ पर सूर्य की परिक्रमा करता है। इस पथ को कक्षा कहते हैं। किसी भी ग्रह द्वारा सूर्य की एक परिक्रमा पूरी करने में लगे समय को उस ग्रह का परिक्रमण काल कहते हैं, जबकि तारे अपने स्थान पर स्थिर रहते हैं।

11 निम्न कथन (A) व कारण (R) को पढ़िए और नीचे दिए गए कूट की सहायता से सही उत्तर का चयन कीजिए

(Chap 17, Class-VIII, NCERT)

कथन (A) पृथ्वी का अपने अक्ष पर झुकाव पृथ्वी पर ऋतु परिवर्तन के लिए उत्तरदायी है।

कारण (R) पृथ्वी के विषुवतीय तल एक-दूसरे से 33.5° के कोण पर झुके हैं।

कूट

(a) A और R दोनों सही हैं और R, A का सही स्पष्टीकरण है।
(b) A और R दोनों सही हैं, परंतु R, A का सही स्पष्टीकरण नहीं है।
(c) A सही है, किंतु R गलत है।
(d) A गलत है, किंतु R सही है।

उत्तर *(c)*

व्याख्या कथन (A) सही है, किंतु कारण (R) गलत है। पृथ्वी का घूर्णन अक्ष इसकी कक्षा के तल के लंबवत् नहीं है। इसका अपने अक्ष पर झुकाव पृथ्वी पर ऋतु परिवर्तन के लिए उत्तरदायी है। विषुवतीय वृत्त के तल को पृथ्वी का विषुवतीय तल कहते हैं तथा जिसमें पृथ्वी सूर्य की परिक्रमा करती है, उसे कक्षीय तल कहते हैं। ये दोनों तल एक-दूसरे से 23.5° के कोण पर झुके होते हैं।

12 निम्नलिखित कथनों पर विचार कीजिए।

(Chap 17, Class-VIII, NCERT)

1. क्षुद्रग्रह ऐसे छोटे पिण्ड होते हैं, जो सूर्य की परिक्रमा नहीं करते हैं।
2. क्षुद्रग्रह मंगल तथा बृहस्पति की कक्षाओं के बीच उपस्थित होते हैं।

उपरोक्त में से कौन-सा/से कथन सत्य है/हैं?

(a) केवल 1 (b) केवल 2
(c) 1 और 2 दोनों (d) न तो 1 और न ही 2

उत्तर *(b)*

व्याख्या कथन (2) सत्य है, क्योंकि मंगल तथा बृहस्पति की कक्षाओं के बीच काफी बड़ा अंतराल है। इस अंतराल को बहुत सारे ऐसे छोटे-छोटे पिण्डों ने घेर रखा है, इन्हें क्षुद्रग्रह (Asteroids) कहते हैं। क्षुद्रग्रहों को केवल बड़े दूरदर्शक द्वारा देखा जा सकता है।

कथन (1) असत्य है, क्योंकि क्षुद्र ग्रह भी सूर्य की परिक्रमा करते हैं।

13 निम्नलिखित कथनों पर विचार कीजिए।

(Chap 17, Class-VIII, NCERT)

1. धूमकेतु परवलीय कक्षाओं में सूर्य की परिक्रमा करते हैं।
2. हैली धूमकेतु 76 वर्ष के अंतराल में दिखाई देता है।
3. उल्का को शूटिंग स्टार या टूटता तारा भी कहते हैं।

उपरोक्त में कौन-सा/से कथन सत्य है/हैं?

(a) केवल 1 (b) केवल 2
(c) 2 और 3 (d) 1, 2 और 3

उत्तर *(d)*

व्याख्या कथन (1), (2) और (3) सत्य हैं।

धूमकेतु (Comet) सौर परिवार के सदस्य हैं। ये अत्यंत परवलीय कक्षाओं में सूर्य की परिक्रमा करते हैं, परंतु इनका सूर्य का परिक्रमण काल सामान्यतः काफी अधिक होता है।

ये चमकीले सिर तथा लंबी पूँछ वाले होते हैं। जैसे-जैसे कोई धूमकेतु सूर्य के समीप आता है। इसकी पूँछ आकार में बढ़ती जाती है।

किसी धूमकेतु की पूँछ सदैव ही सूर्य से परे होती है। हैली धूमकेतु (Halley's comet) एक ऐसा ही धूमकेतु है, जो लगभग हर 76 वर्ष के अंतराल में दिखाई देता है। कभी-कभी आकाश में प्रकाश की एक चमकीली धारा देखी जाती है जिसे टूटता तारा या शूटिंग स्टार कहते हैं, परंतु यह तारा नहीं, उल्का होता है। पृथ्वी के वायुमंडल में प्रवेश करने पर घर्षण के कारण ये तप्त होकर जल उठते हैं और चमक के साथ शीघ्र ही वाष्पित हो जाते हैं।

कुछ उल्का आकार में इतने बड़े होते हैं कि पूर्णतः वाष्पित होने से पूर्व ही पृथ्वी पर पहुँच जाते हैं। वह पिण्ड जो पृथ्वी पर पहुँचता है, उल्का पिण्ड (Meteorite) कहलाता है।

परमाणु संरचना

परमाणु संरचना

परमाणु मॉडल एवं नियम

डाल्टन का परमाणु सिद्धान्त (1808)
- जॉन डाल्टन ने द्रव्य का परमाणु सिद्धान्त प्रस्तुत किया। इसके अनुसार, द्रव्य अविभाज्य परमाणुओं से बना है। डाल्टन के परमाणु सिद्धान्त ने रासायनिक संयोजन के नियमों की व्याख्या की।

थॉमसन का परमाणु मॉडल (1901)
- परमाणु की संरचना से सम्बन्धित तरबूज मॉडल दिया।
- परमाणु एक अति सूक्ष्म, गोलाकार व विद्युत उदासीन कण है।

रदरफोर्ड का परमाणु मॉडल (1911)
- रदरफोर्ड ने परमाणु के नाभिक (केन्द्र) में प्रोटॉन पाये जाने एवं परमाणु में प्रोटॉन व इलेक्ट्रॉन की स्थिति की सही विवेचना।
- α-कण प्रकीर्णन प्रयोग द्वारा की।

बोर का परमाणु मॉडल (1913)
- इलेक्ट्रॉन केवल उन्हीं कक्षों में घूम सकता है, जिनमें कोणीय संवेग का मान $\frac{h}{2\pi}$ का पूर्णांक गुणक होगा।
- जब इलेक्ट्रॉन विविक्त कक्षा में चक्कर लगाते हैं, तो उनकी ऊर्जा का विकिरण नहीं होता है।

ऑफबाऊ नियम
- इस नियम के अनुसार, परमाणुओं की तलस्थ अवस्था (Ground state) में, कक्षकों को उनकी ऊर्जा के बढ़ते क्रम में भरा जाता है।

पाउली का अपवर्जन सिद्धान्त
- किसी परमाणु में उपस्थित दो इलेक्ट्रॉनों के लिए चारों क्वाण्टम संख्याओं के मान एक समान नहीं हो सकते हैं।

परमाणु के मौलिक कण एवं गुण

इलेक्ट्रॉन→ ऋणआवेशित कण
- **खोज** जे.जे. थॉमसन (1897)
- आवेश -1.6×10^{-19}C
- द्रव्यमान 9.11×10^{-31} kg
- पॉजिट्रॉन इलेक्ट्रॉन का प्रतिकण है।

न्यूट्रॉन→ उदासीन कण
- **खोज** जेम्स चैडविक (1932)
- द्रव्यमान 1.67×10^{-27} kg
- बेरीलियम पर α-कणों के प्रहार से न्यूट्रॉन की खोज की गई।

प्रोटॉन→ धनावेशित कण
- **खोज** रदरफोर्ड (1886)
- आवेश $+1.6 \times 10^{-19}$C
- द्रव्यमान 1.67×10^{-27} kg
- मल्टी प्रोटॉन, प्रोटॉन का प्रतिकण है।

क्वाण्टम संख्याएँ
- **मुख्य क्वाण्टम संख्या** (*n*) इससे कोश की स्थिति और ऊर्जा की जानकारी प्राप्त होती है। यह सदैव पूर्णांक (शून्य को छोड़कर) होता है।

द्विगंशी क्वाण्टम संख्या (*l*)
- इससे उपकोश की जानकारी मिलती है। उपकोश *s*, *p*, *d*, *f* के लिए *l* का मान क्रमशः 0, 1, 2, 3 होता है।

चुम्बकीय क्वाण्टम संख्या (*m*)
- किसी द्विगंशी क्वाण्टम संख्या (*l*) के लिए m का मान धनात्मक (+ ve) से ऋणात्मक (– ve) संख्यात्मक सभी पूर्णांक हो सकते हैं।

चक्रण क्वाण्टम संख्या (*s*)
- इससे इलेक्ट्रॉन की चक्रण की दिशा की जानकारी मिलती है। s का मान +1/2 या –1/2 होता है।

विभिन्न परमाण्विक स्पीशीज एवं रेडियो सक्रियता

समस्थानिक
- समान परमाणु क्रमांक परन्तु भिन्न समान, द्रव्यमान संख्या के परमाणुओं को समस्थानिक (isotope) कहते हैं।
- **उदाहरण** प्रोटियम ($_1H^1$), ड्यूटीरियम ($_1H^2$)

समभारिक
- समान परमाणु द्रव्यमान परन्तु भिन्न समान, परमाणु क्रमांक के परमाणुओं को समभारिक (isobar) कहते हैं।
- **उदाहरण** $_{16}S^{40}$, $_{17}Cl^{40}$

समन्यूट्रॉनिक
- समान न्यूट्रॉन की संख्या, परन्तु भिन्न द्रव्यमान संख्या को समन्यूट्रॉनिक (isotones) कहते हैं।
- **उदाहरण** $_{11}Na^{23}$, $_{12}Mg^{24}$

आइसोडायफर
- न्यूट्रॉन और प्रोटॉनों की संख्या का अन्तर समान होता है, तो उन्हें आइसोडायफर कहते हैं।

रेडियोसक्रियता (रेडियोधर्मिता)
खोज- हेनरी बैकुरेल ने 1896 में की।

α-कण (धनावेशित)
- आवेश 3.2×10^{-19} कूलॉम
भेदन क्षमता- सब से कम

β-कण (ऋणावेशित)
- आवेश -1.6×10^{-19} कूलॉम
भेदन क्षमता अधिक (α–कण से 100 गुना)

γ-कण (आवेश रहित)
विद्युत चुम्बकीय तरंगें या फोटॉन
- भेदन क्षमता सर्वाधिक
- रेडियोऐक्टिवता गाइगर काउण्टर से मापी जाती है।

SOURCE NCERT Class-IX (परमाणु की संरचना, परमाणु एवं अणु), NCERT Class-XI (परमाणु की संरचना)

1 **आण्विक संरचना के बारे में निम्नलिखित में से कौन-सा कथन सही है?** *(Chap 4, Class-IX, NCERT) (Chap 2, Class-XI, NCERT)*

(a) न्यूट्रॉन तथा इलेक्ट्रॉन नाभिक में होते हैं तथा प्रोटॉन नाभिक के चारों ओर चक्कर लगाते हैं।
(b) प्रोटॉन तथा न्यूट्रॉन नाभिक में होते हैं तथा इलेक्ट्रॉन नाभिक के चारों ओर चक्कर लगाते हैं।
(c) इलेक्ट्रॉन तथा प्रोटॉन नाभिक में होते हैं तथा प्रोटॉन नाभिक के चारों ओर चक्कर लगाते हैं।
(d) प्रोटॉन, न्यूट्रॉन तथा इलेक्ट्रॉन सभी नाभिक में उपस्थित होते हैं।

उत्तर *(b)*

व्याख्या आण्विक संरचना के बारे में कथन (b) सही है तथा कथन (a),(c) और (d) गलत हैं

परमाणु के केंद्र में एक नाभिक (Nucleus) होता है, जिसमें प्रोटॉन तथा न्यूट्रॉन उपस्थित होते हैं। प्रोटॉन धनावेशित तथा न्यूट्रॉन विद्युत उदासीन कण होता है। परमाणु में इलेक्ट्रॉन नाभिक के चारों ओर एक निश्चित कक्षा में चक्कर लगाते हैं, जिन्हें ऊर्जा स्तर (Energy level) कहते हैं। ये ऊर्जा स्तर K, L, M, N होते है।

2 **परमाणु की संरचना के संदर्भ में निम्न पर विचार कीजिए।** *(Chap 2, Class-XI, NCERT) (Chap 4, Class-IX, NCERT)*

1. समान तत्वों के वे परमाणु जिनके परमाणु क्रमांक समान, किंतु परमाणु भार भिन्न-भिन्न होते हैं, समस्थानिक कहलाते हैं।
2. विभिन्न तत्वों के वे परमाणु जिनके परमाणु क्रमांक भिन्न, किंतु परमाणु भार समान होते हैं। समभारिक कहलाते हैं।
3. विभिन्न तत्वों के वे परमाणु जिनमें न्यूट्रॉनों की संख्या समान होती है समन्यूट्रॉनिक कहलाते हैं।

उपर्युक्त में से कौन-सा/से कथन सही है/हैं?

(a) केवल 1 (b) केवल 2 (c) 2 और 3 (d) 1, 2 और 3

उत्तर *(d)*

व्याख्या परमाणु की संरचना के संदर्भ में सभी कथन (1), (2) और (3) सही हैं।

समान तत्वों के परमाणु जिनके परमाणु क्रमांक समान, किंतु परमाणु भार भिन्न-भिन्न होते हैं, समस्थानिक (Isotopes) कहलाते हैं। इनमें प्रोटॉन की संख्या समान, लेकिन न्यूट्रॉन की संख्या भिन्न होती है; जैसे कार्बन-12, कार्बन-13, कार्बन-14, कार्बन के समस्थानिक हैं।

विभिन्न तत्वों के परमाणु जिनके परमाणु क्रमांक भिन्न, किंतु परमाणु भार समान होते हैं, समभारिक (Isobar) कहलाते हैं; जैसे ^{40}S, ^{40}Cl, ^{40}Ar, ^{40}K और ^{40}Ca हैं।

विभिन्न तत्वों के वे परमाणु जिनमें न्यूट्रॉनों की संख्या समान होती है, समन्यूट्रॉनिक (Isotones) कहलाते हैं; जैसे—बोरोन और कार्बन।

3 **परमाणु संरचना के संदर्भ में निम्नलिखित कथनों पर विचार कीजिए।** *(Chap-2, Class-XI, NCERT) (Chap 4, Class-IX, NCERT)*

1. परमाणुओं की संरचना से संबंधित पहला मॉडल जे. जे. थॉमसन द्वारा प्रस्तुत किया गया था।
2. नील्स बोर ने रदरफोर्ड के परमाणु मॉडल की त्रुटियों को दूर किया।

उपर्युक्त में से कौन-सा/से कथन सही है/हैं?

(a) केवल 1 (b) केवल 2
(c) 1 और 2 दोनों (d) इनमें से कोई नहीं

उत्तर *(c)*

व्याख्या परमाणु संरचना के संदर्भ में कथन (1) और (2) दोनों सही हैं। परमाणु संरचना से संबंधित पहला मॉडल जे. जे. थॉमसन के द्वारा 1897 ई. में कैथोड किरण नलिका का उपयोग करके प्रस्तुत किया गया था।

नील्स बोर ने वर्ष 1913 में मैक्स प्लांक के क्वाण्टम सिद्धांत का उपयोग करके रदरफोर्ड के परमाणु मॉडल की त्रुटियों को दूर किया था।

4 **निम्नलिखित कथनों में से कौन-सा/से कथन सही है/हैं?** *(Chap 2, Class-XI, NCERT) (Chap 4, Class-IX, NCERT)*

रदरफोर्ड का ऐल्फा-कण विक्षेपण प्रयोग सिद्ध करता है कि

1. नाभिक में भारी कण होते हैं। 2. नाभिक एक धनावेशित केंद्र है।
3. नाभिक स्थायी है।

कूट

(a) 1 और 3 (b) 1 और 2
(c) 2 और 3 (d) ये सभी

उत्तर *(d)*

व्याख्या रदरफोर्ड का ऐल्फा-कण विक्षेपण (Alpha-particle deflection) प्रयोग सिद्ध करता है कि नाभिक में भारी कण होते हैं तथा यह धनावेशित केंद्र है। इसके अतिरिक्त परमाणु का धनावेश तथा अधिकांश द्रव्यमान एक अति अल्प क्षेत्र में केंद्रित होता है। परमाणु के अति अल्प भाग को रदरफोर्ड ने नाभिक कहा तथा नाभिक स्थायी होता है।

5 **निम्नलिखित में से कौन-सा इलेक्ट्रॉन का गुण नहीं है?** *(Chap 4, Class-IX, NCERT) (Chap 2, Class-XI, NCERT)*

(a) इलेक्ट्रॉन कैथोड किरण का घटक है।
(b) इलेक्ट्रॉन, ऋणात्मक आवेश वाला कण है।
(c) इलेक्ट्रॉन, विद्युत क्षेत्र द्वारा विक्षेपित होता है।
(d) इलेक्ट्रॉन, चुंबकीय क्षेत्र द्वारा विक्षेपित होता है।

उत्तर *(c)*

व्याख्या दिए गए कथनों में से कथन (c) इलेक्ट्रॉन का गुण नहीं है। इलेक्ट्रॉन विद्युत क्षेत्र (Electric field) द्वारा विक्षेपित न होकर चुंबकीय क्षेत्र (Magnetic field) द्वारा विक्षेपित होता है। इलेक्ट्रॉन की खोज जे. जे. थॉमसन ने की थी। इलेक्ट्रॉन, ऋणात्मक आवेश वाला कण है।

इलेक्ट्रॉन का द्रव्यमान 9.1×10^{-31} kg होता है थॉमसन ने इलेक्ट्रॉन के लिए e/m का मान 1.76×10^{11} C/kg निर्धारित किया।

6 **निम्न कथन (A) तथा कारण (R) को पढ़िए एवं दिए गए कूटों का प्रयोग करते हुए सही उत्तर का चयन कीजिए।** *(Chap 4, Class-IX, NCERT) (Chap 2, Class-XI, NCERT)*

कथन (A) परमाणु विद्युत उदासीन होते हैं।

कारण (R) परमाणु में न्यूट्रॉन तथा प्रोटॉन की संख्या समान होती है।

कूट

(a) A और R दोनों सही हैं तथा R, A का सही स्पष्टीकरण है।
(b) A और R दोनों सही हैं, परंतु R, A का सही स्पष्टीकरण नहीं है।
(c) A सही है, किंतु R गलत है।
(d) A गलत है, किंतु R सही है।

उत्तर *(c)*

व्याख्या कथन (A) सही है, किंतु कारण (R) गलत है।

परमाणु विद्युत उदासीन होते हैं, क्योंकि परमाणु में इलेक्ट्रॉन (ऋणात्मक) तथा प्रोटॉन (धनात्मक) की संख्या समान होती है तथा न्यूट्रॉन विद्युत उदासीन होते हैं। परमाणु में न्यूट्रॉन तथा प्रोटॉन की संख्या समान नहीं होती जैसे—Fe (लोहा), Ca (कैल्सियम)।

7 **यदि कैल्सियम का परमाणु क्रमांक 20 है और इसकी द्रव्यमान संख्या 40 है, तो निम्नलिखित में से कौन-सा तत्व, कैल्सियम का समभारिक परमाणु होगा?**

(Chap 4, Class-IX, NCERT) (Chap 2, Class-XI, NCERT)

(a) वह तत्व, जिसमें 20 प्रोटॉन और 18 न्यूटॉन हैं।
(b) वह तत्व, जिसमें 18 प्रोटॉन और 19 न्यूट्रॉन हैं।
(c) वह तत्व, जिसमें 20 प्रोटॉन और 19 न्यूट्रॉन हैं।
(d) वह तत्व, जिसमें 18 प्रोटॉन और 22 न्यूट्रॉन हैं।

उत्तर *(d)*

व्याख्या कैल्सियम का समभारिक परमाणु वह तत्व होगा, जिसकी द्रव्यमान संख्या (प्रोटॉन + न्यूट्रॉन की संख्या) 40 होगी। अत: विकल्प (d) सही उत्तर है क्योंकि इसमें 18 प्रोटॉन और 22 न्यूट्रॉन हैं, जिनका योग 40 है।

समभारिक तत्वों की द्रव्यमान संख्या समान तथा परमाणु क्रमांक भिन्न होते हैं।

कैल्सियम की द्रव्यमान संख्या = 40

वह तत्व जिसमें 18 प्रोटॉन, 22 न्यूट्रॉन हों, उसकी द्रव्यमान संख्या 40 होगी।

कैल्सियम का परमाणु क्रमांक = 20

वह तत्व जिसमें 18 प्रोटॉन, 22 न्यूट्रॉन हों, उसका परमाणु क्रमांक 18 होगा।

8 **निम्न में से कौन-सा कथन सही है?**

(Chap 2, Class-XI, NCERT) (Chap 4, Class-IX, NCERT)

(a) प्रोटॉनों की संख्या किसी तत्व के परमाणु क्रमांक को सबसे सही निर्धारित करता है।
(b) प्रोटॉनों और इलेक्ट्रॉनों की संख्या किसी तत्व के परमाणु क्रमांक को सबसे सही निर्धारित करती है।
(c) आयनों की संख्या किसी तत्व के परमाणु क्रमांक को सबसे सही निर्धारित करती है।
(d) न्यूक्लिऑनों की संख्या किसी तत्व के परमाणु क्रमांक को सबसे सही निर्धारित करता है।

उत्तर *(a)*

व्याख्या कथन (a) सही है, जबकि कथन (b), (c) और (d) गलत हैं। किसी तत्व के परमाणु क्रमांक को प्रोटॉनों की संख्या सबसे सही निर्धारित करती है। परमाणु क्रमांक अथवा परमाणु संख्या एक परमाणु में उपस्थित प्रोटॉन की संख्या को बताती है। परमाणु क्रमांक को '*Z*' से निरूपित करते हैं। परमाणु की उदासीनता को बनाए रखने के लिए किसी परमाणु में प्रोटॉनो की संख्या इलेक्ट्रॉनों की संख्या के बराबर होती है।

9 **निम्न में से कौन-सा कथन सही है?**

(Chap 2, Class-XI, NCERT) (Chap 4, Class-IX, NCERT) (RAS Pre 1999)

(a) ${}^{6}C_{12}, {}^{7}N_{14}, {}^{8}O_{16}$ समन्यूट्रॉनिक समूह हैं।
(b) ${}^{6}C_{12}, {}^{7}N_{14}, {}^{8}O_{18}$ समन्यूट्रॉनिक समूह हैं।
(c) ${}^{6}C_{14}, {}^{7}N_{14}, {}^{8}O_{16}$ समन्यूट्रॉनिक समूह हैं।
(d) ${}^{6}C_{14}, {}^{7}N_{15}, {}^{8}O_{16}$ समन्यूट्रॉनिक समूह हैं।

उत्तर *(d)*

व्याख्या कथन (d) सही है, जबकि कथन (a), (b) और (c) गलत हैं। भिन्न-भिन्न तत्वों के वे परमाणु जिनमें न्यूट्रॉनों की संख्या समान होती है, समन्यूट्रॉनिक कहलाते हैं।

न्यूट्रॉनों की संख्या = द्रव्यमान संख्या − प्रोटॉनों की संख्या

${}^{8}O_{16}$ में न्यूट्रॉन $16-8=8$

${}^{7}N_{15}$ में न्यूट्रॉन $15-7=8$

${}^{6}C_{14}$ में न्यूट्रॉन $14-6=8$

अत: ${}^{6}C_{14}, {}^{7}N_{15}, {}^{8}O_{16}$ समन्यूट्रॉनिक समूह हैं।

${}^{6}C_{12}$ में न्यूट्रॉनों की संख्या $=12-6=6$

${}^{7}N_{14}$ में न्यूट्रॉनों की संख्या $=14-7=7$

${}^{8}O_{16}$ में न्यूट्रॉनों की संख्या $=16-8=8$

अत: ${}^{6}C_{12}, {}^{7}N_{14}, {}^{8}O_{16}$ समन्यूट्रॉनिक समूह नहीं हैं

${}^{6}C_{12}$ में न्यूट्रॉनों की संख्या $=12-6=6$

${}^{7}N_{14}$ में न्यूट्रॉनों की संख्या $=14-7=7$

${}^{8}O_{18}$ में न्यूट्रॉनों की संख्या $=18-8=10$

अत: ${}^{6}C_{12}, {}^{7}N_{14}, {}^{8}O_{18}$ समन्यूट्रॉनिक समूह नहीं हैं

${}^{6}C_{14}$ में न्यूट्रॉनों की संख्या $=14-6=8$

${}^{7}N_{14}$ में न्यूट्रॉनों की संख्या $=14-7=7$

${}^{8}O_{16}$ में न्यूट्रॉनों की संख्या $=16-8=8$

अत: ${}^{6}C_{14}, {}^{7}N_{14}, {}^{8}O_{16}$ समन्यूट्रॉनिक समूह नहीं हैं।

10 **निम्न में से कौन-सा कथन सही है?** *(Chap 2, Class-XI, NCERT)*

(a) ऑफबाऊ सिद्धान्त द्वारा परमाणु में कक्षों को भरने का क्रम नियन्त्रित होता है।
(b) हाइजेनबर्ग के अनिश्चितता के सिद्धान्त द्वारा परमाणु में कक्षों को भरने का क्रम नियन्त्रित होता है।
(c) हुण्ड के नियम द्वारा परमाणु में कक्षों को भरने का क्रम नियन्त्रित होता है।
(d) पाउली के अपवर्जन सिद्धान्त द्वारा परमाणु में कक्षों को भरने का क्रम नियन्त्रित होता है

उत्तर *(a)*

व्याख्या कथन (a), सही है, जबकि कथन (b), (c) और (d) गलत हैं। परमाणु में कक्षों को भरने के क्रम का निर्धारण ऑफबाऊ सिद्धांत द्वारा किया जाता है।. ऑफबाऊ का नियम तत्वों के इलेक्ट्रॉनिक विन्यास लिखने की एक आसान विधि प्रदान करता है। इसके अनुसार, इलेक्ट्रॉन सर्वप्रथम निम्न ऊर्जा स्तर में जाता है। जब ऊर्जा स्तर पूर्णतया भर जाता है, तब इलेक्ट्रॉन इस ऊर्जा स्तर से उच्च ऊर्जा स्तर में जाते हैं, इस प्रकार यह क्रम चलता रहता है। ऊर्जा का बढ़ता क्रम $1s, 2s, 2p, 3s, 3p, 4s, 3d$ ....

हुण्ड का नियम कक्षकों में इलेक्ट्रॉन के समावेशन में अत्यधिक आवश्यक है इस नियम अनुसार किसी उपकोश में इलेक्ट्रॉन तब तक युग्मित नहीं होते हैं, जब तक कि उसके प्रत्येक कक्षक में एक-एक इलेक्ट्रॉन नहीं आ जाए।

पाउली का अपवर्जन सिद्धांत के अनुसार किसी तत्व के परमाणु में किन्ही भी दो इलेक्ट्रॉनों की चारों क्वाण्टम संख्याएँ समान नहीं हो सकती हैं।

11 **यदि न्यूट्रॉन, प्रोटॉन, इलेक्ट्रॉन और ऐल्फा-कण समान गतिज ऊर्जाओं के साथ चल रहे हैं, कणों को उनके वेगों के बढ़ते हुए क्रम में किस प्रकार व्यवस्थित कर सकते हैं?**

(Chap 4, Class-IX, NCERT) (Chap 2, Class-XI, NCERT)

(a) ऐल्फा-कण, न्यूट्रॉन, प्रोटॉन, इलेक्ट्रॉन
(b) प्रोटॉन, इलेक्ट्रॉन, न्यूट्रॉन, ऐल्फा-कण
(c) इलेक्ट्रॉन, प्रोटॉन, न्यूट्रॉन, ऐल्फा-कण
(d) न्यूट्रॉन, प्रोटॉन, इलेक्ट्रॉन, ऐल्फा-कण

उत्तर *(a)*

व्याख्या यदि न्यूट्रॉन, प्रोटॉन, इलेक्ट्रॉन और ऐल्फा-कण समान गतिज ऊर्जाओं के साथ चल रहे हैं, तो इन कणों को उनके वेग के बढ़ते हुए क्रम में निम्न रूप से व्यवस्थित कर सकते हैं।

ऐल्फा-कण < न्यूट्रॉन < प्रोटॉन < इलेक्ट्रॉन

ऐल्फा-कण का वेग न्यूनतम तथा इलेक्ट्रॉन का वेग अधिकतम होता है।

12 सूची-I को सूची-II से सुमेलित कीजिए और सूचियों के नीचे दिए कूटों का उपयोग कर सही उत्तर चुनिए। *(Chap 2, Class-XI, NCERT)* *(IAS Pre 2001)*

सूची-I (कण)	सूची-II (विशिष्टता)
A. पॉजिट्रॉन	1. शून्य द्रव्यमान
B. न्यूट्रिनो	2. आंशिक आवेश
C. क्वार्क	3. आंशिक प्रचक्रण
D. फोनॉन	4. पूर्णांक प्रचक्रण

कूट

	A	B	C	D		A	B	C	D
(a)	3	1	2	4	(b)	3	2	4	1
(c)	2	3	4	1	(d)	3	2	1	4

उत्तर (a)

व्याख्या सही सुमेलन A-3, B-1, C-2, D-4 है।

पॉजिट्रॉन (Positron) एक धन आवेशित मूल कण है, जिसका द्रव्यमान एवं आवेश इलेक्ट्रॉन के बराबर होता है इसलिए इसे इलेक्ट्रॉन का प्रतिकण (Anti-particle) कहते हैं। इसका आंशिक प्रचक्रण (Spin) $\frac{1}{2}$ होता है।

न्यूट्रिनो (Neutrino) एक शून्य द्रव्यमान एवं आवेश रहित मूल कण है। इसकी खोज पाउली ने की थी।

क्वार्क (Quark) पदार्थ का मूल कण है, जिससे अधिकांश पदार्थ बने हैं। क्वार्क मिलकर 'हेड्रान' बनाते हैं। क्वार्क का आंशिक आवेश मूल कण का $-\frac{1}{3}$ या $+\frac{2}{3}$ होता है।

फोनॉन (Phonon) यह ध्वनि का लघुतम कण है। यह प्राय: दृढ़ क्रिस्टल विमा के कंपन में पाया जाता है। इसका पूर्णांक प्रचक्रण होता है।

13 निम्नलिखित में से सही कथन कौन-से हैं? *(Chap 2, Class-XI, NCERT) (Chap 4, Class-IX, NCERT)*

1. I^{131} थायराइड के उपचार में
2. Co^{59} कैंसर के उपचार में
3. P^{33} ल्यूकैमिया के उपचार में
4. रेडियोएक्टिव तत्व का अधिक उपयोग कैंसर का कारण है।

कूट

(a) 1 और 2 (b) 2 और 3 (c) 1, 3 और 4 (d) 1, 2 और 4

उत्तर (d)

व्याख्या दिए गए कथनों में कथन (1), (2) और (4) सही हैं।

I^{131} (आयोडीन-131) का उपयोग थायरॉइड के उपचार में होता है। Co^{59} (कोबाल्ट-59) का उपयोग कैंसर के उपचार में तथा रेडियोएक्टिव तत्वों का अधिक उपयोग कैंसर का कारण है।

कथन (3) सही नहीं है, क्योंकि P^{33} (फॉस्फोरस-33) का उपयोग जीव विज्ञान प्रयोगशाला में न्यूक्लिओटाइड को चिन्हित करने में तथा DNA के क्रमांकन में किया जाता है। P^{33} का उपयोग ल्यूकैमिया के उपचार में नहीं किया जाता है।

14 निम्नलिखित कथनों में से कौन-सा/से कथन समस्थानिकों तथा समभारिकों के संबंध में सही नहीं है/हैं? *(Chap 4, Class-IX, NCERT)*

1. समस्थानिकों में द्रव्यमान संख्या समान होती है।
2. समभारिकों में परमाणु संख्या समान होती है।

कूट

(a) केवल 1 (b) केवल 2

(c) 1 और 2 दोनों (d) न तो 1 और न ही 2

उत्तर (d)

व्याख्या समस्थानिकों तथा समभारिकों के संबंध में कथन (1) और (2) दोनों सही नहीं हैं। समस्थानिक, समान परमाणु क्रमांक, परंतु भिन्न द्रव्यमानों के परमाणुओं को कहते हैं; जैसे ${}_1H^1$, ${}_1H^2$ तथा ${}_1H^3$ समस्थानिक हैं।

समभारिक, समान परमाणु द्रव्यमान, परंतु भिन्न परमाणु क्रमांक के परमाणुओं को कहते हैं; जैसे K^{40}_{19} व Ca^{40}_{20} समभारिक परमाणु हैं।

15 सूची-I (वैज्ञानिक) को सूची-II (खोज) से सुमेलित कीजिए और सूचियों के नीचे दिए गये कूटों का प्रयोग कर सही उत्तर चुनिए। *(Chap 4, Class-IX, NCERT) (Chap 2, Class-XI, NCERT)*

सूची-I (वैज्ञानिक का नाम)	सूची-II (खोज)
A. गोल्डस्टीन	1. परमाणु सिद्धांत
B. चैडविक	2. प्रोटॉन
C. जे. जे. थॉमसन	3. न्यूट्रॉन
D. जॉन डॉल्टन	4. इलेक्ट्रॉन

कूट

	A	B	C	D		A	B	C	D
(a)	2	3	4	1	(b)	2	4	3	1
(c)	1	4	3	2	(d)	1	3	4	2

उत्तर (a)

व्याख्या सही सुमेलन A-2, B-3, C-4, D-1 है।

वैज्ञानिक गोल्डस्टीन ने वर्ष 1919 में प्रोटॉन की खोज की थी। प्रोटॉन वह उप-परमाणु कण है, जिस पर धनात्मक आवेश (Positive charge) होता है।

वैज्ञानिक चैडविक ने वर्ष 1932 में न्यूट्रॉन की खोज की थी। न्यूट्रॉन वह उप-परमाणु कण है, जिस पर कोई आवेश नहीं होता अर्थात् वह उदासीन (Neutral) होता है।

वैज्ञानिक जे. जे. थॉमसन ने 1897 ई. में इलेक्ट्रॉन की खोज की थी। इलेक्ट्रॉन ऋणात्मक विद्युत आवेश (Negative charges) वाला उप-परमाणु कण है।

वैज्ञानिक जॉन डॉल्टन ने 1808 ई. में परमाणु सिद्धांत का प्रतिपादन किया था। डाल्टन के अनुसार द्रव्य (पदार्थ) अतिसूक्ष्म अविभाज्य कणों से मिलकर बना है, जिन्हें परमाणु कहते हैं। परमाणु स्वतंत्र, अविनाशी तथा रासायनिक अभिक्रिया की इकाई होते हैं।

16 ${}^{90}_{38}Sr^{2+}$ के संदर्भ में निम्नलिखित कथनों पर ध्यान दीजिए। *(Chap 2, Class-XI, NCERT)*

1. परमाणु संख्या 36 है।
2. इलेक्ट्रॉनों की संख्या 38 है।
3. न्यूट्रॉनों की संख्या 52 है।
4. प्रोटॉनों की संख्या 38 है।

उपर्युक्त में से कौन-सा/से कथन सही है/हैं?

(a) 1 और 2 (b) 2 और 3

(c) 3 और 4 (d) 1, 2 और 3

उत्तर (c)

व्याख्या ${}^{90}_{38}Sr^{2+}$ (स्ट्रॉन्शियम) के संदर्भ में कथन (3) और (4) सही हैं।

${}^{90}_{38}Sr^{2+}$

न्यूट्रॉनों की संख्या = द्रव्यमान संख्या - प्रोटॉनों की संख्या

इलेक्ट्रॉनों की संख्या = प्रोटॉनों की संख्या

न्यूट्रॉनों की संख्या = $90 - 38 \Rightarrow 52$

प्रोटॉनों की संख्या = 38

इलेक्ट्रॉनों की संख्या = $38 - 2 \Rightarrow 36$

परमाणु संख्या = 38

17 निम्न युग्मों में से कौन-सा युग्म कण-प्रतिकण युग्म है?
(Chap 2, Class-XI, NCERT) (UPPSC Mains 2005)

(a) इलेक्ट्रॉन — पॉजिट्रॉन
(b) प्रोटॉन — न्यूट्रॉन
(c) फोटॉन — इलेक्ट्रॉन
(d) न्यूट्रॉन — न्यूट्रिनो

उत्तर *(a)*

व्याख्या दिए गए युग्मों में से युग्म (a) एक कण-प्रतिकण युग्म है। अधिकतर कणों के अनुरूप उनसे संबद्ध एक प्रतिकण होता है, जिसका द्रव्यमान उस कण के द्रव्यमान के बराबर, जबकि विद्युत आवेश उस कण के विपरीत होता है। उदाहरणस्वरूप इलेक्ट्रॉन का प्रतिकण धनावेशित प्रतिइलेक्ट्रॉन (Anti-electron) या पॉजिट्रॉन है।
प्रोटॉन का प्रतिकण एण्टिप्रोटॉन होता है।
न्यूट्रॉन का प्रतिकण एण्टिन्यूट्रॉन होता है।
फोटॉन का प्रतिकण नहीं होता है।

18 निम्न में से कौन-सा कथन सही है? *(Chap 4, Class-IX, NCERT)*

(a) नाइट्रोजन तत्व की संयोजकता और संयोजी इलेक्ट्रॉनों की संख्या समान है।
(b) सल्फर तत्व की संयोजकता और संयोजी इलेक्ट्रॉनों की संख्या समान है।
(c) कार्बन तत्व की संयोजकता और संयोजी इलेक्ट्रॉनों की संख्या समान है।
(d) नाइट्रोजन और सल्फर दोनों तत्वों की संयोजकता और संयोजी इलेक्ट्रॉनों की संख्या समान है।

उत्तर *(c)*

व्याख्या कथन (c) सही है, जबकि कथन (a), (b) और (d) गलत है।
कार्बन के बाहरी कोश में 4 इलेक्ट्रॉन होते हैं इसलिए यह चार सहसंयोजी वंश बनाता है परिणामस्वरूप, इसकी संयोजकता और संयोजकता इलेक्ट्रॉनों की संख्या समान होती है।
नाइट्रोजन की संयोजकता 3 है और इसमें कुल 5 संयोजी इलेक्ट्रॉन हैं सल्फर की संयोजकता 2 है और इसमें कुल 6 संयोजी इलेक्ट्रॉन हैं।

19 निम्न में से कौन-सा कथन सही है? *(Chap 3, Class-IX, NCERT)*

(a) 1.12 लीटर नाइट्रोजन का सामान्य ताप व दाब पर द्रव्यमान 0.7 ग्राम है।
(b) 1.12 लीटर नाइट्रोजन का सामान्य ताप व दाब पर द्रव्यमान 1.4 ग्राम है।
(c) 1.12 लीटर नाइट्रोजन का सामान्य ताप व दाब पर द्रव्यमान 3.0 ग्राम है।
(d) 1.12 लीटर नाइट्रोजन का सामान्य ताप व दाब पर द्रव्यमान 2.8 ग्राम है।

उत्तर *(b)*

व्याख्या कथन (b) सही है।
सामान्य ताप व दाब पर 22.4 लीटर
N_2 का भार $= 2 \times 14 = 28$ ग्राम
1.12 लीटर N_2 का भार $= \dfrac{28 \times 1.12}{22.4} = 1.4$ ग्राम

20 निम्न में से कौन-सा कथन सही है?
(Chap 1, Class-IX, NCERT) (Chap 3, Module-2, NIOS)

(a) N_2 के 2.8 ग्राम में 6.02×10^{23} अणु होंगे।
(b) N_2 के 4.6 ग्राम में 6.02×10^{23} अणु होंगे।
(c) O_2 के 1.6 ग्राम में 6.02×10^{23} अणु होंगे।
(d) O_2 के 1.4 ग्राम में 6.02×10^{23} अणु होंगे।

उत्तर *(a)*

व्याख्या कथन (a) सही है।
हम जानते हैं,
अणुओं की संख्या = भार/अणुभार या परमाणु भार $\times N_A$
N_2 के 2.8 ग्राम में अणुओं की संख्या
$$= \frac{2.8}{2.8} \times 6.02 \times 10^{23} = 6.02 \times 10^{23}$$

21 निम्नलिखित कथनों में से कौन-से कथन सत्य हैं?
(Chap 2, Class-XI, NCERT)

1. समस्थानिक सदैव रेडियोएक्टिव होते हैं।
2. ऐल्फा-किरणें सदैव धनावेशित किरणें होती हैं।
3. बीटा-किरणें सदैव ऋणावेशित किरणें होती हैं।
4. गामा-किरणें चुंबकीय क्षेत्र में विक्षेपित हो सकती हैं।

कूट
(a) 1 और 2
(b) 2 और 3
(c) 1 और 4
(d) 3 और 4

उत्तर *(b)*

व्याख्या दिए गए कथनों में से कथन (2) और (3) सत्य हैं।
ऐल्फा-किरणें धनात्मक आवेशित कणों से मिलकर बनी होती हैं। ऐल्फा-कण अत्यधिक क्रियाशील एवं ऊर्जा युक्त हीलियम परमाणु होते हैं, जिसमें 2 प्रोटॉन तथा 2 न्यूट्रॉन होते हैं। इन पर दो इकाई धनावेश होता है। इनका प्रतीक α होता है। बीटा-किरणें ऋणात्मक आवेशित कणों से मिलकर बनी होती हैं। इनका द्रव्यमान नगण्य होता है।
कथन (1) और (4) सत्य नहीं हैं, क्योंकि समस्थानिक रेडियोएक्टिव नहीं होते हैं। समान परमाणु क्रमांक, परंतु भिन्न परमाणु द्रव्यमानों के परमाणुओं को समस्थानिक कहते हैं तथा गामा-किरणें चुंबकीय क्षेत्र में विक्षेपित (Deflect) नहीं होती, क्योंकि गामा-किरणें विद्युत उदासीन होती हैं।

22 निम्नलिखित तत्वों में से किन में तापीय न्यूट्रॉन से टकराने पर विखंडन हो जाता है? *(Chap 2, Class-XI, NCERT)*

1. U^{235} 2. U^{238} 3. Pu^{239}

कूट
(a) 1 और 2 (b) 2 और 3 (c) 1 और 3 (d) ये सभी

उत्तर *(c)*

व्याख्या U^{235} (Uranium-235) तथा Pu^{239} (Plutonium-239) का तापीय न्यूट्रॉन से टकराने पर विखंडन हो जाता है, क्योंकि अवशोषण से उत्पन्न बाध्यकारी ऊर्जा विखंडन के लिए आवश्यक ऊर्जा से अधिक होती है। U^{238} (Uranium-238) का तापीय न्यूट्रॉन से टकराने पर विखंडन नहीं होता।

23 निम्न कथन (A) तथा कारण (R) को पढ़िए और दिए गए कूटों का प्रयोग करते हुए सही उत्तर का चयन कीजिए।
(Chap 2, Class-XI, NCERT)

कथन (A) गामा-किरणों की भेदन क्षमता ऐल्फा-किरणों से अधिक होती है।
कारण (R) गामा-किरणों का तरंगदैर्ध्य ऐल्फा-किरणों से कम होता है।

कूट
(a) A और R दोनों सही हैं तथा R, A का सही स्पष्टीकरण है।
(b) A और R दोनों सही हैं परंतु R, A का सही स्पष्टीकरण नहीं है।
(c) A सही है किंतु R गलत है।
(d) A गलत है किंतु R सही है।

उत्तर *(a)*

व्याख्या कथन (A) और कारण (R) दोनों सही हैं तथा कारण (R), कथन (A) का सही स्पष्टीकरण है।

ऐल्फा (α) - किरणें 0.002 सेमी मोटी एल्युमीनियम की चादर को भेद (Penetrate) सकती हैं।

बीटा (β) - किरणें 0.20 सेमी मोटी एल्युमीनियम की चादर को भेद सकती हैं।

गामा (γ) - किरणें 100 सेमी मोटी एल्युमीनियम की चादर को भेद सकती हैं।

अत: गामा-किरणों की भेदन क्षमता ऐल्फा-किरणों से अधिक होती है, क्योंकि इनकी तरंगदैर्ध्य ऐल्फा किरणों से कम होती है।

24 **निम्न में से कौन-सा कथन सही है?** *(Chap 2, Class-XI, NCERT) (Chap 1, Class-IX, NCERT)*

(a) अवरक्त विकिरण उच्चतम भेदन क्षमता विकिरण है।
(b) γ-किरणें उच्चतम भेदन क्षमता विकिरण हैं।
(c) पराबैंगनी विकिरण उच्चतम भेदन क्षमता विकिरण है।
(d) X-किरणें उच्चतम भेदन क्षमता विकिरण हैं।

उत्तर *(b)*

व्याख्या कथन (b) सही है।

जबकि कथन (a), (c) और (d) गलत है

γ (गामा) - किरणें उच्चतम भेदन क्षमता का विकिरण हैं। γ (गामा)-किरणें 100 सेमी मोटी एल्युमीनियम की चादर को भेद सकती हैं। इन किरणों का वेग प्रकाश के वेग के बराबर होता है।

अवरक्त विकिरण विद्युत चुम्बकीय विकिरण है, जिसकी तरंगदैर्ध्य प्रकाश की तुलना में अधिक लंबी होती है पराबैंगनी विकिरण विद्युत चुंबकीय विकिरण है, जो कि तरंगदैर्ध्य की तुलना में 10 nm से 400 nm के दृश्यमान प्रकाश की तुलना में कम होता है।

25 **ऐल्फा-कण के संदर्भ में निम्न में से कौन-सा कथन सही है?** *(Chap 2, Class-XI, NCERT)*

(a) इसका द्रव्यमान लगभग दो प्रोटॉनों के बराबर होता है।
(b) इसका द्रव्यमान लगभग हीलियम के एक परमाणु के नाभिक के बराबर होता है।
(c) इसका द्रव्यमान लगभग दो पॉजिट्रॉनों और दो न्यूट्रॉनों के द्रव्यमान के योग के बराबर होता है।
(d) इसका द्रव्यमान दो पॉजिट्रॉनों के बराबर होता है, क्योंकि प्रत्येक पॉजिट्रॉन में केवल एक धन आवेश होता है।

उत्तर *(a)*

व्याख्या ऐल्फा-कण के संदर्भ में कथन (b) सही है।

ऐल्फा-कण के दो धन आवेश होते हैं, इसका द्रव्यमान लगभग हीलियम (He) के एक परमाणु के नाभिक के बराबर होता है।

यह कण हीलियम नाभिक के समान दो प्रोटॉन तथा दो न्यूट्रॉन से मिलकर बने होते हैं।

ये द्विआवेशयुक्त (Double charged) हीलियम आयन होते हैं। इनका द्रव्यमान हीलियम नाभिक के द्रव्यमान के बराबर होता है। इनकी मात्रा हाइड्रोजन परमाणु की मात्रा की चार गुनी होती है।

26 **निम्न में से कौन-सा कथन सही है?** *(Chap 2, Class-XI, NCERT)*

(a) ऐल्फा रेडियोएक्टिव कण नहीं है। (b) डेल्टा रेडियोएक्टिव कण नहीं है।
(c) बीटा रेडियोएक्टिव कण नहीं है। (d) गामा रेडियोएक्टिव कण नहीं है।

उत्तर *(b)*

व्याख्या कथन (b) सही है। डेल्टा रेडियोएक्टिव कण नहीं है। डेल्टा-कण तीन क्वार्क (Quarks) से मिलकर बना होता है। ऐल्फा, बीटा तथा गामा रेडियोएक्टिव कण हैं। रेडियोएक्टिव तत्वों के नाभिकों से भेदी किरणें, ऐल्फा, बीटा, गामा (α, β, γ-किरणें) उत्सर्जित होती हैं। ये किरणें रेडियोएक्टिव किरणें कहलाती हैं।

27 **रेडियोएक्टिवता के संदर्भ में निम्न में से कौन-सा कथन सही है?** *(Chap 2, Class-XI, NCERT)*

(a) रेडियोएक्टिवता गाइगर काउण्टर से मापी जाती है।
(b) रेडियोएक्टिवता हाइड्रोमीटर से मापी जाती है।
(c) रेडियोएक्टिवता सीस्मोमीटर से मापी जाती है।
(d) रेडियोएक्टिवता एमीटर से मापी जाती है।

उत्तर *(a)*

व्याख्या रेडियोएक्टिवता के संदर्भ में कथन (a) सही है।

गाइगर काउण्टर से रेडियोएक्टिवता मापी जाती है। इसको गाइगर-मूलर काउण्टर (Geiger-mullar counter) के नाम से भी जाना जाता है। यह एक प्रकार का कण संसूचक (Detector) है, जिसका प्रयोग पदार्थों में आयनित विकिरण के उत्सर्जनों का पता लगाने में किया जाता है।

28 **परमाणु में से एक बीटा (β) कण उत्सर्जित होने के सन्दर्भ में निम्न में से कौन-सा कथन सही है?** *(Chap 2, Class-XI, NCERT)*

(a) परमाणु में प्रोटॉनों की संख्या बढ़ जाती है।
(b) परमाणु में न्यूट्रॉनों की संख्या बढ़ जाती है।
(c) परमाणु मे प्रोटॉनों की संख्या घट जाती है।
(d) परमाणु में प्रोटॉनों तथा न्यूट्रॉनों की संख्या परिवर्तित नहीं होती है।

उत्तर *(a)*

व्याख्या परमाणु में एक बीटा (β) कण उत्सर्जित होने पर परमाणु में प्रोटॉन की संख्या बढ़ जाती है। यह एक प्रकार का रेडियोएक्टिव क्षय होता है।

बीटा (β) क्षय के दौरान, परमाणु में न्यूट्रॉन की संख्या एक कम हो जाती है तथा प्रोटॉन की संख्या एक बढ़ जाती है। अत: द्रव्यमान संख्या समान रहती है तथा परमाणु क्रमांक एक बढ़ जाता है।

29 **निम्न में से कौन-सा कथन सही है?** *(Chap 2, Class-XI, NCERT)*

(a) बीटा-किरणें एवं गामा-किरणों की प्रकृति विद्युत चुम्बकीय होती है।
(b) कैथोड-किरणें एवं एक्स-किरणों की प्रकृति विद्युत चुम्बकीय होती है।
(c) ऐल्फा-किरणें एवं बीटा-किरणों की प्रकृति विद्युत चुम्बकीय होती है।
(d) एक्स-किरणें एवं गामा-किरणों की प्रकृति विद्युत चुम्बकीय होती है।

उत्तर *(d)*

व्याख्या कथन (d) सही है। एक्स (X) किरणों एवं गामा-किरणों की प्रकृति विद्युत चुंबकीय (Electromagnetic) होती है। ऐल्फा-किरणें धनावेशित α-कणों से, बीटा-किरणें ऋणावेशित β-कणों से बनी होती हैं।

पदार्थों का भौतिक एवं रासायनिक परिवर्तन तथा पृथक्करण

पदार्थों का भौतिक एवं रासायनिक परिवर्तन तथा पृथक्करण

परिवर्तन

भौतिक परिवर्तन
- पदार्थ के भौतिक गुणों आकार, आमाप, रंग और में परिवर्तन होता है।
- उत्क्रमणीय प्रक्रम
- नए पदार्थ का निर्माण नहीं होता है।

उदाहरण
- जल का उबलना,
- बादलों का बनना,
- स्प्रिंग को खींचना,
- जल का वाष्पीकरण।

रासायनिक परिवर्तन
- नए पदार्थ का निर्माण होता है।
- अनुत्क्रमणीय प्रक्रम

उदाहरण
- लोहे में जंग लगना,
- दही का जमना,
- पौधों में प्रकाश संश्लेषण,
- फलों का पकना।
- मोमबत्ती का जलना भौतिक एवं रासायनिक दोनों परिवर्तनों के उदाहरण हैं।

द्रव्य पदार्थ

शुद्ध पदार्थ
- दो या दो से अधिक शुद्ध अवयवों के संयोग से बनते हैं।

तत्व
- तत्व पदार्थ का मूल रूप है। जिसे भौतिक या रासायनिक अभिक्रियाओं से अन्य सरल पदार्थों में विभाजित नहीं किया जा सकता है।

यौगिक
- दो या दो से अधिक तत्वों के परमाणुओं के निश्चित अनुपात में रासायनिक संयोग से बनते हैं।

मिश्रण
- जिन अवयवों को साधारण भौतिक विधियों द्वारा पृथक् नहीं किया जा सकता है।

समांगी मिश्रण
- इन मिश्रणों का संघटन पूरे मिश्रण में समान होता है।
- नमक या चीनी का जल में मिश्रण।

विषमांगी मिश्रण
- इन मिश्रणों का संघटन पूरे मिश्रण में समान नही होता है।
- जल का रेत में मिश्रण।

पृथक्करण

वाष्पीकरण
- वाष्पशील घटक को अवाष्पशील घटकों से अलग करना।
- समुद्री जल से नमक की पुनः प्रप्ति।

ऊर्ध्वपातन
- इसमें कोई पदार्थ अपनी ठोस अवस्था से सीधे गैस अवस्था में परिवर्तित हो जाता है।
- कपूर, अमोनियम क्लोराइड, ऐन्थ्रासीन, आयोडीन ऊर्ध्वपातनीय यौगिको के उदाहरण हैं।

वर्णलेखन
- उन मिश्रणों, अवयवों को पृथक् करने में उपयोगी जिनकी अधिशोषण क्षमता भिन्न होती है।
- रक्त से नशीले ड्रग्स का पृथक्करण वर्णलेखन का उदाहरण है।

आसवन
- इसका उपयोग उन मिश्रणों को पृथक् करने में किया जाता है, जो विघटित हुए बिना उबलते हैं।

क्रिस्टलीकरण
- यह ठोसों के शोधन की प्रायः प्रयुक्त विधि है।
- इस विधि में क्रिस्टल के रूप में शुद्ध ठोस को विलयन से पृथक् किया जाता है। जैसे समुद्री जल से नमक के शोधन में।

रासायनिक संयोजन के नियम

द्रव्यमान संरक्षण का नियम
- लेवॉजियर ने 1789 में इसे प्रतिपादित किया।
- इस नियम के अनुसार, किसी रासायनिक अभिक्रिया में द्रव्यमान का न तो सृजन किया जा सकता है न ही विनाश।

स्थिर अनुपात का नियम
- रसायनज्ञ जोसेफ प्राउस्ट ने 1799 में दिया।
- यौगिक दो या दो से अधिक तत्वों से निर्मित होता है इस प्रकार प्राप्त यौगिकों में, इन तत्वों का अनुपात स्थिर होता है, चाहे इसे किसी स्थान से प्राप्त किया गया हो।

गुणित ानुपात का नियम
- जॉन डाल्टन द्वारा सन् 1803 में दिया गया।
- इस नियम के अनुसार, यदि दो तत्व संयोजित होकर एक से अधिक यौगिक बनाते हैं, तो एक तत्त्व के साथ दूसरे तत्व के संयुक्त होने वाले द्रव्यमान छोटे पूर्णांकों के अनुपात में होते हैं।

गे-लुसाक का गैसीय आयातन नियम
- गे-लुसाक द्वारा 1808 में दिया गया। द्व जब रासायनिक अभिक्रिया में गैसे संयुक्त होती है तो उनके आयतन सरल अनुपात में होते हैं, बशर्ते सभी गैसे समान ताप और दाब पर हों।

आवेगाद्रो नियम
- 1811 में आवेगाद्रो ने प्रस्तावित किया कि समान तापमान व दाब पर सभी गैसों की समान मात्रा में अणुओं की समान संख्या होनी चाहिए।

SOURCE NCERT Class-VI (पदार्थों का पृथक्करण), NCERT Class-VII (भौतिक एवं रासायनिक परिवर्तन), NCERT Class-IX (क्या हमारे आस-पास के पदार्थ शुद्ध हैं?)

1 निम्न में से कौन-सा कथन भौतिक परिवर्तन के लिए सत्य है?

(Chap 5, Class-VII, NCERT)

(a) भौतिक परिवर्तन अस्थायी होते हैं तथा उत्क्रमित हो सकते हैं।
(b) भौतिक परिवर्तन के दौरान, अवयवों का संघटन परिवर्तित हो जाता है।
(c) भौतिक परिवर्तन के दौरान, ऊर्जा अवशोषित व उत्सर्जित होती है।
(d) भौतिक परिवर्तन के दौरान, तत्वों का यथार्थ समाप्त हो जाता है।

उत्तर *(a)*

व्याख्या कथन (a) भौतिक परिवर्तन के लिए सत्य है।

भौतिक परिवर्तन प्राय: अस्थायी होता है। परिवर्तन केवल तभी तक होता है, जब तक कि परिवर्तन का कारण रहता है। परिवर्तन का कारण हट जाने पर परिवर्तन उत्क्रमित अर्थात् पहले की मूल स्थिति में चला जाता है अर्थात् भौतिक परिवर्तन उत्क्रमणीय (Reversible) होता है।

भौतिक परिवर्तन के दौरान ऊर्जा न तो अवशोषित होती है और न ही उत्सर्जित। क्योंकि भौतिक परिवर्तन के दौरान किसी प्रकार की कोई भी रासायनिक अभिक्रिया नहीं होती है।

2 निम्नलिखित सूची-I एवं सूची-II को सुमेलित कीजिए।

(Chap 5, Class-VIII, NCERT)

सूची-I (प्रक्रम)	**सूची-II** (परिवर्तन)
A. मोमबत्ती का जलना	1. रासायनिक परिवर्तन
B. विद्युत बल्ब के तंतु का चमकना	2. भौतिक तथा रासायनिक परिवर्तन
C. मैग्नीशियम तार का जलना	3. भौतिक परिवर्तन
D. लोहे में जंग लगना	4. संक्षारण और भौतिक परिवर्तन
	5. संक्षारण और रासायनिक परिवर्तन

कूट

	A	B	C	D		A	B	C	D
(a)	2	3	1	5	(b)	2	3	4	1
(c)	4	2	3	5	(d)	5	1	3	2

उत्तर *(a)*

व्याख्या सही सुमेलन A-2, B-3, C-1, D-5 है।

मोमबत्ती का जलना भौतिक तथा रासायनिक दोनों प्रकार का परिवर्तन दर्शाता है। ठोस मोमबत्ती जलकर तरल मोम बनाती है, इसलिए यह भौतिक परिवर्तन है। मोमबत्ती के जलने पर, ऑक्सीकरण होता है तथा गर्मी और प्रकाश उत्पन्न होता है, अत: यह रासायनिक परिवर्तन भी है।

विद्युत बल्ब के तंतु का चमकना एक भौतिक परिवर्तन है, क्योंकि विद्युत प्रवाह रुक जाने पर बल्ब जलना बंद हो जाता है। अत: यहाँ कोई रासायनिक परिवर्तन नहीं होता है।

मैग्नीशियम तार का जलना एक रासायनिक परिवर्तन का उदाहरण है, क्योंकि इस प्रक्रिया से प्रकाश एवं ऊष्मा उत्पन्न होती है।

लोहे में जंग लगना संक्षारण और रासायनिक परिवर्तन है, क्योंकि इस प्रक्रिया में आयरन ऑक्साइड बनता है।

3 निम्नलिखित कथन (A) व कारण (R) को पढ़िए और नीचे दिए गए कूट की सहायता से सही उत्तर का चयन कीजिए।

(Chap 5, Class-VII, NCERT)

कथन (A) तापित किए जाने पर नीले कॉपर सल्फेट का काले क्यूप्रिक ऑक्साइड में रूपान्तरण होना, एक भौतिक परिवर्तन है।

कारण (R) कोई परिवर्तन, जिसमें रासायनिक संगठन अपरिवर्तित रहता है, भौतिक परिवर्तन कहलाता है।

कूट

(a) A और R दोनों सही हैं तथा R, A का सही स्पष्टीकरण है।
(b) A और R दोनों सही हैं परंतु R, A का सही स्पष्टीकरण नहीं है।
(c) A सही है किंतु R गलत है।
(d) A गलत है किंतु R सही है।

उत्तर *(d)*

व्याख्या कथन (A) गलत है किंतु कारण (R) सही है।

तापित किए जाने पर नीले कॉपर सल्फेट (Copper sulphate, $CuSO_4$) का काले क्यूप्रिक ऑक्साइड (Cupric oxide, CuO) में रूपांतरण होना एक रासायनिक परिवर्तन है। रासायनिक परिवर्तन में रासायनिक संगठन परिवर्तित होता है, यह स्थायी परिवर्तन होता है। इसके अतिरिक्त वह परिवर्तन जिसमें रासायनिक संगठन (Composition) अपरिवर्तित रहता है, भौतिक परिवर्तन कहलाता है। यह अस्थायी परिवर्तन होता है।

4 निम्नलिखित में से कौन-सा/से रासायनिक परिवर्तन का/के उदाहरण है/हैं? *(Chap 5, Class-VII, NCERT) (IAS Pre 201*

1. सोडियम क्लोराइड का क्रिस्टलन
2. बर्फ का गलना
3. दुग्ध का आस्कंदन

कूट

(a) 1 और 2
(b) केवल 3
(c) 1, 2 और 3
(d) इनमें से कोई नहीं

उत्तर *(b)*

व्याख्या दुग्ध आस्कंदन (Coagulation of milk), लोहे में जंग लग (Rusting of iron), दूध से दही बनना तथा कागज जलना रासायनि परिवर्तन के उदाहरण हैं। सोडियम क्लोराइड का क्रिस्टल (Crystallisation) एवं बर्फ का गलना (Melting of ice) भौतिक परिवर्त के उदाहरण हैं।

5 निम्नलिखित परिवर्तनों पर विचार कीजिए।

(Chap 5, Class-VII, NCER

1. NH_4Cl का ऊर्ध्वपातन
2. I_2 का ऊर्ध्वपातन
3. लोहे के टुकड़ों का चुंबकन
4. जल में शर्करा का घुलना

उपर्युक्त में से रासायनिक परिवर्तन कौन-सा/से है/हैं?

(a) केवल 1
(b) 1 और 2
(c) 1 और 4
(d) इनमें से कोई नहीं

उत्तर *(a)*

व्याख्या अमोनियम क्लोराइड (NH_4Cl) का ऊर्ध्वपातन रासायनिक परिवर्त है, क्योंकि अमोनियम क्लोराइड के ऊर्ध्वपातन के समय दो नए पद (अमोनिया गैस तथा हाइड्रोजन क्लोराइड गैस) बनती हैं।

आयोडीन (I_2) का ऊर्ध्वपातन, लोहे के टुकड़ों का चुंबकन तथा जल में शर्क का घुलना भौतिक परिवर्तन के उदाहरण हैं, क्योंकि इन सभी में किसी पदार्थ रासायनिक संघटन एवं गुणों में कोई परिवर्तन नहीं होता है।

6 निम्न कथन (A) व कारण (R) को पढ़िए और नीचे दिए गए कूट की सहायता से सही उत्तर का चयन कीजिए।

(Chap 5, Class-VII, NCER

कथन (A) द्रव्य में भौतिक परिवर्तन इसके संघटन और प्रकृति में परिव लाते हैं।

कारण (R) भौतिक परिवर्तन में अवस्थाओं तथा रंग में अंत: परिव होता है।

कूट
(a) A और R दोनों सही हैं तथा R, A का सही स्पष्टीकरण है।
(b) A और R दोनों सही हैं परंतु R, A का सही स्पष्टीकरण नहीं है।
(c) A सही है किंतु R गलत है।
(d) A गलत है किंतु R सही है।

उत्तर (d)

व्याख्या कथन (A) गलत है किंतु कारण (R) सही है। द्रव्य में रासायनिक परिवर्तन इसके संघटन और प्रकृति में परिवर्तन लाते हैं, यह स्थायी परिवर्तन होता है। इसके अतिरिक्त भौतिक परिवर्तन में अवस्थाओं (आकृति, माप) तथा रंग में अंत: परिवर्तन होता है।

7 निम्नलिखित कथनों पर विचार कीजिए। *(Chap 5, Class-VII, NCERT)*
1. जल का बर्फ में जमना रासायनिक परिवर्तन है।
2. आन्तरिक आण्विक संघटन में उत्पन्न परिवर्तन रासायनिक परिवर्तन है।
3. किसी रासायनिक परिवर्तन में नए पदार्थ प्राप्त होते हैं।
4. आकृति, माप और अवस्था में परिवर्तन रासायनिक परिवर्तन है।

उपर्युक्त में से कौन-सा/से कथन सही है/हैं?
(a) 1 और 2 (b) 2 और 3 (c) 1 और 3 (d) 1 और 4

उत्तर (b)

व्याख्या दिए गए कथनों में से कथन (2) और (3) सही हैं। आंतरिक आण्विक संघटन (Internal molecular composition) में उत्पन्न परिवर्तन रासायनिक परिवर्तन होता है। किसी रासायनिक परिवर्तन में नए पदार्थ प्राप्त होते हैं। इन नए पदार्थों के गुण भी पूरी तरह भिन्न होते हैं।

कथन (1) और (4) सही नहीं हैं, क्योंकि जल का बर्फ में जमना एक भौतिक परिवर्तन है तथा आकृति, माप और अवस्था में परिवर्तन भौतिक परिवर्तन के अंतर्गत आता है।

8 निम्न में से कौन-से रासायनिक परिवर्तन को निरूपित करते हैं? *(Chap 6, Class-VII, NCERT)*
1. लोहे का चुंबकन 2. द्रव का संघनन
3. ईंधन का ज्वलन 4. लोहे में जंग लगना

कूट
(a) 1 और 2 (b) 2 और 3 (c) 3 और 4 (d) 1 और 4

उत्तर (c)

व्याख्या दिए गए कथन (3) और (4) रासायनिक परिवर्तन को निरूपित करते हैं। ईंधन का ज्वलन तथा लोहे में जंग लगना (Rusting of iron) रासायनिक परिवर्तन को निरूपित करता है। रासायनिक परिवर्तन प्राय: स्थायी होते हैं। परिवर्तन का कारण हटाने पर प्रक्रिया उत्क्रमित नहीं होती अर्थात् ये अनुत्क्रमणीय (Irreversible) होते हैं।

कथन (1) और (2) रासायनिक परिवर्तन को निरूपित नहीं करते हैं, क्योंकि लोहे का चुंबकन तथा द्रव का संघनन (Condensation) भौतिक परिवर्तन के उदाहरण हैं।

9 मिश्रणों और यौगिकों के गुणों के सन्दर्भ में निम्न में कौन-सा कथन सही नहीं है? *(Chap 2, Class-IX, NCERT)*
(a) मिश्रण अपने अवयवों के गुणों को दर्शाता है, लेकिन किसी यौगिक के गुण उसके अवयवों से बिल्कुल भिन्न होते हैं।
(b) मिश्रण समांगी और विषमांगी हो सकता है, लेकिन यौगिक समांगी पदार्थ है।
(c) मिश्रण के अवयवों को भौतिक विधियों द्वारा पृथक् किया जा सकता है, लेकिन यौगिकों के अवयवों को नहीं।
(d) किसी मिश्रण के बनाने के दौरान ऊर्जा या तो अवशोषित होती है या निर्मुक्त लेकिन यौगिक के बनने में ऐसा नहीं होता है।

उत्तर (d)

व्याख्या मिश्रणों और यौगिकों के गुणों के सन्दर्भ में कथन (d) सही नहीं है, जबकि कथन (a), (b) और (c) सही हैं क्योंकि मिश्रण के बनने के दौरान ऊर्जा न तो अवशोषित होती है और न ही उत्सर्जित सिर्फ यह एक रूप से दूसरे रूप में परिवर्तित होती है।

10 निम्नलिखित में से कौन-सी विशेषता एक यौगिक में नहीं होती, के लिए कौन-सा कथन सही है? *(Chap 2, Class-IX, NCERT)*
(a) संघटन चर (परिवर्तनशील) होता है।
(b) यौगिक के सभी कण (अंश) केवल एक प्रकार के होते हैं।
(c) यौगिक के कणों में दो या इससे अधिक तत्व होते हैं।
(d) सामान्य भौतिक विधियों से यौगिक के अवयवों को पृथक् नहीं किया जा सकता है।

उत्तर (b)

व्याख्या कथन (b) यौगिक की विशेषता नहीं है। जबकि कथन (a), (c) और (d) यौगिक की विशेषता है। यौगिक वह शुद्ध पदार्थ है, जो दो या दो से अधिक तत्वों के निश्चित अनुपात में रासायनिक संघटन से बना होता है। इसके भौतिक और रासायनिक घटक उसके तत्वों के गुणधर्मों से भिन्न होते हैं। यौगिक के सभी कण (अंश) भिन्न-भिन्न प्रकार के होते हैं।

11 विलयन के गुणों के संदर्भ में निम्नलिखित में से कौन-सा/से कथन सही है/हैं? *(Chap 1, Class-XII, NCERT)*
1. विलयन एक समांगी मिश्रण है, जिसमें विलेय तथा विलायक के कणों का आकार लगभग समान होता है।
2. विलयन में विलेय के कणों का आकार अत्यंत सूक्ष्म (10 मीटर) होता है। अत: विलयन के कणों को आँख या सूक्ष्मदर्शी से नहीं देखा जा सकता।
3. विलयन, प्रकाश को प्रकीर्णित नहीं करता है, क्योंकि विलयन के कण अत्यंत सूक्ष्म होते हैं।
4. विलयन के कण स्थायी होते हैं। अत: विलयन में से विलेय के कणों को सामान्य प्रक्रिया द्वारा पृथक् नहीं किया जा सकता।

कूट
(a) 1 और 2 (b) 1 और 4 (c) 2 और 3 (d) 1, 2, 3 और 4

उत्तर (d)

व्याख्या विलयन के गुणों के सन्दर्भ में दिए गए सभी कथन सही हैं।

विलयन एक समांगी मिश्रण है, जिसमें विलेय एवं विलायक के कणों का आकार लगभग समान होता है विलयन के कण स्थायी होते हैं। अत: विलयन में से विलेय के कणों को सामान्य प्रक्रिया द्वारा पृथक् नहीं किया जा सकता है।

12 टिण्डल प्रभाव के संदर्भ में निम्नलिखित में से कौन-सा कथन सही है? *(Unit 10, Class-IX, Tamil Nadu Board)*
1. लवण का विलयन टिण्डल प्रभाव दर्शाता है।
2. चीनी का विलयन टिण्डल प्रभाव दर्शाता है।
3. कॉफर सल्फेट का विलयन टिण्डल प्रभाव दर्शाता है।
4. स्टार्च विलयन टिण्डल प्रभाव दर्शाता है।

(a) 1 और 2 (b) 2 केवल (c) 2 और 3 (d) 4 केवल

उत्तर (d)

व्याख्या टिण्डल प्रभाव के संदर्भ में कथन 4 सही है, जबकि कथन 1, 2 और 3 गलत हैं।

टिण्डल प्रभाव वह विलयन दर्शाता है, जिसमें निलम्बित के कण उपस्थित होते हैं। स्टार्च के विलयन में निलम्बित कण उपस्थित होते हैं, इसलिए यह टिण्डल प्रभाव दर्शाता है, जबकि लवण का विलयन, चीनी का विलयन और कॉपर सल्फेट के विलयन में निलम्बित कण अनुपस्थित होते हैं, इसलिए यह टिण्डल प्रभाव नहीं दर्शाते हैं।

13 निम्नलिखित में से कौन-सा कथन सही है?

(Unit 9, Class-X, Tamil Nadu Board)

1. टिण्डल प्रभाव प्रकाश के परावर्तन के कारण प्रकट होता है।
2. टिण्डल प्रभाव प्रकाश के विवर्तन के कारण प्रकट होता है।
3. टिण्डल प्रभाव प्रकाश के ध्रुवीकरण के कारण प्रकट होता है।
4. टिण्डल प्रभाव प्रकाश के प्रकीर्णन के कारण प्रकट होता है।

(a) 1 और 2 (b) केवल 4
(c) 2 और 3 (d) केवल 1

उत्तर (b)

व्याख्या कथन 4 सही है, जबकि कथन 1, 2 और 3 गलत हैं।

कोलॉइडी कणों द्वारा प्रकाश का प्रकीर्णन टिण्डल प्रभाव कहलाता है। वास्तविक विलयन में विलेय के कण बहुत छोटे होते हैं, जो उन पर डाले गए प्रकाश को प्रकीर्णित नहीं कर सकते हैं। कोलॉइडी विलयन में कण प्रकाश प्रकीर्णन के लिए पर्याप्त होते हैं।

14 पदार्थों के पृथक्करण के संदर्भ में निम्नलिखित पर विचार कीजिए

(Chap 3, Class-VI, NCERT)

1. निष्पादन 2. निस्तारण 3. निस्पंदन

उपर्युक्त में से कौन-सा/सी पृथक्करण की विधि है/हैं?

(a) 2 और 3 (b) 1 और 3
(c) केवल 2 (d) ये सभी

उत्तर (a)

व्याख्या निस्तारण (Decantation) और निस्पंदन (Filtration) पदार्थों के पृथक्करण की विधियाँ हैं। निस्तारण विधि में ठोस को तरल पदार्थ से या अमिश्रणीय तरल पदार्थ को पृथक् करने की विधि है। इसमें अवसादित पदार्थ को छेड़े बिना ऊपर से द्रव को किसी दूसरे पात्र में डाला जाता है।

निस्पंदन विधि तरल पदार्थ से ठोस पदार्थ पृथक् करने की प्रक्रिया है। इसमें पदार्थ (निस्पंद) को छिद्रों (फिल्टर) से होकर गुजारा जाता है और पृथक् किया जाता है।

15 आसवन के संदर्भ में निम्नलिखित कथनों पर विचार कीजिए।

(Chap 2, Class-VI, NCERT)

1. आसवन मिश्रित द्रव के अवयवों को पृथक् करने की विधि है।
2. यह पृथक्करण की रासायनिक विधि है।

उपर्युक्त में से कौन-सा/से कथन सत्य नहीं है/हैं?

(a) केवल 2 (b) 1 और 2 दोनों
(c) केवल 1 (d) इनमें से कोई नहीं

उत्तर (a)

व्याख्या आसवन के संदर्भ में कथन (2) सत्य नहीं है, क्योंकि आसवन पृथक्करण (Separation) की रासायनिक नहीं, भौतिक विधि है।

आसवन प्राय: किसी मिश्रित द्रव के अवयवों को उनके वाष्पन-सक्रियताओं (Volatilities) के अंतर के आधार पर अलग करने की विधि है, जैसे पानी का आसवन करने से उसमें उपस्थित अशुद्धियाँ जैसे नमक आदि निकल जाती हैं।

16 प्रभाजी आसवन, निर्वात् आसवन और भंजक आसवन के संदर्भ में निम्नलिखित कथनों पर विचार करें। *(Class-XII, Old NCERT)*

1. प्रभाजी आसवन मिश्रण में से क्वथनांक भिन्न द्रवों को पृथक् किया जा सकता है।
2. निर्वात् आसवन ने भभके और संघनित्र के भीतर की वायु पंप द्वारा निकाली जाती है।
3. कोयले का आसवन भंजक आसवन का उदाहरण है।

उपर्युक्त में से कौन-सा/से कथन सही है/हैं?

(a) केवल 1 (b) 2 और 3
(c) 1 और 2 (d) ये सभी

उत्तर (d)

व्याख्या प्रभाजी आसवन (Fractional distillation), निर्वात् आसवन (Vacuum distillation) और भंजक आसवन (Destructive distillation) के संदर्भ में सभी कथन सही हैं।

प्रभाजी आसवन द्वारा विलयन अर्थात् मिश्रण में से उन द्रव्यों को पृथक् किया जा सकता है, जिनके क्वथनांक पर्याप्त भिन्न हों।

निर्वात् आसवन के लिए ऐसा प्रबंध किया जाता है कि भभके और संघनित्र (Condenser) के भीतर की अत्यधिक वायु पंप द्वारा निकल जाती है।

भंजक आसवन एक प्रकार का शुष्क आसवन होता है, इसका सबसे अच्छा उदाहरण कोयले का आसवन है।

17 निम्नलिखित में से कौन-सा कथन सही नहीं है?

(Chap 1, Class-XII, NCERT)

(a) किसी जलीय विलयन का क्वथनांक शुद्ध जल के क्वथनांक से अधिक होता है।
(b) किसी विलयन में विलेयों के योग से इसका जल विभव बढ़ जाता है।
(c) किसी विलयन में जल का वाष्प दाब शुद्ध जल में वाष्प दाब की तुलना में निम्न होता है।
(d) जब किसी विलयन को एक अर्द्ध-पारगम्य झिल्ली द्वारा जल से अलग किया जाता है, तो विलयन पर दबाव देने से जल के प्रवाह को रोका जा सकता है।

उत्तर (b)

व्याख्या दिए गए कथनों में से कथन (b) सही नहीं है, क्योंकि किसी विलयन में विलेयों के योग से जल विभव नहीं बढ़ता। शुद्ध जल के अणुओं की मुक्त ऊर्जा एवं विलयन में जल के अणुओं की मुक्त ऊर्जा के बीच अंतर को जल विभव कहते हैं।

कथन (a), (c) तथा (d) सही हैं। जल में किसी विलेय या अन्य घुलनशील पदार्थ को मिलाने पर उस विलयन का क्वथनांक बढ़ जाता है।

विलयन की सतह पर उपस्थित विलेय के अणु जल के वाष्पन की दर को कम करते हैं। इससे विलयन में जल का वाष्प दाब (Vapour pressure) शुद्ध जल में वाष्प दाब की तुलना में निम्न होता है। इसके अतिरिक्त परासरण दाब (Osmotic pressure) के द्वारा विलयन में विलायक (Solvent) का प्रवेश रोका जा सकता है।

18 निम्नलिखित कथनों पर विचार कीजिए।

(Chap 1, Class-XII, NCERT)

1. परासरण के प्रक्रम में विलायक, सांद्र घोल से तनु घोल की ओर जाता है।
2. प्रतिलोम परासरण में तनु घोल पर बाह्य दाब लगाया जाता है।

उपर्युक्त में से कौन-सा/से कथन सही है/हैं?

(a) केवल 1 (b) केवल 2
(c) 1 और 2 दोनों (d) न ही 1 और न ही 2

उत्तर (d)

व्याख्या प्रश्न में दिए गए कथनों में से कोई भी कथन सही नहीं है।

परासरण के प्रक्रम में किसी भी विलायक में प्रवाह/प्रसरण तनु (Dilute) विलयन से सांद्र (Concentrate) विलयन की ओर होता है।

प्रतिलोम परासरण में बाह्य दाब सांद्र विलयन पर लगाया जाता है। सांद्र विलयन पर बाह्य दाब लगाकर उसमें उपस्थित विभिन्न प्रकार के अणुओं एवं आयनों को विलयन से पृथक् किया जाता है।

19 निम्नलिखित में से कौन-सा युग्म सुमेलित नहीं है?

(Chap 1, Class-XII, NCERT)

(a) अलवणीकरण — समुद्री जल
(b) प्रतिलोम परासरण — पेयजल
(c) विकृतिकरण — प्रोटीन
(d) पाश्च्युरीकरण — चाय

उत्तर *(d)*

व्याख्या दिए गए युग्मों में से युग्म (d) सही सुमेलित नहीं है। पाश्च्युरीकरण (Pasteurisation) एक ऐसी प्रक्रिया है, जिसमें दूध को विशेष तापमान पर निश्चित समय के लिए गर्म करने के बाद ठंडा कर लिया जाता है, जिससे दूध का निर्जर्मीकरण (रोग जनक सूक्ष्मजीवों को नष्ट करना) करके उसकी भंडारण क्षमता में सुधार किया जाता है, इस प्रक्रिया की खोज फ्रांसीसी वैज्ञानिक लुई पाश्चर ने की थी।

20 कथन (A) व कारण (R) को पढ़िए और नीचे दिए गए कूट की सहायता से सही उत्तर का चयन कीजिए।

(Chap 5, Class-VII, NCERT) (IAS Pre 2001)

कथन (A) उच्चतर तापमानों पर रासायनिक अभिक्रिया तीव्रतर हो जाती है।

कारण (R) उच्चतर तापमानों पर आण्विक गति ओर तीव्र हो जाती है।

कूट

(a) A और R दोनों सही हैं तथा R, A का सही स्पष्टीकरण है।
(b) A और R दोनों सही हैं परंतु R, A का सही स्पष्टीकरण नहीं है।
(c) A सही है किंतु R गलत है।
(d) A गलत है किंतु R सही है।

उत्तर *(a)*

व्याख्या कथन (A) और कारण (R) दोनों सही हैं तथा कारण (R) कथन (A) का सही स्पष्टीकरण है।

उच्चतर तापमान पर रासायनिक अभिक्रिया तथा आण्विक गति तीव्र हो जाती है। रासायनिक अभिक्रिया की गति अवयवों के सान्द्रण, ताप, भौतिक अवस्था एवं अवयवों (Constituents) की प्रकृति पर निर्भर करती है। सामान्यत: अवयवों का ताप जितना अधिक होता है, अवयवों में उपस्थित अणुओं की गति उतनी तीव्र हो जाती है तथा अभिक्रिया (Reaction) भी उतनी ही तीव्र होती है।

21 नीचे दो कथन दिए गए हैं, एक को कथन (A) तथा दूसरे को कारण (R) कहा गया है। *(Class-XI, Old NCERT) (UPPSC Pre 2022)*

कथन (A) एक गिलास पानी में नमक का घोल समरस होता है।

कारण (R) पूरे हिस्से में विभिन्न संगठन वाला घोल समरस होता है।

नीचे दिए गए कूट से सही उत्तर का चयन कीजिए

(a) A तथा R दोनों सही हैं तथा R, A की सही व्याख्या है।
(b) A तथा R दोनों सही हैं परन्तु R, A की सही व्याख्या नहीं है।
(c) A सही है परन्तु R गलत है।
(d) A गलत है परन्तु R सही है।

उत्तर *(b)*

व्याख्या कथन (A) तथा कारण (R) दोनों सही हैं परन्तु कारण (R) कथन (A) की सही व्याख्या नहीं है। एक गिलास पानी में नमक का घोल समरस (सजातीय मिश्रण अथवा समांगी मिश्रण) होता है। इसमें विभिन्न संगठन वाला घोल समरस होता है।

22 निम्नलिखित में से कौन-सा कथन सही है?

(Chap 3, Class-VI, NCERT)

(a) क्वथन और वाष्पन दोनों सतही परिघटनाएँ हैं।
(b) क्वथन एक सतही परिघटना है, किन्तु वाष्पन एक स्थूल (आयतन) परिघटना है।
(c) क्वथन और वाष्पन दोनों स्थूल (आयतन) परिघटनाएँ हैं।
(d) क्वथन एक स्थूल (आयतन) परिघटना है, किन्तु वाष्पन एक सतही परिघटना है।

उत्तर *(d)*

व्याख्या क्वथन एक स्थूल (आयतन) परिघटना है, जबकि वाष्पन एक सतही परिघटना है, क्योंकि वाष्पन में अधिक ऊर्जा युक्त अणु द्रव की सतह से गैसीय अवस्था में चले जाते हैं। इसके अतिरिक्त क्वथन में वाष्पन की क्रिया सारे स्थूल (आयतन) में होती है तथा वाष्प, मुक्त रूप से आसपास फैल जाती है।

23 निम्नलिखित कथनों पर विचार कीजिए।

(Class-XI, Old NCERT) (IAS Pre 2005)

1. परासरण के प्रक्रम में विलायक, सान्द्र घोल से तनु घोल की ओर जाता है।
2. प्रतिलोम परासरण में तनु घोल पर बाह्य दाब लगाया जाता है।

उपरोक्त कथनों में से कौन-सा/से सही है/हैं?

(a) केवल 1 (b) केवल 2
(c) 1 और 2 (d) न ही 1 और न ही 2

उत्तर *(d)*

व्याख्या दिए गए कथनों में से न ही कथन (1) और न ही कथन (2) सही हैं, क्योंकि परासरण के प्रक्रम में किसी भी विलायक में प्रवाह/प्रसरण तनु विलयन से सान्द्र विलयन की ओर होता है तथा प्रतिलोम परासरण में बाह्य दाब सान्द्र विलयन पर लगाया जाता है। सान्द्र विलयन पर बाह्य दाब लगाकर उसमें उपस्थित विभिन्न प्रकार के अणुओं एवं आयनों को विलयन से पृथक् किया जाता है।

अध्याय 03

रासायनिक अभिक्रियाएँ, बंध एवं रासायनिक समीकरण

रासायनिक अभिक्रियाएँ एवं रासायनिक समीकरण

रासायनिक अभिक्रिया

- वह अभिक्रिया, जिसमें एक या एक से अधिक पदार्थ अभिकारक परस्पर अभिक्रिया करके नये उत्पाद का निर्माण करते हैं एवं निर्मित पदार्थ के भौतिक व रासायनिक गुण मूल पदार्थों से भिन्न होते हैं, रासायनिक अभिक्रिया कहलाती है।

रासायनिक अभिक्रिया के लक्षण

- अवस्था में परिवर्तन
- रंग में परिवर्तन
- ताप में परिवर्तन
- गैस का निकलना
- अवक्षेप का निर्माण

दैनिक जीवन में रासायनिक अभिक्रियाओं के प्रभाव

- **विकृतगंधिता**
- खाद्य पदार्थों में उपस्थित तेल तथा वसा (वाष्पशील प्रकृति वाले) के मंद (धीमे) ऑक्सीकरण से उनके स्वाद तथा गंध का बदल जाना, विकृतगंधिता कहलाती है।
- विकृतगंधिता को रोकने के उपाय
- खाद्य पदार्थों को वायु रोधी पात्रों में रखना निम्न ताप पर पके हुए खाने का प्रशीतन।

संक्षारण

- वह अभिक्रिया जिसमें धातु वायु की ऑक्सीजन, नमी या अन्य रसायनों से धीमी अभिक्रिया द्वारा धीरे-धीरे नष्ट हो जाती है।
- *उदाहरण* लोहे पर जंग लगना, चाँदी के आभूषणों पर काली परत का जमना।

किण्वन

- जटिल कार्बनिक यौगिकों का यीस्ट, जीवाणु आदि सूक्ष्म जीवों के द्वारा सरल कार्बनिक यौगिक में विघटित होना।

उदाहरण दूध का खट्टा होना, स्टार्च से एथिल ऐल्कोहॉल बनना।

रासायनिक अभिक्रिया के प्रकार

संयोजन अभिक्रिया

- दो या दो से अधिक अभिकारक मिलकर एकल उत्पाद का निर्माण करते हैं।

$CaO(s) + H_2O(l) \rightarrow Ca(OH)_2\ (aq)$ + ऊष्मा

क्विक लाइम — बुझा चुना

वियोजन (अपघटन) अभिक्रिया

- इस अभिक्रिया में एक अभिकर्मक टूटकर छोटे-छोटे उत्पाद प्रदान करता है।

$2FeSO_4(s) \rightarrow Fe_2O_3 + SO_2(g) + SO_3(g)$

फेरस सल्फेट — फेरिक आक्साइड

विद्युत अपघटन

- वह अभिक्रिया, जिसमें यौगिक के जलीय विलयन (या गलित अवस्था) में विद्युत प्रवाहित करने पर दो या दो से अधिक सरल पदार्थों में अपघटित हो जाता है। विद्युत-अपघटन कहलाता है।

$2H_2O \xrightarrow{\text{विद्युत}} 2H_2 + O_2$

(जल) (कैथोड) (ऐनोड)

विस्थापन अभिक्रिया

- वह अभिक्रिया जिसमें अधिक क्रियाशील तत्व द्वारा कम क्रियाशील तत्व को विस्थापित कर देता है।

$Fe_2(s) + CuSO_4\ (aq) \longrightarrow FeSO_4\ (aq) + Cu$

कॉपर सल्फेट — आयरन सल्फेट

रेडॉक्स अभिक्रिया

- वह अभिक्रिया जिसमें ऑक्सीकरण व अपचयन एक साथ होता है।
- यह ऑक्सीकरण अपचयन अभिक्रिया भी कहलाती है।

$CuO(s) + H_2(g) \rightarrow Cu\ (s) + H_2O(l)$

रासायनिक समीकरण

- किसी रासायनिक अभिक्रिया का तत्वों के प्रतीकों या यौगिकों के सूत्रों की सहायता से लघु निरुपण रासायनिक समीकरण कहलाता है।

तत्वों या यौगिकों को उनके संकेत के रूप में लिखना

- शब्द-समीकरण में, अभिकारकों के उत्पाद में परिवर्तन को उनके मध्य एक तीर → का निशान लगाकर दर्शाया जाता है।
- अभिकारकों के बीच + का चिन्ह लगाकर उन्हें बाईं ओर (LHS) लिखा जाता है।

रासायनिक समीकरण लिखना

- शब्दों की जगह रासायनिक सूत्र का उपयोग करके रासायनिक समीकरणों को अधिक संक्षिप्त तथा उपयोगी बनाया जा सकता है।
- रासायनिक समीकरण किसी रासायनिक अभिक्रिया को दर्शाता है।

संतुलित रासायनिक समीकरण का महत्व

- द्रव्यमान संरक्षण के नियमानुसार, किसी भी रासायनिक अभिक्रिया में द्रव्यमान का न तो निर्माण होता है और न ही विनाश अर्थात् किसी भी रासायनिक अभिक्रिया के उत्पाद तत्वों का कुल द्रव्यमान अभिकारक तत्वों के कुल द्रव्यमान के बराबर होता है।

रासायनिक समीकरण को संतुलित करना

- रासायनिक समीकरण को जाँच एवं त्रुटि विधि द्वारा संतुलित किया जा सकता है।
- किसी भी समीकरण को संतुलित करते समय यह ध्यान रखना चाहिए कि गुणक को केवल सूत्र से पहले लिखकर समीकरण को संतुलित कर सकते हैं।
- संतुलित करते समय सूत्र में कोई परिवर्तन नहीं करना चाहिए।

उदाहरण

$3Fe(s) + 4H_2\ O(g) \rightarrow Fe_3O(s) + 4H_2(g)$

SOURCE NCERT Class-X (रासायनिक अभिक्रियाएँ एवं समीकरण), NCERT Class-XI (रासायनिक आबन्धन)

1 **रासायनिक अभिक्रियाओं के संदर्भ में निम्नलिखित कथनों पर विचार कीजिए।** *(Chap 1, Class-X, NCERT)*

1. रासायनिक अभिक्रिया में परमाणुओं के आपसी आबंध के टूटने से नए पदार्थों का निर्माण होता है।
2. रासायनिक अभिक्रिया के समय किसी एक तत्व का परमाणु दूसरे तत्व के परमाणु में बदल जाता है।

उपर्युक्त में से कौन-सा/से कथन सही नहीं है/हैं?

(a) केवल 1
(b) केवल 2
(c) 1 और 2 दोनों
(d) न तो 1 और न ही 2

उत्तर (b)

व्याख्या रासायनिक अभिक्रियाओं के संदर्भ में कथन (2) सही नहीं है, क्योकि रासायनिक अभिक्रिया के समय किसी एक तत्व का परमाणु दूसरे तत्व के परमाणु में नहीं बदलता अर्थात् न तो कोई परमाणु मिश्रण से बाहर जाता है और न ही बाहर से मिश्रण में आता है।

इस प्रक्रिया में पुराने आबन्ध टूटते हैं और नए आबन्ध बनते हैं।

2 **आयनिक बंध के निर्माण हेतु आवश्यक परिस्थितियों के संदर्भ में निम्नलिखित कथनों पर विचार कीजिए।** *(Chap 4, Class-XI, NCERT)*

1. इनके निर्माण में एक तत्व विद्युतऋणात्मक होना चाहिए।
2. एक तत्व की अंतिम कक्षा में 5, 6 या 7 इलेक्ट्रॉन होने चाहिए तथा दूसरे तत्व की अंतिम कक्षा में 1, 2 या 3 इलेक्ट्रॉन होने चाहिए।

उपर्युक्त में से कौन-सा/से कथन असत्य है/हैं?

(a) केवल 1 (b) केवल 2
(c) 1 और 2 दोनों (d) इनमें से कोई नहीं

उत्तर (a)

व्याख्या आयनिक बंध के निर्माण हेतु आवश्यक परिस्थितियों के संदर्भ में कथन (1) असत्य है, क्योंकि आयनिक बंध के निर्माण में एक तत्व विद्युतऋणात्मक (Electronegative) तथा एक तत्व विद्युतधनात्मक (Electropositive) होना आवश्यक है।

कथन (2) सत्य है, क्योंकि एक तत्व की अंतिम कक्षा में 5, 6 या 7 इलेक्ट्रॉन होने चाहिए तथा दूसरे तत्व की अंतिम कक्षा में 1, 2 या 3 इलेक्ट्रॉन होने चाहिए, जिससे अष्टक पूर्ण हो सके।

3 **सहसंयोजी यौगिकों के संदर्भ में निम्नलिखित कथनों पर विचार कीजिए।** *(Chap 4, Class-XI, NCERT)*

1. सहसंयोजी यौगिकों में प्रबल अंतराण्विक आकर्षण बल होते हैं।
2. NH_3, CH_4 आदि सहसंयोजी यौगिक के उदाहरण है।

उपर्युक्त में कौन-सा/से कथन असत्य है/हैं?

(a) केवल 1 (b) केवल 2
(c) 1 और 2 दोनों (d) न तो 1 और न ही 2

उत्तर (a)

व्याख्या सहसंयोजी यौगिकों के संदर्भ में कथन (1) असत्य है, क्योकि सहसंयोजी आबंध वह रासायनिक आबंध है, जिसमें परमाणुओं के मध्य इलेक्ट्रॉनों का साझा होता है। सहसंयोजी यौगिकों के प्रमुख उदाहरण NH_3, CH_4 आदि हैं।

4 **आयनिक यौगिकों से संबंधित निम्न कथनों पर विचार कीजिए।** *(Chap 4, Class-XI, NCERT)*

1. आयनिक यौगिक ऐल्कोहॉल में अविलेय होते हैं।
2. ठोस अवस्था में आयनिक यौगिक विद्युत के उत्तम चालक होते हैं।

उपर्युक्त में से कौन-सा/से कथन असत्य है/हैं?

(a) केवल 1 (b) 1 और 2 दोनों
(c) केवल 2 (d) न तो 1 और न ही 2

उत्तर (c)

व्याख्या आयनिक यौगिकों से संबंधित कथन (2) असत्य है, क्योंकि आयनिक ठोसों में, ठोस अवस्था में भी आयन तो होते हैं, परंतु स्वतंत्र अवस्था में नहीं होने के कारण विद्युत का चालन नहीं करते।

कथन (1) सत्य है। आयनिक यौगिक ऐल्कोहॉल में अविलेय होते हैं। ऐल्कोहॉल एक अध्रुवी विलायक होता है। रासायनिक यौगिक जिनमें आयनिक आबंधों के द्वारा जुड़कर एक जालक संरचना का निर्माण करते हैं, आयनिक यौगिक कहलाते हैं।

5 **निम्नलिखित कथनों पर विचार कीजिए।** *(Chap 1, Class-X, NCERT)*

1. कुछ अभिक्रियाओं में, अभिकारक सूर्य के प्रकाश की उपस्थिति में तीव्रता से अभिक्रिया करते हैं।
2. उदासीनीकरण अभिक्रिया उत्क्रमणीय अभिक्रिया का एक उदाहरण है।

उपर्युक्त में से कौन-सा/से कथन सही नहीं है/हैं?

(a) केवल 1 (b) केवल 2
(c) 1 और 2 दोनों (d) उपर्युक्त में से कोई नहीं

उत्तर (b)

व्याख्या कथन (2) सही नहीं है, क्योंकि उदासीनीकरण अभिक्रिया (Neutralisation reaction) उत्क्रमणीय अभिक्रिया (Reversible reaction) का नहीं, बल्कि अनुत्क्रमणीय अभिक्रिया (Irreversible reaction) का उदाहरण है।

वे अभिक्रिया जो केवल एक ही दिशा में चलती हैं अर्थात् जिनमें क्रियाकारक (Reactants) क्रिया करके क्रियाफल (Products) तो बना लेते हैं, लेकिन क्रियाफल पुनः क्रिया करके क्रियाकारक नहीं बनाते, उन्हें अनुत्क्रमणीय अभिक्रिया कहते हैं। इसके अतिरिक्त वे अभिक्रियाएँ जो दोनों दिशाओं में चलती हैं, उत्क्रमणीय अभिक्रियाएँ कहलाती हैं।

6 **निम्नलिखित कथनों पर विचार कीजिए।** *(Chap 4, Class-XI, NCERT)*

1. धात्विक आबंध आकर्षण बल है।
2. यह इलेक्ट्रॉनों की साझेदारी के कारण बनते हैं।
3. इलेक्ट्रॉन जो धात्विक आबंध के निर्माण में भाग लेते हैं।

उपर्युक्त में से कौन-सा/से कथन सही है/हैं?

(a) 1 और 2 (b) 2 और 3
(c) 1 और 3 (d) 1, 2 और 3

उत्तर (d)

व्याख्या दिए गए सभी कथन (1), (2) और (3) सही हैं। धात्विक बंध एक प्रकार का रासायनिक बंध है, जो धातु में चालक इलेक्ट्रॉनों की साझेदारी के कारण बनता है। यह बंध धनात्मक आवेशित धातु आयनों के मध्य उत्पन्न होता है तथा इसमें इलेक्ट्रॉन भाग लेते हैं।

7 **एक संयोजन अभिक्रिया में .... हो सकते हैं।** *(Chap 1, Class-X, NCERT)*

I. दो या दो से अधिक अभिकारक
II. दो या दो से अधिक उत्पाद
III. केवल एक उत्पाद

(a) केवल I (b) केवल I तथा III
(c) केवल I तथा II (d) केवल II

उत्तर (b)

व्याख्या एक संयोजन अभिक्रिया में दो या दो से अधिक पदार्थ संयोग करके एकल उत्पाद का निर्माण करते हैं। इस प्रकार की अभिक्रियाएँ तत्व या यौगिक के मध्य होती हैं।

उदाहरण के लिए कोयले का दहन एक संयोजन अभिक्रिया का उदाहरण है।

$$C\,(s) + O_2(g) \longrightarrow CO_2(g)$$

8 निम्नलिखित अभिक्रिया पर विचार कीजिए।

$CH_4 + 2O_2 \longrightarrow CO_2 + 2H_2O$

उपरोक्त अभिक्रिया के बारे में निम्नलिखित में कौन-सा/से कथन सही है/हैं? *(Chap 1, Class-X, NCERT)*

1. कार्बन का ऑक्सीकरण हुआ है।
2. हाइड्रोजन का ऑक्सीकरण हुआ है।
3. हाइड्रोजन का अपचयन हुआ है।
4. कार्बन का अपचयन हुआ है।

नीचे दिए गए कूट का प्रयोग कर सही उत्तर चुनिए

(a) केवल 1 (b) केवल 2 (c) 2 और 3 (d) 2 और 4

उत्तर *(a)*

व्याख्या दी गई अभिक्रिया के संदर्भ में कथन 1 सही है उपरोक्त अभिक्रिया में कार्बन का ऑक्सीकरण हुआ है।

ऑक्सीकरण अभिक्रिया में एक पदार्थ ऑक्सीजन या कोई अन्य विद्युत ऋणात्मक तत्व ग्रहण करता है या हाइड्रोजन या इलेक्ट्रॉन का निष्कासन करता है। जबकि अपचयन अभिक्रिया में एक पदार्थ हाइड्रोजन या विद्युत धनात्मक तत्व या इलेक्ट्रॉन ग्रहण करता है।

9 निम्नलिखित में से कौन-सा कथन सही है? *(Chap 1, Class-X, NCERT)*

1. रासायनिक आबंध के निर्माण के समय ऊर्जा हमेशा अवशोषित होती है।
2. रासायनिक आबंध के निर्माण के समय ऊर्जा हमेशा निर्मुक्त होती है।
3. रासायनिक आबंध के निर्माण के समय अवशोषित ऊर्जा की अपेक्षा अधिक ऊर्जा निर्मुक्त होती है।
4. रासायनिक आबंध के निर्माण के समय ऊर्जा न तो अवशोषित होती है और न ही मुक्त।

(a) 1 और 2 (b) केवल 2 (c) 3 और 2 (d) केवल 4

उत्तर *(b)*

व्याख्या कथन 2 सही है। जबकि कथन 1, 3 और 4 गलत हैं।

जब एक रासायनिक आबंध बनता है, तब ऊर्जा हमेशा निर्मुक्त होती है। ये आबंध रासायनिक संयोग के बाद बनते हैं तथा परमाणु अपने से सबसे पास वाली निष्क्रिय गैस का इलेक्ट्रॉनिक विन्यास प्राप्त कर लेते हैं।

रासायनिक आबन्धन एक ऊष्माक्षेपी प्रक्रम है। इसमें किसी भी प्रकार की कोई ऊष्मा अवशोषित नहीं होती है।

10 कथन लोहे को जंग से बचाने के लिए किए जाने वाली यशदीकरण प्रक्रिया में जस्ते का प्रयोग किया जाता है।

कारण जस्ता, लोहे की अपेक्षा ऑक्सीजन के प्रति अधिक अभिक्रियाशील होता है। *(Chap 1, Class-X, NCERT)*

(a) कथन और कारण दोनों सत्य हैं तथा कारण, कथन का सही स्पष्टीकरण है।
(b) कथन और कारण दोनों सत्य हैं परन्तु कारण, कथन का सही स्पष्टीकरण नहीं है।
(c) कथन सत्य है परन्तु कारण असत्य है।
(d) कथन असत्य है परन्तु कारण सत्य है।

उत्तर *(c)*

व्याख्या कथन सत्य है, परन्तु कारण असत्य है। लोहे को जंग से बचाने के लिए किए जाने वाली यशदीकरण प्रक्रिया में जस्ते का प्रयोग किया जाता है क्योंकि जस्ता लोहे की अपेक्षा ऑक्सीजन के प्रति कम अभिक्रियाशील होता है जिससे लोहा जंग लगने से सुरक्षित रहता है।

11 प्रश्नों में दो तथ्य दिए गए हैं-एक कथन I तथा दूसरा कथन II दोनों कथनों को ध्यानपूर्वक पढ़िए तथा नीचे दिए गए कूट की सहायता से सही उत्तर का चयन कीजिए। *(Chap 4, Class-XI, NCERT)*

कथन I सोडियम क्लोराइड और मैग्नीशियम क्लोराइड के गलनांक उच्च होते हैं।

कथन II सोडियम क्लोराइड और मैग्नीशियम क्लोराइड वैद्युत संयोजी यौगिक हैं।

(a) कथन I और कथन II दोनों सत्य हैं तथा कथन II, कथन I का सही स्पष्टीकरण है।
(b) कथन I और कथन II दोनों सत्य हैं परन्तु कथन II, कथन I का सही स्पष्टीकरण नहीं है।
(c) कथन I सत्य है परन्तु कथन II असत्य है।
(d) कथन I असत्य है परन्तु कथन II सत्य है।

उत्तर *(a)*

व्याख्या कथन I और कथन II दोनों सत्य हैं तथा कथन II, कथन I का सही स्पष्टीकरण है। सोडियम क्लोराइड और मैग्नीशियम क्लोराइड के गलनांक उच्च होते हैं, क्योंकि सोडियम क्लोराइड और मैग्नीशियम क्लोराइड दोनों आयनिक यौगिक हैं तथा आयनिक यौगिकों के मध्य प्रबल स्थिर विद्युत आकर्षण बल पाया जाता है, जिसके कारण इनके गलनांक और क्वथनांक उच्च होते हैं।

12 जब सोडियम और क्लोरीन क्रिया करते हैं, तो सोडियम क्लोराइड बनता है। इस सन्दर्भ में निम्न कथनों पर विचार कीजिए। *(Chap 4, Class-XI, NCERT)*

1. ऊर्जा उत्पन्न होती है तथा आयनिक बन्ध बनता है।
2. ऊर्जा उत्पन्न होती है तथा सहसंयोजक बन्ध बनता है।
3. ऊर्जा अवशोषित होती है तथा आयनिक बन्ध बनता है।
4. ऊर्जा अवशोषित होती है तथा सहसंयोजक बन्ध बनता है।

उपरोक्त कथनों में से कौन-से कथन सही हैं?

(a) केवल 1 (b) 1 और 2
(c) 2 और 3 (d) केवल 4

उत्तर *(a)*

व्याख्या जब सोडियम और क्लोरीन क्रिया करते हैं, तो सोडियम क्लोराइड बनता है, तब ऊर्जा उत्पन्न होती है तथा आयनिक बन्ध बनता है।

आयनिक यौगिक का निर्माण धनायन और ऋणायन के आयन के मध्य होता है। आयनिक बेव के निर्माण का प्रक्रम ऊष्माक्षेपी है अर्थात् इसमें ऊर्जा निर्मुक्त होती है, जो निकाय की मुक्त ऊर्जा में कमी के साथ सम्पन्न होती है।

13 निम्नलिखित में से कौन-सा कथन सही है? *(Chap 4, Class-XI, NCERT)*

1. कैल्सियम क्लोराइड एक सहसंयोजी यौगिक है।
2. मैग्नीशियम क्लोराइड एक सहसंयोजी यौगिक है।
3. सोडियम क्लोराइड एक सहसंयोजी यौगिक है।
4. कार्बन टेट्राक्लोराइड एक सहसंयोजी यौगिक है।

(a) 1 और 2 (b) 1 और 4
(c) केवल 4 (d) 2 और 3

उत्तर *(c)*

व्याख्या कथन (4) सही है। जबकि कथन (1), (2) और (3) गलत है।
कार्बन ट्रेटाक्लोराइड (CCl_4) एक महत्त्वपूर्ण अध्रुवीय सहसंयोजक यौगिक (Non-polar covalent compound) है। एक विलायक के रूप में इसका उपयोग आयोडीन, वसा, तेल और अन्य अध्रुवीय यौगिकों को भंग या घोलने के लिए किया जाता है। इसका उपयोग कीटनाशक और अग्निशामक के रूप में भी किया गया है।
कैल्सियम क्लोराइड, मैग्नीशियम क्लोराइड और सोडियम क्लोराइड आयनिक यौगिक हैं।

14 प्रश्नों में दो तथ्य दिए गए हैं–एक कथन I तथा दूसरा कथन II दोनों कथनों को ध्यानपूर्वक पढ़िए तथा नीचे दिए गए कूट की सहायता से सही उत्तर का चयन कीजिए। *(Chap- 4, Class-XI, NCERT)*

कथन I शुद्ध सहसंयोजी यौगिक विद्युत के चालक होते हैं, किन्तु आयनिक यौगिक नहीं।

कथन II शुद्ध सहसंयोजी यौगिकों के क्वथनांक तथा गलनांक शुद्ध आयनिक यौगिकों से कम होते हैं।

(a) कथन I और कथन II दोनों सत्य हैं तथा कथन II, कथन I का सही स्पष्टीकरण है।
(b) कथन I और कथन II दोनों सत्य हैं परन्तु कथन II, कथन I का सही स्पष्टीकरण नहीं है।
(c) कथन I सत्य है परन्तु कथन II असत्य है।
(d) कथन I असत्य है परन्तु कथन II सत्य है।

उत्तर (d)

व्याख्या कथन I असत्य है, परन्तु कथन II सत्य है, क्योंकि शुद्ध सहसंयोजी यौगिक विद्युत के कुचालक होते हैं, जबकि आयनिक यौगिक विद्युत के चालक होते हैं, आयनिक यौगिकों में प्रबल स्थिर विद्युत आकर्षण बलों के कारण इनके गलनांक और क्वथनांक शुद्ध सहसंयोजी यौगिकों की तुलना में उच्च होते हैं।

15 आयनिक बन्ध के निर्माण हेतु आवश्यक परिस्थितियों के सन्दर्भ में निम्न कथनों पर विचार कीजिए। *(Chap 4, Class-XI, NCERT)*

1. एक तत्व विद्युत ऋणात्मक तथा एक तत्व विद्युत धनात्मक होना चाहिए।
2. एक तत्व की अन्तिम कक्षा में 5, 6 या 7 इलेक्ट्रॉन होने चाहिए तथा दूसरे तत्व की अन्तिम कक्षा में 1, 2 या 3 इलेक्ट्रॉन होने चाहिए।

उपरोक्त कथनों में से कौन-से कथन सही हैं?

(a) केवल 1 (b) केवल 2
(c) 1 और 2 दोनों (d) कोई नहीं

उत्तर (c)

व्याख्या आयनिक बन्ध के निर्माण हेतु आवश्यक परिस्थितियों के सन्दर्भ में कथन 1 और 2 दोनों सही हैं। आयनिक बन्ध का निर्माण एक धनायन और ऋणायन के मध्य होता है।
सभी धात्विक तत्व धनायन (जैसे-Na^+, Mg^{2+}, Ca^{2+}, Al^{3+}) विद्युत ऋणायन तत्व कहलाते हैं, जबकि अधात्विक तत्व ऋणायन जैसे–(F^-, Cl^-, O^{2-}, CO_3^{2-}) विद्युत ऋणात्मक तत्व कहलाते हैं।

16 निम्न में से कौन-सा कथन सही है? *(Chap 4, Class-XI, NCERT)*

(a) सहसंयोजक आबन्ध दिशात्मक होते हैं।
(b) आयनिक आबन्ध दिशात्मक होते हैं।
(c) सहसंयोजक और आयनिक दोनों आबन्ध दिशात्मक होते हैं।
(d) सहसंयोजक और आयनिक दोनों आबन्ध अदिशात्मक होते हैं।

उत्तर (a)

व्याख्या कथन (a) सही है, जबकि कथन (b), (c) और (d) गलत है।
सहसंयोजक आबन्ध दिशात्मक होते हैं।
सहसंयोजक आबन्ध का निर्माण दो समान परमाणुओं या लगभग समान विद्युत ऋणात्मकता वाले दो असमान परमाणुओं के मुख्य इलेक्ट्रॉनों की साझेदारी से होता है।

17 निम्नलिखित समीकरण एक रेडॉक्स अभिक्रिया का उदाहरण है, जिसमें Cl_2 एक उपचायक है और $FeBr_3$ एक अपचायक है।

$$2FeBr_3(aq) + 3Cl_2(g) \longrightarrow 2FeCl_3(aq) + 3Br_2(g)$$

इस रेडॉक्स अभिक्रिया के लिए निम्नलिखित कथनों में से कौन-सा एक गलत है? *(Chap 1, Class-X, NCERT)*

(a) उपचायक स्वयं अपचयित हो जाते हैं।
(b) अपचायक इलेक्ट्रॉनों का या तो लाभ पाते हैं या लाभ पाते प्रतीत होते हैं।
(c) अपचायक स्वयं उपचयित हो जाते हैं।
(d) उपचायक अन्य पदार्थों का उपचयन करते हैं।

उत्तर (b)

व्याख्या दिया गया समीकरण एक रेडॉक्स अभिक्रिया का उदाहरण है, जिसमें Cl_2 एक उपचायक है और $FeBr_3$ एक अपचायक है।
इस रेडॉक्स अभिक्रिया के लिए कथन (b) गलत है, जबकि कथन (a), (c) और (d) सही हैं।
इलेक्ट्रॉनग्राही उपचायक (ऑक्सीकारक) है और इलेक्ट्रॉनदाता अपचायक है संक्षेप में एक पदार्थ जो ऑक्सीकृत होता है या जिसकी ऑक्सीकरण संख्या में वृद्धि होती है अपचायक की तरह कार्य करता है, जबकि एक पदार्थ जो अपचयित होता है या जिसकी ऑक्सीकरण संख्या में कमी होती है। ऑक्सीकारक (अपचायक) की तरह कार्य करता है।

18 नीचे दी गई अभिक्रिया के लिए निम्न में से कौन-सा कथन सही नहीं है? *(Chap 1, Class-X, NCERT)*

$Fe(s) + CuSO_4(aq) \longrightarrow FeSO_4(aq) + Cu(s)$

(a) लौह अपचायक है।
(b) अभिक्रिया के पश्चात् विलयन का रंग हरा हो जाता है।
(c) लौह की तुलना में कॉपर अधिक अभिक्रियाशील धातु है।
(d) यह अभिक्रिया अपचयोपचय (रेडॉक्स) अभिक्रिया का एक उदाहरण है।

उत्तर (c)

व्याख्या कथन (c) सही नहीं है, क्योंकि दी गई रासायनिक अभिक्रिया एक विस्थापन अभिक्रिया है और विस्थापन अभिक्रिया में एक क्रियाशील तत्व कम क्रियाशील तत्व को उसके जलीय विलयन से विस्थापित कर देता है उपर्युक्त अभिक्रिया में लौह धातु कॉपर की तुलना में अधिक क्रियाशील है इसलिए यह कॉपर को उसके जलीय विलयन से विस्थापित करती है।

19 फ्लुओरीन की जल के साथ अभिक्रिया के विषय में निम्नलिखित में से कौन-सा एक सही है? *(Chap 1, Class-X, NCERT)*

$$2F_2(g) + 2H_2O(l) \longrightarrow 4H^+(aq) + 4F^-(aq) + O_2(aq)$$

(a) फ्लुओरीन की उपचयन F^- में हो जाता है।
(b) जल का उपचयन O_2 में हो जाता है।
(c) जल का अपचयन H^+ में हो जाता है।
(d) फ्लुओरीन की उपचयन अवस्था बदलती नहीं है।

उत्तर (b)

व्याख्या दी गई अभिक्रिया के विषय में कथन (b) सही है।
उपचयन अभिक्रिया में एक पदार्थ ऑक्सीजन या कोई अन्य विद्युतऋणात्मक तत्व ग्रहण करता है या हाइड्रोजन या इलेक्ट्रॉन का निष्कासन करता है और ऑक्सीकरण संख्या में वृद्धि दर्शाता है उपचयन अभिक्रिया को सामान्यत: ऑक्सीकरण अभिक्रिया भी कहते हैं।

20 ऑक्सीकरण और अपचयन के विषय में निम्न कथनों में कौन-से सही हैं? *(Chap 1, Class-X, NCERT)*

1. ऑक्सीकरण में इलेक्ट्रॉन त्यागे जाते हैं, जबकि अपचयन में इलेक्ट्रॉन ग्रहण किये जाते हैं।
2. ऑक्सीकरण में इलेक्ट्रॉन ग्रहण किये जाते हैं, जबकि अपचयन में इलेक्ट्रॉन का त्याग किया जाता है।
3. ऑक्सीकारक, ऑक्सीकरण संख्या घटाता है, जबकि अपचायक ऑक्सीकरण संख्या बढ़ाता है।
4. ऑक्सीकारक, ऑक्सीकरण संख्या बढ़ाता है, जबकि अपचायक ऑक्सीकरण संख्या घटाता है।

कूट

(a) 1 और 3 (b) 2 और 4 (c) 2 और 3 (d) 1 और 4

उत्तर *(a)*

व्याख्या ऑक्सीकरण (Oxidation) और अपचयन (Reduction) के विषय में कथन (1) और (3) सही हैं। पदार्थ द्वारा ऑक्सीजन या अन्य ऋणविद्युती तत्व (या मूलक) को ग्रहण करने अथवा हाइड्रोजन या अन्य धनविद्युती तत्व (या मूलक) को त्यागने की प्रक्रिया ऑक्सीकरण कहलाती है।

पदार्थ द्वारा हाइड्रोजन या अन्य धनविद्युती तत्व को ग्रहण करने अथवा ऑक्सीजन या अन्य ऋणविद्युती तत्व को त्यागने की प्रक्रिया अपचयन कहलाती है। ऑक्सीकारक, ऑक्सीकरण संख्या घटाता है, जबकि अपचायक ऑक्सीकरण संख्या बढ़ाता है।

21 संक्षारण अथवा ऑक्सीकरण के संदर्भ में निम्नलिखित कथनों पर विचार कीजिए। *(Chap 1, Class-X, NCERT)*

1. इसके कारण चाँदी के ऊपर काली परत व ताँबे के ऊपर हरी परत चढ़ जाती है।
2. इसके प्रभाव से बचाने के लिए चिप्स की थैली में से ऑक्सीजन हटाकर उसमें नाइट्रोजन गैस भरी जाती है।

उपर्युक्त में से कौन-सा/से कथन सही है/हैं?

(a) केवल 1
(b) केवल 2
(c) 1 और 2 दोनों
(d) न तो 1 और न ही 2

उत्तर *(c)*

व्याख्या संक्षारण अथवा ऑक्सीकरण के संदर्भ में दोनों कथन (1) और (2) सही हैं।

दैनिक धातुओं का संक्षारण (Corrosion) होता है। लोहे पर जंग लगना, चाँदी के ऊपर काली परत व ताँबे के ऊपर हरी परत चढ़ना संक्षारण के उदाहरण हैं।

ऑक्सीकरण या उपचयन के कारण तेल एवं वसा विकृतगंधी (Rancid) हो जाते हैं, जिससे वसा युक्त अथवा तैलीय खाद्य सामग्री के स्वाद और गंध में परिवर्तन आ जाता है। इसके प्रभाव से बचाने के लिए चिप्स की थैली में ऑक्सीजन हटाकर उसमें नाइट्रोजन गैस भरी जाती है।

22 कथन (A) उच्चतर तापमानों पर रासायनिक अभिक्रिया तीव्रतर हो जाती है।

कारण (R) उच्चतर तापमानों पर आण्विक गति और द्रुत हो जाती है। *(Class-XI, Old NCERT) (IAS Pre 2001)*

कूट

(a) A और R दोनों सही हैं तथा R, A का सही स्पष्टीकरण है।
(b) A और R दोनों सही हैं किन्तु R, A का सही स्पष्टीकरण नहीं है।
(c) A सही है परन्तु R गलत है।
(d) A गलत है परन्तु R सही है।

उत्तर *(a)*

व्याख्या कथन (A) और कारण (R) दोनों सही हैं तथा कारण (R), कथन (A) का सही स्पष्टीकरण है।

उच्चतर तापमानों पर रासायनिक अभिक्रिया तीव्रतर हो जाती है। रासायनिक अभिक्रिया की गति-प्रतिकारकों के सान्द्रण, ताप, भौतिक अवस्था एवं प्रतिकारकों की प्रकृति पर निर्भर करती है। सामान्यत: प्रतिकारकों का ताप जितना अधिक होता है, उनकी प्रतिक्रिया उतनी ही तीव्र होती है। अत: उच्चतर तापमानों पर आण्विक गति और द्रुत हो जाती है।

23 निम्न कथनों पर विचार कीजिए। *(Class-XI, Old NCERT)*

कथन (A) नमक और बर्फ के मिश्रण से 0°C से नीचे का तापमान प्राप्त होता है।

कारण (R) नमक बर्फ के हिमांक को बढ़ा देता है।

उपरोक्त कथनों के सन्दर्भ में निम्न में से कौन-सा एक सही है?

(a) A और R दोनों सही हैं तथा R, A का सही स्पष्टीकरण है।
(b) A और R दोनों सही हैं किन्तु R, A का सही स्पष्टीकरण नहीं है।
(c) A सही है परन्तु R गलत है।
(d) A गलत है परन्तु R सही है।

उत्तर *(c)*

व्याख्या कथन (A) सही है, परन्तु कारण (R) गलत है।

नमक और बर्फ के मिश्रण से 0° C से नीचे का तापमान प्राप्त होता है, क्योंकि अपद्रव्यों (Impurities) को मिलाने से द्रव का क्वथनांक बढ़ जाता है, जबकि गलनांक सामान्यत: कम हो जाता है। 0°C पर पिघलती बर्फ में यदि कुछ नमक, शोरा आदि मिलाते हैं, तो बर्फ का गलनांक 0°C से घटकर −22° C तक कम हो जाता है। नमक और बर्फ के ऐसे मिश्रण को हिम-मिश्रण (Freezing-mixture) कहते हैं।

अध्याय 04

तत्वों का आवर्त वर्गीकरण

तत्वों का आवर्त वर्गीकरण

सिद्धांत नियम एवं आवर्त सारणी

- अब तक लगभग 118 तत्वों की खोज हो चुकी है, जिनमें से 94 प्राकृतिक हैं तथा शेष कृत्रिम विधियों द्वारा प्राप्त किए गए हैं।
- टेक्नीशियम तत्व सबसे पहले कृत्रिम रूप से प्राप्त किया गया।

तत्वों का प्रारम्भिक वर्गीकरण

- डॉबेराइनर, न्यूलैण्ड्स, मेण्डेलीफ आदि वैज्ञानिकों ने तत्वों को वर्गीकृत करने की दिशा में महत्वपूर्ण प्रयास किए।

न्यूलैण्ड्स का अष्टक सिद्धान्त (1865)

- तत्वों को परमाणु भार के बढ़ते क्रम में व्यवस्थित किया।
- उन्होंने इसकी तुलना संगीत के अष्टक से की और इसलिए उन्होंने इसे अष्टक सिद्धान्त कहा।
- उन्होंने सबसे कम परमाणु द्रव्यमान वाले तत्व हाइड्रोजन से आरम्भ किया। तथा 56 वें तत्व थोरियम पर समाप्त किया।

डॉबेराइनर का त्रिक नियम (1817)

- डॉबेराइनर ने बताया कि त्रिक के तीनों तत्वों को उनके परमाणु द्रव्यमान के आरोही क्रम में रखने पर बीच वाले तत्व का परमाणु द्रव्यमान, अन्य तत्वों के परमाणु द्रव्यमान का लगभग औसत है।
- डॉबेराइनर केवल तीन त्रिक ज्ञात कर सके थे, इसलिए त्रिक में वर्गीकृत करने की यह पद्धति सफल नहीं हो पायी थी।

  उदाहरण - लीथियम (7), सोडियम (23), पोटैशियम (39)!

मेण्डेलीफ की मूल आवर्त सारणी (1869)

- तत्वों के वर्गीकरण का मुख्य श्रेय मेण्डेलीफ को जाता है। उन्होंने अपनी आवर्त सारणी में बताया, तत्वों के गुणधर्म उनके परमाणु भारों के अवार्ती फलन होते हैं।
- **सीमाएँ** हाइड्रोजन की स्थिति, समस्थानिकों की स्थिति, तत्वों के असंगत युग्म आदि।

आधुनिक आवर्त सारणी

- वर्ष 1913 में हेनरी मोसले ने बताया कि तत्व के परमाणु द्रव्यमान की तुलना में उसकी परमाणु संख्या (*Z*) अधिक आधारभूत गुणधर्म है। उन्होंने तत्वों को परमाणु क्रमांक के आधार पर व्यवस्थित किया।
- तत्वों के भौतिक और रासायनिक गुणधर्म उनके परमाणु क्रमांकों के आवर्ती फलन होते है।
- समान इलेक्ट्रॉनिक विन्यास वाले सभी तत्वों के गुण समान होते हैं, इस प्रकार समान इलेक्ट्रॉनिक विन्यास की पुनरावृत्ति तत्त्वों के गुणों में आवर्तिता का कारण है।

विभिन्न ब्लॉक तत्व

स्थान

- तत्वों को आवर्त और समूह में वर्गीकृत किया।
- आवर्त को क्षैतिज पंक्तियों में वर्गीकृत किया तथा समूह को ऊर्ध्वाधर पंक्तियों में वर्गीकृत किया।
- आवर्त की संख्या 7 है तथा समूह की संख्या 18 है।
- समान बाह्य इलेक्ट्रॉन विन्यास वाले तत्वों को ऊर्ध्वाधर स्तम्भों (समूहों) में रखा गया।
- प्रथम आवर्त में 2 तत्व उपस्थित है। इसे बाद के आवर्तों में क्रमशः 8, 8, 18 और 32 तत्व है। सातवाँ आवर्त अपूर्ण है।
- किसी आवर्त में बाँए से दाएँ जाने पर संयोजी इलेक्ट्रॉनों की संख्या 1 से 8 तक बढ़ती है।
- आर्वत सारणी में न्यूनतम प्रतिक्रियाशील तत्व उत्कृष्ट गैसे हैं।
- हाइड्रोजन आधुनिक आवर्त सारणी के समूह I में उपस्थित एकमात्र अधातु है।

***s*-ब्लॉक तत्व**

- इन तत्वों में संयोजी इलेक्ट्रॉन *s*-कक्षक में प्रवेश करता है।
- आवर्त सारणी का समूह 1 (IA) सामूहिक रूप से क्षारीय धातुएँ कहलाते हैं।

***p*-ब्लॉक तत्व**

- *p*-ब्लॉक के तत्वों में संयोजी इलेक्ट्रॉन *p*-कक्षक में प्रवेश करते हैं।
- आवर्त सारणी में समूह -13 से 18 (IIIA से VIIIA) *p*-ब्लॉक के तत्व हैं।

***d*-ब्लॉक तत्व**

- इन तत्वों को संक्रमण तत्व कहा जाता है (जिंक कैडमियम और मर्करी के अतिरिक्त) *d*-ब्लॉक के तत्वों में संयोजी इलेक्ट्रॉन *d*-कक्षक में प्रवेश करते हैं।
- संयोजी कोश का इलेक्ट्रॉनिक विन्यास $(n-1)d^{1-10}\,ns^{1-2}$ होता है। इस ब्लॉक में 3 से 12 तक के तत्व हैं।

***f*-ब्लॉक तत्व**

- आवर्त सारणी का *f*-ब्लॉक दो श्रेणियों लैन्थेनॉइडों तथा ऐक्टिनॉइडों से मिलकर बना है।
- परमाणु क्रमांक 57 से 71 (14 तत्व) तक लैंथेनॉइड तत्व दुलर्भ मृदा तत्व एवं परमाणु क्रमांक 89 से 103 तक (14 तत्व) एक्टिनॉइड या ट्रांसयूरेनिक तत्व कहा जाता है।
- इस ब्लॉक के तत्व आन्तरिक संक्रमण तत्व कहलाते हैं।

SOURCE NCERT Class XI (तत्वों का वर्गीकरण एवं गुणधर्मों में आवर्तिता)

1 मेण्डेलीफ की आवर्त सारणी के संदर्भ में निम्नलिखित कथनों पर विचार कीजिए। *(Chap 3, Class-XI, NCERT)*

1. मेण्डेलीफ ने तत्वों को उनके परमाणु द्रव्यमान के आरोही क्रम तथा रासायनिक गुणधर्मों के आधार पर वर्गीकृत किया।
2. मेण्डेलीफ ने अपनी आवर्त सारणी में कुछ रिक्त स्थान छोड़े।
3. मेण्डेलीफ ने अपनी आवर्त सारणी में अक्रिय गैसों को एक विशिष्ट स्थान प्रदान किया।

उपर्युक्त में से कौन-सा/से कथन सही है/हैं?

(a) 1 और 2 (b) केवल 2 (c) 2 और 3 (d) 1, 2 और 3

उत्तर *(a)*

व्याख्या मेण्डेलीफ की आवर्त सारणी के संदर्भ में कथन (1) और (2) सही हैं।

मेण्डेलीफ ने आवर्त सारणी में तत्वों को उनके मूल गुणधर्म, परमाणु द्रव्यमान तथा रासायनिक गुणधर्मों में समानता के आधार पर व्यवस्थित किया।
मेण्डेलीफ ने अपनी आवर्त सारणी में कुछ रिक्त स्थान छोड़े और इन रिक्त स्थानों के आधार पर नए तत्वों की भविष्यवाणी की।

कथन (3) सही नहीं है, क्योंकि मेण्डेलीफ की आवर्त सारणी में अक्रिय गैसें अनुपस्थित थीं, क्योंकि तब तक अक्रिय गैसों की खोज नहीं हुई थी।

2 मेण्डेलीफ की आवर्त सारणी में उपस्थित कमियों के संदर्भ में निम्नलिखित कथनों पर विचार कीजिए। *(Chap 3, Class-XI, NCERT)*

1. वे अपनी आवर्त सारणी में हाइड्रोजन को सही स्थान नहीं दे पाए।
2. तत्वों के समस्थानिक उनकी सारणी के आवर्त नियम के लिए चुनौती थे।
3. उनकी सारणी में एक तत्व से दूसरे तत्व की ओर आगे बढ़ने पर परमाणु द्रव्यमान नियमित रूप से नहीं बढ़ते।

उपर्युक्त में से कौन-सा/से कथन सही है/हैं?

(a) 1 और 2 (b) केवल 2 (c) 2 और 3 (d) 1, 2 और 3

उत्तर *(d)*

व्याख्या मेण्डेलीफ की आवर्त सारणी में उपस्थित कमियों के संदर्भ में सभी कथन सही हैं।

हाइड्रोजन का इलेक्ट्रॉनिक विन्यास क्षार धातुओं से मिलता है। क्षार धातुओं की भाँति हाइड्रोजन भी हैलोजन, ऑक्सीजन एवं सल्फर के साथ एक जैसे सूत्र वाले यौगिक बनाता है। हाइड्रोजन के ऐसे व्यवहार के कारण उसे आवर्त सारणी में नियत स्थान पर रखना संभव नहीं था, इसलिए वे अपनी सारणी में हाइड्रोजन को उचित स्थान नहीं दे पाए।

मेण्डेलीफ के तत्वों के आवर्त वर्गीकरण तैयार होने के पर्याप्त समय बाद समस्थानिकों का पता चला। चूँकि किसी तत्व के समस्थानिकों (Isotopes) के रासायनिक गुणधर्म समान होते हैं, परंतु उनके परमाणु द्रव्यमान भिन्न-भिन्न होते हैं। इस प्रकार सभी तत्वों के समस्थानिक मेण्डेलीफ के आवर्त नियम के लिए एक चुनौती थी।

एक तत्व से दूसरे तत्व की ओर आगे बढ़ने पर परमाणु द्रव्यमान नियमित रूप से नहीं बढ़ते। इसलिए यह अनुमान लगाना कठिन हो गया कि दो तत्वों के बीच कितने तत्व खोजे जा सकते हैं।

3 आधुनिक आवर्त सारणी के संदर्भ में निम्नलिखित कथनों में से कौन-सा कथन सही नहीं है? *(Chap 3, Class-XI, NCERT)*

(a) एक ही समूह के सभी तत्वों की संयोजकता तथा इलेक्ट्रॉनों की संख्या समान होती है।
(b) प्रत्येक आवर्त दर्शाता है, कि एक नया कोश इलेक्ट्रॉनों से भरा गया है।
(c) आवर्त सारणी में बाएँ से दाएँ ओर जाने पर परमाणु त्रिज्या घटती है, जबकि समूह में ऊपर से नीचे आने पर परमाणु का आकार बढ़ता है।
(d) धात्विक अभिलक्षण आवर्त में बढ़ता है तथा समूह में नीचे जाने पर घटता है।

उत्तर *(d)*

व्याख्या आधुनिक आवर्त सारणी के संबंध में कथन (d) सही नहीं है। धात्विक (Metallic) अभिलक्षण आवर्त में बाएँ से दाएँ ओर जाने पर घटता है, क्योकि आवर्त में बाएँ से दाएँ जाने पर परमाणु त्रिज्या में कमी के साथ-साथ धनायन बनाने की प्रवृति (Tendency) कम होती जाती है।

किसी समूह में ऊपर से नीचे जाने पर धात्विक लक्षण बढ़ता है। इसका कारण यह है, कि समूह में नीचे की ओर जाने पर आकार में वृद्धि होने के कारण बाह्यतम इलेक्ट्रॉन पर नाभिकीय आकर्षण (Nuclear attraction) कम होता जाता है। अत: तत्व इसे शीघ्रता से त्याग देता है और धनायन बनाने का गुण धात्विक लक्षण बढ़ता जाता है।

4 रासायनिक तत्वों के लिए आवर्त सारणी के संदर्भ में निम्नलिखित कथनों पर विचार कीजिए। *(Chap 3, Class-XI, NCERT)* *(IAS Pre 2001)*

1. किसी एक आवर्त के अनुदिश आयनन विभव धीरे-धीरे कम होता है।
2. तत्वों के किसी एक समूह में जैसे-जैसे परमाणु भार बढ़ता है, इलेक्ट्रॉन बंधुता कम होती है।
3. किसी निर्दिष्ट आवर्त में जैसे-जैसे परमाणु संख्या बढ़ती है, विद्युतऋणात्मकता कम होती है।

उपर्युक्त में से कौन-सा/से कथन असत्य है/हैं?

(a) केवल 1 (b) केवल 2
(c) 1 और 3 (d) 2 और 3

उत्तर *(c)*

व्याख्या रासायनिक तत्वों के लिए आवर्त सारणी के संदर्भ में कथन (1) और (3) असत्य हैं, क्योंकि किसी एक आवर्त के अनुदिश आयनन विभव बाएँ से दाएँ चलने पर क्रमश: बढ़ता है। साथ ही किसी निर्दिष्ट आवर्त में परमाणु संख्या बढ़ने पर विद्युतऋणात्मकता बढ़ती है।

5 निम्नलिखित कथनों में सही कथन बताइए। *(Chap 3, Class-XI, NCERT)*

1. समूह में ऊपर से नीचे आने पर हाइड्राइडों की अपचायक क्षमता बढ़ती है।
2. समूह में ऊपर से नीचे जाने पर हाइड्राइडों का स्थायित्व घटता है।
3. समूह में ऊपर से नीचे जाने पर हाइड्राइडों का बंध कोण घटता है।
4. समूह में ऊपर से नीचे जाने पर हाइड्राइडों की क्षारीय प्रकृति बढ़ती है।

कूट

(a) 1 और 2 (b) 1, 2 और 3
(c) 2, 3 और 4 (d) ये सभी

उत्तर *(b)*

व्याख्या दिए गए कथन (1), (2) और (3) सही हैं।

समूह में हाइड्राइडों की अपचायक क्षमता बढ़ती है, क्योंकि H—*X* बंध सामर्थ्य घटता है। समूह में हाइड्राइडों का स्थायित्व (Stability) घटता है, क्योंकि H—*X* बंध सामर्थ्य (Bond strength) घटता है। समूह में ऊपर से नीचे आने पर हाइड्राइडों का बंध कोण घटता है।

केवल कथन (4) सही नहीं है, क्योंकि समूह में ऊपर से नीचे आने पर हाइड्राइडों की क्षारीयता (Basicity of hydride) घटती है और अम्लीयता (Acidity) बढ़ती है।

6 **निम्नलिखित कथन (A) व कारण (R) को पढ़िए और नीचे दिए गए कूट की सहायता से सही उत्तर का चयन कीजिए।** *(Chap 3, Class-XI, NCERT)*

कथन (A) रासायनिक तत्वों की आवर्त सारणी में इलेक्ट्रॉनिक बंधुता किसी एक समूह में सदैव ऊपर से नीचे की ओर आने पर बढ़ती है।

कारण (R) किसी एक समूह में परमाण्वीय त्रिज्याएँ सामान्यतः ऊपर से नीचे की ओर बढ़ती हैं।

कूट

(a) A और R दोनों सही हैं तथा R, A का सही स्पष्टीकरण है।
(b) A और R दोनों सही हैं परंतु R, A का सही स्पष्टीकरण नहीं है।
(c) A सही है किंतु R गलत है।
(d) A गलत है किंतु R सही है।

उत्तर *(d)*

व्याख्या कथन (A) गलत है किंतु कारण (R) सही है।

किसी समूह में ऊपर से नीचे जाने पर परमाणु का आकार क्रमशः बढ़ता है जिससे आने वाले इलेक्ट्रॉन पर नाभिकीय आकर्षण बल (Nuclear attraction force) घटता जाता है। अतः इलेक्ट्रॉन बंधुता (Electron affinity) का मान घटता है।

एक ही समूह में ऊपर से नीचे की ओर आने पर कोशों की संख्या बढ़ती जाती है तथा प्रभावी नाभिकीय आवेश (Effective nuclear charge) प्रायः समान रहता है, जिससे परमाण्वीय त्रिज्या (Atomic radius) का मान बढ़ता जाता है।

7 **सूची-I को सूची-II से सही मिलान कीजिए।** *(Chap 3, Class-XI, NCERT)*

सूची-I (तत्वों के गुण)	**सूची-II** (तत्व)
A. अर्द्ध-पूरित कक्षक	1. फ्लुओरीन
B. सर्वाधिक विद्युतऋणी	2. क्रोमियम
C. सिक्का तत्व	3. सीरियम
D. लैन्थेनाइड	4. ऑरम

कूट

	A	B	C	D		A	B	C	D
(a)	2	1	4	3	(b)	1	2	3	4
(c)	3	2	4	1	(d)	3	4	1	2

उत्तर *(a)*

व्याख्या सही मिलान A-2, B-1, C-4, D-3 है।

फ्लुओरीन (F) सर्वाधिक विद्युतऋणी तत्व है। इसकी विद्युत ऋणात्मकता 3.98 होती है।

क्रोमियम (Cr) में अर्द्ध-पूरित कक्षक होते हैं। क्रोमियम का इलेक्ट्रॉनिक विन्यास $1s^2, 2s^2, 2p^6, 3s^2, 3p^6, 3d^5, 4s^1$ होता है।

सीरियम (Ce) लैन्थेनाइड तत्व है। आवर्त सारणी में परमाणु क्रमांक 58 से 71 तक लैन्थेनॉइड तत्व होते हैं।

ऑरम (Au) सिक्का तत्व है। आवर्त सारणी के समूह 11 के तीन गैर-रेडियोएक्टिव तत्व (Non-radioactive elements) ताँबा, चाँदी और सोने को सिक्का बनाने में प्रयुक्त किया जाता है।

8 **B, Al, Mg, K तत्वों के लिए धात्विक अभिलक्षण का सही क्रम निम्न में से कौन-सा है?** *(Chap 3, Class-XI, NCERT)*

(a) B > Al > Mg > K
(b) Al > Mg > B > K
(c) Mg > Al > K > B
(d) K > Mg > Al > B

उत्तर *(d)*

व्याख्या धात्विक अभिलक्षण (Metallic characteristic) का सही क्रम K > Mg > Al > B है।

समूह में ऊपर से नीचे आने पर आयनन ऊर्जा (Ionisation energy) घटती है, अतः धात्विक अभिलक्षण बढ़ता है। आवर्त में बाएँ से दाएँ जाने पर इलेक्ट्रॉन त्यागने की प्रवृत्ति घटती है, जिससे धात्विक अभिलक्षण क्रमशः घटता जाता है।

9 **सूची-I को सूची-II, से सुमेलित कीजिए तथा नीचे दिए गए कूट का प्रयोग करके सही उत्तर चुनिये।** *(Chap 3, Class-XI, NCERT)*

सूची-I (प्रतिपादक/खोजकर्ता)	**सूची-II** (नियम/सिद्धांत)
A. डॉबेराइनर	1. अष्टक सिद्धांत
B न्यूलैण्ड	2. त्रिक नियम
C. मेण्डेलीफ	3. आधुनिक आवर्त नियम
D. हेनरी मोजले	4. तत्वों की आवर्त सारणी का प्रारंभिक विकास

कूट

	A	B	C	D
(a)	4	1	3	2
(b)	2	1	4	3
(c)	3	4	1	2
(d)	2	3	4	1

उत्तर *(b)*

व्याख्या सही सुमेलन A-2, B-1, C-4, D-3 है।

डॉबेराइनर (Dobereiner) ने समान गुण वाले तीन-तीन तत्वों के समूह त्रिक (Triad) बनाए।

इनके अनुसार, तत्वों को उनके बढ़ते परमाणु भार के आधार पर तीन के समूह में रखने पर मध्य में स्थित तत्व का परमाणु भार, अन्य दो तत्वों के परमाणु भारों के परमाणु भार के औसत के लगभग समान होगा।

न्यूलैण्ड्स (Newlands) ने अष्टक नियम (Octet rule) दिया था। इस नियम के अनुसार, तत्वों को उनके बढ़ते परमाणु भार के क्रम में रखने पर प्रत्येक आठवें तत्व के गुण प्रथम तत्व के गुण से समानता रखते हैं।

मेण्डेलीफ (Mendeleev) ने तत्वों की आवर्त सारणी का प्रारंभिक विकास किया था। इनके अनुसार, तत्वों के गुणधर्म (Properties) उनके परमाणु द्रव्यमान (Atomic mass) के आवर्ती फलन (Periodic function) होते हैं।

हेनरी मोजले (Henry Moseley) ने मेण्डेलीफ के आवर्त नियम में संशोधन कर आधुनिक आवर्त नियम दिया था।

10 **निम्नलिखित में से कौन-सा कथन क्षारीय धातुओं का विशेष गुण नहीं है?** *(Chap 3, Class-XI, NCERT)*

(a) हिमांक का निम्न होना।
(b) विद्युतऋणात्मकता का कम होना।
(c) आयनन विभव का उच्च होना।
(d) इनके आयनों को उत्कृष्ट गैसों के आयनों से समइलेक्ट्रॉनिक होना।

उत्तर *(c)*

व्याख्या आयनन विभव का उच्च होना क्षारीय धातुओं का विशेष गुण नहीं है, इनका आयनन विभव निम्न होता है।

क्षारीय धातुएँ मुलायम होती हैं और इनका हिमांक, आयनन विभव (Ionisation potential) तथा विद्युतऋणात्मकता निम्न होती है। इन धातुओं द्वारा निर्मित आयन उत्कृष्ट गैसों के समइलेक्ट्रॉनिक (Isoelectronic) होते हैं।

11 निम्नलिखित में से कौन-से कथन में आवर्त के कुछ तत्व विकर्णी संबंध प्रस्तुत कर रहे हैं? *(Chap 3, Class-XI, NCERT)*

(a) सभी तत्व अपने विकर्णी विलोम तत्व के साथ।
(b) तीसरे तथा चौथे आवर्त के सभी तत्व।
(c) द्वितीय तथा तीसरे आवर्त के कुछ तत्व।
(d) d-ब्लॉक के तत्व।

उत्तर (c)

व्याख्या कथन (c) सही है। द्वितीय (II) आवर्त के कुछ तत्व तृतीय (III) आवर्त में अपने से विकर्णत अभिमुख तत्वों (Diagonally adjacent elements) के साथ विकर्णी (Diagonal relationship) संबंध रखते हैं।

उदाहरण

द्वितीय आवर्त	Li	Be	B	C
तृतीय आवर्त	Na	Mg	Al	Si

यहाँ Li-Mg, Be-Al, B-Si विकर्णी संबंध प्रदर्शित करते हैं अर्थात् इनके गुणों में कई समानताएँ देखी जा सकती हैं।

12 दीर्घाकार आवर्त सारणी में किस कथन में आवर्त तथा समूह में इलेक्ट्रॉनों की संख्या अधिकतम होती है? *(Chap 3, Class-XI, NCERT)*

(a) 5वाँ आवर्त तथा II समूह
(b) 6वाँ आवर्त तथा III समूह
(c) 6वाँ आवर्त तथा II समूह
(d) पहला आवर्त तथा II समूह

उत्तर (b)

व्याख्या कथन (b) सही है। दीर्घाकार आवर्त सारणी में 6वाँ आवर्त (Period) तथा III समूह (Group) में इलेक्ट्रॉनों की संख्या अधिकतम होती है।

दीर्घाकार आवर्त सारणी में 6वाँ आवर्त, दीर्घ आवर्त कहलाता है। इसमें अधिकतम 32 इलेक्ट्रॉन आ सकते हैं तथा समूह-III में अधिकतम इलेक्ट्रॉन 18 आ सकते हैं।

13 निम्नलिखित में से कौन-सा गुणधर्म आवर्त सारणी में बाएँ से दाएँ ओर जाने पर और ऊपर से नीचे जाने पर कौन-सा कथन सही है? *(Chap 3, Class-XI, NCERT)*

(a) आयनन ऊर्जा बढ़ती है/बढ़ती है।
(b) इलेक्ट्रॉन बन्धुता बढ़ती है/घटती है।
(c) विद्युत ऋणात्मकता घटती है/घटती है।
(d) परमाणु त्रिज्या घटती है/बढ़ती है।

उत्तर (d)

व्याख्या कथन (d) सही है।

परमाणु की त्रिज्या आवर्त सारणी में बाएँ से दाएँ ओर जाने पर घटती है, क्योंकि बाएँ से दाएँ जाने पर प्रभावी नाभिकीय आवेश बढ़ता है और ऊपर से नीचे की ओर जाने पर परमाणु त्रिज्या बढ़ती जाती है, क्योंकि वर्ग में ऊपर से नीचे की ओर जाने पर कोशों की संख्या बढ़ती है।

14 s-ब्लॉक तत्वों के सन्दर्भ में कौन-से कथन सही हैं? *(Chap 3, Class XI, NCERT)*

1. आवर्त सारणी का समूह 1 (IA) सामूहिक रूप से क्षारीय धातुएँ कहलाते हैं।
2. आवर्त सारणी का समूह 2 (IIA) सामूहिक रूप से क्षारीय मृदा धातुएँ (Alkaline earth metals) कहलाते हैं।
3. s-ब्लॉक तत्वों का सामान्य इलेक्ट्रॉनिक विन्यास क्षारीय धातुओं के लिए उत्कृष्ट गैस ns^1 तथा क्षारीय मृदा धातुओं के लिए उत्कृष्ट गैस (Noble gas) ns^2 हैं।
4. ये नर्म धातुएँ प्रबल धनविद्युती तथा क्षारीय ऑक्साइड बनाती हैं।

कूट

(a) 1 और 2
(b) 1 और 3
(c) 3 और 4
(d) 1, 2, 3 और 4

उत्तर (d)

व्याख्या दिए गए सभी कथन सही हैं।

आवर्त सारणी का समूह 1 (IA) सामूहिक रूप से क्षारीय धातुएँ कहलाते हैं। आवर्त सारणी का समूह 2 (IIA) सामूहिक रूप से क्षारीय मृदा धातुएँ कहलाते हैं। s-ब्लॉक के तत्वों का सामान्य इलेक्ट्रॉनिक विन्यास क्षारीय धातुओं के लिए उत्कृष्ट गैस ns^1 तथा क्षारीय मृदा धातुओं के लिए उत्कृष्ट गैस ns^2 है। s-ब्लॉक की धातुएँ प्रबल धनविद्युती तथा क्षारीय ऑक्साइड बनाती हैं।

15 निम्न में से कौन-से कथन सही हैं? *(Chap 3, Class XI, NCERT)*

1. चौथे और पाँचवें आवर्त में 18 तत्व हैं।
2. सातवाँ आवर्त अपूर्ण है, जिसमें 33 तत्व हैं।
3. छठे आवर्त में 32 तत्व हैं।

कूट

(a) A, B और C
(b) B और C
(c) A और C
(d) A और B

उत्तर (c)

व्याख्या चौथे और पाँचवें आवर्त में 18 तत्व हैं, जिन्हें दीर्घ आवर्त कहते हैं। छठे आवर्त में 32 तत्व हैं, जिन्हें अतिदीर्घ आवर्त कहते हैं। अत: कथन 1 और 3 सही हैं। सातवें आवर्त में 31 तत्व (अपूर्ण) होते हैं। आवर्तों को अति लघु, लघु, दीर्घ अथवा अतिदीर्घ आवर्त नाम उनमें स्थित तत्वों की संख्या के आधार पर दिया गया है।

16 तीसरे और चौथे समूह के ऑक्साइड का सामान्य गुणधर्म के लिए निम्नलिखित कथनों में कौन-सा कथन सही है? *(Chap 3, Class XI, NCERT)*

(a) ऑक्साइड क्षारीय और अम्लीय होते हैं।
(b) ऑक्साइड अम्लीय होते हैं।
(c) ऑक्साइड क्षारीय होते हैं।
(d) ऑक्साइड उदासीन होते हैं।

उत्तर (a)

व्याख्या कथन (a) सही है।

तीसरे और चौथे समूह के ऑक्साइड (Oxide) का सामान्य गुणधर्म क्षारीय और अम्लीय होता है। किसी समूह में ऊपर से नीचे जाने पर ऑक्साइडों की अम्लीय प्रकृति (Acidic nature) घटती जाती है तथा क्षारीय प्रकृति (Basic nature) बढ़ती जाती है।

17 निम्नलिखित में से कौन-सा कथन सही है? *(Chap 3, Class XI, NCERT)*

(a) s-ब्लॉक के तत्वों में रंगीन आयन बनाने की क्षमता सबसे अधिक होती है।
(b) d-ब्लॉक के तत्वों में रंगीन आयन बनाने की क्षमता अधिक होती है।
(c) d-ब्लॉक के तत्वों में रंगीन आयन बनाने की क्षमता कम होती है।
(d) p-ब्लॉक के तत्वों में रंगीन आयन बनाने की क्षमता अधिक होती है।

उत्तर (b)

व्याख्या कथन (b) सही है।

d-ब्लॉक के तत्वों में रंगीन आयन बनाने की क्षमता सबसे अधिक होती है, इनके आयन एवं यौगिक रंगीन होते हैं। d-ब्लॉक के तत्वों के आयनों का रंग अपूर्ण d-कक्षक एवं अयुग्मित इलेक्ट्रॉनों (Unpaired electrons) की उपस्थिति के कारण होता है।

अध्याय 05

अम्ल, क्षार एवं लवण

अम्ल

- अम्ल शब्द की उत्पत्ति लैटिन शब्द एसियर से हुई है जिसका अर्थ है-खट्टा
- ये जलीय विलयन में H^+ आयन देते हैं।
- ये 0 से 7 तक pH दर्शाते हैं।
- अम्ल नीले लिटमस पेपर को लाल कर देते हैं।
- अम्लों की प्रकृति संक्षारक होती है।
- अम्लों का जलीय विलयन विद्युत का सुचालक होता है।

अम्लों के रासायनिक गुण

- अम्ल धातु के साथ क्रिया करके लवण और हाइड्रोजन गैस देते हैं।
  अम्ल + धातु → लवण + हाइड्रोजन गैस
- अम्ल कार्बोनेट तथा धातु बाईकार्बोनेट के साथ अभिक्रिया करके लवण, कार्बन डाईऑक्साइड और जल बनाते हैं।
  धातु कार्बोनेट/धातु बाईकार्बोनेट + अम्ल → लवण + कार्बन डाइऑक्साइड + जल
- अम्ल धात्विक ऑक्साइड के साथ अभिक्रिया करके लवण + जल बनाते हैं।
  धातु ऑक्साइड + अम्ल → लवण + जल

अम्लों के प्रकार

प्रबल अम्ल

- वे अम्ल, जो जल में पूर्णतया आयनित या वियोजित होते हैं।
- सामान्य तथा खनिज अम्ल (खनिजों से प्राप्त होने वाले अम्ल) प्रबल अम्ल कहलाते हैं।
  उदाहरण, H_2SO_4,HCl

दुर्बल अम्ल

- वे अम्ल, जो जल में पूर्णतया वियोजित या आयनित नहीं होते हैं, दुर्बल अम्ल कहलाते हैं।
- सामान्य तथा कार्बनिक अम्लों (पादप व जीव जन्तुओं) से प्राप्त होने वाले अम्ल, दुर्बल अम्ल कहलाते हैं। *उदाहरण*- HCN, CH_3COOH

क्षार

- क्षार स्वाद में कड़वे होते हैं।
- स्पर्श करने पर साबुन जैसे लगते हैं।
- जलीय विलयन में OH^- आयन देते हैं।
- pH 7.1 से 14 के मध्य होता है।
- लाल लिटमस पेपर को नीला कर देते हैं।
- अम्लों के समान क्षारकों की भी प्रवृत्ति संक्षारक होती है यह प्रवृत्ति प्रबल अम्लों की तुलना में कम होती है।

क्षार के रासायनिक गुण

- क्षार धातु के साथ क्रिया करके लवण और हाइड्रोजन गैस देते हैं।
- क्षार + धातु → लवण + हाइड्रोजन गैस
- क्षार अधात्विक ऑक्साइड के साथ अभिक्रिया करके लवण और जल देते हैं।
- क्षार + अधातु ऑक्साइड → लवण + जल
- क्षार अम्लों से अभिक्रिया करके उनके प्रभाव को नष्ट कर देते हैं तथा लवण व जल का निर्माण करते हैं।
- अम्ल + क्षार → लवण + जल

क्षार के प्रकार

प्रबल क्षार

- वे क्षार, जो जल में पूर्णतया वियोजित या आयनित होकर हाइड्रोक्साइड (OH^-) देते हैं।
  उदाहरण KOH, NaOH, Ba $(OH)_2$

दुर्बल क्षार

- जो जल में पूर्णतया वियोजित या आयनित नहीं होते हैं दुर्बल क्षारक कहलाते हैं।
  उदाहरण $Al(OH)_3$, NH_4OH

उपयोग

- चीनी उद्योग में प्रतिअम्ल के रुप में मैग्नीशियम हाइड्रॉक्साइड $Mg(OH)_2$
- भूमि की क्षारीयता दूर करने के लिए कैल्सियम सल्फेट ($CaSO_4$)

लवण

- अम्लों तथा क्षारों की अभिक्रिया से प्राप्त यौगिक को लवण कहते हैं।
- लवण का धनायन क्षार से तथा लवण का ऋणायन अम्ल से आता है।

$$NaOH + HCl \longrightarrow \underset{\text{लवण}}{NaCl} + H_2O$$

लवणों के प्रकार

सामान्य लवण

- किसी अम्लीय अणु से धातु द्वारा हाइड्रोजन परमाणुओं के पूर्णतः विस्थापन द्वारा बने लवण को सामान्य लवण कहते हैं।
  उदाहरण NaCl, Na_2SO_4

अम्लीय लवण

- इन लवणों में एक या एक से अधिक विस्थापनीय हाइड्रोजन परमाणु उपस्थित होते हैं।
  उदाहरण $NaHCO_3$, $NaHSO_4$

क्षारीय लवण

- इन लवणों में एक या एक से अधिक विस्थापनीय हाइड्रॉक्सिल आयन उपस्थित होते हैं।
  उदाहरण Zn(OH)Cl, Mg(OH)Cl

कुछ सामान्य लवणों के उपयोग

सोडियम क्लोराइड (NaCl)

- इसको अचार के परिरक्षण में प्रयुक्त किया जाता है।

सोडियम बाईकार्बोनेट ($NaHCO_3$)

- सोडा अम्ल अग्निशामक में प्रतिअम्ल के रूप में

जिप्सम ($CaSO_4 \cdot 2H_2O$)

- आंशिक क्रिस्टलन जल को हटाकर प्लास्टर ऑफ पेरिस प्राप्त किया जाता है।
- कैल्सियम सल्फेट हेमीहाइड्रेट ($CaSO_4 \cdot \frac{1}{2} H_2O$) को सामान्यतः प्लास्टर अथवा प्लास्टर ऑफ पेरिस (POP) के नाम से भी जाना जाता है।

SOURCE NCERT Class-VII (अम्ल, क्षारक और लवण), NCERT Class-X (अम्ल, क्षारक एवं लवण)

1 सूची-I को सूची-II से सुमेलित कीजिए तथा नीचे दिये गए कूट की सहायता से सही उत्तर का चयन कीजिए।

(Chap 2, Class-X, NCERT) (Chap 4, Class-VII, NCERT)

सूची-I (अम्ल)	सूची-II (संबंधित पदार्थ)
A. फॉर्मिक अम्ल	1. चींटी का डंक
B. कैल्सियम हाइड्रॉक्साइड	2. चूने का पानी
C. टार्टरिक अम्ल	3. साबुन
D. सोडियम हाइड्रॉक्साइड	4. इमली और अंगूर
	5. खाने का सोडा

कूट

	A	B	C	D
(a)	1	2	4	3
(b)	1	2	4	5
(c)	4	3	1	5
(d)	4	5	1	3

उत्तर (a)

व्याख्या सही सुमेलन A-1, B-2, C-4, D-3 है।

चींटी के डंक में फॉर्मिक (मेथेनॉइक) अम्ल पाया जाता है। इस अम्ल का रासायनिक सूत्र HCOOH होता है।

चूने के पानी का रासायनिक नाम कैल्सियम हाइड्रॉक्साइड होता है। इसका रासायनिक सूत्र $Ca(OH)_2$ होता है।

इमली और अंगूर में टार्टरिक अम्ल पाया जाता है। इस अम्ल का रासायनिक सूत्र $C_6H_6O_6$ होता है।

साबुन का निर्माण सोडियम हाइड्रॉक्साइड से होता है। इसका रासायनिक सूत्र NaOH होता है।

2 अम्ल तथा क्षार के संदर्भ में निम्नलिखित कथनों पर विचार कीजिए।

(Chap 4, Class-VII, NCERT) (Chap 2, Class-X, NCERT)

1. अम्ल का स्वाद कड़वा, जबकि क्षारकों का स्वाद खट्टा होता है।
2. अम्ल नीले लिटमस को लाल, जबकि क्षार लाल लिटमस को नीला कर देते हैं।
3. अम्ल और क्षार दोनों विद्युत के सुचालक होते हैं।

उपर्युक्त में से कौन-सा/से कथन सही नहीं है/हैं?

(a) 1 और 2
(b) केवल 2
(c) 1 और 3
(d) 1, 2 और 3

उत्तर (c)

व्याख्या अम्ल तथा क्षार के संदर्भ में कथन (1) और (3) सही नहीं हैं। अम्ल का स्वाद खट्टा, जबकि क्षारकों का स्वाद कड़वा होता है। अम्ल एवं क्षार दोनों विद्युत के कुचालक होते हैं। ये दोनों केवल अपने जलीय विलयन में ही विद्युत चालकता दर्शाते हैं, क्योंकि ये अपने जलीय विलयनों में क्रमश: हाइड्रोजन $[H^+]$ तथा हाइड्रॉक्साइड $[-OH^-]$ आयन को उत्पन्न करते हैं।

3 निम्न में से कौन-सा कथन सही नहीं है? *(Chap 2, Class-X, NCERT)*

(a) नाइट्रिक अम्ल (शोरे) का अम्ल में ऑक्सीजन स्थित होती है।
(b) सल्फ्यूरिक अम्ल (गंधक का अम्ल) में ऑक्सीजन उपस्थित होती है।
(c) हाइड्रोक्लोरिक अम्ल (नमक का अम्ल) में ऑक्सीजन उपस्थित होती है।
(d) दिए हुए सभी विकल्प गलत हैं।

उत्तर (c)

व्याख्या केवल विकल्प (c) सही नहीं है।

हाइड्रोक्लोरिक अम्ल HCl (नमक का अम्ल) में ऑक्सीजन उपस्थित नहीं होती है, हाइड्रोक्लोरिक अम्ल हाइड्रोजन और क्लोरीन के संयोग से बनता है। जबकि सल्फ्यूरिक अम्ल (H_2SO_4) (गन्धक का अम्ल) तथा नाइट्रिक अम्ल (HNO_3) (शोरे का अम्ल) में ऑक्सीजन उपस्थित होती है।

4 निम्नलिखित में से कौन-सा/से कथन सही है/हैं?

(Chap 2, Class-X, NCERT) (Chap 4, Class-VII, NCERT)

1. अम्ल स्वाद में खट्टे होते हैं तथा H^+ आयन देते हैं।
2. अम्ल स्वाद में खट्टे होते हैं तथा OH^- आयन देते हैं।
3. क्षार स्वाद में कड़वे होते हैं तथा OH^- आयन देते हैं।

(a) केवल 1 तथा 3
(b) केवल 1 तथा 2
(c) केवल 2 तथा 3
(d) 1, 2 तथा 3 सभी

उत्तर (a)

व्याख्या कथन 1 और कथन 3 सही हैं।

जबकि कथन 2 गलत है, क्योंकि अम्ल H^+ आयन देते हैं न की OH^- आयन अम्ल स्वाद में खट्टे होते हैं।

5 निम्नलिखित कथन (A) व कारण (R) को पढ़िए और नीचे दिए गए कूट की सहायता से सही उत्तर का चयन कीजिए।

(Chap 2, Class-X, NCERT), (IAS Pre 1999)

कथन (A) **सल्फ्यूरिक अम्ल को तनु बनाने के लिए पानी में अम्ल मिलाया जाता है न कि अम्ल में पानी।**

कारण (R) **पानी की विशिष्ट ऊष्मा बहुत अधिक होती है।**

कूट

(a) A और R दोनों सही हैं तथा R, A का सही स्पष्टीकरण है।
(b) A और R दोनों सही हैं परंतु R, A का सही स्पष्टीकरण नहीं है।
(c) A सही है किंतु R गलत है।
(d) A गलत है किंतु R सही है।

उत्तर (a)

व्याख्या कथन (A) और कारण (R) दोनों सही हैं तथा कारण (R), कथन (A) का सही स्पष्टीकरण है।

सल्फ्यूरिक अम्ल को तनु बनाने के लिए पानी में अम्ल को मिलाया जाता है। इससे ऊष्मा तथा वाष्प उत्पन्न होती है। पानी की विशिष्ट ऊष्मा (Specific heat) का मान अधिक होने के कारण मिश्रण का ताप अधिक नहीं हो पाता है। यदि इसके विपरीत अम्ल में पानी को मिलाया जाए तो अचानक अत्यधिक ऊष्मा उत्पन्न होगी तथा मिश्रण का ताप तीव्रता से बढ़ जायेगा तथा जल मिलाने पर उत्पन्न हुई ऊष्मा के कारण मिश्रण आस्फलित होकर बाहर आ सकता है।

6 निम्नलिखित में से कौन-सा कथन सही नहीं है?

(Chap 4, Class-VII, NCERT) (Chap 2, Class-X, NCERT)

(a) सभी क्षारक जल में घुलनशील हैं।
(b) सभी क्षारक जल में नहीं घुलते हैं।
(c) एक क्षार, एक क्षारक है, तो जल में घुल जाता है।
(d) क्षारकीय जल में हाइड्रॉक्साइड (OH^-) आयन उत्पन्न करते हैं।

उत्तर (a)

व्याख्या क्षारक के सन्दर्भ में कथन (a) सही नहीं है।

क्षारक जल में घोले जाने पर हाइड्रॉक्साइड आयन (OH^-) उत्पन्न करते हैं।

उदाहरण $\underset{\text{सोडियम हाइड्रॉक्साइड}}{NaOH(s)} \xrightarrow{\text{जल}} Na^+(aq) + OH^-(aq)$

सभी क्षारक जल में घुलनशील नहीं होते हैं। जल में घुलनशील क्षारक को क्षार कहते हैं। उदाहरण—NaOH, KOH, $Ca(OH)_2$, NH_2OH आदि। अत: सभी क्षार क्षारक हैं, लेकिन सभी क्षारक क्षार नहीं होते हैं।

7 **सूची I को सूची II से सुमेलित कीजिए तथा सूचियों के नीचे दिए गए कूट का प्रयोग करके सही उत्तर चुनिए**

(Chap 2, Class-X, NCERT) (UP Lower Sub Pre 2002)

सूची-I	सूची-II
A. वाशिंग सोडा	1. सोडियम हाइड्रॉक्साइड
B. कॉस्टिक सोडा	2. कॉपर सल्फेट
C. नीला थोथा	3. सोडियम थायोसल्फेट
D. हाइपो	4. सोडियम कार्बोनेट

कूट

	A	B	C	D		A	B	C	D
(a)	1	3	4	2	(b)	4	1	2	3
(c)	4	2	3	1	(d)	3	2	1	4

उत्तर *(b)*

व्याख्या सही सुमेलन A-4, B-1, C-2, D-3 है।

वाशिंग सोडा का रासायनिक नाम सोडियम कार्बोनेट ($Na_2CO_3 \cdot 10H_2O$) होता है।

कॉस्टिक सोडा का रासायनिक नाम सोडियम हाइड्रॉक्साइड (NaOH) होता है।

नीला थोथा का रासायनिक नाम कॉपर सल्फेट ($CuSO_4$) होता है।

हाइपो का रासायनिक नाम सोडियम थायोसल्फेट ($Na_2S_2O_3 \cdot 5H_2O$) होता है।

8 **निम्न में से कौन-सा कथन सही है?**

(Chap 2, Class-X, NCERT) (Chap 4, Class-VII, NCERT)

(a) लिटमस विलयन जब ना तो अम्लीय होता है, ना क्षारीय तब यह पीला रंग का होता है।
(b) लिटमस विलयन जब ना तो अम्लीय होता है, ना क्षारीय तब यह बैंगनी रंग का होता है।
(c) लिटमस विलयन जब ना तो अम्लीय होता है, ना क्षारीय तब यह लाल रंग का होता है।
(d) लिटमस विलयन जब ना तो अम्लीय होता है, ना क्षारीय तब यह पीला रंग का होता है।

उत्तर *(b)*

व्याख्या कथन (b) सही है।

लिटमस (Litmus) विलयन जब न तो अम्लीय होता है, न ही क्षारीय, तब यह बैंगनी रंग का होता है। इसे थैलोफाइटा (Thallophyta) समूह के *लाइकेन (Lichen)* पौधे से प्राप्त किया जाता है। प्राय: इसे सूचक के रूप में प्रयोग किया जाता है।

9 **सुमेलित कीजिए** *(Chap 2, Class-X, NCERT)*

(Chap 4, Class-VII, NCERT), (HPPSC Pre 2023)

सूची-I	सूची-II
A. लिटमस	1. दाँत इनैमल
B. नाइट्रोजन	2. एन्टी माइक्रोबियल एजेण्ट
C. कैल्शियम हाइड्रॉक्सी पायराइट	3. पैकेट में सीलबन्द चिप्स
D. हाइड्रोजन परॉक्साइड	4. *लाइकेन*

कूट

	A	B	C	D		A	B	C	D
(a)	4	3	1	2	(b)	4	3	2	1
(c)	3	4	1	2	(d)	2	3	4	1

उत्तर *(a)*

व्याख्या सही सुमेलन A-4, B-3, C-1, D-2 है।

लिटमस नीले रंग का पदार्थ है, जो लाइकेन की विभिन्न प्रजातियों से प्राप्त किया जाता है।

नाइट्रोजन गैस को पैकेट में सीलबन्द चिप्स में डाला जाता है, जो खाद्य पदार्थ के ऑक्सीकरण को अवरुद्ध कर उसे खराब होने से बचाता है।

कैल्शियम हाइड्रॉक्सी पायराइट दाँत के इनेमल को संरक्षित रखने में महत्त्वपूर्ण भूमिका निभाता है।

हाइड्रोजन परॉक्साइड एक एन्टी माइक्रोबियल एजेण्ट है।

10 **निम्नलिखित कथनों पर विचार कीजिए।** *(Chap 2, Class-X, NCERT)*

1. हमारे दंतक्षय हेतु अम्ल उत्तरदायी होते हैं।
2. दाँतों के मध्य फँसे खाद्य पदार्थ अम्ल निर्मोचित करने में सहायक होते हैं।

उपर्युक्त में से कौन-सा/से कथन सही है/हैं?

(a) केवल 1 (b) केवल 2
(c) 1 और 2 दोनों (d) इनमें से कोई नहीं

उत्तर *(c)*

व्याख्या दिए गए दोनों कथन (1) और (2) सही हैं।

मुँह का pH मान 5.5 से कम हो जाने पर दाँतों का क्षय प्रारंभ हो जाता है। दाँतों का इनैमल (दंतवल्क) कैल्शियम फॉस्फेट का बना होता है, जोकि शरीर का सबसे कठोर पदार्थ है। लेकिन मुँह के pH का मान 5.5 से कम होने पर यह संक्षारित (Decay) हो जाता है।

मुँह में पाये जाने वाले बैक्टीरिया, भोजन के पश्चात् मुँह में खाद्य पदार्थों का निम्नीकरण (Degradation) करके अम्ल उत्पन्न करते हैं, जोकि हमारे दंतक्षय (Tooth decay) के लिए उत्तरदायी होता है।

मुँह की सफाई के लिए क्षारीय (Basic) दंत-मंजन के उपयोग द्वारा अम्ल की अधिकता को उदासीन (Neutral) करके दंतक्षय को रोका जा सकता है।

11 **pH मान 7 से कम वाले पदार्थ हैं।**

(Chap 2, Class-X, NCERT) (HPPSC Pre 2021)

1. आमाशय रस
2. कॉफी
3. सेब का रस
4. कार की बैटरी का तरल

कूट

(a) 1 और 2 (b) 1, 2 और 4
(c) 1, 2 और 3 (d) ये सभी

उत्तर *(d)*

व्याख्या pH के सन्दर्भ में दिए गए सभी पदार्थों का pH मान 7 से कम है। आमाशय रस (HCl) का pH 1.2, कॉफी का pH 4.5-5.5, सेब के रस का pH 3.0 तथा कार की बैटरी के तरल (H_2SO_4) का pH 1.0 होता है।

12 **निम्नलिखित कथनों में से कौन-सा/से सही नहीं है/हैं?**

(Chap 2, Class-X, NCERT)

1. वर्षा जल का pH मान 5.6 से कम हो जाने पर वह जल अम्लीय वर्षा जल कहलाता है।
2. मानव शरीर 7.0 से 7.8 pH परास के मध्य कार्य करता है।
3. मुँह का pH मान बढ़ जाने पर दाँतों का क्षय प्रारंभ हो जाता है।

कूट

(a) 3 और 2 (b) 1 और 2
(c) केवल 3 (d) ये सभी

उत्तर *(c)*

व्याख्या दिए गए कथनों में कथन (3) सही नहीं है, क्योंकि मुँह के pH का मान 5.5 से कम होने पर दाँतों का क्षय प्रारंभ हो जाता है।
दाँतों का इनैमल (दंतवल्क) कैल्शियम हाइड्रॉक्सीएपेटाइट (कैल्शियम फॉस्फेट का क्रिस्टलीय रूप) से बना होता है, जो कि शरीर का सबसे कठोर पदार्थ है। यह जल में नहीं घुलता लेकिन मुँह की pH का मान 5.5 से कम होने पर यह संक्षारित हो जाता है।

13 सूची-I को सूची-II से सुमेलित कीजिए तथा सूचियों के नीचे दिए गए कूट का प्रयोग कर सही उत्तर दीजिए।

(Chap 2, Class-X, NCERT)

सूची-I (सामान्य पदार्थ)	सूची-II (pH मान)
A. मानव रक्त	1. 5.5 से 7.5 pH
B. दूध	2. 7.3 से 7.5 pH
C. मानव लार	3. 6.4 pH
D. मानव मूत्र	4. 6.5 से 7.5 pH

कूट

	A	B	C	D
(a)	2	3	1	4
(b)	2	3	4	1
(c)	3	2	1	4
(d)	1	3	2	4

उत्तर (a)

व्याख्या सही सुमेलन A-2, B-3, C-1, D-4 है।
मानव रक्त का साधारण pH-7.3 से 7.5 होता है। इसका अर्थ यह है कि मानव रक्त का स्वाभाविक रूप क्षारीय होता है।
दूध का pH-6.4 होता है। pH कम होने पर यह अम्लीय प्रकृति का हो जाता है तथा पेय के रूप में इसका उपयोग नहीं कर सकते हैं।
मानव लार का pH-5.5 से 7.5 होता है। लार के pH का मान कम होने पर दंतक्षय, मुँह में दुर्गन्ध आदि असंवेदनशील समस्या उत्पन्न हो सकती है।
मानव मूत्र का pH-6.5 से 7.5 होता है। pH मान अधिक होने पर मानव मूत्र क्षारीय हो जाता है, जिसके लिए उपचार की आवश्यकता होती है।

14 एक विलयन का pH, 3 से 6 तक बदलता है। इसमें H^+ आयन की सान्द्रता के सन्दर्भ में कौन-सा कथन सही है?

(Chap 2, Class-X, NCERT)

(a) 3 गुना बढ़ जाएगी।
(b) 3 गुना कम हो जाएगी।
(c) 10 गुना कम हो जाएगी।
(d) 1000 गुना कम हो जाएगी।

उत्तर (d)

व्याख्या pH में परिवर्तन $\Delta pH = pH_2 - pH_1 = 6 - 3 = 3$

H^+ आयन की सांद्रता का अनुपात $\frac{[H^+]_2}{[H^+]_1} = 10^{-3} = 0.001 = \frac{1}{1000}$

अतः H^+ आयन की सांद्रता 1000 गुना कम हो जाएगी।

15 निम्न में से कौन-सा कथन सही है? *(Chap 2, Class-X, NCERT)*

(a) बेकिंग सोडा का रासायनिक नाम सोडियम डाइहाइड्रोजन कार्बोनेट है।
(b) बेकिंग सोडा का रासायनिक नाम सोडियम हाइड्रोजन कार्बोनेट है।
(c) बेकिंग सोडा का रासायनिक नाम सोडियम कार्बोनेट है।
(d) बेकिंग सोडा का रासायनिक नाम डाइसोडियम हाइड्रोजन कार्बोनेट है।

उत्तर (b)

व्याख्या कथन (b) सही है।
बेकिंग सोडा का रासायनिक नाम सोडियम हाइड्रोजन कार्बोनेट होता है, इसका रासायनिक सूत्र $NaHCO_3$ है। इसे मीठा या खाने का सोडा भी कहते हैं। बेकिंग सोडा का उपयोग सोडा-अम्ल, अग्निशामक आदि में भी किया जाता है।

16 विरंजक चूर्ण के लिए कौन-सा कथन असत्य है?

(Chap 2, Class-X, NCER
(Chap 8, Module-2, NIOS) (BPSC Pre 199

(a) जल में अधिक विलेय होता है।
(b) हल्के पीले रंग का चूर्ण है।
(c) ऑक्सीकारक है।
(d) तनु अम्ल की प्रतिक्रिया से क्लोरीन निष्कासित करता है।

उत्तर (a)

व्याख्या विरंजक चूर्ण के सन्दर्भ में कथन (a) असत्य है, क्योंकि विरंज चूर्ण जल में बहुत कम विलेय होता है। कैल्शियम हाइपोक्लोराइड या कैल्शि ऑक्सीक्लोराइड एक अकार्बनिक यौगिक है। इसे विरंजक चूर्ण या ब्लीचि पाउडर भी कहते हैं। इसका रासायनिक सूत्र $CaOCl_2$ है। यह एक हल्के पी रंग का चूर्ण होता है तथा इससे क्लोरीन की तीव्र गन्ध निकलती रहती है। य एक ऐसा रसायन है, जो सामान्य तौर पर ऑक्सीकरण के माध्यम से रंगों दाग-धब्बों को हटाता है, परन्तु अशुद्धियों की उपस्थिति के कारण एक स्व विलयन का निर्माण नहीं हो पाता। तनु अम्ल से इसकी अभिक्रिया निम्न प्रकार होती है।

$$CaOCl_2 + 2HCl \longrightarrow CaCl_2 + H_2O + Cl_2$$

17 निम्न में से कौन-सा कथन सही है? *(Chap 2, Class-X, NCER*

(a) पानी की टंकी में कवक को नष्ट करने के लिए नाइट्रिक एसिड का उपयोग किया जाता है।
(b) पानी की टंकी में कवक को नष्ट करने के लिए कॉपर सल्फेट का उपयोग किया जाता है।
(c) पानी की टंकी में कवक को नष्ट करने के लिए मैग्नीशियम सल्फेट क उपयोग किया जाता है।
(d) पानी की टंकी में कवक को नष्ट करने के लिए जिंक सल्फेट का उपयोग किया जाता है।

उत्तर (b)

व्याख्या कथन (b) सही है। जबकि कथन (a), (c) और (d) गलत है।
पानी की टंकी में कवक को नष्ट करने के लिए कॉपर सल्फेट ($CuSO_4$) क इस्तेमाल किया जाता है, क्योंकि कॉपर सल्फेट एक कवकनाशी, शाकनाशी औ कीटनाशक है। फसलों की सुरक्षा हेतु कवकनाशी के रूप में भी इसका प्रयो किया जाता है।
नाइट्रिक अम्ल का उपयोग विस्फोटक पदार्थ, दवाई बनाने में किया जाता जिंक सल्फेट का उपयोग चिकित्सकीय रूप से आहार अनुपूरक के रूप किया जाता है।

18 निम्नलिखित कथनों पर विचार कीजिए। *(Chap 2, Class-X, NCER*

1. निर्जल सोडियम कार्बोनेट साधारणतः पाक-सोडा के रूप में जा जाता है।
2. अग्निशामकों में पाक-सोडा का प्रयोग होता है।
3. विरंजक-चूर्ण का उत्पादन हेसनक्लेवर संयंत्र में होता है।

उपर्युक्त में से कितने कथन सही है/हैं?

(a) केवल एक
(b) केवल दो
(c) सभी तीनों
(d) इनमें से कोई नहीं

उत्तर (b)

व्याख्या दिए गये कथनों में से केवल दो कथन अर्थात् (2) और (3) सही हैं। सोडियम बाइकार्बोनेट को पाक-सोडा (बेकिंग सोडा) कहा जाता है त अग्निशामक यंत्रों में इसका प्रयोग होता है। विरंजक चूर्ण (Bleachin powder) का उत्पादन हेसनक्लेवर या बैकमैन संयंत्र में होता है।
कथन (1) सही नहीं है, क्योंकि निर्जल सोडियम कार्बोनेट (Na_2CO_3) क प्रयोग कपड़ा धोने के साबुन में होता है।

19 **विरंजक चूर्ण के संदर्भ में दिये गए कथनों पर विचार कीजिए।**

(Chap 2, Class-X, NCERT)

1. हाइड्रोजन गैस का उपयोग विरंजक चूर्ण के उत्पादन के लिये किया जाता है।
2. इसका उपयोग पीने वाले जल को जीवाणुओं से मुक्त करने के लिये रोगाणुनाशक के रूप में किया जाता है।
3. विरंजक चूर्ण का उपयोग कई रासायनिक उद्योगों में एक उपचायक के रूप में होता है।

उपर्युक्त में से कौन-सा/से कथन सही नहीं है/हैं?

(a) केवल 1 (b) 1 और 3 (c) 2 और 3 (d) 1, 2 और 3

उत्तर *(c)*

व्याख्या विरंजक चूर्ण के संदर्भ में केवल कथन (1) सही नहीं है।

विरंजक चूर्ण के उत्पादन में हाइड्रोजन के स्थान पर क्लोरीन गैस का प्रयोग किया जाता है। शुष्क बुझा हुआ चूना $[Ca(OH)_2]$ क्लोरीन गैस से क्रिया द्वारा विरंजक चूर्ण बनाता है।

20 **निम्नलिखित में से कौन-सा एक कथन सही नहीं है?**

(Chap 2, Class-X, NCERT)

(a) NaCl की उपस्थिति में प्लास्टर ऑफ पेरिस के स्थापन दर में वृद्धि होती है।

(b) सीमेंट में जिप्सम का योग उसके स्थापन दर को मंद करने के लिए किया जाता है।

(c) सभी क्षारीय मृदा धातु जलायोजित लवण उत्पन्न करते हैं।

(d) बेरियम तथा स्ट्रॉन्शियम प्रकृति में मुक्त रूप में पाए जाते हैं।

उत्तर *(d)*

व्याख्या दिये गये कथनों में से कथन (d) सही नहीं है, क्योंकि बेरियम (Ba) तथा स्ट्रॉन्शियम (Sr) प्रकृति में मुक्त अवस्था में नहीं पाए जाते हैं। ये तत्व अत्यधिक क्रियाशील होते हैं तथा वातावरण में उपस्थित विभिन्न गैसों के संपर्क में आकर तुरंत यौगिकों का निर्माण कर लेते हैं।

21 **सूची-I को सूची-II से सुमेलित कीजिए तथा सूचियों के नीचे दिए गए कूट से सही उत्तर का चयन कीजिए।**

(Chap 2, Class-X, NCERT) (UPRO/ARO Mains 2016)

सूची-I (साधारण नाम)	सूची-II (रासायनिक नाम)
A. ब्लीचिंग पाउडर	1. सोडियम बाइकार्बोनेट
B. बेकिंग सोडा	2. सोडियम कार्बोनेट
C. वाशिंग पाउडर	3. कैल्शियम ऑक्सीक्लोराइड
D. प्लास्टर ऑफ पेरिस	4. कैल्शियम सल्फेट हेमीहाइड्रेट

कूट

	A	B	C	D
(a)	3	4	2	1
(b)	2	3	4	1
(c)	3	1	2	4
(d)	4	3	1	2

उत्तर *(c)*

व्याख्या सही सुमेलन A-3, B-1, C-2, D-4 है।

ब्लीचिंग पाउडर का रासायनिक नाम कैल्शियम ऑक्सीक्लोराइड $(CaOCl_2)$ होता है। इसका प्रयोग कपड़ों की रंगाई में किया जाता है।

बेकिंग सोडा का रासायनिक नाम सोडियम बाइकार्बोनेट $(NaHCO_3)$ होता है। इसका प्रयोग खाने में किया जाता है।

वाशिंग पाउडर का रासायनिक नाम सोडियम कार्बोनेट (Na_2CO_3) होता है। इसका प्रयोग कपड़े धोने में किया जाता है।

प्लास्टर ऑफ पेरिस का रासायनिक नाम कैल्शियम सल्फेट हेमीहाइड्रेट $(CaSO_4 \cdot \frac{1}{2}H_2O)$ होता है। इसका प्रयोग मिट्टी के बर्तन, सिरेमिक और शल्य चिकित्सा आदि में किया जाता है।

अध्याय 06

धातुएँ

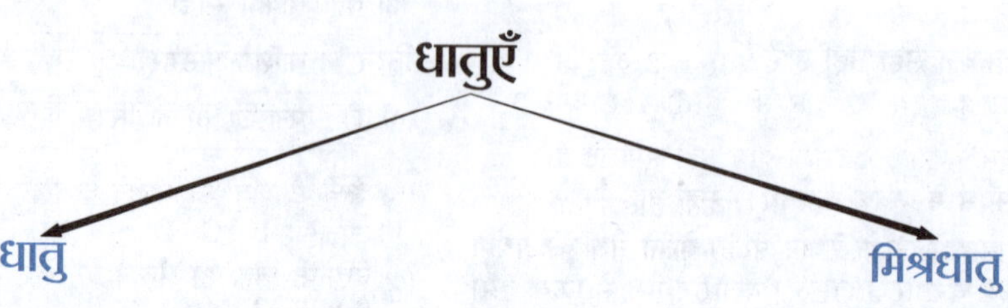

धातु

- तत्व जो इलेक्ट्रॉन त्यागकर धनायन बनाने की प्रवृत्ति रखते हैं। धातु कहलाते हैं। कुछ पदार्थ कठोर, चमकीले, आघातवर्ध्य, तन्य, ध्वनिक और ऊर्जा तथा विद्युत के सुचालक होते हैं धातु कहलाते हैं।

धातुओं के भौतिक गुणधर्म

- धात्विक चमक

- शुद्ध रूप से धातु की सतह चमकदार होती है। धातु के इस गुणधर्म को धात्विक चमक कहते हैं।

- विद्युत एवं ऊष्मीय चालकता

- अधिकांश धातुएँ विद्युत तथा ऊष्मा की सुचालक होती हैं। इनका गलनांक बहुत अधिक होता है। सिल्वर तथा कॉपर ऊर्जा के सबसे अच्छे चालक हैं।

- आघातवर्धनीयता

- धातुओं का वह गुण जिसके कारण उन्हें पीटकर शीट में परिवर्तित किया जा सकता है।

- तन्यता

- धातुओं का वह गुण जिसके कारण उन्हें खींचकर तारों में परिवर्तित किया जा सकता है।

धातुओं के रासायनिक गुणधर्म

- धातु + ऑक्सीजन $\rightarrow$ धातु ऑक्साइड
- धातु + जल $\rightarrow$ धातु हाइड्रॉक्साइड
- धातु + तनु HCl $\rightarrow$ लवण धातु + H_2
- धातु + क्लोरीन $\rightarrow$ धातु क्लोराइड

धातुओं की सक्रियता श्रेणी

- यह वह सूची है जिसमें धातुओं की क्रियाशीलता को अवरोही क्रम में व्यवस्थित किया जाता है, धातओं की सक्रियता श्रेणी कहलाती हैं। धातुओं की सापेक्ष अभिक्रियाशीलताओं का क्रम इस प्रकार है
K > Na > Ca > Mg > Al > Zn > Fe > Pb > H > Cu > Hg > Ag > Au

महत्वपूर्ण धातु

- भविष्य की धातु - टाइटेनियम (Ti)
- सबसे हल्की धातु - लीथियम (Li)
- सबसे भारी धातु - ऑस्मियम (Os)
- सबसे मुलायम धातु - सोडियम (Na), पोटैशियम (K)
- सबसे कठोर धातु - प्लेटिनम (Pt)

मिश्रधातु

- दो या दो से अधिक धातुओं के समांगी मिश्रण को मिश्रधातु कहते हैं।
- इसे तैयार करने के लिए पहले मूल धातु को गलित अवस्था में लाया जाता है।
- शुद्ध सोने को 24 कैरेट कहते हैं तथा यह काफी नर्म होता है इसलिए आभूषण बनाने के लिए यह उपयुक्त नहीं होता है। इसे कठोर बनाने के लिए इसमें चाँदी या ताँबा मिलाया जाता है।
- टाइटेनियम का उपयोग नौका बनाने में किया जाता है क्योंकि समुद्री जल द्वारा इसका संक्षारण नहीं होता है।
- पोटैशियम ब्रोमाइड फोटोग्राफी में, पोटैशियम नाइट्रेट गन पाउडर में तथा टार्टरेट बेकरी उद्योग में प्रयुक्त किया जाता है।

कॉपर की कुछ मिश्रधातुएँ

मिश्रधातु	संघटन	उपयोग
ब्रास (पीतल)	Cu 70%, Zn 30%	घरों में प्रयोग होने वाले बर्तन तथा मूर्तियाँ आदि बनाने में।
ब्रॉन्ज (काँसा)	Cu 88%, Sn 12%	बर्तन, घण्टे, मूर्तियाँ, सिक्के, आदि बनाने में।
गनमेटल	Cu 88%, Sn 10%, Zn 2%	मशीनों के उपकरण व बन्दूक अभियान्त्रिकी सामानों में।
जर्मन सिल्वर	Cu 50%, Zn 35%, Ni 15%	बर्तन, मूर्तियाँ बनाने में।

इस्पात की कुछ मिश्रधातुएँ

मिश्र इस्पात	विशिष्ट अवयव	गुण	उपयोग
निकेल स्टील	Ni = 3.5%	कठोर व लचीला, जंग प्रतिरोधी	धुरे, बिजली के तार, मोटर व हवाई जहाज के कलपुर्जे बनाए जाते हैं।
स्टेनलैस स्टील	Cr = 1% से 18%	जंग प्रतिरोधी,	कठोर वाल्व, ब्लेड, बर्तन सर्जिकल औजार बनाने में।
टंगस्टन स्टील	W = 14 से 20%	बहुत कठोर व मजबूत	स्प्रिंग, काटने के औजार व चुम्बक बनाने में।
क्रोम स्टील	Cr = 5%	कठोर, उच्च तन्य शक्ति, उच्च ताप सह, अपघर्षण प्रतिरोधी	काटने वाले औजार, तिजोरी, पत्थर काटने की मशीनों के दाँत बनाने में।

SOURCE NCERT Class-XI (धातु और अधातु)

1 **धातुओं के भौतिक गुणधर्मों के संदर्भ में निम्नलिखित युग्मों में से कौन-सा/से युग्म सही सुमेलित है/हैं?** *(Chap 3, Class-X, NCERT)*

1. आघातवर्ध्यता — धातुओं को पीटने पर उनके पतला होने का गुण
2. तन्यता — धातु के पतले तार के रूप में खिंच सकने की क्षमता
3. ध्वनिक — कठोर सतह से टकराकर आवाज उत्पन्न करने का गुण

कूट

(a) केवल 1 (b) 2 और 3 (c) केवल 3 (d) 1, 2 और 3

उत्तर *(d)*

व्याख्या धातुओं के भौतिक गुणधर्मों के संदर्भ में सभी युग्म सही सुमेलित हैं। कुछ धातुओं को पीटकर उनकी पतली चादरें बनायी जा सकती हैं। धातुओं के इस गुणधर्म को आघातवर्ध्यता (Malleability) कहते हैं। सोना तथा चाँदी सबसे अधिक आघातवर्ध्य धातुएँ हैं।

धातुओं के पतले तार के रूप में खिंच सकने की क्षमता को धातुओं की तन्यता (Ductility) कहते हैं। सोना सबसे तन्य धातु है।

धातुएँ किसी कठोर सतह से टकराने पर आवाज उत्पन्न करती हैं। आवाज करने के इस गुण को ध्वनिक (Sonorous) कहते हैं।

2 **धातुओं के संदर्भ में निम्नलिखित कथनों में से कौन-सा/से सही है/हैं?** *(Chap 3, Class-X, NCERT)*

1. क्षारीय धातुएँ इतनी मुलायम होती हैं कि उन्हें चाकू से भी काटा जा सकता है।
2. मर्करी (Hg) को छोड़कर अन्य सभी धातुएँ कमरे के तापमान पर ठोस अवस्था में पायी जाती हैं।

कूट

(a) केवल 1 (b) केवल 2
(c) 1 और 2 दोनों (d) इनमें से कोई नहीं

उत्तर *(c)*

व्याख्या धातुओं के संदर्भ में दिए गए दोनों कथन (1) और (2) सही हैं। सामान्यतः कठोरता धातुओं का एक सामान्य भौतिक गुण होता है, परंतु क्षारीय धातुएँ जैसे लीथियम (Li), सोडियम (Na), पोटैशियम (K), आदि, इतनी मुलायम होती हैं कि उन्हें चाकू से भी काटा जा सकता है। सामान्यतः सभी धातुएँ कमरे के तापमान पर ठोस अवस्था में पायी जाती हैं परंतु मर्करी इसका एकमात्र अपवाद है। मर्करी कमरे के तापमान पर द्रव अवस्था में पायी जाती है।

3 **सूची-I को सूची-II से सुमेलित कीजिए तथा सूचियों के नीचे दिए गए कूट से सही उत्तर चुनिए।** *(Chap 3, Class-X, NCERT)*

सूची-I (धातु)	सूची-II (गुणधर्म)
A. सोडियम	1. विद्युत का अच्छा सुचालक
B. पारा	2. कमरे के ताप पर द्रव
C. चाँदी	3. ऊष्मा का कुचालक
D. सीसा (लेड)	4. चाकू से आसानी से काटा जा सकता है।

कूट

	A	B	C	D
(a)	2	3	1	4
(b)	1	4	3	2
(c)	4	2	1	3
(d)	4	1	2	3

उत्तर *(c)*

व्याख्या सही सुमेलन A-4, B-2, C-1, D-3 है।

सोडियम धातु को अत्यधिक मुलायम होने के कारण चाकू से आसानी से काटा जा सकता है।

पारा (मर्करी) एकमात्र ऐसी धातु है, जो कमरे के ताप पर द्रव अवस्था में होती है। इसका मुख्य कारण यह है कि पारा सामान्य तापमान पर अपने संयोजक इलेक्ट्रॉनों को साझा नहीं करता।

चाँदी विद्युत की अच्छी सुचालक होती है। यह सबसे विद्युत प्रवाहकीय तत्व है। इसके बाद ताँबा और सोना का विद्युत प्रवाह स्तर दूसरा व तीसरा है।

सीसा (लेड) ऊष्मा का कुचालक होता है। यह वातावरण के साथ क्रिया कर ऑक्साइड का निर्माण करता है और विद्युत या ताप को अपने माध्य से गुजरने नहीं देता।

4 **निम्न में से कौन-सा कथन सही है?** *(Chap 3, Class-X, NCERT)*

(a) उत्कृष्ट धातु को घोलने के लिए नाइट्रिक अम्ल का प्रयोग किया जाता है।
(b) उत्कृष्ट धातु को घोलने के लिए हाइड्रोक्लोरिक अम्ल का प्रयोग किया जाता है।
(c) उत्कृष्ट धातु को घोलने के लिए सल्फ्यूरिक अम्ल का प्रयोग किया जाता है।
(d) उत्कृष्ट धातु को घोलने के लिए अम्ल-राज का प्रयोग किया जाता है।

उत्तर *(d)*

व्याख्या कथन (d) सही है। जो धातुएँ जल, ऑक्सीजन या अम्लों के साथ अभिक्रिया नहीं करती हैं अर्थात् इन सभी में अघुलनशीलता होती है, उन्हें उत्कृष्ट धातुएँ कहते हैं। उत्कृष्ट धातुओं को घोलने के लिए अम्ल-राज 1 भाग HNO_3 तथा 3 भाग HCl का मिश्रण बनाकर, मिश्रण को गर्म करने पर प्राप्त होता है।

5 **निम्न में से कौन-सा कथन सही है?** *(Chap 3, Class-X, NCERT)*

(a) लीथियम एवं पारा धातु क्रमशः सबसे हल्की धातु तथा सबसे भारी धातु है।
(b) लीथियम एवं ऑस्मियम धातु क्रमशः सबसे हल्की धातु तथा सबसे भारी धातु है।
(c) एल्युमीनियम एवं ऑस्मियम धातु क्रमशः सबसे हल्की धातु तथा सबसे भारी धातु है।
(d) एल्युमीनियम एवं पारा धातु क्रमशः सबसे हल्की धातु तथा सबसे भारी धातु है।

उत्तर *(b)*

व्याख्या कथन (b) सही है। लीथियम सबसे हल्की और ऑस्मियम सबसे भारी धातु है। धातुओं का हल्का व भारी होने का गुण घनत्व पर निर्भर करता है। ऑस्मियम सर्वाधिक घनत्व वाली प्राकृतिक धातु है इसलिए यह सबसे भारी है, जबकि लीथियम का घनत्व सबसे कम है, इसलिए यह सबसे हल्की है। विकल्पों में प्रदत्त धातुओं के परमाणु क्रमांक, परमाणु भार एवं घनत्व निम्न हैं।

धातु	परमाणु क्रमांक	परमाणु भार (amu)	घनत्व (a/cc)
लीथियम	3	6.941	0.534
पारा	80	200.59	13.534
ऑस्मियम	76	190.23	22.61
एल्युमीनियम	13	26.982	2.70

6 **निम्न में से कौन-सा कथन सही है?** *(Chap 3, Class-X, NCERT)*

(a) सोडियम धातु शीतल जल से अभिक्रिया कर हाइड्रोजन गैस उत्पन्न करती है।
(b) चाँदी धातु शीतल जल से अभिक्रिया कर हाइड्रोजन गैस उत्पन्न करती है।
(c) लोहा धातु शीतल जल से अभिक्रिया कर हाइड्रोजन गैस उत्पन्न करती है।
(d) ताँबा धातु शीतल जल से अभिक्रिया कर हाइड्रोजन गैस उत्पन्न करती है।

उत्तर *(b)*

व्याख्या कथन (b) सही है। सोडियम (Na) धातु शीतल जल से अभिक्रिया कर हाइड्रोजन गैस उत्पन्न करती है, क्योकि क्षारीय धातुएँ (Li, Na, K, Rb, Cs तथा Fr) अत्यधिक सक्रिय धातुएँ होती हैं। ये सभी तीव्रता या विस्फोटक रूप से ठण्डे जल से क्रिया करती हैं। ये धातुएँ ठण्डे जल से क्रिया करके हाइड्रोजन गैस मुक्त करती हैं।

7 ऐनोडीकरण के संदर्भ में निम्नलिखित में से कौन-सा कथन सही है? *(Chap 3, Class-X, NCERT)*

(a) यह एल्युमीनियम धातु पर मोटी ऑक्साइड की परत बनाने की प्रक्रिया है।
(b) यह एल्युमीनियम धातु पर चढ़ी ऑक्साइड की परत को हटाने की प्रक्रिया है।
(c) यह धातुओं पर चढ़ने वाली जंग की परत को हटाने की प्रक्रिया है।
(d) यह अधातुओं पर ऑक्साइड की परत बनाने की प्रक्रिया है।

उत्तर (a)

व्याख्या ऐनोडीकरण के संदर्भ मे कथन (a) सही है। ऐनोडीकरण एल्युमीनियम धातु पर मोटी ऑक्साइड की परत बनाने की प्रक्रिया है। एल्युमीनियम ऑक्साइड की यह परत उसे पुन: ऑक्सीकरण संक्षारण से सुरक्षित रखती है।

8 निम्नलिखित कथनों पर विचार कीजिए। *(Chap 3, Class-X, NCERT)*

1. सोना जल की किसी भी अवस्था (ठोस, द्रव और गैस) के साथ बिल्कुल भी अभिक्रिया नहीं करता है।
2. चाँदी अत्यंत अधिक ताप पर भी ऑक्सीजन के साथ अभिक्रिया नहीं करती है।
3. सभी धातु-ऑक्साइडों की प्रकृति क्षारीय होती है।

उपर्युक्त में से कौन-सा/से कथन सही है/हैं?

(a) 1 और 2 (b) 2 और 3
(c) केवल 3 (d) 1 और 3

उत्तर (a)

व्याख्या दिए गए कथनों में कथन (1) और (2) सही हैं। सामान्यत: धातुएँ जल से अभिक्रिया करके हाइड्रोजन गैस तथा धातु ऑक्साइड का निर्माण करती हैं। सोना (Au), कॉपर (Cu), सिल्वर (Ag), जैसी धातुएँ जल के किसी भी रूप (ठोस, द्रव और गैस) के साथ कोई अभिक्रिया नही दर्शाती है।
कुछ धातुएँ, जैसे—एल्युमीनियम (Al), आयरन (Fe) और जिंक (Zn) न तो ठंडे जल के साथ और न ही गर्म जल के साथ क्रिया करती हैं।
चाँदी तथा सोना धातुएँ अत्यधिक तापमान पर भी ऑक्सीजन से अभिक्रिया नहीं करती हैं।

कथन (3) सही नहीं है, क्योंकि वायु में दहन करने पर लगभग सभी धातुएँ धातु-ऑक्साइड बनाती हैं। अधिकांश धातु-ऑक्साइडों की प्रकृति क्षारीय होती है, परंतु कुछ धातुओं के ऑक्साइड अम्लीय तथा क्षारीय दोनों व्यवहार प्रदर्शित करते हैं।

9 निम्नलिखित कथन (A) व कारण (R) को पढ़िए और नीचे दिए गए कूट की सहायता से सही उत्तर का चयन कीजिए। *(Chap 3, Class-X, NCERT)*

कथन (A) जस्तेदार लोहे में जल्दी जंग नहीं लगता।

कारण (R) यशद (Zn) में उपचयन क्षमता है।

कूट

(a) A और R दोनों सही हैं तथा R, A का सही स्पष्टीकरण है।
(b) A और R दोनों सही हैं परंतु R, A का सही स्पष्टीकरण नहीं है।
(c) A सही है किंतु R गलत है।
(d) A गलत है किंतु R सही है।

उत्तर (a)

व्याख्या कथन (A) और कारण (R) दोनों सही हैं और कारण (R), कथ (A) का सही स्पष्टीकरण है।

जस्तेदार लोहे (Zinc plated iron) का तात्पर्य इस्पात या लोहे के ऊपर ज की परत का चढ़ा होना है, जिससे धातुओं का क्षरण (जंग लगना) रु जाता है। इसे गैल्वेनीकरण की प्रक्रिया द्वारा किया जाता है। इसे यशदले (Galvanisation) भी कहते हैं। यह एक विद्युत रासायनिक प्रक्रम है।

लोहे पर जस्ते की परत अर्थात् यशद में ऑक्सीकरण (उपचयन) की क्षम पायी जाती है, जिससे इसमें जंग नहीं लगता है।

10 निम्नलिखित कथन (A) व कारण (R) को पढ़िए और नीचे दिए ग कूट की सहायता से सही उत्तर का चयन कीजिए। *(Chap 3, Class-X, NCER*

कथन (A) सोडियम धातु का संचयन कैरोसीन (मिट्टी का तेल) होता है।

कारण (R) धातु सोडियम वायु प्रभाव्य होने पर गल जाती है।

कूट

(a) A और R दोनों सही हैं तथा R, A का सही स्पष्टीकरण है।
(b) A और R दोनों सही हैं परंतु R, A का सही स्पष्टीकरण नहीं है।
(c) A सही है किंतु R गलत है।
(d) A गलत है किंतु R सही है।

उत्तर (c)

व्याख्या कथन (A) सही है किंतु कारण (R) गलत है।

सोडियम (Na) अत्यंत क्रियाशील धातु है। यह मुक्त अवस्था में नहीं रखी ज सकती है, इसलिए इसे मिट्टी के तेल (Kerosene) में रखा जाता है।

सोडियम धातु को हवा में खुला रखने पर यह ऑक्सीजन से अभिक्रिया क लेती है और ऑक्साइड का निर्माण करती है। सोडियम धातु की जल अत्यधिक बंधुता होती है। यह जल से अभिक्रिया करके हाइड्रोजन तथा पर्या मात्रा में ऊष्मा बनाती है। इस ऊष्मा से हाइड्रोजन गैस आग पकड़ लेती है

11 निम्न में से कौन-सा कथन सही है? *(Chap 3, Class-X, NCER*

(a) केवल वे धातुएँ ही पानी से हाइड्रोजन को विस्थापित कर सकती हैं, ज धातुओं की सक्रियता श्रेणी में हाइड्रोजन से नीचे होती हैं।
(b) केवल वे धातुएँ ही पानी से हाइड्रोजन को विस्थापित कर सकती हैं जो धातुओं की सक्रियता श्रेणी में हाइड्रोजन से ऊपर हैं।
(c) केवल वे धातुएँ ही पानी से हाइड्रोजन को विस्थापित कर सकती हैं, ज धातुओं की सक्रियता श्रेणी में हाइड्रोजन से ऊपर या नीचे होती हैं।
(d) धातुएँ पानी से हाइड्रोजन को विस्थापित नहीं कर सकती हैं।

उत्तर (b)

व्याख्या केवल वे धातुएँ ही पानी से हाइड्रोजन को विस्थापित कर सकती है जो धातुओं की सक्रियता श्रेणी में हाइड्रोजन से ऊपर हैं।

12 अम्लराज के संदर्भ में दिए गए कथनों पर विचार कीजिए। *(Chap 3, Class-X, NCER*

1. यह सांद्र नाइट्रिक अम्ल तथा सान्द्र हाइड्रोक्लोरिक अम्ल के 3 : अनुपात का ताजा मिश्रण होता है।
2. यह सोना और प्लेटिनम को गलाने में सक्षम होता है।
3. यह एक प्रबल संक्षारक है।

उपर्युक्त में से कौन-सा/से कथन सही नहीं है/हैं?

(a) केवल 3 (b) 2 और 3 (c) केवल 1 (d) 1 और 3

उत्तर (c)

व्याख्या अम्लराज (Aqua regia) के संदर्भ में कथन (1) सही नहीं है, क्योंकि यह सांद्र हाइड्रोक्लोरिक अम्ल (HCl) तथा सांद्र नाइट्रिक अम्ल (HNO_3) का 3 : 1 के अनुपात का ताजा मिश्रण है। यह सोना (Au) और प्लेटिनम (Pt) को गला में सक्षम होता है तथा एक प्रबल संक्षारक है।

13 **इस्पात स्लैग निम्नलिखित में से किसके लिए प्रयोग किया जा सकता है?** *(Chap 3, Class-X, NCERT)*

1. आधार-सड़क (Base road) के निर्माण के लिए।
2. कृषि मृदा के सुधार के लिए।
3. सीमेंट के उत्पादन के लिए।

कूट

(a) 1 और 2 (b) 2 और 3 (c) 1 और 3 (d) 1, 2 और 3

उत्तर *(d)*

व्याख्या इस्पात स्लैग (Steel-slag) दिए गए सभी विकल्पों के लिए प्रयोग किया जा सकता है। इस्पात स्लैग इस्पात-निर्माण एवं इस्पात शोधन प्रक्रियाओं का उपोत्पाद (Byproduct) है। इस्पात स्लैग में लोहे की कुल मात्रा 16-25% तक होती है। इसमें कैल्सियम (Ca), सिलिकॉन (Si), मैंगनीज (Mn), फॉस्फेट (PO_4^{2-}) इत्यादि भी पाए जाते हैं। इस्पात स्लैग आधार-सड़क के निर्माण, कृषि मृदा के सुधार तथा सीमेंट के उत्पादन के लिए आधार सामग्री के रूप में प्रयुक्त हो सकता है। इस्पात स्लैग का उपयोग अम्लीय मृदा के उपचार में भी किया जा सकता है।

14 **निम्न में से कौन-सा कथन सही है?** *(Chap 3, Class-X, NCERT)*

(a) टाँका टिन, तथा सीसे की मिश्रधातु है।
(b) टाँका टिन, तथा ताँबे की मिश्रधातु है।
(c) टाँका टिन, ताँबे तथा जस्ते की मिश्रधातु है।
(d) टाँका टिन, सीसा तथा जस्ते की मिश्रधातु है।

उत्तर *(a)*

व्याख्या टाँका कथन (a) सही है।
टाँका, टिन तथा सीसे की मिश्रधातु है। टाँका या सोल्डर मिश्रधातु में सीसा 68% और टिन 32% होता है।

15 **नीचे दिए गए पदार्थों का उनके घनत्व के अवरोही क्रमानुसार, सही अनुक्रम कौन-सा है?** *(Chap 3, Class-X, NCERT) (IAS Pre 2005)*

(a) इस्पात > पारा > सोना (b) सोना > पारा > इस्पात
(c) इस्पात > सोना > पारा (d) सोना > इस्पात > पारा

उत्तर *(b)*

व्याख्या पदार्थों का उनके घनत्व के अवरोही क्रमानुसार, सही अनुक्रम सोना > पारा > इस्पात है। इनका घनत्व निम्नानुसार है

पदार्थ	घनत्व	
	ग्राम/सेमी^{3}	किग्रा/मी^{3}
सोना	19.3	19,300
पारा	13.6	13,534
इस्पात	7.8	7,870

16 **निम्न में से कौन-सा कथन सही है?** *(Chap 3, Class-X, NCERT)*

(a) सीसा धातु का गलनांक अल्पतम होता है।
(b) टंगस्टन धातु का गलनांक अल्पतम होता है।
(c) टिन धातु का गलनांक अल्पतम होता है।
(d) जिंक धातु का गलनांक अल्पतम होता है।

उत्तर *(c)*

व्याख्या टिन धातु का गलनांक अल्पतम होता है। टिन तन्य धातु है, जिसका गलनांक कम तथा कठोरता भी निम्न होती है।

17 **निम्न में से कौन-सा कथन सही है?** *(Chap 3, Class-X, NCERT)*

(a) सोना धातु स्वतन्त्र अवस्था में पाई जाती है।
(b) जस्ता धातु स्वतन्त्र अवस्था में पाई जाती है।
(c) क्रोमियम धातु स्वतन्त्र अवस्था में पाई जाती है।
(d) एल्युमीनियम धातु स्वतन्त्र अवस्था में पाई जाती है।

उत्तर *(a)*

व्याख्या कथन (a) सही है।
सोना (Au) धातु स्वतन्त्र अवस्था में पायी जाती है, क्योंकि सोने (Gold) की रासायनिक सक्रियता सबसे कम होती है। धातुओं की घटती हुई (ऊपर से नीचे की ओर) रासायनिक सक्रियता का क्रम-लीथियम (Li), पोटैशियम (K), बेरियम (Ba), स्ट्रॉन्शियम (Sr), सोडियम (Na), कैल्सियम (Ca), मैग्नीशियम (Mg), एल्युमीनियम (Al), मैंगनीज (Mn), जिंक (Zn), क्रोमियम (Cr), आयरन (Fe), कैडमियम (Cd), कोबाल्ट (Co), निकिल (Ni), टिन (Sn), लेड (Pb), कॉपर (Cu), मरकरी (Hg), सिल्वर (Ag), प्लेटिनम (Pt), गोल्ड (Au) हैं।

अध्याय 07

अधातुएँ

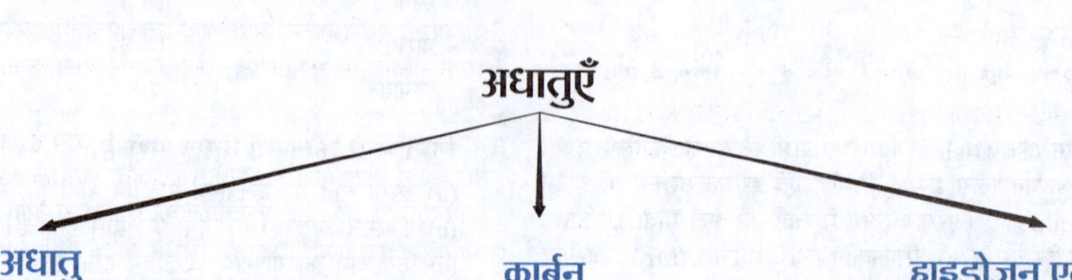

अधातु

भौतिक गुणधर्म

- सामान्यतया अधातुओं की कोई विशेष चमक नहीं होती, इनकी सतह मलिन होती है *उदाहरण* सल्फर तथा फॉस्फोरस दोनों अधातुओं में कोई चमक नहीं पायी जाती है। **अपवाद** आयोडीन व ग्रेफाइट चमकीले होते हैं।
- अधातुएँ सामान्यता ठोस और गैस होती हैं। ब्रोमीन अपवाद है, यह द्रव है। 10 अधातुएँ ठोस अवस्था में तथा 11 गैस अवस्था में पाई जाती हैं। ये विभिन्न रंग दर्शाते हैं तथा ताप और विद्युत के कुचालक होते हैं। ये प्रकृति में धनविद्युती होते हैं। ये इलेक्ट्रॉन ग्रहण करके ऋणायन बनाते हैं। **अपवाद** कार्बन का अपररूप ग्रेफाइट मुक्त इलेक्ट्रॉन की उपस्थिति के कारण विद्युत चालन करता है।
- ठोस अधातुओं को पीटने पर ये चादर में परिवर्तित नहीं होती हैं क्योंकि इनकी प्रकृति भंगुर होती है।
- अधातुएँ द्रव विलायकों में घुल जाती हैं।

रासायनिक गुणधर्म

- अधातु + $O_2 \rightarrow$ अधातु ऑक्साइड
- अधातु + भाप $\rightarrow H_2$
- अधातु + अम्ल $\rightarrow$ कोई अभिक्रिया नहीं
- अधातु + क्लोरीन $\rightarrow$ अधातु क्लोराइड

अधातुओं का उपयोग

- अधातुओं का उपयोग उर्वरकों में दोषों की वृद्धि हेतु किया जाता है।
- अधातुओं का उपयोग जल शुद्धिकरण प्रक्रम में किया जाता है।
- सल्फर का उपयोग कृषि में कवक और कीटों को नियंत्रित करने के लिए किया जाता है।

कार्बन

- कार्बन भू-पर्पटी में पाया जाने वाला 17वाँ अतिबाहुल्य तत्व है।
- तत्व अवस्था में यह कोयला, ग्रेफाइट तथा हीरे में मिलता है।
- कार्बन एक ऐसा तत्व है, जो अन्य तत्वों (जैसे- डाइहाइड्रोजन, डाइऑक्सीजन, क्लोरीन, सल्फर आदि) से योग करके जीवित ऊतकों से दवाओं एवं प्लास्टिक तक का निर्माण करता है।

अपररूप

- **हीरा** हीरे में क्रिस्टलीय जालक होता है, इसमें प्रत्येक परमाणु sp^3 संकरित होता है तथा चतुष्फलकीय ज्यामिति से अन्य चार कार्बन परमाणुओं से जुड़ा रहता है।
- इसका उपयोग धार तेज करने के लिए अपघर्षक के रूप में, रंजक बनाने में तथा विद्युत प्रकाश लैंप में टंगस्टन हेतु बनाने में होता है।
- **ग्रेफाइट** प्रत्येक कार्बन परमाणु sp^2 संकरित होता है।
- ग्रेफाइट का उपयोग शुष्क स्नेहक के रूप में किया जाता है।
- **फुलेरीन** कार्बन sp^2 संकरित होता है।
- फुलेरीन की संरचना पिंजरानुमा होती है। (C_{60}) अणु की आकृति सॉकर बॉल के समान होती है, इसे बकमिन्स्टर फुलेरीन कहते हैं।
- **ग्रेफीन** कार्बन का नया खोजा गया अपररूप है। यह केवल कार्बन से बना हुआ है। यह कार्बन का नैनो प्रतिरूप होता है। ग्रेफीन शब्द की खोज हेन्स पीटर बोहम ने की थी। यह अच्छी चालकता वाला द्विविमीय पदार्थ है।
- इसका उपयोग टच स्क्रीन, LCD और LED के लिए चालक पदार्थ के रूप में किया जाता है।
- कार्बन के अपररूपों में सर्वाधिक स्थायी- ग्रेफाइट तथा अस्थायी- फुलेरीन है।

हाइड्रोजन एवं नोबल गैस

- प्रकृति में समस्त ज्ञात तत्वों में हाइड्रोजन की परमाणु संरचना सरलतम है। इसके परमाणु में एक प्रोटॉन तथा एक इलेक्ट्रॉन होता है।
- हाइड्रोजन के तीन समस्थानिक हैं-

समस्थानिक

- प्रोटियम $_1H^1$ में शून्य न्यूट्रॉन होते हैं।
- ड्यूटीरियम $_1H^2$ में एक न्यूट्रॉन होता है।
- ट्राइटियम $_1H^3$ में दो न्यूट्रॉन होते हैं।

हाइड्रोजन के उपयोग

- वनस्पति तेलों से वनस्पति घी के निर्माण में।
- जल गैस के उत्पादन में।
- हैबर विधि से अमोनिया के उत्पादन में।
- भारी जल (ड्यूटीरियम D_2O) का प्रयोग परमाणु भट्टी में मदंक के रूप में।

अक्रिय गैस

- हीलियम, निऑन, आर्गन, क्रिप्टॉन, जीनॉन, रेडॉन ये सभी गैसें हैं। ये बहुत कम यौगिक बनाती हैं। इसी कारण इन्हें उत्कृष्ट गैसें कहते हैं।

नोबल गैस के उपयोग

- **जीनॉन** तथा **क्रिप्टॉन** विशेष अवसरों के लिए बनाएँ गए बल्ब में।
- **आर्गन** (Ar) उपधातुओं के आर्क वेल्डिंग में।
- **निऑन** (Ne) विसर्जन ट्यूब तथा प्रदीप्त बल्बों में।
- **हीलियम** (He), मौसम प्रेक्षण के लिए, गुब्बारों में भरने के लिए; रेडॉन के अतिरिक्त अन्य सभी उत्कृष्ट गैसें वायुमण्डल में पाई जाती हैं। ये वायु के द्रवीकरण के तत्पश्चात प्रभाजी आसवन के उपोत्पाद के रूप में प्राप्त की जाती है। रेडॉन रेडियम (226) के विघटन उत्पाद के रूप में प्राप्त किया जाता है। ये सभी गैसें एकपरमाणु तत्व हैं।

SOURCE NCERT Class-X (धातु और अधातु), NCERT Class-X (कार्बन और उसके यौगिक)

1 अधातुओं के संदर्भ में निम्नलिखित में से कौन-सा कथन सही है?

(Chap 3, Class-X, NCERT)

(a) अधातुएँ तन्य होती हैं।
(b) अधातुएँ आघातवर्ध्य होती हैं।
(c) ग्रेफाइट के अलावा सभी अधातुएँ ऊष्मा एवं विद्युत की कुचालक होती हैं।
(d) अधातुएँ विद्युतधनात्मक होती हैं।

उत्तर *(c)*

व्याख्या अधातुओं के संदर्भ में कथन (c) सही है, जबकि कथन (a), (b) और (d) गलत हैं, क्योंकि अधातुओं के गुणधर्म धातुओं के विपरीत होते हैं। यह न तो आघातवर्ध्य तथा न ही तन्य होती हैं, अधातुएँ विद्युतऋणात्मक होती हैं।

2 निम्नलिखित कथनों पर विचार कीजिए।
काँच पर उत्कीर्ण किया या खरोंचा जा सकता है।

(Chap 4, Class-X, NCERT)

1. हीरे से
2. हाइड्रोफ्लोरिक अम्ल से
3. एक्वा रेजिया से (अम्लराज)
4. सान्द्र सल्फ्यूरिक अम्ल से

उपर्युक्त में से कौन-सा/से कथन सही है/हैं?

(a) 1 और 2
(b) 2 और 3
(c) 1 और 4
(d) 2 और 4

उत्तर *(a)*

व्याख्या काँच पर उत्कीर्ण या खरोंचने के संबंध में कथन (1) और (2) सही हैं। काँच पर उत्कीर्ण करने के लिए हीरे से तथा हाइड्रोफ्लोरिक अम्ल (Hydrofluoric acid) से ग्लास नक्काशी (French embossing) एक लोकप्रिय तकनीक है।

काँच हाइड्रोफ्लोरिक अम्ल (HF) में घुलनशील सिलिकेट बनाता है, जिस कारण इसका भंडारण काँच के बर्तनों में नहीं किया जाता।

3 नीचे दिए गए युग्मों में से कौन-सा एक युग्म सुमेलित नहीं है?

(Chap 4, Class X, NCERT), (UPPSC Pre 2017)

(a) सूखी बर्फ — ठोस कार्बन डाइऑक्साइड
(b) सेविन — कीटनाशक
(c) टेफ्लॉन — फ्लोरीन युक्त बहुलक
(d) फुलेरीन्स — फ्लोरीन युक्त कार्बनिक यौगिक

उत्तर *(d)*

व्याख्या दिए गए युग्मों में से युग्म (d) सुमेलित नहीं है। फुलेरीन्स (C_{60}) कार्बन का अपररूप है। कार्बन के इस जटिल रूप में कार्बन परमाणु एक दूसरे से षट्फलाकार या पंचभुजाकार रूप में जुड़ कर एक पिंजरेनुमा संरचना का निर्माण करते हैं।

सूखी बर्फ मूल रूप से ठोस कार्बन डाइऑक्साइड होती है। सेविन एक प्रकार का कीटनाशक होता है तथा टेफ्लॉन फ्लोरीन युक्त बहुलक होता है।

4 निम्नलिखित सूचियों को सुमेलित कीजिए।

(Chap 3, Class-X, NCERT)

सूची-I (गुण)	सूची-II (अधातु)
A. सबसे हल्का अधात्विक तत्व	1. आयोडीन
B. द्रव अधात्विक तत्व	2. ग्रेफाइट
C. अधातु जिसमें चमक होती है।	3. हाइड्रोजन
D. अधातु जो विद्युत की सर्वश्रेष्ठ चालक है।	4. ब्रोमीन
	5. सिल्वर

कूट

	A	B	C	D		A	B	C	D
(a)	4	5	1	3	(b)	5	2	1	3
(c)	2	3	5	4	(d)	3	4	1	2

उत्तर *(d)*

व्याख्या सही सुमेलन A-3, B-4, C-1, D-2 है।

हाइड्रोजन सबसे हल्का अधात्विक तत्व होता है। इसका मुख्य कारण यह है कि इसके नाभिक में केवल एक प्रोटॉन और बाह्य कक्ष में केवल एक इलेक्ट्रॉन होता है।

ब्रोमीन एक द्रव अधात्विक (Non-metal) तत्व है। इसका मुख्य कारण यह है कि इसके बाह्य कक्ष में सात संयोजकता (Valence) इलेक्ट्रॉन होते हैं और इसके अष्टक (Octet) पूर्ण करने की प्रवृत्ति इसे अति प्रतिक्रियाशील बनाती है।

आयोडीन एक ऐसी अधातु है, जिसमें चमक होती है। इसका मुख्य कारण यह है कि इसकी सतह पर स्थित इलेक्ट्रॉन प्रकाश से ऊष्मा को अवशोषित कर उत्तेजित हो जाते हैं और चमकने लगते हैं।

ग्रेफाइट एक ऐसी अधातु है, जो विद्युत की चालक (Conductor) होती है। इसका मुख्य कारण यह है कि ग्रेफाइट अणु में प्रत्येक कार्बन परमाणु का एक संयोजकता इलेक्ट्रॉन मुक्त (Free electron) रहता है।

5 निम्न कथनों पर विचार कीजिए। *(Chap 4, Class VIII, NCERT)*

1. प्रकृति में सल्फर मुक्त तत्व के रूप में पाया जाता है।
2. विभिन्न प्रकार के उल्का पिंड सल्फर सल्फाइडों के रूप में पाए जाते हैं।
3. सल्फर का उपयोग सल्फ्यूरिक अम्ल के निर्माण में किया जाता है।
4. सल्फर का उषयोग कवकनाशी और कीटनाशी के रूप में किया जाता है।

उपर्युक्त में से कौन-सा/से कथन सही है/हैं?

(a) 1, 2 और 3 (b) 3 और 4 (c) 2 और 3 (d) 1, 2, 3 और 4

उत्तर *(b)*

व्याख्या दिए गए कथन (3) और (4) सही हैं। सल्फर का उपयोग सल्फ्यूरिक अम्ल के निर्माण तथा कवकनाशी और कीटनाशी के रूप में किया जाता है। कथन (1) और (2) सही नहीं हैं, क्योंकि प्रकृति में सल्फर तत्व संयुक्त रूप में ज्वालामुखीय (वॉल्केनिक) क्षेत्र में आयरन सल्फाइड (FeS_2) तथा गेलेना (PbS) के रूप में पाया जाता है। उल्कापिंडो में सल्फर यौगिकों की विविधता पायी जाती है। इनमें घुलनशील सल्फाइड, मौलिक सल्फर और अम्ल घुलनशील सल्फेट प्रमुख हैं।

6 निम्नलिखित कथनों पर विचार कीजिए।

(Chap 4, Class-VIII, NCERT)

1. ऑक्सीजन तीव्र दहन को बढ़ाती है।
2. अधिक आंशिक दाब पर ऑक्सीजन विषाक्त हो सकती है।
3. रॉकेट में ऑक्सीकारक के रूप में द्रव ऑक्सीजन का उपयोग करते हैं।
4. ऑक्सीजन रंगहीन और गंधहीन गैस है।

उपर्युक्त में से कौन-सा/से कथन सही है/हैं?

(a) 1 और 2
(b) 1, 2 और 3
(c) 1, 2 और 4
(d) 1, 2, 3 और 4

उत्तर *(d)*

व्याख्या दिए गए सभी कथन सही हैं। ऑक्सीजन तीव्र दहन को बढ़ाती है, इसी कारणवश जंगल की आग तीव्रता से फैलती है। जंगलों में ऑक्सीजन प्रचुर मात्रा में होती है। अधिक आंशिक दाब पर ऑक्सीजन विषाक्त हो जाती है। रॉकेट में ऑक्सीकारक के रूप में द्रव ऑक्सीजन का उपयोग करते हैं। ऑक्सीकारक वह एजेंट होता है, जो ईंधन के साथ संयोजन कर ऑक्सीजन उत्सर्जित करता है। ऑक्सीजन रंगहीन, गंधहीन, स्वादहीन गैस है और यह अधात्विक तत्व जल का महत्वपूर्ण यौगिक है।

7 निम्नलिखित में से कौन-सा कथन सही नहीं है?

(Chap 4, Class VIII, NCERT)

(a) बोर्डो मिश्रण, कॉपर (II) सल्फेट और कैल्सियम हाइड्रॉक्साइड का जल में मिश्रण है और इसे फफूंदनाशी के रूप में प्रयोग में लाते हैं।
(b) बोरिक अम्ल, औषधि उद्योग तथा खाद्य परिरक्षक के रूप में भी प्रयुक्त होता है।
(c) शुष्क बर्फ, ठोस कार्बन डाइऑक्साइड होता है।
(d) हँसाने वाली गैस, नाइट्रिक ऑक्साइड है।

उत्तर *(d)*

व्याख्या दिए गए कथनों में से कथन (d) सही नहीं है, क्योंकि नाइट्रिक ऑक्साइड (NO) को नहीं, बल्कि नाइट्रस ऑक्साइड (N_2O) को हँसाने वाली गैस के रूप में जाना जाता है।

8 ग्रैफीन के संदर्भ में निम्न कथनों पर विचार कीजिए।

(Chap 4, Class-X, NCERT)

1. वह एक द्वि-आयामी पदार्थ है और उसकी विद्युत चालकता उत्तम है।
2. वह अब तक जाँचे गए सबसे तनु (पतला) किंतु सबसे शक्तिशाली पदार्थों में से है।
3. वह पूर्णत: अपारदर्शी होता है।
4. उसका टच स्क्रीन, LCD और कार्बनिक LED के लिए 'चालक इलेक्ट्रोड' के रूप में प्रयोग किया जा सकता है।

उपर्युक्त में कौन-सा/से कथन सही है/हैं?

(a) 1 और 2 (b) 3 और 4
(c) 1, 2 और 4 (d) 1, 2, 3 और 4

उत्तर *(c)*

व्याख्या ग्रैफीन के संदर्भ में कथन (1), (2) और (4) सही हैं।

ग्रैफीन एक अणु की मोटाई वाली सामान्य कार्बन की एक पतली परत है, जो विलक्षण गुण प्रदर्शित करती है। इसकी खोज मैनचेस्टर विश्वविद्यालय में कार्यरत दो वैज्ञानिकों आंद्रे गीम और कॉन्स्टेंटिन नोवोसेलोव ने वर्ष 2004 में की थी। ग्रैफीन के आश्चर्यजनक गुणों को रेखांकित करने के कारण ही दोनों वैज्ञानिकों को वर्ष 2010 में नोबेल पुरस्कार से सम्मानित किया गया था।

गीम और नोवोसेलोव ने ग्रैफीन को ग्रेफाइट के एक टुकड़े से निष्कर्षित किया था। ग्रैफीन एक द्वि-आयामी तत्व है। द्वि-आयामी होने का लाभ यह है कि इनमें विद्युत (Electricity) को नियंत्रित करना, त्रिविमीय तत्वों की तुलना में अधिक सरल होता है।

ग्रैफीन न केवल अत्यन्त पतला है, बल्कि अब तक खोजे गए पदार्थों में सबसे शक्तिशाली भी है। विद्युत का संवाहक होने के साथ-साथ इसमें ताँबे के भी गुण हैं। ग्रैफीन का प्रयोग कम्प्यूटर चिप्स, कम्युनिकेशन डिवाइस और टचस्क्रीन आदि में किया जाता है।

कथन (3) गलत है, क्योंकि यह लगभग पारदर्शी (Transparent) है, इसके बावजूद यह इतना घना है कि सबसे छोटा गैस का अणु हीलियम भी इससे होकर गुजर नहीं सकता।

9 सूची-I को सूची-II से सुमेलित कीजिए तथा सूचियों के नीचे दिए गए कूट की सहायता से सही उत्तर का चयन कीजिए।

(Chap 4, Class-VIII, NCERT)

	सूची-I (ईंधन गैस)		सूची-II (मुख्य अवयव)
A.	ऐसीटोन	1.	अग्निशामक
B.	कार्बन टेट्राक्लोराइड	2.	नाखून पॉलिश अपसारक
C.	हाइड्रोजन परॉक्साइड	3.	घावों की मरहम पट्टी
D.	द्रव अमोनिया	4.	प्रशीतक

कूट

	A	B	C	D
(a)	4	3	2	1
(b)	3	4	1	2
(c)	2	1	3	4
(d)	1	3	4	3

उत्तर *(c)*

व्याख्या सही सुमेलन A-2, B-1, C-3, D-4 है।

ऐसीटोन (CH_3COCH_3) का उपयोग नाखून पॉलिश अपसारक (Remover) के रूप में किया जाता है। यह एक रंगहीन, अभिलाक्षणिक गंधवाला ज्वलनशील (Flammable) द्रव है।

कार्बन टेट्राक्लोराइड (CCl_4) का उपयोग अग्निशामक (Fire Extinguisher) के रूप में किया जाता है।

घावों पर मरहम पट्टी करते समय हाइड्रोजन परॉक्साइड (H_2O_2) का उपयोग किया जाता है।

अमोनिया का उपयोग प्रशीतक (Refrigerant) के रूप में किया जाता है। यह तीक्ष्ण गंध वाली व हवा से भी हल्की होती है।

10 ग्रैफीन के सन्दर्भ में निम्नलिखित में से कौन-सा कथन सही है?

(Chap 4, Class-X, NCERT)

(a) ग्रैफीन कार्बन की मिश्रधातु होती है।
(b) ग्रैफीन कार्बन का नैनो प्रतिरूप होती है।
(c) ग्रैफीन कार्बन का समस्थानिक होता है।
(d) ग्रैफीन कार्बन का समभारिक होता है।

उत्तर *(b)*

व्याख्या कथन (b) सही है।

ग्रैफीन कार्बन का नैनो प्रतिरूप होती है। ग्रैफीन एक अणु की मोटाई वाली सामान्य कार्बन की एक पतली परत है, जिसके नैनोप्रौद्योगिकी (Nanotechnology) के क्षेत्र में महत्वपूर्ण अनुप्रयोग हैं।

11 बकमिन्स्टर फुलेरीन के सन्दर्भ में निम्न में से कौन-सा कथन सही है?

(Chap 4, Class-X, NCERT)

(a) कार्बन यौगिक का एक रूप जिसमें 60 कार्बन परमाणुओं का गुच्छ (Bunch) होता है, जो परस्पर पंचभुज या षट्भुज से बने बहुफलकीय संरचना से जुड़े होते हैं।
(b) फ्लोरीन का एक बहुलक होता है।
(c) कार्बन का एक समस्थानिक, जो C^{14} से भारी होता है।
(d) कार्बन का एक समभारिक होता है।

उत्तर *(a)*

व्याख्या कथन (a) सही है। बकमिन्स्टर फुलेरीन कार्बन यौगिक का एक रूप है, जिसमें 60 कार्बन परमाणुओं का गुच्छ (Bunch) होता है, जो परस्पर पंचभुज या षट्भुज से बने बहुफलकीय संरचना से जुड़े होते हैं। बकमिन्स्टर फुलेरीन एक गोलीय फुलेरीन अणु है, इसका सूत्र (C_{60}) है। 20 षट्भुजों तथा 12 पंचभुजों से निर्मित इस यौगिक की संरचना में कार्बन परमाणु बहुफलकीय संरचना से आबद्ध (जुड़े) होते हैं।

12 हीरा और ग्रेफाइट के बारे में निम्नलिखित में से कौन-सा कथन सही नहीं है?

(Chap 4, Class-X, NCERT)

(a) हीरे की चतुष्फलकीय संरचना होती है, जबकि ग्रेफाइट की षटकोणीय समतल (हेक्सागोनल स्नेनर) संरचना होती है।
(b) हीरे और ग्रेफाइट के भौतिक एवं रासायनिक दोनों गुण समान होते हैं।
(c) ग्रेफाइट नरम होता है, किन्तु हीरा कठोर होता है।
(d) ग्रेफाइट विद्युत का सुचालक होता है, जबकि हीरा नहीं होता।

उत्तर *(b)*

व्याख्या हीरे और ग्रेफाइट के बारे में कथन (b) सही नहीं है, जबकि कथन (a), (c) और (d) सही हैं, क्योंकि हीरे और ग्रेफाइट के भौतिक एवं रासायनिक गुण दोनों भिन्न होते हैं। भौतिक गुण में हीरा कठोर, ग्रेफाइट मुलायम होता है तथा रासायनिक गुणों में हीरा विद्युत का कुचालक तथा ग्रेफाइट विद्युत का सुचालक होता है।

13 निम्नलिखित में से कौन-सा कथन सही नहीं है?

(Chap 4, Class-X, NCERT)

(a) बकमिन्स्टर फुलेरीन कार्बन का एक अपररूप है।
(b) हीरा विद्युत का एक अच्छा चालक है।
(c) ग्रेफाइट विद्युत का एक अच्छा चालक है।
(d) ग्रेफाइट में प्रत्येक कार्बन परमाणु तीन भाग कार्बन परमाणुओं से जुड़ा होता है।

उत्तर *(b)*

व्याख्या कथन (b) सही नहीं है, जबकि कथन (a), (c) और (d) सही हैं हीरा विद्युत का कुचालक होता है तथा भौतिक रूप से कठोर भी होता है हीरे में प्रत्येक कार्बन परमाणु अन्य चार कार्बन परमाणुओं से चतुष्फलकीय ढंग से जुड़कर त्रिविमीय ज़ालक का निर्माण करते हैं।

14 निम्नलिखित कथनों पर विचार कीजिए। *(Chap 2, Class-X, NCERT)*

1. संगमरमर (मार्बल) टूथपेस्ट का संघटक है।
2. जिप्सम का उपयोग अमोनियम सल्फेट के निर्माण में किया जाता है।

उपर्युक्त में कौन-सा/से कथन सही है/हैं?

(a) केवल 1 (b) केवल 2
(c) 1 और 2 दोनों (d) इनमें से कोई नहीं

उत्तर *(b)*

व्याख्या दिए गए कथनों में से कथन (2) सही है।
अमोनियम सल्फेट उर्वरक का निर्माण जिप्सम से ही किया जाता है।
कथन (1) सही नहीं है, क्योंकि संगमरमर टूथपेस्ट का संघटक नहीं है।

15 निम्नलिखित कथनों पर विचार कीजिए।

(Chap 4, Class-X, NCERT) (IAS Pre 2000)

कठोर जल उपयुक्त नहीं है

1. पीने के लिए
2. साबुन से कपड़े धोने के लिए
3. बॉयलर्स में प्रयोग के लिए
4. फसल की सिंचाई के लिए

उपर्युक्त में से कौन-सा/से कथन सही है/हैं?

(a) 1 और 3
(b) 2 और 3
(c) 1, 2 और 4
(d) 1, 2, 3 और 4

उत्तर *(d)*

व्याख्या जल की उपयुक्तता के संदर्भ में दिए गए सभी कथन सही हैं।
जल की स्थायी कठोरता (Permanent hardness) कैल्सियम तथा मैग्नीशियम के क्लोराइड तथा सल्फेट के कारण होती है। कठोर जल पीने में लवणीय (नमकीन) लगता है। कपड़े धोने पर कठोर जल झाग उत्पन्न नहीं करता, अत: यह कपड़े धोने में अनुपयुक्त होता है।
बॉयलर्स में उबालने पर कैल्सियम तथा मैग्नीशियम के लवण सतह पर आकर जम जाते हैं, जो वाष्पन की क्रिया में अवरोध उत्पन्न करते हैं, जिससे ऊष्मा का संकेंद्रण जल में बढ़ता जाता है और बॉयलर विस्फोट करके टूट जाता है।
कठोर जल फसल की सिंचाई हेतु भी उपयुक्त नहीं होता, क्योंकि यह फसल के जायलम को अवरुद्ध कर देता है, जिससे फसले कुंठित हो जाती हैं।

16 हाइड्रोजन के संदर्भ में निम्न में कौन-सा/से कथन सही है/हैं?

(Chap 2, Class-XI, NCERT)

1. हाइड्रोजन के तीन समस्थानिक हैं, जिसमें प्रोटियम सर्वाधिक प्रचलित है।
2. हाइड्रोजन आयन (H^+) विलयन में मुक्त रूप से विद्यमान होता है।
3. डाइहाइड्रोजन (H_2) अपचायक के रूप में कार्य करता है।

कूट

(a) 1, 2 और 3 (b) केवल 1 (c) 1 और 3 (d) केवल 3

उत्तर *(c)*

व्याख्या हाइड्रोजन के संदर्भ में कथन (1) और (3) सही हैं।
हाइड्रोजन के तीन समस्थानिक ज्ञात हैं, प्रोटियम (^1_1H), ड्यूटीरियम (^2_1H) और ट्राइटियम (^3_1H)। प्रोटियम और ड्यूटीरियम हाइड्रोजन के स्थायी समस्थानिक हैं, परंतु ट्राइटियम रेडियोएक्टिव है तथा डाइहाइड्रोजन (H_2) अपचायक के रूप में कार्य करता है।
कथन (2) सही नहीं है, क्योंकि हाइड्रोजन आयन (H^+) विलयन में मुक्त रूप से विद्यमान नहीं होता है।

17 निम्न कथन (A) व कारण (R) को पढ़िए और नीचे दिए गए कूट की सहायता से सही उत्तर का चयन कीजिए।

(Chap 6, Class-XI, NCERT)

कथन (A) द्रव हाइड्रोजन फ्लुओराइड अजलीय विलायक के रूप में प्रयुक्त किया जाता है, यह संक्षारक है। काँच उत्कीर्णन में प्रयुक्त किया जाता है। इसके कारण त्वचा पर दर्द भरे जख्म बनते हैं।

कारण (R) हाइड्रोजन फ्लुओराइड सिलिका से क्रिया करता है। ऊतकों को निर्जल करने के साथ-साथ इसका ऊतकों पर अम्लीय प्रभाव दर्द भरे जख्मों को उत्पन्न करता है।

कूट

(a) A और R दोनों सही हैं तथा R, A का सही स्पष्टीकरण है।
(b) A और R दोनों सही हैं, परंतु R, A का सही स्पष्टीकरण नहीं है।
(c) A सही है किंतु R गलत है।
(d) A गलत है किंतु R सही है।

उत्तर *(a)*

व्याख्या कथन (A) और कारण (R) दोनों सही हैं तथा कारण (R), कथन (A) का सही स्पष्टीकरण है।
द्रव हाइड्रोजन फ्लुओराइड (HF) अजलीय विलायक (Non-aqueous solvent) के रूप में प्रयोग किया जाता है। यह एक प्रकार का संक्षारक है। इसका उपयोग काँच उत्कीर्णन में किया जाता है। हाइड्रोजन फ्लुओराइड (HF) सिलिका से क्रिया करके ऊतकों को निर्जल करने के साथ-साथ ऊतकों पर अम्लीय प्रभाव (Acidic effect) द्वारा दर्द भरे जख्म उत्पन्न करता है।

18 निम्न पर विचार कीजिए *(Chap 3, Class-XI, NCERT)*

1. आर्गन
2. जीनॉन
3. नाइट्रोजन
4. फ्लुओरीन

उपरोक्त गैसों में कौन-सी रासायनिक अभिक्रिया में भाग नहीं लेती है?

(a) 1, 2 और 3 (b) 1, 2 और 4
(c) 2, 3 और 4 (d) 1, 2, 3 और 4

उत्तर *(a)*

व्याख्या आर्गन, जीनॉन और नाइट्रोजन गैस रासायनिक अभिक्रिया में भाग नहीं लेती हैं, क्योंकि इनके बाह्यतम कोश में 8 इलेक्ट्रॉन होते हैं, जिसके कारण यह स्थायी विन्यास प्राप्त कर लेती है तथा अभिक्रिया नहीं करती है।

अध्याय 08

कार्बनिक रसायन

कार्बनिक रसायन

हाइड्रोकार्बन

- वे यौगिक जिनमें केवल कार्बन और हाइड्रोजन तत्व उपस्थित होते हैं, हाइड्रोकार्बन कहलाते हैं।
- *उदाहरण* CH_2, C_2H_6
- पेट्रोलियम या कच्चा तेल इनका प्राकृतिक स्त्रोत है।
- हाइड्रोकार्बन विभिन्न प्रकार के होते हैं।

संतृप्त हाइड्रोकार्बन

- इनमें कार्बन-कार्बन तथा कार्बन-हाइड्रोजन एकल आबंध होते हैं। ये दो प्रकार के होते हैं।
- ऐल्केन (पैराफिन) - एल्केनों का सामान्य सूत्र C_nH_{2n+2} होता है। मेथेन इस परिवार का प्रथम सदस्य है।
- साइक्लोऐल्केन में कार्बन परमाणु बंद शृंखला या वलय बनाते हैं।
- इनका सामान्य सूत्र C_nH_{2n} होता है।

असंतृप्त हाइड्रोकार्बन

- कार्बन-कार्बन बहुआबंध जैसे द्वि-आबंध, त्रि-आबंध या दोनों उपस्थित होते हैं। ये दो प्रकार के होते हैं।
- ऐल्कीन (C_nH_{2n})- कार्बन- कार्बन के मध्य द्वि-आबंध उपस्थित होता है।
- इसका प्रथम सदस्य एथिलिन या एथीन (C_2H_4) है।
- ऐल्काइन (C_nH_{2n-2}) - कार्बन-कार्बन के मध्य त्रि-आबंध उपस्थित होता है।
- इसका प्रथम सदस्य ऐसीटिलीन या ऐथाइन (C_2H_2) है।

ऐरोमैटिक हाइड्रोकार्बन

- वे हाइड्रोकार्बन, जिनमें कार्बन परमाणु आपस में सिग्मा (σ) अथवा पाई (π) बन्ध के द्वारा बन्द विकृत शृंखला में विन्यासित होते हैं, ऐरोमैटिक हाइड्रोकार्बन कहलाते हैं।
  उदाहरण बेंजीन, टॉलुईन, नेफ्थैलीन।
- इन्हें ऐरीन भी कहते हैं, क्योंकि इनके अधिकांश यौगिकों में विशिष्ट गन्ध होती हैं। इसका सामान्य सूत्र (C_nH_{2n-6}) होता है।

समावयवता

- दो या दो से अधिक यौगिक जिनके अणुसूत्र तो समान हो, किन्तु भौतिक अथवा रासायनिक गुणधर्म भिन्न हो, समावयवी कहलाते हैं और इस परिघटना को समावयवता कहते हैं।
- समावयवता दो प्रकार की होती है

संरचनात्मक समावयवता

- यौगिक जिनके अणुसूत्र समान होते हैं किन्तु संरचना भिन्न होती है। उन्हें संरचनात्मक समावयवियों में वर्गीकृत किया जाता है।
  उदाहरण आण्विक सूत्र C_5H_{12} के तीन शृंखला समावयवी होते हैं।

(i) $CH_3CH_2CH_2CH_2CH_3$ (*n*- पेन्टेन)

(ii) $CH_3—CH(CH_3)CH_2—CH_3$ (*आइसो*-पेन्टेन)

(iii) $CH_3—C(CH_3)_2—CH_3$ (*निओ*-पेन्टेन)

- संरचनात्मक समावयवता चार प्रकार की होती है।
  - शृंखला समावयवता
  - स्थिति समावयवता
  - क्रियात्मक समूह समावयवता
  - मध्यावयवता

त्रिविम समावयवता

- त्रिविम समावयवी वे यौगिक हैं, जिनमें संरचना एवं परमाणुओं के आबंधन का क्रम तो समान रहता है परन्तु उनके अणुओं में परमाणुओं अथवा समूहों की त्रिविम स्थितियाँ भिन्न रहती हैं इस प्रकार की समावयवता त्रिविम समावयवता कहलाती है।
- त्रिविम समावयवता दो प्रकार की होती है।
  - ज्यामितीय समावयता
  - प्रकाशीय समावयवता

अन्य महत्वपूर्ण कार्बनिक यौगिक

क्लोरोफॉर्म ($CHCl_3$)

- इसकी खोज लीबिग ने सन् 1831 में की थी।
- इसका प्रयोग सर्वप्रथम सम्पसन ने निश्चेतक के रूप में किया था बाद में इसका प्रयोग शल्य चिकित्सा में किया गया।
- यह प्रकाश की उपस्थिति में ऑक्सीकृत होकर विषैली फॉस्जीन ($COCl_2$) बनाता है।

आयोडोफॉर्म (CHI_3)

- यह आयोडीन NaOH और एथेनॉल की अभिक्रिया द्वारा बनाया जाता है।
- यह एक बैक्टीरियानाशक पदार्थ है।

क्लोरोफ्लोरोकार्बन (CFCs)

- इसे फ्रेऑन भी कहते हैं।
- यह अत्याधिक स्थाई, अक्रियाशील अविषैला असंक्षारक है।
- इसका प्रयोग ऐरोसॉल प्रणोदक प्रशीतक तथा वायु शीतलन में किया जाता है।

ऐनिलीन ($C_6H_5NH_2$)

- यह ऐमीन व्युत्पन्न है।
- ओटो अनवर्बेबिन ने प्रथम बार सन् 1826 में चूने के पानी और इंडिगो के आसवन से तैयार किया था।

नेफ्थैलीन ($C_{10}H_8$)

- यह बहुल केन्द्रकीय हाइड्रोकार्बन है। इसका मुख्य स्त्रोत कोलतार है।
- यह विषाक्त् कैंसर जनित गुण दर्शाते हैं। इसका उपयोग जीवाणुनाशी के रूप में किया जाता है।
- बेन्जीन हेक्सा क्लोराइड (BHC) सूर्य के प्रकाश की उपस्थिति में बेन्जीन की क्लोरीन से अभिक्रिया के फलस्वरूप इसे प्राप्त किया जाता है।
- क्लोरल CCl_3CHO इसे ऐसीटैल्डिहाइड पर क्लोरीन की अभिक्रिया द्वारा बनाया जाता है। मुख्यतः इसका उपयेाग डी. डी. टी बनाने में किया जाता है।

SOURCE NCERT Class-VIII, कोयला और पेट्रोलियम, NCERT Class-X, (कार्बन एवं उसके यौगिक), NCERT Class-XI (हाइड्रोकार्बन)

1 निम्न कथन (A) व कारण (R) को पढ़िए और नीचे दिए गए कूट की सहायता से सही उत्तर का चयन कीजिए।

(Chap 3, Class-VIII, NCERT)

कथन (A) ईंधन अँगीठी में जलने वाला कोयला लाल रंग के समान उज्ज्वल होता है और बिना ज्वाला के ऊष्मा देता है।

कारण (R) केवल गैसीय पदार्थों के जलने पर ही ज्वाला उत्पन्न होती है।

कूट

(a) A और R दोनों सही हैं तथा R, A का सही स्पष्टीकरण है।
(b) A और R दोनों सही हैं परंतु R, A का सही स्पष्टीकरण नहीं है।
(c) A सही है, किंतु R गलत है।
(d) A गलत है, किंतु R सही है।

उत्तर *(c)*

व्याख्या कथन (A) सही है, किंतु कारण (R) गलत है।
अँगीठी में जलने वाला कोयला लाल रंग के समान उज्ज्वल होता है और बिना ज्वाला के ऊष्मा देता है। ऊर्जा के स्रोत जैसे लकड़ी, काष्ठ-कोयला, पेट्रोल, मिट्टी का तेल आदि ऊष्मा देते हैं। अत: ज्वाला केवल गैसीय पदार्थों के जलने पर ही उत्पन्न नहीं होती, बल्कि ठोस व तरल पदार्थ भी ज्वाला उत्पन्न करते हैं।

2 निम्न कथन (A) व कारण (R) को पढ़िए और नीचे दिए गए कूट की सहायता से सही उत्तर का चयन कीजिए।

(Chap 3, Class-VIII, NCERT)

कथन (A) तरलीकृत पेट्रोलियम गैस का प्रमुख घटक मीथेन होता है।

कारण (R) मीथेन घरों तथा कारखानों में जलाने के लिए सीधे प्रयोग में लाई जा सकती है, जहाँ वह पाइपलाइनों से उपलब्ध कराई जा सकती है।

कूट

(a) A और R दोनों सही हैं तथा R, A का सही स्पष्टीकरण है।
(b) A और R दोनों सही हैं, परंतु R, A का सही स्पष्टीकरण नहीं है।
(c) A सही है, किंतु R गलत है।
(d) A गलत है, किंतु R सही है।

उत्तर *(d)*

व्याख्या कथन (A) गलत है, किंतु कारण (R) सही है।
तरलीकृत पेट्रोलियम गैस (Liquefied Petroleum Gas, LPG) के प्रमुख घटक प्रोपेन और ब्यूटेन हैं, जबकि बायोगैस में उपस्थित मीथेन ईंधन के रूप में सीधे प्रयुक्त होती है। मीथेन का प्रयोग घरों व कारखानों में पाइपलाइनों की सहायता से जलाने के लिए किया जाता है।

3 निम्नलिखित सूची-I को सूची-II से सुमेलित कीजिए।

(Chap 3, Class-VIII, NCERT) (RAS/RTS Pre 2013)

	सूची-I (ईंधन गैसें)		सूची-II (प्रमुख घटक)
A.	सी.एन.जी.	1.	कार्बन मोनोऑक्साइड, हाइड्रोजन
B.	एल.पी.जी	2.	ब्यूटेन, प्रोपेन
C.	कोल गैस	3.	मीथेन, ऐथेन
D.	वाटर (जल) गैस	4.	हाइड्रोजन, मीथेन, कार्बन मोनोऑक्साइड

कूट

	A	B	C	D		A	B	C	D
(a)	2	1	3	4	(b)	2	4	3	1
(c)	3	2	4	1	(d)	3	2	1	4

उत्तर *(c)*

व्याख्या सही सुमेलन A-3, B-2, C-4, D-1 है।
सी.एन.जी. के प्रमुख घटक मीथेन तथा ऐथेन हैं। इसमें मीथेन की मात्रा 80-90% तक होती है। यह एक प्रकार की ईंधन गैस है, जिसका प्रयोग वाहनों में किया जाता है।
एल.पी.जी. के प्रमुख घटक ब्यूटेन (80%) और प्रोपेन (20%) हैं। इसका प्रयोग हीटिंग उपकरणों, खाना पकाने के उपकरणों और वाहनों में ईंधन गैस के रूप में किया जाता है।
कोल गैस के प्रमुख घटक हाइड्रोजन, मीथेन और कार्बन मोनोऑक्साइड हैं। इसका उत्पादन बिटुमिन्स कोयले के आसवन द्वारा किया जाता है।
वाटर गैस के प्रमुख घटक कार्बन मोनोऑक्साइड और हाइड्रोजन हैं। इसका उपयोग फिशर-ट्रॉप्स प्रक्रिया में किया जाता है।

4 हाइड्रोकार्बनों को अणुभारों के बढ़ते अनुक्रम के अनुसार निम्नलिखित में से कौन-सा सही क्रम है?

(Chap 9, Class-XI, NCERT)

(a) मीथेन, ऐथेन, प्रोपेन और ब्यूटेन (b) प्रोपेन, ब्यूटेन, ऐथेन और मीथेन
(c) ब्यूटेन, ऐथेन, प्रोपेन और मीथेन (d) ब्यूटेन, प्रोपेन, ऐथेन और मीथेन

उत्तर *(a)*

व्याख्या हाइड्रोकार्बनों के अणुभारों का बढ़ते अनुक्रम के अनुसार सही क्रम है—मीथेन (CH_4), ऐथेन (C_2H_6), प्रोपेन (C_3H_8), ब्यूटेन (C_4H_{10}) हैं। ऐल्केन श्रेणी का सामान्य सूत्र C_nH_{2n+2} है। सजातीय श्रेणी के क्रमागत सदस्यों के अणुसूत्रों के मध्य CH_2 इकाई का अन्तर होता है। सजातीय श्रेणी के क्रमागत सदस्यों के आण्विक द्रव्यमानों में 14u का अन्तर होता है।

5 गैसोहॉल के संदर्भ में निम्न में से कौन-सा कथन सही है?

(Chap 9, Class-XI, NCERT)

(a) गैसोहॉल ऐथिल ऐल्कोहॉल + पेट्रोल का मिश्रण है।
(b) गैसोहॉल प्राकृतिक गैस + ऐथिल ऐल्कोहॉल का मिश्रण है।
(c) गैसोहॉल ऐल्कोहॉल में विलायित किसी गैस का मिश्रण है।
(d) गैसोहॉल ऐथिल ऐल्कोहॉल + मिट्टी के तेल का मिश्रण है।

उत्तर *(a)*

व्याख्या गैसोहॉल के संदर्भ में कथन (a) सही है। गैसोहॉल ईंधन ऐथिल ऐल्कोहॉल 10% तथा पेट्रोल गैसोलीन 90% का मिश्रण है। इसका प्रयोग गैसोलीन से चलने वाले वाहनों में किया जा सकता है और यह वायु प्रदूषण के नियंत्रण में भी सहायक है।

6 सीटेन संख्या के संदर्भ में निम्नलिखित में से कौन-सा कथन सही है?

(Chap 9, Class-XI, NCERT)

(a) सीटेन संख्या पेट्रोल की गुणता प्राचल के रूप में प्रयुक्त होती है।
(b) सीटेन संख्या मिट्टी का तेल की गुणता प्राचल के रूप में प्रयुक्त होती है।
(c) सीटेन संख्या डीजल गुणता प्राचल के रूप में प्रयुक्त होती है।
(d) सीटेन संख्या तारपीन तेल गुणता प्राचल के रूप में प्रयुक्त होती है।

उत्तर *(c)*

व्याख्या सीटेन संख्या के संदर्भ में कथन (c) सही है।
डीजल के लिए सीटेन संख्या (Cetane number) गुणता प्राचल के रूप में प्रयुक्त होती है, जिस प्रकार ऑक्टेन संख्या गैसोलीन के ज्वलन स्थिरता के मापन में प्रयुक्त की जाती है, सीटेन संख्या का प्रयोग भी इसी संदर्भ में डीजल ईंधन की गुणवत्ता परीक्षण हेतु किया जाता है। डीजल का दहन बिना स्पार्क किए संपीडन द्वारा कराया जाता है। अत: जब डीजल ईंधन संपीडित किए जाने पर जितना जल्दी प्रज्जवलित होता है, उसकी सीटेन संख्या उतनी ही अधिक होती है। यह अच्छे डीजल की पहचान है।

7 ऐसीटिलीन के बारे में निम्नलिखित कथनों पर विचार कीजिए।

(Chap 9, Class-XI, NCERT)

1. वेल्डिंग उद्योग में उसका उपयोग होता है।
2. यह प्लास्टिक का निर्माण करने में उपयुक्त एक कच्चा माल है।
3. सिलिकॉन कार्बाइड और पानी का मिश्रण कर इसकी सुगमता से प्राप्ति होती है।

उपरोक्त कथनों में से कौन-से कथन सही हैं?

(a) 1 और 2 (b) 1 और 3
(c) 2 और 3 (d) 1, 2 और 3

उत्तर (a)

व्याख्या ऐसीटिलीन के सन्दर्भ में कथन (1) और (2) सही हैं। ऐसीटिलीन को 'एथीन' (C_2H_2) भी कहते हैं। इसका उपयोग वेल्डिंग में किया जाता है। इसके द्वारा क्लोरोएथेन का निर्माण किया जाता है, जो प्लास्टिक निर्माण हेतु कच्चे माल के रूप में प्रयोग में लाया जाता है।

कथन (3) सही नहीं है, क्योंकि कैल्सियम कार्बाइड और पानी का मिश्रण कर ऐसीटिलीन की सुगमता से प्राप्ति होती है।

ऐसीटिलीन ऐल्काइन श्रेणी का प्रथम सदस्य है। इसे प्रयोगशाला में कैल्सियम कार्बाइड की जल से अभिक्रिया द्वारा बनाया जाता है। इसका उपयोग कपूर बनाने में, निश्चेतक के रूप में कच्चे फलों को पकाने में किया जाता है।

8 बेन्जीन के लिए निम्न में से कौन-सा कथन सत्य है?

(Chap 9, Class-XI, NCERT)

(a) इसमें छः सिग्मा एवं छः पाई बन्ध होते हैं।
(b) इसमें बारह सिग्मा एवं छः पाई बन्ध होते हैं।
(c) इसमें बारह सिग्मा एवं तीन पाई बन्ध होते हैं।
(d) इसमें छः सिग्मा और तीन पाई बन्ध होते हैं।
(e) उपरोक्त में से कोई नहीं

उत्तर (c)

व्याख्या बेन्जीन के सन्दर्भ में कथन (c) सत्य है। बेन्जीन में बारह सिग्मा एवं तीन पाई बन्ध होते हैं। बेन्जीन एक हाइड्रोकार्बन है, जिसका सूत्र C_6H_6 है। इसमें छः कार्बन परमाणु और छः हाइड्रोजन परमाणु होते हैं। प्रत्येक कार्बन परमाणु एक बन्ध के माध्यम से हाइड्रोजन से और दो से अन्य निकटवर्ती कार्बन परमाणुओं से सम्बद्ध रहता है। कार्बन का चौथा बन्ध युग्म बन्ध के रूप में उपस्थित माना गया है।

9 निम्नलिखित युग्मों में से कितने युग्म सही सुमेलित हैं?

(Chap 8, Class-XII, NCERT)

1. अचार — ऐसीटिक अम्ल
2. खट्टा दूध — लैक्टिक अम्ल
3. सेब — मैलिक अम्ल
4. शीतल पेय एवं सोडा वाटर — कार्बनिक अम्ल

कूट

(a) केवल एक (b) केवल दो
(c) केवल तीन (d) सभी चार

उत्तर (d)

व्याख्या दिए गए सभी युग्म सही सुमेलित हैं।
अचार में ऐसीटिक अम्ल पाया जाता है।
खट्टा दूध (दही) लैक्टिक अम्ल के कारण बनता है।
सेब में मैलिक अम्ल पाया जाता है।
शीतल पेय एवं सोडा वाटर में कार्बनिक अम्ल पाया जाता है।

10 ऐथेनॉल के संदर्भ में निम्नलिखित कथनों में से कौन-सा सही नहीं है?

(Chap 7, Class-XII, NCERT)

(a) यह कमरे के तापमान पर द्रव अवस्था में पाया जाता है।
(b) इसका उपयोग टिंचर, आयोडीन और कफ सीरप बनाने में होता है।
(c) अधिक मात्रा में इसके सेवन से उपापचयी प्रक्रिया धीमी हो जाती है।
(d) यह केंद्रीय तंत्रिका तंत्र को सकारात्मक रूप से प्रभावित करता है और तंत्रिका तंत्र को अधिक मजबूत बनाता है।

उत्तर (d)

व्याख्या ऐथेनॉल के संदर्भ में कथन (d) सही नहीं है, क्योंकि यह केंद्री तंत्रिका तंत्र (Nervous system) को कमजोर बनाता है। इसके अतिरिक्त य कमरे के तापमान पर द्रव अवस्था में पाया जाता है। अधिक मात्रा में इसके सेव से उपापचयी प्रक्रिया धीमी हो जाती है।

ऐथेनॉल को सामान्यतः ऐल्कोहॉल कहा जाता है और इसका उपयोग टिंच आयोडीन, कफ सीरप, टॉनिक आदि औषधियों को बनाने में होता है।

11 ऐल्कोहॉल के संदर्भ में निम्नलिखित कथनों पर विचार कीजिए।

(Chap 7, Class-XII, NCERT)

1. गन्ने के रस से शीरा बनाया जाता है, जिसके किण्वन से ऐल्कोहॉल व प्राप्त किया जा सकता है।
2. ऐल्कोहॉल में पेट्रोल मिलाकर उसे स्वच्छ ईंधन के रूप में प्रयोग किर जाता है।

उपर्युक्त में से कौन-सा/से कथन सही है/हैं?

(a) केवल 1 (b) केवल 2
(c) 1 और 2 दोनों (d) न तो 1 और न ही 2

उत्तर (c)

व्याख्या ऐल्कोहॉल के संदर्भ में कथन (1) और (2) दोनों सही हैं। गन्ना सूर्य के प्रकाश को रासायनिक ऊर्जा (Chemical energy) में बदलने में सर्वाधिक सक्षम होता है। गन्ने के रस से शीरा (Molasses) बनाया जाता है इसका किण्वन करके ऐल्कोहॉल प्राप्त किया जाता है।

ऐल्कोहॉल में पेट्रोल मिलाकर उसे स्वच्छ ईंधन के रूप में प्रयोग किया ज सकता है। अन्य ईंधनों की तुलना में यह अधिक सफाई से जलकर कार्ब डाइऑक्साइड और पानी का निर्माण करता है, इसलिए परिवहन प्रक्रिया के लिए इसे पर्यावरण के अनुकूल माना जाता है।

12 निम्नलिखित में से कौन-से कथन सत्य हैं?

(Chap 8, Class-XII, NCERT) (RAS/RTS Pre 2016)

1. गन्ने के रस को किण्वित करने पर सिरका बनता है।
2. सिरके में ऐसीटिक अम्ल उपस्थित होता है।
3. सिरके में उपस्थित अम्ल बेंजोइक अम्ल होता है।
4. सिरका एक परिरक्षक के रूप में प्रयुक्त होता है।

कूट

(a) 1, 2 और 4 (b) 2, 3 और 4
(c) 1, 3 और 4 (d) 1, 2 और 3

उत्तर (a)

व्याख्या दिए गए कथनों में से कथन (1), (2) और (4) सत्य हैं। गन्ने के रस को किण्वित (Fermentation) करने पर सिरका बनता है। सिरके का निर्माण फलों के शर्करा युक्त रस के किण्वन के फलस्वरूप होता है। सिरके का उपयोग परिरक्षक (Preservative) के रूप में होता है।

कथन (3) असत्य है, क्योंकि सिरका ऐसीटिक अम्ल का तनु विलयन (Dilute solution) होता है। भोजन के लिए प्रयुक्त सिरके में 4 से 8% तक ऐसीटिक अम्ल होता है।

13 कथन (A) फेनिल का प्रयोग एक घरेलू रोगाणुनाशी के रूप में होता है।
कारण (R) फेनिल एक फिनॉल व्युत्पन्न है और फिनॉल एक प्रभावी रोगाणुनाशी है। *(Chap 7, Class-XII, NCERT) (IAS Pre 1988)*

कूट

(a) A और R दोनों सही हैं और R, A का सही स्पष्टीकरण है।
(b) A और R दोनों सही हैं, किन्तु R, A का सही स्पष्टीकरण नहीं है।
(c) A सही है, परन्तु R गलत है।
(d) A गलत है, परन्तु R सही है।

उत्तर (b)

व्याख्या कथन (A) और कारण (R) दोनों सही हैं, किन्तु कारण (R), कथन (A) का सही स्पष्टीकरण नहीं है।

फेनिल (Phenyl) एक फिनॉल व्युत्पन्न (Phenol derived) रसायन है, जिसका प्रयोग घरों, दफ्तरों इत्यादि में रोगाणुनाशी के रूप में व्यापक स्तर पर किया जाता है। फेनिल हल्के क्रेओसोट तेल और साबुन के पानी का एक पायस है। क्रेओसोट तेल कार्बोलिक एसिड, क्रेओसोल और फिनॉल से बने होते हैं।

ऐरोमैटिक हाइड्रोकार्बन का कोई H-परमाणु हाइड्रॉक्सिल समूह (—OH) द्वारा प्रतिस्थापित होता है, तो फिनॉल बनते हैं। बेन्जीन का सबसे सरलतम हाइड्रॉक्सिल व्युत्पन्न फिनॉल C_6H_5OH है। फेरिक क्लोराइड परीक्षण फिनॉल की उपस्थिति को इंगित करता है।

14 अधोलिखित युग्मों में से कौन सही सुमेलित नहीं है?
(Chap 4, Class-X, NCERT)

(a) पाइरीन — अग्निशामक
(b) सल्फर डाइऑक्साइड — अम्ल वर्षा
(c) फ्रीऑन — प्रशीतक
(d) फुलेरीन — फ्लोरीन युक्त बहुलक

उत्तर *(d)*

व्याख्या दिए गए युग्मों में से युग्म (d) सुमेलित नहीं है। फुलेरीन फ्लोरीन युक्त बहुलक नहीं है। यह कार्बन का एक उपयोगी अपररूप (Allotropes) है। फुलेरीन का सबसे साधारण रूप बकमिन्स्टर फुलेरीन है। यह एक रवेदार बहुरूप है। जिसका प्रत्येक अणु 60 कार्बन परमाणुओं का गोलाकार समूह होता है। इसे C_{60} द्वारा निरूपित करते हैं। इसके अतिरिक्त C_{32}, C_{50}, C_{70}, C_{76} आदि फुलेरीन छोटे-बड़े गोलाकार रचनाओं के रूप में पाए जाते हैं।

15 निम्न कार्बन यौगिकों को उनके गलनांक के घटते क्रम में सजाएँ।
(Chap 7, Class-XII, NCERT) (CGPSC Pre 2023)

(a) एथेनॉल > क्लोरोफॉर्म > ऐसीटिक अम्ल > मीथेन
(b) क्लोरोफॉर्म > ऐसीटिक अम्ल > एथेनॉल > मीथेन
(c) ऐसीटिक अम्ल > क्लोरोफॉर्म > मीथेन > एथेनॉल
(d) ऐसीटिक अम्ल > क्लोरोफॉर्म > एथेनॉल > मीथेन

उत्तर *(d)*

व्याख्या उपरोक्त कार्बन यौगिकों के गलनांक का घटता क्रम

ऐसीटिक अम्ल > क्लोरोफॉर्म > एथेनॉल > मीथेन

CH_3COOH $CHCl_3$ C_2H_5OH CH_4

16 कार्बन के यौगिकों के संदर्भ में निम्नलिखित कथनों में से कौन-सा/से सही नहीं है/हैं?
(Chap 4, Class-X, NCERT)

1. कार्बन परमाणुओं के मध्य केवल एक आबंध से जुड़े कार्बन के यौगिक संतृप्त यौगिक कहलाते हैं।
2. द्विआबंध अथवा त्रिबंध वाले कार्बन के यौगिक असंतृप्त यौगिक कहलाते हैं।
3. कार्बन के संतृप्त यौगिक असंतृप्त यौगिकों की तुलना में अधिक अभिक्रियाशील होते हैं।

कूट

(a) 3 और 2
(b) केवल 3
(c) 1 और 2
(d) ये सभी

उत्तर *(b)*

व्याख्या कार्बन के यौगिकों के संदर्भ में कथन (3) सही नहीं है, क्योंकि कार्बन के असंतृप्त यौगिक संतृप्त यौगिकों की तुलना में अधिक अभिक्रियाशील होते हैं।

17 कार्बन के संदर्भ में निम्नलिखित कथनों में से कौन-सा/से कथन सही है/हैं?
(Chap 4, Class-X, NCERT)

1. सभी कार्बन पर आधारित संरचनाएँ सजीव होती हैं।
2. अधिकांश कार्बन यौगिक अच्छे विद्युत चालक नहीं होते हैं।

कूट

(a) केवल 1
(b) केवल 2
(c) 1 और 2 दोनों
(d) इनमें से कोई नहीं

उत्तर *(b)*

व्याख्या कार्बन के संदर्भ में कथन (2) सही है। अधिकांश कार्बन यौगिक विद्युत के अच्छे चालक नहीं होते हैं, क्योंकि सामान्यत: इन यौगिकों के आबंध से किसी भी आयन की उत्पत्ति नहीं होती।

कथन (1) सही नहीं है, क्योंकि सभी सजीव संरचनाएँ कार्बन पर आधारित होती हैं, परंतु कार्बन पर आधारित सभी संरचनाएँ सजीव नहीं होती।

18 निम्नलिखित पदार्थों को उनके पहली बार प्रयोगशाला में संश्लेषण के कालक्रमानुसार व्यवस्थित कीजिए।
(Chap 4, Class-X, NCERT), (UPPSC Pre 2019)

1. ब्लैक गोल्ड
2. फुलेरीन
3. ग्रैफीन
4. केवलार

कूट

(a) 1, 2, 3, 4
(b) 4, 2, 3, 1
(c) 2, 4, 3, 1
(d) 4, 1, 2, 3

उत्तर *(b)*

व्याख्या पहली बार प्रयोगशाला में संश्लेषण के कालानुक्रम 4, 2, 3, 1 (केवलार, फुलेरीन, ग्रैफीन, ब्लैक गोल्ड) है। सर्वप्रथम 1965 में केवलार का संश्लेषण स्टेफनी क्वोलेक ने किया था। इसके पश्चात् फुलेरीन की खोज वर्ष 1985 में रिचार्ड स्मीले द्वारा की गई थी।

फिर ग्रैफीन को सर्वप्रथम वर्ष 2004 में मैनचेस्टर विश्वविद्यालय में दो अनुसंधानकर्ताओं आंद्रे गीम तथा कॉन्स्टेंटिन नोवोसेलोव द्वारा संश्लेषित किया गया था। अन्त में वर्ष 2019 में मुम्बई स्थित टाटा मूलभूत अनुसंधान संस्थान के वैज्ञानिकों ने नैनो प्रौद्योगिकी की तकनीकों का प्रयोग कर सुनहरे गोल्ड को ब्लैक गोल्ड में रूपान्तरित करने में सफलता प्राप्त की।

अध्याय 09

खाद्य रसायन एवं जैव अणु

खाद्य रसायन एवं जैव अणु

कार्बोहाइड्रेट

कार्बोहाइड्रेट

- आधुनिक परिभाषा के अनुसार, कार्बोहाइड्रेट ध्रुवण घूर्णक पॉलीहाइड्रॉक्सी अथवा कीटोन है।
- कार्बोहाइड्रेट के मुख्य स्त्रोत अनाज गेहूँ, मक्का, चावल आदि हैं।

कार्बोहाइड्रेटों का वर्गीकरण

- कार्बोहाइड्रेट को जल-अपघटन के आधार पर तीन वर्गों में वर्गीकृत किया गया है।
- **मोनोसैकेराइड** ये सरलतम कार्बोहाइड्रेट हैं, इनका छोटे अणुओं में जल अपघटन नहीं किया जा सकता है। *उदाहरण*-डायोस, टैट्रोस, राइबोस, पेन्टोस।
- **ओलिगोसैकेराइड** इन्हें डाइसैकेराइड भी कहते हैं। ये जल-अपघटन के फलस्वरूप मोनोसैकेराइड की दो से दस तक इकाइयाँ देते हैं।
- सुक्रोस जल-अपघटन द्वारा ग्लूकोस और फ्रक्टोस की एक-एक इकाई देता है।
- **पॉलिसैकेराइड** ये जल अपघटन के फलस्वरूप अत्याधिक संख्या में मोनोसैकेराइड इकाइयाँ देते हैं। *उदाहरण*-स्टार्च, सेलुलोस।

कुछ सामान्य कार्बोहाइड्रेट

- **ग्लूकोस** इसे डेक्सट्रोस भी कहते हैं।
- इसका रासायनिक सूत्र $C_6H_{12}O_6$ है। यह मीठे फलों (पके अंगूरों) और शहद में पाया जाता है।
- **फ्रक्टोस** इसे फलों की शक्कर भी कहा जाता है, प्राकृतिक फ्रक्टोस को लेवुलोस भी कहते हैं। यह औषधियाँ, सीरा आदि को बनाने में प्रयुक्त की जाती है।
- **माल्टोस** इसे माल्ट शर्करा भी कहते हैं। यह ऐल्कोहॉल के निर्माण में प्रयुक्त किया जाता है।
- **लैक्टोस** यह दुग्ध शर्करा भी कहलाती है यह गेलेक्टोस तथा ग्लूकोस से निर्मित होती है।
- यह गाय के दूध में 4-6% तथा मानव दूध में 5-8% होता है।

प्रोटीन

प्रोटीन

- प्रोटीन शब्द की खोज मुलर (1838) ने की थी।
- प्रोटीन जीव जगत में सर्वाधिक पाए जाने वाले जैव अणु है प्रोटीन के प्रमुख स्त्रोत दूध, पनीर, दालें, मूँगफली, मछली तथा मॉस आदि हैं।
- यह शरीर की वृद्धि एवं अनुरक्षण के लिए भी आवश्यक होते हैं।

प्रोटीनों की संरचना

- प्रोटीन α-ऐमीनो अम्ल के बहुलक होते हैं, जो आपस में पेप्टाइड आबंध द्वारा जुड़े रहते हैं।
- रासायनिक रूप से पेप्टाइड आबंध COOH समूह तथा $—NH_2$ समूह के मध्य बना एक बंध होता है।

प्रोटीन का वर्गीकरण

- आण्विक आकृति के आधार पर प्रोटीनों को दो वर्गों में वर्गीकृत किया जा सकता है।
- **रेशेदार प्रोटीन** जब पॉलिपेप्टाइड शृंखलाएँ समानान्तर होती हैं तथा हाइड्रोजन एवं डाइसल्फाइड आबंधों द्वारा संयुक्त रहती है, तो रेशे जैसी संरचना बनती है। इस प्रकार के प्रोटीन सामान्यतया जल में अविलेय होते हैं। *उदाहरण* किरेटिन (बाल, ऊन, रेश्म) मायोसिन (मांसपेशियाँ)।
- **गोलिकाकार प्रोटीन** जब पॉलिपेप्टाइड की शृंखलाएँ कुंडली बनाकर गोलकृमि प्राप्त कर लेती है, तब ऐसी संरचनाएँ प्राप्त होती है। इंसुलिन तथा ऐल्बूमिन इनके सामान्य उदाहरण हैं। अणुओ के घटको के आधार पर तीन प्रकार के होते है।
  - सरल प्रोटीन - एमीनो अम्ल से बनते है।
  - सयुंग्मी प्रोटीन - अणु और प्रोटीन के संयोजन से।
  - व्युत्पन्न प्रोटीन - प्राकृतिक प्रोटीन के आंशिक अपघटन से।

प्रोटीन का विकृतीकरण

- भौतिक तथा रासायनिक परिवर्तनों के कारण प्रोटीनों में हाइड्रोजन आबन्धों में अव्यवस्था उत्पन्न हो जाती है, प्रोटीन की द्वितीयक, तृतीयक संरचना नष्ट, परन्तु प्राथमिक अप्रभावित रहती है।

खाद्य परिरक्षक और कृत्रिम मधुरक

- ये खाद्य पदार्थों को सूक्ष्मजीवों की वृद्धि के कारण होने वाली खराबी से बचाते हैं।
- खाने का नमक, चीनी वनस्पति तेल तथा सोडियम बेंजोएट सामान्य रूप से उपयोग में आने वाले परिरक्षक हैं

प्रतिऑक्सीकारक

- असंतृप्त तेल और वसा युक्त खाद्य पदार्थों को लम्बे समय तक रखने पर उनका क्षय होने लगता है ऐसा वायुमण्डलीय ऑक्सीजन के द्वारा ऑक्सीकरण से होता है।
- खाद्य पदार्थों को खराब होने तथा ऑक्सीकरण से रोकने के लिए कुछ रसायन जो ऑक्सीकरण को रोकने में सहायक होते हैं। इनमें मिलाए जाते हैं। इन पदार्थों को प्रतिऑक्सीकारक कहते हैं।
- *उदाहरण* BHA, BHT, गैलिक अम्ल के एस्टर, लैसिथिन आदि।

कृत्रिम मधुरक

- **सैकेरीन** इसे ऑर्थोसल्फोबेन्जीमाइड भी कहते हैं। यह सुक्रोस से 550 गुना अधिक मीठी होती है।
- **एस्पार्टेम** यह सबसे अधिक सफल और व्यापक रूप से प्रयोग में आने वाला कृत्रिम मधुरक है। यह सुक्रोस से 100 गुना मीठा है, तथा ठण्डे पेय पदार्थो तथा खाद्य पदार्थो में प्रयुक्त किया जाता है।
- **ऐलिटेम** यह अधिक प्रबल कृत्रिम मधुरक है। यह सुक्रोस की तुलना में 2000 गुना मीठा है।
- **सुक्रालोस** यह सुक्रोस का ट्राईक्लोरो व्युत्पन्न है। यह सुक्रोस की तुलना में 600 गुना मीठा है।
- ग्लूकोस, सुक्रोस प्राकृतिक मधुरक है, जो ग्रहण की जाने वाली कैलोरी की मात्रा को बढ़ाते है।
- अतः बहुत से लोग मधुमेह के रोगी, जो प्राकृतिक मधुरक का उपयोग नहीं करते हैं वे कृत्रिम मधुरक का उपयोग करना अधिक पसन्द करते हैं।

SOURCE NCERT Class-XII (जैव अणु)

1 नीचे दिए गए कथन (A) तथा कारण (R) को पढ़िए और कूट की सहायता से सही उत्तर दीजिए। *(Chap 10, Class-XII, NCERT)*

कथन (A) सुक्रोस की अपेक्षा प्रतीप शर्करा अधिक मधुर होती है।

कारण (R) प्रतीप शर्करा को सुक्रोस के जल-अपघटन से प्राप्त किया जाता है।

कूट

(a) A और R दोनों सही हैं तथा R, A का सही स्पष्टीकरण है।
(b) A और R दोनों सही हैं, परंतु R, A का सही स्पष्टीकरण नहीं करता है।
(c) A सही है किंतु R गलत है।
(d) A गलत है किन्तु R सही है।

उत्तर (b)

व्याख्या कथन (A) और कारण (R) दोनों सही हैं, परंतु कारण (R), कथन (A) का सही स्पष्टीकरण नहीं करता है।
सुक्रोस की अपेक्षा प्रतीप शर्करा (Invert sugar) अधिक मधुर होती है। सुक्रोस के जल-अपघटन (Hydrolysis) से प्रतीप शर्करा प्राप्त की जाती है। प्रतीप शर्करा ग्लूकोस एवं फ्रक्टोस का मिश्रण है तथा इसकी अधिक मधुरता का कारण सुक्रोस का जल अपघटन नहीं, बल्कि फ्रक्टोस (Fructose) द्वारा प्रदत्त मिठास की उच्च मात्रा है।

2 निम्न कथनों पर विचार कीजिए *(Chap 10, Class XII, NCERT)*

1. मोनोसैकेराइड सरल कार्बोहाइड्रेट हैं।
2. मोनोसैकेराइड स्वाद में मीठे होते हैं।
3. मोनोसैकेराइड जलकर कोयला हो जाते हैं और शर्करा जलने की गन्ध देते हैं।

उपरोक्त कथनों में कौन-से कथन सही हैं?

(a) केवल 1
(b) 2 और 3
(c) 1 और 3
(d) 1, 2 और 3

उत्तर (d)

व्याख्या कथन 1, 2 और 3 सही हैं। मोनोसैकेराइड सरलतम कार्बोहाइड्रेट है। इनका छोटे अणुओं में जल अपघटन नहीं किया जा सकता है।
मोनोसैकेराइड स्वाद में मीठे होते हैं। मोनोसैकेराइड जलने पर शर्करा के समान गन्ध देते हैं।

3 कथन I जल अपघटन पर माल्टोस ग्लूकोस के दो अणु देता है।
कथन II माल्ट का उपयोग स्वास्थ्य पेयों जैसे माल्टोवा के निर्माण में किया जाता है। *(Chap 10, Class XII, NCERT)*

कूट

(a) दोनों ही कथन व्यष्टित: सत्य हैं और कथन I कथन II का सही स्पष्टीकरण है।
(b) दोनों ही कथन व्यष्टित: सत्य हैं, किन्तु कथन II, कथन I का सही स्पष्टीकरण नहीं है।
(c) कथन I सत्य है किन्तु कथन II असत्य है।
(d) कथन I असत्य है किन्तु कथन II सत्य है।

उत्तर (b)

व्याख्या कथन I और कथन II दोनों ही सत्य हैं, परन्तु कथन II, कथन I का सही स्पष्टीकरण नहीं है। माल्टोस ग्लूकोस की दो इकाइयों से बना होता है। इसे माल्ट शर्करा भी कहते हैं। यह ऐल्कोहॉल के निर्माण में प्रयुक्त किया जाता है। यह स्टार्च को डायस्टेस एंजाइम की उपस्थिति में जल-अपघटन करने पर प्राप्त होता है।

4 प्रोटीन के संदर्भ में निम्न में से कौन-सा कथन सही है? *(Chap 10, Class-XII, NCERT)*

(a) प्रोटीन नाइट्रोजन युक्त जटिल अणु होते हैं।
(b) प्रोटीन फॉस्फोरस युक्त जटिल अणु होते हैं।
(c) प्रोटीन ऑक्सीजन युक्त जटिल अणु होते हैं।
(d) प्रोटीन बोरॉन युक्त जटिल अणु होते हैं।

उत्तर (a)

व्याख्या प्रोटीन के सन्दर्भ में कथन (a) सही है। प्रोटीन नाइट्रोजन युक्त जटिल अणु होते हैं। ये जीव जगत के विकास, वृद्धि तथा शरीर के रख-रखाव के लिए अतिआवश्यक हैं। इनका अणुभार सामान्यत: 10000 से अधिक होता है। प्रोटीन शब्द की खोज मुलर ने की थी

5 निम्न कथनों पर विचार कीजिए। *(Chap 10, Class XII, NCERT)*

1. वसा कार्बनिक विलायकों में विलेय है।
2. वसा केवल जन्तु स्रोतों से प्राप्त किए जा सकते हैं।
3. *ट्रान्स* वसा पॉलीअसंतृप्त और संतृप्त वसा के रूप में पाए जाते हैं।

उपरोक्त में कौन-सा/से कथन सही है/हैं?

(a) केवल 1 (b) 2 और 3
(c) 1 और 2 (d) 1, 2 और 3

उत्तर (c)

व्याख्या कथन 1 और 2 सही हैं, जबकि कथन 3 गलत है वसा मुख्यत: एक ही ऐल्कोहॉल ग्लिसरॉल से बने संतृप्त एस्टर है। वसा कार्बनिक विलायकों में विलेय है। वसा केवल जन्तु स्रोतों से प्राप्त किए जा सकते हैं।
ट्रान्स वसा असंतृप्त वसा के रूप में पायी जाती है

6 निम्न कथनों पर विचार कीजिए। *(Chap 10, Class-XII, NCERT)*

1. सभी मोम कार्बनिक यौगिक हैं।
2. मोम जल में विलेय है।
3. मोम पौधों और जन्तुओं द्वारा प्राप्त किए जाते हैं।
4. मोम का उपयोग उद्योगों में आवरणों के निर्माण में किया जाता है।

उपरोक्त कथन में कौन-सा/से कथन सही है/हैं?

(a) 1 और 2 (b) 2 और 3
(c) 1, 3 और 4 (d) 1, 2, 3 और 4

उत्तर (c)

व्याख्या कथन 1, 3 और 4 सही हैं, जबकि कथन 2 गलत है, क्योंकि मोम जल में अविलेय होता है। मोम कार्बनिक यौगिक है, जो प्राकृतिक तथा कृत्रिम दोनों प्रकार से पाए जाते हैं। प्राकृतिक मोम उच्च अणुभार वाले मोनोहाइड्रिक ऐल्कोहॉल व उच्च अणुभार वाले मोनोकार्बोक्सिलिक अम्लों के एस्टर हैं। कृत्रिम मोम पेट्रोलियम से प्राप्त लम्बी शृंखलाओं वाले हाइड्रोकार्बनों का मिश्रण है।

7 निम्नलिखित कथनों पर विचार कीजिए। *(Class XII, Old NCERT)*

1. खाद्य परिरक्षकों का प्रमुख कार्य भोजन को ऑक्सीकरण के कारण खराब होने से रोकना है।
2. सोडियम बेंजोएट, वनस्पति तेल, साधारण नमक आदि प्रमुख परिरक्षक हैं।

उपर्युक्त में से कौन-सा/से कथन सही है/हैं?

(a) केवल 1
(b) केवल 2
(c) 1 और 2 दोनों
(d) न ही 1 और न ही 2

उत्तर (c)

व्याख्या दिये गए दोनों कथन (1) और (2) सही हैं।

खाद्य परिरक्षकों का प्रमुख कार्य भोजन को ऑक्सीकरण के कारण खराब होने से रोकना है। ये महत्त्वपूर्ण और आवश्यक योज्य (Additive) होते हैं, जो खाद्य पदार्थ पर ऑक्सीजन की क्रिया धीमी करके खाद्य परिरक्षण (Preserve) में सहायता करते हैं।

ऑक्सीजन के प्रति इनकी क्रिया उस खाद्य पदार्थ की अपेक्षा अधिक होती है, जिसका यह परिरक्षण करते हैं। सोडियम बेंजोएट, वनस्पति तेल, साधारण नमक आदि प्रमुख परिरक्षक हैं।

8 सूची-I को सूची-II के साथ सुमेलित कीजिए तथा सूचियों के नीचे दिए गए कूटों की सहायता से सही उत्तर चुनिए।

(Unit 15, Class IX, Tamil Nadu Board)
(BPSC Pre 2016)

सूची-I (पदार्थ)	सूची-II (उपयोग)
A. ऐस्पार्टेम	1. संश्लेषित रबड़
B. फ्रीऑन	2. प्रतिहिस्टैमीन
C. निओप्रीन	3. कृत्रिम मधुरक
D. बेनीड्रिल	4. प्रशीतक

कूट

	A	B	C	D
(a)	1	3	4	2
(b)	2	4	1	3
(c)	3	4	1	2
(d)	3	1	2	4

उत्तर *(c)*

व्याख्या सही सुमेलन A-3, B-4, C-1, D-2 है।

ऐस्पार्टेम सबसे सफल और व्यापक रूप से उपयोग में आने वाला कृत्रिम मधुरक है। यह सुक्रोस से लगभग 100 गुना अधिक मीठा होता है।

फ्रीऑन का उपयोग प्रशीतक गैस के रूप में एयर कंडीशनर तथा रेफ्रीजरेटर आदि में किया जाता है।

निओप्रीन एक विशेष प्रकार का संश्लेषित रबड़ है, जो क्लोरो-3 के बहुलकीकरण से बनाया जाता है।

बेनीड्रिल एक एंटीहिस्टैमीन (प्रतिहिस्टैमीन) है। इसका उपयोग एलर्जी, फीवर और सामान्य सर्दी के लक्षणों को दूर करने के लिए किया जाता है।

9 निम्न कथनों पर विचार कीजिए।

(Unit 15, Class-IX, Tamil Nadu Boar

1. सिट्रिक एसिड का उपयोग खाने की वस्तुओं के परिरक्षण में किया जाता है।
2. पोटैशियम क्लोराइड का उपयोग खाने की वस्तुओं के परिरक्षण में किया जाता है।
3. सोडियम बेंजोएट का उपयोग खाने की वस्तुओं के परिरक्षण में किया जाता है।
4. हाइड्रोजन क्लोराइड का उपयोग खाने की वस्तुओं के परिरक्षण में किर जाता है।

उपर्युक्त में से कौन-सा/से कथन सही है/हैं?

(a) 1 और 2 (b) 2 और 3 (c) 1 और 4 (d) 1 और 3

उत्तर *(c)*

व्याख्या कथन (1) और (4) सही हैं, सोडियम बेंजोएट (C_6H_5 COONa का प्रयोग खाने की वस्तुओं के परिरक्षण में होता है। खाद्य परिरक्षण, खा पदार्थों को सूक्ष्मजीवों की वृद्धि के कारण होने वाली खराबी से बचाते हैं। खा का नमक, चीनी, वनस्पति तेल तथा सोडियम बेंजोएट सामान्य रूप से उपयो में आने वाले परिरक्षक हैं।

सिट्रिक एसिड का उपयोग भी खाने की वस्तुओं के परीक्षण में किया जाता है।

10 निम्न युग्मों में से कितने सही हैं।

(Unit 15, Class-IX, Tamil Nadu Boar

1. विटामिन E — पीला नारंगी खाद्य रंग
2. कैरोटीनॉयड — प्रतिऑक्सीकारक
3. पोटैशियम मेटाबाइसल्फाइट — कृत्रिम मधुरक
4. ऐलिटेम — खाद्य परिरक्षक

कूट

(a) केवल एक (b) केवल दो
(c) केवल तीन (d) इनमें से कोई नहीं

उत्तर *(d)*

व्याख्या दिए गए युग्मों में से कोई भी युग्म सही सुमेलित नहीं है।

विटामिन E प्रतिऑक्सीकारक की तरह कार्य करते हैं।

कैरोटीनॉयड पीला नारंगी खाद्य रंग में पाया जाता है।

पोटैशियम मेटाबाइसल्फाइट खाद्य परिरक्षक है।

ऐलिटेम कृत्रिम मधुरक है।

अध्याय 10

दैनिक जीवन में रसायन

रेशे

प्राकृतिक रेशे
- इन्हें जन्तुओं और पौधों से प्राप्त किया जाता है। ये जैव निम्नकरणीय होते हैं।
- पौधों से मिलने वाले रेशे सेलुलोस के बने होते हैं।
- सेलुलोस बड़ी संख्या में ग्लूकोस इकाइयों से निर्मित होता है।
- कॉटन कपास, सन, जूट और टैक्सटाइल आदि उद्योग में काम आता है।

अर्द्ध- संश्लेषित रेशे
- इन प्राकृतिक रेशों को कुछ रसायनों द्वारा उपचारित करके प्राप्त किया जाता है।
- *उदाहरण* रेयॉन यह एक काष्ठ लुगदी (सेलुलोस- एक प्राकृतिक रेशा) के रासायनिक उपचार द्वारा प्राप्त किया जाता है।

संश्लेषित रेशे
- इन्हें प्रयोगशालाओं या इंडस्ट्रीज में रसायनों से प्राप्त किया जाता है।
- ये विभिन्न प्रकार के होते हैं।
- *उदाहरण* कार्बन फाइबर नायलॉन, पॉलिएस्टर, धात्विक रेशे, संश्लेषित रेशे हैं।

प्लास्टिक

थर्मोप्लास्टिक
- प्लास्टिक जो गर्म करने पर आसानी से विकृत हो जाता है और सरलतापूर्वक मुड़ जाता है, थर्मोप्लास्टिक कहलाता है।
- पॉलिथीन और PVC थर्मोप्लास्टिक के कुछ उदाहरण हैं इनका उपयोग खिलौने, कंघियाँ और विभिन्न प्रकार के पात्रों के बड़े पैमाने पर किया जाता है।

थर्मोसेटिंग
- ये ऐसे प्लास्टिक हैं, जिन्हें एक बार सांचे में ढाल दिया जाता है, तो इन्हें ऊष्मा देकर नर्म नहीं किया जा सकता है, ये थर्मोसेटिंग प्लास्टिक कहलाते हैं।
- *उदाहरण* बैकेलाइट और मैलामाइन।
- बैकेलाइट ऊष्मा और विद्युत का कुचालक है।
- यह बिजली के स्विच विभिन्न बर्तनों के हत्थे आदि बनाने में काम आता है।
- मैलेमाइन एक बहुउपयोगी पदार्थ है। यह आग का प्रतिरोधक है तथा अन्य प्लास्टिक की अपेक्षा ऊष्मा को सहने की अधिक क्षमता रखता है।

औषध

प्रतिज्वरकारी
- प्रतिज्वरकारी का प्रयोग शरीर का दर्द कम करने और बुखार उतारने के लिए किया जाता है।
- एस्प्रिन, क्रोसीन, ब्रूफेन प्रतिज्वरकारी हैं।

पीड़ाहारी
- यह दर्द को बिना चेतना-क्षीणता, असमन्वय या पक्षाघात अथवा तंत्रिका तन्त्र में कोई बाधा उत्पन्न किए, कम अथवा समाप्त करते हैं। उदाहरण एस्प्रिन, मॉर्फीन पीड़ाहारी हैं।

प्रतिजैविक
- यह रसायन सूक्ष्मजीवियों की वृद्धि रोकते हैं या इनका विनाश करते हैं।
- वर्ष 1928 में एलेक्जेण्डर फ्लेमिंग ने प्रथम प्रतिजीवाणु पेनिसिलीन की खोज की।

प्रतिरोधी
- यह सूक्ष्मजीवियों का विनाश करते हैं या उनकी वृद्धि को रोकते हैं।
- डेटॉल, बिथियोनल, टिंचर, आयोडीन, बोरिक अम्ल और 0.2% फीनॉल का जलीय विलयन आदि प्रतिरोधी हैं।
- प्रतिहिस्टैमिन शरीर में किस पदार्थ विशेष के कारण उत्पन्न होने वाले प्रतिकूल प्रभाव जैसे गले में दर्द, सूजन एलर्जी कहलाते है।

सल्फा औषध
- इन दवाओं में सल्फर और नाइट्रोजन उपस्थित होते है।
- ये बैक्टीरिया सक्रंमण के विरुद्ध प्रभावी है।
  उदाहरण सल्फापिरीडिन, सल्फाथायजोल।

उर्वरक

नाइट्रोजनी उर्वरक
- ये अमोनिया और इसके व्युत्पन्नों से प्राप्त किए जाते हैं।
- *उदाहरण*-अमोनियम सल्फेट, कैल्शियम सल्फेट, अमोनियम नाइट्रेट, यूरिया आदि।
- अमोनियम सल्फेट में 25% अमोनिया होता है।
- कैल्शियम अमोनियम नाइट्रेट में नाइट्रोजन की लगभग 20% मात्रा होती है।

फॉस्फेटिक उर्वरक
- यह सुपर फॉस्फेट ऑफ लाइम, ट्रिपल सुपरफॉस्फेट तथा थॉमस धातुमल या फॉस्फेटिक धातुमल है।
- थॉमस धातुमल में 14-18% P_2O_5 होता है।
- यह अपनी उच्च विलेयता के कारण पौधों द्वारा आसानी से स्वंगीकृत कर लिया जाता है।

पोटाश उर्वरक
- पोटैशियम क्लोराइड, पोटैशियम नाइट्रेट तथा पोटैशियम सल्फेट पोटाश उर्वरको के उदाहरण है।

NPK उर्वरक
- ये मृदा में तीनों मुख्य पोषक तत्वों नाइट्रोजन, फॉस्फोरस तथा पोटैशियम की आपूर्ति करते हैं।
- ये तीनों प्रकार के उर्वरकों नाइट्रोजनी, फॉस्फेटी तथा पोटाश को उचित मात्रा में मिलाकर प्राप्त किए जाते हैं।
- NPK उर्वरक आधुनिक कृषि में महत्वपूर्ण भूमिका निभाते हैं, जो पौधों की वृद्धि को बढ़ाने और फसल पैदावार को अनुकूलित करने में सक्षम बनाते हैं।

SOURCE NCERT Class-X (कार्बन एवं उसके यौगिक)

1 निम्नलिखित पर विचार कीजिए। *(Unit 14, Class-IX, Tamil Nadu Board)*

1. जूट 2. पॉलिएस्टर 3. नायलॉन
4. ऐक्रिलिक 5. रेशम

उपर्युक्त तंतुओं में से कौन-से संश्लेषित तंतु के उदाहरण हैं?

(a) 1, 2 और 3 (b) 2, 3 और 4
(c) 1 और 5 (d) 2, 3 और 5

उत्तर *(b)*

व्याख्या पॉलिएस्टर, नायलॉन और ऐक्रिलिक संश्लेषित तंतुओं के उदाहरण हैं। ऐसे रासायनिक पदार्थों से बने तंतु, जिनका स्रोत पादप अथवा जंतु नहीं हैं, 'संश्लेषित तंतु' कहलाते हैं।

कपास, जूट (फ्लैक्स), रेशम तथा ऊन पादपों तथा जंतुओं द्वारा प्राप्त किए जाते हैं, अत: इनको 'प्राकृतिक तंतु' कहा जाता है।

2 निम्नलिखित में से किन बहुलकों का उपयोग बुलेट-प्रूफ वस्तुओं को बनाने में किया जाता है? *(Class-XI, Old NCERT), (UPPSC Pre 2011)*

1. केवलर 2. ग्लिप्टाल 3. लेक्सान

कूट

(a) 1 और 2 (b) 2 और 3
(c) 1 और 3 (d) इनमें से कोई नहीं

उत्तर *(c)*

व्याख्या केवलर (Kevlar) तथा लेक्सान (Lexan) बहुलकों का उपयोग बुलेट-प्रूफ सीसा, किचन के बर्तन आदि बनाने में किया जाता है। ग्लिप्टाल (Glyptal) एक थर्मोसेटिंग प्लास्टिक (Thermosetting plastic) है, इसमें तन्यता नहीं होती, इसलिए इसका प्रयोग पेंट बनाने में किया जाता है।

3 सुमेलित कीजिए *(Unit 14, Class-IX, Tamil Nadu Board)*

सूची-I (यौगिक)	सूची-II (बहुलक का प्रकार)
A. मैलेमाइन	1. रेखीय (रैखिक)
B. पॉलीविनाइल क्लोराइड	2. संघनन
C. टेरीलीन	3. प्राकृतिक
D. सेलुलोस	4. तिर्यक-बद्ध

कूट

	A	B	C	D		A	B	C	D
(a)	3	2	1	4	(b)	4	1	2	3
(c)	3	1	2	4	(d)	4	2	1	3

उत्तर *(d)*

व्याख्या सूची-I का सूची-II से सही मिलान A-4, B-2, C-1, D-3 है।

मैलेमाइन तिर्यक बद्ध बहुलक का प्रकार है।

पॉलीविनाइल क्लोराइड रेखीय (रैखिक) बहुलक का प्रकार है।

टेरीलीन संघनन बहुलक का प्रकार है।

सेलुलोस प्राकृतिक बहुलक का प्रकार है।

4 निम्न कथनों पर विचार कीजिए। *(Class-XI, Old NCERT)*

1. ज्वरहारी (ऐन्टीपायरेटिक), अधिक ज्वर में शरीर के ताप को कम करने में प्रयुक्त किए जाते हैं।
2. एनालजिन, फिनासिटिन, पैरासिटामोल सामान्य ज्वरहारी हैं।
3. पेरासिटामोल और एस्प्रीन पीड़ाहारी और ज्वरहारी दोनों की तरह कार्य करते हैं।

उपरोक्त में कौन-सा/से कथन सही है/हैं?

(a) 1 और 2 (b) 2 और 3 (c) 1 और 3 (d) 1, 2 और 3

उत्तर *(c)*

व्याख्या कथन 1 और 3 सही हैं, जबकि कथन II गलत है, क्योंकि एनालजिन, फिनासिटिन, पेरासिटामोल सामान्य दवाएँ प्रतिज्वरकारी के रूप में प्रयोग की जाती हैं।

5 निम्नलिखित कथनों पर विचार कीजिए। *(Chap 4, Class-X, NCERT)* *(IAS Pre 2003)*

कपड़े धोने के चूर्ण में अपमार्जक में सोडियम सल्फेट तथा सोडियम सिलिकेट इसलिए मिश्रित किए जाते हैं कि

1. चूर्ण शुष्क रहे। 2. चूर्ण की क्षारीयता बनी रहे।

उपर्युक्त में से कौन-सा/से कथन सही है/हैं?

(a) केवल 1 (b) केवल 2
(c) 1 और 2 दोनों (d) इनमें से कोई भी नहीं

उत्तर *(c)*

व्याख्या दिए गए कथनों में से कथन (1) और (2) दोनों सही हैं।

कपड़े धोने के चूर्ण में अपमार्जक में सोडियम सल्फेट (Na_2SO_4) मिलाने से क्षारकता बढ़ जाती है तथा सोडियम सिलिकेट मिलाने से चूर्ण क्रिस्टलीय (Crystalline) हो जाता है, जिससे वह शुष्क रहता है।

6 नीचे दिए गए कथन (A) तथा कारण (R) को पढ़िए और कूट की सहायता से सही उत्तर दीजिए। *(Chap 4, Class-X, NCERT)* *(IAS Pre 2002)*

कथन (A) कृत्रिम प्रक्षालक (अपमार्जक) कठोर जल में अधिक झाग बना सकते हैं।

कारण (R) कृत्रिम प्रक्षालक कठोर जल के साथ कैल्सियम और मैग्नीशियम के घुलनशील लवण बनाते हैं।

कूट

(a) A और R दोनों सही हैं तथा R, A का सही स्पष्टीकरण है।
(b) A और R दोनों सही हैं परंतु R, A का सही स्पष्टीकरण नहीं करता है।
(c) A सही है किंतु R गलत है।
(d) A गलत है किंतु R सही है।

उत्तर *(a)*

व्याख्या कथन (A) और कारण (R) दोनों सही हैं तथा कारण (R), कथन (A) का सही स्पष्टीकरण है।

कृत्रिम प्रक्षालक (Detergent) (अपमार्जक) कठोर जल के साथ अधिक झाग देते हैं तथा मैले कपड़ों से सरलतापूर्वक तेल व गर्द निकाल देते हैं तथा कृत्रिम प्रक्षालक कठोर जल में उपस्थित कैल्सियम (Ca) तथा मैग्नीशियम (Mg) के आयनों के साथ कोई अविलेय अवक्षेप नहीं बनाते हैं। ये कठोर जल के साथ कैल्सियम और मैग्नीशियम के घुलनशील लवण बनाते हैं।

7 साबुन के संदर्भ में निम्नलिखित कथनों पर विचार कीजिए। *(Chap 4, Class-X, NCERT)*

1. साबुन के अणु लंबी शृंखला वाले कार्बोक्सिलिक अम्लों के सोडियम और पोटैशियम लवण होते हैं।
2. साबुन के मिसेल प्रकाश को प्रकीर्णित कर सकते हैं, जिससे साबुन का घोल बादल जैसा दिखता है।

उपर्युक्त में से कौन सा/से कथन सही है/हैं?

(a) केवल 1 (b) केवल 2
(c) 1 और 2 दोनों (d) न तो 1 और न ही 2

उत्तर *(c)*

व्याख्या साबुन के संदर्भ में दिए गए दोनों कथन (1) और (2) सही हैं। कपड़ों पर विद्यमान गंदगी जैविक प्रकृति की होती है और पानी में अघुलनशील (Insoluble) होती है।

इसे साबुन को पानी में घोलकर हटाया जाता है। साबुन के अणु लंबी शृंखला वाले कार्बोक्सिलिक अम्लों के सोडियम (Na) और पोटैशियम (K) लवण होते हैं।

इनका जलविरोधी (Hydrophobic) सिरा गंदगी के साथ जुड़ जाता है और उसे कपड़े से हटा देता है। साबुन के मिसेल (Micelle) प्रकाश को प्रकीर्णित कर सकते हैं, जिससे साबुन का घोल बादल जैसा दिखता है।

8 निम्न में से कौन-सा कथन सही है? *(Class-XII, Old NCERT)*

(a) हाइड्रोजन परॉक्साइड का कार्य रंजक का तनुकरण करना
(b) हाइड्रोजन परॉक्साइड का कार्य इच्छानुसार रंग देने के लिए रंजक को ऑक्सीकृत करना
(c) हाइड्रोजन परॉक्साइड का कार्य इच्छानुसार रंग देने के लिए रंजक का ऊर्ध्वपातन करना
(d) हाइड्रोजन परॉक्साइड का कार्य रंजक के विलयन को अम्लीय बनाना

उत्तर (b)

व्याख्या कथन (b) सही है। हाइड्रोजन परॉक्साइड ऑक्सीकारक और अपचायक दोनों कार्य करता है। इसे बेरियम परॉक्साइड को सल्फ्यूरिक अम्ल द्वारा अम्लीकृत करके जल वाष्प की उपस्थिति में ऑक्सीजन को अल्ट्रावायलेट किरणें दिखाकर प्राप्त किया जाता है। विस्तृत H— आबन्धन के कारण यह सामान्यत: द्रव रूप में पाया जाता है।

9 भारत में रासायनिक उर्वरकों के संदर्भ में, निम्नलिखित कथनों पर विचार कीजिए। *(Chap 1, Class-VIII, NCERT) (IAS Pre 2020)*

1. वर्तमान में रासायनिक उर्वरकों का खुदरा मूल्य (Retail price) बाजार-संचालित है और यह सरकार द्वारा नियंत्रित नहीं है।
2. अमोनिया जो यूरिया बनाने में काम आता है, वह प्राकृतिक गैस से उत्पन्न होता है।
3. सल्फर, जो फॉस्फोरिक अम्ल उर्वरक के लिए कच्चा माल है, वह तेल शोधन कारखानों (Oil refineries) का उपोत्पाद (Byproduct) है।

उपर्युक्त कथनों में से कौन-सा/से सही कथन है/हैं?

(a) केवल 1 (b) 2 और 3
(c) केवल 2 (d) 1, 2 और 3

उत्तर (b)

व्याख्या भारत में रासायनिक उर्वरकों के संदर्भ में दिए गए कथनों में से कथन (2) और (3) सही हैं।

अमोनिया जो यूरिया सहित विभिन्न नाइट्रोजनी उर्वरकों के निर्माण में काम आता है, वह प्राकृतिक गैस (Natural gas) से उत्पन्न होता है। सल्फर, जो फॉस्फोरिक अम्ल उर्वरक के लिए कच्चा माल है, वह तेल शोधन कारखानों का उपोत्पाद है। रासायनिक उर्वरक प्राय: कृत्रिम उर्वरक हैं, जो अकार्बनिक कच्चे माल को रासायनिक प्रक्रम द्वारा तैयार करके बनाएँ जाते हैं, जैसे यूरिया (Urea), जिंक सल्फेट (Zinc sulphate), आदि।

कथन (1) सही नहीं है, क्योंकि रासायनिक उर्वरकों का खुदरा मूल्य (Retail price) सरकार द्वारा नियंत्रित होता है।

10 कृषि में नाइट्रोजनी उर्वरकों के अत्यधिक/अनुपर्युक्त उपयोग का क्या प्रभाव हो सकता है? *(Chap 1, Class VIII, NCERT)*

1. नाइट्रोजन यौगिकीकरण सूक्ष्मजीवों (नाइट्रोजन-फिक्सिंग माइक्रोऑर्गेनिज्म्स) का मिट्टी में प्रचुरोद्भवन (प्रोलिफरेशन) हो सकता है।
2. मिट्टी की अम्लीयता में बढ़ोतरी हो सकती है।
3. भौम जल (ग्राउण्डवाटर) में नाइट्रेट का निक्षालन (लिचिंग) हो सकता है।

नीचे दिए गए कूट का प्रयोग कर सही उत्तर चुनिए।

(a) केवल 1 और 3 (b) केवल 2
(c) केवल 2 और 3 (d) 1, 2 और 3

उत्तर (c)

व्याख्या कूट केवल 2 और 3 सही हैं, जबकि कूट 1 गलत है। नाइट्रोजनी उर्वरक अमोनिया और इसके व्युत्पन्नों से प्राप्त किए जाते हैं। उदाहरण—अमोनियम सल्फेट, कैल्सियम अमोनियम नाइट्रेट आदि में अमोनिया होता है, जो भास्मिक मृदा में उपस्थित बैक्टीरिया द्वारा नाइट्रेट में परिवर्तित हो जाता है। नाइट्रेटों को फसली पौधे आसानी से अवशोषित कर लेते हैं। इससे मृदा पर कोई दुष्प्रभाव नहीं होता है।

11 निम्नलिखित कथनों पर विचार कीजिए। *(Chap 1, Class-VII, NCERT)*

1. फॉस्फोरस खनिज की कमी से हड्डियों की वृद्धि में कमी हो जाती है।
2. BHT तथा BHA प्रचलित प्रतिऑक्सीकारक हैं।
3. सोडियम मेटा बाइसल्फाइट का प्रयोग जैम स्कवैश के परिरक्षण में होता है।

उपर्युक्त में से कौन-सा/से कथन सही है/हैं?

(a) केवल 1 (b) 2 और 3 (c) 1 और 3 (d) ये सभी

उत्तर (d)

व्याख्या दिये गए सभी कथन सही हैं। फॉस्फोरस एक खनिज है, जो कि हमारी हड्डियों में पाया जाता है। कैल्सियम तथा फॉस्फोरस की आवश्यकता हड्डियों को स्वस्थ रखने में होती है।

BHT (ब्यूटाइलेटेड हाइड्रॉक्सी टॉलूईन) तथा BHA (ब्यूटाइलेटेड हाइड्रॉक्सी ऐनिसॉल) दो प्रमुख प्रतिऑक्सीकारक (Antioxidant) हैं।

ऑक्सीजन के प्रति इनकी क्रिया उस खाद्य पदार्थ की अपेक्षा अधिक होती है, जिसका यह परिरक्षण करते हैं। सोडियम मेटा बाइसल्फाइट ($Na_2S_2O_5$) का उपयोग जैम स्कवैश के परिरक्षण में होता है।

12 सूची-I को सूची-II से सुमेलित कीजिए। *(Chap 1, Class-VII, NCERT) (IAS Pre 1998)*

	सूची-I (रासायनिक यौगिक)		सूची-II (प्रयोग)
A.	पोटैशियम ब्रोमाइड	1.	उर्वरक
B.	पोटैशियम नाइट्रेट	2.	फोटोग्राफी
C.	पोटैशियम सल्फेट	3.	बेकरी
D.	मोनोपोटैशियम टार्टरेट	4.	बारूद

कूट

	A	B	C	D		A	B	C	D
(a)	2	4	1	3	(b)	2	4	3	1
(c)	4	2	3	1	(d)	4	2	1	3

उत्तर (a)

व्याख्या सही सुमेलन A-2, B-4, C-1, D-3 है।

पोटैशियम ब्रोमाइड का प्रयोग फोटोग्राफी में होता है, इसका रासायनिक सूत्र KBr है।

पोटैशियम नाइट्रेट का प्रयोग बारूद में होता है, इसका रासायनिक सूत्र KNO_3 है।

पोटैशियम सल्फेट का प्रयोग कृषि क्षेत्र में उर्वरक के रूप में होता है। इसका रासायनिक सूत्र K_2SO_4 है।

मोनोपोटैशियम टार्टरेट का प्रयोग बेकरी में होता है, इसका रासायनिक सूत्र $KC_4H_5O_6$ है।

अध्याय 11

पर्यावरण रसायन

पर्यावरण रसायन

पर्यावरण प्रदूषण

प्रदूषक

- पर्यावरण प्रदूषण हमारे परिवेश में अवांछनीय परिवर्तन जो पौधों, जन्तुओं तथा मनुष्यों पर हानिकारक प्रभाव डालते हैं, वह पदार्थ जो प्रदूषण उत्पन्न करता है प्रदूषक कहलाता है।
- यह प्राकृतिक एवं मानव निर्मित दोनो हो सकते है।

प्रदूषकों के प्रकार

- प्राथमिक प्रदूषक - लावा, राख, CO
- द्वितीयक प्रदूषक - PAN, ओजोन, NO

जल प्रदूषण

- जीवन में जल अनिवार्य है, हम जल को साधारण तथा शुद्ध मानते हैं परन्तु हमें जल की गुणवत्ता सुनिश्चित करनी चाहिए।
- स्त्रोत के आधार पर जलीय प्रदूषकों को निम्न भागों में बाटा गया है।
- **बिन्दु स्त्रोत** किसी एक स्त्रोत से निकलने वाले प्रदूषकों को बिन्दु स्त्रोत कहते हैं।
- **बिन्दुहीन स्त्रोत** ये प्रदूषक जल में बड़े स्त्रोतों से मिलते हैं।
- जल के एक नमूने निश्चित आयतन में उपस्थित कार्बनिक पदार्थ को विखंडित करने के लिए जीवाणु द्वारा आवश्यक ऑक्सीजन को जैव रासायनिक ऑक्सीजन माँग कहा जाता है।
- रासायनिक प्रदूषक, जल एक अच्छा विलायक है। जल में विलेय अकार्बनिक रसायन जिनमें भारी धातु जैसे-कैडमियम, मर्करी तथा निकेल आते हैं।
- पेय जल रंगहीन, गन्धहीन तथा इसका pH 6 से 9 के मध्य होता है।

वायु प्रदूषण

- वायु हमारे जीवन के लिए अत्याधिक महत्वपूर्ण है।
- वायुमण्डल में विभिन्न गैसे एक निश्चित अनुपात में पायी जाती है, परन्तु मनुष्य इस सन्तुलन को नष्ट करता है। जिसका मुख्य कारण वनों का कटाव व औद्योगीकरण है।

अम्ल वर्षा और धूम-कोहरा

अम्ल वर्षा

- वायुमण्डल में उपस्थित कार्बन डाइऑक्साइड द्वारा जल से की गई अभिक्रिया के फलस्वरूप उत्पन्न H^+ आयन के कारण वर्षाजल का pH सामान्यतः 5.6 होता है।
- जब वर्षा जल का pH 5.6 से कम हो जाता है, तो इसे अम्ल वर्षा कहते हैं।
- अम्ल वर्षा में वायुमण्डल से पृथ्वी-सतह पर एक अम्ल निक्षेपित हो जाता है।
- अम्लीय वर्षा में मुख्यताः SO_2 व NO_x उपस्थित होते है।
- अम्ल वर्षा द्वारा त्वचा कैसंर होता है।
- ताजमहल का रंग पीला होना भी अम्ल वर्षा का उदाहरण है।

धूम कोहरा (धुंध)

धूम कोहरे दो प्रकार के होते हैं।

- **सामान्य धूम कोहरा** ये धूम कोहरे एवं सल्फर डाइऑक्साइड का मिश्रण है।
- रासायनिक रूप से यह एक अपचायक मिश्रण है
- इसे अपचायक धूम कोहरा भी कहते हैं।
- **प्रकाश रासायनिक धूम कोहरा** जो ऊष्मा, शुष्क एवं साफ धूपमयी जलवायु में होता है।
- यह स्वचालित वाहनों तथा कारखानों से निकलने वाले नाइट्रोजन के ऑक्साइडों तथा हाइड्रोकार्बनों पर सूर्य के प्रकाश की क्रिया के कारण उत्पन्न होता है।

प्रकाश रसायन धूम के प्रभाव

- ओजोन व नाइट्रिक आक्साइड नाक व गले को प्रभावित करती है।
- ये धुन्ध धातुओ को भी खराब कर देती है।

हरित ग्रह प्रभाव

- ठण्डे स्थानों पर पौधे, फल आदि की वृद्धि काँच से घिरे एक क्षेत्र में की जाती है जिसे हरित गृह कहते हैं। CO_2, CH_4, N_2O, CFCs आदि गैसे हरित गृह गैसें कहलाती हैं।

हरित रसायन

- हरित रसायन उत्पादन का वह प्रक्रम है, जो पर्यावरण में न्यूनतम प्रदूषण या खराबी लाए।
- एक प्रक्रम में उत्पन्न होने वाले सह उत्पादों को यदि लाभदायक तरीके से उपयोग नहीं किया जाए, तो वे पर्यावरण-प्रदूषण में सहायक होते हैं।
- ऐसे प्रक्रम न केवल पर्यावरणीय दृष्टि से हानिकारक हैं बल्कि महँगे भी हैं।

हरित रसायन के प्रमुख सिद्धान्त

- परमाणु अर्थव्यवस्था, कचरे की रोकथाम, खतरनाक रसायनों के उत्पाद से बचना, कैटेलिसिस का समावेश, ऊर्जा दक्षता, डेरिवेटिव के उतपादन में कमी, सुराक्षित रसायनों का डिजाइन, नवीकरणीय फीडस्टॉक का समावेश आदि।

हरित रसायन के अनुप्रयोग

- **कपड़ों की निर्जल धुलाई**- इसमें टेट्राक्लोरोएथीन का उपयोग प्रारम्भ में निर्जल धुलाई के लिए वियामक के रूप में किया जाता था।
- परन्तु इसके कारण जो जल प्रदूषण होता है वह कैंसर जनित रोगों का कारण होता है
- इसके स्थान पर द्रव कार्बन डाई ऑक्साइड का प्रयोग किया जा सकता है।
- **पेपर का विरंजन** पूर्व में पेपर का विरंजन के लिए क्लोरीन गैस उपयोग में आती थी। आजकल उत्प्रेरक की उपस्थिति में हाइड्रोजन परॉक्साइड, जो विरंजन क्रिया की दर को बढ़ाता है।

रसायनों का संश्लेषण

- औद्योगिक स्तर पर एथीन का ऑक्सीकरण आयनिक उत्प्रेरकों एवं जलीय माध्यम की उपस्थिति में करवाया जाए तो लगभग 90% एथेनॉल प्राप्त होता है।

SOURCE NCERT Class-VI (हमारा पर्यावरण), NCERT Class-VII (दहन और ज्वाला), NCERT Class-X (पर्यावरण)

1 निम्नलिखित में से कौन-सा कथन सही नहीं है? *(Chap 11, Class-VI, NCERT)*

(a) आर्सेनिक, लेड, फ्लोराइड जैसे तत्व जल को प्रदूषित करते हैं, जिससे पौधों तथा पशुओं में अविषाक्तता उत्पन्न हो जाती है।
(b) अशुद्ध जल से मृदा भी प्रभावित होती है, जिससे उसकी अम्लीयता परिवर्तित हो जाती है।
(c) विद्युत संयंत्रों तथा अन्य उद्योगों से निकला गर्म जल भी जलाशयों की ताप वृद्धि करके एक प्रदूषक की भाँति कार्य करता है।
(d) जल में नाइट्रेट एवं फॉस्फेट रसायनों की अधिक मात्रा शैवालों की वृद्धि हेतु हानिकारक है।

उत्तर *(d)*

व्याख्या दिए गए कथनों में से कथन (d) सही नहीं है, क्योंकि जल में नाइट्रेट (Nitrate) एवं फॉस्फेट (Phosphate) रसायनों की अधिकता शैवालों को पोषण प्रदान करती है अत: इनकी अधिकता शैवालों की वृद्धि के लिए लाभदायक होती है।

2 निम्नलिखित में से कौन-सा/से वायु का अकार्बनिक गैसीय प्रदूषक है/हैं? *(Chap 14, Class-XI, NCERT) (RAS/RTS Pre 2013)*

1. फॉस्जीन
2. हाइड्रोजन सायनाइड
3. हाइड्रोजन सल्फाइड
4. मीथेन

कूट

(a) 1 और 2
(b) 2 और 3
(c) केवल 3
(d) ये सभी

उत्तर *(b)*

व्याख्या हाइड्रोजन सायनाइड (HCN) एवं हाइड्रोजन सल्फाइड (H_2S) दोनों ही वायु के अकार्बनिक गैसीय प्रदूषक हैं। अन्य अकार्बनिक गैसीय प्रदूषक, कार्बन डाइऑक्साइड (CO_2), कार्बन मोनोऑक्साइड (CO), सल्फर डाइऑक्साइड (SO_2), नाइट्रस ऑक्साइड (N_2O) तथा नाइट्रोजन डाइऑक्साइड (NO_2) हैं। फॉस्जीन एवं मीथेन कार्बनिक गैसीय कार्बन प्रदूषक हैं।

3 पेट्रोल तथा डीजल आधारित वाहनों से विभिन्न प्रकार की प्रदूषक गैसें निकलती हैं। इन गैसों में मुख्य गैसें कौन-सी हैं? *(Chap 3, Class-VIII, NCERT)*

1. कार्बन डाइऑक्साइड
2. कार्बन मोनोऑक्साइड
3. नाइट्रोजन के ऑक्साइड
4. क्लोरोफ्लोरोकार्बन

कूट

(a) 1, 2 और 3
(b) 1, 3 और 4
(c) 1 और 3
(d) ये सभी

उत्तर *(a)*

व्याख्या पेट्रोल तथा डीजल आधारित वाहनों से मुख्यत: कार्बन डाइऑक्साइड, कार्बन मोनोऑक्साइड तथा नाइट्रोजन के ऑक्साइड जैसी गैसें निकलती हैं।

पेट्रोल तथा डीजल जैसे जीवाश्म ईंधनों के दहन से कार्बन तथा नाइट्रोजन के ऑक्साइड निर्मित होते हैं। यदि इन ईंधनों का अपूर्ण दहन होता है, तो कार्बन मोनोऑक्साइड (CO) बनती है। कार्बन मोनोऑक्साइड एक रंगहीन तथा गंधहीन गैस है, जो गंभीर वायु-प्रदूषकों में से एक है।

कार्बन मोनोऑक्साइड एक विषैली गैस है। यह रुधिर के ऑक्सीजन वहन की क्षमता को घटा देती है। क्लोरोफ्लोरोकार्बन यौगिक अक्रिय, अज्वलनशील, विषहीन कार्बनिक अणु है। अत: इनका उपयोग रेफ्रिजरेटर, वातानुकूलन आदि में किया जाता है। यह वायुमंडल में ओजोन परत को हानि पहुँचाती है।

4 निम्नलिखित गैसों पर विचार कीजिए। *(Chap 11, Class-VI, NCERT)*

1. कार्बन डाइऑक्साइड
2. नाइट्रस ऑक्साइड
3. मीथेन
4. जलवाष्प

उपर्युक्त में से कौन-सी ग्रीनहाउस गैसें हैं?

(a) 1 और 2
(b) 2, 3 और 4
(c) 1, 3 और 4
(d) ये सभी

उत्तर *(d)*

व्याख्या कार्बन डाइऑक्साइड, नाइट्रस ऑक्साइड, मीथेन तथा जलवाष्प सभी ग्रीनहाउस गैसें हैं।

सूर्य के प्रकाश में पराबैंगनी किरणें, अवरक्त किरणें तथा दृश्य किरणें उपस्थित होती हैं, जब यह प्रकाश पृथ्वी पर पहुँचता है, तो इसमें उपस्थित पराबैंगनी किरणें समताप मंडल में उपस्थित ओजोन द्वारा अवशोषित कर ली जाती हैं तथा दृश्य एवं अवरक्त किरणें (कम तरंगदैर्ध्य वाली) पृथ्वी पर पहुँचती हैं।

वायु में उपस्थित CO_2 को उच्च तरंगदैर्ध्य वाली अवरक्त किरणें अवशोषित कर लेती हैं तथा इन्हें पृथ्वी के वातावरण से बाहर नहीं जाने देती हैं, जिसके फलस्वरूप पृथ्वी का वातावरण गर्म हो जाता है। अत: वातावरण में CO_2 (मुख्यत:) तथा अन्य गैसें जैसे—CH_4, N_2O, O_3, क्लोरोफ्लोरोकार्बन, जलवाष्प आदि हरितग्रह गैसों के द्वारा अवरक्त विकिरणों के अवशोषण द्वारा पृथ्वी तथा इसकी वस्तुओं का गर्म हो जाना हरितग्रह (Greenhouse) प्रभाव कहलाता है।

5 वायु अनेक गैसों का मिश्रण है। इस मिश्रण के मुख्य अवयवों के संदर्भ में निम्नलिखित कथनों में से कौन-सा/से कथन सही है/हैं? *(Chap 11, Class-VI, NCERT)*

1. वायु में ऑक्सीजन और नाइट्रोजन मिलकर वायु का 99% भाग बनाते हैं।
2. शेष 1% भाग में कार्बन डाइऑक्साइड, कुछ अन्य गैसें, जलवाष्प तथा धूल के कण होते हैं।

कूट

(a) केवल 1
(b) केवल 2
(c) 1 और 2 दोनों
(d) उपर्युक्त में से कोई नहीं

उत्तर *(c)*

व्याख्या वायु के मुख्य अवयवों के संदर्भ में दिए गए दोनों कथन (1) और (2) सही हैं। वायु अनेक गैसों का मिश्रण है, जिसमें मुख्य रूप से नाइट्रोजन, ऑक्सीजन, थोड़ी मात्रा में कार्बन डाइऑक्साइड तथा बहुत कम मात्रा में अन्य गैसें सम्मिलित होती हैं।

इस मिश्रण में लगभग 21% ऑक्सीजन और 78.09% नाइट्रोजन होती है, जबकि शेष आर्गन (0.93%), कार्बन डाइऑक्साइड (0.03%), जलवाष्प, धूल के कण आदि होते हैं।

6 कुछ तालाबों का जल हरे रंग का प्रतीत होता है, ऐसा निम्न में से किस कारण होता है? *(Chap 11, Class-VI, NCERT)*

1. जल में शैवालों की अत्यधिक वृद्धि के कारण
2. नाइट्रेट एवं अन्य प्रदूषक जल के साथ मिलने के कारण

कूट

(a) केवल 1
(b) केवल 2
(c) 1 और 2 दोनों
(d) इनमें से कोई नहीं

उत्तर *(a)*

व्याख्या कुछ तालाबों का जल हरे रंग का प्रतीत होने का कारण जल में शैवालों की अत्यधिक वृद्धि है। जल में फॉस्फेट का योग शैवालों की वृद्धि को सहयोग करता है। शैवाल की यह प्रचुर वृद्धि जलीय सतह को ढक लेती है, जिससे तालाबों का रंग हरा प्रतीत होता है।

7 ब्रुकहेवन नेशनल लेबोरेटरी के वैज्ञानिक दल, जिसमें भारतीय वैज्ञानिक भी सम्मिलित थे, ने एंटि-हीलियम केंद्रक के रूप में सबसे भारी एंटि-द्रव्य उत्पन्न किया। एंटि-द्रव्य उत्पन्न करने की क्या विवक्षाएँ हैं? *(Chap 30, Module-2, NIOS) (IAS Pre 2012)*

1. यह खनिज पूर्वेक्षण और तेल की खोज को अधिक आसान और कम महँगा बना देगा।
2. यह प्रति द्रव्य से निर्मित तारों और आकाशगंगाओं के होने की संभावना की जाँच करने में सहायक होगा।
3. यह ब्रह्मांड के विकास की समझ विकसित करने में सहायक होगा।

कूट

(a) केवल 1 (b) 2 और 3
(c) केवल 3 (d) 1, 2 और 3

उत्तर *(b)*

व्याख्या दिए गए कथनों में कथन (2) और (3) एंटि-द्रव्य उत्पन्न करने की विवक्षाएँ हैं।

अमेरिका की ब्रुकहेवन नेशनल लेबोरेटरी में अप्रैल, 2011 में भारत सहित विश्व के 12 देशों के वैज्ञानिकों ने विश्व के सबसे भारी प्रतिद्रव्य 'एंटि-हीलियम-4' की खोज करने में सफलता प्राप्त की थी। इनके अनुसार, जब साधारण पदार्थ का कण प्रतिपदार्थ के कण से टकराता है, तो दोनों कण नष्ट होकर ऊर्जा में परिवर्तित हो जाते हैं। यह प्रतिपदार्थ ब्रह्मांड के विकास की समझ विकसित करने में तो सहायक होगा ही साथ ही प्रतिपदार्थ से निर्मित तारों और आकाशगंगाओं के अस्तित्व की संभावना की जाँच में भी सहायक होगा।
कथन (1) एंटि-द्रव्य उत्पन्न करने की विवक्षा के संदर्भ में सही नहीं है, क्योंकि इसके प्रभाव से खनिज पूर्वेक्षण और तेल की खोज पर प्रभाव नहीं पड़ेगा।

8 आजोन परत के संदर्भ में दिये गए कथनों पर विचार कीजिए। *(Class-XII, Old NCERT)*

1. ओजोन (O_3) के अणु ऑक्सीजन के तीन परमाणुओं से बनते हैं।
2. ओजोन, सूर्य से आने वाले पराबैंगनी विकिरण (UV) से पृथ्वी को सुरक्षा प्रदान करती है।
3. क्लोरोफ्लोरोकार्बन (CFCs) जैसे मानव संश्लेषित रसायनों से ओजोन की मात्रा में तीव्रता से गिरावट होने लगी है।

उपर्युक्त में से कौन-सा/से कथन सही है/हैं?

(a) केवल 1 (b) 2 और 3 (c) 1, 2 और 3 (d) 1 और 2

उत्तर *(c)*

व्याख्या ओजोन परत के संदर्भ में दिए गए सभी कथन सही हैं।
ओजोन (O_3) के अणु ऑक्सीजन के तीन परमाणुओं से बनते हैं। ऊपरी समतापमंडल में ओजोन (O_3) की प्रचुर मात्रा होती है, जो सूर्य से आने वाली हानिकारक पराबैंगनी विकिरणों ($\lambda = 225$ nm) से हमें बचाती है। यह विकिरण त्वचा-कैंसर (मेलोनोमा) का कारण बनता है।
पराबैंगनी विकिरणों की डाइऑक्सीजन अणु से अभिक्रिया का उत्पाद समतापमंडल में उपस्थित ओजोन है। पराबैंगनी विकिरण आण्विक ऑक्सीजन (O_2) को मुक्त ऑक्सीजन (O) के परमाणुओं में विखण्डित कर देते हैं। मुक्त ऑक्सीजन आण्विक ऑक्सीजन से संयुक्त होकर ऑक्सीजन परमाणु ओजोन (O_3) बनाते हैं।
ओजोन परत में अवक्षय (Depletion) का मुख्य कारण क्लोरोफ्लोरोकार्बन यौगिकों (CFCs) का उत्सर्जन है, जिन्हें 'फ्रिऑन' भी कहा जाता है। यह यौगिक अक्रिय, अज्वलनशील तथा विषहीन कार्बनिक अणु है।

9 कार्बन डाइऑक्साइड (CO_2), नाइट्रस ऑक्साइड (N_2O), क्लोरोफ्लोरोकार्बन (CFCs) और मीथेन (CH_4) गैसों का ग्लोबल वार्मिंग (वैश्विक तापन) के प्रति आपेक्षिक योगदान का सही क्रम निम्न में से कौन-सा है? *(Chap 30, Module-2, NIOS) (RAS/RTS Pre 2016)*

(a) $CO_2 > CH_4 >$ CFCs $> N_2O$
(b) $CO_2 > N_2O > CH_4 >$ CFCs
(c) $CO_2 >$ CFCs $> CH_4 > N_2O$
(d) $CO_2 > CH_4 > N_2O >$ CFCs

उत्तर *(d)*

व्याख्या प्रश्न में दी गई गैसों का ग्लोबल वार्मिंग के प्रति आपेक्षित योगदान का क्रम $CO_2 > CH_4 > N_2O >$ CFCs है। विभिन्न गैसों का वैश्विक तापन के प्रति आपेक्षिक योगदान निम्न है
जल वाष्प—लगभग 60%, कार्बन डाइऑक्साइड (CO_2)—लगभग 26%
ओजोन (O_3)—लगभग 8%
मीथेन (CH_4)—लगभग 4%
नाइट्रस ऑक्साइड (N_2O)—लगभग 1.5%
अन्य—0.1%

10 अम्ल वर्षा के संदर्भ में निम्न में से कौन-सा कथन सही है? *(Chap 4, Class-VII, NCERT)*

(a) अम्ल वर्षा में HNO_3 की मात्रा सबसे अधिक होती है।
(b) अम्ल वर्षा में HCl की मात्रा सबसे अधिक होती है।
(c) अम्ल वर्षा में H_2SO_4 की मात्रा सबसे अधिक होती है।
(d) अम्ल वर्षा में H_2CO_3 की मात्रा सबसे अधिक होती है।

उत्तर *(c)*

व्याख्या सही कथन (c) है।
अम्ल वर्षा में सबसे अधिक मात्रा H_2SO_4 की होती है। प्रकृति में होने वाली विभिन्न क्रियाओं एवं वातावरणीय प्रदूषण के फलस्वरूप उत्पन्न सल्फर डाइऑक्साइड (SO_2) तथा नाइट्रस ऑक्साइड (N_2O) गैसें वायुमंडल में पहुँचकर वर्षा जल से नाइट्रिक अम्ल (HNO_3) बनाकर पृथ्वी पर गिरती हैं। इसे अम्ल वर्षा या अम्लीय वर्षा कहते हैं।
अम्ल वर्षा में सामान्यत: सल्फ्यूरिक अम्ल (H_2SO_4) की मात्रा सर्वाधिक (लगभग 70%) होती है।

11 निम्न में से कौन-सा कथन सही है? *(Chap 4 Class-VII NCERT)*

(a) भोपाल गैस त्रासदी 2-3 दिसम्बर, 1984 में हुई थी।
(b) भोपाल गैस त्रासदी 2-3 नवम्बर, 1984 में हुई थी।
(c) भोपाल गैस त्रासदी 2-3 दिसम्बर, 1985 में हुई थी।
(d) भोपाल गैस त्रासदी 2-3 नवम्बर, 1985 में हुई थी।

उत्तर *(a)*

व्याख्या भोपाल गैस त्रासदी 2-3 दिसंबर, 1984 की रात को हुई थी। इसे भोपाल गैस कांड या भोपाल गैस त्रासदी के नाम से जाना जाता है।
भोपाल स्थित यूनियन कार्बाइड नामक कंपनी के कारखाने से एक जहरीली गैस का रिसाव हुआ, जिससे लगभग 15000 से अधिक लोगों की मृत्यु हुई थी।

जीव विज्ञान का परिचय एवं सजीवों का वर्गीकरण

जीव विज्ञान का परिचय एवं सजीवों का वर्गीकरण

जीव विज्ञान का परिचय एवं सजीव जगत

जीव विज्ञान का परिचय.
- **जीव विज्ञान** (Biology) सजीवों (पादपो एवं जन्तुओ) की सम्पूर्ण क्रियाओं का अध्ययन
- दो शाखा में
- **प्राणिविज्ञान** जन्तुओं का अध्ययन
- **वनस्पति विज्ञान** वनस्पतियो का अध्ययन
- अरस्तू (विज्ञान, जीव विज्ञान एवं जन्तु विज्ञान के जनक) के पुस्तक-*हिस्टोरिया ऐनिमेलियम*
- थियोफ्रेस्टस (वनस्पति विज्ञान के जनक) की पुस्तक - *हिस्टोरिया प्लान्टेरम*

सजीव जगत
- सजीव (Living) एवं निर्जीव (Non-living) की उपस्थिति
- **जीव द्रव्य** (Protoplasm) जीवधारियों के जीवन का भौतिक आधार
- **कोशिका संरचना** जीवों की संरचनात्मक एवं क्रियात्मक इकाई
- **पोषण** वृद्धि एवं गति के लिए आवश्यक पौधों में पर्णहरित (Chlorophyll) की सहायता से भोजन निर्माण
- **उपापचय** उपचय (Anabolic) सरल से जटिल, अपचय (Catabolic) जटिल से सरल
- **श्वसन** भोज्य पदार्थों में संचित ऊर्जा मुक्त, जैविक क्रियाओं का संचालन

गति, वृद्धि, प्रजनन, अनुकूलन एवं उत्सर्जन की आवश्यक क्रियाओं का होना

वर्गीकरण एवं सजीव जगत का वर्गीकरण
- **वर्गिकी पदानुक्रम** वर्गिकीय श्रेणियों की उचित क्रम में व्यवस्था, जाति (वर्गीकरण की आधारभूत इकाई) शाखा-वर्गिकी
  जगत → संघ → वर्ग→ गण→ कुल→ वंश → जाति।
- **द्विनाम पद्धति**-कैरोलस लिनियस (वर्गीकरण का जनक) पुस्तक *सिस्टेमा नैचुरी* (1935)
- **पाँच जगत वर्गीकरण** आर.एच. व्हिटेकर द्वारा (1969),
- **मोनेरा** (एककोशिकीय, प्रोकैरियोट) ; जीवाणु और सायनोबैक्टीरिया,
- **प्रोटिस्टा** एककोशिकीय, यूकैरियोट; *अमीबा*, डायटम
- **कवक** (कोशिका भित्ति काइटिन युक्त, क्लोरोफिल अनुपस्थित, संचित भोज्य पदार्थ-ग्लाइकोजन), पादप (बहुकोशिकीय, स्वपोषी)
- वर्गीकरण- अपुष्पोद्भिद् पादप
- **थैलोफाइटा** (जलीय शैवाल, सूकायी; *कारा*, यूलोथ्रिक्स)
- **ब्रायोफाइट** (पादप जगत का उभयचर, *स्फैग्नम*
- **टेरिडोफाइटा** (जाइलम- फ्लोएम विकसित, वानस्पतिक सर्प ; फर्न)
- **पुष्पोद्भिद** अनावृत्तबीजी (बहुवर्षीय, काष्ठीय, नग्नबीजी) ; *साइकस*, आवृत्तबीजी, (पुष्प युक्त बीज, फल के अन्दर विकसित)।
- **जन्तु** (Animalia) बहुकोशिकीय यूकैरियोटिक, परपोषी, कोशिका भित्ति- अनुपस्थित

वर्गीकरण

जन्तुओं का वर्गीकरण
- **संघ नान कॉर्डेटा**
- **संघ पोरीफेरा** नाल तन्त्र उपस्थित (एस्कॉन साइकॉन ल्यूकॉन) शरीर छिद्रित $CaCO_3$ का कंकाल उदाहरण- *साइकॉन*
- **निडेरिया या सीलेन्ट्रेटा** दंश कोशिका उपस्थित, उदाहरण- *हाइड्रा*
- **प्लेटिहेल्मिन्थीज** चपटेकृमि, ज्वाला कोशिकाएँ उपस्थित, उदाहरण- *टीनिया सोलियम*।
- **एस्केहेल्मिन्थीज** कृमिनुमा, उदाहरण-*एस्कैरिस* ।
- **एनेलिड़ा** (वास्तविक देहगुहा एवं विखण्डीभवन,द्वारा उदाहरण- केंचुआ।
- **आर्थोपोडा** संधित उपांग, काइटिन युक्त बाह्य कंकाल, उदाहरण- मधुमक्खी।
- **मोलस्का** श्वसन क्लोम द्वारा, उदाहरण- घोंघा।
- **इकाइनोडर्मेटा** जलसंवहन तन्त्र की उपस्थिति उदाहरण- तारा मछली।
- **कॉर्डेटा** (कशेरूकी)

संघ-कॉर्डेटा का वर्गीकरण
- **अधिवर्ग-मत्स्य या पिसीज** (वास्तविक मछली श्वसन-क्लोम द्वारा)।
- **अधिवर्ग- टेट्रापोड़ा**
- **वर्ग- उभयचर** उदाहरण-मेढ़क
- **वर्ग-सरीसृप** उदाहरण- छिपकली।
- **वर्ग-पक्षी** अग्रपाद उड़ने हेतु रूपान्तरित, खोखली अस्थियों का बना अन्तःकंकाल, समतापी
- **वर्ग स्तनधारी** स्तनग्रन्थियों की उपस्थिति; मानव,

SOURCE NCERT Class-VIII सूक्ष्मजीव : मित्र एवं शत्रु, NCERT Class-XI जीव जगत, NCERT Class-XI जीव जगत का वर्गीकरण, NCERT Class-XI वनस्पति जगत, NCERT Class-XI प्राणी जगत, NCERT Class-XI प्राणियों में संरचनात्मक संगठन

1 **निम्न युग्मों में से कौन-सा युग्म सही सुमेलित नहीं हैं?**

(Chap 2, Class-VIII, NCERT) (Chap 1, Class-XI, NCERT)

सूची I (वैज्ञानिक)		सूची II (संबंधित तथ्य)
(a) थियोफ्रेस्टस	—	वनस्पति विज्ञान के जनक
(b) कैरोलस लिनियस	—	वर्गिकी विज्ञान के जनक
(c) इवानोवस्की	—	विषाणु विज्ञान के जनक
(d) लुईस पाश्चर	—	जीवाणु विज्ञान के जनक

उत्तर (d)

व्याख्या दिए गए युग्मों में से युग्म (d) सही सुमेलित नहीं है, क्योंकि जीवाणु विज्ञान के जनक लुईस पाश्चर नहीं, बल्कि एंटोनी वॉन ल्यूवेनहॉक हैं। लुईस पाश्चर ने 1857 ई. में किण्वन की खोज की तथा सूक्ष्मजीव विज्ञान (Microbiology) एवं रोग विज्ञान (Pathology) के क्षेत्र में अनेक कार्य किए। इन्होंने अजैविक तत्त्वों से सजीवों की उत्पत्ति के वाद का खण्डन कर जीवात् जीवोत्पत्ति वाद (Biogenesis theory) को सिद्ध किया। एंटोनी वॉन ल्यूवेनहॉक ने सर्वप्रथम उन्नत सूक्ष्मदर्शी द्वारा जीवित कोशिका के रूप में जीवाणुओं (Bacteria) की खोज की। इसलिए इन्हें 'जीवाणु विज्ञान का जनक' कहा जाता है।

2 **जीव विज्ञान की शाखाओं के सन्दर्भ में कितने कथन सही है?**

(Chap 1, Class-XI, NCERT)

1. वनस्पति विज्ञान के अन्तर्गत कृषि विज्ञान सम्मिलित है।
2. जन्तु विज्ञान मौलिक जीव विज्ञान के अन्तर्गत आता है।
3. चिकित्सा विज्ञान प्रायोगिक जीव विज्ञान की शाखा है।

कूट

(a) केवल एक (b) केवल दो
(c) सभी तीन (d) इनमें से कोई नहीं

उत्तर (b)

व्याख्या दिए गए कथनों में केवल दो कथन अर्थात् (2) और (3) सही हैं। मौलिक जीव विज्ञान के अन्तर्गत वनस्पति विज्ञान, जन्तु विज्ञान तथा सूक्ष्मजीव विज्ञान सम्मिलित हैं। जबकि, प्रायोगिक जीव विज्ञान के अन्तर्गत कृषि विज्ञान, चिकित्सा विज्ञान, पशु चिकित्सा विज्ञान, औषधि विज्ञान आते हैं।

3 **एककोशिकीय जीवों की जीवन प्रक्रिया के बारे में निम्नलिखित में से कौन-सा कथन सही नहीं है?**

(Chap 1, Class-XI, NCERT) (IAS Pre 2021)

(a) इन्हें भोजन ग्रहण करने के लिए पृथक् अंग की आवश्यकता होती हैं
(b) श्वसन के लिए पृथक् अंग की आवश्यकता नहीं होती हैं
(c) इन जीवों द्वारा अपशिष्ट उत्सर्जन सामग्री उत्पन्न की जाती है
(d) ये बाह्य वातावरण के सम्पर्क में बने रहते हैं

उत्तर (a)

व्याख्या एककोशिकीय जीवों की जीवन प्रक्रिया के बारे में कथन (a) सही नहीं है। एककोशिकीय जीवों में एक ही कोशिका होती है। अत: इन्हें भोजन ग्रहण करने के लिए मानव की भाँति पृथक् अंग जैसे— मुँह की आवश्यकता नहीं होती है। स्वपोषी एककोशिकीय जीव अपना भोजन स्वयं बनाते हैं, जबकि विषमपोषी जीव कोशिका झिल्ली के अन्त:ग्रहण या मृतोपजीवी पोषण विधि द्वारा भोजन ग्रहण करते हैं।

4 **जीवित जीवों के लक्षणों के लिए सही कथन का चयन कीजिए।**

(Chap 1, Class XI, NCERT)

(a) जन्तु केवल दर्शनीय प्रकार की गतिशीलता प्रदर्शित करते हैं
(b) वृद्धि बाहर से उत्पन्न होती है
(c) उपापचयी अभिक्रियाओं को *इन विट्रो* में प्रदर्शित किया जा सकता है
(d) जनन सभी जीवित जीवों का लाक्षणिक गुण है

उत्तर (c)

व्याख्या (c) विकल्प (c) में दिया गया कथन सही है। अन्य कथन गलत हैं इनकी सही व्याख्या इस प्रकार हैं

- जन्तु दर्शनीय व अदर्शनीय दोनों प्रकार की गतिशीलता प्रदर्शित करते हैं। जीवों में वृद्धि जीवद्रव्यी पदार्थों के जुड़ने के कारण आन्तरिक रूप से होती है।
- जनन जीवित जीवों को परिभाषित करने योग्य गुण नहीं है।

5 **जैव-विविधता (बायोडायवर्सिटी) के बारे में निम्नलिखित में से कितने कथन सही नहीं है?**

(Chap 13, Class-XII, NCERT)

(a) 'बायोडायवर्सिटी' शब्द का निर्माण वाल्टर जी. रोजेन ने वर्ष 1986 में किया था।
(b) 'बायोडायवर्सिटी हॉटस्पॉट' शब्द का निर्माण नॉर्मन मेयर्स ने वर्ष 1988 में किया था।
(c) ऐसे क्षेत्र 'बायोडायवर्सिटी हॉटस्पॉट' ('जैव-विविधता संवेदनशील-स्थल') कहलाते हैं, जहाँ बहुत अधिक जैव-विविधता होती है।
(d) विश्व में जैव-विविधता के 100 से अधिक संवेदनशील-स्थलों की पहचान की गई है।

कूट

(a) केवल एक (b) केवल दो (c) केवल तीन (d) ये सभी

उत्तर (a)

व्याख्या जैव-विविधता के बारे में केवल एक कथन अर्थात् विकल्प (d) सही नहीं है, क्योंकि विश्व में जैव-विविधता के कुल 36 हॉटस्पॉट (संवेदनशील स्थल) हैं।

स्व स्थाने संरक्षण के लिए क्षेत्रों की प्राथमिकता को तय करने के लिए नॉर्मन मेयर (Norman Mayer) ने हॉटस्पॉट प्रणाली को वर्ष 1988 में विकसित किया। हॉटस्पॉट पृथ्वी पर पादप एवं जन्तुओं की दुर्लभ प्रजातियों की घनी आबादी के क्षेत्र हैं। सर्वप्रथम 25 जैव-विविधता हॉटस्पॉट चिह्नित किए गए थे। तत्पश्चात् इस सूची में 11 हॉटस्पॉट और सम्मिलित किए गए हैं। यद्यपि जैव-विविधता के सभी हॉट-स्पॉट परस्पर मिलकर संसार का 2% से भी कम हैं, परन्तु इन क्षेत्रों में 44% जातियाँ पाई जाती हैं। इन हॉटस्पॉट को विशेष सुरक्षा प्रदान करके विलोपन की दर को 30% तक कम किया जा सकता है। भारत के तीन जैव-विविधता हॉटस्पॉट पश्चिमी घाट और श्रीलंका, पूर्वी हिमालय एवं इण्डो-बर्मा क्षेत्र हैं।

6 **निम्नलिखित में से कौन-सा वैश्विक जैव-विविधता के बीच प्रजातियों की बढ़ती संख्या का सही प्रतिनिधित्व करता है?**

(Chap 13, Class-XII, NCERT)

(a) लाइकेन < मॉस तथा फर्न < शैवाल < आवृतबीजी < कवक
(b) लाइकेन < शैवाल < मॉस तथा फर्न < कवक < आवृतबीजी
(c) मॉस तथा फर्न < लाइकेन < शैवाल < कवक < आवृतबीजी
(d) शैवाल < लाइकेन < मॉस तथा फर्न < आवृतबीजी < कवक

उत्तर (a)

व्याख्या पादपों के सन्दर्भ में वैश्विक जैव-विविधता के बीच प्रजातियों की बढ़ती संख्या इस प्रकार है

लाइकेन < मॉस और फर्न < शैवाल < आवृतबीजी < कवक

लाइकेन अधिकतर दुर्लभ होते हैं, क्योंकि वे प्रदूषण वाले स्थानों में नहीं पाए जाते हैं और वे पृथ्वी की स्थलीय सतह के केवल 6% हिस्से को आवरित करते हैं। इसके बाद मॉस और फर्न आते हैं, जिनका मनुष्यों द्वारा अत्यधिक दोहन किया जाता है और ये संख्या में कम रह गए हैं। दुनिया भर में शैवाल की 72500 प्रजातियों के साथ शैवाल अगली पंक्ति में हैं। पौधों के समूह में आवृतबीजी सबसे अधिक संख्या में हैं। कवक दुनियाभर में सर्वाधिक संख्या में पाए जाते हैं, जो वैश्विक जैव-विविधता के बीच प्रजातियों की अधिकतम संख्या का प्रतिनिधित्व करते हैं। ये पौधों, जन्तुओं और अन्य कवकों में सहजीवी के रूप में भी पाए जाते हैं, जो वैश्विक जैव-विविधता के बीच प्रजातियों की बढ़ती संख्या का सही प्रतिनिधित्व करते हैं।

7 **नीचे दिए गए टैक्सॉनों को उनके सही वर्गिकी पदानुक्रम में व्यवस्थित कीजिए।** *(Chap 1, Class-XI NCERT)*

1. वंश
2. प्रभाग
3. गण
4. कुल
5. जाति
6. जगत
7. वर्ग

कूट

(a) 2<6<1<3<4<5<7 (b) 6>2>7>3>4>1>5
(c) 5<2<3<4<6<1<7 (d) 1<5<3<2<4<6<7

उत्तर (b)

व्याख्या दिए गए टैक्सॉनों का सही वर्गिकी पदानुक्रम निम्नवत् है

6>2>7>3>4>1>5

वर्गीकरण में जीवों में समानताओं एवं असमानताओं के आधार पर निर्मित विभिन्न समूहों को वर्गिकी संवर्ग (Taxonomic category) कहते हैं, जो वर्गीकरण की एक इकाई को प्रदर्शित करता है। इसे ही वर्गक या टैक्सॉन भी कहते हैं। इन वर्गिकी संवर्ग या टैक्सॉनों को उनके बढ़ते या घटते क्रम में व्यवस्थित करना ही वर्गिकी पदानुक्रम कहलाता है। इनका विवरण निम्न हैं

- जगत (Kingdom)—वर्गिकी पदानुक्रम की सबसे बड़ी इकाई
- प्रभाग (Division) (पादपों में)/संघ (Phylum) (जंतुओं में)—अनेक वर्गों का समूह
- वर्ग (Class)—अनेक गणों का समूह
- गण (Order)—अनेक कुलों का समूह
- कुल (Family)—अनेक वंशों का समूह
- वंश (Genus)—अनेक जातियों का समूह
- जाति (Species)—वर्गीकरण की सबसे छोटी एवं आधारभूत इकाई

8 **निम्नलिखित युग्मों पर विचार कीजिए** *(Chap 2, Class-XI, NCERT)*

	वैज्ञानिक		कार्य/पुस्तक
A.	चार्ल्स डार्विन	—	तीन डोमेन प्रणाली
B.	कैरोलस लिनियस	—	पाँच जगत प्रणाली
C.	कार्ल वोस	—	*दि ओरिजिन ऑफ स्पीशीज*
D.	आर. एच. व्हिटेकर	—	*सिस्टैमा नेचुरी*

उपर्युक्त युग्मों में से कितने युग्म सही सुमेलित है?

(a) केवल एक (b) केवल दो
(c) केवल तीन (d) इनमें से कोई नहीं

उत्तर (c)

व्याख्या दिए गए युग्मों में से कोई भी युग्म सही सुमेलित नहीं है।

चार्ल्स डार्विन ने जैव विकास की अवधारणा को समझाने हेतु प्राकृतिक चयनवाद (Theory of Natural Selection) का प्रतिपादन किया, जिसे इन्होंने 1859 ई. में अपनी पुस्तक *'दि ओरिजिन ऑफ स्पीशीज'* में प्रकाशित किया।

कैरोलस लीनियस ने द्विनाम पद्धति (Binomial nomenclature) का उदाहरण सहित प्रतिपादन अपनी पुस्तक *'सिस्टेमा नेचुरी'* में किया था।

कार्ल वोस ने मोनेरा जगत के प्रोकैरियोटिक जीवों को *आर्किया* (Archaea) एवं यूबैक्टीरिया (Eubacteria) नामक दो डोमेनो एवं शेष यूकैरियोटिक जीवों को यूकैरिया (Eukarya) नामक डोमेन में विभाजित कर तीन डोमेन प्रणाली का प्रतिपादन किया।

आर. एच. व्हिटेकर ने सभी सजीवों को पाँच जगतों मोनेरा, प्रोटिस्टा, फंजाई, प्लांटी एवं एनीमेलिया में विभक्त किया है।

9 **मोनेरा जगत के संदर्भ में निम्न कथनों पर विचार कीजिए।** *(Chap 2, Class-XI, NCERT)*

1. इसमें एककोशिकीय, आदिम एवं सर्वत्र व्यापी जीव सम्मिलित हैं।
2. इसमें सूक्ष्मजीव जैसे जीवाणु, विषाणु आदि पाए जाते है।
3. इसमें प्राय: सभी जीवों में कोशिका भित्ति पाई जाती है, किंतु केंद्रक झिल्ली अनुपस्थित होती है।

उपर्युक्त में से कितने कथन सत्य है/हैं?

(a) केवल एक (b) केवल दो (c) सभी तीन (d) इनमें से कोई नहीं

उत्तर (b)

व्याख्या मोनेरा जगत के संदर्भ में केवल दो कथन अर्थात् (1) और (3) सत्य हैं, क्योंकि मोनेरा जगत में एककोशिकीय, आदिम अर्थात् प्रोकैरियोटिक एवं सर्वत्र व्यापी जीवाणु पाए जाते हैं। ये जीव महासागरों की गहराई, ध्रुवों, गर्म पानी के झरनों, दलदलों, मरुस्थल, आदि सभी स्थानों पर पाए जाते हैं।

इसमें केंद्रक झिल्ली का अभाव होता है एवं अल्पविकसित केंद्रक या केंद्रकाभ (Nucleoid) पाया जाता है, जिसमें कोशिकाद्रव्य में केवल DNA उपस्थित होता है। मोनेरा जगत के सभी सदस्यों में कोशिका भित्ति पाई जाती है, किंतु माइकोप्लाज्मा इसके अपवाद हैं।

कथन (2) असत्य है, क्योंकि विषाणु सजीव/पोषी कोशिका के बाहर निर्जीव होने के कारण सजीव नहीं माने जाते हैं। इन्हें पाँच जगत वर्गीकरण में कोई भी स्थान नहीं दिया गया है। इनमें जीवद्रव्य एवं जैविक उपापचयी प्रक्रमों (Metabolic activities) का अभाव होता है।

10 **निम्न कथन (A) व कारण (R) को पढ़िए और नीचे दिए गए कूट की सहायता से सही उत्तर का चयन कीजिए।** *(Chap 2, Class-XI, NCERT)*

कथन (A) **मीथेनोजन जीवाणुओं का उपयोग गोबर से बायोगैस बनाने में किया जाता है।**

कारण (R) **यह आर्किबैक्टीरिया वायवीय परिस्थिति में मीथेन गैस उत्पन्न करता है।**

कूट

(a) A और R दोनों सही हैं तथा R, A का सही स्पष्टीकरण है।
(b) A और R दोनों सही हैं, परंतु R, A का सही स्पष्टीकरण नहीं है।
(c) A सही है, परंतु R गलत है।
(d) A गलत है, परंतु R सही है।

उत्तर (c)

व्याख्या कथन (A) सही है, किंतु कारण (R) गलत है, क्योंकि मीथेनोजन जीवाणुओं का उपयोग ग्रामीण क्षेत्रों में गोबर से गोबर गैस (Biogas) के उत्पादन में किया जाता है। ये जीवाणु आर्किबैक्टीरिया होते हैं, जिनमें अवायवीय श्वसन पाया जाता है।

रूमिनेन्ट पशुओं, जैसे-गाय, भैंस, आदि के आमाशय में उपस्थित ये जीवाणु ऑक्सीजन की अनुपस्थिति मे कार्बनिक पदार्थों (चारा या गोबर) का अपघटन कर मीथेन (CH_4) गैस का उत्पादन करते हैं। बायोगैस संयंत्र में गोबर के अवायवीय अपघटन से प्राप्त बायोगैस का उपयोग प्राय: भोजन को पकाने में किया जाता है।

11 **निम्नलिखित में से कौन-से कथन सही हैं?** *(Chap 2, Class-XI, NCERT)*

I. स्लाइम मोल्डस मृतोपजीवी प्रोटिस्ट होते हैं।
II. सभी सुकेन्द्रकीय एककोशिकीय जीव जगत-मोनेरा में रखे गए हैं।
III. आर.एच. व्हिटेकर ने नामकरण की द्विनाम पद्धति प्रदान की।
IV. एककोशिकीय जीवों में, जनन वृद्धि का पर्याय होता है।
V. प्रोटिस्टा में झिल्लीबद्ध कोशिकांग अनुपस्थित होते हैं।

नीचे दिए गए विकल्पों में से सही उत्तर का चयन कीजिए।

(a) I तथा II (b) II, III तथा V (c) I तथा IV (d) II, IV तथा V

उत्तर (c)

व्याख्या कथन I तथा IV सही हैं। शेष कथन गलत हैं तथा इनकी सही व्याख्या इस प्रकार हैं

- सभी एककोशिकीय यूकैरियोटिक (सुकेन्द्रकीय) जीव जगत-प्रोटिस्टा के अन्तर्गत रखे गए हैं।
- जगत-मोनेरा में प्रोकैरियोटिक जीव पाए जाते हैं, जिनमें वास्तविक केन्द्रक का अभाव होता है।
- कैरोलस लिनियस द्वारा नामकरण की द्विनाम पद्धति दी गई।
- यूकैरियोटस होने के कारण, प्रोटिस्टा की कोशिका में सुविकसित केन्द्रक तथा अन्य झिल्लीबद्ध कोशिकांग पाए जाते हैं।

12 जीवाणुओं के महत्त्व के संदर्भ में निम्न कथनों पर विचार कीजिए।

(Chap 2, Class-VIII, NCERT)

1. यह अपघटक होने के कारण पर्यावरण के शुद्धिकरण में अपना योगदान देते हैं एवं पर्यावरण में पोषक तत्त्वों के चक्रण को भी सुनिश्चित करते हैं।
2. यह भोजन के सड़ने से लेकर जंतुओं, पादपों एवं मानवों में अनेक रोग उत्पन्न करते हैं तथा कभी-कभी भूमि को बंजर भी बनाते हैं।

उपर्युक्त में से कौन-सा/से कथन सही है/हैं?

(a) केवल 1 (b) 1 और 2
(c) केवल 2 (d) इनमें से कोई नहीं

उत्तर (b)

व्याख्या जीवाणुओं के महत्त्व के संदर्भ में दोनों कथन (1) और (2) सही हैं। मृतोपजीवी (Saprophytic) जीवाणु मृत कार्बनिक पदार्थों के अपघटन (Decomposition) से ऊर्जा प्राप्त करते हैं तथा पर्यावरण के शुद्धिकरण एवं पोषक तत्त्वों के पुन: चक्रण (Recycle) में सहायक होते हैं। जीवाणुओं की अपघटन प्रक्रिया के कारण ही मृत जंतु, पादपों की झड़ी हुई पत्तियाँ, फलों के छिलके, आदि कार्बनिक अपशिष्ट कुछ ही समय में वातावरण से गायब हो जाते हैं। अपघटन की प्रक्रिया में जटिल कार्बनिक यौगिक सरल यौगिकों में टूटते हैं, जिससे पोषक तत्त्व पुन: अपने स्रोतों में मिल जाते हैं, उदाहरणस्वरूप-मृत जंतु के शरीर के अपघटन से उसमें उपस्थित कार्बन, नाइट्रोजन, जल, आदि पर्यावरण में पुन: पहुँच जाते हैं।

जीवाणु भोजन को सड़ाने (अपघटन) से लेकर कभी-कभी भूमि को बंजर भी करते हैं; जैसे-विनाइट्रीकारी जीवाणु मृदा में उपस्थित नाइट्रेट को वायुमंडलीय नाइट्रोजन में परिवर्तित कर मृदा में नाइट्रोजन की मात्रा को कम करते हैं। ये रोगजनक भी होते हैं एवं पादपों (सिट्रस कैंकर रोग), जंतुओं (एन्थ्रेक्स रोग) तथा मानव (टायफॉइड) में रोग उत्पन्न करते हैं।

13 निम्न में से जीवाणुओं के संदर्भ में कितने कथन असत्य है?

(Chap 2, Class-VIII, NCERT)

1. यह स्ट्रेप्टोमाइसिन, टेट्रासाइक्लिन एवं एरिथ्रोमाइसिन जैसे प्रतिजैविकों का निर्माण नहीं करते हैं।
2. यह नाइट्रोजन स्थिरीकरण (Fixation) द्वारा कृषि हेतु मृदा की उर्वरता (Fertility) बढ़ाते हैं।
3. यह दही एवं योगर्ट के निर्माण से लेकर सिरके का भी निर्माण करते हैं।

कूट

(a) केवल एक (b) केवल दो
(c) सभी तीन (d) इनमें से कोई नहीं

उत्तर (a)

व्याख्या जीवाणुओं के संदर्भ में केवल एक कथन अर्थात् (1) असत्य है क्योंकि जीवाणु द्वारा स्ट्रेप्टोमाइसिन, टेट्रासाइक्लिन एवं एरिथ्रोमाइसीन जैसे प्रतिजैविक (Antibiotic) औषधियों का निर्माण किया जाता है।

14 प्रोटिस्टा के संदर्भ में निम्न कथनों पर विचार कीजिए।

(Chap 2, Class-XI, NCERT)

1. इनमें एककोशिकीय कवकसम, पादपसम एवं प्राणिसम जीव आते हैं जो केंद्रक युक्त होते हैं।
2. समुद्र में दिखाई देने वाली लाल जल तरंग का कारण डायनोफ्लैजिलेट होते हैं।
3. सीलिया युक्त डायटम, *यूग्लीना, पैरामीशियम,* आदि इस जगत के प्रमुख उदाहरण हैं।

उपर्युक्त में से कौन-सा/से कथन सत्य है/हैं?

(a) 1 और 3
(b) 1 और 2
(c) 2 और 3
(d) उपर्युक्त सभी

उत्तर (d)

व्याख्या प्रोटिस्टा के संदर्भ में दिए गए सभी कथन सत्य हैं।

प्रोटिस्टा जगत के अंतर्गत एककोशिकीय, यूकैरियोटिक, कवकसम (अवपंक कवक), पादपसम (क्राइसोफाइट एवं डायनोफ्लैजिलेट) एवं प्राणिसम (प्रोटोजोआ) जीव आते हैं। इनमें सुविकसित केंद्रक पाया जाता है। कवकसम प्रोटिस्ट मृतोपजीवी (Saprophytic), पादपसम प्रोटिस्ट स्वपोषी (Autotrophic) एवं प्राणिसम प्रोटिस्ट प्राणिसमभोजी (Holozoic) विषमपोषी (Heterotrophic) होते हैं।

समुद्रों में दिखाई देने वाली लाल जल तरंगें (Red tides) *गोनियोलैक्स* जैसे लाल रंग के डायनोफ्लैजिलेट की संख्या में अचानक से विस्फोट (तीव्र वृद्धि) होने के कारण उत्पन्न होती हैं, जो जीव विष के कारण मछलियों हेतु प्राणघातक हो सकती है।

सीलिया युक्त डायटम (क्राइसोफाइट), *यूग्लीना* (यूग्लीनॉइड) एवं *पैरामीशियम* (प्रोटोजोआ) इस जगत के प्रमुख उदाहरण हैं।

15 निम्न में से असंगत युग्म कौन-सा है? *(Chap 2, Class-XI, NCERT)*

	कोशिकांग		प्राणी
(a)	स्यूडोपोडिया	—	*अमीबा*
(b)	फ्लैजिला	—	*यूग्लीना*
(c)	सीलिया	—	*पैरामीशियम*
(d)	कोशिका भित्ति	—	*प्लाज्मोडियम*

उत्तर (d)

व्याख्या दिए गए युग्मों में से युग्म (d) असंगत है।

प्लाज्मोडियम एक प्राणिसम प्रोटिस्ट या प्रोटोजोअन जीव है, जो कोशिका भित्ति रहित होता है। प्रोटोजोआ संघ के सभी सदस्यों में कोशिका भित्ति का अभाव होता है। यह स्पोरोजोआ वर्ग का जीव मलेरिया का कारक होता है।

अमीबा में गमन एवं शिकार को पकड़ने हेतु स्यूडोपोडिया या कूटपाद पाए जाते हैं।

यूग्लीना में गमन एवं शिकार को पकड़ने हेतु दो फ्लैजिला पाए जाते हैं, जिनमें एक बड़ा एवं एक छोटा होता है।

पैरामीशियम की सतह पर असंख्य सूक्ष्म सीलिया पाए जाते हैं, जो गमन एवं भोजन को ग्रहण करने में सहायक होते हैं।

16 कवकों के संदर्भ में निम्न में से कौन-सा कथन असत्य है?

(Chap 2, Class-XI, NCERT)

1. यह सायनोबैक्टीरिया के साथ लाइकेन के रूप में सहजीवी संबंध बनाते हैं।
2. ये पोषण के आधार पर मृतोपजीवी या परजीवी होते हैं।
3. इन बहुकोशिकीय जीवों में म्यूरिन द्वारा निर्मित कवक जाल पाया जाता है।

कूट

(a) केवल 1 (b) 2 और 3 (c) केवल 3 (d) 1 और 3

उत्तर *(c)*

व्याख्या कवकों के संदर्भ में कथन (3) असत्य है, क्योंकि इन बहुकोशिकीय जीवों में म्यूरिन द्वारा निर्मित कवक जाल नहीं पाया जाता है। कवक (Fungi) बहुकोशिकीय, यूकैरियोटिक, सूकायी एवं विषमपोषी जीव होते हैं। इन जीवों में कोशिका भित्ति का निर्माण काइटिन (Chitin) नामक पॉलीसैकेराइड से होता है। म्यूरिन (पेप्टिडोग्लाइकेन) लगभग सभी जीवाणुओं के कोशिकाद्रव्य झिल्ली के बाहर की ओर पाए जाने वाली कोशिका भित्ति का एक आवश्यक घटक है।

कथन (1) और (2) सत्य हैं। कवक सायनोबैक्टीरिया या नील-हरित शैवाल के साथ सहजीवी (Symbiotic) संबंध बनाकर लाइकेन का निर्माण करते हैं। इस सहजीवी संबंध में कवकांश (Mycobiont) शैवालांश (Phycobiont) को आश्रय एवं जल तथा खनिज तत्व प्रदान करता है, बदले में शैवालांश कवकांश को प्रकाश-संश्लेषण द्वारा भोजन प्रदान करता है।

कवक पोषण के आधार पर मृतोपजीवी या परजीवी होते हैं, जो क्रमश: मृत कार्बनिक पदार्थों एवं पोषी (Host) जीवों से पोषण प्राप्त करते हैं।

17 कवकों के संदर्भ में निम्न कथनों पर विचार कीजिए।

(Chap 2, Class-XI, NCERT)

1. इसमें कायिक जनन खण्डन, विखण्डन, मुकुलन एवं बीजाणुओं द्वारा होता है।
2. कवकमूल *पाइनस* की जड़ में कवकों के सहजीवन का प्रमाण है।
3. यह अलेक्जेंडर फ्लेमिंग द्वारा वर्ष 1939 में खोजे गए प्रथम प्रतिजैविक का स्रोत है।

उपर्युक्त में से कितने कथन सही है/हैं?

(a) केवल एक (b) केवल दो
(c) सभी तीन (d) इनमें से कोई नहीं

उत्तर *(b)*

व्याख्या कवकों के संदर्भ में केवल दो कथन अर्थात् कथन (1) और (2) सही हैं। कवकों में अलैंगिक जनन या कायिक जनन खण्डन (Fission), विखण्डन (Fragmentation), मुकुलन (Budding) एवं कोनिडिया जैसे बीजाणुओं (Spores) के द्वारा होता है।

कवकमूल *पाइनस* जैसे उच्च पादप की जड़ों एवं कवकों के मध्य पाया जाने वाला सहजीवी (Symbiotic) संबंध हैं, जिसमें कवक *पाइनस* को मृदा में से फॉस्फोरस जैसे खनिज लवण प्रदान करता है एवं बदले में *पाइनस* की जड़ में आश्रय प्राप्त करता है।

कथन (3) सही नहीं है, क्योंकि अलेक्जेंडर फ्लेमिंग द्वारा वर्ष 1929 में खोजे गए प्रथम प्रतिजैविक पेनिसिलीन का स्रोत कवक *पेनिसिलियम* था।

18 निम्न कथन (A) व कारण (R) को पढ़िए और नीचे दिए गए कूट की सहायता से सही उत्तर का चयन कीजिए।

(Chap 2, Class-VIII, NCERT)

कथन (A) मशरूम प्रोटीन एवं विटामिन का प्रमुख स्रोत होता है, जो एक कवक *एगेरिकस* है।

कारण (R) मशरूम एक विषमपोषी, यूकैरियोटिक एवं स्थानबद्ध पादपसम जीव है।

कूट

(a) A और R दोनों सही हैं तथा R, A का सही स्पष्टीकरण है।
(b) A और R दोनों सही हैं, परंतु R, A का सही स्पष्टीकरण नहीं है।
(c) A सही है, परंतु R गलत है।
(d) A गलत है, परंतु R सही है।

उत्तर *(b)*

व्याख्या कथन (A) और कारण (R) दोनों सही हैं, परंतु कारण (R), कथन (A) का सही स्पष्टीकरण नहीं है।

मशरूम या *एगेरिकस* एक खाद्य कवक है, जोकि प्रोटीन एवं विटामिन के अच्छे स्रोत होते हैं। *एगेरिकस कम्पेस्ट्रिस* सर्वाधिक खाद्य पदार्थ के रूप में उपयोग किया जाने वाला मशरूम है। मशरूम में (21-30%) प्रोटीन, विटामिन-B,C, D और K तथा खनिज तत्व Ca, Na, K, P आदि प्रचुरता में पाए जाते हैं। मशरूम एक विषमपोषी (मृतोपजीवी), यूकैरियोटिक, स्थानबद्ध एवं छत्राकार कवक होता है। इनकी कोशिका भित्ति कवक सेलुलोस या काइटिन की बनी होती है।

19 निम्नलिखित युग्मों में से कितने सही सुमेलित है?

(Chap 2, Class-VIII, NCERT)

	वैज्ञानिक		कार्य
1.	लुईस पाश्चर	—	वाइरॉइड
2.	ए. वी. ल्यूवेनहॉक	—	किण्वन
3.	डब्ल्यू. एम. स्टेनले	—	विषाणु का क्रिस्टलीकरण
4.	टी. ओ. डाइनर	—	जीवाणु एवं प्रोटोजोअन

कूट

(a) केवल एक
(b) केवल दो
(c) केवल चार
(d) उपरोक्त में से कोई नहीं

उत्तर *(a)*

व्याख्या दिए गए युग्मों में से कोई भी युग्म सही सुमेलित नहीं है।

लुईस पाश्चर ने किण्वन एवं दूध के पाश्चुरीकरण की विधि की खोज की। किण्वन अवायवीय परिस्थितियों में मृत कार्बनिक पदार्थ (क्रियाधार) के सूक्ष्मजीवीय ऑक्सीकरण की विधि होती है, जिससे CO_2 एवं एथिल एल्कोहॉल या लैक्टिक अम्ल प्राप्त होते हैं।

एंटोनी वान ल्यूवेनहॉक ने सर्वप्रथम उन्नत सूक्ष्मदर्शी से जीवाणुओं एवं प्रोटोजोअन को देखा था। इसलिए इन्हें 'माइक्रोबायोलॉजी का जनक' कहा जाता है।

डब्ल्यू. एम. स्टेनले ने सर्वप्रथम विषाणु का क्रिस्टलीकरण किया। इससे विषाणु का निर्जीव होना सिद्ध होता है।

टी. ओ. डाइनर ने वर्ष 1971 में सर्वप्रथम पोटेटो स्पिंडल ट्यूबर के रोगकारक वायरॉइड की खोज की। इन्होंने प्रतिपादित किया कि वायरॉइड वायरस से छोटे होते हैं। इन्होंने वायरॉइड को सबसे छोटे ज्ञात संक्रामक कारक के रूप में बताया। वाइरॉइड में RNA तथा प्रोटीन आवरण (अस्तर) का अभाव होता है।

20 पादपों के संदर्भ में निम्न में से कौन-सा कथन असत्य है?

(Chap 3, Class-XI, NCERT)

1. ये स्थानबद्ध, स्वपोषी, प्रकाश-संश्लेषी, यूकैरियोटिक एवं बहुकोशिकीय जीव हैं।
2. इनमें क्लोरोफिल वर्णक पाया जाता है, जो इनके हरे रंग एवं स्वपोषी होने का कारण है।
3. इनमें सेलुलोस द्वारा निर्मित मृत कोशिका भित्ति एवं जीवद्रव्य के 20 – 40% भाग में फैली रसधानी पायी जाती है।

कूट

(a) 1 और 2 (b) केवल 1
(c) केवल 3 (d) 2 और 3

उत्तर (c)

व्याख्या पादपों के संदर्भ में कथन (3) असत्य है, क्योंकि पादप कोशिका में सेलुलोस द्वारा निर्मित मृत कोशिका भित्ति एवं एक बड़ी रसधानी पाई जाती है, जो कोशिका के 70%–90% तक भाग को घेरती है एवं जल के परासरण (Osmosis) का नियमन करती है।

कथन (1) और (2) सत्य हैं। पादप यूकैरियोटिक, बहुकोशिकीय, प्रकाश-संश्लेषी, स्वपोषी एवं स्थानबद्ध जीव होते हैं। इनमें उपस्थित हरितलवक में हरे रंग का वर्णक क्लोरोफिल पाया जाता है, जोकि पादपों के हरे रंग एवं प्रकाश-संश्लेषण द्वारा भोजन के निर्माण (स्वपोषी) का कारण होता है।

21 निम्न युग्मों में कौन-सा युग्म असंगत है? *(Chap 3, Class-XI, NCERT)*

	सूची-I (पादप/प्राणी)	सूची-II (लक्षण)
(a)	*लैक्टोबैसिलस*	दही जमाने वाला जीवाणु
(b)	*स्पाइरोगायरा*	तंतुमय शैवाल
(c)	*राइजोपस*	मृतोपजीवी कवक
(d)	*वॉल्वॉक्स*	कशाभिकीय प्रोटोजोअन

उत्तर (d)

व्याख्या दिए गए युग्मों में युग्म (d) असंगत है।

वॉल्वॉक्स क्लोरोफाइसी वर्ग का हरे रंग का निवही (Colonial) शैवाल है। इसके हरितलवक में मुख्य वर्णक पर्णहरिम *a*, *b* (Chlorophyll *a*, *b*) एवं कैरोटिनॉइड्स पाए जाते हैं। इनमें कशाभिकाएँ उपस्थित होती हैं। कशाभिकीय प्रोटोजोअन *यूग्लीना* को कहा जाता है।

22 पादप जगत के प्रथम प्रभाग थैलोफाइटा या शैवाल के संदर्भ में कौन-सा कथन सही नहीं है? *(Chap 3, Class-XI, NCERT)*

1. ये पूर्णतया जलीय एवं अविभेदित पादप हैं।
2. ये पादप वर्णकों की उपस्थिति के आधार पर लाल, पीले, हरे रंग, आदि के होते हैं।
3. *यूलोथ्रिक्स, क्लैडोफोरा, अल्वा, रिक्सिया,* आदि कुछ प्रमुख शैवालों के नाम हैं।

कूट

(a) केवल 3 (b) 1 और 3
(c) केवल 2 (d) 2 और 3

उत्तर (a)

व्याख्या पादप जगत के प्रथम प्रभाग—थैलोफाइटा या शैवाल के संदर्भ में कथन (3) सही नहीं है, क्योंकि *यूलोथ्रिक्स, अल्वा* एवं *क्लैडोफोरा* शैवालों के तथा *रिक्सिया* ब्रायोफाइटा के उदाहरण हैं।

23 निम्नलिखित कथनों पर विचार कीजिए। *(Chap 3, Class-XI, NCERT)*

I. भोजन मैनीटॉल (लाल शैवाल में) तथा फ्लोरिडियन स्टार्च (भूरे शैवाल में) के रूप में संग्रहित होता है।
II. क्लोरोफाइसी में क्लोरोफिल-*a*, *c*, कैरोटिनॉइड तथा जैन्थोफिल पाए जाते हैं।
III. हरे शैवाल में कठोर कोशिका भित्ति पाई जाती है, जो सेलुलोस की आन्तरिक परत द्वारा निर्मित होती है।
IV. *क्लोरेला* एककोशिकीय शैवाल है, जिसमें प्रोटीन प्रचुरता में पाया जाता है।
V. लाल शैवाल सामान्यतया विखण्डन द्वारा कायिक रूप से जनन करते हैं।

नीचे दिए गए विकल्पों में से गलत कथनों के समूह का चयन कीजिए।

(a) II तथा III
(b) III, IV तथा V
(c) I तथा II
(d) केवल IV

उत्तर (c)

व्याख्या कथन I तथा II गलत हैं। इनकी सही व्याख्या इस प्रकार है

- शैवालों में भोजन को मैनीटॉल व लैमिनेरिन (भूरी शैवाल में) तथा फ्लोरिडियन स्टार्च (लाल शैवाल में) के रूप में संग्रहित किया जाता है।
- फियोफाइसी में क्लोरोफिल-*a*, *c*, कैरोटिनॉइड और जैन्थोफिल होते हैं।

24 निम्नलिखित युग्मों में से कितने सही सुमेलित है? *(Chap 3, Class-XI, NCERT)*

	सूची I		सूची II
1.	*स्फैग्नम*	—	उभयचर
2.	ब्रायोफाइट	—	विखण्डन
3.	गेमा	—	लिवरवर्ट्स
4.	सूकाय	—	मॉस

दिए गए कूट से सही उत्तर का चयन कीजिए

कूट

(a) केवल एक
(b) केवल दो
(c) केवल तीन
(d) उपरोक्त में से कोई नहीं

उत्तर (d)

व्याख्या दिए गए युग्मों में से कोई भी युग्म सही सुमेलित नहीं है।

- *स्फैग्नम* मॉस है, जो पीट प्रदान करता है, जो ईंधन के रूप में उपयोग में लिया जाता है।
- ब्रायोफाइट पादप जगत के उभयचर कहलाते हैं।
- लिवरवर्ट्स में अलैंगिक प्रजनन सूकाय के विखण्डन या गेमा नामक विशेष संरचनाओं के निर्माण से होता है।

25 नीचे दो कथन दिए गए हैं; एक को अभिकथन (A) तथा दूसरे को कारण (R) के रूप में नामांकित किया गया है *(Chap 3, Class-XI, NCERT)*

अभिकथन (A) **मॉस सामान्यतया नम तथा छायादार वातावरण में पाए जाते हैं।**

कारण (R) **मॉस में संवहन ऊतक नहीं पाए जाते हैं। अत: यह पोषण तथा जनन के लिए बाह्य जल स्रोतों पर निर्भर होते हैं।**

उपरोक्त कथनों के प्रकाश में, नीचे दिए गए विकल्पों में से सही उत्तर का चयन कीजिए।

(a) दोनों A तथा R सत्य हैं, परन्तु R, A की सही व्याख्या नहीं है।
(b) A सत्य है, परन्तु R असत्य है।
(c) A असत्य है, परन्तु R सत्य है।
(d) दोनों A तथा R सत्य हैं तथा R, A की सही व्याख्या है।

उत्तर (d)

व्याख्या A तथा R दोनों सत्य है तथा R, A की सही व्याख्या है।

मॉस छोटे, गैर-संवहनी पौधे होते हैं, जिनमें वास्तविक मूल, प्ररोह तथा पत्तियाँ नहीं पाई जाती हैं। संवहनी ऊतकों की अनुपस्थिति के कारण ये जल तथा पोषकों का परिवहन नहीं कर सकते हैं। इस प्रकार, ये नम क्षेत्रों में पाए जाते हैं।

26 ब्रायोफाइटा के संदर्भ में निम्न कथनों पर विचार कीजिए। *(Chap 3, Class-XI, NCERT)*

1. यह क्रिप्टोगैम्स पादप है, जिसमें भ्रूण नहीं पाया जाता है।
2. यह पादप जगत का उभयचर कहलाता है।
3. इसमें संवहन ऊतक उपस्थित होते हैं।

उपर्युक्त में से कौन-सा/से कथन सत्य है/हैं?

(a) 1 और 2 (b) 2 और 3
(c) 1 और 3 (d) ये सभी

उत्तर *(a)*

व्याख्या ब्रायोफाइटा के संदर्भ में कथन (1) और (2) सत्य हैं। ब्रायोफाइट्स क्रिप्टोगैम्स (अपुष्पी) पादप कहलाते हैं, क्योंकि इनमें जननांग अप्रत्यक्ष होते हैं, भ्रूण का अभाव होता है एवं बीज बनाने की क्षमता नहीं पाई जाती है।

ये पादप जगत के उभयचर भी कहलाते हैं, क्योंकि ये स्थल पर विकसित प्रथम पादप हैं। हालांकि, इन्हें जनन हेतु जल की आवश्यकता होती है। इनमें पादप तना, पर्ण एवं मूल जैसी संरचनाओं में विभेदित होता है।

कथन (3) असत्य है, क्योंकि इनमें संवहनी ऊतकों (जाइलम एवं फ्लोएम) का अभाव होता है।

27 टेरिडोफाइटा के संदर्भ में निम्न कथनों में से असत्य कथन का चयन कीजिए। *(Chap 3, Class-XI, NCERT)*

1. युग्मकोद्‌भिद् पीढ़ी अप्रभावी होती है।
2. जाइलम एवं फ्लोएम अनुपस्थित होते हैं।
3. भ्रूण का विकास होता है, किंतु बीज नहीं पाए जाते हैं।

कूट

(a) 1 और 2
(b) केवल 2
(c) केवल 3
(d) 2 और 3

उत्तर *(b)*

व्याख्या टेरिडोफाइटा के संदर्भ में कथन (2) असत्य है, क्योंकि इनमें संवहनी ऊतक जाइलम एवं फ्लोएम पाए जाते हैं।

कथन (1) और (3) सत्य हैं। टेरिडोफाइट पादपों में द्विगुणित बीजाणुद्‌भिद् (Diploid sporophyte) पीढ़ी प्रभावी होती है, जबकि अगुणित युग्मकोद्‌भिद् (Haploid gametophyte) पीढ़ी अप्रभावी होती है।

इनमें पादप शरीर जड़, तना एवं पत्ती में पूर्णतया विभाजित होता है। इनमें लैंगिक जनन द्वारा भ्रूण का विकास होता है, किंतु बीज विकसित नहीं होता है। इनमें समबीजाणुक या विषमबीजाणुक प्रकार के पादप पाए जाते हैं।

28 निम्न युग्मों में से असंगत युग्म कौन-सा है? *(Chap 3, Class-XI, NCERT)*

	लक्षण		पादप प्रभाग
(a)	बीज फल के अंदर	—	एंजियोस्पर्म
(b)	बीज गुरुबीजाणुपर्ण पर उपस्थित	—	जिम्नोस्पर्म
(c)	लैंगिक जनन हेतु जल अनिवार्य	—	टेरिडोफाइटा
(d)	बीजाणुद्‌भिद् पीढ़ी प्रभावी	—	ब्रायोफाइटा

उत्तर *(d)*

व्याख्या दिए गए युग्मों में से युग्म (d) असंगत है।

ब्रायोफाइटा में द्विगुणित बीजाणुद्‌भिद् पीढ़ी अप्रभावी, जबकि अगुणित युग्मकोद्‌भिद् पीढ़ी प्रभावी होती है, जोकि जननांग युक्त होती है एवं अगुणित युग्मक उत्पन्न करती है। इनमें बीजाणुद्‌भिद् पीढ़ी युग्मकोद्‌भिद् पीढ़ी पर आश्रित होती है।

29 सूची-I में दिए गए पादपों को सूची-II में दिए उनके लक्षणों से सुमेलित कीजिए। *(Chap 3, Class-XI, NCERT)*

सूची-I (पादप)	सूची-II (लक्षण)
A. *सिड्रस*	1. निषेचन हेतु जल अनिवार्य
B. *पॉलीसाइफोनिया*	2. नग्नबीजी
C. *फ्यूनेरिया*	3. लाल रंग का शैवाल
D. *मार्सीलिया*	4. पादप जगत का उभयचर

कूट

	A	B	C	D		A	B	C	D
(a)	3	1	2	4	(b)	2	4	3	1
(c)	4	3	2	1	(d)	2	3	4	1

उत्तर *(d)*

व्याख्या सही सुमेलन A-2, B-3, C-4, D-1 है।

सिड्रस एक नग्नबीजी या जिम्नोस्पर्म पादप है। इनमें बीजाण्ड अण्डाशय भित्ति से ढके नहीं होते हैं।

पॉलीसाइफोनिया लाल रंग का शैवाल (रोडोफाइसी) होता है। फाइकोइरिथ्रिन वर्णक की उपस्थिति के कारण इसका रंग लाल होता है।

फ्यूनेरिया एक ब्रायोफाइटा या पादप जगत का उभयचर पादप है, क्योंकि यह भूमि (स्थल) पर उगते हैं, परंतु लैंगिक जनन के लिए जल पर निर्भर रहते हैं।

मार्सीलिया एक टेरिडोफाइट है, जिसमें निषेचन हेतु जल की उपस्थिति अनिवार्य होती है।

30 एंजियोस्पर्म पादपों के संदर्भ में कौन-से कथन सत्य हैं? *(Chap 3, Class-XI, NCERT)*

1. भ्रूणपोष द्विगुणित होता है एवं निषेचन के पश्चात् विकसित होता है।
2. इनमें द्विनिषेचन पाया जाता है, जिसमें त्रिसंलयन होता है।
3. परिपक्व अण्डाशय निषेचन के पश्चात् फल बनाता है।

कूट

(a) 1 और 2 (b) केवल 2 (c) 2 और 3 (d) ये सभी

उत्तर *(c)*

व्याख्या एंजियोस्पर्म पादपों के संदर्भ में कथन (2) और (3) सत्य हैं।

एंजियोस्पर्म या आवृतबीजी पादपों में द्विनिषेचन (Double fertilisation) पाया जाता है, जिसमें भ्रूणकोष में परागनली से मुक्त एक अगुणित नर युग्मक, अगुणित मादा युग्मक (अण्ड कोशिका) से संलयित होकर द्विगुणित युग्मनज (Zygote) कोशिका का निर्माण करता है, जोकि विकसित होकर भ्रूण एवं नवोद्‌भिद् पादप में परिवर्तित हो जाती है।

दूसरा नर युग्मक दो अगुणित ध्रुवीय कोशिकाओं से संलयित होकर त्रिगुणित प्राथमिक भ्रूणपोष कोशिका का निर्माण करता है, जोकि आगे भ्रूणपोष (Endosperm) में विकसित होती है। इस प्रक्रिया को त्रिसंलयन (Triple fusion) कहते हैं। आवृतबीजी पादपों में अण्डाशय निषेचन पश्चात् विकसित होकर फल बनाता है।

कथन (1) असत्य है, क्योंकि एंजियोस्पर्म पादपों में भ्रूणपोष त्रिगुणित होता है व द्विनिषेचन के पश्चात् विकसित होता है।

31 नीचे दो कथन दिए गए हैं, एक को अभिकथन (A) एवं दूसरे को कारण (R) के रूप में नामांकित किया गया है। *(Chap 3, Class-XI, NCERT)*

अभिकथन (A) एकबीजपत्री तनों में संवहन बण्डल बिखरे हुए होते हैं।

कारण (R) द्वितीयक वृद्धि की उपस्थिति के कारण एकबीजपत्री तनों में संवहन बण्डल एक वलय में उपस्थित नहीं होते हैं।

उपरोक्त कथनों के प्रकाश में नीचे दिए गए विकल्पों में से सही उत्तर का चयन कीजिए।

(a) दोनों A तथा R सत्य हैं, परन्तु R, A की सही व्याख्या नहीं है
(b) A सत्य है, परन्तु R असत्य है
(c) A असत्य है, परन्तु R सत्य है
(d) दोनों A तथा R सत्य हैं तथा R, A की सही व्याख्या है

उत्तर *(b)*

व्याख्या A सत्य है, परन्तु R असत्य है। R की सही व्याख्या इस प्रकार है-

एकबीजपत्री तनों में द्वितीयक वृद्धि अनुपस्थित होती है। इस कारण संवहनी बण्डल अलग-अलग स्पष्ट वलयों में व्यवस्थित नहीं होते हैं, बल्कि भरण ऊतकों में बिखरे हुए पाए जाते हैं।

32 नीचे दो कथन दिए गए हैं; एक को अभिकथन (A) एवं दूसरे को कारण (R) के रूप में नामांकित किया गया है।

(Chap 3, Class-XI, NCERT)

अभिकथन (A) **गेहूँ, मक्का तथा अरण्डी एल्ब्यूमिनस बीज है।**

कारण (R) **इन बीजों में भ्रूणपोष का भ्रूण विकास के दौरान पूर्ण रूप से उपयोग नहीं किया जाता है।**

उपरोक्त कथनों के प्रकाश में, नीचे दिए गए विकल्पों में से सही उत्तर का चयन कीजिए।

(a) दोनों A तथा R सत्य हैं, परन्तु R, A की सही व्याख्या नहीं है
(b) A सत्य है, परन्तु R असत्य है
(c) A असत्य है, परन्तु R सत्य है
(d) दोनों A तथा R सत्य हैं तथा R, A की सही व्याख्या है

उत्तर (d)

व्याख्या दोनों A और R सत्य हैं तथा R, A की सही व्याख्या है। एल्ब्यूमिनस बीज भ्रूणपोष का एक भाग बचाए रखते हैं, क्योंकि भ्रूण के विकास के दौरान यह पूर्ण रूप से समाप्त नहीं होता है; उदाहरण—गेहूँ, मक्का, जौ और अरण्डी।

गैर-एल्ब्यूमिनस बीजों में कोई भी अवशिष्ट भ्रूणपोष नहीं होता है, क्योंकि इसका पूर्ण उपयोग कर लिया जाता है; जैसे-मटर में।

33 निम्न में से कौन-सा युग्म सही सुमेलित है?

(Chap 3, Class-XI, NCERT)

सूची-I (पादप)	**सूची-II** (बीजपत्र संख्या)
(a) गेहूँ	द्विबीजपत्री
(b) बाजरा	द्विबीजपत्री
(c) चना	एकबीजपत्री
(d) मक्का	एकबीजपत्री

उत्तर *(d)*

व्याख्या दिए गए युग्मों में युग्म (d) सही सुमेलित है।

मक्का, बाजरा, केला एवं गेहूँ एकबीजपत्री पादपों के उदाहरण हैं, जिनमें बीज में केवल एक बीजपत्र (स्कुटेलम) पाया जाता है। आम, गाजर, चना एवं मूँग द्विबीजपत्री पादपों के उदाहरण हैं, जिनमें बीज में दो बीजपत्र पाए जाते हैं।

34 संघ-पोरीफेरा के संदर्भ में निम्न कथनों पर विचार कीजिए।

(Chap 4, Class-XI, NCERT)

1. ये स्थानबद्ध, छिद्रयुक्त एवं पूर्णतया समुद्री जीव हैं।
2. इनमें ऊतकों का अभाव होता है।
3. यह द्विकोरकी एवं असममित होते हैं।

उपर्युक्त में से कौन-सा/से कथन असत्य है/हैं?

(a) केवल 1 (b) केवल 2 (c) 1 और 3 (d) 2 और 3

उत्तर *(a)*

व्याख्या संघ-पोरीफेरा के संदर्भ में कथन (1) असत्य है, क्योंकि इसके जंतु स्थानबद्ध, छिद्रयुक्त एवं पूर्णतया जलीय होते हैं। ये अधिकांशतया समुद्रों में पाए जाते हैं, किंतु *स्पांजिला* जैसे स्पंज स्वच्छ जलीय स्रोतों में भी पाए जाते हैं। ये द्विकोरकी (बाह्यजननस्तर एवं अंत:जननस्तर युक्त), असममित एवं कोशिकीय पुंज युक्त शरीर वाले जंतु होते हैं। अत: इनमें ऊतकों का अभाव होता है।

35 संघ-सीलेंट्रेटा के संदर्भ में निम्न कथनों में से कौन-से कथन सत्य हैं?

(Chap 4, Class-XI, NCERT)

1. यह द्विकोरकी एवं अरीय सममित जीव है।
2. इनमें पीढ़ी एकांतरण नहीं पाया जाता है।
3. इनमें दंश कोशिकाएँ पाई जाती हैं, जो शिकार को पकड़ने के काम में आती हैं।

कूट

(a) 1 और 2 (b) 1 और 3
(c) 2 और 3 (d) ये सभी

उत्तर *(b)*

व्याख्या संघ-सीलेंट्रेटा के संदर्भ में दिए गए कथनों में से कथन (1) और (3) सत्य हैं।

संघ-सीलेंट्रेटा या निडेरिया के सदस्य द्विकोरकी एवं अरीय सममिति वाले जंतु होते हैं। इनमें किसी भी केंद्रीय अक्ष से गुजरने वाली रेखा जंतु के शरीर को दो समरूप भागों में विभाजित करती है। दंश कोशिका या निडोब्लास्ट की उपस्थिति निडेरिया संघ के प्राणियों की प्रमुख विशेषता होती है, जोकि सुरक्षा एवं शिकार को पकड़ने में सहायक होती है।

कथन (2) असत्य है, क्योंकि इनमें अलैंगिक जनन वाली स्थानबद्ध प्रावस्था पॉलिप (Polyp) एवं लैंगिक जनन वाली गतिशील प्रावस्था मेडुसा (Medusa) के मध्य पीढ़ी एकांतरण पाया जाता है अर्थात् एक पीढ़ी पॉलिप एवं दूसरी पीढ़ी मेडुसा होती है।

36 निम्न में से कौन-सा लक्षण संघ-प्लेटीहेल्मिंथीज के जीवों का नहीं है?

(Chap 4, Class-XI, NCERT)

1. त्रिकोरकी 2. पृष्ठाधारीय चपटे
3. ऊतक स्तरीय 4. द्विपार्श्व सममिति
5. परजीवी 6. पाचन तंत्र अपूर्ण या अनुपस्थित

कूट

(a) 1 और 2 (b) केवल 3
(c) केवल 6 (d) 3 और 6

उत्तर *(b)*

व्याख्या संघ-प्लेटीहेल्मिंथीज के जीवों का शारीरिक संगठन ऊतक स्तरीय नहीं होता है। इनमें अंग स्तर का शारीरिक संगठन पाया जाता है। संघ-प्लेटीहेल्मिंथीज के जंतु त्रिकोरकी (बाह्यजननस्तर, मध्यजननस्तर एवं अंत: जननस्तर युक्त), पृष्ठाधारीय रूप से चपटे, द्विपार्श्व सममित, प्राय: मनुष्यों एवं अन्य जंतुओं के अंत: परजीवी होते हैं। इसी कारण इनका पाचन तंत्र अपूर्ण या अनुपस्थित होता है।

37 संघ-निमेटोडा के संदर्भ में कौन-सा कथन असत्य है?

(Chap 4, Class-XI, NCERT)

(a) इस संघ के प्राणी गोल कृमि कहलाते हैं।
(b) इस संघ के प्राणी प्राय: परजीवी एवं एकलिंगी होते हैं।
(c) इस संघ के प्राणियों में वास्तविक देहगुहा पाई जाती है।
(d) उपर्युक्त में से कोई नहीं

उत्तर *(c)*

व्याख्या संघ-निमेटोडा के संदर्भ में कथन (c) असत्य है, क्योंकि इस संघ के प्राणियों में कूटगुहा (Pseudocoelom) पाई जाती है। संघ-निमेटोडा या एस्केहेल्मिंथीज के प्राणियों को सामान्यतया गोल कृमि कहते हैं, क्योंकि इनका शरीर अनुप्रस्थ (Transverse) रूप से गोल होता है। ये मुक्त जीवी (Free-living) या स्थलीय, जलीय या जंतुओं एवं पादपों के परजीवी होते हैं। इनका शरीर द्विपार्श्व सममित एवं त्रिकोरकी होता है तथा शारीरिक संगठन अंग-तंत्र प्रकार का पाया जाता है। इनमें नर एवं मादा जननांग अलग-अलग प्राणियों के शरीर में पाए जाते हैं अर्थात् ये एकलिंगी होते हैं।

38. नीचे सूची-I में दिए गए जंतुओं को सूची-II में दी गई उनकी संबंधित विशेषताओं से सुमेलित कीजिए।
(Chap 4, Class-XI, NCERT)

सूची-I (जंतु)	सूची-II (लक्षण)
A. *वुचेरेरिया*	1. भेड़ के यकृत का परजीवी
B. *यूप्लैक्टेला*	2. कूटगुहा
C. *फैशियोला*	3. तंत्रिका तंत्र का विकास
D. *हाइड्रा*	4. वीनस फ्लॉवर बास्केट

कूट

	A	B	C	D		A	B	C	D
(a)	3	2	4	1	(b)	4	3	1	2
(c)	2	4	1	3	(d)	2	1	3	4

उत्तर *(c)*

व्याख्या सही सुमेलन A-2, B-4, C-1, D-3 हैं।

वुचेरेरिया (फाइलेरिया कृमि) संघ-एस्केहेल्मिन्थीज का सदस्य है, जिसमें कूटगुहा पाई जाती है।

यूप्लैक्टेला संघ-पोरीफेरा का सदस्य है, जिसका सामान्य नाम वीनस फ्लॉवर बास्केट है।

फैशियोला संघ-प्लेटीहेल्मिंथीज का सदस्य है, जिसका सामान्य नाम लिवर फ्लूक है, जोकि भेड़ के यकृत का परजीवी कृमि है।

हाइड्रा संघ-निडेरिया का सदस्य है, जिनमें सबसे पहले तंत्रिका तंत्र का विकास हुआ।

39. निम्नलिखित कथनों पर विचार कीजिए।
(Chap 4, Class-XI, NCERT) (IAS Pre 2001)

1. फीताकृमि उभयलिंगी है।
2. गोलकृमि के अलग-अलग लिंग होते हैं।
3. फाइलेरिया सूत्रकृमि होता है।
4. गिनीकृमि ऐनेलिड हैं।

उपर्युक्त में से कौन-सा/से कथन सही है/हैं?

(a) 1 और 2 (b) 1, 2 और 3
(c) 3 और 4 (d) 2, 3 और 4

उत्तर *(b)*

व्याख्या दिए गए कथनों में से कथन (1), (2) और (3) सही हैं।

फीताकृमि या *टीनिया* संघ-प्लेटीहेल्मिंथीज का सदस्य है, जिसमें नर एवं मादा जननांग दोनों एक ही जंतु के शरीर में पाए जाते हैं अर्थात् यह उभयलिंगी (Hermaphrodite) होता है।

गोलकृमि या *एस्कैरिस* संघ-एस्केहेल्मिंथीज का सदस्य है, जिसमें नर एवं मादा लिंग अलग-अलग जंतुओं के शरीर में होते हैं अर्थात् यह एकलिंगी होता है।

फाइलेरिया या हाथीपाँव रोग का कारक *वुचेरेरिया* नामक निमेटोड या सूत्रकृमि होता है, जोकि संघ-एस्केहेल्मिंथीज का सदस्य है।

कथन (4) सही नहीं है, क्योंकि गिनीकृमि या *ड्रेकुनकुलिएसिस*, संघ-ऐनीलिडा का नहीं बल्कि संघ-एस्केहेल्मिंथीज का सदस्य है।

40. संघ-ऐनीलिडा के संदर्भ में निम्न कथनों पर विचार कीजिए।
(Chap 4, Class-XI, NCERT)

1. वास्तविक विखंडन पाया जाता है।
2. वास्तविक देहगुहा नहीं पायी जाती है।
3. बंद रुधिर परिसंचरण तंत्र एवं हीमोग्लोबिन पाया जाता है।

उपर्युक्त में से कौन-सा/से कथन असत्य है/हैं?

(a) 1 और 2 (b) केवल 2 (c) केवल 3 (d) 2 और 3

उत्तर *(b)*

व्याख्या संघ-ऐनीलिडा के संदर्भ में दिए गए कथनों में से कथन (2) असत्य है, क्योंकि संघ-ऐनीलिडा के प्राणियों में वास्तविक देहगुहा (Coelom) पाई जाती है।

कथन (1) और (3) सत्य हैं। इनमें वास्तविक विखण्डन पाया जाता है और इनका शरीर अनेक वलयाकार खंडों में विभक्त होता है। इनमें रुधिर का प्रवाह बंद रुधिर वाहिनियों एवं हृदय द्वारा होता है अर्थात् इनमें बंद रुधिर परिसंचरण तंत्र पाया जाता है। इनमें रुधिर के लाल होने का कारण प्लाज्मा में घुलित लाल रंग का श्वसन वर्णक हीमोग्लोबिन होता है, जो O_2 एवं CO_2 का परिवहन करता है।

41 केंचुएँ के संदर्भ में निम्नलिखित कथनों में से कौन-सा कथन असत्य है?
(Chap 4, Class-XI, NCERT)

1. यह उभयलिंगी जंतु किसानों का मित्र है।
2. इसका शरीर अनेक छोटे-छोटे एक समान वास्तविक खंडों में विभक्त होता है।
3. इसकी शरीर की त्वचा में मैलेटोनीन वर्णक पाया जाता है, जो इसके भूरे होने का कारण है।

कूट

(a) केवल 1 (b) 1 और 3
(c) केवल 3 (d) 2 और 3

उत्तर *(c)*

व्याख्या केंचुएँ के संदर्भ में दिए गए कथनों में कथन (3) असत्य है, क्योंकि इसके शरीर की त्वचा का रंग भूरा होता है, जोकि इसमें उपस्थित पोरफायरिन वर्णक की उपस्थिति के कारण होता है। ऐनीलिडा संघ का सदस्य केंचुआ एक उभयलिंगी प्राणी है, जिसमें नर एवं मादा जननांग दोनों एक ही प्राणी के शरीर में पाए जाते हैं। इसका शरीर अनेक एक समान छोटे-छोटे वास्तविक गोल खंडों में विभक्त होता है।

केंचुआ किसानों का मित्र कहलाता है, क्योंकि यह बड़े मृत कार्बनिक पदार्थों के कणों को छोटे-छोटे टुकड़ों में तोड़ता है एवं मृदा में बिल खोद कर इसकी वातन (Aeration) क्षमता एवं सरंध्रता (Porosity) को बढ़ाता है।

42 निम्न कथनों में से कौन-सा कथन सही है?
(Chap 4, Class-XI, NCERT)

1. आर्थ्रोपोडा जंतु जगत का सबसे बड़ा संघ है।
2. कीट वर्ग जंतु जगत का सबसे बड़ा वर्ग है।

कूट

(a) केवल 1 (b) केवल 2
(c) 1 और 2 (d) इनमें से कोई नहीं

उत्तर *(c)*

व्याख्या दिए गए दोनों कथन (1) और (2) सही हैं।

आर्थ्रोपोडा प्राणी जगत का सबसे बड़ा संघ है, जिसमें उपस्थित कीट वर्ग जंतु जगत का सबसे बड़ा वर्ग है। लगभग दो-तिहाई जातियाँ पृथ्वी पर आर्थ्रोपोडा संघ की ही हैं।

43 **संघ-आर्थ्रोपोडा के संदर्भ में कौन-सा कथन सही नहीं है?**

(Chap 4, Class-XI, NCERT)

1. इसमें शरीर पर काइटिन का बाह्य कंकाल पाया जाता है।
2. इसमें शरीर सिर, धड़ एवं उदर में विखण्डित होता है।
3. इसमें संधित उपांग पाए जाते हैं।
4. इसमें खुला परिसंचरण तंत्र पाया जाता है, जिसमें रुधिर में हीमोग्लोबिन उपस्थित होता है।

कूट

(a) केवल 1 (b) 2 और 4
(c) 2 और 3 (d) केवल 4

उत्तर *(d)*

व्याख्या संघ-आर्थ्रोपोडा के संदर्भ में कथन (4) सही नहीं है। संघ-आर्थ्रोपोडा के सदस्यों में खुला रुधिर परिसंचरण तंत्र पाया जाता है, किंतु इसमें हीमोग्लोबिन वर्णक का अभाव होता है।

कथन (1), (2) और (3) सही हैं। संघ-आर्थ्रोपोडा के सदस्यों के शरीर पर काइटिन का बाह्य कंकाल पाया जाता है। इसमें शरीर सिर, धड़ एवं उदर में विखंडित होता है। संधित उपांगों की उपस्थिति संघ-आर्थ्रोपोडा का विशिष्ट लक्षण है।

44 **कॉकरोच के संदर्भ में निम्न कथनों पर विचार कीजिए।**

(Chap 4, Class-XI, NCERT)

1. यह रात्रिचर जंतु एकलिंगी होता है।
2. इसका वैज्ञानिक नाम *पेरिप्लेनेटा अमेरिकाना* है।
3. इसमें बंद रुधिर परिसंचरण तंत्र पाया जाता है।

उपर्युक्त में से कौन-सा/से कथन सही है/हैं?

(a) 1 और 3 (b) 1 और 2
(c) 2 और 3 (d) ये सभी

उत्तर *(b)*

व्याख्या कॉकरोच के संदर्भ में कथन (1) और (2) सही हैं।
कॉकरोच संघ-आर्थ्रोपोडा का जीव है। यह एक रात्रिचर एवं एकलिंगी कीट है। इसका वैज्ञानिक नाम *पेरिप्लेनेटा अमेरिकाना* है।

कथन (3) सही नहीं है, क्योंकि कॉकरोच में खुला रुधिर परिसंचरण तंत्र (Open blood circulatory system) पाया जाता है। इसमें रुधिर वाहिनियाँ अल्पविकसित होती हैं और रुधिरगुहा में खुली रहती है, जिसमें रुधिर लसीका (Haemolymph) भरा होता है। इसी रुधिर लसीका में शरीर के सभी आंतरिक अंग डूबे रहते हैं।

45 **निम्न में से मोलस्का संघ के संदर्भ में कौन-सा कथन सही नहीं है?**

(Chap 4, Class-XI, NCERT)

(a) यह जंतु जगत का दूसरा सबसे बड़ा संघ है।
(b) इनमें $CaCO_3$ के कवच युक्त कोमल शरीर वाले जंतु आते हैं।
(c) *काइटॉन, यूनियो* एवं *एण्टीडॉन* इस संघ के प्रमुख उदाहरण हैं।
(d) उपर्युक्त में से कोई नहीं

उत्तर *(c)*

व्याख्या मोलस्का संघ के संदर्भ में दिए गए कथनों में कथन (c) सही नहीं है, क्योंकि *काइटॉन* एवं *यूनियो* मोलस्क प्राणी है, जबकि *एण्टीडॉन* एक इकाइनोडर्मेट प्राणी है।

कथन (a) और (b) सही हैं। मोलस्का संघ जंतु जगत का दूसरा सबसे बड़ा संघ है। इसमें कोमल शरीर वाले जंतु आते हैं, जिनमें आंतरिक या बाह्य त्वचा पर $CaCO_3$ का कवच पाया जाता है। इनका शरीर अखण्डित (Unsegmented) एवं सिर, पेशीय पाद एवं अंतरागी द्रव्य (Visceral mass) युक्त होता है।

46 **संघ-इकाइनोडर्मेटा के संदर्भ में कौन-सा कथन सही है?**

(Chap 4, Class-XI, NCERT)

1. इसमें $CaCO_3$ का बना अंत: कंकाल त्वचा में पाया जाता है।
2. इसमें मस्तिष्क पाया जाता है।
3. इसमें जल संवहन तंत्र एवं नाल पाद पाए जाते हैं।

कूट

(a) 1 और 2 (b) 2 और 3
(c) 1 और 3 (d) ये सभी

उत्तर *(c)*

व्याख्या संघ-इकाइनोडर्मेटा के संदर्भ में कथन (1) और (3) सही हैं। इकाइनोडर्मेटा संघ के प्राणियों की त्वचा में अंत: कंकाल के रूप में $CaCO_3$ की बनी कंटिकाएँ पाई जाती हैं।

इनमें गमन एवं शिकार को पकड़ने हेतु नाल पाद पाए जाते हैं। जल-संवहन तंत्र की उपस्थिति इस संघ के प्राणियों की प्रमुख विशेषता है, जोकि श्वसन, गमन, आदि में सहायक होता है। इनका शरीर वयस्कों में पंचकोणीय अरीय सममित एवं लार्वा अवस्था में द्विपार्श्व सममित होता है।

कथन (2) सही नहीं है, क्योंकि इनमें मस्तिष्क नहीं पाया जाता है।

47 **निम्न में से असंगत युग्म का चयन कीजिए।**

(Chap 4, Class-XI, NCERT)

	जंतु		लक्षण
(a)	तारा मछली	—	नाल पाद
(b)	कटल मछली	—	$CaCO_3$ का अंत: कवच
(c)	रजत मछली	—	संधित उपांग
(d)	जैली फिश	—	ज्वाला कोशिका

उत्तर *(d)*

व्याख्या दिए गए युग्मों में युग्म (d) असंगत है।
जैली फिश, *(ओरेलिया)* संघ-सीलेंट्रेटा की सदस्य है, जबकि ज्वाला कोशिका संघ-प्लेटीहेल्मिंथीज के प्राणियों में पाई जाती है, जोकि परासरण नियंत्रण तथा उत्सर्जन में सहायता करती हैं।

48 **निम्नलिखित में से कौन-सा कथन सही नहीं है?**

(Chap 4, Class-XI, NCERT) (IAS Pre 2002)

(a) सभी इकाइनोडर्म सजीव प्रजक होते हैं।
(b) गोलकृमि में कोई परिसंचरण तंत्र नहीं होता है।
(c) अस्थिल मछलियों में सामान्यत: वाताशय विद्यमान होता है।
(d) उपास्थिल मछलियों में निषेचन आंतरिक होता है।

उत्तर *(a)*

व्याख्या दिए गए कथनों में कथन (a) सही नहीं है, क्योंकि इकाइनोडर्मेट संघ के प्राणी सजीव प्रजक (Viviparous) नहीं होते हैं, अर्थात् ये परिपक्व शिशु को जन्म नहीं देते हैं। इनमें बाह्य निषेचन (External fertilisation) पाया जाता है एवं परिवर्धन अप्रत्यक्ष रूप से मुक्तप्लावी (Free-living) लार्वा अवस्था द्वारा होता है।

49 **संघ-कॉर्डेटा के आधारभूत लक्षण हैं** *(Chap 4, Class-XI, NCERT)*

1. युग्मित क्लोम छिद्र
2. पृष्ठीय नालवत् तंत्रिका रज्जु
3. त्रिकोरकी
4. पृष्ठीय नोटोकॉर्ड
5. बंद रुधिर परिसंचरण तंत्र
6. द्विपार्श्व सममित

कूट

(a) 1, 2, 3, 4 और 5 (b) 1, 2, 3, 4 और 6
(c) 1, 2, 4 और 5 (d) 1, 2 और 4

उत्तर *(d)*

व्याख्या जीवन की किसी भी अवस्था में ग्रसनी में युग्मित क्लोम छिद्रों की उपस्थिति, पृष्ठीय (Dorsal) खोखला नालवत् तंत्रिका रज्जु (Nerve chord) एवं पृष्ठीय नोटोकॉर्ड की उपस्थिति कॉर्डेटा संघ के तीन मूलभूत लक्षण हैं। इस संघ के सदस्य त्रिकोरकी एवं द्वि-पार्श्व सममित होते हैं। इनमें बंद रुधिर परिसंचरण तंत्र पाया जाता है।

50 निम्न में से कौन-सा युग्म सही सुमेलित है? *(Chap 4, Class-XI, NCERT)*

	सूची-I (जंतु)		**सूची-II** (लक्षण)
(a)	*पेट्रोमाइजॉन*	—	जबड़े अनुपस्थित
(b)	समुद्री घोड़ा	—	उपास्थिल मछली
(c)	शार्क	—	अस्थिल मछली
(d)	उड़न मछली	—	*एनाबास*

उत्तर *(a)*

व्याख्या युग्म (a) सही सुमेलित है। *पेट्रोमाइजॉन* (लैम्प्रे) संघ-कॉर्डेटा के उपसंघ-वर्टीब्रेटा के एग्नैथा समूह के साइक्लोस्टोमेटा-वर्ग की सदस्य है, जिसमें जबड़े अनुपस्थित होते हैं। इनमें 6-15 जोड़ी क्लोम छिद्र पाए जाते हैं। युग्म (b), (c) और (d) सही सुमेलित नहीं हैं। समुद्री घोड़ा या *हिप्पोकैम्पस* एक उपास्थिल मछली (Cartilaginous fish) नहीं है, बल्कि अस्थिल मछली (Bony fish) है।

शार्क एक अस्थिल मछली नहीं है, बल्कि उपास्थिल मछली है।

पंखनुमा अंस पखों (Pectoral fins) के कारण जल की सतह के ऊपर उछल कर ग्लाइड कर सकने के गुण के कारण *एक्सोसीटस* को उड़न मछली कहते हैं, जबकि *एनाबास* क्लाइंबिंग पर्च कहलाती है।

51 मेंढक के संदर्भ में दिए गए कथनों में से सही कथनों का चयन कीजिए। *(Chap 4, Class-XI, NCERT)*

1. इसमें ग्रीष्म एवं शीत निष्क्रियता पायी जाती है, जिसका कारण इसके शरीर का ठंडे रुधिर वाला होना है।
2. इसमें लार्वा अवस्था में गिल्स द्वारा एवं वयस्क अवस्था में फेफड़ों एवं त्वचा द्वारा श्वसन होता है।
3. इसमें हृदय एक निलयी नहीं होता है तथा RBCs में केंद्रक नहीं पाया जाता है।

कूट

(a) 1 और 2
(b) 1 और 3
(c) 2 और 3
(d) उपर्युक्त सभी

उत्तर *(a)*

व्याख्या मेंढक के संदर्भ में दिए गए कथनों में कथन (1) और (2) सही हैं। मेंढक उभयचर वर्ग का प्राणी है। यह असमतापी (Poikilotherm) या शीत रुधिर वाला प्राणी है, जो तेज गर्मी या बेहद ठंड में शरीर के ताप के अचानक से बढ़ने या कम होने के परिणामों से बचने के लिए क्रमश: ग्रीष्म निष्क्रियता (Aestivation) एवं शीतनिष्क्रियता (Hibernation) दर्शाता है। इसमें मेंढक भूमिगत हो जाता है एवं अपनी उपापचयी (Metabolic) क्रियाओं को मंद कर लेता है, ताकि ऊर्जा की आवश्यकता कम हो।

इसमें लार्वा अवस्था में जल में गिल्स द्वारा, जबकि वयस्क अवस्था में स्थल पर फेफड़ों द्वारा, जल में त्वचा द्वारा गैसों का विनिमय (बाह्य श्वसन) होता है।

कथन (3) सही नहीं है, क्योंकि मेंढक में त्रिकोष्ठीय हृदय पाया जाता है, जिसमें दो अंलिद एवं एक निलय होता है। इनमें केंद्रक युक्त RBCs पाई जाती हैं।

52 'किंग कोबरा' एकमात्र ऐसा सर्प है, जो अपना घोंसला बनाता है। वह अपना घोंसला क्यों बनाता है? *(Chap 4, Class-XI, NCERT) (IAS Pre 2009)*

(a) यह सर्पभक्षी है और उसका घोंसला दूसरे सर्पों को आकर्षित करने में सहायक होता है।
(b) यह सजीवप्रजक सर्प है और इसे अपनी संतान को जन्म देने के लिए घोंसले की आवश्यकता होती है।
(c) यह अंडप्रजक सर्प है, जो घोंसले में अंडे देता है और अंडों से बच्चे निकलने तक घोंसले की पहरेदारी करता है।
(d) यह एक विशाल अनियततापी प्राणी है, जिसे सर्दी के मौसम में शीतनिष्क्रियता के लिए घोंसले की आवश्यकता होती है।

उत्तर *(c)*

व्याख्या 'किंग कोबरा' (*नाजा नाजा*) एकमात्र ऐसा सर्प है, जो अपना घोंसला बनाता है। इसके घोंसला बनाने के कारण के संदर्भ में कथन (c) सबसे सटीक है। यह एक अंडप्रजक (Oviparous) सर्प है, जो अपना घोंसला बनाता है। यह घोंसले में अंडे देता है और अंडों से बच्चे निकलने तक घोंसले की पहरेदारी करता है।

53 निम्नलिखित कथनों में से कौन-सा/से कथन सही है/हैं? *(Chap 2, Class-XI, NCERT) (IAS Pre 2013)*

1. विषाणुओं में ऊर्जा उत्पादन के लिए आवश्यक एंजाइम नहीं होते हैं।
2. विषाणुओं को किसी भी संश्लेषित माध्यम में संवर्धित किया जा सकता है।
3. विषाणुओं का एक जीव से दूसरे जीव में संचरण केवल जैवकीय संवाहकों द्वारा ही होता है।

कूट

(a) केवल 1 (b) 2 और 3 (c) 1 और 3 (d) 1, 2 और 3

उत्तर *(a)*

व्याख्या दिए गए कथनों में से कथन (1) सही है।

विषाणुओं में ऊर्जा उत्पादन (श्वसन) के लिए आवश्यक एंजाइम नहीं पाए जाते हैं, क्योंकि ये सजीव कोशिका के बाहर निर्जीव होते हैं। इनमें जीवद्रव्य, उपापचयी (Metabolic) प्रक्रमों, एंजाइमों, कोशिकीय संरचना आदि का अभाव होता है।

कथन (2) और (3) सही नहीं है, क्योंकि विषाणुओं को कोशिका विहीन *अंत: पात्रे (In vitro)* माध्यम में संवर्धित नहीं किया जा सकता है, क्योंकि कोशिका के बाहर ये निर्जीव होते हैं। विषाणुओं का संचरण जैविक संवाहकों जैसे-मक्खी, मच्छर, कुत्ता, आदि के अतिरिक्त अजैविक माध्यमों जैसे-वायु, जल, मृदा, आदि के द्वारा भी होता है।

54. निम्नलिखित में से कौन-सा कथन सही है? *(Chap 2, Class-XI, NCERT) (IAS Pre 2002)*

(a) प्रियॉन्स लघुतम स्वजीवी कोशिकाएँ हैं।
(b) माइकोप्लाज्मा की कोशिका भित्ति अमीनो शर्करा की बनी होती है।
(c) विषाणु एकल तंतु RNA अणु से बने होते हैं।
(d) रिकेटसिया में कोशिका भित्ति नहीं होती है।

उत्तर *(c)*

व्याख्या दिए गए कथनों में से कथन (c) सही है।

विषाणु एकल तंतु (रज्जुक) RNA (*ss*RNA) अणु से बने हो सकते हैं। विषाणु में आनुवंशिक पदार्थ के रूप में एकल रज्जुक DNA या RNA या द्विरज्जुक DNA या RNA पाया जा सकता है, जो प्रोटीन के आवरण (कैप्सिड) द्वारा सुरक्षित रहता है।

कथन (a), (b) और (d) सही नहीं है। प्रियॉन्स संक्रामक प्रोटीन कण (निर्जीव पदार्थ) होते हैं। माइकोप्लाज्मा में कोशिका भित्ति का अभाव होता है। रिकेटसिया वर्ग के जीवाणुओं में कोशिका भित्ति पाई जाती है।

अध्याय 02

कोशिका

कोशिका

कोशिका सिद्धान्त, आकार और प्रकार

कोशिका
- जीव के शरीर का एक या अधिक छोटी-छोटी स्वतन्त्र इकाईयों से मिलकर बनना।
- खोज-रॉबर्ट हुक (1665)
- कॉर्क टुकड़े को सरल सूक्ष्मदर्शी में देखने पर मधुमक्खी के छत्ते के समान छोटे-छोटे कोष्ठक दिखाई दिए, सेलुला या सेल नाम दिया।

कोशिका सिद्धान्त
- दो जर्मन वैज्ञानिक मैथियस श्लीडन एवं थियोडोर श्वान द्वारा (1838-39 में)
- जीवों की संरचनात्मक एवं क्रियात्मक इकाई।
- रूडोल्फ विर्चो (1855) - सभी कोशिकाएँ पूर्ववर्ती कोशिकाओं से बनी होती हैं।

कोशिकाओं का आकार
- कोशिका की संख्या के आधार पर जीव एककोशिकीय (जीवाणु, *अमीबा, पैरामीशियम*) बहुकोशिकीय (कवक, जन्तु)।
- *अमीबा* में पादाभ (Pseudopodia) अनियमित आकृति के लिए उत्तरदायी।
- **अधिकांश कोशिका का आकार निश्चित** *पैरामीशियम* (चप्पलनुमा), अण्डाणु (गोलाकार), RBC (तश्तरीनुमा)
- सबसे बड़ी कोशिका शुतुरमुर्ग का अण्डा (170mm× 130mm), सबसे छोटी कोशिका माइकोप्लाज्मा PPLO (Pleuro Pneumonia Like Organism) -(0.1-0.5μm)

कोशिकाओं के प्रकार
- **प्रोकैरियोटिक कोशिका** (सरलतम संरचना), जीवाणु, नील-हरित शैवाल में उपस्थित, केन्द्रक कम विकसित केन्द्रक झिल्ली का अभाव,
- **यूकैरियोटिक कोशिका** (जटिल व विकसित) सुविकसित केन्द्रक, सुविकसित कोशिकांग, कवक, प्रोटोजोआ, सभी जन्तु व पादप कोशिकाओं में उपस्थिति।

कोशिका का संरचनात्मक संगठन

कोशिका की संरचना
- **बाह्य आवरण**, (कोशिका भित्ति-जीवाणु में पेप्टाइडोग्लाइकेन, कवक में काइटिन, पादपों में सेलुलोस युक्त)
- कोशिका झिल्ली (पतली झिल्ली, लचीली अर्द्धपारगम्य, चयनात्मक पारगम्य, एककोशिकीय जीवों में एण्डोसाइटोसिस प्रक्रिया)
- **जीवद्रव्य** (जीवन का भौतिक आधार- (हक्सले द्वारा) दो भाग-कोशिकाद्रव्य-सम्पूर्ण कोशिका में, केन्द्रकद्रव्य-केन्द्रक में।
- **कोशिकांग** (उपापचयी कार्य हेतु विशेष संरचना),
- **केन्द्रक** रॉबर्ट ब्राउन खोजकर्ता (1831), सभी उपापचयी क्रियाओं पर नियन्त्रण, कोशिका का नियन्त्रण कक्ष
- **माइटोकॉण्ड्रिया** दोहरी झिल्लीयुक्त कोशिकांग, कोशिका का शक्तिग्रह या बिजलीघर, अर्द्धस्वायत्त कोशिकांग
- **लवक** पादप कोशिका में दोहरी झिल्लीयुक्त कोशिकांग, हरितलवक में पर्णहरिम Chlorophyll की उपस्थिति, पत्तियाँ व तनों में हरे रंग और भोजन निर्माण के लिए जिम्मेदार, वर्णी लवक रंगीन भागों में, अवर्णी लवक रंगहीन भागों में उपस्थित।
- **अन्तःप्रर्द्रव्यी जालिका** नलिकाओं एवं थैलीनुमा सरंचना, खुरदरी प्रोटीन- संश्लेषण चिकनी- वसा या लिपिड संश्लेषण
- **राइबोसोम** RNA एवं प्रोटीन से निर्मित, प्रोटीन-संश्लेषण, प्रोटीन की फैक्ट्री।
- **गॉल्जी उपकरण** डिक्टियोसोम (पादपों में) कोशिका का ट्रैफिक पुलिसमैन।
- **लयनकाय** एकल झिल्लीयुक्त, पाचक एन्जाइम युक्त, कोशिका की आत्मघाती थैली।
- **रसधानी या रिक्तिका** एकल कला युक्त टोनोप्लास्ट, कोशिका का भण्डार गृह।
- **तारककाय एवं तारककेन्द्र** जन्तु कोशिका में उपस्थित तर्कु तन्तु का निर्माण।

कोशिका चक्र

परिचय
- इस चक्र में जीनोम का द्विगुणन, दो नई संतति कोशिकाओं का निर्माण
- अन्तरावस्था (Interphase) कोशिका की विश्रामावस्था
- पश्चसूत्री वृद्धि प्रावस्था (G_1-phase) कोशिका के आकार में वृद्धि
- **संश्लेषण प्रावस्था** (S- phase) DNA एवं तारकेन्द्र का द्विगुणन
- **पूर्व सूत्री वृद्धि प्रावस्था** (G_2- phase)-प्रोटीनों का संश्लेषण
- **विभाजन प्रावस्था** (Mitosis, M-phase) केन्द्रक एवं कोशिकाद्रव्य विभाजन द्वारा कोशिका विभाजन
- **समसूत्री विभाजन** मातृ कोशिका से दो संतति कोशिका बनना
- कायिक कोशिका में उपस्थिति
- **पूर्वावस्था** (Prophase) केन्द्रक झिल्ली का विलोपन, गुणसूत्रों का संघनन
- **मध्यावस्था** (Metaphase) मध्यवर्ती प्लेट पर गुणसूत्रों का व्यवस्थित होना, तर्कु तन्तु से जुड़ना
- **पश्चावस्था** (Anaphase) गुणसूत्रों का विपरीत ध्रुवों की ओर गमन
- **अन्त्यावस्था** (Telephase) विपरीत ध्रुवों पर गुणसूत्रों का विसंघनन, कोशिकांगों का निर्माण
- **अर्द्धसूत्री विभाजन** (Meiosis) दो चरणों में एक मातृ कोशिका से 4 संतति कोशिका का निर्माण
- गुणसूत्रों की संख्या मातृ कोशिका से आधी
- जीन विनिमय से आनुवंशिक विभिन्नताएँ।

SOURCE NCERT Class-IX जीवन की मौलिक इकाई, NCERT Class-XI कोशिका : जीवन की इकाई, NCERT Class-XI कोशिका चक्र और कोशिका विभाजन

1 कोशिका सिद्धान्त के संदर्भ में कितने कथन गलत है?

(Chap-5, Class IX, NCERT) (Chap-8, Class XI, NCERT)

1. कोशिका सिद्धान्त श्लाइडेन व श्वान ने प्रतिपादित किया।
2. सभी कोशिकाएँ पूर्व स्थित कोशिकाओं से निर्मित होती है।
3. कोशिकाओं द्वारा ऊतकों का निर्माण होता है।

कूट

(a) केवल एक
(b) केवल दो
(c) सभी तीन
(d) उपर्युक्त में से कोई नहीं

उत्तर (a)

व्याख्या कोशिका सिद्धान्त के संदर्भ में केवल एक कथन अर्थात् (3) गलत है। श्लाइडेन व श्वान ने कोशिका सिद्धान्त प्रतिपादित किया था। वर्तमान में कोशिका सिद्धान्त के अनुसार सभी जीव कोशिका व कोशिका उत्पाद से बने होते हैं। सभी कोशिकाएँ पूर्व स्थित कोशिकाओं से निर्मित होती है।

2 निम्नलिखित कथनों को पढ़िए एवं सत्य कथन का चयन कीजिए

(Chap-5, Class IX, NCERT) (Chap-8, Class XI, NCERT)

1. रुडोल्फ विर्चो ने स्पष्ट किया कि कोशिका विभाजित होती है और नई कोशिकाओं का निर्माण पूर्व स्थित कोशिकाओं के विभाजन से होता है।
2. इन्होंने श्लाइडेन व श्वान की कल्पना को रूपान्तरित कर नए कोशिका सिद्धान्त को प्रतिपादित किया।

कूट

(a) केवल 1
(b) केवल 2
(c) 1 और 2
(d) उपर्युक्त में से कोई नहीं

उत्तर (c)

व्याख्या दोनों कथन (1) और (2) सत्य हैं। रुडोल्फ विर्चो ने स्पष्ट किया कि कोशिका विभाजित होती है और नई कोशिकाओं का निर्माण पूर्व स्थित कोशिकाओं के विभाजन से होता है तथा इन्होंने श्लाइडेन व श्वान की कल्पना को रूपान्तरित कर नए कोशिका सिद्धान्त को प्रतिपादित किया।

3 कोशिका के संदर्भ में निम्न कथनों पर विचार कीजिए।

(Chap 5, Class-IX, NCERT) (Chap-8, Class XI, NCERT)

1. सजीव जगत में सबसे बड़ी कोशिका ऑस्ट्रिच का अंडा एवं सबसे छोटी कोशिका माइकोप्लाज्मा है।
2. कोशिका विज्ञान का जनक रॉबर्ट ब्राउन को माना जाता है।
3. थियोडर श्वान एवं मैथियस श्लाइडेन कोशिकावाद के जनक हैं।

उपर्युक्त में से कितने कथन सही हैं?

(a) केवल एक (b) केवल दो
(c) सभी तीन (d) इनमें से कोई नहीं

उत्तर (b)

व्याख्या कोशिका के संदर्भ में केवल दो कथन अर्थात् (1) और (3) सही हैं। सजीव जगत में सबसे बड़ी कोशिका ऑस्ट्रिच का अंडा है, जोकि 170 मिमी लंबा होता है एवं सबसे छोटी कोशिका माइकोप्लाज्मा (Pleuro Pneumonia Like Organism, PPLO) है, जो कि 0.1 μ अर्थात् जीवाणु का $\frac{1}{10}$ वाँ भाग है। थियोडर श्वान एवं मैथियस श्लाइडेन कोशिकावाद के जनक हैं।

कथन (2) सही नहीं है, क्योंकि कोशिका की खोज के कारण कोशिका विज्ञान का जनक रॉबर्ट हुक को कहा जाता है, जबकि केंद्रक की खोज का श्रेय रॉबर्ट ब्राउन को जाता है।

4 निम्न में से कौन-सा युग्म सुमेलित नहीं है?

(Chap 5, Class-IX, NCERT) (Chap 8, Class-XI, NCERT)

लक्षण		कोशिका जंतु
(a) एककोशिकीय	—	*क्लैमाइडोमोनास*
(b) बहुकोशिकीय	—	यीस्ट
(c) सबसे छोटी कोशिका	—	माइकोप्लाज्मा
(d) सबसे बड़ी कोशिका	—	शुतुरमुर्ग का अंडा

उत्तर (b)

व्याख्या दिए गए युग्मों में से युग्म (b) सुमेलित नहीं है।

मुख्यतया कवक बहुकोशिकीय होते हैं, परंतु अपवादस्वरूप *सैकेरोमाइसीज सेरेविसी* (यीस्ट) एककोशिकीय यूकैरियोटिक कवक है। इसका उपयोग एल्कोहॉल निर्माण व बेकरी उत्पादों जैसे ब्रेड के उत्पादन में किया जाता है।

5 कथन I *अमीबा* एककोशिकीय जीव है और एकल कोशिका जीवित जीव के सभी कार्यों को करती है।

कथन II कोशिका जीवित जीव की मूल इकाई है।

(Chap 8, Class-XI, NCERT) (Chap 5, Class-IX, NCERT)

कूट

(a) दोनों कथन सत्य हैं और कथन II, कथन I का सही स्पष्टीकरण है।
(b) दोनों कथन सत्य हैं, किन्तु कथन II, कथन I का सही स्पष्टीकरण नहीं है।
(c) कथन I सत्य है, किन्तु कथन II असत्य है।
(d) कथन I असत्य है, किन्तु कथन II सत्य है।

उत्तर (a)

व्याख्या दोनों कथन सत्य हैं और कथन II, कथन I का सही स्पष्टीकरण है। *अमीबा* एककोशिकीय जीव है और एकल कोशिका जीवित जीव के सभी कार्यों को करती है। कोशिका की खोज रॉबर्ट हुक ने की थी।

6 निम्न कथन (A) व कारण (R) को पढ़िए और नीचे दिए गए कूट की सहायता से सही उत्तर का चयन कीजिए।

(Chap 5, Class-IX, NCERT) (Chap 8, Class-XI, NCERT)

कथन (A) *अमीबा* एककोशिकीय एवं अनियमित आकार की कोशिका का उदाहरण है।

कारण (R) *अमीबा* में पोषण हेतु कूट पादाभ पाए जाते हैं।

कूट

(a) A और R दोनों सही हैं तथा R, A का सही स्पष्टीकरण है।
(b) A और R दोनों सही हैं, परंतु R, A का सही स्पष्टीकरण नहीं है।
(c) A सत्य है, किंतु R असत्य है।
(d) A असत्य है, किंतु R सत्य है।

उत्तर *(b)*

व्याख्या कथन (A) और कारण (R) दोनों सही हैं, परंतु कारण (R), कथन (A) का सही स्पष्टीकरण नहीं है।

अमीबा एककोशिकीय एवं अनियमित आकार की कोशिका का उदाहरण है। यह प्रोटोजोआ संघ का जंतु है, जिसमें निम्न कोटि के सरल संरचना वाले एककोशिकीय जंतु सम्मिलित हैं। इनमें गमन व पोषण कूटपादों (Pseudopodia) द्वारा होता है। ये कूटपाद लचीली अनियमित कोशिका झिल्ली द्वारा निर्मित अंगुलीनुमा प्रवर्ध (Out-growth) होते हैं। *अमीबा* में जल के साथ आए भोज्य कणों को इन प्रवर्धों के द्वारा अंतर्ग्रहित कर लिया जाता है एवं भोजन का अंत: कोशिकीय पाचन तथा अवशोषण करने के बाद अपचित भोजन, कोशिका झिल्ली द्वारा बाहर कर दिया जाता है।

7 निम्न कथन (A) व कारण (R) को पढ़िए और नीचे दिए गए कूट की सहायता से सही उत्तर का चयन कीजिए।

(Chap 8, Class-XI, NCERT)

कथन (A) प्रोकैरियोटिक जीवों जैसे जीवाणुओं में केंद्रक अनुपस्थित होता है।

कारण (R) केंद्रक झिल्ली के अभाव में इनमें केवल DNA युक्त केंद्रकाभ पाया जाता है।

कूट

(a) A और R दोनों सही हैं तथा R, A का सही स्पष्टीकरण है।
(b) A और R दोनों सही हैं, परंतु R, A का सही स्पष्टीकरण नहीं है।
(c) A सत्य है, किंतु R असत्य है।
(d) A असत्य है, किंतु R सत्य है।

उत्तर *(a)*

व्याख्या कथन (A) और कारण (R) दोनों सही हैं तथा कारण (R), कथन (A) का सही स्पष्टीकरण है।

प्रोकैरियोटिक जीवों जैसे जीवाणुओं में वास्तविक केंद्रक अनुपस्थित होता है। इसमें अल्पविकसित केंद्रक पाया जाता है अर्थात् केंद्रक की एक निश्चित संरचना का अभाव होता है तथा इसके प्रमुख अवयव (केंद्रक कला, गुणसूत्र, केंद्रिका, आदि) अनुपस्थित होते हैं। वास्तव में, केंद्रक के स्थान पर इनमें नग्न DNA पाया जाता है, जिसे आरंभी केंद्रक (Incipient nucleus) या केंद्रकाभ (Nucleoid) कहते हैं।

8 निम्न में से किस जीव में केंद्रक का अभाव होता है?

(Chap 8, Class-XI, NCERT)

1. *थायोबैसिलस*	2. *क्लैमाइडोमोनास*
3. *यूग्लीना*	4. *एनाबीना*
5. *पैरामीशियम*	6. यीस्ट

कूट

(a) 1 और 2	(b) 1, 2 और 4
(c) 1 और 4	(d) 2, 4 और 6

उत्तर *(c)*

व्याख्या *थायोबैसिलस* (जीवाणु) तथा *एनाबीना* (नीले-हरे शैवाल) में केंद्रक का अभाव होता है, ये मोनेरा जगत के जंतु हैं। इस जगत के सदस्य प्रोकैरियोटिक होते हैं। अत: इनमें सुसंगठित केंद्रक का अभाव होता है अर्थात् केंद्रक झिल्ली अनुपस्थित होती है। इसके विपरीत यूकैरियोटिक जंतुओं में सुविकसित केंद्रक व द्विकलायुक्त कोशिकांग पाए जाते हैं। उदाहरण—*क्लैमाइडोमोनास* (शैवाल), *यूग्लीना* व *पैरामीशियम* (प्रोटोजोआ), यीस्ट (कवक), आदि।

9 कोशिका के संदर्भ में कितने कथन सही नहीं हैं?

(Chap 5, Class-IX, NCERT)

1. पादप कोशिका का सबसे बड़ा कोशिकांग रसधानी होता है।
2. जंतु कोशिका का सबसे बड़ा कोशिकांग केंद्रक होता है।
3. कवक कोशिका में पर्णहरित नहीं पाया जाता है।
4. प्राय: जीवाणु कोशिका में पर्णहरित पाया जाता है।

कूट

(a) केवल एक
(b) केवल तीन
(c) केवल दो
(d) उपर्युक्त में से कोई नहीं

उत्तर *(a)*

व्याख्या कोशिका के संदर्भ में केवल एक कथन अर्थात् (4) सही नहीं है क्योंकि प्राय: जीवाणु में पर्णहरित अनुपस्थित होता है। सायनोबैक्टीरिया क छोड़कर सभी जीवाणुओं में पर्णहरित नहीं पाया जाता है। जीवाणु में स्वपो तथा विषमपोषी प्रकार का पोषण होता है। प्रकाश-संश्लेषी स्वपोषी जीवाणु में हरितलवक (Chloroplast) न होकर एक लैमिला (Unilamellate रचना वाले अनेक थाइलैकॉइड्स जीवद्रव्य में उपस्थित रहते हैं, ज प्रकाश-संश्लेषण में सहायक होते हैं।

10 जंतु कोशिका तथा पादप कोशिका में अंतर निम्न में से किस आधार पर होता है?

(Chap 8, Class-XI, NCERT)

1. केंद्रक का आकार	2. केंद्रक की स्थिति
3. रसधानी का आकार	4. रसधानी की संख्या
5. माइटोकॉण्ड्रिया की संख्या	6. तारककाय
7. डिक्टियोसोम	8. लवक

कूट

(a) 1, 2, 3, 4, 6, 7 और 8
(b) 2, 3, 4, 6 और 7
(c) 2, 3, 4, 5, 6 और 8
(d) उपरोक्त सभी

उत्तर *(c)*

व्याख्या जंतु कोशिका तथा पादप कोशिका में अंतर प्रमुखतया विकल्प (2) (3), (4), (5), (6) और (8) के आधार पर करते हैं।

जंतु व पादप कोशिका में केंद्रक का आकार समान, परंतु स्थिति असमान होत है। जंतु कोशिका में केंद्रक कोशिका के मध्य में होता है, जबकि पादप कोशिक में केंद्रक परिधि की ओर होता है। जंतु कोशिका में कोशिका भित्ति व लवक अनुपस्थित होते हैं, जबकि पादप कोशिका में कोशिका भित्ति व हरित लवक उपस्थित होते हैं।

जंतु कोशिका में अनेक छोटी-छोटी तथा पादप कोशिका में एक बड़ी केंद्री रसधानी (Vacuole) होती है। जंतु कोशिका में माइटोकॉण्ड्रिया अधिक संख्य में तथा पादप कोशिका में कम संख्या में पाए जाते हैं। जंतु कोशिका मे तारककाय उपस्थित तथा पादप कोशिका में अनुपस्थित होते हैं।

11 कोशिका के बाह्य आवरणों के संदर्भ में निम्न में से कौन-सा कथन असत्य है?

(Chap 5, Class-IX, NCERT)

(a) कोशिका झिल्ली वसा की दोहरी परत की बनी होती है, जिसमें अंदर धँसे हुए एवं बाहर चिपके हुए प्रोटीन के अणु पाए जाते हैं।
(b) पादप कोशिका में मृत सेलुलोस द्वारा निर्मित कोशिका भित्ति बाह्यतम आवरण बनाती है।
(c) कवकों की कोशिका भित्ति भी पादपों की भाँति सेलुलोस की बनी होती है।
(d) उपर्युक्त में से कोई नहीं

उत्तर *(c)*

व्याख्या कोशिका के बाह्य आवरणों के संदर्भ में कथन (c) असत्य है क्योंकि पादपों की कोशिका भित्ति सेलुलोस एवं कवकों की कोशिका भित्ति काइटिन की बनी होती है।

कोशिका भित्ति सभी पादप, जीवाणु जैसे सायनोबैक्टीरिया, कवकों एवं प्रोटिस्ट वर्ग की कुछ जातियों की कोशिकाओं के चारों ओर निर्जीव पदार्थों से बनी परत के रूप में पाई जाती है। ये कोशिका को अतिरिक्त सुरक्षा व स्थायी आका प्रदान करती हैं, परंतु जंतु कोशिका में यह अनुपस्थित होती है। अत: उनमें कोशिका झिल्ली ही कोशिका का बाह्य आवरण बनाती है।

12 निम्नलिखित कथनों में से कितने कथन पादप और प्राणी कोशिकाओं के मध्य सामान्य अंतर के बारे में सत्य हैं?

(Chap 8, Class-XI, NCERT) (IAS Pre 2020)

1. पादप कोशिकाओं में सेलुलोस की कोशिका भित्तियाँ होती हैं, जबकि वे प्राणी कोशिकाओं में नहीं होती।
2. पादप कोशिकाओं में प्लाज्मा झिल्ली नहीं होती, जबकि इसके विपरीत वे प्राणी कोशिकाओं में होती हैं।
3. परिपक्व पादप कोशिका में एक वृहद रसधानी होती है, जबकि प्राणी कोशिका में अनेक छोटी रसधानियाँ होती हैं।

कूट

(a) केवल एक (b) केवल दो
(c) सभी तीन (d) इनमें से कोई नहीं

उत्तर *(b)*

व्याख्या पादप और प्राणी कोशिकाओं के मध्य सामान्य अंतर के बारे में केवल दो कथन अर्थात् (1) और (3) सत्य हैं।

पादप कोशिकाओं में कोशिका कला/प्लाज्मा कला उपस्थित होती है व इसके बाहर सेलुलोस की बनी कोशिका भित्ति पाई जाती है, जबकि जंतु कोशिका में केवल प्लाज्मा कला उपस्थित होती है किंतु इसके बाहर कोशिका भित्ति नहीं पाई जाती है। परिपक्व पादप कोशिका में एक वृहद केंद्रीय रसधानी होती है, परंतु प्राणी कोशिका में अनेक छोटी-छोटी रसधानियाँ होती हैं।

13 कोशिका झिल्ली के संदर्भ में कौन-सा कथन असत्य हैं?

(Chap 5, Class-IX, NCERT)

1. *अमीबा* में एंडोसाइटोसिस की प्रक्रिया पाई जाती है।
2. विसरण केवल गैसों में होता है।
3. परासरण हेतु ऊर्जा की आवश्यकता नहीं होती है।
4. परासरण एकदिशीय प्रक्रम है।

कूट

(a) 1 और 2 (b) 1, 2 और 4
(c) केवल 2 (d) उपर्युक्त में से कोई नहीं

उत्तर *(c)*

व्याख्या कोशिका झिल्ली के संदर्भ में कथन (2) असत्य है, क्योंकि विसरण द्रव, गैसों व कुछ ठोस पदार्थों में होने वाली क्रिया है। इसके अंतर्गत पदार्थ के अणुओं का अधिक सांद्रता वाले स्थान से कम सांद्रता वाले स्थान की ओर गमन होता है। यह क्रिया पादपों में महत्त्वपूर्ण होती है, क्योंकि यह पादपों में गैसों के परिवहन का एकमात्र साधन है। गैसों व द्रवों में विसरण क्रिया सामान्य होती है, जबकि ठोसों में असामान्य होती है।

14 निम्न कथन (A) व कारण (R) को पढ़िए और नीचे दिए गए कूट की सहायता से सही उत्तर का चयन कीजिए।

(Chap 8, Class-XI, NCERT)

कथन (A) एक अंड कवच रहित अंडे को सांद्र चीनी की चाशनी में डुबाने पर अंडा सिकुड़ जाता है।

कारण (R) चाशनी के अतिपरासरी होने के कारण अण्डे की कोशिका झिल्ली विकृत हो जाती है।

कूट

(a) A और R दोनों सही हैं तथा R, A का सही स्पष्टीकरण है।
(b) A और R दोनों सही हैं, परंतु R, A का सही स्पष्टीकरण नहीं है।
(c) A सही है, किंतु R गलत है।
(d) A गलत है, किंतु R सही है।

उत्तर *(c)*

व्याख्या कथन (A) सही है, किंतु कारण (R) गलत है।

एक अंडकवच रहित अंडे को सांद्र चीनी की चाशनी में डुबाने पर अंडा सिकुड़ जाता है, क्योंकि अंड कोशिका के कोशिकाद्रव्य में जल की सांद्रता चीनी की चाशनी में जल की सांद्रता से कम है, जिससे जल के अणु उच्च सांद्रता से निम्न सांद्रता की ओर परासरित होकर अंड कोशिका की कोशिका कला से बाहर आने लगते हैं। इस प्रक्रिया को बहि:परासरण (Exosmosis) कहते हैं, जिससे अंडे का जीवद्रव्य सिकुड़ जाता है। इसे जीवद्रव्यकुंचन (Plasmolysis) कहते हैं।

चाशनी के अतिपरासरी होने के कारण अण्डे की कोशिका झिल्ली विकृत नहीं होती है। यदि इस कोशिका को 'अल्पपरासरी' विलयन में रखते हैं, तो बाहर का जल रसधानी के अंदर प्रवाहित होने से कुछ समय में ही जीवद्रव्य व कोशिका भित्ति पुन: अपनी वास्तविक स्थिति में आ जाती है, जिसे जीवद्रव्यविकुंचन (Deplasmolysis) कहते हैं।

15 कोशिका में जीवद्रव्यकुंचन को निम्न में से क्या प्रेरित करता है?

(Chap 5, Class-IX, NCERT)

1. बहि:परासरण 2. अंत:परासरण
3. अतिपरासरी विलयन 4. अल्पपरासरी विलयन

कूट

(a) 1 और 3
(b) 1 और 4
(c) 2 और 3
(d) 2 और 4

उत्तर *(a)*

व्याख्या कोशिका में जीवद्रव्यकुंचन (Plasmolysis) को बहि:परासरण व अतिपरासरी (Hypertonic) विलयन प्रेरित करता है। सामान्य स्फीति (Turgid) अवस्था में पादप कोशिका का रसधानी रस एवं कोशिका द्रव्य कोशिका झिल्ली एवं कोशिका भित्ति को दबाएँ रखता है। इसके कारण कोशिका की कोशिका झिल्ली एवं कोशिका भित्ति फैलकर तनी रहती है।

जब इस अवस्था की कोशिका को ऐसे घोल में रखते हैं, जो कोशिकाद्रव्य से अधिक सांद्रित हो अर्थात् अतिपरासरी विलयन हो, तो कोशिका से जल का बहि:परासरण होने लगता है और रसधानी छोटी होने लगती है। इसका दबाव जीवद्रव्य पर कम होने के कारण जीवद्रव्य संकुचित होने लगता है, जिसे जीवद्रव्यकुंचन कहते हैं।

16 निम्न में से कौन-सा युग्म सही सुमेलित नहीं है?

(Chap 8, Class-XI, NCERT)

	सूची-I		सूची-II
(a)	हिस्टोन	—	DNA
(b)	पेप्टाइडोग्लाइकेन	—	जीवाणवीय कोशिका भित्ति
(c)	तरल मोजैक	—	जीवद्रव्य
(d)	कोशिका का भंडारगृह	—	रिक्तिका

उत्तर *(c)*

व्याख्या दिए गए युग्मों में से युग्म (c) सही सुमेलित नहीं है, क्योंकि तरल मोजैक मॉडल कोशिका झिल्ली की संरचना से संबंधित है। यह मॉडल सिंगर व निकोल्सन (1972) ने दिया था। इसके मतानुसार, जीवद्रव्य कला लिपिड के दोहरे स्तर से बनी होती है, जिसमें आंतरिक एवं परिधीय प्रोटीन धँसे रहते हैं। जीवद्रव्य, कोशिका में एक अर्द्धतरल जैलीनुमा द्रव्य होता है। पुरकिंजे ने इसे 1840 ई. में जीवद्रव्य नाम दिया था। यह जीवन का भौतिक आधार है। यह कोशिका का जीवित पदार्थ होता है, जिसमें गति, पोषण, उपापचय (Metabolism), श्वसन, उत्सर्जन, आदि महत्वपूर्ण क्रियाएँ होती हैं।

17 अंत:प्रद्रव्यी जालिका के संदर्भ में कौन-सा कथन असत्य है?

(Chap 5, Class-IX, NCERT)

1. SER राइबोसोम विहीन होकर भी लिपिड का संश्लेषण करती है।
2. RER राइबोसोम युक्त होने के कारण प्रोटीन का संश्लेषण करते हैं।
3. सामान्य कोशिका में RER = SER स्थिति होती है।

कूट

(a) केवल 1
(b) 1 और 2
(c) केवल 3
(d) 2 और 3

उत्तर *(c)*

व्याख्या अंत:प्रद्रव्यी जालिका के संदर्भ में कथन (3) असत्य है, क्योकि सामान्य कोशिका में RER $\neq$ SER स्थिति होती है।

खुरदरी या कणिकामय अंत:प्रद्रव्यी जालिका (Rough Endoplasmic Reticulum, RER) राइबोसोम की उपस्थिति के कारण खुरदरी या कणिकामय होती है। यह प्रोटीन संश्लेषण में भाग लेने वाली कोशिकाओं में अधिक संख्या में पाई जाती हैं, जबकि राइबोसोम की अनुपस्थिति के कारण चिकनी अंत:प्रद्रव्यी जालिका (Smooth Endoplasmic Reticulum, SER) चिकनी होती है। यह मुख्यतया वसा व ग्लाइकोजन के संश्लेषण में काम आने वाली कोशिकाओं में अधिक संख्या में पाई जाती है।

18 निम्न कथन (A) व कारण (R) को पढ़िए और नीचे दिए गए कूट की सहायता से सही उत्तर का चयन कीजिए।

(Chap 5, Class-IX, NCERT)

कथन (A) लाइसोसोम्स कार्बोहाइड्रेट्स, प्रोटीन्स, लिपिड्स तथा न्यूक्लिक अम्लों को पचाने में सक्षम होते हैं।

कारण (R) लाइसोसोम्स जल अपघटक एंजाइम्स, जैसे–लाइपेजेज, प्रोटीएजेज तथा कार्बोहाइड्रेजेज से युक्त होते हैं।

कूट

(a) A और R दोनों सही हैं तथा R, A का सही स्पष्टीकरण है।
(b) A और R दोनों सही हैं, परंतु R, A का सही स्पष्टीकरण नहीं है।
(c) A सही है, किंतु R गलत है।
(d) A गलत है, किंतु R सही है।

उत्तर *(a)*

व्याख्या कथन (A) और कारण (R) दोनों सही हैं तथा कारण (R), कथन (A) का सही स्पष्टीकरण है।

लाइसोसोम एकल झिल्ली युक्त पुटिकानुमा संरचना होती है, जो संवेष्टन विधि द्वारा गॉल्जीकाय में बनते हैं। लाइसोसोम पुटिकाओं में सभी प्रकार की जल अपघटनी (Hydrolytic) एंजाइम जैसे–हाइड्रोलेजेज, लाइपेजेज, प्रोटीएजेज व कार्बोहाइड्रेजेज मिलते हैं, जो अम्लीय परिस्थितियों में सक्रिय होते हैं। ये एंजाइम कार्बोहाइड्रेट, प्रोटीन, लिपिड, न्यूक्लिक अम्ल, आदि के पाचन में सक्षम हैं।

19 निम्न में से असंगत युग्म कौन-सा है?

(Chap 5, 8, Class-IX, XI NCERT)

	सूची-I		सूची-II
(a)	प्रोटीन	—	राइबोसोम
(b)	DNA	—	क्रोमोसोम
(c)	ग्लाइकोप्रोटीन	—	RER
(d)	जीवद्रव्यकुंचन	—	रसधानी

उत्तर *(c)*

व्याख्या दिए गए युग्मों में से युग्म (c) असंगत है।

ग्लाइकोप्रोटीन का निर्माण गॉल्जीकाय में होता है। गॉल्जीकाय में कार्बोहाइड्रेट्स प्रोटीन अणुओं के साथ संयुक्त होकर ग्लाइकोप्रोटीन बनाते हैं। इस प्रक्रिया को ग्लाइकोसिलिकरण कहते हैं। हालाँकि, शर्कराओं के प्रोटीन से संयुक्त होकर ग्लाइकोप्रोटीन का निर्माण कणिकामय अंत:प्रद्रव्यी जालिका (RER) में आरंभ हो जाता है।

20 गॉल्जीकाय के संदर्भ में निम्न में से कौन-सा कथन असत्य है?

(Chap 5, Class-IX, NCERT)

1. कैमिलो गॉल्जी ने तंत्रिका कोशिका को सिल्वर नाइट्रेट से अभिरंजित कर गॉल्जी उपकरण की खोज की।
2. यह जटिल शर्कराओं एवं प्रोटीन का निर्माण एवं परिवहन नहीं करता है।
3. यह कोशिका अंत:झिल्ली तंत्र का भाग है जो लयनकाय का निर्माण करता है।

कूट

(a) 1 और 2
(b) केवल 2
(c) 1 और 3
(d) उपरोक्त सभी

उत्तर *(b)*

व्याख्या गॉल्जीकाय के संदर्भ में दिए गए कथनों में कथन (2) असत्य है क्योंकि यह जटिल शर्कराओं एवं प्रोटीन का निर्माण एवं परिवहन करता है। गॉल्जीकाय एक द्विकला युक्त कोशिकांग है। यह केवल सुकेंद्रकीय (Eukaryotic) कोशिकांग में ही पाया जाता है। जंतु कोशिका में यह प्राय: एक ही होता है, किंतु पादप कोशिका में अनेक हो सकते हैं।

21 माइटोकॉण्ड्रिया के संदर्भ में निम्न में से सही कथन कौन-सा है?

(Chap 8, Class-XI, NCERT) (Chap 5, Class-IX, NCERT)

1. ये द्विकला युक्त कोशिकांग हैं, जिसे कोशिका का शक्तिगृह भी कहते हैं।
2. माइटोकॉण्ड्रिया की आन्तरिक झिल्ली में ATPs का उत्पादन होता है।
3. इनमें 70S राइबोसोम, DNA एवं RNA पाया जाता है।

कूट

(a) 2 और 3 (b) 1 और 3
(c) 1 और 2 (d) ये सभी

उत्तर *(d)*

व्याख्या माइटोकॉण्ड्रिया के संदर्भ में दिए गए सभी कथन सही हैं। 'माइटोकॉण्ड्रिया' ग्रीक भाषा के दो शब्दों अर्थात् '*माइटो*-धागा या सूत्र व *कॉण्ड्रिया*-कण' से बना है अर्थात् यह दोहरी झिल्ली युक्त कणिकामय धागेनुमा संरचना है, इसलिए इसे सूत्रकणिका भी कहते हैं। इसे कोशिका का शक्तिगृह या बिजली घर भी कहते हैं, क्योंकि श्वसन क्रिया द्वारा ऊर्जा (ATPs) का उत्पादन इसकी आंतरिक झिल्ली में होता है। ये जैनस ग्रीन द्वारा अभिरंजित किए जाते हैं। इनमें 70S राइबोसोम, DNA एवं RNA पाया जाता है। इसलिए ये स्वत: विभाजित होकर जनन कर सकते हैं तथा अर्द्धस्वायत्त कोशिकांग कहलाते हैं।

22 लवक के संदर्भ में निम्न में से कौन-सा कथन असत्य है?

(Chap 5, 8 Class-IX, XI NCERT)

(a) ल्यूकोप्लास्ट भोजन संग्राहक लवक है।
(b) क्लोरोप्लास्ट भोजन उत्पादक लवक है।
(c) क्रोमोप्लास्ट सहायक प्रकाश-संश्लेषी लवक है।
(d) उपर्युक्त में से कोई नहीं

उत्तर *(c)*

व्याख्या लवक (Plastid) के संदर्भ में कथन (c) असत्य है, क्योंकि क्रोमोप्लास्ट या वर्णीलवक पादपों के ऊपरी व रंगीन भागों में पाए जाते हैं अर्थात् पुष्पों की पँखुड़ियों एवं फलों को विशेष रंग प्रदान करते हैं।

ये लवक कई रंगों के हो सकते हैं। इनके स्ट्रोमा में पटलिकाएँ नहीं पाई जाती हैं। ये जीवाणु एवं शैवाल में प्रकाश का अवशोषण करते हैं।

23 निम्न कथन (A) व कारण (R) को पढ़िए और नीचे दिए गए कूट की सहायता से सही उत्तर का चयन कीजिए।

(Chap 5, Class-IX, NCERT)

कथन (A) आलू में ल्यूकोप्लास्ट की अधिकता पाई जाती है।

कारण (R) आलू में भोजन का संग्रह भूमिगत तने में होता है।

कूट

(a) A और R दोनों सही हैं तथा R, A का सही स्पष्टीकरण है।

(b) A और R दोनों सही हैं, परंतु R, A का सही स्पष्टीकरण नहीं है।

(c) A सही है, किंतु R गलत है।

(d) A गलत है, किंतु R सही है।

उत्तर (a)

व्याख्या कथन (A) और कारण (R) दोनों सही हैं तथा कारण (R), कथन (A) का सही स्पष्टीकरण है।

आलू में ल्यूकोप्लास्ट या अवर्णीलवक की अधिकता पाई जाती है। ये लवक रंगहीन होते हैं। ये मुख्यतया पादपों के भोज्य पदार्थ संग्रहित करने वाले भागों जैसे भूमिगत तनों (आलू) एवं जड़ में पाए जाते हैं।

सूर्य का प्रकाश अवर्णीलवक को हरितलवक में परिवर्तित कर देता है तथा प्रकाश की अनुपस्थिति में इसका उल्टा हो जाता है। आलुओं को प्रकाश में रखने पर हरा होना इस परिवर्तन का कारण होता है।

24 निम्न में से कौन-सा युग्म सही सुमेलित है?

(Chap 5, Class-IX, NCERT)

	सूची-I		सूची-II
(a)	ल्यूकोप्लास्ट	—	भोजन का परिवहन
(b)	क्रोमोप्लास्ट	—	प्रकाश-संश्लेषण
(c)	क्लोरोप्लास्ट	—	स्टार्च का निर्माण
(d)	डिक्टियोसोम	—	गॉल्जीकाय

उत्तर (d)

व्याख्या दिए गए युग्मों में से युग्म (d) सही सुमेलित है।

पादपों में गॉल्जीकाय को डिक्टियोसोम भी कहते हैं। इसे लिपोकॉण्ड्रिया, गॉल्जी पदार्थ, गॉल्जी उपकरण, गॉल्जी कॉम्प्लेक्स नामों से भी जाना जाता है।

युग्म (a), (b) और (c) सही सुमेलित नहीं हैं। ल्यूकोप्लास्ट या अवर्णीलवक पादपों में भोज्य पदार्थों का संग्रह करते हैं। ये मुख्यतया पादपों के भोज्य पदार्थ संग्रह करने वाले भागों में पाए जाते हैं; जैसे—भूमिगत तना एवं जड़। ये भोजन का परिवहन नहीं करते हैं।

क्रोमोप्लास्ट या वर्णीलवक पादपों के ऊपरी व रंगीन भागों में पाए जाते हैं अर्थात् पुष्पों की पँखुड़ियों एवं फलों को विशेष रंग प्रदान करते हैं। ये प्रकाश-संश्लेषण में सहायक नहीं होते हैं।

क्लोरोप्लास्ट या हरितलवक में एक प्रकाश-संश्लेषी वर्णक पर्णहरिम (Chlorophyll) पाया जाता है। यह हरे रंग की सभी पादप कोशिकाओं में पाया जाता है तथा पादपों में इसके द्वारा प्रकाश-संश्लेषण से भोजन (ग्लूकोस) का निर्माण होता है।

25 निम्नलिखित सूची-I को सूची-II के साथ सुमेलित कीजिए।

(Chap 5, 8 Class-IX, XI NCERT)

सूची-I (कोशिकांग)	सूची-II (सामान्य नाम)
A. लाइसोसोम	1. कोशिका का कचरापात्र
B. हरितलवक	2. कोशिका की ट्रैफिक पुलिस
C. रसधानी	3. कोशिका का भोजनालय
D. गॉल्जीकाय	4. कोशिका का नियंत्रण कक्ष
E. केंद्रक	5. कोशिका की आत्महत्या की थैली

कूट

	A	B	C	D	E		A	B	C	D	E
(a)	5	4	1	3	2	(b)	2	5	4	1	3
(c)	5	4	3	1	2	(d)	5	3	1	2	4

उत्तर (d)

व्याख्या सही सुमेलन A-5, B-3, C-1, D-2, E-4 है।

लाइसोसोम को 'कोशिका की आत्महत्या की थैली' भी कहते हैं, क्योंकि इसके फटने पर इसमें से निकले जल-अपघटनी एंजाइम कोशिकांगों का विघटन कर कोशिका को मृत कर देते हैं।

हरितलवक कोशिका का भोजनालय कहलाता है, क्योंकि पादपों में हरितलवक सूर्य के प्रकाश की उपस्थिति में प्रकाश-संश्लेषण प्रक्रिया द्वारा भोजन व ऑक्सीजन का निर्माण करते हैं।

रसधानी को कोशिका का कचरापात्र भी कहते हैं, क्योंकि इसमें अपशिष्ट पदार्थों का संग्रह होता है। इसमें कार्बोहाइड्रेट, अमीनो अम्ल, प्रोटीन, आदि पदार्थ भरे होते हैं।

गॉल्जीकाय को कोशिका का ट्रैफिक पुलिस या अपमार्जक भी कहते हैं, क्योंकि ये विभिन्न कोशिकीय पदार्थों के भंडारण, प्रसंस्करण और पैकेजिंग के लिए कार्य करता है।

केंद्रक कोशिका की सभी जैविक क्रियाविधियों पर नियंत्रण रखता है। इसलिए इसे 'कोशिका का नियंत्रण कक्ष' भी कहते हैं। यह कोशिका का सबसे महत्वपूर्ण भाग है। यह आनुवंशिक गुणों को नियंत्रित करता है।

26 निम्नलिखित युग्मों में से कितने युग्म सही सुमेलित है?

(Chap 5, 8, Class-XI, IX, NCERT)

कोशिकांग		खोजकर्ता
1. केंद्रक	—	फोंटाना
2. माइटोकॉण्ड्रिया	—	रॉबर्ट ब्राउन
3. केंद्रिका	—	पैलाडे
4. राइबोसोम	—	कॉलिकर

कूट

(a) केवल एक (b) केवल दो

(c) केवल तीन (d) इनमें से कोई नहीं

उत्तर (d)

व्याख्या दिए गए युग्मों में कोई भी युग्म सही सुमेलित नहीं हैं।

केंद्रक की खोज सर्वप्रथम रॉबर्ट ब्राउन ने 1831 ई. में ऑर्किड की कोशिका में की थी।

माइटोकॉण्ड्रिया की खोज सर्वप्रथम कॉलिकर ने 1850 ई. में कीटों की विच्छेदित रेखीय माँसपेशियों में की थी। 1897 ई. में सी. बेंडा ने इन्हें माइटोकॉण्ड्रिया नाम दिया।

केंद्रिका को सर्वप्रथम फोंटाना ने 1781 ई. में देखा था, परंतु इसकी व्याख्या 1838 ई. में श्लाइडेन ने की थी।

राइबोसोम को जी. ई. पैलाडे ने वर्ष 1955 में जंतु कोशिका में देखा था तथा वर्ष 1958 में रॉबर्ट ने इसका नामकरण किया था।

27 निम्नलिखित युग्मों में से कितने युग्म सही सुमेलित है?

(Chap 5, 8 Class-IX, XI NCERT)

	सूची I		सूची II
A.	लाइसोसोम	—	साइटोपंजर
B.	माइक्रोसोम	—	स्वत: पाचन
C.	माइक्रोट्यूब्यूल्स	—	स्रावी कणिका
D.	गॉल्जीकाय	—	अन्त: प्रद्रव्यी जालिका का एक भाग

कूट

(a) केवल एक (b) केवल दो
(c) केवल तीन (d) इनमें से कोई नहीं

उत्तर (d)

व्याख्या दिए गए युग्मों में से कोई भी युग्म सही सुमेलित नहीं हैं।

लाइसोसोम में जल अपघटनी एन्जाइम पाए जाते हैं, जो स्वत: पाचन का कार्य करते हैं।

माइक्रोसोम अन्त: प्रद्रव्यी जालिका का एक भाग हैं।

माइक्रोट्यूब्यूल्स साइटोपंजर का निर्माण करती है।

गॉल्जीकाय एक स्रावी कणिका है।

28 निम्नलिखित युग्मों में से कितने युग्म सही सुमेलित है?

(Chap 8, Class-XI, NCERT)

	सूची-I		सूची-II
1.	केन्द्रक	—	कोशिकीय अपशिष्ट तथा बाह्य पदार्थ का विघटन
2.	अन्त:प्रद्रव्यी जालिका	—	आनुवंशिक पदार्थ का संग्रहण तथा प्रबन्धन
3.	लाइसोसोम्स	—	लिपिड का संश्लेषण एवं अन्तराकोशिकीय स्थानान्तरण
4.	राइबोसोम्स	—	प्रोटीन संश्लेषण

कूट

(a) केवल एक (b) केवल दो
(c) केवल तीन (d) इनमें से कोई नहीं

उत्तर (d)

व्याख्या दिए गए युग्मों में कोई भी युग्म सही सुमेलित नहीं हैं।

केन्द्रक आनुवंशिक सामग्री के संग्रहण तथा प्रबन्धन के लिए जिम्मेदार होता है। इसे कोशिका का नियन्त्रण केन्द्र भी कहा जाता है।

अन्त:प्रर्द्रव्यी जालिका अन्तराकोशिकीय परिवहन और लिपिड के संश्लेषण का कार्य करती है। यह खुरदरी या चिकनी हो सकती है।

लाइसोसोम कोशिकीय अपशिष्ट तथा बाह्य पदार्थों का विघटन करते हैं। इनमें जल अपघटनी एन्जाइम प्रचुर मात्रा में होते हैं।

राइबोसोम प्रोटीन-संश्लेषण में सहायता करता है। इनमें झिल्ली का अभाव होता है।

29 एक अभिकथन (A) और एक कारण (R) नीचे दिए गए हैं।

(Chap 5, 8 Class-IX, XI NCERT)

अभिकथन (A) पत्ती के हरे रंग का कारण एक वर्णक है, जिसे क्लोरोफिल कहते हैं।

कारण (R) प्रकाश-संश्लेषण एक प्रक्रिया है, जो प्रकाश ऊर्जा को रासायनिक ऊर्जा में परिवर्तित करती है। सही विकल्प चुनें।

(a) A और R दोनों सत्य हैं और R, A की सही व्याख्या है
(b) A और R दोनों सत्य हैं लेकिन R, A की सही व्याख्या नहीं है
(c) A सत्य है, लेकिन R गलत है
(d) A गलत है, लेकिन R सत्य है

उत्तर (b)

व्याख्या A और R दोनों सत्य हैं, लेकिन R, A की सही व्याख्या नहीं है। पत्ती के हरे रंग का कारण एक वर्णक है, जिसे क्लोरोफिल कहते हैं। प्रकाश-संश्लेषण एक प्रक्रिया है, जो प्रकाश ऊर्जा को रासायनिक ऊर्जा में परिवर्तित करती है एवं प्रकाश संश्लेषण की प्रक्रिया क्लोरोफिल में होती है।

30 कोशिका विभाजन के संदर्भ में सही कथनों का चयन कीजिए।

(Chap 10, Class-XI, NCERT)

1. समसूत्री विभाजन केवल कायिक कोशिकाओं में होता है।
2. समसूत्री विभाजन क्षतिग्रस्त ऊतक या घाव की मरम्मत करता है।
3. अर्द्धसूत्री विभाजन केवल जननांगों की जनन कोशिकाओं में होता है।
4. अर्द्धसूत्री विभाजन बहुत लंबा एवं ऊर्जा तथा समय की खपत करवाने वाला प्रक्रम है।

कूट

(a) 1, 3 और 4 (b) 1, 2 और 4
(c) 2, 3 और 4 (d) उपर्युक्त सभी

उत्तर *(d)*

व्याख्या कोशिका विभाजन के संदर्भ में दिए गए सभी कथन सही हैं।

समसूत्री विभाजन कायिक कोशिकाओं में होने वाला विभाजन है। इसमें पुत्री कोशिकाओं में गुणसूत्रों की संख्या मातृ कोशिकाओं के समान होती हैं।

समसूत्री विभाजन के द्वारा वृद्धि तथा घावों की मरम्मत होती है, जबकि अर्द्धसूत्री विभाजन जननांगों की जनन कोशिकाओं में पाया जाता है। जनन कोशिकाएँ इस विभाजन द्वारा विभाजित होकर अगुणित *(n)* युग्मक बनाती है। इस विभाजन में संतति कोशिकाओं में गुणसूत्रों की संख्या मातृ कोशिकाओं की तुलना में आधी रह जाती है। इस विभाजन में समय व ऊर्जा की खपत अधिक होती है तथा ये बेहद लंबी प्रक्रिया है।

31 निम्न में से कौन-सा कथन असत्य है?

(Chap 5, 10 Class-IX, XI, NCERT)

(a) कोशिका विभाजन द्वारा DNA का निर्माण या प्रतिकृतिकरण एवं वृद्धि होती है।
(b) प्रत्येक बहुकोशिकीय जीव के जीवन का विकास एककोशिकीय द्विगुणित कोशिका से होता है।
(c) पादपों की तुलना में मानवों एवं जंतुओं में सीमित वृद्धि होती है तथा वयस्कावस्था में शरीर का आकार निश्चित होकर वृद्धि अवरुद्ध हो जाती है।
(d) उपर्युक्त सभी

उत्तर *(a)*

व्याख्या दिए गए कथनों में से कथन (a) असत्य है।

कोशिका विभाजन द्वारा DNA का निर्माण नहीं होता है। इसका निर्माण कोशिका की अंतरावस्था की संश्लेषी (S) प्रावस्था में होता है। कोशिका विभाजन द्वारा कोशिकाओं की संख्या में वृद्धि होती है।

प्रत्येक बहुकोशिकीय जीव के जीवन का विकास एककोशिकीय द्विगुणित *(2n)* कोशिका या युग्मनज (Zygote) द्वारा प्रारम्भ होता है।

कोशिका विभाजन की क्रिया जीवधारियों में लगातार चलती रहती है। पादपों की तुलना में जंतुओं में सीमित वृद्धि होती है, क्योंकि पादपों में विभज्योतक ऊतक के कारण निरंतर कोशिका विभाजन होता है, परंतु जंतुओं में विभज्योतक अनुपस्थित होते हैं। इसलिए इनमें सीमित वृद्धि होती है। अत: वयस्कों में शरीर का आकार निश्चित होकर वृद्धि अवरूद्ध हो जाती है।

32 कथन (A) माइटोसिस द्वारा कोशिकाओं की संख्या बढ़ जाती है, जिससे वृद्धि प्रक्रिया में सहायता मिलती है।

कारण (R) कुछ जीवों में माइटोसिस जनन में सहायता करती है।

(Chap 5, 10 Class-IX, XI NCERT)

(a) A और R दोनों सही हैं तथा R, A की सही व्याख्या है
(b) A और R दोनों सही हैं, किन्तु R, A की सही व्याख्या नहीं है
(c) A सही है, परन्तु R गलत है
(d) A गलत है, परन्तु R सही है

उत्तर (a)

व्याख्या A और R दोनों सही हैं तथा R, A की सही व्याख्या है।
माइटोसिस द्वारा कोशिकाओं की संख्या बढ़ जाती है, जिससे वृद्धि प्रक्रिया में सहायता मिलती है। कुछ जीवों में माइटोसिस जनन में सहायता करता है, जैसे—पादप एवं एककोशिकीय जीव।

33 निम्न में से कौन-से युग्म का सही मेल मिलाया गया है?

(Chap 10, Class-XI, NCERT)

(a) पश्चावस्था I समजात गुणसूत्र अलग होते हैं
(b) मध्यावस्था II मातृ और पितृ समजात गुणसूत्र युग्म बनते हैं
(c) अन्तरावस्था— केन्द्रक आवरण गुणसूत्रों के प्रत्येक अगुणित समूह को घेरे रहता है
(d) पूर्वावस्था I असमजात गुणसूत्र पृथक् किए जाते हैं

उत्तर (a)

व्याख्या पश्चावस्था I में समजात गुणसूत्र अलग होते हैं। समजात गुणसूत्र पृथक् हो जाते हैं, जबकि संतति अर्द्धगुणसूत्र गुणसूत्र बिन्दु से जुड़े रहते हैं।

34 कोशिका चक्र में चरणों का सही क्रम क्या है?

(Chap 10, Class-XI, NCERT)

A. G_2-प्रावस्था
B. समसूत्री विभाजन
C. G_1-प्रावस्था
D. S-प्रावस्था

नीचे दिए गए विकल्पों में से सही उत्तर का चयन कीजिए।

(a) C, D, B, A
(b) A, C, D, B
(c) C, D, A, B
(d) D, A, C, B

उत्तर (c)

व्याख्या C, D, A, B कोशिका चक्र में चरणों का सही क्रम है।
पश्चसूत्री अंतरकाल प्रावस्था (G_1-प्रावस्था) समसूत्री विभाजन एवं डीएनए प्रतिकृतिकरण के बीच अंतराल को प्रदर्शित करती है। S-प्रावस्था या संश्लेषण प्रावस्था के दौरान डीएनए का निर्माण एवं इसकी प्रतिकृति होती है। G_2-प्रावस्था के द्वारा प्रोटीन का निर्माण होता है। इसके पश्चात् M-प्रावस्था समसूत्री विभाजन होता है।

35 नीचे दो कथन दिए गए हैं; एक को अभिकथन (A) एवं दूसरे को कारण (R) के रूप में नामांकित किया गया है।

(Chap 5, 10 Class-IX, XI, NCERT)

अभिकथन (A) इन्टरफेज विश्राम अवस्था कहलाती है।

कारण (R) इसमें कोशिका विभाजन से सम्बन्धित कोई स्पष्ट गतिविधि नहीं होती है।

उपरोक्त कथनों के संदर्भ में, नीचे दिए गए विकल्पों में से सही उत्तर का चयन कीजिए।

(a) A तथा R दोनों सत्य हैं, परन्तु R, A की सही व्याख्या नहीं है
(b) A सत्य है, परन्तु R असत्य है
(c) A असत्य है, परन्तु R सत्य है
(d) A तथा R दोनों सत्य हैं तथा R, A की सही व्याख्या है

उत्तर (d)

व्याख्या A तथा R दोनों सत्य हैं तथा R, A की सही व्याख्या है। इण्टरफेज (अन्तरावस्था) कोशिका चक्र की अवधि के 95% से अधिक समय तक रहता है और इसे विश्राम चरण कहा जाता है। इस समय के दौरान कोशिका वृद्धि और DNA प्रतिकृतियन दोनों से गुजरकर अगले विभाजन की तैयारी कर रही होती है।

36 कथन (A) कोल्चिसीन कोशिका विभाजन के विष का कार्य करती है।

कारण (R) यह केन्द्रक कला के संश्लेषण को रोककर कोशिका विभाजन को सन्दमित करती है। *(Chap 10, 21 Class-XI, IX NCERT)*

(a) A और R दोनों सही हैं तथा R, A की सही व्याख्या है।
(b) A और R दोनों सही हैं परन्तु R, A की सही व्याख्या नहीं है।
(c) A सही है, परन्तु R गलत है
(d) A गलत है, परन्तु R सही है

उत्तर (a)

व्याख्या A और R दोनों सही है तथा R, A सही व्याख्या है। कोल्चिसीन कोशिका विभाजन के विष का कार्य करती है। यह केन्द्रक कला के संश्लेषण को रोककर कोशिका विभाजन को सन्दमित करती है।

अध्याय 03

ऊतक

ऊतक

पादप ऊतक

परिचय
- अधिकतर यांत्रिक सहारा प्रदान करने हेतु संरचना में सरल एवं प्रायः मृत

विभज्योतक ऊतक

- **स्थिति के आधार पर**
  - शीर्षस्थ विभज्योतक तने व जड़ के शीर्ष भागों में उपस्थिति, लम्बाई में वृद्धि।
- **अंतर्वेशी विभज्योतक**
  - पत्तियों के आधार पर पर्वसंधियों के पास उपस्थिति, लम्बाई बढ़ना
- **पार्श्व विभज्योतक**
  - द्वितीयक ऊतक, तने व जड़ के परिपक्व क्षेत्र में मोटाई बढ़ाना

स्थायी ऊतक
- नई कोशिकाएँ परिपक्व होकर अपने कार्यों के अनुसार नए रूप या आकार में विभेदित होना

सरल स्थायी ऊतक (समान प्रकार की कोशिकाएँ)

- **मृदूतक** (Parencyhma)
  - भोजन एवं जल के संचय में सहायक, वायोतक (Aerenchyma) (जलीय पादपों के तैरने में सहायक)
- **स्थूलकोणोतक** (Collenchyma)
  - जीवित, कोशिका भित्ति-पेक्टिन का जमाव
- **दृढ़ोतक** (Sclerenchyma)
  - लिग्निन की बनी मोटी कोशिका भित्ति, पादप को यान्त्रिक सहारा एवं सुरक्षा प्रदान हेतु।

जटिल स्थायी ऊतक

- एक से अधिक प्रकार की कोशिकाएँ
- जाइलम (जल संवाहक ऊतक)
- फ्लोएम (संवाहक ऊतक)

पादप ऊतक तन्त्र

संरचना एवं स्थिति के आधार

बाह्य त्वचीय ऊतक तन्त्र

- बाह्य त्वचा (Epidermis) सबसे बाहरी आवरण, कम जीवद्रव्य व बड़ी रसधानी युक्त
- मरुद्भिद पादपों के तने में बाह्य त्वचा की कोशिकाएँ क्यूटिन नामक जल अवरोधक पदार्थ का स्त्रावण
- क्यूटिकल (मोम की परत का निर्माण)
- पत्तियों एवं हरे पादपों के तने पर रन्ध्रों की उपस्थिति व गैसों के विनिमय एवं वाष्पोत्सर्जन में सहायक
- प्रत्येक रन्ध्र द्वार या रक्षी कोशिकाओं से घिरे हुए, जो रन्ध्रों के खुलने व बन्द होने में सहायक, हरितलवक की उपस्थिति
- वृक्ष की आयु बढ़ने पर कॉर्क कोशिकाओं की परतों का निर्माण, इन छालों की कोशिकाएँ मृत होती है।
- भित्ति पर सुबेरिन नामक पदार्थ का निर्माण

भरण ऊतक तन्त्र

- पादप के शरीर के मुख्य भाग का निर्माण, संवहन पूल की अनुपस्थिति
- प्राथमिक कार्य-भोज्य पदार्थों का निर्माण एवं संग्रह
- बाह्य त्वचा के लिए नीचे अन्तस्त्वचा (Endodermis) तक सम्पूर्ण भाग का निर्माण।

संवहनी ऊतक तन्त्र

- जाइलम तथा फ्लोएम दोनों की उपस्थिति
- जाइलम, फ्लोएम तथा एधा की उपस्थिति व अनुपस्थिति के आधार पर।
- संयुक्त पूल (जाइलम व फ्लोएम एक त्रिज्या पर) उदाहरण- तना
- सकेन्द्री पूल (जाइलम फ्लोएम को या फ्लोएम जाइलम को पूर्णरूप से घेरता है)
- अरीय पूल (जाइलम तथा फ्लोएम अलग त्रिज्या पर) उदाहरण-जड़

जन्तु ऊतक

उपकला ऊतक
- ग्रन्थिल या अग्रन्थिल आवरण बनाना,
- **सरल शल्की उपकला** हृदय, रुधिर वाहिनियों व फेफड़ों की वायु कूपिकाओं के चारों ओर।
- **सरल घनाकार उपकला** जनदों, स्वेद ग्रन्थियों में उपस्थित।

संयोजी ऊतक
- शरीर के भिन्न ऊतकों, अंगो व अंग-तन्त्रों को जोड़ना, अंगों को सहारा प्रदान करना।

वास्तविक संयोजी ऊतक

- सघन संयोजी ऊतक
- विशिष्कृत संयोजी ऊतक

कंकालीय संयोजी ऊतक

- उपरिथ
- अस्थि

सवंहनीय संयोजी ऊतक

- रुधिर
- लसीका

पेशीय ऊतक
- शरीर की सभी गतियों में सहायक
- **रेखित पेशियाँ** कंकालीय पेशी, ऐच्छिक पेशी
- **अरेखित पेशियाँ** अरेखित, चिकनी, अनैच्छिक पेशी
- **हृदयी पेशियाँ** अनैच्छिक, हृदय की भित्ति में शाखित

तन्त्रिका ऊतक
- संरचनात्मक एवं कार्यात्मक इकाई-न्यूरॉन से बना मस्तिष्क एवं मेरुरज्जु में

SOURCE NCERT Class-IX ऊतक, NCERT Class-XI पुष्पी पादपों का शरीर, NCERT Class-XI प्राणियों में संरचनात्मक संगठन Unit 12 Class X पादप आकारिकी व शारीरिकी (Tamil Nadu Board), Unit 18 Class IX ऊतकों का संगठन (Tamil Nadu Board), Chap 21 Module 5 NIOS nजीवन के निर्माणकारी घटक-कोशिका और ऊतक

1 **विभज्योतक के संदर्भ में निम्न में से असत्य कथन कौन-सा है?**
(Chap 6, Class-XI, XI, NCERT)

1. इनकी कोशिका भित्ति पतली एवं लचीली होती है।
2. इनमें पाया जाने वाला जीवद्रव्य पतला होता है।
3. इनमें कोशिकाओं के मध्य अवकाश (Space) नहीं पाया जाता है।

कूट

(a) केवल 2
(b) केवल 3
(c) 1 और 3
(d) उपरोक्त में से कोई नहीं

उत्तर *(a)*

व्याख्या विभज्योतक (Meristem) के संदर्भ में दिए गए कथनों में कथन (2) असत्य है, क्योंकि इनमें पाया जाने वाला कोशिकाद्रव्य सघन या गाढ़ा होता है।

कथन (1) और (3) सत्य हैं। पादपों में सदैव विभाजित होते रहने वाली अपरिपक्व कोशिकाओं के समूह को विभज्योतकी ऊतक कहते हैं। विभज्योतक कोशिकाओं की कोशिका भित्ति पतली व लचीली होती है।

संहत (Compact) रूप से व्यवस्थित होने के कारण इनमें अंतराकोशिकीय अवकाश नहीं होता है। इनमें केंद्रक बड़ा एवं सघन होने के कारण कोशिका में स्पष्ट रूप से दिखाई देता है।

2 **विभज्योतक ऊतक के प्रकारों का उनके कार्यों के संदर्भ में निम्न में से कौन-सा युग्म सही सुमेलित नहीं है?** *(Chap 6, Class-XI, NCERT)*

	सूची-I (ऊतक का प्रकार)		सूची-II (कार्य)
(a)	शीर्षस्थ विभज्योतक	—	तने की लंबाई बढ़ाना
(b)	पार्श्व विभज्योतक	—	तने की मोटाई बढ़ाना
(c)	अंतर्विष्ट विभज्योतक	—	तने की लंबाई बढ़ाना
(d)	द्वितीयक विभज्योतक	—	तने की पुन: लंबाई बढ़ाना

उत्तर *(d)*

व्याख्या विभज्योतक ऊतक के प्रकारों का उनके कार्यों के संदर्भ में युग्म (d) सही सुमेलित नहीं है।

द्वितीयक विभज्योतक ऊतक पादप के तने तथा जड़ के पार्श्व भाग में स्थित होते हैं। अत: ये पादप की लंबाई नहीं बढ़ाते, बल्कि मोटाई बढ़ाते हैं।

पादपों में जब आवश्यकता होती हैं, तब परिपक्व प्राथमिक स्थायी ऊतकों की कोशिकाओं में पुन: विभाजन की क्षमता आ जाती है, जिन्हें वे द्वितीयक विभज्योतक ऊतक कहते हैं; उदाहरण—जड़ की कैम्बियम, तने की अंतरापूलीय कैम्बियम तथा कॉर्क कैम्बियम, आदि। ये ऊतक परिपक्व पादपों के तने एवं जड़ों में द्वितीयक वृद्धि हेतु उत्तरदायी होते हैं।

3 **निम्न कथन (A) व कारण (R) को पढ़िए और नीचे दिए गए कूट की सहायता से सही उत्तर का चयन कीजिए।**

कथन (A) विभेदीकरण प्रक्रिया द्वारा विभज्योतक, मृदूतक निर्मित करता है।

कारण (R) यह कोशिकाओं के परिपक्वन की प्रक्रिया है, जिसमें कोशिकाएँ आकार में वृद्धि करती हैं। *(Chap 6, Class-IX, XI, NCERT)*

कूट

(a) A और R दोनों सही हैं तथा R, A का सही स्पष्टीकरण है।
(b) A और R दोनों सही है, परंतु R, A का सही स्पष्टीकरण नहीं हैं।
(c) A सही है, किंतु R गलत है।
(d) A गलत है, किंतु R सही है।

उत्तर *(a)*

व्याख्या कथन (A) और कारण (R) दोनों सही हैं तथा कारण (R), कथन (A) का सही स्पष्टीकरण है।

विभेदीकरण (Differentiation) प्रक्रिया द्वारा विभज्योतक, स्थायी ऊतक जैसे—मृदूतक निर्मित करता है। विभेदीकरण कोशिकाओं के परिपक्वन की प्रक्रिया है, जिसके अंतर्गत कोशिकाएँ आकार में वृद्धि करती हैं। इस प्रक्रिया द्वारा विभाजनशील विभज्योतकी कोशिकाएँ अपनी विभाजन क्षमता खोकर एवं विशिष्ट कार्य के सम्पादन हेतु विशिष्ट आकृति एवं आकार वाली कोशिकाओं में स्थायी रूप से रूपांतरित हो जाती हैं, जिन्हें स्थायी ऊतक कहते हैं।

4 **मृदूतक के संदर्भ में निम्न कथनों पर विचार कीजिए।**
(Chap 6, Class-XI, NCERT)

1. यह भोजन एवं जल का संचय करता है।
2. यह जीवित एवं सरलतम ऊतक है, जो विभज्योतकों में विभेदीकरण का परिणाम है।
3. यह जलीय पादपों में ऐरेन्काइमा कहलाता है, क्योंकि यह इन पादपों में वायु के प्रवाह में सहायक होता है।

उपर्युक्त में से कौन-से कथन सत्य हैं?

(a) 1 और 3 (b) 1 और 2 (c) 2 और 3 (d) ये सभी

उत्तर *(b)*

व्याख्या मृदूतक के संदर्भ में कथन (1) और (2) सत्य हैं। यह भोजन व जल का संचय करता है एवं सरलतम जीवित स्थायी ऊतक है, जो विभज्योतकों में विभेदीकरण का परिणाम है।

कथन (3) असत्य है, क्योंकि यह जलीय पादपों में वायु के प्रवाह में सहायक नहीं होता है। मृदूतक जलीय पादपों में प्लवन (Floating) एवं गैसों के आदान-प्रदान में सहायक वायुतक (Arenchyma) के रूप में कार्य करता है।

5 **स्थूलकोणोतक या कोलेनकाइमा के संदर्भ में निम्न कथनों पर विचार कीजिए।** *(Chap 6, Class IX & XI, NCERT)*

1. स्थूलकोणोतक की कोशिकाएँ प्राय: सजीव (प्रोटोप्लाज्मा युक्त) तथा रिक्तिका युक्त होती है
2. स्थूलकोणोतक पौधों को यान्त्रिक बल प्रदान करते हैं
3. हरितलवक की उपस्थिति से ये ऊतक प्रकाश संश्लेषण में सहायता करते हैं

उपरोक्त में से कौन-सा कथन सत्य है?

कूट

(a) 1 और 2 (b) 2 और 3
(c) 1 और 3 (d) उपरोक्त सभी

उत्तर *(d)*

व्याख्या स्थूलकोणोतक के संदर्भ में सभी कथन सत्य हैं। स्थूलकोणोतक की कोशिकाएँ प्राय: सजीव (प्रोटोप्लाज्मा युक्त) तथा रिक्तिका युक्त होती है। स्थूलकोणोतक पौधों को यान्त्रिक बल प्रदान करते हैं। हरितलवक की उपस्थिति में ये ऊतक प्रकाश-संश्लेषण में सहायता करते हैं।

6 **निम्न युग्मों में से कौन-सा युग्म सही सुमेलित नहीं है?**
(Chap 6, Class-XI, NCERT)

	सूची-I		सूची-II
(a)	दृढ़ोतक	—	पेक्टिन
(b)	कोलेन्काइमा	—	सेलुलोस
(c)	पैरेन्काइमा	—	क्लोरेन्काइमा
(d)	छाल	—	सुबेरिन

उत्तर *(a)*

व्याख्या दिए गए युग्मों में युग्म (*a*) सही सुमेलित नहीं है। दृढ़ोतक (Sclerenchyma) मोटी भित्ति वाली कोशिकाओं से निर्मित होता है। इन कोशिकाओं की भित्ति पर लिग्निन का जमाव होता है। अत: इसमें पेक्टिन अनुपस्थित होता है। इनकी कोशिकाओं के बीच अंतराकोशिकीय स्थान (Intracellular space) नहीं पाया जाता है। यह ऊतक पादपों को सुरक्षा एवं यांत्रिक शक्ति प्रदान करता है।

जबकि स्थूलकोण ऊतक के कोनों की कोशिकाओं पर पेक्टिन तथा सेलुलोस का अत्यधिक मात्रा में जमाव होता है। इसकी कोशिकाएँ पेक्टिन के कारण जल अवशोषण की क्षमता प्रदर्शित करती है।

7 स्क्लेरेन्काइमा या दृढ़ोतक के संदर्भ में निम्न में से असत्य कथनों का चयन कीजिए। *(Chap 6, Class-IX, NCERT)*

1. यह परिपक्वावस्था में जीवद्रव्य युक्त होता है।
2. यह पादपों को यांत्रिक सहारा एवं सुरक्षा प्रदान करता है।
3. यह संवहन बंडल, शिराओं एवं फलों तथा बीजों के छिलकों में पाया जाता है।

कूट

(a) 1 और 2 (b) केवल 1
(c) केवल 3 (d) इनमें से कोई नहीं

उत्तर (b)

व्याख्या स्क्लेरेन्काइमा या दृढ़ोतक के संदर्भ में दिए गए कथनों में कथन (1) असत्य है, क्योंकि यह परिपक्वावस्था में जीवद्रव्य विहीन अर्थात् मृत होता है।

कथन (2) और (3) सत्य हैं। यह पादपों को यांत्रिक सहारा व सुरक्षा प्रदान करता है। इस ऊतक की कोशिकाओं के बीच लिग्निन के जमाव के कारण अंतराकोशिकीय स्थान नहीं पाया जाता है। यह संवहन बंडल, शिराओं एवं फलों तथा बीजों के छिलकों में पाया जाता है।

8 निम्न में से असंगत युग्मों का चयन कीजिए। *(Chap 6, Class-XI, NCERT)*

	सूची-I (कोशिका के प्रकार)		सूची-II (लक्षण)
(a)	मीसोफिल	—	पत्तियों में उपस्थित हरितलवक युक्त मृदूतकी भरण ऊतक
(b)	कैम्बियम	—	जाइलम एवं फ्लोएम के मध्य उपस्थित द्वितीयक विभज्योतक
(c)	क्यूटिकल	—	पर्ण की बाह्य त्वचा पर उपस्थित मोम का स्तर
(d)	द्वार कोशिका	—	वाष्पोत्सर्जन में सहायक अर्द्धचंद्राकार कोशिकाएँ

उत्तर (d)

व्याख्या दिए गए युग्मों में से युग्म (d) असंगत है। पत्तियों में उपस्थित रंध्र दो अर्द्धचंद्राकार (Semilunar) या वृक्काकार कोशिकाओं से घिरे रहते हैं, जिन्हें द्वार कोशिकाएँ कहते हैं।

द्वार कोशिकाएँ जीवित तथा हरितलवक युक्त होती है। इनकी अंत:भित्ति मोटी होती है। द्वार कोशिका रंध्रों के खुलने व बंद होने का कार्य करती है। रंध्र वाष्पोत्सर्जन में महत्वपूर्ण भूमिका निभाते हैं व वायुमंडल एवं पादपों के मध्य गैसों का आदान-प्रदान करते हैं।

9 निम्नलिखित कथनों को पढ़िए। *(Chap 6, Class-IX & XI, NCERT)*

कथन I जाइलम रेशों की भित्तियाँ अत्यधिक मोटी होती हैं और केन्द्रीय लेन्सर्स समाप्त हो जाते हैं।

कथन II जाइलम मृदूतक कोशिकाएँ जीवित होती है और इनकी कोशिका भित्तियाँ एब्रिन की बनी होती है।

उपरोक्त कथनों के सन्दर्भ में नीचे दिए गए विकल्पों में से सही उत्तर चुनिए।

(a) कथन I और कथन II दोनों असत्य हैं
(b) कथन I सत्य है, लेकिन कथन II असत्य है
(c) कथन I और कथन II दोनों सत्य हैं
(d) कथन I असत्य है, लेकिन कथन II सत्य है

उत्तर (b)

व्याख्या कथन I सत्य है, लेकिन कथन II असत्य है। इसकी सही व्याख्या इस प्रकार है

जाइलम मृदूतक की कोशिकाएँ जीवित और पतली भित्ति की बनी होती है तथा उनकी कोशिका भित्ति सेलुलोस की बनी होती है

10 निम्न युग्मों को सुमेलित कीजिए। *(Chap 6, Class-XI & XI, NCERT)*

	सूची-I		सूची-II
1.	फ्लोएम	—	वाहिनिकाएँ
2.	जाइलम	—	चालनी कोशिकाएँ
3.	वाहिकाएँ	—	जीवित कोशिकाएँ
4.	काष्ठ मृदूतक	—	मृत कोशिकाएँ

उपर्युक्त युग्मों में कितने युग्म सही सुमेलित है?

(a) केवल एक (b) केवल दो
(c) केवल तीन (d) इनमें से कोई नहीं

उत्तर (a)

व्याख्या दिए गए युग्मों में से कोई भी युग्म सही सुमेलित नहीं है।

फ्लोएम में चालनी कोशिकाएँ पायी जाती है।

जाइलम में वाहिनिकाएँ पाई जाती है।

वाहिकाओं में जीवद्रव्य उपस्थित नहीं होता है। अत: ये मृत होती है।

काष्ठ मृदूतक में जीवद्रव्य पाया जाता है, अत: ये जीवित कोशिकाएँ हैं।

11 निम्न कथनों पर विचार कीजिए एवं सही कूट का चयन कीजिए। *(Chap-6, Class-IX, NCERT)*

1. जाइलम जल एवं खनिज लवणों के अवशोषण का कार्य करते हैं।
2. फ्लोएम भोजन के संवहन का कार्य करते हैं।
3. प्राथमिक और द्वितीयक फ्लोएम से जुड़ी हुई स्क्लेरेन्काइमा कोशिकाएँ सामान्यतया फ्लोएम तन्तु कहलाते हैं।

कूट

(a) 1 और 2 (b) 2 और 3 (c) 1, 2 और 3 (d) 1 और 3

उत्तर (c)

व्याख्या दिए गए तीनों कथन सही हैं।

जाइलम जल एवं खनिज लवणों के अवशोषण का कार्य करते हैं।

फ्लोएम भोजन के संवहन का कार्य करते हैं।

प्राथमिक और द्वितीयक फ्लोएम से जुड़ी हुई स्क्लेरेन्काइमा कोशिकाएँ सामान्यतया फ्लोएम तन्तु कहलाते हैं। यह पादप शरीर को यान्त्रिक शक्ति प्रदान करते हैं।

12 फ्लोएम के लिए दिए गए कथनों में से असत्य कथनों का चयन कीजिए। *(Chap 6, Class-XI, NCERT)*

1. यह जटिल संवहनी ऊतक है।
2. यह यांत्रिक ऊतक है।
3. यह भोजन संवाहक ऊतक है, जो स्टार्च के रूप में भोजन का परिवहन करता है।
4. इसमें केंद्रक विहीन चालनी नलिकाएँ दोनों दिशाओं में परिवहन करती हैं।

कूट
(a) 2 और 3
(b) केवल 4
(c) 1 और 4
(d) केवल 3

उत्तर (a)

व्याख्या फ्लोएम के लिए दिए गए कथनों में से कथन (2) और (3) असत्य हैं, क्योंकि फ्लोएम या पोषवाह यांत्रिक ऊतक नहीं है, यह एक जटिल संवहनी ऊतक है। यह केंद्रक विहीन चालनी नलिकाओं, सहकोशिकाओं, फ्लोएम मृदूतक एवं दृढ़ोतकी फ्लोएम रेशों से मिलकर बना होता है। यह पत्तियों द्वारा निर्मित भोजन को घुलित अवस्था में पादप के प्रत्येक भाग तक पहुँचाता है। अत: इन्हें भोजन संवाहक कहते हैं, जो सुक्रोस के रूप में भोजन का परिवहन दोनों दिशाओं (ऊपर एवं नीचे की ओर) में करता है।

13 निम्न युग्मों में से कौन-सा युग्म सही सुमेलित है?
(Chap 6, Class-IX, XI, NCERT)

	सूची-I (कोशिका)		सूची-II (लक्षण)
(a)	चालनी नलिका	—	भोजन का संग्रहण
(b)	पोषवाह रेशे	—	जूट के रेशे
(c)	वाहिका	—	एकल केंद्रक युक्त जल संवाहक कोशिका
(d)	जाइलम रेशे	—	जल का परिवहन

उत्तर (b)

व्याख्या दिए गए युग्मों में से युग्म (b) सही सुमेलित है। जूट एक फ्लोएम या पोषवाह रेशा है। चालनी नलिका (Sieve tube) पोषवाह में उपस्थित होती है। इसमें भोज्य पदार्थों का घुलित अवस्था में स्थानांतरण होता है न कि भोज्य पदार्थों का संग्रहण होता है।

वाहिका (Vessel) दारु (Xylem) ऊतक में उपस्थित होती है। ये निर्जीव अर्थात् केंद्रक विहीन व स्थूलित भित्ति वाली होती हैं। ये जल व खनिज लवणों का संवहन करती हैं।

जाइलम रेशे लंबे, पतले, सिरों पर नुकीले, निर्जीव व मोटी भित्ति वाले होते हैं। ये पादप को यांत्रिक सहारा एवं दृढ़ता प्रदान करते हैं।

14 जटिल स्थायी ऊतकों के संदर्भ में कौन-सा कथन सही है?
(Chap 6, Class-IX & XI, NCERT)

1. इसमें एक से अधिक प्रकार की कोशिकाएँ एक ही कार्य करती हैं।
2. जाइलम मृत, जबकि फ्लोएम जीवित ऊतक होता है।
3. ये जल का एक ओर एवं भोजन का दोनों ओर परिवहन करते हैं।

कूट
(a) केवल 1
(b) 1 और 3
(c) 2 और 3
(d) ये सभी

उत्तर (d)

व्याख्या जटिल स्थायी ऊतकों के संदर्भ में दिए गए सभी कथन सही हैं। जटिल स्थायी ऊतक एक से अधिक प्रकार की कोशिकाओं से मिलकर बने होते हैं, जो एक साथ मिलकर एक इकाई की तरह कार्य करते हैं।

जाइलम प्राय: मृत कोशिकाओं का बना होता है, परंतु जाइलम मृदूतक अपवाद स्वरूप सजीव होता है। फ्लोएम जीवित कोशिकाओं का बना होता है, परंतु फ्लोएम तंतु अपवादस्वरूप निर्जीव होता है। जटिल स्थायी ऊतक जाइलम जल का एक तरफ नीचे से ऊपर की ओर परिवहन करता है, जबकि फ्लोएम भोजन का ऊपर व नीचे दोनों ओर परिवहन करता है।

15 निम्नलिखित सूची-I को सूची-II के साथ सुमेलित कीजिए।
(Chap 6, Class-IX & XI, NCERT)

सूची-I (पादप ऊतक)	सूची-II (कार्य)
A. कोलेन्काइमा	1. प्रकाश-संश्लेषण
B. क्लोरेन्काइमा	2. नारियल की छाल का निर्माण
C. पैरेन्काइमा	3. पर्णवृंत का निर्माण
D. स्क्लेरेन्काइमा	4. भोजन का संचय

कूट

	A	B	C	D		A	B	C	D
(a)	4	1	3	2	(b)	4	3	2	1
(c)	3	1	4	2	(d)	3	4	1	2

उत्तर (c)

व्याख्या सही सुमेलन A-3, B-1, C-4, D-2 है।

कोलेन्काइमा या स्थूलकोणोतक द्विबीजपत्री शाकीय पादपों के तने को यांत्रिक सहारा प्रदान करता है व पर्णवृंत के निर्माण में सहायता करता है, जबकि एकबीजपत्री में कोलेन्काइमा अनुपस्थित होता है।

क्लोरेन्काइमा मृदूतक पादपों में उपस्थित होने पर ये प्रकाश-संश्लेषण द्वारा खाद्य पदार्थों का निर्माण करता है।

पैरेन्काइमा या मृदूतक का प्रमुख कार्य जल एवं खाद्य-पदार्थों (मंड, प्रोटीन व वसा) को संचित करना है।

स्क्लेरेन्काइमा या दृढ़ोतक पादप की बाहरी परतों में रक्षात्मक ऊतक के रूप में कार्य करता है, जैसे यह नारियल की छाल का निर्माण करता है।

16 भरण ऊतक के सन्दर्भ में सही कथन है।
(Chap 6, Class-IX, NCERT) (Chap 7, Class-XI, NCERT)

A. भरण ऊतक में अधिचर्मीय ऊतक पाया जाता है।
B. भरण ऊतक में संवहन पूल पाया जाता है।
C. भरण ऊतक में कॉर्टेक्स, अन्तस्त्वचा, परिरम्भ एवं मज्जा सम्मिलित है।

कूट
(a) A व B (b) केवल B (c) B व C (d) केवल C

उत्तर (d)

व्याख्या भरण ऊतक के सन्दर्भ में सही कथन (C) है। भरण ऊतक में कॉर्टेक्स, अंतस्त्वचा, परिरम्भ एवं मज्जा सम्मिलित है। भरण ऊतक में अधिचर्मीय ऊतक व संवहन पूलीय ऊतक नहीं होते हैं।

17 एपिथीलियम ऊतक के संदर्भ में सही कथनों का चयन कीजिए।
(Chap 6, Class-IX, NCERT) (Chap 7, Class-XI, NCERT)

1. यह केवल एक्टोडर्म से निर्मित होते हैं।
2. यह त्वचा के निर्माण के साथ-साथ अंगों के अस्तर (आवरण) का निर्माण करते हैं।
3. यह अंतराकोशिकीय अवकाश विहीन ऊतक है।

कूट
(a) केवल 2 (b) 1 और 2 (c) 1 और 3 (d) ये सभी

उत्तर (a)

व्याख्या एपिथीलियम ऊतक के संदर्भ में कथन (2) सही है, क्योंकि ये ऊतक त्वचा के निर्माण के साथ-साथ अंगों के अस्तर का निर्माण करते हैं।

कथन (1) और (3) सही नहीं हैं, क्योंकि एपिथीलियम या उपकला ऊतक भ्रूणीय परिवर्द्धन के दौरान सर्वप्रथम उत्पन्न होने वाला ऊतक है। यह भ्रूण के तीनों प्रकार के जननस्तरों बाह्य, मध्य व आंतरिक से उत्पन्न होने वाला एकमात्र ऊतक है। इस ऊतक में अंतराकोशिकीय अवकाश नगण्य होते हैं, परंतु कहीं कहीं पदार्थों के परिवहन हेतु सूक्ष्म छिद्रनुमा अवकाश (Space) होते हैं।

18 सूची-I को सूची-II से मिलाइए। *(Chap 7, Class-XI, NCERT)*

सूची-I	सूची-II
A. अन्तराली संयोजी ऊतक	1. इलास्टिन तन्तुओं से निर्मित
B. जालिकामय संयोजी ऊतक	2. शिराओं की भित्तियाँ
C. श्वेत तन्तुमय ऊतक	3. प्रतिरक्षा में सहायक
D. पीत लोचदार ऊतक	4. टेण्डॉन या कण्डराओं का निर्माण

कूट

	A	B	C	D		A	B	C	D
(a)	3	1	2	4	(b)	2	3	4	1
(c)	3	2	4	1	(d)	4	2	1	3

उत्तर *(b)*

व्याख्या सही मिलान A-2, B-3, C-4, D-1 है।

अन्तराली संयोजी ऊतक धमनी व शिराओं की भित्तियों में पाया जाता है।

जालिकामय संयोजी ऊतक प्लीहा में, थाइमस व अस्थि मज्जा में पाया जाता है। यह शरीर की प्रतिरक्षा में सहायक है।

श्वेत तन्तुमय ऊतक टेण्डॉन या कण्डराओं का निर्माण करता है।

पीत लोचदार ऊतक इलास्टिन तन्तुओं से निर्मित होते हैं।

19 निम्न कथन (A) व कारण (R) को पढ़िए और नीचे दिए गए कूट की सहायता से सही उत्तर का चयन कीजिए। *(Chap 6, Class-IX, NCERT) (Chap 7, Class-XI, NCERT)*

कथन (A) त्वचा का निर्माण स्तरित शल्की एपिथीलियम से होता है।

कारण (R) यह एपिथीलियम चपटी होने के साथ बहुस्तरीय होती है।

कूट

(a) A और R दोनों सहीं हैं तथा R, A का सही स्पष्टीकरण है।
(b) A और R दोनों सहीं हैं, परंतु R, A का सही स्पष्टीकरण नहीं है।
(c) A सही है, किंतु R गलत है।
(d) A गलत है, किंतु R सही है।

उत्तर *(b)*

व्याख्या कथन (A) और कारण (R) दोनों सही हैं, परंतु कारण (R), कथन (A) का सही स्पष्टीकरण नहीं है।

त्वचा का निर्माण स्तरित शल्की एपिथीलियम से होता है। इस ऊतक की सबसे, बाहरी परत की कोशिकाएँ चपटी व शल्क (Scale) के समान, जबकि आंतरिक परत की कोशिकाएँ घनाकार या स्तंभाकार होती हैं। इन दोनों स्तरों के मध्य चपटी बहुतलीय/बहुस्तरीय कोशिकाओं के अनेक स्तर पाए जाते हैं। ये अपना पोषण आधारीय संयोजी ऊतक से ग्रहण करके सक्रिय विभाजन करती है व ऊपर की ओर निरंतर कोशिकाओं के नए स्तरों का निर्माण करती है।

20 निम्नलिखित सूची-I को सूची-II के साथ सुमेलित कीजिए। *(Chap 7, Class-XI, NCERT)*

सूची-I (उपकला ऊतक)	सूची-II (स्थान/कार्य)
A. शल्की उपकला	1. लार नलिका में
B. स्तंभाकार उपकला	2. पचित भोजन का अवशोषण
C. स्तंभाकार पक्ष्माभी उपकला	3. वायु कूपिका में गैसों का विनिमय
D. घनाकार उपकला	4. श्वास नलिका में

कूट

	A	B	C	D		A	B	C	D
(a)	2	1	4	3	(b)	3	4	2	1
(c)	4	3	2	1	(d)	3	2	4	1

उत्तर *(d)*

व्याख्या सही सुमेलन A-3, B-2, C-4, D-1 है।

शल्की उपकला वायु कूपिका में उपस्थित होती है, जोकि गैसों के विनिमय में सहायक होती है।

स्तंभाकार उपकला कोशिकाओं के मध्य प्राय: श्लेष्म का स्रावण करने वाली चषक (Goblet) कोशिकाएँ उपस्थित होती हैं। इस ऊतक का प्रमुख कार्य स्रावण व आँत में पचित भोजन का अवशोषण है।

स्तंभाकार पक्ष्माभी उपकला कोशिकाओं के बाहरी सिरे पर पक्ष्माभ होते हैं एवं इन पक्ष्माभों की गति द्वारा श्लेष्म व अन्य पदार्थ आगे की ओर धकेले जाते हैं, उदाहरण-श्वास नलिका तथा अंडवाहिनी में।

घनाकार उपकला एक परतीय उपकला है। 'इस ऊतक का प्रमुख कार्य अवशोषण, स्रावण व उत्सर्जन से जुड़ा होता है; उदाहरण-त्वचा की स्वेद नलिकाएँ और लार नलिकाएँ, आदि।

21 निम्न में से संयोजी ऊतकों के उदाहरण कौन-से है/हैं? *(Chap 7, Class-XI, NCERT)*

1. अस्थि
2. रुधिर
3. लसीका
4. एरिओलर ऊतक
5. बाइसेप्स पेशी
6. नेत्र का लेंस
7. उपास्थि
8. एडिपोज ऊतक

कूट

(a) 1, 2, 3, 4, 5 और 8
(b) 1, 2, 3, 4, 7 और 8
(c) 1, 4, 6, 7 और 8
(d) 1, 3, 4, 6, 7 और 8

उत्तर *(b)*

व्याख्या दिए गए विकल्पों में से संयोजी ऊतक के उदाहरण अस्थि, रुधिर, लसीका, एरिओलर ऊतक, उपास्थि तथा एडिपोज ऊतक है। बाइसेप्स पेशी रेखित पेशी का उदाहरण है। यह पेशीय ऊतक से संबंधित है। नेत्र का लेंस एक जीवित ऊतक नहीं है।

22 सूची-I से सूची-II को सुमेलित कीजिए। *(Chap 7, Class-XI, NCERT)*

सूची-I	सूची-II
A. त्वचा	1. वसीय ऊतक
B. उपास्थि	2. स्ट्रेटिफाइड स्क्वेमस एपिथीलियम
C. कंकालीय माँसपेशियाँ	3. रेखित माँसपेशियाँ
D. सबक्यूटेनियस परत	4. जोड़ों की सतह

	A	B	C	D		A	B	C	D
(a)	1	2	3	4	(b)	4	3	2	1
(c)	2	4	3	1	(d)	2	4	1	3

उत्तर *(c)*

व्याख्या सही सुमेलन A-2, B-4, C-3, D-1 है।

त्वचा में स्ट्रेटिफाइड स्क्वेमस एपिथीलियम कोशिकाओं से मिलकर बनी होती है। उपास्थि जोड़ों की सतह में पाई जाती है।

कंकालीय माँसपेशियाँ रेखित माँसपेशियाँ होती है।

सबक्यूटेनियस परत वसीय ऊतक द्वारा निर्मित होती है।

23 निम्न में से रुधिर की संरचना के संदर्भ में असत्य कथन का चयन कीजिए। *(Chap 7, Class-XI, NCERT)*

1. रुधिर दो घटकों से मिलकर बना होता है, प्लाज्मा (60%) एवं कोशिकाएँ (40%)
2. रुधिर के लाल होने का कारण RBCs में उपस्थित हीम (लौह) युक्त प्रोटीन होता है।

3. रुधिर में सर्वाधिक संख्या RBCs की पाई जाती है, जिनका जीवन काल 3 माह तक होता है।

कूट

(a) 1 और 2 (b) केवल 3 (c) केवल 1 (d) 2 और 3

उत्तर *(b)*

व्याख्या रुधिर की संरचना के संदर्भ में कथन (3) असत्य है, क्योंकि रुधिर में सर्वाधिक संख्या में RBCs पाई जाती हैं। इनकी औसत संख्या 4.5-5 मिलियन प्रति क्यूबिक मिमी होती हैं, किंतु इनका जीवन काल लगभग 4 माह या 120 दिन का होता है।

कथन (1) और (2) सत्य हैं। रुधिर दो घटकों प्लाज्मा और कोशिकाओं से मिलकर बना है। रुधिर के लाल होने का कारण लाल रुधिर कणिकाओं (Red Blood Corpuscles, RBCs) में उपस्थित हीम (लौह) युक्त प्रोटीन हीमोग्लोबिन वर्णक होता है।

24 अस्थि के संदर्भ में निम्न में से कौन-सा कथन असत्य है? *(Chap 6, Class-IX, NCERT) (Chap 7, Class-IX, NCERT)*

1. इसका निर्माण ऑस्टियोसाइट से होता है।
2. दो अस्थियाँ परस्पर स्नायु द्वारा जुड़ी नहीं होती है।
3. गति हेतु माँसपेशियाँ अस्थियों से कण्डरा द्वारा जुड़ी रहती हैं एवं इन्हें नियंत्रित करती हैं।

कूट

(a) 2 और 3 (b) केवल 2 (c) 1 और 2 (d) केवल 3

उत्तर *(b)*

व्याख्या अस्थि के संदर्भ में दिए गए कथनों में कथन (2) असत्य है, क्योंकि दो अस्थियाँ परस्पर स्नायु (Ligament) द्वारा जुड़ी रहती हैं।

कथन (1) और (3) सत्य हैं। अस्थि की कोशिकाओं को ऑस्टियोसाइट कहते हैं एवं अस्थि का निर्माण इन्हीं से होता है। ये कोशिकाएँ चपटी होती हैं और छोटी-छोटी गर्तिकाओं (Lacunae) में बंद रहती हैं। गति हेतु माँसपेशियाँ अस्थियों से कण्डरा (Tendon) द्वारा जुड़ी रहती है एवं इन्हें नियंत्रित करती हैं।

25 नीचे दिए गए कथनों को पढ़िए एवं सही कूट का चयन कीजिए। *(Chap 6, Class-IX, NCERT) (Chap 7, Class-XI, NCERT)*

A. विभिन्न अन्त: स्रावी ग्रन्थियाँ, बहिस्रावी ग्रन्थियाँ तथा चषक कोशिकाएँ ग्रन्थिल उपकला से निर्मित होती है।

B. इसकी कोशिकाओं से विशेष प्रकार का पदार्थ स्रावित होता है।

कूट

(a) केवल A (b) केवल B
(c) A व B (d) इनमें से कोई नहीं

उत्तर *(c)*

व्याख्या कथन A व B दोनों सही हैं। विभिन्न अन्त: स्रावी ग्रन्थियाँ, बहिस्रावी ग्रन्थियाँ तथा चषक कोशिकाएँ ग्रन्थिल उपकला का उदाहरण है। यह ग्रन्थिल उपकला से निर्मित होती है तथा इनकी कोशिकाएँ विशेष प्रकार का पदार्थ स्रावित करती है।

26 निम्न में से असंगत युग्म कौन-सा है? *(Chap 6, Class-IX, NCERT)*

	अंग/ऊतक		कार्य
(a)	एरिओलर	—	ऊतकों की मरम्मत
(b)	लसीका	—	पदार्थों का परिवहन
(c)	एडिपोज	—	वसा का उपापचय
(d)	अस्थि	—	खनिज लवणों का संचय

उत्तर *(c)*

व्याख्या दिए गए युग्मों में से युग्म (c) असंगत है। वसा का उपापचय (Metabolism) यकृत में होता है। एडिपोज ऊतक में वसा का संग्रह होता है। यह मानव की त्वचा के नीचे संग्रहित वसा होती है। इस ऊतक का प्रमुख कार्य खाद्य पदार्थ का संग्रहण, शरीर को अत्यधिक दबाव व धक्कों से बचाना, शरीर को आकृति प्रदान करना और तापरोधक (Thermal insulator) स्तर के रूप में कार्य करना है।

27 निम्नलिखित युग्मों में से कितने युग्म सही सुमेलित हैं? *(Chap 6, Class-IX, NCERT) (Chap 7, Class-XI, NCERT)*

	जंतु ऊतक		कार्य/लक्षण
1.	उपास्थि	—	व्हेल का ब्लबर
2.	एरिओलर	—	हैवर्सियन नलिकाएँ
3.	अस्थि	—	हिस्टामिन प्रोटीन
4.	एडिपोज	—	कॉन्ड्रिन

कूट

(a) केवल एक (b) केवल दो
(c) केवल तीन (d) इनमें से कोई नहीं

उत्तर *(d)*

व्याख्या दिए गए युग्मों में से कोई भी युग्म सही सुमेलित नहीं है।

उपास्थि के मैट्रिक्स को कॉन्ड्रिन कहते हैं। यह अर्द्धठोस, कुछ लचीला व पारदर्शी होता है। उपास्थि बनाने वाली कोशिका को कॉन्ड्रोब्लास्ट कहते हैं।

एरिओलर आदर्श संयोजी ऊतक है व पूरे शरीर में सबसे अधिक फैला होता है। इसमें हिस्टामिन प्रोटीन, हिपेरिन व सीरोटोनिन उपस्थित होता है।

अस्थि की अस्थि मज्जा में दो प्रकार की नलिकाएँ पाई जाती हैं। पहली हैवर्सियन नलिका व दूसरी वोल्कमान की नलिका।

एडिपोज त्वचा के नीचे की संग्रहित वसा ऊतक होती है; उदाहरण—व्हेल में ब्लबर (Blubber), मेरीनों भेड़ की पूँछ, पीत अस्थि मज्जा, आदि।

28 पेशियों के संदर्भ में निम्न कथनों पर विचार कीजिए। *(Chap 6, Class-IX, NCERT) (Chap 7, Class-XI, NCERT)*

1. पेशियों में उत्तेजनशीलता, संकुचनशीलता, प्रत्यास्थता एवं चालकता का विशेष गुण पाया जाता है।
2. पेशी में एक्टिन एवं मायोसिन नामक दो संकुचनशील एवं प्रत्यास्थ प्रोटीन के तंतु पाए जाते हैं।
3. पेशियाँ शरीर के लगभग 70% भाग का निर्माण करती है।

उपर्युक्त में से कितने कथन असत्य है/हैं?

(a) केवल एक (b) केवल दो
(c) सभी तीन (d) इनमें से कोई नहीं

उत्तर *(a)*

व्याख्या पेशियों के संदर्भ में केवल एक कथन अर्थात् कथन (3) असत्य है, क्योंकि पेशियाँ शरीर के लगभग 50% भाग का निर्माण करती है। पेशियों में उत्तेजनशीलता, संकुचनशीलता, प्रत्यास्थता एवं चालकता का विशेष गुण पाया जाता है। पेशी में एक्टिन एवं मायोसिन नामक दो संकुचनशील एवं प्रत्यास्थ प्रोटीन के तंतु पाए जाते हैं।

29 निम्न में से शरीर में रेखित पेशियों के लिए कौन-सा कथन असत्य है? *(Chap 7, Class-IX, NCERT) (Chap 6, Class-XI, NCERT)*

1. रेखित पेशी को कंकाली या दैहिक पेशी भी कहते हैं।
2. रेखित पेशियाँ हाथों, पैरों, गर्दन, आदि क्षेत्रों में पायी जाती है।
3. ये ऐच्छिक पेशियाँ हैं, जो गति एवं गमन में सहायक होती हैं एवं इनकी उत्पत्ति मीसोडर्म से होती हैं।

कूट
(a) केवल 3
(b) केवल 2
(c) केवल 1
(d) उपर्युक्त में से कोई नहीं

उत्तर (d)

व्याख्या शरीर में रेखित पेशियों के संदर्भ में दिए गए कथनों में से सभी कथन सत्य है।

रेखित पेशी को कंकाली, दैहिक तथा ऐच्छिक पेशी भी कहते हैं। ये पेशियाँ ऐच्छिक गति एवं गमन में सहायक होती हैं एवं ये मुख्य रूप से कंकाली अस्थि से जुड़ी रहती है। इनकी उत्पत्ति मीसोडर्म से होती है। रेखित पेशियाँ हाथों-पैरों, गर्दन आदि क्षेत्रों में पाई जाती हैं।

30 निम्न कथन (A) व कारण (R) को पढ़िए और नीचे दिए गए कूट की सहायता से सही उत्तर का चयन कीजिए।

(Chap 6, Class-IX, NCERT) (Chap 7, Class-XI, NCERT)

कथन (A) **तंत्रिकाएँ शरीर के बाह्य वातावरण या आंतरिक स्थिति में परिवर्तन के कारण जीव द्वारा प्रदर्शित की गई अनुक्रिया को नियंत्रित करती हैं।**

कारण (R) **ये चालक एवं उत्तेजनशील प्रवृत्ति की होती हैं तथा निर्देशों एवं सूचनाओं या संवेदनाओं को आवेगों के रूप में पूरे शरीर में संचारित करती हैं।**

कूट
(a) A और R दोनों सही हैं तथा R, A का सही स्पष्टीकरण है।
(b) A और R दोनों सही हैं, परंतु R, A का सही स्पष्टीकरण नहीं है।
(c) A सही है, किंतु R गलत है।
(d) A गलत है, किंतु R सही है।

उत्तर (a)

व्याख्या कथन (A) और कारण (R) दोनों सही हैं तथा कारण (R), कथन (A) का सही स्पष्टीकरण है।

तंत्रिकाएँ शरीर के बाह्य वातावरण या आंतरिक स्थिति में परिवर्तन के कारण जीव द्वारा प्रदर्शित की गई अनुक्रिया को नियंत्रित करती है, क्योंकि ये चालक एवं उत्तेजनशील प्रवृत्ति की होती हैं तथा निर्देशों एवं सूचनाओं या संवेदनाओं को आवेगों के रूप में पूरे शरीर में संचारित करती हैं।

31 नीचे दी गई सूची-I को सूची-II से सुमेलित कीजिए।

(Chap 7, Class-XI, NCERT) (Chap 6, Class-IX, NCERT)

सूची-I	सूची-II
A. एक्सॉन	1. एक्टिन
B. डेन्ड्राइट	2. मायोसीन
C. पेशी की हल्की पट्टियाँ	3. आवेग ग्राही
D. पेशी की गहरी पट्टियाँ	4. आवेग प्रेषक

कूट

	A	B	C	D		A	B	C	D
(a)	4	3	2	1	(b)	4	3	1	2
(c)	1	3	4	2	(d)	2	4	3	1

उत्तर (b)

व्याख्या सही सुमेलन A-4, B-3, C-1, D-2 है।

एक्सॉन (तंत्रिकाक्ष) कोशिकाकाय का लंबा, बेलनाकार व मोटा प्रवर्ध होता है। इसका कार्य आवेगों का प्रेषण करना होता है।

डेन्ड्राइट (वृक्षिकांत) उद्दीपनों को कोशिकाकाय (Cyton) की ओर ले जाते हैं। अत: ये आवेग ग्राही (Impulse receptor) होते हैं।

पेशी की हल्की पट्टियों को समदैशिक पट्टियाँ या I पट्टी भी कहते हैं। ये एक्टिन प्रोटीन की बनी होती है।

पेशी की गहरी पट्टियों को विषमदैशिक पट्टियाँ या A पट्टी भी कहते हैं। ये मायोसीन प्रोटीन की बनी होती हैं।

32 निम्न कथनों में से पेशियों के संदर्भ में कौन-सा कथन सही नहीं है?

(Chap 7, Class-XI, NCERT) (Chap 6, Class-IX, NCERT)

1. आँखों की पलकों में तर्कुरूपी चिकनी पेशी पाई जाती है।
2. चिकनी पेशी अनैच्छिक प्रवृत्ति की होती है तथा इसमें अनेक केंद्रक पाए जाते हैं।
3. कार्डियक या हृदयी पेशी संरचनात्मक रूप से रेखित, किंतु कार्यात्मक रूप से अरेखित होती है।

कूट
(a) 1 और 2 (b) केवल 2
(c) 2 और 3 (d) ये सभी

उत्तर (b)

व्याख्या पेशियों के संदर्भ में कथन (2) सही नहीं है, क्योंकि चिकनी पेशी अनैच्छिक प्रवृत्ति की होती है, परंतु इसमें अनेक केंद्रक नहीं पाए जाते हैं अर्थात् यह बहुकेंद्रकी नहीं होती है। ये पेशियाँ आँखों की पलकों एवं आंतरागों से संबंधित होती हैं। इन तर्कुरूपी पेशियों के प्रत्येक तंतु में एक बड़ा व लंबा केंद्रक पाया जाता है। प्रत्येक तंतु पर कोशिका झिल्ली पाई जाती है।

हृदयी पेशी संरचना में रेखित पेशी के समान एकांतरित पट्टिकाओं या बैंड युक्त होती हैं एवं कार्य में अरेखित पेशी के समान अनैच्छिक रूप से जीवन पर्यन्त कार्य करती हैं।

33 निम्न में से तंत्रिका कोशिका (न्यूरॉन) के संदर्भ में असत्य कथनों की पहचान कीजिए।

(Chap 7, Class-XI, NCERT) (Chap 6, Class-IX, NCERT)

1. यह मुख्यतया मस्तिष्क एवं मेरुरज्जु में पायी जाती है एवं भ्रूणीय एक्टोडर्म द्वारा निर्मित होती है।
2. इसमें केंद्रक युक्त भाग को एक्सॉन कहते हैं।
3. यह शरीर की सबसे लंबी कोशिका होती है एवं शरीर के सभी अंगों के जैविक कार्यों में समन्वय स्थापित करती है।

कूट
(a) केवल 2 (b) 1 और 2
(c) केवल 3 (d) 2 और 3

उत्तर (a)

व्याख्या न्यूरॉन/तंत्रिका कोशिका के संदर्भ में दिए गए सभी कथनों में कथन (2) असत्य है, क्योंकि तंत्रिका कोशिका के केंद्रक युक्त भाग को साइटॉन कहते हैं।

कथन (1) और (3) सत्य हैं। तंत्रिका कोशिका भ्रूणीय एक्टोडर्म द्वारा विकसित होती है। यह शरीर की सबसे लंबी कोशिका होती है व शरीर के सभी अंगों के जैविक कार्यों में समन्वय स्थापित करती है। यह मुख्यतया मस्तिष्क एवं मेरुरज्जु (Spinal chord) में पाई जाती है।

अध्याय 04

आनुवंशिकी

आनुवंशिकी
(जीवो में विभिन्नताओं एवं वंशागति का अध्ययन)

आनुवंशिकता/वंशागति के नियम

आनुवंशिकता/वंशागति के नियम

- **ग्रेगर जॉन मेण्डल** आनुवंशिकी के जनक (मटर पर प्रयोग द्वारा आनुवंशिकता के नियमों के प्रतिपादन एवं प्रायोगिक सत्यापन)
- **जीन** वंशागति की इकाई विल्हेम जॉनसन (1909)
- मेण्डल के नियमों की पुनः खोज- ह्यूगो डी व्रीज, कार्ल कॉरेन्स एवं एरिक वॉन शेरमैक

(i) **प्रभाविता का नियम** इस नियम के अनुसार, जब दो विपर्यासी (विपरीत) लक्षणों वाले पौधों के मध्य संकरण करवाया जाता है, तो जो लक्षण प्रथम पीढ़ी (F_1) में प्रकट होता है, वह प्रभावी लक्षण कहलाता है एवं इस गुण को 'प्रभाविता' कहते हैं।

(ii) **पृथक्करण का नियम** इस नियम के अनुसार, युग्मक निर्माण के समय कारकों (जीन) के जोड़े एक-दूसरे से पृथक् हो जाते हैं एवं एक युग्मक में दो में से केवल एक ही जीन आता है अर्थात् जोड़ों में उपस्थित होने पर भी एक एलील के जीन परस्पर सम्मिश्रित नहीं होते हैं एवं एक-दूसरे के कार्य को प्रभावित नहीं करते हैं।

(iii) **स्वतंत्र अपव्यूहन का नियम** मेंडल के इस नियम का आधार द्विसंकर संकरण है। इस नियम के अनुसार, जब दो या दो से अधिक असंबंधित प्रभावी लक्षणों वाले पौधों के मध्य संकरण कराया जाता है, तो उनके जीन युग्म के कारकों का पृथक्करण एवं अपव्यूहन स्वतंत्र रूप से होता है अर्थात् ये स्वतंत्र रूप से पृथक् होकर जनकों के अन्य किसी भी लक्षण के साथ संयोग न बनाते हुए संतति पीढ़ियों में जाते हैं।

वंशागति का गुणसूत्रीय सिद्धांत

वंशागति का गुणसूत्रीय सिद्धांत

- सटन एवं बोवेरी (1902 में)
- गुणसूत्र आनुवंशिक लक्षणों के नियंत्रक -जीन के वाहक

मानव में लिंग निर्धारण

- मानव-23 जोड़ी या 46 गुणसूत्र
- 44+ XY– नर, 44+ XX→मादा

उत्परिवर्तन

- जीव के जीनोम (DNA) में अचानक से उत्पन्न परिवर्तन।
- उत्परिवर्तन करने वाले भौतिक व रासायनिक कारकः उत्परिवर्तनजन उदाहरण-X किरणें, UV किरणें।
- वंशागति का आण्विक आधार

आनुवंशिक पदार्थ

- **फ्रेडरिक मिश्चर** DNA की खोज

डीऑक्सी राइबोन्यूक्लिक अम्ल (DNA)

- द्विरज्जुक पॉलीन्यूक्लियोटाइड श्रृंखला,
- **न्यूक्लियोटाइड** डिऑक्सीराइबोस नामक पेंटोस शर्करा + नाइट्रोजनी क्षारक (A, T, G, C) + फॉस्फेट समूह
- एडीनीन (A), ग्वानीन (G) = प्यूरीन थाइमिन (T), साइटोसिन (c) = पिरीमिडीन
- **न्यूक्लियोसाइड** पेन्टोस शर्करा + नाइट्रोजनी क्षारक
- **द्विकुण्डलित मॉडल** वॉटसन एवं क्रिक
- **चारगॉफ नियम** (A + G = T+C)

राइबोन्यूक्लिक अम्ल (RNA)

- राइबोस नामक- पेन्टोस शर्करा
- थाइमिन (T) की जगह यूरेसिल (U)
- (*r*RNA), (*t*RNA) व (*m*-RNA)

आनुवंशिक विकार

हीमोफिलिया

- अप्रभावी ×– लिंग सहलग्न वंशागति का उदाहरण
- **वाहक** विषययुग्मजी मादा
- चोट लगने पर रुधिर का थक्का न बनना

वर्णांधता

- अप्रभावी × लिंग सहलग्न वंशागति का उदाहरण
- लाल व हरे रंग में विभेदन नहीं

दाँत्र (सिकल) कोशिका अरक्तता

- उपापचयी विकार
- RBC का आकार दाँत्राकार
- β–श्रृंखला का प्रथम अमीनों अम्ल वैलीन से जुड़ना

फिनाइलकीटोनूरिया

- फिनाइल ऐलेनीन अमीनों अम्ल का टाइरोसीन में बदलना
- मानसिक दुर्बलता का कारण

डाउन सिण्ड्रोम

- 21वें गुणसूत्र की एकाधिसूत्रता (Trisomy)
- कद छोटा
- सिर गोल, मोटी जीभ

क्लाइनफेल्टर सिण्ड्रोम

- X-गुणसूत्र की एकाधिसूत्रता
- 47 गुणसूत्र (44+XXY)
- बाँझ मादा (पुरूष व मादा के दोनों के लक्षण)

टर्नर सिण्ड्रोम

- मादा में X गुणसूत्र का अभाव-कुल 45 गुणसूत्र (44 + XO)
- द्वितीयक लक्षणों का अभाव

SOURCE NCERT Class-X आनुवंशिकता, NCERT Class-XII वंशागति तथा विविधता के सिद्धांत, वंशागति का आण्विक आधार Unit 18 Class X Tamil Nadu Board वंशागति, Chap 25 Module-5 NIOS वंशागति

1 मेण्डल के प्रयोगानुसार निम्न में से असंगत युग्म कौन-सा है?

(Chap 4, Class-XII, NCERT)

(a) बीज की आकृति - गोल/झुर्रीदार (b) बीज का रंग - पीला/हरा
(c) फली का रंग - हरा/पीला (d) पुष्प का रंग - लाल/सफेद

उत्तर *(d)*

व्याख्या मेण्डल के प्रयोगानुसार युग्म (d) असंगत है, क्योंकि मेण्डल ने प्रयोग के लिए मटर के पुष्प का रंग लाल/सफेद नहीं, बल्कि बैंगनी/सफेद लिया था। मेण्डल ने अपने प्रयोग के लिए मटर के सात जोड़े विपरीत लक्षणों को लिया जिनमें चिकने या झुर्रीदार बीज (बीज की आकृति), पीले या हरे बीज (बीज का रंग), हरी या पीली फली (फली का रंग), लंबे या बौने पौधे (ऊँचाई), बैंगनी या सफेद पुष्प (पुष्प का रंग), कक्षीय या अग्रस्थ पुष्प (फूल की स्थिति) और फूली हुई या संकुचित फली (फली का आकार) शामिल है।

2 निम्न में से कौन-सी प्रक्रिया जीवों में विभिन्नताएँ उत्पन्न करती हैं?

(Chap 8, Class-X, NCERT)

1. लैंगिक जनन 2. कायिक जनन
3. अनुकूलन एवं प्राकृतिक चयन 4. उत्परिवर्तन
5. अर्द्धसूत्री विभाजन 6. क्लोनिंग

कूट

(a) 1, 4 और 5 (b) 1, 2, 3, 4 और 5
(c) 1, 3, 4 और 5 (d) 3, 4, 5 और 6

उत्तर *(c)*

व्याख्या लैंगिक जनन, अनुकूलन एवं प्राकृतिक चयन, उत्परिवर्तन व अर्द्धसूत्री विभाजन द्वारा जीवों में विभिन्नताएँ उत्पन्न होती हैं।

कायिक जनन व क्लोनिंग द्वारा जीवों में विभिन्नताएँ उत्पन्न नहीं होती है, क्योंकि इसमें एक ही जीव के शरीर के किसी भाग से नई संतति का निर्माण होता है जोकि DNA की संरचना में 100% जनक के समान होती है।

3 निम्न कथनों पर विचार कर असत्य कथनों का चयन कीजिए।

(Chap 4, Class-XII, NCERT)

1. आनुवंशिक लक्षण माता-पिता से बच्चों में स्थानांतरित होते हैं एवं इन लक्षणों के निर्धारक जीन होते हैं।
2. कायिक विभिन्नताएँ, जननिक विभिन्नताओं से भिन्न होती हैं, क्योंकि ये वंशागत हो भी सकती हैं और नहीं भी।
3. विभिन्नताएँ प्रतिकूल परिस्थितियों के प्रति जीव में अनुकूलताएँ उत्पन्न करती हैं एवं जैव विकास तथा जाति उद्भव का आधार होती हैं।

कूट

(a) केवल 2 (b) केवल 3 (c) केवल 1 (d) इनमें से कोई नहीं

उत्तर *(a)*

व्याख्या दिए गए कथनों में कथन (2) असत्य है, क्योंकि कायिक विभिन्नताएँ जननिक विभिन्नताओं से भिन्न होती हैं, ये वंशागत नहीं होती है, अर्थात् कायिक ऊतकों में होने वाले परिवर्तन लैंगिक कोशिकाओं (युग्मक) के DNA को प्रभावित नहीं करते हैं; जैसे—पूँछ विहीन चूहे की संतति पूँछ विहीन नहीं होती है, क्योंकि यह कायिक परिवर्तन है। पूँछ कटने से जनन कोशिकाओं के जीन पर कोई प्रभाव नहीं पड़ता है।

4 मेण्डल के आनुवंशिकी के प्रयोगों के संदर्भ में निम्न कथनों पर विचार कीजिए।

(Chap 4, Class-XII, NCERT) (Chap 8, Class-X, NCERT)

1. मेण्डल ने 1857 ई. में ब्रून के चर्च में सात जोड़ी विपर्यासी लक्षणों का चयन कर मटर के पौधे पर अपने प्रयोग किए।
2. मेण्डल के नियम की पुन: खोज ह्यूगो डी व्रीज, कॉर्ल कोरेंस एवं शैरमाक ने वर्ष 1900 में की।
3. वंशागति के नियमों का सर्वप्रथम प्रतिपादन वाल्टर सटन ने किया था।

उपर्युक्त में से कितने कथन सही नहीं है/हैं?

(a) केवल एक (b) केवल दो
(c) सभी तीन (d) इनमें से कोई नहीं

उत्तर *(a)*

व्याख्या मेण्डल के आनुवंशिकी के प्रयोगों के संदर्भ में केवल एक कथन अर्थात् (3) सही नहीं हैं, क्योंकि वंशागति के नियमों का सर्वप्रथम प्रतिपादन वाल्टर सटन ने नहीं, बल्कि ग्रेगर जॉन मेण्डल ने किया था। वाल्टर सटन और थियोडोर बोवेरी ने मेण्डल के नियमों को क्रोमोसोम की गतिविधि द्वारा समझाया। सटन ने क्रोमोसोम के विसंयोजन के ज्ञान को मेण्डल के सिद्धांतों के साथ जोड़कर 'वंशागति का क्रोमोसोमवाद' (Chromosomal theory of inheritance) प्रस्तुत किया।

5 आनुवंशिकता के मेण्डलीय प्रयोगों के अनुसार निम्न में से कौन-सा कथन असत्य है?

(Chap 8, Class-X, NCERT)

1. मटर के पौधे में पुष्प की कक्षीय स्थिति, अग्रस्थ स्थिति की तुलना में प्रभावी होती है।
2. मेण्डलवाद के अनुसार कारक आनुवंशिकी की क्रियात्मक इकाई होते हैं।
3. एलील में यदि दोनों जीन एक ही प्रकार के होते हैं, तो इन्हें समयुग्मजी एवं शुद्ध जाति कहते हैं।

कूट

(a) 1 और 2 (b) केवल 2
(c) केवल 1 (d) इनमें से कोई नहीं

उत्तर *(d)*

व्याख्या आनुवंशिकता के मेण्डलीय प्रयोगों के आधार पर दिए गए कथनों में से कोई भी कथन असत्य नहीं है।

मटर के पौधे में पुष्प की कक्षीय स्थिति, अग्रस्थ स्थिति की तुलना में प्रभावी होती है।

मेण्डलवाद के अनुसार कारक आनुवंशिकी की क्रियात्मक इकाई होती हैं। मेण्डल ने जीन को कारक कहा। जीन गुणसूत्र पर स्थित वह रचना है, जो किसी आनुवंशिक लक्षण को पीढ़ी दर पीढ़ी स्थानांतरित करती है।

एलील में यदि दोनों जीन एक ही प्रकार के होते हैं, तो इन्हें समयुग्मजी एवं शुद्ध जाति कहते हैं; जैसे—लंबेपन के लिए (TT) या बौनेपन के लिए (tt)।

6 निम्न कथनों में से सही कथन का चयन कीजिए।

(Chap 4, Class-XII, NCERT)

(a) संकर जाति विषमयुग्मजी कहलाती है
(b) किसी भी आनुवंशिकी के प्रयोग में लक्षणप्रारूप (फीनोटाइप) एवं जीनप्रारूप (जीनोटाइप) ज्ञात करना सरल कार्य नहीं है
(c) $Tt \times tt$ परीक्षार्थ संकरण का उदाहरण है एवं इसका लक्षणप्रारूप अनुपात 1:2:1 होता है
(d) $Tt \times tt$ एवं $Tt \times TT$ द्विसंकर बैक क्रॉस का उदाहरण है

उत्तर *(a)*

व्याख्या दिए गए कथनों में से कथन *(a)* सही है, क्योंकि संकर जाति को ही विषमयुग्मजी कहा जाता है।

कथन (b), (c) और (d) सही नहीं हैं। किसी भी आनुवंशिकी के प्रयोग में लक्षणप्रारूप (फीनोटाइप) एवं जीनप्रारूप (जीनोटाइप) ज्ञात करना सरल होता है। इसे मेण्डल के आनुवंशिकी के नियमों द्वारा ज्ञात कर सकते हैं।

$Tt \times tt$ परीक्षार्थ संकरण का उदाहरण है, परंतु इसका अनुपात 1:1 (आधे लंबे : आधे बौने) प्राप्त होता है।

$Tt \times tt$ एकसंकर टेस्ट क्रॉस व $Tt \times TT$ एकसंकर बैक क्रॉस का उदाहरण है।

7 मेण्डल के एक संकर संकरण के प्रयोग के संदर्भ में निम्न कथनों पर विचार कीजिए। *(Chap 4, Class-XII, NCERT) (Chap 8, Class-X, NCERT)*

1. लंबापन प्रभावी लक्षण होता है, जो F_1 पीढ़ी में प्रदर्शित होता है।
2. F_2 पीढ़ी में बौने पादप की उपस्थिति युग्मकों की शुद्धता के नियम को प्रमाणित करती है।
3. F_1 पीढ़ी का स्व-परागण करवाने पर युग्मकों में जीनों के युग्म के मध्य पृथक्करण के कारण F_2 पीढ़ी का फीनोटाइप 1:2:1 प्राप्त होता है।

उपर्युक्त में से कौन-सा/से कथन असत्य है/हैं?

(a) 1 और 2 (b) केवल 3
(c) केवल 1 (d) 2 और 3

उत्तर *(b)*

व्याख्या मेण्डल के एक संकर संकरण के प्रयोग के संदर्भ में कथन (3) असत्य है, क्योंकि F_1 पीढ़ी के मध्य स्व-परागण कराने पर युग्मकों में जीनों के युग्म के मध्य पृथक्करण के कारण F_2 पीढ़ी का जीनोटाइप या जीनप्रारूप 1:2:1 प्राप्त होता है व फीनोटाइप या लक्षणप्रारूप 3:1 प्राप्त होता है।

8 एक दंपति के नवजात शिशु का रुधिर वर्ग 'O' है, जबकि उनके माता-पिता का रुधिर वर्ग क्रमशः A एवं B है। इसका संभावित कारण है *(Chap 4, Class-XII, NCERT)*

(a) माता-पिता समयुग्मकी हैं।
(b) माता-पिता विषमयुग्मकी हैं।
(c) माता-पिता में से कोई एक विषमयुग्मकी है।
(d) शिशु का रुधिर वर्ग विशेषतया 'O' समूह माता-पिता के रुधिर वर्ग से प्रभावित नहीं होता है।

उत्तर *(b)*

व्याख्या एक दंपति के नवजात शिशु का रुधिर वर्ग 'O' है, जबकि उनके माता-पिता का रुधिर क्रमशः A व B है। इसका संभावित कारण यह है कि माता-पिता दोनों विषमयुग्मकी (Heterozygous) हैं।

यदि माता-पिता का रुधिर वर्ग A और B विषमयुग्मजी है, तो ही उनकी संतान का रुधिर वर्ग O हो सकता है। यदि माता का जीनोटाइप I^AI^O तथा पिता का जीनोटाइप I^BI^O हो, तो माता-पिता के युग्मकों में से कोई एक ही जीनोटाइप हो सकता है अर्थात् I^A या I^B या I^O।

यदि दोनों I^O युग्मकों के बीच निषेचन होता है, तो संतति का जीनोटाइप I^OI^O होगा व बच्चे का रुधिर वर्ग 'O' होगा। इसे निम्न रेखाचित्र से समझा जा सकता है

माता (युग्मक)

पिता (युग्मक)	♂ \ ♀	I^A	I^O	
	I^B	I^AI^B	I^BI^O	संतति
	I^O	I^AI^O	I^OI^O	

9 मेण्डल के नियमानुसार, जीवों में युग्म विकल्पी (एलिल्स) के दो जीन या कारकों में से एक प्रभावी तथा दूसरा अप्रभावी होता है, किंतु गुलाबाँस या 4 O' Clock पादप पर यह नियम गलत सिद्ध होता है, क्योंकि *(Chap 4, Class-XII, NCERT)*

(a) यह सहलग्नता का उदाहरण है।
(b) यह अपूर्ण प्रभाविता का उदाहरण है।
(c) यह अपूर्ण अप्रभाविता का उदाहरण है।
(d) यह एक संकर क्रॉस का उदाहरण है।

उत्तर *(b)*

व्याख्या मेण्डल के नियमानुसार, जीवों में युग्म विकल्पी के दो जीन या कारकों में से एक प्रभावी तथा दूसरा अप्रभावी होता है, किंतु गुलाबाँस या 4 O'Clock पादप पर यह नियम गलत सिद्ध होता है, क्योंकि यह अपूर्ण प्रभाविता का उदाहरण है।

जब इस पादप की शुद्ध लाल पुष्पों (RR) वाली प्रजाति का शुद्ध सफेद (rr) पुष्पों वाली प्रजाति के साथ संकरण किया जाता है, तो परिणामस्वरूप F_1 पीढ़ी में गुलाबी पुष्प (Rr) प्राप्त होते हैं। जब F_1 संतति को स्व-परागित किया जाता है, तो परिणामस्वरूप 1(RR) लाल : 2 (Rr) गुलाबी : 1(rr) सफेद संतति प्राप्त होती है। इस उदाहरण में R कारक r कारक पर पूर्णतः प्रभावी नहीं होता है। अतः लाल (RR) एवं सफेद (rr) पुष्पों के क्रॉस से गुलाबी (Rr) पुष्प प्राप्त होता है।

10 निम्न में से मेण्डल के द्विसंकर संकरण प्रयोग के संदर्भ में असत्य कथनों की पहचान कीजिए। *(Chap 4, Class-XII, NCERT)*

1. यह स्वतंत्र अपव्यूहन के नियम को सिद्ध करता है, जिसके अनुसार दो या अधिक असंबंधित प्रभावी लक्षणों वाले पादपों के मध्य संकरण करवाने पर ये लक्षण एक-दूसरे को प्रभावित किए बिना अगली पीढ़ी में संचरित होते हैं।
2. द्विसंकर संकरण प्रयोग में फीनोटाइप 9:3:1 प्राप्त होता है।
3. F_2 पीढ़ी में सर्वाधिक बीज गोल एवं पीले प्राप्त होते हैं।

कूट

(a) 2 और 3 (b) 1 और 2 (c) केवल 2 (d) केवल 3

उत्तर *(c)*

व्याख्या मेण्डल के द्विसंकर संकरण प्रयोग के संदर्भ में कथन (2) असत्य है, क्योंकि द्विसंकर संकरण प्रयोग में फीनोटाइप 9:3:3:1 प्राप्त होता है।

कथन (1) और (3) सत्य हैं। मेण्डल का द्विसंकर संकरण प्रयोग स्वतंत्र अपव्यूहन के नियम को सिद्ध करता है। जिसके अनुसार दो या अधिक असंबंधित प्रभावी लक्षणों वाले पादपों के मध्य संकरण करवाने पर ये लक्षण एक-दूसरे को प्रभावित किए बिना अगली पीढ़ी में संचरित होते हैं। जब दो तुलनात्मक आनुवंशिक लक्षणों को ध्यान में रखकर संकरण कराया जाता है, तो इसे द्विसंकर संकरण कहते हैं। मेण्डल ने जब गोल बीज व पीले बीजपत्र वाले पादपों तथा झुर्रीदार बीज व हरे बीजपत्र वाले पादपों के मध्य संकरण करवाया, तो F_1 पीढ़ी में केवल गोल बीज तथा पीले बीजपत्र वाले पादप उत्पन्न हुए व इन पादपों में स्वपरागण करने पर F_2 पीढ़ी में चार प्रकार के पादपों की संख्या में क्रमशः 9 : 3 : 3 : 1 का अनुपात प्राप्त हुआ, जिसमें गोल एवं पीले बीज सर्वाधिक मात्रा में प्राप्त हुए।

11 निम्नलिखित कथनों को पढ़िए एवं सही कूट का चयन कीजिए। *(Chap 4, Class-XII, NCERT) (Chap 8, Class-X, NCERT)*

(A) मैक्कलंग ने ''लिंग निर्धारण के गुणसूत्रीय वाद'' का सिद्धान्त दिया
(B) ''लिंग निर्धारण के गुणसूत्रीय वाद'' के अनुसार सन्तानों का लिंग लक्षण गुणसूत्रों पर निर्भर करता है।
(C) आनुवंशिक लक्षणों के समान मेण्डल के नियमों के अनुसार ही वंशागत होता है।

कूट

(a) A व B (b) C व B
(c) A व C (d) ये सभी

उत्तर *(d)*

व्याख्या A, B, C तीनों कथन सही है।

मैक्कलंग ने 'लिंग निर्धारण के गुणसूत्रीय वाद' का सिद्धान्त दिया। ''लिंग निर्धारण के गुणसूत्रीय वाद'' के अनुसार सन्तानों का लिंग लक्षण गुणसूत्रों पर निर्भर करता है। यह आनुवंशिक लक्षणों के समान मेण्डल के नियमों के अनुसार ही वंशागत होता है।

12 निम्नलिखित कथनों को पढ़िए एवं सही कूट का चयन कीजिए।
(Chap 4, Class-XII, NCERT)

A. मैक्कलंग ने सन् 1902 में टिड्डों में शुक्राणुओं में लिंग निर्धारण की प्रक्रिया को देखा।
B. मैक्कलंग ने इसे विषमजात गुणसूत्र नाम दिया।
C. हेन्किंग ने लिंग निर्धारण के गुणसूत्रीय सिद्धान्त पर कार्य किया था।

कूट
(a) A व C (b) A व B
(c) C व B (d) ये सभी

उत्तर (b)

व्याख्या सही कूट A व B है। मैक्कलंग ने सन् 1902 में टिड्डों में शुक्राणुओं में लिंग निर्धारण की प्रक्रिया को देखा। मैक्कलंग ने इसे विषमजात गुणसूत्र नाम दिया। ईवी विल्सन एवं स्टीवेन ने सन् 1902-1905 में लिंग निर्धारण के गुणसूत्रीय सिद्धान्त पर कार्य किया था।

13 नीचे दी गई सूची-I को सूची-II से सुमेलित कीजिए।
(Chap 6, Class-XII, NCERT)

सूची-I (न्यूक्लिक अम्ल)	सूची-II (लक्षण/कार्य)
A. *r*RNA	1. गुणसूत्र का घटक
B. *t*RNA	2. प्रोटीन-संश्लेषण का स्थल
C. *m*RNA	3. अमीनो अम्ल का वाहक
D. DNA	4. DNA से प्राप्त आनुवंशिक सूचना का वाहक

कूट

	A	B	C	D
(a)	3	4	2	1
(b)	1	3	4	2
(c)	2	4	3	1
(d)	2	3	4	1

उत्तर (d)

व्याख्या सही सुमेलन A-2, B-3, C-4, D-1 है।

*r*RNA (Ribosomal-RNA) प्रोटीन-संश्लेषण का स्थल होता है। यह कुल कोशिकीय RNA का लगभग 80% होता है, जोकि राइबोसोम्स में पाया जाता है।

*t*RNA (Transfer-RNA) अमीनो अम्लों का वाहक होता है। यह कुल कोशिकीय RNA का 10-20% होता है।

*m*RNA (Messenger-RNA) DNA से प्राप्त आनुवंशिक सूचना का वाहक होता है। यह कुल कोशिकीय RNA का 3-5% होता है, जो राइबोसोम्स की सतह पर प्रोटीन-संश्लेषण में सहायता करता है।

DNA गुणसूत्र का घटक होता है, जो हिस्टोन प्रोटीन से जुड़ा होता है।

14 नीचे दिए गए दोनों कथनों को पढ़िए और कूट की सहायता से सही उत्तर चुनिए।
(Chap 4, Class-XII, NCERT)

कथन 1 **मानव में लिंग निर्धारण का कार्य एलोसोम्स द्वारा किया जाता है, जबकि घोंघों में यह कार्य निषेचित अंडे के तापमान द्वारा निर्धारित होता है।**

कथन 2 **भारतीय समाज में अधिकांशतया पुत्री के पैदा होने पर स्त्री/माता को ही इसका दोष दिया जाता है, जबकि यह सत्य नहीं है।**

कूट
(a) कथन 1 सही है, जबकि कथन 2 गलत है
(b) कथन 1 गलत है, जबकि कथन 2 सही है
(c) दोनों कथन सही हैं
(d) दोनों कथन गलत हैं

उत्तर (c)

व्याख्या दिए गए दोनों कथन (1) और (2) सही हैं।

मानव में लिंग निर्धारण का कार्य एलोसोम्स या लिंग गुणसूत्र (X एवं Y) द्वारा किया जाता है, जबकि घोंघों में यह कार्य निषेचित अंडे के तापमान द्वारा निर्धारित होता है।

भारतीय समाज में अधिकांशतया पुत्री के पैदा होने पर स्त्री/माता को ही इसका दोष दिया जाता है, जबकि यह सत्य नहीं है। संतति को माता से केवल X गुणसूत्र ही प्राप्त होता है। बच्चे का लिंग निर्धारण पिता के गुणसूत्र X या Y द्वारा होता है। संतति को यदि अपने पिता से X गुणसूत्र वंशानुगत होता है, तो वह लड़की और यदि Y गुणसूत्र वंशानुगत होता है, तो वह लड़का होता है।

15 निम्न कथन (A) व कारण (R) को पढ़िए और नीचे दिए गए कूट की सहायता से सही उत्तर का चयन कीजिए।
(Chap 4, Class-XII, NCERT)

कथन (A) **मानव में नर में दो प्रकार के (विषमयुग्मकी) लिंग गुणसूत्र X एवं Y पाए जाते हैं।**

कारण (R) **मानवों में नर के शुक्राणु में X या Y गुणसूत्र की उपस्थिति भ्रूण के लिंग का निर्धारण करती है।**

कूट
(a) A और R दोनों सही हैं तथा R, A का सही स्पष्टीकरण है
(b) A और R दोनों सही हैं, परंतु R, A का सही स्पष्टीकरण नहीं है
(c) A सही है, किंतु R गलत है
(d) A गलत है, किंतु R सही है

उत्तर (a)

व्याख्या कथन (A) और कारण (R) दोनों सही हैं तथा कारण (R), कथन (A) का सही स्पष्टीकरण है।

मानव में नर में दो प्रकार के (विषमयुग्मकी) लिंग गुणसूत्र X एवं Y पाए जाते हैं। मानवों में नर के शुक्राणु में X या Y गुणसूत्र की उपस्थिति भ्रूण के लिंग का निर्धारण करती है अर्थात् संतति लड़का होगा या लड़की, यह नर के लिंग गुणसूत्र पर आधारित होता है। यदि संतति में नर के Y गुणसूत्र की वंशागति होती है, तो वह लड़का होगा और यदि X गुणसूत्र की वंशागति होगी, तो संतति लड़की होगी।

16 नीचे दिए गए कथन (A) और कारण (R) को पढ़िए और कूट की सहायता से सही उत्तर दीजिए।
(Chap 8, Class-X, NCERT) (Chap 5, Class-XII, NCERT)

कथन (A) **सभी जीवित जीवों में आनुवंशिक पदार्थ के रूप में केवल DNA पाया जाता है।**

कारण (R) **यह अम्लीय प्रवृत्ति का होता है एवं कोशिका में केंद्रक, माइटोकॉण्ड्रिया एवं लवकों में पाया जाता है।**

कूट
(a) A और R दोनों सही हैं तथा R, A का सही स्पष्टीकरण है
(b) A और R दोनों सही हैं, परंतु R, A का सही स्पष्टीकरण नहीं है
(c) A सही है, किंतु R गलत है
(d) A गलत है, किंतु R सही है

उत्तर (b)

व्याख्या कथन (A) और कारण (R) दोनों सही हैं, परंतु कारण (R), कथन (A) का सही स्पष्टीकरण नहीं है।

सभी जीवित जीवों तथा कुछ विषाणुओं में आनुवंशिक पदार्थ के रूप में केवल डिऑक्सीराइबोन्यूक्लिक अम्ल या DNA पाया जाता है। यह आनुवंशिक सूचना का वाहक है, जो आनुवंशिक लक्षणों को एक पीढ़ी से दूसरी पीढ़ी में स्थानांतरित करता है। यह अम्लीय प्रवृत्ति का होता है एवं कोशिका में केंद्रक, माइटोकॉण्ड्रिया एवं हरितलवकों में पाया जाता है।

17 DNA के संदर्भ में निम्न में से कौन-सा कथन असत्य है?

(Chap 5, Class-XII, NCERT)

1. DNA में एडीनीन क्षारक थायमीन से दो हाइड्रोजन बंधों द्वारा जुड़ता है, जबकि ग्वानीन क्षारक साइटोसीन से तीन हाइड्रोजन बंधों से जुड़ता है।
2. DNA का व्यास लगभग 20Å एवं एक कुंडल की लंबाई 34Å होती है।
3. DNA की पॉलीन्यूक्लियोटाइड शृंखला का निर्माण फॉस्फेट समूह एवं डीऑक्सीराइबोस शर्करा के मध्य फॉस्फोडाइएस्टर बंध निर्माण द्वारा होता है।

कूट

(a) केवल 2 (b) केवल 1 (c) केवल 3 (d) इनमें से कोई नहीं

उत्तर (d)

व्याख्या DNA के संदर्भ में दिए गए कथनों में से कोई भी कथन असत्य नहीं है।

DNA में एडीनीन क्षारक थायमीन से दो हाइड्रोजन बंधों द्वारा जुड़ता है, जबकि ग्वानीन क्षारक साइटोसीन से तीन हाइड्रोजन बंधों से जुड़ता है।

DNA का प्रत्येक अणु दो कुंडलित पॉलीन्यूक्लियोटाइड शृंखलाओं का बना होता है। DNA का व्यास लगभग 20Å एवं एक कुंडल की लंबाई 34 Å होती है।

DNA की पॉलीन्यूक्लियोटाइड शृंखला का निर्माण फॉस्फेट समूह एवं नाइट्रोजनी क्षारक युक्त डीऑक्सीराइबोस शर्करा के मध्य फॉस्फोडाइएस्टर बंध निर्माण द्वारा होता है। फॉस्फेट समूह एक ओर की शर्करा के 5' कार्बन से तथा दूसरी ओर की शर्करा के 3' कार्बन पर एस्टर बंधों द्वारा जुड़े रहते हैं।

18 उत्परिवर्तन के संदर्भ में निम्नलिखित कथनों पर विचार कीजिए।

(Chap 5, Class-XII, NCERT)

A. गुणसूत्रों की संरचना में रूपान्तरण हो जाता है।
B. उत्परिवर्तन के अन्तर्गत गुणसूत्र आपस में गुणसूत्र खण्डों का आदान-प्रदान करते हैं।
C. समजात गुणसूत्रों में से विखण्डित खण्ड दूसरे गुणसूत्र से जुड़ जाता है।

कूट

(a) A व B (b) C व D (c) A व C (d) ये सभी

उत्तर (d)

व्याख्या उत्परिवर्तन के सन्दर्भ में तीनों कथन सत्य है।

गुणसूत्रों की संरचना में रूपान्तरण हो जाता है। उत्परिवर्तन के अन्तर्गत गुणसूत्र आपस में गुणसूत्र खण्डों का आदान-प्रदान करते है तथा समजात गुणसूत्रों में से विखण्डित खण्ड दूसरे गुणसूत्र से जुड़ जाता है।

19 वर्णांधता एवं हीमोफीलिया किस प्रकार की आनुवंशिक बीमारी है?

(Chap 5, Class-XII, NCERT)

(a) गुणसूत्र संख्या 13 एवं 21 में उत्पन्न उत्परिवर्तन के कारण उत्पन्न
(b) X-लिंग सहलग्न प्रभावी रोग/विकार
(c) X-लिंग सहलग्न अप्रभावी रोग/विकार
(d) Y-लिंग सहलग्न अप्रभावी रोग/विकार

उत्तर (c)

व्याख्या वर्णांधता एवं हीमोफीलिया X-लिंग सहलग्न अप्रभावी प्रकार की आनुवंशिक बीमारी है अर्थात् इनके प्रभावी युग्मविकल्पी ही रोग उत्पन्न करने के लिए उत्तरदायी हैं। पुरुषों में एक X गुणसूत्र, जबकि स्त्रियों में दो X गुणसूत्र होने के कारण इन लक्षणों की वंशागति विशिष्ट प्रकार की होती है।

सुप्त होने के कारण ये रोग संकर अर्थात् विषयुग्मजी (Heterozygous) स्त्रियों में नहीं होते, लेकिन समयुग्मजी (Homozygous) स्त्रियों में होते हैं। पुरुषों में एक ही X गुणसूत्र होने के कारण इन रोगों का विकास एक ही जीन से हो जाता है। दूसरी तरफ, पुत्रों को इन लक्षणों के जीन कभी पिता से नही मिल सकते, क्योंकि पिता का अकेला X गुणसूत्र पुत्रियों में जाता है। इन पुत्रियों से ही फिर ये जीन दूसरी पीढ़ी (F_2) के पुत्रों में जाते हैं, ऐसी वंशागति को *क्रिस-क्रॉस* वंशागति (*Criss-cross* inheritance) कहते हैं।

हीमोफिलिया रुधिर स्कंदनकारी प्रोटीन (कारक-VIII) को निर्मित करने वाले जीन के अभाव के कारण उत्पन्न रोग है, जिसमें चोट लगने पर लंबे समय तक रक्तस्राव होता रहता है, जबकि वर्णांधता से प्रभावित व्यक्ति लाल एवं हरे रंग में भेद नहीं कर पाता है।

20 एक महिला वर्णांध है, किंतु उसका पति वर्णांध नहीं है। इनके एक पुत्र और एक पुत्री है। इस संदर्भ में, निम्नलिखित में से कौन-से एक कथन के सही होने की सर्वाधिक संभावना है?

(Chap 5, Class-XII, NCERT) (IAS Pre 2009)

(a) दोनों संतान वर्णांधता से ग्रस्त हैं।
(b) पुत्री वर्णांध है, किंतु पुत्र वर्णांध नहीं है।
(c) दोनों संतान वर्णांध नहीं हैं।
(d) पुत्र वर्णांध है, किंतु पुत्री वर्णांध नहीं है।

उत्तर (d)

व्याख्या यदि महिला वर्णांध (X^cX^c) है, किंतु उसका पति वर्णांध (XY) नहीं है एवं इनके एक पुत्र और एक पुत्री है, तो इनका पुत्र वर्णांध (X^cY) होगा, किंतु पुत्री इस रोग के जीन की वाहक (X^cX) होगी।

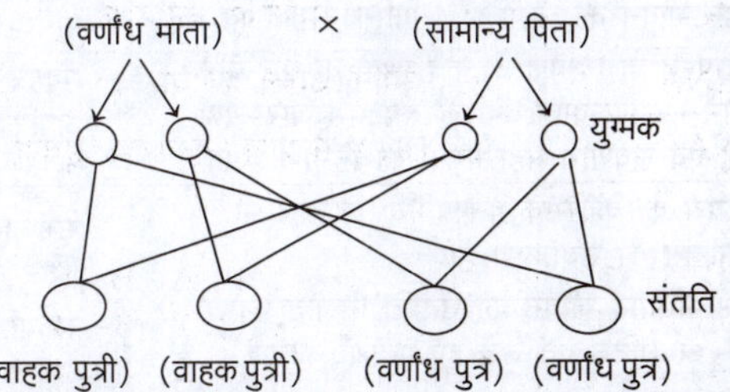

21 सूची I को सूची II से सुमेलित कीजिए और सूचियों के नीचे दिए गए कूट का प्रयोग करके सही उत्तर चुनिए।

(Chap 5, Class-XII, NCERT) (IAS Pre 2001)

सूची-I (वैज्ञानिक)	सूची-II (आनुवंशिकी में उपलब्धि)
A. खुराना	1. जीवाणुओं में पारक्रमण और संयुग्मन की खोज
B. कोर्नबर्ग	2. लिंग-सहलग्न वंशागति की स्थापना
C. लैडरबर्ग	3. *E.coli* से DNA पॉलीमरेज का वियोजन
D. मॉर्गन	4. संपूर्ण आनुवंशिक कूट की स्थापना

कूट

	A	B	C	D		A	B	C	D
(a)	4	3	2	1	(b)	3	4	1	5
(c)	4	3	1	5	(d)	4	3	1	2

उत्तर (d)

व्याख्या सही सुमेलन A-4, B-3, C-1, D-2 है।

हरगोविंद खुराना ने संपूर्ण आनुवंशिक कूट की स्थापना की थी। उन्होंने निश्चित क्षारों के समुच्चय युक्त mRNA अणुओं के संश्लेषण की रासायनिक विधि का विकास किया था। अर्थर कोर्नबर्ग ने *E.coli* से DNA पॉलीमरेज एंजाइम का वियोजन किया था। अपनी इस खोज के लिए इन्होंने वर्ष 1959 में नोबेल पुरस्कार प्राप्त किया। जोशुआ लैडरबर्ग ने जीवाणुओं में पारक्रमण (Transduction) और संयुग्मन (Conjugation) की खोज की थी। वर्ष 1958 में अपनी खोज के लिए उन्हें नोबेल पुरस्कार दिया गया था। थामस हंट मॉर्गन तथा उनके साथियों ने लिंग सहलग्न वंशागति की स्थापना की थी। इसके लिए इन्होंने फलमक्खियों पर कार्य किया।

अध्याय 05

जीवन की उत्पत्ति एवं जैव विकास

जीवन की उत्पत्ति एवं जैव विकास

जीवन की उत्पत्ति

जीवन की उत्पत्ति

- ब्रह्माण्ड की उत्पत्ति आज से 20,000 करोड़ या 200 बिलियन वर्ष पूर्व
- **बिग बैंग सिद्धान्त** उत्पत्ति महाविस्फोट के कारण, ब्रह्माण्ड का विस्तार, तापमान में कमी, हाइड्रोजन व हीलियम गैस बनी
- पृथ्वी पर जीवन की उत्पत्ति- 4 बिलियन वर्ष पूर्व
- ओजोन परत के निर्माण के बाद पृथ्वी के धीरे-धीरे ठंडा होने पर जलवाष्प वर्षा के रूप में हजारों वर्षों तक हुई एवं लवणीय महासागरों का निर्माण हुआ।
- आर्हीनियस का कॉस्मिक पैनस्पर्मिया सिद्धांत भी इसी सिद्धांत का उदाहरण है।
- **स्वतः उत्पत्तिवाद** जीवन की उत्पत्ति निर्जीव पदार्थों से जैसे- अपघटित एवं सड़े हुए पदार्थों कीचड़ आदि।
- **स्वतः उत्पत्तिवाद का खण्डन** लुईस पाश्चर (1862) ने किया। इनके अनूसार जीवन की उत्पत्ति जीवित जीवों से होती है। (जीवात् जीवोत्पत्तिवाद)
- जीवन की उत्पत्ति के सन्दर्भ में प्रकृतिवाद या रासायनिक जैव विकास का सिद्धान्त ए.आई. ओपेरिन व जे बी एस हेल्डेन द्वारा
- **स्टैनले मिलर** (1952-53) बन्द प्लास्क में मीथेन, हाइड्रोजन, अमोनिया तथा जलवाष्प लेकर ताप पर विद्युत डिस्चार्ज द्वारा अमीनों अम्ल का निर्माण- प्रायोगिक पुष्टि

जैव विकास

जैव विकास

- सरल संरचना वाले जीवों से आधुनिक जटिल जीवों का क्रमिक विकास

जैव विकास के प्रमाण

- **जीवाश्म** जीवाश्मों की संरचना के तुलनात्मक अध्ययन एवं रेडियोधर्मी डेटिंग विधि द्वारा जीव का सम्भावित समय ज्ञात करना
- **प्रकार** (पत्थर बने जीवाश्म, ढाँचे वाले जीवाश्म, अपरिवर्तित जीवाश्म, मुद्रण जीवाश्म, दबे हुए जीवाश्म

तुलनात्मक आकारिकी एवं शरीर रचना

- **समजात अंग** संरचना एवं उत्पत्ति में समान, कार्य में भिन्न उदाहरण–घोड़े की अगली टांगे दौड़ने के लिए)
- **समवृत्ति अंग** संरचना एवं उत्पत्ति में भिन्न, कार्य में समान उदाहरण–कीट, पक्षी एवं चमगादड़ के पंख
- **अवशेषी अंग** उदाहरण–अजगर के पश्च पाद, कीवी पक्षी के पंख, निमेषक झिल्ली, कर्ण पल्लवों की पेशियाँ, अक्ल दाढ़।

जैव विकास के सिद्धान्त

- **लैमार्कवाद** प्रतिपादन- लैमार्क (1744-1829) अंगों का उपयोग और अनुप्रयोग उपार्जित लक्षणों की वंशानुगति
- **डार्विनवाद** प्रतिपादन चार्ल्स डार्विन
- सन्तानोत्पत्ति की प्रचुर क्षमता एवं जीवन संघर्ष
- योग्यतम् की उत्तरजीविता एवं प्राकृतिक चयन

मानव का विकास

मानव का विकास

- **मानव जाति** उत्पत्ति तथा जैव विकास- 70-100 मिलियन वर्ष पूर्व
- मानव के पूर्वज- कपि (Apes) एवं बन्दर- (जीवाश्म- अफ्रीका, एशिया और यूरोप से प्राप्त)
- प्रारम्भिक एवं आदि कपि (पेरेपिथेकस) उद्भव- 400 लाख वर्ष पूर्व होमीनिडिया का पूर्वज स्तम्भ
- **चिम्पैंजी** जबड़े का मेंडीबुलर कोंडाइल, इंसाइजर, कपाल की फ्रंटल अस्थि- मनुष्य के समान
- **डार्विन- पुस्तक** डिसेन्ट ऑफ मैन एण्ड सलेक्शन इन रिलेशन टू सेक्स- (मानव का विकास अपने पूर्वज (कपि) से
- **लिनियस**-*होमोसेपियन्स* (बुद्धिमान प्राणी) नाम दिया।
- **आधुनिक मानव** (*होमो सेपियन्स)*
- विशेषताएँ (पूर्णतः सीधे खड़े रहने वाले, बाहु पैरों से छोटे)
- प्रमस्तिष्क अत्यधिक विकसित
- औसत कपाल क्षमता (1350-1500 घन सेमी)
- निगरॉइड्स, कॉकेसोइड्स अथवा मन्गोलॉइड्स

SOURCE NCERT Class-XII विकास, Unit 19 Class X Tamil Nadu Board जीवन की उत्पत्ति और विकास, Chap 20 Module-5 NIOS जैव विकास

1 **जीवन की उत्पत्ति से संबंधित सिद्धांतों के संदर्भ में निम्न कथनों पर विचार कीजिए।** *(Chap 6, Class-XII, NCERT)*

1. स्वत: जननवाद सिद्धांत का खंडन लुईस पाश्चर, फ्रांसेस्को रेड़ी एवं लेजारो स्पेलैंजनी जैसे वैज्ञानिकों ने किया।
2. वर्तमान समय में सर्वाधिक प्रचलित मत जीवात् जीवोत्पत्ति या जैव निर्माणवाद है।
3. आर्हेनियस के अनुसार जीवन की उत्पत्ति किसी अन्य ग्रह पर हुई है, जिसे ब्रह्मांडवाद कहते हैं।

उपर्युक्त में से कितने कथन असत्य है/हैं?

(a) केवल एक (b) केवल दो
(c) सभी तीन (d) इनमें से कोई नहीं

उत्तर (c)

व्याख्या जीवन की उत्पत्ति से संबंधित सिद्धांतों के संदर्भ में केवल एक कथन अर्थात् (2) असत्य है, क्योंकि वर्तमान समय में सर्वाधिक प्रचलित मत अजीवात् जनन अर्थात् जीवन की अजीवों से उत्पत्ति को माना गया है। ऑपेरिन व हैल्डेन ने प्रस्तावित किया कि जीवन का पहला स्वरूप पहले से विद्यमान निर्जीव रसायनों के संयोजन से आया है।

2 **जीवन की उत्पत्ति के आधुनिकवाद के संदर्भ में नीचे दिए गए कथनों में से असत्य कथन की पहचान कीजिए।** *(Chap 6, Class-XII, NCERT)*

(a) जीवन की उत्पत्ति रासायनिक पदार्थों से आदि सागर में हुई, जिसे हैल्डेन ने प्रिबायोटिक सूप कहा।
(b) प्रथम विकसित कोशिका पोषण की प्रवृत्ति में स्वपोषी थी।
(c) जीवन की उत्पत्ति के समय वायुमंडल में ऑक्सीजन अनुपस्थित थी।
(d) उपर्युक्त में से कोई नहीं

उत्तर (b)

व्याख्या जीवन की उत्पत्ति के आधुनिकवाद के संदर्भ में दिए गए कथनों में से कथन (b) असत्य है, क्योंकि प्रथम विकसित कोशिका, पोषण की प्रवृत्ति में परपोषी या विषमपोषी (Heterotrophic) थी।

आदि सागर में सर्वप्रथम बनी आदिम (Primitive) जीवाणु जैसी कोशिकाएँ परपोषी थीं। इसका प्रमुख कारण यह था कि इनकी उपापचयी (Metabolism) क्रियाओं के लिए आवश्यक समस्त पदार्थ जल में उपस्थित थे। चूँकि इस समय स्वतंत्र ऑक्सीजन अनुपस्थित थी। अत: ये जीव अवायवीय थे। जब आदि सागर जल में कार्बनिक पदार्थों की मात्रा कम हुई, तो संघर्ष व स्पर्धा (Competition) के दबाव में कुछ उत्प्रेरक बने, जिनकी सहायता से कोशिका में उपस्थित अकार्बनिक पदार्थों से ही ऊर्जा के लिए आवश्यक कार्बनिक पदार्थों का निर्माण हुआ था। इससे ही स्वपोषण (Autotrophism) का आरंभ माना जाता है।

3 **स्टैनले मिलर ने ओपेरिन की परिकल्पना को सिद्ध करने के लिए अपने प्रयोग में निम्न में से किसका उपयोग किया?** *(Chap 6, Class-XII, NCERT)*

1. जल वाष्प 2. मीथेन 3. हाइड्रोजन
4. अमोनिया 5. कार्बन डाइऑक्साइड 6. नमक

कूट

(a) 2, 3, 4, 5 और 6 (b) 1, 2, 3 और 4
(c) 2, 4, 5 और 6 (d) 2, 3 और 6

उत्तर (b)

व्याख्या स्टेनले मिलर ने ओपेरिन की परिकल्पना को सिद्ध करने के लिए अपने प्रयोग में जल वाष्प, मीथेन, हाइड्रोजन और अमोनिया का उपयोग किया था। उसने बंद फ्लास्क में जल वाष्प के साथ मीथेन, हाइड्रोजन और अमोनिया को 800° C ताप के साथ विद्युत डिस्चार्ज कर अमीनो अम्ल का निर्माण किया था। स्टैनले मिलर ने कार्बन-डाइऑक्साइड व नमक का उपयोग नहीं किया था।

4 **जीवन की उत्पत्ति के संदर्भ में निम्नलिखित कथनों पर विचार कीजिए एवं सही कूट का चयन कीजिए।** *(Chap 6, Class-XII, NCERT)*

1. हेल्डेन और ओपेरिन ने सुझाव दिया कि आदिकालीन पृथ्वी का वातावरण ऑक्सीजन रहित उपचयित था।
2. स्टैनले मिलर और हैरोल्ड यूरे ने इस परिकल्पना के लिए प्रयोगात्मक सहायता प्रदान की।
3. इन्होंने ऑक्सीजन, अमोनिया और हाइड्रोजन गैस का उपयोग किया।

कूट

(a) 1 व 2 (b) 2 व 3 (c) 1 व 3 (d) उपरोक्त सभी

उत्तर (a)

व्याख्या सही कूट 1 व 2 है। हेल्डेन और ओपेरिन ने सुझाव दिया कि आदिकालीन पृथ्वी का वातावरण ऑक्सीजन रहित उपचयित था। स्टैनले मिलर और हैरोल्ड यूरे ने इस परिकल्पना के लिए प्रयोगात्मक सहायता प्रदान की दोनों कथन सही है। कथन (3) गलत है, क्योंकि इन्होंने अपने प्रयोग में मीथेन, अमोनिया व हाइड्रोजन गैस का उपयोग किया।

5 **सूची-I का सूची-II से मिलान कीजिए।** *(Class 6, Class-XII, NCERT)*

सूची-I	सूची-II
A. चार्ल्स डार्विन	1. जीवन की उत्पत्ति का रासायनिक सिद्धान्त
B. लुईस पाश्चर	2. जीवित जीव समानताएँ साझा करते हैं
C. हार्डी-वीनबर्ग सिद्धान्त	3. हंस की गर्दन वाला फ्लास्क प्रयोग
D. ओपेरिन	4. एलील की आवृत्तियाँ स्थिर होती हैं

नीचे दिए गए विकल्पों में से सही उत्तर का चयन कीजिए।

	A	B	C	D		A	B	C	D
(a)	2	3	4	1	(b)	3	2	4	1
(c)	1	3	4	2	(d)	4	3	1	2

उत्तर (a)

व्याख्या सही मिलान A-2, B-3, C-4, D-1 है।

चार्ल्स डार्विन ने यह निष्कर्ष निकाला, कि वर्तमान में उपस्थित जीवित जीव पूर्व में उपस्थित जीवों के साथ-साथ आपस में भी विभिन्न स्तरों पर समानताएँ प्रदर्शित करते हैं।

लुईस पाश्चर ने हंस के गर्दन परीक्षण द्वारा अजीवात् जीवोत्पत्तिवाद को खण्डित किया।

हार्डी-वीनबर्ग सिद्धान्त के अनुसार, एक समष्टि में एलील आवृत्तियाँ स्थिर एवं पीढ़ी-दर-पीढ़ी नियत रहती हैं।

रूस के ओपेरिन ने जीवन की उत्पत्ति का रासायनिक विकास सिद्धान्त प्रतिपादित किया। इन्होंने प्रतिपादित किया, कि जीवन का पहला स्वरूप पहले से विद्यमान निर्जीव कार्बनिक अणुओं के संयोजन से आया है।

6 **निम्नलिखित को सुमेलित कीजिए।** *(Chap 6, Class-XII, NCERT)*

सूची-I	सूची-II
A. क्रिटेशियस	1. अधिकांश अकशेरुकी संघों का उदय
B. जुरैसिक	2. सरीसृपों का अनुकूली विकिरण
C. पर्मियन	3. पुष्पी पादपों (आवृत्तबीजियों) का उदय
D. कैम्ब्रियन	4. डाइनोसोरों की प्रभाविता एवं पक्षियों का उदय

कूट

	A	B	C	D		A	B	C	D
(a)	4	3	2	1	(b)	3	4	2	1
(c)	3	4	1	2	(d)	4	2	3	1

उत्तर *(b)*

व्याख्या सही सुमेलित कूट A-3, B-4, C-2, D-1 है।

क्रिटेशियस काल में पुष्पी पादपों (आवृत्तबीजियों) का उदय हुआ।

जुरैसिक काल में डाइनोसोरों की प्रभाविता एवं पक्षियों का उदय हुआ है।

पर्मियन काल में सरीसृपों का अनुकूली विकिरण हुआ।

कैम्ब्रियन काल में अधिकांश अकशेरुकी संघों का उदय हुआ।

7 **सूची-I को सूची-II के साथ सुमेलित कीजिए और सूचियों के नीचे दिए गए कूट का प्रयोग कर सही उत्तर दीजिए।** *(Chap 6, Class-XII, NCERT) (IAS Pre 1998)*

	सूची-I		सूची-II
A.	उत्परिवर्तन (Mutation) का सिद्धान्त	1.	बीडल और टॉटम
B.	विकास का सिद्धान्त	2.	जैकॉब और मोनॉड
C.	एक जीन-एक एन्जाइम की परिकल्पना	3.	डार्विन
D.	ओपेरिन अवधारणा	4.	डी व्रीज

कूट

	A	B	C	D		A	B	C	D
(a)	3	4	1	2	(b)	4	3	1	2
(c)	4	3	2	1	(d)	3	4	1	2

उत्तर *(b)*

व्याख्या सही सुमेलन A-4, B-3, C-1, D-2 है।

उत्परिवर्तन का सिद्धान्त ह्यूगो डी व्रीज ने प्रतिपादित किया।

जैव-विकास का सिद्धान्त डार्विन ने दिया था।

एक जीन-एक एन्जाइम परिकल्पना को बीडल एवं टॉटम ने दिया था। इसका सिद्धान्त उन्होंने *न्यूरोस्पोरा क्रेसा* पर प्रयोग करके समझाया।

ओपेरीन अवधारणा जैकॉब एवं मोनॉड ने दी थी। यह जीन अभिव्यक्ति की व्याख्या करती है।

8 **निम्न में से कौन-सा कथन जैव-विकास के प्रमाणों के सम्बन्ध में गलत है?** *(Chap 6, Class-X, NCERT)*

(a) जैव-विकास के लिए भ्रौणिकी समर्थन अर्नेस्ट हेकेल द्वारा प्रस्तावित किया गया था

(b) *बोगेनविलिया* और *कुकुरबिटा* के काँटे और प्रतान समरूपता प्रदर्शित करते हैं

(c) समरूपी संरचनाएँ अभिसारी विकास का परिणाम होती है

(d) समजातीय संरचनाएँ अपसारी विकास का परिणाम होती है

उत्तर *(b)*

व्याख्या विकल्प (b) में दिया गया कथन गलत है और इसकी सही व्याख्या इस प्रकार है

पादपों में *बोगेनविलिया* और *कुकुरबिटा* के काँटे और प्रतान समजातता प्रदर्शित करते हैं। यह अपसारी विकास पर आधारित है, जबकि समरूपता में यह परिस्थिति एकदम विपरीत होती है।

9 **जैव विकास के संदर्भ में निम्न कथनों पर विचार कीजिए।** *(Chap 6, Class-XII, NCERT)*

1. यह जटिल संरचना से सरलतम संरचना वाले जीवों के विकास का क्रमिक, तीव्र एवं निरंतर चलने वाला प्रक्रम है।
2. यह वर्गीकरण पद्धति के विभिन्न समूहों या टैक्सॉनों में अंत:संबंध स्थापित करता है।
3. जीव जगत के वंश वृक्ष में सायनोबैक्टीरिया निम्नतम स्तर, जबकि मानव उच्चतम स्तर धारण करते हैं।

उपर्युक्त में से कौन-सा/से कथन असत्य है/हैं?

(a) 1 और 3 (b) 1 और 2

(c) 2 और 3 (d) केवल 1

उत्तर *(d)*

व्याख्या जैव विकास के संदर्भ में दिए गए कथनों में से कथन (1) असत्य है, क्योंकि जैव विकास सरलतम संरचना से जटिल संरचना वाले जीवों के विकास का क्रमिक, अत्यंत धीमा एवं निरंतर चलने वाला प्रक्रम है।

जैव विकास शब्द का प्रयोग सर्वप्रथम हरबर्ट स्पेंसर (Herbert Spencer) ने किया। पहले से उपस्थित जातियाँ, संरचना में बाद में आई जातियों से सरल होती है, क्योंकि प्राकृतिक दशाओं की आवश्यकतानुसार अनुकूलन हेतु शरीर संगठन का विशिष्टीकरण (Specialisation) ही जैव विकास की मौलिक प्रक्रिया है।

10 **जीवों के विकास (इवॉल्यूशन) के संदर्भ में, निम्नलिखित में से कौन-सा अनुक्रम सही है?** *(Chap 6, Class-XII, NCERT)*

(a) *ऑक्टोपस*-डॉल्फिन-शार्क (b) पैंगोलिन-कच्छप-बाज

(c) सैलामैंडर-अजगर-कंगारू (d) मेंढक-केकड़ा-झींगा

उत्तर *(c)*

व्याख्या जीवों के विकास के संदर्भ में दिए गए अनुक्रमों में से अनुक्रम (c) सही है।

दो प्रजातियों के मध्य जितने अधिक लक्षण समान होंगे, उनका संबंध भी उतना ही निकट का होगा अर्थात् जितनी अधिक समानताएँ उनमें होंगी, उनका उद्भव भी उतना ही निकट अतीत में समान पूर्वजों से हुआ होगा। इसके आधार पर प्रश्नानुसार सैलामैंडर का विकास सबसे पहले हुआ, क्योंकि वह उभयचर है। उसके बाद उभयचरों से सरीसृप (अजगर) का विकास हुआ है एवं सरीसृपों से स्तनधारियों (कंगारू) का विकास हुआ है।

11 **सूची-I में दिए गए जैव-विकास के प्रमाणों के प्रकारों को सूची-II में दिए गए उनके उदाहरणों से सुमेलित कीजिए।** *(Chap 6, Class-XII, NCERT)*

	सूची-I		सूची-II
A.	अवशेषी अंग	1.	सील के फ्लिपर एवं चमगादड़ के पंख
B.	जीवाश्म	2.	मानव की निमेषक झिल्ली एवं पुच्छ कशेरुकाएँ
C.	समजात अंग	3.	तितली एवं कौए के पंख
D.	समवृत्ति अंग	4.	*आर्कियोप्टेरिक्स* के अवशेष

कूट

	A	B	C	D		A	B	C	D
(a)	2	4	3	1	(b)	4	3	1	2
(c)	2	4	1	3	(d)	4	1	2	3

उत्तर *(c)*

व्याख्या सही सुमेलन A-2, B-4, C-1, D-3 है।

अवशेषी अंग का उदाहरण मानव की आँख की निमेषक झिल्ली एवं पुच्छ कशेरुकाएँ हैं। जंतुओं के शरीर में प्राय: कुछ अविकसित, स्पष्ट तथा निष्क्रिय अंग पाए जाते हैं, जिन्हें अवशेषी अंग कहते हैं। ऐसे अंगों का शरीर में कोई महत्त्व नहीं होता है।

जीवाश्म का उदाहरण *आर्कियोप्टेरिक्स* के अवशेष हैं। *आर्कियोप्टेरिक्स* को सरीसृप तथा पक्षी वर्ग के बीच की संयोजक कड़ी माना जाता है। विभिन्न प्राचीन जीवों के अवशेष जोकि भूपटल की चट्टानों में परिरक्षित होते हैं, जीवाश्म कहलाते हैं।

समजात अंग का उदाहरण सील के फ्लिपर व चमगादड़ के पंख हैं। ऐसे अंग जो मूल रचना तथा उद्भव में समान होते हैं, किंतु अलग-अलग कार्यों हेतु अनुकूलित होने के कारण असमान दिखाई देते हैं, समजात अंग कहलाते हैं।

समवृत्ति अंग का उदाहरण तितली व कौए के पंख हैं। ऐसे अंग जो रचना व उत्पत्ति में भिन्न हों, किंतु कार्यों तथा बाह्य आकारिकी में समान हों, समरूप या समवृत्ति अंग कहलाते हैं।

12 नीचे दिए गए कथन व कारण को पढ़िए और कूट की सहायता से उत्तर दीजिए। *(Chap 6, Class-XII, NCERT)*

कथन (A) **समजात अंग, समान उत्पत्ति एवं मूल संरचना, किंतु भिन्न कार्य वाले होते हैं।**

कारण (B) **समवृत्ति अंग, समान कार्य, किंतु भिन्न मूल संरचना एवं उत्पत्ति वाले होते हैं।**

कूट

(a) A और R दोनों सही हैं तथा R, A का सही स्पष्टीकरण है।
(b) A और R दोनों सही हैं, परंतु R, A का सही स्पष्टीकरण नहीं है।
(c) A सही है, किंतु R गलत है।
(d) A गलत है, किंतु R सही है।

उत्तर *(b)*

व्याख्या कथन (A) और कारण (R) दोनों सही हैं, परंतु कारण (R), कथन (A) का सही स्पष्टीकरण नहीं है।

समजात अंग, समान उत्पत्ति एवं मूल संरचना, किंतु अलग-अलग कार्यों हेतु अनुकूलित होने के कारण असमान दिखाई देते हैं, उदाहरण-व्हेल, चमगादड़, चीता व मानव की अग्रपाद की अस्थियाँ।

समवृत्ति या समरूप अंग, समान कार्य, किंतु भिन्न मूल संरचना एवं उत्पत्ति वाले होते हैं, उदाहरण-कीट, पक्षी एवं चमगादड़ के पंख उड़ने का कार्य करते हैं, परंतु इनकी मूल संरचना तथा उत्पत्ति भिन्न होती है। कीटों के पंख काइटिन के बने होते हैं, जबकि चमगादड़ के पंख धड़ के नीचे फैली त्वचा के बने होते हैं तथा पक्षियों के पंख अग्रपादों के रूपांतरण हैं।

13 प्राचीन काल के जंतुओं एवं पादपों के भूगर्भ में दबे हुए परिरक्षित अवशेष जीवाश्म कहलाते हैं। इसके संदर्भ में कौन-सा कथन सही है? *(Chap 6, Class-XII, NCERT)*

1. जीवाश्म की आयु का निर्धारण रेडियोधर्मी पदार्थों, जैसे-C_{14} द्वारा किया जाता है।
2. रेडियोधर्मी कार्बन विधि द्वारा जीवाश्म में पाए जाने वाले कार्बन के समस्थानिक C_{14} के अनुपात एवं अर्द्ध आयु काल के अनुसार जीवाश्म की अनुमानित आयु ज्ञात करते हैं।

कूट

(a) केवल 1 (b) केवल 2
(c) 1 और 2 (d) इनमें से कोई नहीं

उत्तर *(c)*

व्याख्या जीवाश्मों के संबंध में दिए गए दोनों कथन (1) और (2) सही हैं। प्राचीन काल के जंतुओं एवं पादपों के भूगर्भ में दबे हुए परिरक्षित अवशेष जीवाश्म कहलाते हैं। जीवाश्म की आयु का निर्धारण रेडियोधर्मी पदार्थों, जैसे-C_{14} द्वारा किया जाता है। रेडियोधर्मी कार्बन विधि में जीवाश्म में पाए जाने वाले कार्बन के समस्थानिक C_{14} के अनुपात एवं अर्द्ध आयुकाल के अनुसार जीवाश्म की अनुमानित आयु ज्ञात करते हैं।

14 लैमार्कवाद के संदर्भ में निम्न में से कौन-सा कथन असत्य है? *(Chap 6, Class-XII, NCERT)*

1. इसकी दो अवधारणाएँ हैं-अंगों का उपयोग एवं अनुपयोग तथा उपार्जित लक्षणों की वंशागति।
2. 'जिराफ की लंबी गर्दन' अंगों के अधिक उपयोग के कारण क्रमिक अनुकूलन द्वारा जैव विकास का प्रमाण है।
3. वीजमान इस वाद के प्रबलतम आलोचक थे तथा इसके प्रत्युत्तर में उन्होंने जर्मप्लाज्म सिद्धांत दिया।

कूट

(a) केवल 1
(b) 1 और 2
(c) केवल 3
(d) उपरोक्त में से कोई नहीं

उत्तर *(d)*

व्याख्या लैमार्कवाद के संदर्भ में दिए गए कथनों में से कोई भी कथन असत्य नहीं है।

लैमार्कवाद की दो अवधारणाएँ हैं-अंगों का उपयोग एवं अनुपयोग तथा उपार्जित लक्षणों की वंशागति।

'जिराफ की लंबी गर्दन' अंगों के अधिक उपयोग के कारण क्रमिक अनुकूलन द्वारा जैव विकास का प्रमाण है। ऊँचे वृक्षों से भोजन की प्राप्ति हेतु गर्दन तथा अग्रपादों के अत्यधिक उपयोग द्वारा विकसित ये अंग वंशागति द्वारा वर्तमान जाति का प्रसिद्ध स्थाई तथा उपयोगी लक्षण बन गया है।

वीजमान लैमार्कवाद के प्रबलतम आलोचक थे तथा इसके प्रत्युत्तर में उन्होंने जर्मप्लाज्म सिद्धांत दिया, जिसके अनुसार केवल वे लक्षण जो जीव की जनन कोशिका या जननद्रव्य को प्रभावित करते हैं, अगली पीढ़ी में वंशागत होते हैं।

15 चार्ल्स डार्विन के जैव विकास के सिद्धांत के प्रमुख आधार निम्न में से कौन-से हैं? *(Chap 6, Class-XII, NCERT)*

1. जीवन संघर्ष
2. योग्यतम की उत्तरजीविता
3. प्राकृतिक चयन
4. उत्परिवर्तन
5. विभिन्नताएँ एवं इनकी वंशागति
6. उपार्जित लक्षणों की वंशागति

कूट

(a) 2, 3, 4 और 5 (b) 1, 2, 3 और 5
(c) 1, 2, 3, 5 और 6 (d) ये सभी

उत्तर *(b)*

व्याख्या चार्ल्स डार्विन के जैव विकास के सिद्धांत के प्रमुख आधार जीवन संघर्ष, योग्यतम की उत्तरजीविता, प्राकृतिक चयन तथा विभिन्नताएँ एवं इनकी वंशागति है। उत्परिवर्तन का सिद्धांत ह्यूगो डी व्रीज ने दिया तथा उपार्जित लक्षणों की वंशागति का सिद्धांत लैमार्क ने दिया था।

16 जाति उद्भवन के संदर्भ में निम्नलिखित कथनों पर विचार कीजिए एवं सही कूट का चयन कीजिए। *(Chap 6, Class-XII, NCERT)*

1. भौगोलिक कारणों से एक जाति की अलग हुई आबादियों का नई जातियों में विकास को विस्थानिक या भिन्न देशीय जाति उद्भवन कहते हैं।
2. वातावरण में अचानक बदलाव के साथ जीवों में भी बादलाव आते रहते हैं।
3. संकरण तथा बहुगुणिता के कारण एक आबादी में उपस्थित जीवों के जीनपूल में परिवर्तन से नई जातियों का विकास होता है।

कूट

(a) 1 और 3
(b) 1 और 2
(c) केवल 1
(d) उपरोक्त सभी

उत्तर (a)

व्याख्या जाति उद्भवन के सन्दर्भ में कथन 1 और 3 सही है। भौगोलिक कारणों से एक जाति की अलग हुई आबादियों का नई जातियों में विकास को विस्थानिक या भिन्न देशीय जाति उद्भवन कहते हैं व संकरण तथा बहुगुणिता के कारण एक आबादी में उपस्थित जीवों के जीनपूल में परिवर्तन से नई जातियों का विकास होता है।

कथन (b) गलत है, क्योंकि वातावरण में धीरे-धीरे बदलाव के साथ जीवों में भी बदलाव आते रहते हैं।

17 जाति उद्भवन के सन्दर्भ में निम्नलिखित कथनों पर विचार कीजिए एवं असत्य कूट का चयन कीजिए। *(Chap 6, Class-XII, NCERT)*

1. रामापिथेकस की खोज के पश्चात् से यह माना गया है, कि मानव का विकास एक करोड़ तीस लाख वर्ष पूर्व मध्य नूतन युग के अन्तिम काल युग के प्रारम्भ में शुरू हुआ था।
2. आधुनिक मानव की कपाल गुहा का आयतन लगभग औसतन 1450 (धन सेमी) है।
3. मानव एवं कपियों के गुणसूत्रों में कोई अति निकट होने का प्रमाण नहीं मिलता है।

कूट

(a) 1 और 2
(b) 2 और 3
(c) केवल 3
(d) उपरोक्त सभी

उत्तर (c)

व्याख्या जातिउद्भवन के सन्दर्भ में कथन (3) असत्य है क्योंकि मानव एवं कपियों के गुणसूत्रों में अति निकटता का प्रमाण मिलता है। बिल्लोयर तथा डेविड कोहन के अनुसार, मानव और कपियों की विभिन्न प्रजातियों के गुणसूत्रों में समानता पाई जाती है। चिम्पैन्जी मानव का निकटतम सम्बन्धी है। मानव तथा चिम्पैन्जी के DNA में केवल 2.5% का अन्तर होता है। मानव की दैहिक कोशिकाओं में गुणसूत्र संख्या 46 तथा कपियों में 48 गुणसूत्र होते हैं अर्थात् मानव में केवल दो गुणसूत्र, कपि की तुलना में कम होते हैं।

जातिउद्भवन के सन्दर्भ में A व B सत्य हैं, रामापिथेकस की खोज के पश्चात् यह माना गया है, कि मानव का विकास एक करोड़ तीस लाख वर्ष पूर्व मध्य नूतन युग के अन्तिम काल युग के प्रारम्भ में शुरू हुआ था व आधुनिक मानव की कपाल गुहा का आयतन लगभग 1450 घन सेमी है।

18 सूची-I को सूची-II से मिलाइए। *(Chap 6, Class-XII, NCERT)*

	सूची-I		सूची-II
A.	प्रोप्लियोपिथेकस	1.	1.30 से 0.5 करोड़ वर्ष पूर्व
B.	इजिप्टोपिथेकस	2.	3-3.5 करोड़ वर्ष पूर्व
C.	लिम्नोपिथेकस	3.	3 करोड़ वर्ष पूर्व
D.	शिवापिथेकस	4.	मायोसीन युग की 2 करोड़ वर्ष पूर्व एवं 50 लाख वर्ष प्राचीन चट्टान

कूट

	A	B	C	D		A	B	C	D
(a)	2	3	4	1	(b)	1	2	3	4
(c)	4	1	3	2	(d)	2	1	4	3

उत्तर *(a)*

व्याख्या सही मिलान A-2, B-3, C-4, D-1 है।

प्रोप्लियोपिथेकस 3-3.5 करोड़ वर्ष पूर्व ओलिगोसीन काल से मानव एवं कपि के आदिपूर्वज प्रोप्लियोपिथेकस के जीवाश्म मिस्र के कैयूम प्रान्त से मिले हैं।

इजिप्टोपिथेकस के जीवाश्म लगभग 3 करोड़ वर्ष पूर्व ओलिगोसीन युग के तथा मिस्र के काहिर/से प्राप्त हुए है।

लिम्नोपिथेकस मायोसीन युग की 2 करोड़ एवं प्लीयोसीन युग की लगभग 50 लाख वर्ष प्राचीन चट्टानों से प्राप्त हुए।

शिवापिथेकस 1.30 से 0.5 करोड़ वर्ष पूर्व पुराने मायोसीन - प्लीयोसीन के शैल-स्तरों से भारत की शिवालिक पर्वत श्रेणी में मिले हैं।

19 मानव के विकास के संदर्भ में कौन-सा कथन असत्य है?

1. आधुनिक मानव का उद्भव ऑस्ट्रेलिया में हुआ है।
2. प्रोकोंसल को आधुनिक चिंपैंजी का पूर्वज माना जाता है।
3. चिंपैंजी सभी वानरों में सर्वाधिक बुद्धिमान एवं मानव के निकटतम संबंधी माने जाते हैं। *(Chap 6, Class-XII, NCERT)*

कूट

(a) 2 और 3 (b) 1 और 2 (c) केवल 1 (d) केवल 3

उत्तर *(c)*

व्याख्या मानव के विकास के संदर्भ में दिए गए कथनों में कथन (1) असत्य है, क्योंकि आधुनिक मानव का उद्भव अफ्रीका में हुआ है। आधुनिक मानव का वैज्ञानिक नाम *होमो सेपियंस सेपियंस* है। ये पूर्णतः सीधे खड़े रहने वाले मानव थे। इनमें ऊपर की ओर खड़ा सिर तथा सामने लंबे नेत्र थे। इनमें प्रमस्तिष्क (Cerebrum) अत्यधिक विकसित होता था।

प्रोकोंसल को आधुनिक चिंपैंजी का पूर्वज माना जाता है, क्योंकि ये मनुष्य के समान दिखते थे। इनमें जबड़े का मेंडीबुलर, कोंडाइल, इंजाइजर तथा कपाल की फ्रंटल अस्थियों में अत्यंत निकट की समानता पाई जाती थी।

चिंपैंजी सभी वानरों में सर्वाधिक बुद्धिमान एवं मानव के निकटतम संबंधी माने जाते हैं।

अध्याय 06

पादप आकारिकी एवं कार्यिकी

पादप आकारिकी एवं कार्यिकी

पादप आकारिकी

परिचय
- पौधों की (जड़, तना, पत्तियाँ, पुष्प, बीज, फल) बाह्य संरचना का अध्ययन

जड़
- **भ्रूण** के मूलांकुर से विकसित, सामान्यतया भूमिगत
- **कार्य** पादप को भूमि पर स्थिर रखना,भूमि से जल व खनिज लवणों का अवशोषण

तना
- प्रांकुर से विकसित, धनात्मक प्रकाशानुवर्ती पर्व व पर्व संधियों की उपस्थिति
- **कार्य** भोजन का संचय (आलू), पत्ती, फल, फूल धारण करना

पत्ती
- **कार्य** प्रकाश-संश्लेषण, वाष्पोत्सर्जन, भोजन संचय (प्याज)

पुष्प
- एकलिंगी (गुड़हल), द्विलिंगी (मटर)
- भाग- बाह्यदल, दलपुंज,नर जननांग- पुमंग (परागकोष, व पुंतुतु) , (मादा जननांग) जायांग (अण्डाशय, वर्तिका, वर्तिकाग्र)

फल
- परिपक्व अण्डाशय
- सत्य फल (आम), आभासी (नाशपाती, शहतूत)

बीज
- परिपक्व, निषेचित बीजांड
- इसके अंदर भ्रूणीय अवस्था में छोटे पादप पाए जाते हैं।

पादपों में परिवहन
- पौधों में जल एवं खाद्य पदार्थ पहुँचने की प्रक्रिया
- **विसरण** अणु (गैस, द्रव, ठोस)- अधिक सान्द्रता से कम सान्द्रता की ओर
- **परासरण** अर्द्धपारगम्य झिल्ली द्वारा पृथक दो भिन्न सान्द्रता वाले विलयन में विलायक का कम सान्द्रता से अधिक सान्द्रता के विलयन की ओर गमन
- **अन्तःपरासरण** (कोशिका में जल का प्रवेश परासरण द्वारा), **बाह्य परासरण** (कोशिका के बाहर जल का गमन)
- **वाष्पोत्सर्जन** (पादप अवशोषित जल का 5-10% उपयोग), बिन्दुस्राव (शाकीय पादपों में पत्तियों के जल रन्ध्र द्वारा जल की हानि।
- **पादपों में खनिज पोषण**
(दीर्घमात्रिक पोषण तत्व (1-10 mg/L)- C, H, N, O, P, S, K, Ca, Mg)
सूक्ष्ममात्रिक (0.1 mg/L)- Fe, Cu, Mo, Zn, B, Cl, Ni)

पोषण के आधार पर
- स्वपोषी (सभी हरे पादप), परपोषी (परजीवी पौधे (जैसे अमरबेल) मृतोपजीवी (कवक)
- **प्रकाश-संश्लेषण** (हरे पादप में सूर्य के प्रकाश की उपस्थिति में जल व CO_2 की सहायता से भोजन (ग्लूकोस) का निर्माण, पादप में कार्बोहाइड्रेट का स्टार्च के रूप में संचय
- **श्वसन** ऑक्सीजन की उपस्थिति या अनुपस्थिति कार्बनिक पदार्थों का ऑक्सीकरण, ऊर्जा मुक्त प्रकार - वायवीय/ऑक्सीश्वसन एवं अवायवीय या अनॉक्सीश्वसन (किण्वन)

पादप कार्यिकी एवं जनन

पादपों मे हॉर्मोनल समन्वय
- **वृद्धि प्रवर्धक हॉर्मोन-**
(ऑक्सिन- IAA, IBA, 2-4-D) कार्य-शीर्ष प्रमुखता, कोशिका दीर्घीकरण, प्रसुप्ति।
- **जिबरेलिन** (कुरोसावा 1926) ने धान के खेत में खोजा, (आनुवंशिक बौने पादपों का दीर्घीकरण, प्रसुप्ति दूर करना
- **साइटोकाइनिन** (मिलर ने Yeast व फंफूद के DNA से खोजा)
- कोशिका विभाजन, शीर्ष प्रभाविता का प्रतिकार
- वृद्धि निरोधक हॉर्मोन
- एब्सिसिक अम्ल (कार्य-जीर्णता, पुष्पन, बीजप्रसुप्ति), इथाइलीन (गैसीय हॉर्मोन- फलों की वृद्धि, पकना, पुष्पन)

पादप में अलैंगिक जनन
- कायिक प्रवर्धन पादप के कायिक भागों से नर पादप का निर्माण
- प्राकृतिक कायिक प्रवर्धन- जड़ों द्वारा (शकरकन्द, सतावर) पत्ती द्वारा (*ब्रायोफिल्लम*) तनों द्वारा (अदरक, आलू)
- कृत्रिम कायिक प्रवर्धन (कलम लगाना- गुलाब, गन्ना), दाब लगाना, (नींबू, अमरूद)
- ऊतक संवर्धन (कैलस निर्माण से नये पादप निर्माण- *आर्किड, डहेलिया*)

पुष्पीय पादपों में लैंगिक जनन
- युग्मकजनन (लघुबीजाणुजनन, गुरुबीजाणुजनन)
- परागण (पुष्प के पराग कणों का उसी पुष्प व उसी जाति के अन्य पुष्प के वर्तिकाग्र पर पहुँचने की क्रिया, स्व-परागण एवं पर-परागण कीट *द्वारा (साल्विया)*
- **द्विनिषेचन** सत्य निषेचन - भ्रूण (2n) त्रिक संलयन- भ्रूण पोष (3n)

SOURCE **NCERT Class-VI पौधों को जानिए, NCERT Class-VII पादपों में पोषण, Class-VII पादपों में जनन Class-VII जीवों में श्वसन NCERT Class-X जैव प्रक्रम, NCERT Class-X नियंत्रण एवं समन्वय, NCERT Class-X जीव जनन कैसे करते है?, NCERT Class-XI पुष्पी पादपों में आकारिकी, NCERT Class-XI उच्च पादपों में प्रकाश-संश्लेषण, NCERT Class-XI खनिज पोषण, NCERT Class-XI पौधों में परिवहन, NCERT Class-XI पादप वृद्धि एवं परिवर्धन,NCERT Class-XII पुष्पी पादपों में लैंगिक प्रजनन, Chap-24 NIOS, जनन, Chap-23 नियन्त्रण और समन्वय NIOS Unit-12 Class X पादप आकसिकी और शारीरिकी Tamil Nadu, Unit 19 Class-IX NIOS Chap 19 जैव-विविधता और उसका वर्गीकरण (Module-5) tamil Nadu Board पादप शारीरिकी Tamil Nadu Board, Unit-14 Class X पादपों में परिवहन और जन्तुओं में परिसंचरण Unit-16 Class X पादप और जन्तु हॉर्मोन Unit-17 पादपों और जन्तुओं में जनन Class X**

1 निम्न में से कौन-सा युग्म सही नहीं है? *(Chap 4, Class-VI, NCERT)*

	सूची-I (पादप)		सूची-II (प्रकार)
(a)	टमाटर	—	शाक
(b)	आम	—	वृक्ष
(c)	नींबू	—	झाड़ी
(d)	मनी प्लांट	—	शाक

उत्तर *(d)*

व्याख्या दिए गए युग्मों में से युग्म (d) सही नहीं है, क्योंकि मनी प्लांट शाक का नहीं, बल्कि आरोही लता का उदाहरण है। ये कमजोर तने वाले पादप होते हैं, जो भूमि पर सीधे खड़े नहीं हो सकते हैं एवं किसी अन्य पादप या सहारे के चारों ओर लिपटकर वृद्धि करते हैं।

हरे एवं कोमल तने वाले पौधे शाक कहलाते हैं। ये सामान्यत: छोटे होते हैं और इनमें कई शाखाएँ नहीं होती हैं; जैसे-टमाटर।

2 पादपों में जड़ के संदर्भ में निम्न में से कौन-सा कथन सही नहीं है? *(Chap 4, 5, Class-VI, XI NCERT)*

1. रेशेदार जड़ में प्राथमिक जड़ का अभाव होता है एवं यह मुख्यतया एकबीजपत्री पादपों में पायी जाती है।
2. पादपों में मूल के दीर्घीकरण क्षेत्र में मूलरोम पाए जाते हैं।
3. बरगद के वृक्ष में सहारा देने के लिए जड़ें पाई जाती हैं, जिसे प्रोप मूल कहते हैं।

कूट

(a) केवल 2 (b) 1 और 2
(c) 2 और 3 (d) ये सभी

उत्तर *(a)*

व्याख्या पादपों में जड़ के संदर्भ में कथन (2) सही नहीं है, क्योंकि मूल रोम जड़ के परिपक्व क्षेत्र में पाए जाते हैं, जबकि दीर्घीकरण क्षेत्र में मूल के आकार में वृद्धि होती है।

कथन (1) और (3) सही हैं। रेशेदार मूल तंत्र में मूलांकुर से उत्पन्न मुख्य (प्राथमिक) जड़ शीघ्र ही नष्ट हो जाती है एवं उसकी जगह तने के निचले भाग से अनेक एक समान रेशेदार मूलें निकलती हैं। यह मूल तंत्र झकड़ा मूल तंत्र भी कहलाता है एवं प्राय: एकबीजपत्री पादपों में पाया जाता है।

बरगद के वृक्ष में सहारा देने के लिए जड़ें पाई जाती हैं, जिसे प्रोप मूल कहते हैं।

3 पादपों के तने के संदर्भ में निम्न में से कितने कथन असत्य है? *(Chap 5, Class-XI, NCERT)*

1. तने में पर्व एवं पर्वसंधियाँ पायी जाती हैं एवं यह कायिक प्रवर्धन से लेकर प्रकाश-संश्लेषण तक के सभी कार्य करता है।
2. आलू, अदरक एवं अरबी भूमिगत तने के, जबकि *बोगेनविलिया* पर्ण के शूल में रूपांतरण का उदाहरण है।
3. *ओपेंशिया* एवं *कैक्टस* में तना चपटा होकर प्रकाश-संश्लेषण करता है।

कूट

(a) केवल एक (b) केवल दो
(c) सभी तीन (d) इनमें से कोई नहीं

उत्तर *(a)*

व्याख्या पादपों के तने के संदर्भ में केवल दो कथन अर्थात् (2) असत्य है, क्योंकि *बोगेनविलिया* में उपस्थित शूल/काँटे तने के रूपांतरण होते हैं। इसी तरह आलू, अदरक एवं अरबी भोजन के संग्रह हेतु प्रयुक्त रूपांतरित भूमिगत तने हैं। इनमें भोजन संचित रहता है। *ओपेंशिया* एवं *कैक्टस* में तना चपटा होकर प्रकाश-संश्लेषण करता है।

4 पादपों में पर्ण की आकारिकी के संदर्भ में निम्न में से कौन-सा कथन सही है? *(Chap 5, Class-XI, NCERT)*

1. एकबीजपत्री पादपों में समांतर शिरा विन्यास पाया जाता है, जबकि द्विबीजपत्री पादपों में जालिकावत् शिरा विन्यास पाया जाता हैं।
2. प्याज एवं लहसुन में गूदेदार पत्तियों में भोजन का संचय होता है।
3. *कैक्टस* एवं नागफनी में पर्ण शूल में रूपांतरित हो जाते हैं।

कूट

(a) 2 और 3 (b) 1 और 2 (c) 1 और 3 (d) ये सभी

उत्तर *(d)*

व्याख्या पादपों में पर्ण की आकारिकी के संदर्भ में दिए गए सभी कथन सही हैं। पत्ती पर शिरा तथा शिरिकाओं के विन्यास को शिराविन्यास कहते हैं जब शिरिकाएँ पर्ण फलक पर एक जाल-सा बनाती हैं, तब उसे जालिक शिराविन्यास कहते हैं। यह प्राय: द्विबीजपत्री पौधों में मिलता है। जब शिरिकाएँ पर्ण फलक पर समानांतर रूप से व्यवस्थित होती हैं, उसे समानांतर शिराविन्यास कहते हैं। यह प्राय: एकबीजपत्री पौधों में मिलता है। प्याज एवं लहसुन में भोजन संचय हेतु गूदेदार पत्तियाँ पायी जाती हैं। *कैक्टस* एवं नागफनी जैसे मरुद्भिद पादपों में अधिक वाष्पोत्सर्जन से बचने के लिए पत्तियाँ काँटों में रूपांतरित हो जाती हैं।

5 पुष्प के संदर्भ में निम्न में से असंगत युग्म का चयन कीजिए। *(Chap 5, Class-XI, NCERT)*

	सूची-I		सूची-II
(a)	पुष्पों का गुच्छा	—	गेंदा
(b)	परागण हेतु कीटों को आकर्षित करना	—	दलपुंज
(c)	पुष्प कलिका की सुरक्षा	—	बाह्यदलपुंज
(d)	बीजांड	—	पुंकेसर

उत्तर *(d)*

व्याख्या पुष्प के संदर्भ में दिए गए युग्मों में से युग्म (d) असंगत है।

बीजांड पुष्प के मादा जननांग स्त्रीकेसर के अंडाशय में पाए जाते हैं। इन्हीं में मादा युग्मक कोशिका पायी जाती है। निषेचन पश्चात् यह बीज में परिवर्तित हो जाते हैं। गेंदा एक पुष्प न होकर अनेक सूक्ष्म पुष्पों का गुच्छा (मुंडक पुष्पक्रम) होता है पुष्प में रंगीन दलपुंज परागण हेतु कीटों को अपनी ओर आकर्षित करते हैं। पुष्प में हरे रंग के बाह्यदलपुंज कलिका अवस्था में पुष्प की रक्षा करते हैं।

6 नीचे दिए गए कथन व कारण को पढ़िए और कूट की सहायता से उत्तर दीजिए। *(Chap-1, 7, 8 Class XII, X, VII NCERT)*

कथन (A) **पुंकेसर पुष्प के नर जननांग होते हैं, जोकि परागकोष एवं पुतंतु के बने होते हैं।**

कारण (R) **इनमें पराग कणों का निर्माण होता है, जबकि अंडाशय में बीजांड पाए जाते हैं।**

कूट

(a) A और R दोनों सही हैं तथा R, A का सही स्पष्टीकरण है।
(b) A और R दोनों सही हैं, परंतु R, A का सही स्पष्टीकरण नहीं है।
(c) A सही है, किंतु R गलत है।
(d) A गलत है, किंतु R सही है।

उत्तर *(b)*

व्याख्या कथन (A) और कारण (R) दोनों सही हैं, किंतु कारण (R), कथन (A) का सही स्पष्टीकरण नहीं है। पुंकेसर पुष्प के नर जननांग होते हैं, जो पुतंतु एवं परागकोष (Anther) से मिलकर बने होते हैं। परागकोष में लघुबीजाणुजनन (Microsporogenesis) द्वारा पराग कणों का निर्माण होता है, जिनमें नर युग्मक उपस्थित होते हैं। बीजांड स्त्रीकेसर के अंडाशय में उपस्थित होता है।

7 फलों एवं बीजों के संदर्भ में कौन-सा कथन असत्य है? *(Chap 5, Class-XI, NCERT)*

(a) मटर एक भ्रूणपोषी बीज है, जबकि अरंडी एक अभ्रूणपोषी बीज है।
(b) आम एवं नारियल ड्रूप प्रकार के फल के उदाहरण हैं।
(c) अंकुरित बीज में उपस्थित प्रांकुर एवं मूलांकुर क्रमशः तने एवं जड़ का निर्माण करते हैं।
(d) आम का खाने योग्य भाग उसकी मध्यफलभित्ति होती है।

उत्तर (a)

व्याख्या फलों एवं बीजों के संदर्भ में कथन (a) असत्य है, क्योंकि मटर में भ्रूणपोष पतला होता है, जोकि एक भोजन संग्राहक ऊतक है। इसके पोषक तत्व परिवर्धनशील भ्रूण एवं बीज पत्रों के विकास में प्रयुक्त हो जाते हैं।

अतः यह एक अभ्रूणपोषी बीज है, जबकि अरंडी भ्रूणपोषी बीज होता है, जिसमें बीज में भ्रूणपोष उपस्थित होता है एवं बीजपत्र पतला होता है।

8 पादपों में स्वपोषी प्रकार का पोषण पाया जाता है, जिसे प्रकाश-संश्लेषण प्रक्रम कहते हैं। इसके संदर्भ में कौन-सा कथन असत्य है? *(Chap 13, Class-XI, NCERT) (Chap 1 Class-VII, NCERT)*

1. प्रकाश-संश्लेषण में पादप सौर ऊर्जा को खाद्य (रासायनिक) ऊर्जा के रूप में संचित करते हैं।
2. पादप प्रकाश-संश्लेषण हेतु आवश्यक जल मृदा से मूल द्वारा प्राप्त करते हैं एवं आवश्यक CO_2 पत्तियों के रंध्र द्वारा वायुमंडल से प्राप्त करते हैं।
3. प्रकाश-संश्लेषण हेतु आवश्यक हरा प्रकाश संवेदी वर्णक क्लोरोफिल केवल पत्तियों में पाया जाता है।

कूट

(a) केवल 3 (b) 1 और 3
(c) केवल 1 (d) केवल 2

उत्तर (a)

व्याख्या प्रकाश-संश्लेषण प्रक्रम के संदर्भ में कथन (3) असत्य है, क्योंकि क्लोरोफिल एक हरा प्रकाश संवेदी वर्णक है, जो पादप के सभी हरे भागों मुख्यतया पत्ती में पाया जाता है। पादप प्रकाश-संश्लेषण द्वारा सौर ऊर्जा (प्रकाश ऊर्जा) को खाद्य (रासायनिक) ऊर्जा के रूप में संचित करते हैं।

हरे पादपों में प्रकाश-संश्लेषण द्वारा स्वपोषी प्रकार का पोषण पाया जाता है। इस प्रक्रिया में पादप सूर्य के प्रकाश एवं क्लोरोफिल वर्णक की उपस्थिति में वायु से रंध्रों (Stomata) द्वारा प्राप्त CO_2 एवं मृदा से मूल द्वारा प्राप्त जल द्वारा ग्लूकोस के रूप में भोजन (कार्बोहाइड्रेट) का निर्माण करते हैं एवं सहउत्पाद के रूप में ऑक्सीजन गैस मुक्त करते हैं।

9 निम्नलिखित में से प्रकाश-संश्लेषण के संदर्भ में कौन-सा कथन असत्य है? *(Chap-13, Class-XI, NCERT)*

(a) इसका रासायनिक समीकरण

$$6CO_2 + 6H_2O \xrightarrow[\text{सूर्य का प्रकाश}]{\text{क्लोरोफिल}} C_6H_{12}O_6 + 6O_2$$ है।

(b) इस प्रक्रिया में सहउत्पाद के रूप में प्राप्त ऑक्सीजन जल से प्राप्त होती है।
(c) इसमें CO_2 का कार्बोहाइड्रेट (ग्लूकोस) के रूप में अपचयन होता है।
(d) उपरोक्त में से कोई नहीं

उत्तर (a)

व्याख्या प्रकाश-संश्लेषण के संदर्भ में कथन (a) असत्य है, क्योंकि प्रकाश-संश्लेषण की सही रासायनिक समीकरण निम्न है

$$6CO_2 + 12H_2O \xrightarrow[\text{सूर्य का प्रकाश}]{\text{क्लोरोफिल}} \underset{\text{ग्लूकोस}}{C_6H_{12}O_6} + 6H_2O + 6O_2$$

इस प्रक्रिया में जल के प्रकाशिक अपघटन से O_2 प्राप्त होती है, जबकि CO_2 का कार्बोहाइड्रेट (ग्लूकोस) के रूप में अपचयन होता है।

10 प्रकाश-संश्लेषण के संदर्भ में कौन-सा कथन असत्य है? *(Chap 13, Class-XI, NCERT)*

(a) पादपों में अतिरिक्त ग्लूकोस स्टार्च (मंड) के रूप में संचित होता है।
(b) मरुद्भिद् पादप जैसे नागफनी अधिक वाष्पोत्सर्जन से बचने के लिए रात्रि में CO_2 ग्रहण कर एक मध्यस्थ उत्पाद बनाते हैं।
(c) पत्तियों में स्टार्च की उपस्थिति को आयोडीन परीक्षण द्वारा सिद्ध करते हैं।
(d) इसमें मृदा से जल के साथ अवशोषित खनिज लवणों की आवश्यकता नहीं होती है।

उत्तर (d)

व्याख्या प्रकाश-संश्लेषण के संदर्भ में कथन (d) असत्य है, क्योंकि इसमें मृदा से जल द्वारा अवशोषित खनिज लवणों की आवश्यकता होती है; जैसे — Mn^{2+}, Cl^- आदि का प्रकाश-संश्लेषण की प्रक्रिया में एंजाइमों के सक्रियक के रूप में उपयोग होता है।

11 पादपों में प्रकाश-संश्लेषण के अतिरिक्त पोषण की अन्य विधियों के संदर्भ में कौन-सा कथन असत्य है? *(Chap-13, Class-XI, NCERT)*

1. अमरबेल एक परजीवी विषमपोषी पादप है।
2. वीनस फ्लाई ट्रेप एवं सनड्यू कीटभक्षी विषमपोषी पादप हैं।
3. पिचर पादप में निर्मित घट पत्ती का रूपांतरित भाग है।

कूट

(a) केवल 3 (b) केवल 2
(c) केवल 1 (d) इनमें से कोई नहीं

उत्तर (b)

व्याख्या पादपों में प्रकाश-संश्लेषण के अतिरिक्त पोषण की अन्य विधियों के संदर्भ में कथन (2) असत्य है, क्योंकि वीनस फ्लाई ट्रेप एवं सनड्यू कीटभक्षी पादप है, जोकि नाइट्रोजन की कमी वाली मृदा में उगते हैं तथा नाइट्रोजन की पूर्ति हेतु कीटों का भक्षण करते हैं। ये हरे पादप हैं, जिनमें क्लोरोफिल एवं प्रकाश-संश्लेषण पाया जाता है। अतः ये स्वपोषी पादप हैं, न कि विषमपोषी पादप। इसी प्रकार घटपर्णी या पिचर पादप भी कीटभक्षी पादप हैं, जिसमें घट एक रूपांतरित पर्ण होता है। इस घट में पाचक एंजाइमों एवं रसों का स्रावण होता है। अमरबेल एक परजीवी, क्लोरोफिल विहीन एवं आरोही लता है, जिसमें विषमपोषी पोषण पाया जाता है। इसमें चूषक मूल द्वारा पोषी पादप की कोशिकाओं से पोषण प्राप्त किया जाता है।

12 नीचे दिए गए पोषक तत्वों में से वृहत् पोषक तत्त्वों एवं सूक्ष्म पोषक तत्त्वों को अलग कीजिए। *(Chap-12, Class XI, Old NCERT)*

1. पोटैशियम 2. कैल्शियम
3. मैग्नीशियम 4. मॉलिब्डेनम
5. बोरॉन 6. कॉपर
7. सल्फर 8. लौह

कूट

	वृहत् पोषक तत्व	सूक्ष्म पोषक तत्व
(a)	1, 2, 7, 8	3, 4, 5, 6
(b)	1, 2, 3, 5	4, 6, 7, 8
(c)	1, 2, 3, 7	4, 5, 6, 8
(d)	2, 3, 6, 8	1, 4, 5, 7

उत्तर (c)

व्याख्या वृहत् एवं सूक्ष्म पोषक तत्वों के विषय में विकल्प (c) सही है। पादपों में अनिवार्य पोषक तत्वों को दो भागों में बाँटा जाता है

(i) **वृहत् पोषक तत्व** इनकी सामान्यतया पादप के शुष्क पदार्थ का 1-10 मि.ग्रा./लीटर की सांद्रता से विद्यमान होना चाहिए। इस श्रेणी में आने वाले तत्व हैं; जैसे-कार्बन (C), हाइड्रोजन (H), नाइट्रोजन (N), ऑक्सीजन

(O), फॉस्फोरस (P), सल्फर (S), पोटैशियम (K), कैल्शियम (Ca) और मैग्नीशियम (Mg)। इसमें से कार्बन, हाइड्रोजन तथा ऑक्सीजन की प्राप्ति मुख्यतया कार्बन-डाइऑक्साइड (CO_2) एवं जल (H_2O) से होती है, जबकि दूसरे तत्व मृदा से खनिज लवणों के रूप में ग्रहण किए जाते हैं।

(ii) **सूक्ष्म पोषक तत्व** इनकी अनिवार्यता अत्यंत सूक्ष्म मात्रा (0.1 मि.ग्रा./लीटर शुष्क भार के बराबर या उससे कम) में होती है। इनके अंतर्गत लौह (Fe), ताँबा (Cu), मॉलिब्डेनम (Mo), जस्ता (Zn), बोरॉन (B), मैंग्नीज (Mn), क्लोरीन (Cl) और निकिल (Ni) सम्मिलित हैं।

13 जीवधारियों को कम-से-कम 27 तत्वों की आवश्यकता होती है, जिनमें से 15 धातुएँ जो प्रभूत मात्रा में आवश्यक होती हैं, वे हैं

(Chap-12, Class XI, Old NCERT)

(a) पोटैशियम, मैंग्नीज, मोलिब्डेनम और कैल्शियम
(b) पोटैशियम, मोलिब्डेनम, ताम्र और कैल्शियम
(c) पोटैशियम, सल्फर, मैग्नीशियम और कैल्शियम
(d) सोडियम, मैग्नीशियम, ताम्र और मैंग्नीज

उत्तर *(c)*

व्याख्या जीवधारियों/पादपों में पोटैशियम (K), सल्फर (S), मैग्नीशियम (Mg) एवं कैल्शियम वृहत् पोषक तत्व हैं, जो प्रभूत या अधिक मात्रा में आवश्यक होते हैं। मैंगनीज (Mn), मॉलिब्डेनम (Mo) एवं ताँबा (Cu) सूक्ष्मपोषक तत्व होते हैं, जो अल्प मात्रा में आवश्यक होते हैं।

14 पादपों में जल के संदर्भ में निम्न में से कौन-सा कथन असत्य है?

(Chap-7, 5 Class XI, X NCERT)

1. पादपों में पाइपनुमा वाहिकाओं के द्वारा मूल से अवशोषित जल ऊपर तक पहुँचाया जाता है, जोकि जाइलम ऊतक का भाग है।
2. मृदा में जल का सर्वाधिक अवशोषण मूल रोमों द्वारा होता है।
3. मूल में जल के अवशोषण का कारण परासरण दाब होता है, जबकि जाइलम में जल के परिवहन का कारण मूलदाब होता है।

कूट

(a) 1 और 3 (b) केवल 3 (c) 2 और 3 (d) केवल 2

उत्तर *(b)*

व्याख्या पादपों में जल के संदर्भ में कथन (3) असत्य है, क्योंकि मूल में जल के अवशोषण का प्रमुख कारण मृदा में जल की उच्च सांद्रता का होना, जबकि मूल रोम की कोशिका में जल की सांद्रता का कम होना है। इसी कारण मृदा एक अतिपरासरी (Hypertonic) विलयन के रूप में, जबकि कोशिका अल्पपरासरी (Hypotonic) विलयन की भाँति कार्य करती है, जिससे परासरण दाब उत्पन्न होता है एवं जल का मृदा (उच्च सान्द्रता) से कोशिका (निम्न सांद्रता) में परासरण होता है।

जाइलम में जल के एकदिशीय परिवहन का मुख्य कारण वाष्पोत्सर्जन के कारण उत्पन्न खिंचाव बल (Transpiration pull) होता है। मूलदाब केवल छोटे पादपों में ही प्रभावी होता है।

15 पादपों में पोषक तत्वों एवं भोजन के संदर्भ में कितने कथन असत्य है?

(Chap 12, Class-XI, Old NCERT)

1. इनमें खनिज तत्त्वों का परिवहन जाइलम के द्वारा होता है।
2. इनमें भोजन का परिवहन पत्तियों से अन्य भागों तक फ्लोएम के द्वारा होता है।
3. इनमें भोजन का परिवहन ऊर्जा की सहायता से स्टार्च के रूप में होता है।

कूट

(a) केवल एक (b) केवल दो
(c) सभी तीन (d) इनमें से कोई नहीं

उत्तर *(c)*

व्याख्या पादपों में पोषक तत्वों एवं भोजन के संदर्भ में केवल एक कथन अर्थात् (3) असत्य है। फ्लोएम में भोजन का परिवहन ऊर्जा (ATP-एडीनोसीन ट्राइफॉस्फेट) की सहायता से सक्रिय रूप में पत्तियों से अन्य पादप भागों तक ऊपर से नीचे एवं नीचे से ऊपर होता है। इस प्रक्रम में संचित भोजन सुक्रोस के रूप में परिवर्तित करके स्थानांतरित किया जाता है। जाइलम जल के साथ मृदा से अवशोषित खनिज तत्वों का भी परिवहन करता है।

16 जब किसी वृक्ष की छाल, वृक्ष के आधार के पास से गोलाकार रूप से चारों तरफ से हटा दी जाती है, तो यह वृक्ष धीरे-धीरे सूख कर मर जाता हैं, क्योंकि

(Chap-11, Class-XI, old NCERT) (IAS Pre 2011)

(a) मृदा से जल वायवीय अंगों में नहीं पहुँच पाता
(b) जड़ें ऊर्जा से वंचित रह जाती हैं
(c) वृक्ष मृदा-जीवाणुओं से संक्रमित हो जाता है
(d) जड़ों को श्वसन हेतु ऑक्सीजन नहीं प्राप्त हो पाती

उत्तर *(b)*

व्याख्या जब किसी वृक्ष की छाल, वृक्ष के आधार के पास से गोलाकार रूप में चारों ओर से हटा दी जाती है, तो वृक्ष धीरे-धीरे सूख कर मर जाता है। इस प्रयोग को वलयीकरण प्रयोग कहते हैं जिसमें छाल को हटाते समय पादप का भोजन संवाहक ऊतक फ्लोएम हटा दिया जाता है। इससे नीचे मूल तक भोजन की आपूर्ति नहीं हो पाती है तथा भोजन के अभाव में श्वसन क्रिया द्वारा उत्पन्न ऊर्जा (ATP) प्राप्त नहीं होती है। इसके परिणामस्वरूप जड़ें ऊर्जा के अभाव में मर जाती हैं।

17 पादपों में श्वसन के संदर्भ में कौन-सा कथन सही नहीं है?

(Chap-12, 6 Class XI, VII NCERT)

(a) पादपों में गैसों का विनिमय मुख्यतया पत्तियों में उपस्थित रंध्रों द्वारा होता है।
(b) कोशिका में होने वाले ग्लाइकोलाइसिस प्रक्रम का अंतिम उत्पाद पाइरुवेट होता है।
(c) पादपों में अवायवीय श्वसन का अभाव होता है।
(d) पादपों में सदैव श्वसन द्वारा मुक्त CO_2 पुन: प्रकाश-संश्लेषण में प्रयुक्त हो जाती है।

उत्तर *(d)*

व्याख्या पादपों में श्वसन के संदर्भ में कथन (d) सही नहीं है, क्योंकि पादपों में केवल दिन के समय श्वसन द्वारा मुक्त अधिकांश CO_2 प्रकाश-संश्लेषण की प्रक्रिया में पुन: प्रयुक्त हो जाती है। रात्रि में यह CO_2 रंध्रों द्वारा निष्कासित कर दी जाती है। पादपों में गैसों (CO_2 एवं O_2) का विनिमय मुख्यतया पत्तियों मे उपस्थित छिद्रों, रंध्रों द्वारा होता है। ये रंध्र दो जोड़ी द्वार कोशिकाओं द्वारा रक्षित होते हैं, जो इन्हें आवश्यकतानुसार खोलते एवं बंद करते हैं।

18 निम्न में से कौन-सा कथन कोशिकीय श्वसन में NAD की भूमिका को दर्शाता है?

(Chap 12, Class-XI, NCERT)

1. यह ATP संश्लेषण के लिए न्यूक्लियोटाइड स्त्रोत है।
2. यह एक इलेक्ट्रॉन वाहक के रूप में कार्य करता है।
3. यह एक एन्जाइम के रूप में कार्य करता है।
4. यह अवायवीय श्वसन के लिए इलेक्ट्रॉन ग्राही है।

(a) केवल 1 (b) केवल 2
(c) 3 और 4 (d) 1, 2, 3 और 4

उत्तर (b)

व्याख्या NAD^+ कोशिकीय श्वसन में इलेक्ट्रॉन वाहक के रूप में कार्य करता है। NAD ऑक्सीकरण कारक के रूप में कार्य करता है। जो इलेक्ट्रॉन ग्रहण करता है और उसे आगे इलेक्ट्रॉन परिवहन तन्त्र (ETS) में स्थानान्तरित करता है। इसके फलस्वरूप, 3 ATP अणुओं का निर्माण होता है।

19 **क्रेब्स चक्र संबंधित निम्न में से कितने असत्य कथन है?**

(Chap 12, Class-XI, NCERT)

1. क्रेब्स चक्र में एक बिन्दु पर FAD^- का $FADH_2$ में अपचयन होता है।
2. क्रेब्स चक्र में तीन बिन्दुओं पर NAD^+ का $NADH + H^+$ अपचयन होता है।
3. सक्सीनिल CO-A से सक्सीनिक अम्ल में परिवर्तन के दौरान GTP के एक अणु का संश्लेषण होता है।
4. क्रेब्स चक्र एसीटिल समूह के पाइरूविक अम्ल के साथ संघनन से आरम्भ होता है और सिट्रिक अम्ल उत्पन्न करता है।

कूट

(a) केवल एक (b) केवल दो
(c) सभी चार (d) इनमें से कोई नहीं

उत्तर (b)

व्याख्या क्रेब्स चक्र संबंधित केवल दो कथन अर्थात् (2 और 3) असत्य है। क्रेब्स चक्र पाइरूविक अम्ल के संघनन से आरम्भ नहीं होता है। यह एसीटिल समूह (2C) के ऑक्सेलोएसीटेट (4C) एवं जल के साथ संघनन द्वारा सिट्रिक अम्ल (6C) उत्पन्न करने से प्रारम्भ होता है। इसमें सक्सीनिक अम्ल से प्रारम्भ होता है, इसमें सक्सीनिक अम्ल से फ्यूमेरिक अम्ल के निर्माण के दौरान FAD^+, $FADH_2$ में अपचयित हो जाता है, जबकि पाइरूविक अम्ल से एसीटिल CO-A आइसोसिट्रिक अम्ल से ऑक्सेलोसक्सीनिक अम्ल एवं α-कीटोग्लूटेरिक अम्ल से सक्सीनिक CO-A के निर्माण के दौरान NAD^+, $NADH_2$ में अपचयित हो जाता है।

20 **हरितलवकों व माइटोकॉण्ड्रिया में ATP संश्लेषण की कीमोऑस्मोटिक मत निम्न में से किस पर आधारित होता है?**

(Chap-12, Class XI, NCERT)

1. कला विभव पर 2. Na^+ आयनों के संचयन पर
3. K^+ आयनों के संचयन पर 4. प्रोटॉन प्रवणता पर

(a) 1 और 2 (b) 2 और 3
(c) केवल 4 (d) 1, 2, 3 और 4

उत्तर (c)

व्याख्या ऑक्सीकरणीय फॉस्फोरिलेशन की रसोपरासरणी युगलन परिकल्पना में प्रस्तावित किया गया कि ATP का निर्माण, माइटोकॉण्ड्रिया की आन्तरिक झिल्ली के आर-पार प्रोटॉन प्रवणता उत्पन्न होने से होता है।

पीटर मिचेल (Peter Mitchell) ने ऑक्सीडेटिव फॉस्फोरिलेशन द्वारा ATP संश्लेषण की सर्वाधिक मान्य रसोपरासरणी परिकल्पना प्रतिपादित की। इसके अनुसार जब प्रोटॉन प्रवणता उत्पन्न होती है, तो माइटोकॉण्ड्रिया की आन्तरिक झिल्ली पर उपस्थित $F_0 - F_1$ कण के F_1 सिरे में उपस्थित ATPase एन्जाइम ATP संश्लेषण के लिए सक्रिय हो जाता है एवं $NADH_2$ से निकले दो इलेक्ट्रॉन तीन जोड़ी प्रोटॉनों को मैट्रिक्स के बाहरी भाग में भेज देते हैं। इन प्रोटॉनों के कारण प्रोटॉन मोटिव बल (प्रवणता) उत्पन्न होता है, जिसके कारण ये वापिस मैट्रिक्स में पहुँचते हैं। इस स्थानान्तरण से F_1 सिरे में उपस्थित ATPase सक्रिय ADP + Pi से ATP बनाता है।

21 **पादपों में उत्सर्जन के संदर्भ में निम्न में से कितने कथन असत्य है?**

(Chap-5, Class X, NCERT)

1. ये अपशिष्ट पदार्थों को कोशिका की रिक्तिका में संचित करते हैं।
2. ये रंध्रों द्वारा O_2, CO_2 एवं जलवाष्प का उत्सर्जन नहीं करते हैं।
3. ये ठोस अपशिष्टों को गोंद, रेजिन छाल या पुरानी पत्तियों में संग्रहित कर निष्कासित करते हैं।

कूट

(a) केवल एक (b) केवल दो
(c) सभी तीन (d) इनमें से कोई नहीं

उत्तर *(c)*

व्याख्या पादपों में उत्सर्जन के संदर्भ में केवल एक कथन अर्थात् (2) असत्य है, क्योंकि पादप गैसीय अपशिष्टों जैसे CO_2 (श्वसन उत्पाद) एवं O_2 (प्रकाश-संश्लेषण सहउत्पाद) का निष्कासन मुख्यतया पर्ण पर उपस्थित रंध्रों द्वारा करते हैं।

कथन (1) और (3) सत्य हैं। पादप कोशिका में अपशिष्ट पदार्थों को कोशिका की रसधानी या रिक्तिका में संचित कर बाहर निकाल दिया जाता है, इसलिए इसे कोशिका का कचरा पात्र भी कहते हैं। पादप ठोस अपशिष्टों को छाल में संचित कर या पुरानी पत्तियों में संचित कर इन्हें त्याग देते हैं या उन्हें गोंद एवं रेजिन जैसे उत्पादों के रूप में निष्कासित करते हैं।

22 **निम्न में से मनुष्य के लिए उपयोगी पौधे के उत्सर्जी उत्पाद है?**

(Chap 5, Class-X, NCERT)

1. ऑक्सीजन 2. टैनिन
3. गोंद और रेजिन 4. खनिजों का निर्वहन

कूट

(a) 1 और 2 (b) 2 और 3
(c) केवल 3 (d) 1, 2, 3 और 4

उत्तर (d)

व्याख्या प्रकाश-संश्लेषण के दौरान ऑक्सीजन पौधों से उत्सर्जित होती है, जो मनुष्यों और अन्य जन्तुओं के श्वसन में सहायक है।

टैनिन छाल और पत्तियों में पाया जाता है। यह एक प्रकार का एल्केलॉयड है। चाय की पत्तियों में टैनिन की उपस्थिति के कारण चाय की पत्तियों को लम्बे समय तक उबालने पर चाय का स्वाद खराब हो जाता है।

गोंद और रेजिन पौधे के परिपक्व या पुराने जाइलम से उत्सर्जित होता है, जो मनुष्यों के लिए उपयोगी है। पौधे का ऊतक फ्लोएम खनिजों और जल को पौधे के ऊपरी भाग तक ले जाते हैं।

पत्तियाँ उतने खनिजों का उपयोग करती है जितना आवश्यक हो। शेष वे कैल्शियम कार्बोनेट, सोडियम ऑक्सेलेट आदि के रूप में त्यागते हैं।

23 **पादपों में गति के संदर्भ में निम्न कथनों पर विचार कीजिए।**

(Chap-13, Class-XI, NCERT)

1. पादप दो भिन्न प्रकार की गतियाँ दर्शाते हैं वृद्धि आश्रित एवं वृद्धि मुक्त।
2. मटर एवं छुई-मुई का पादप स्पर्श के प्रति अनुक्रिया दर्शाता है।
3. मूल एवं तने की वृद्धि दिशिक वृद्धि गति का उदाहरण है, जबकि परागनली का विकास नहीं।

उपर्युक्त में से कितने कथन असत्य है/हैं?

(a) केवल एक
(b) केवल दो
(c) सभी तीन
(d) उपर्युक्त में से कोई नहीं

उत्तर *(a)*

व्याख्या पादपों में गति के संदर्भ में केवल एक कथन अर्थात् (3) असत्य है, क्योंकि मूल की धनात्मक जलानुवर्ती (Hydrotropic) गति (जल की ओर गति), धनात्मक गुरुत्वानुवर्ती (Geotropic) गति (भूमि की ओर गति) एवं ऋणात्मक प्रकाशानुवर्ती (Phototropic) गति (प्रकाश से दूर गति) वृद्धि आश्रित दिशिक गति के उदाहरण हैं, जिसमें मूल का विकास एक विशिष्ट उद्दीपन के कारण एक विशेष दिशा में (उद्दीपन की ओर या दूर) होता है।

इसी प्रकार तने की ऋणात्मक जलानुवर्ती गति, ऋणात्मक गुरुत्वानुवर्ती गति एवं धनात्मक प्रकाशानुवर्ती गति के साथ-साथ पराग कण के अंकुरण के पश्चात् विकसित परागनली के बीजांड की वृद्धि जोकि धनात्मक रसायनानुवर्तन (रासायनिक उद्दीपन की ओर गति) का उदाहरण है, दिशिक वृद्धि गतियों के उदाहरण हैं।

24 सूची-I को सूची-II से सुमेलित कीजिए।

(Chap-13, Class XI, NCERT) (Chap 6, Class-X NCERT)

सूची-I (पादप हॉर्मोन्स)	सूची-II (कार्य)
A. जिबरेलिन	1. वृद्धि का संदमन
B. ऑक्सिन	2. कोशिका विभाजन का प्रेरण
C. एब्सिसिक अम्ल	3. तने की लंबाई में वृद्धि
D. साइटोकाइनिन	4. प्रकाशानुवर्तन

कूट

	A	B	C	D		A	B	C	D
(a)	2	4	1	3	(b)	4	3	2	1
(c)	3	4	2	1	(d)	3	4	1	2

उत्तर *(d)*

व्याख्या सही सुमेलन A-3, B-4, C-1, D-2 है।

जिबरेलिन की खोज सर्वप्रथम जापानी वैज्ञानिक कुरोसावा (Kurosawa, 1926) ने धान के खेत में की थी। जिबरेलिन तने की लंबाई में वृद्धि करने वाला पादप हॉर्मोन है, जो बौने पादपों के पर्वों (Internodes) की लंबाई बढ़ाता है। इस प्रक्रिया को बोल्टिंग कहते हैं।

ऑक्सिन की खोज वेण्ट (Went) नामक वैज्ञानिक ने की थी। ये जड़ या तने के शीर्ष से स्रावित कार्बनिक पदार्थ होते हैं। ऑक्सिन प्ररोह के धनात्मक प्रकाशानुवर्तन (प्रकाश की ओर वृद्धि) के लिए उत्तरदायी पादप हॉर्मोन है।

एब्सिसिक अम्ल की खोज कार्न्स एवं एडिकोट (Carns and Addicott 1961-65) ने कपास के पादपों की कलियों से की थी। यह पादप की सम्पूर्ण उपापचयी (Metabolic) क्रियाओं को धीमा कर देता है। एब्सिसिक अम्ल (ABA) वृद्धि निरोधक पादप हॉर्मोन है, जो वृद्धि का संदमन करता है।

साइटोकाइनिन की खोज मिलर (Miller) एवं उनके सहयोगियों ने सर्वप्रथम खमीर और फफूँद के DNA से प्राप्त किया था। साइटोकाइनिन कोशिका विभाजन को प्रेरित करने वाला पादप हॉर्मोन है।

25 निम्न में से असंगत युग्म की पहचान कीजिए।

(Chap-13, Class XI, NCERT) (Chap 6 Class-X NCERT)

सूची-I (लक्षण/कार्य)	सूची-II (पादप हॉर्मोन)
(a) गैसीय पादप हॉर्मोन	एथीलिन
(b) वाष्पोत्सर्जन में कमी	एब्सिसिक अम्ल
(c) जरावस्था में विलंब	जिबरेलिन
(d) शिखाग्र प्रधानता	ऑक्सिन

उत्तर *(c)*

व्याख्या दिए गए युग्मों में से युग्म (c) असंगत है।

साइटोकाइनिन हॉर्मोन कोशिका विभाजन को प्रेरित कर जरावस्था में विलंब करता है। यह पर्णवृद्धि तथा पार्श्व कलिकाओं की वृद्धि में सहायक है तथा ऑक्सिन एवं जिबरेलिन की भाँति कोशिका दीर्घन करता है। इसके अतिरिक्त यह अनेक बीजों की प्रसुप्तावस्था को समाप्त कर, उसके अंकुरण में सहायक होता है।

26 निम्न में से सही सुमेलित युग्म कौन-सा है?

(Chap-13, Class XI, NCERT) (Chap 6, Class-X, NCERT)

सूची-I (पादप हॉर्मोन)	सूची-II (कार्य)
(a) 2, 4-D	खरपतवारनाशी
(b) साइटोकाइनिन	बोल्टिंग
(c) एब्सिसिक अम्ल	फलों का पकना
(d) एथिलीन	बीजों में प्रसुप्ति

उत्तर *(a)*

व्याख्या दिए गए युग्मों में से युग्म (a) सही सुमेलित युग्म है।

2, 4-D (2, 4 डाइक्लोरो फिनॉक्सी एसीटिक अम्ल) एक कृत्रिम ऑक्सिन है, जो द्विबीजपत्री खरपतवार को नष्ट करने में खरपतवारनाशी की भाँति प्रयोग मे लाया जाता है। बोल्टिंग (बौने पादपों के तने के पर्व (Internode) की लंबाई में वृद्धि) जिबरेलिन द्वारा प्रेरित की जाती है। एथिलीन कच्चे फलों को पकाने मे प्रयुक्त गैसीय हॉर्मोन है। बीजों में प्रसुप्ति (Dormancy) का प्रेरण तनाव हॉर्मोन एब्सिसिक अम्ल करता है।

27 निम्नलिखित में से कौन-सा/से कथन पौधों में कायिक प्रवर्धन के सम्बन्ध में सही है/हैं?

(Chap-1, Class XII, NCERT)

1. कायिक प्रवर्धन क्लोनीय जनसंख्या को उत्पन्न करता है।
2. कायिक प्रवर्धन विषाणुओं का निष्प्रभाव करने में सहायक है।
3. कायिक प्रवर्धन वर्ष के अधिकतर भाग में चल सकता है।

कूट

(a) केवल 1 (b) 2 और 3 (c) 1 और 3 (d) 1, 2 और 3

उत्तर *(c)*

व्याख्या पौधों में कायिक प्रवर्धन के सम्बन्ध में कथन (1) और (3) सही है पौधे के कायिक भागों जैसे जड़ तना व पत्ती द्वारा एक सन्तति पादप का जनन जिसमें लैंगिक अंग (पुष्प) भाग नहीं लेते हैं, कायिक प्रवर्धन कहलाता है कायिक जनन द्वारा उत्पन्न सन्तति आनुवंशिक पैतृक के पूर्णतया समान होती है और उसमें कोई भिन्नता या नए गुण और ओज नहीं आ पाते हैं अर्थात् यह जनक की क्लोन होती है कायिक प्रवर्धन वर्ष के अधिकतर समय में चल सकता है, क्योंकि यह पुष्पन एवं परागण हेतु ऋतुओं ताप या वर्षा पर आधारित नहीं होता है। कथन (2) सही नहीं है, क्योंकि कायिक जनन विषाणुओं के प्रसार मे सहायक होता है।

28 सूची-I को सूची-II से सुमेलित कीजिए।

(Chap 7, Class X, NCERT) (Chap 8 Class VII NCERT)

सूची-I (अलैंगिक जनन का प्रकार)	सूची-II (उदाहरण)
A. पत्ती द्वारा कायिक जनन	1. अदरक
B. मूल द्वारा कायिक जनन	2. *राइजोपस*
C. तने द्वारा कायिक जनन	3. *ब्रायोफिल्लम*
D. बीजाणु द्वारा अलैंगिक जनन	4. शकरकंद

कूट

	A	B	C	D		A	B	C	D
(a)	4	2	1	3	(b)	3	4	2	1
(c)	3	4	1	2	(d)	4	3	2	1

उत्तर *(c)*

व्याख्या सही सुमेलन A-3, B-4, C-1, D-2 है।

ब्रायोफिल्लम में पत्तियों पर उपस्थित अपस्थानिक कलिकाओं द्वारा कायिक जनन होता है एवं नए पादप का निर्माण होता है।

शकरकंद में मूल द्वारा कायिक जनन होता है एवं नए पादप का निर्माण होता है इन जड़ों में भोजन संचय होता है तथा इन जड़ों पर अपस्थानिक कलिकाएँ उपस्थित होती हैं। अनुकूल परिस्थिति में ये अपस्थानिक कलिकाएँ पादप का निर्माण करती है।

अदरक में तने (प्रकंद) द्वारा कायिक जनन होता है। इनमें पर्व सन्धियों पर अपस्थानिक कलिकाएँ उपस्थित होती हैं। ये पर्व सन्धियाँ नए पादप के निर्माण में सहायक होती हैं।

राइजोपस जैसे कवकों में बीजाणुजनन द्वारा अलैंगिक जनन होता है। इनमें प्रतिकूल परिस्थितियों में अचल एवं शुष्क बीजाणुओं का निर्माण होता है, जो वायु द्वारा प्रकीर्णित होकर नमी की उपलब्धता वाले स्थानों पर अंकुरित होकर नए जीव का निर्माण करते हैं।

29 पुष्पीय पादपों में लैंगिक जनन के संदर्भ में असत्य कथन का चयन कीजिए। *(Chap-1, Class XII, NCERT)*

1. इसमें गतिशील नर युग्मक अचल मादा युग्मक से संलयित होकर आनुवंशिक रूप से नए संतति पादप का निर्माण करता है।
2. पपीता एकलिंगी, जबकि गुड़हल द्विलिंगी पुष्प का उदाहरण हैं।
3. स्त्रीकेसर के अंडाशय में स्थित अंड कोशिका के निषेचन हेतु स्वपरागण की आवश्यकता होती है।

कूट

(a) 2 और 3 (b) 1 और 3 (c) केवल 3 (d) केवल 1

उत्तर (c)

व्याख्या पुष्पीय पादपों के लैंगिक जनन के संदर्भ में कथन (3) असत्य है, क्योंकि स्त्रीकेसर के अंडाशय के बीजांड के भ्रूणकोष में स्थित अंड कोशिका का निषेचन स्व-परागण (एक ही पादप के परागकोष एवं वर्तिकाग्र के मध्य परागण) एवं पर-परागण (एक ही जाति के दो भिन्न पादपों के परागकोष एवं वर्तिकाग्र के मध्य परागण) दोनों द्वारा संभव है।

30 सूची-I को सूची-II के साथ सुमेलित कीजिए और सूचियों के नीचे दिए गए कूट का प्रयोग कर सही उत्तर चुनिए। *(Chap-5, Class XI, NCERT)(IAS Pre 1998)*

सूची-I	सूची-II
A. फल	1. बीजांड
B. बीज	2. पत्ती
C. काष्ठ	3. तना
D. मंड	4. अंडाशय

कूट

	A	B	C	D		A	B	C	D
(a)	2	1	3	4	(b)	4	1	3	2
(c)	2	3	1	2	(d)	4	3	1	2

उत्तर (b)

व्याख्या सही सुमेलन A-4, B-1, C-3, D-2 है।

फल निषेचन के पश्चात् परिपक्व अंडाशय निर्मित होता है। बीज के निषेचन के पश्चात् परिपक्व बीजांड निर्मित होता है। काष्ठ तने से द्वितीयक जाइलम प्राप्त होता है। मंड (स्टार्च) पत्तियों में संचित भोजन का एक प्रकार है, जोकि प्रकाश -संश्लेषण द्वारा निर्मित अतिरिक्त ग्लूकोस के द्वारा बना पॉलीसैकेराइड है।

31 निम्न में से पुष्पीय पादप में लैंगिक जनन का सही क्रम क्या है? *(Chap-1, Class XII, NCERT)*

(a) युग्मकजनन-निषेचन-परागण-फल एवं बीज-अंकुरण
(b) युग्मकजनन-परागण-निषेचन-फल एवं बीज-अंकुरण
(c) युग्मकजनन-परागण-निषेचन-अंकुरण-फल एवं बीज
(d) युग्मकजनन-निषेचन-परागण-अंकुरण-फल एवं बीज

उत्तर (b)

व्याख्या पुष्पीय पादपों में लैंगिक जनन का सही क्रम युग्मकजनन-परागण-निषेचन-फल एवं बीज-अंकुरण है। इनका विवरण निम्न है

युग्मकजनन (Gametogenesis) पुष्प के पुमंग एवं जायांग में क्रमश: परागकण एवं भ्रूणकोष के विकास की प्रक्रिया है, जिनमें अगुणित नर एवं मादा युग्मक पाए जाते हैं। परागण (Pollination) पराग कणों का परागकोष से वर्तिकाग्र तक स्थानांतरण है। निषेचन (Fertilisation) अगुणित नर एवं मादा युग्मकों के संलयन द्वारा द्विगुणित युग्मनज (Zygote) का निर्माण।

फल एवं बीज परिपक्व अंडाशय एवं बीजांड द्वारा क्रमश: फल एवं बीज का निर्माण। अंकुरण (Germination) बीज के अंकुरण द्वारा नवोद्भिद् पादप का निर्माण।

32 एक ही पादप पर एक पुष्प के परागकोष से दूसरे पुष्प के वर्तिकाग्र तक परागकणों का स्थानान्तरण कहलाता है। *(Chap 8, 7, Class-VII, X, NCERT)*

1. परनिषेचन 2. सजात पुष्पी परागण 3. केन्द्रक संलयन 4. स्वयुग्मन

कूट

(a) केवल 1 (b) केवल 2 (c) 2 और 3 (d) 3 और 4

उत्तर (b)

व्याख्या सजातपुष्पी परागण (Geitonogamy) में परागणकारी की आवश्यकता हो सकती है, क्योंकि इसमें परागकण एक पुष्प से उसी पादप के दूसरे पुष्प के वर्तिकाग्र (stigma) पर स्थानान्तरित होते हैं। जोकि आनुवंशिक रूप से समान होता है। इसलिए जीटोनोगैमी पर-परागण की प्रक्रिया है, जो आनुवंशिक रूप से स्व-परागण के समान होती है।

33 आवृतबीजी पादपों में लघुबीजाणु जनन और गुरुबीजाणु जनन से निम्न में से सम्बन्धित है- *(Chap 8, 7, 1, Class-VII, X, XII, NCERT)*

1. यह परागकोष में होता है। 2. यह बिना अग्र विभाजन के युग्मक बनाते हैं।
3. यह अर्द्धसूत्री विभाजन द्वारा होता है।
4. बीजांड में होता है।

कूट

(a) केवल 1 (b) 1 और 2 (c) केवल 3 (d) 1, 2, 3 और 4

उत्तर (c)

व्याख्या लघुबीजाणु जनन और गुरुबीजाणु जनन दोनों प्रक्रियाएँ अर्द्धसूत्री विभाजन द्वारा होती है, जिसके परिणामस्वरूप द्विगुणित (2n) लघुबीजाणु और गुरुबीजाणु मातृ कोशिकाओं से अगुणित (n) नर एवं मादा युग्मों का निर्माण होता है।

34 द्विनिषेचन किस पादप का मुख्य लक्षण होता है? *(Chap 8, 7, 1, Class-VII, X, XII, NCERT)*

1. केवल आवृतबीजी का 2. टेरिडोफाइटा और ब्रायोफाइटा का
3. केवल अनावृतबीजी का

कूट

(a) केवल 1 (b) 1 और 2 (c) केवल 3 (d) 1, 2 और 3

उत्तर (a)

व्याख्या द्विनिषेचन आवृतबीजी पादपों का मुख्य लक्षण है, जिसमें एक नर युग्मक अण्डकोशिका से संलयित होता है तथा दूसरा नर युग्मक अण्डकोशिका से संलयित होता है तथा दूसरा युग्मक दो ध्रुवीय केन्द्रकों या द्वितीयक कोशिका से संलयित होता है जिसे क्रमश: संयुग्मन तथा त्रिसंयलन कहते हैं दोनों प्रक्रियाओं को सम्मिलित रूप से द्विनिषेचन कहते हैं। इसके फलस्वरूप युग्मनज (2n) एवं भ्रूणपोष (3n) का निर्माण होता है। अनावृतबीजी, टेरिडोफाइटा एवं ब्रायोफाइटा में एकल निषेचन होता है। जो नर और मादा युग्मकों के मध्य होता है। अनावृतबीजी में भ्रूणपोष का निर्माण निषेचन से पूर्व ही हो जाता है।

35 बहुवर्षी पादप द्विवर्षीय पादप से भिन्न होते है। निम्न में से कौन सा विकल्प इसका कारण है? *(Chap 1, Class-XII, NCERT)*

1. इसमें भूमिगत वार्षिक संरचनाएँ होती है।
2. इसमें अलैंगिक प्रजनन संरचनाएँ होती है।
3. पेड़ की प्रजाति होती है।
4. इसमें पुष्पो के मौसमी उत्पादन के बाद पादप मरता नहीं है।

कूट

(a) 1 केवल 2 (b) 2 और 3 (c) केवल 3 (d) केवल 4

उत्तर (d)

व्याख्या बहुवर्षीय पादप दो वर्ष से अधिक तक जीवित रहते है। ये विशिष्ट मौसम के सम फल व फूल उत्पन्न करते हैं। बहुवर्षीय पादप सदाबहार (Evergreen) पादप बनाते हैं, जबकि द्विवर्षीय पादप ऋतु के अनुसार पुष्प उत्पन्न करने के पश्चात मर जाते हैं। अत: बहुवर्षीय पादपों में पुष्पों के मौसमी उत्पादन के बाद पादप मरता नहीं है।

अध्याय 07

जन्तु कार्यिकी एवं जनन

जन्तु कार्यिकी एवं जनन

अध्यावरणी तंत्र, पोषण एवं पाचन तंत्र

अध्यावरण तंत्र
- त्वचा तथा इसके व्युत्पन्न

त्वचा
- पतली शुष्क तथा रोमयुक्त, वसीय ऊतको द्वारा पेशी स्तर से जुड़ी
- **अधिचर्म** भ्रूण के बाह्यजनन स्तर से त्वचा की सबसे बाहरी परत किण स्तर (किरेटिन युक्त), स्वच्छ स्तर, कणिस्तर, मेल्पीघी स्तर (मिलेनिन)- धूप के दुष्प्रभाव से रक्षा

पोषण
- जीवों द्वारा भोजन में उपस्थित पोषक पदार्थों को प्राप्त कर प्रत्येक कोशिका तक पहुँचाने की क्रिया
- **पोषक पदार्थ** (कार्बनिक पदार्थ- कार्बोहाइड्रेट (C, H, O 1 : 2 : 1 में)
- **प्रोटीन** (शरीर का 14% भाग बनाते है), मांस, मछली, दूध, अण्डा- मुख्य स्त्रोत, कमी से बच्चों में क्वाशियोरकर व मैरेस्मस रोग

पाचन तंत्र
- जटिल पदार्थों को सरल घटकों में तोड़ना, पाचन एन्जाइमों की सहायता से भोजन का पाचन

आहार नाल
- **मुख एवं मुखगुहिका** दाँत-कृतक (काटने के), रदनक (चीरने-फाड़ने) अग्रचवर्णक (पीसना), चवर्णक (पीसना)
- दंत सूत्र- $\frac{ICPmM}{ICPmM}$ मनुष्य $=\frac{2123}{2123}\times2=32$
- जिह्वा (स्वाद कलिकाएँ)
- ग्रसनी (निगलद्वार), घांटीद्वार (Glottis) एवं घांटीढापन (Epiglottis),
- **ग्रसिका** (23-27 सेमी लम्बी- क्रमाकुंचन गति)
- आमाशय 25 सेमी लम्बा, J-आकार, जठर रस (HCL, पेप्सिन, लाइपेज)

श्वसन, परिसंचरण एवं उत्सर्जन तंत्र

श्वसन तन्त्र
- O_2 की उपस्थिति में वायवीय व अनुपस्थिति में अवायवीय
- **मानव में श्वसन क्रियाविधि**
  - श्वासोच्छवास अंत:श्वसन (आंतरिक अंतरापर्शुक पेशियाँ), बाह्यश्वसन (बाह्य अंतरापर्शुक पेशियाँ)
  - फेफडों में गैसीय विनिमय- विसरण द्वारा
  - ऑक्सीजन परिवहन (ऑक्सीहीमोग्लोबिन) O_2 परिवहन (बाइकार्बोनेट, हीमोग्लोबिन व प्लाज्मा द्वारा)

परिसंचरण तन्त्र
- उच्च बहुकोशिकीय जन्तु में पोषक पदार्थों की आपूर्ति व अनावश्यक पदार्थों के बहिष्करण हेतु
- खुला परिसंचरण तन्त्र (तिलचट्टा, कीट) **बन्द परिसंचरण** (केंचुआ, सभी कशेरूक)

उत्सर्जन तन्त्र
- अपशिष्ट पदार्थों को शरीर से बाहर निष्कासित करने की जैव प्रक्रिया।
- प्रकार (अमीनो अम्ल उत्सर्जी (सीपी घोंघा), अमोनिया (मछली, उभयचर), यूरिया उत्सर्जी (स्तनधारी, मनुष्य), यूरिक अम्ल उत्सर्जी (पक्षी, सरीसृप)।

मानव उत्सर्जन तन्त्र
- मुख्य उत्सर्जी अंग- वृक्क (1 जोड़ी)
- वृक्क (नेफ्रॉन- महीन लम्बी, कुण्डलित नलिकाएँ)
- नेफ्रॉन (बोमेन सम्पुट, केशिका गुच्छ, समीपस्थ कुण्डलित नलिका, हेन्ले लूप)

गमन एवं संचलन, नियंत्रण समन्वय एवं जननतंत्र

गमन एवं संचलन
- मानव में पेशियों (रेखित पेशी) के संकुचन एवं शिथिलन द्वारा कंकाल तन्त्र में उपस्थित सन्धियों में गति होने के कारण गमन

मानव कंकाल
- अक्षीय कंकाल (कुल 80 अस्थियाँ
- करोटि (8 अस्थि), चेहरे (14 अस्थि)
- कान की (6 अस्थि), मैलियस, इनकस, स्टेपीस- सभी-2
- हायॉइड- एकमात्र अस्थि
- कशेरूक दण्ड (ग्रीवा भाग, वक्ष भाग कटि भाग, त्रिक भाग, अनुत्रिक भाग)

नियंत्रण एवं समन्वय
- तन्त्रिका तन्त्र
- **न्यूरॉन** संरचनात्मक एवं क्रियात्मक इकाई
- तन्त्रिका आवेग का संचार (न्यूरोहॉर्मोन), रासायनिक युग्मानुबन्धन (Chemical synape)
- केन्द्रीय तन्त्रिका तन्त्र (मानव मस्तिष्क)

जनन तंत्र
- जीवों में होने वाली प्रक्रिया, जीव अपने समान जीव की उत्पत्ति
- लैगिक जनन- युग्मकों का निषेचन
- **नर जनन तन्त्र** (वृषण, अधिवृषण, शुक्र वाहिनी शुक्राशय, मूत्रमार्ग, शिशन, सहायक ग्रन्थि
- मादा जनन तन्त्र (अण्डाशय, अण्डवाहिनी, गर्भाशय ग्रीवा और योनि।

SOURCE NCERT Class VI भोजन के घटक, शरीर में गति NCERT Class VII प्राणियों में पोषण, जन्तुओं और पादप में परिवहन NCERT Class VIII जन्तुओं और पादप में परिवहन NCERT Class VIII जन्तुओं में जनन NCERT Class IX ऊतक NCERT Class X जैव प्रक्रम, नियंत्रण एवं समन्वय, जीवन जनन कैसे करते हैं NCERT Class XI श्वसन एवं गैसों का विनिमय, शरीर द्रव एवं परिसंचरण, उत्सर्जी उत्पाद एवं उनका निष्कासन, गमन एवं संचलन, तंत्रिकीय नियंत्रण एवं समन्वय, रासायनिक समन्वय एवं एकीकरण NCERT Class XII मानव जनन Tamil Nadu Board Class IX जन्तुओं में अंग तंत्र, पोषण एवं स्वास्थ्य, ऊतकों का संगठन Tamil Nadu Board Class IX पादपों में परिवहन एवं जन्तुओं में परिसंचरण, तंत्रिका तंत्र, पादप एवं जन्तु हार्मोन NIOS Module (5) जीवन के निर्माणकारी घटक-कोशिका और ऊतक जैव प्रक्रियाएँ-पोषण, अभिगमन, श्वसन एवं उत्सर्जन

1 अध्यावरण तन्त्र के कार्यों में निम्न में से सत्य है *(Class XI, Old NCERT)*

1. यह आन्तरिक नरम ऊतकों और अंगों की सूक्ष्मजीवियों से सुरक्षा करती है।
2. यह बाह्य उद्दीपकों जैसे स्पर्श, रसायन और ताप को ग्रहित करके उन्हें तन्त्रिका तन्त्र में संचालित करता है।
3. यह अधिकतर कशेरूकियों में ताप का नियमन करता है।

कूट

(a) केवल 1 (b) 2 और 3
(c) 1, 2 और 3 (d) इनमें से कोई नहीं

उत्तर (c)

व्याख्या अध्यावरण तन्त्र के कार्य-

1. यह आन्तरिक नरम ऊतकों और अंगों की सूक्ष्मजीवियों से सुरक्षा करती है। यह प्रतिरक्षा तन्त्र का पहला सुरक्षा कवच है। यह UV विकिरणों से सुरक्षा प्रदान करता है।
2. यह बाह्य उद्दीपकों जैसे स्पर्श, रसायन और ताप को ग्रहण करके उन्हें तन्त्रिका तन्त्र में संचालित करता है।
3. यह अधिकतर कशेरूकियों में ताप का नियमन करता है।
4. यह स्थलीय कशेरूकियों में जल की हानि से रक्षा करता है।

2 निम्न में से असत्य कथन का चयन कीजिए। *(Chap 21 Module-5 NIOS)*

1. तैलीय ग्रन्थियाँ शरीर के विशेष भाग में पाई जाती है।
2. स्वेद ग्रन्थियाँ हथेलियों, पैरों एवं सिर पर सबसे अधिक होती है।
3. गन्ध ग्रन्थियाँ स्वेद ग्रन्थियों से ही व्युत्पन्न होती है।

कूट

(a) केवल 1 (b) 2 और 3 (c) केवल 3 (d) 1, 2 और 3

उत्तर (a)

व्याख्या तैलीय ग्रन्थियाँ पूरे शरीर पर पाई जाती हैं न कि विशेष भाग पर। इन ग्रन्थियों से एक तैलीय स्त्राव सीबम निकलता है, जो त्वचा में और अधिकतर रोम-पुटकों में स्त्रावित होता है। स्वेद ग्रन्थियों से एक जलीय उत्पाद, पसीना निकलता है। यह शरीर के तापमान के नियमन का कार्य करता है।

गन्ध ग्रन्थियाँ स्वेद ग्रन्थियों से ही व्युत्पन्न होती है। इनसे ऐसे स्त्राव निकलते हैं, जो अपने प्राणियों को पहचाने में सहायता करते हैं।

3 निम्न में से असंगत युग्म कौन-सा है? *(Chap 5, Class-X, NCERT)*

	सूची-I (भोज्य स्रोत)		सूची-II (खनिज तत्व/विटामिन)
(a)	मछली, नमक	—	विटामिन-D
(b)	दूध, केला	—	फॉस्फोरस
(c)	पालक, सेब	—	लौह
(d)	दूध, अण्डे	—	कैल्शियम

उत्तर (a)

व्याख्या दिए गए युग्मों में से युग्म (a) असंगत है, क्योंकि मछली एवं नमक विटामिन-D का स्रोत नहीं है। मछली के यकृत में तेल विटामिन-A एवं D का अच्छा स्रोत होता है और नमक (NaCl) सोडियम, क्लोरीन एवं आयोडीन जैसे खनिज लवणों का स्रोत होता है।

दूध एवं केला फॉस्फोरस के स्रोत होते हैं, जो ATP, DNA एवं कोशिका झिल्ली निर्माण में प्रयुक्त होते हैं।

पालक एवं सेब लौह (Fe) के स्रोत होते हैं, जो हीमोग्लोबिन एवं साइटोक्रोम जैसे वर्णकों के मुख्य घटक हैं।

दूध एवं अण्डे कैल्शियम के स्रोत होते हैं, जो दाँतों एवं अस्थियों के विकास में सहायक होते हैं।

4 निम्नलिखित कथनों पर विचार कीजिए। *(Chap 1, Class-VI, NCERT)*

1. पोषण के लिए प्रयुक्त भोजन के स्रोत के आधार पर जन्तु सर्वभक्षी, शाकाहारी या माँसाहारी होते हैं।
2. मधुमक्खी शाकाहारी जन्तु है, जबकि मशरूम परजीवी पादप उत्पाद है।

उपरोक्त में से कौन-सा/से कथन असत्य है/हैं?

(a) केवल 2 (b) 1 और 2
(c) केवल 1 (d) इनमें से कोई नहीं

उत्तर (a)

व्याख्या दिए गए कथनों में से कथन (2) असत्य है, क्योंकि मधुमक्खी शहद (भोजन) निर्माण हेतु पादप उत्पाद मकरंद का उपयोग करती है। अत: यह शाकाहारी जन्तु है, किन्तु मशरूम एक मृतोपजीवी कवक है, जो मृत सड़े-गले कार्बनिक पदार्थों का पाचन कर पोषण प्राप्त करते हैं।

कथन (1) सत्य है, पोषण के लिए प्रयुक्त भोजन के स्रोत के आधार पर जन्तु शाकाहारी (पादप उत्पाद खाने वाले), माँसाहारी (अण्डे, माँस, मछली जैसे जन्तु उत्पाद खाने वाले) एवं सर्वाहारी (जन्तु एवं पादप उत्पाद दोनों खाने वाले) होते हैं। रुधिरहारी जीव; जैसे—जूँ, मच्छर, जोंक, आदि परजीवी जन्तुओं के उदाहरण हैं।

5 भोजन के घटकों के संदर्भ में निम्न में से कितने कथन असत्य हैं *(Chap 5, Class-X, NCERT)*

1. गेहूँ, चावल, बाजरा, आलू, आदि ऊर्जा के प्रमुख स्रोत होते हैं।
2. राजमा, मूँग, मटर जैसी दालें, दूध एवं अण्डे कॉर्बोहाइड्रेट के स्रोत होते हैं।
3. खाद्य तेल एवं मक्खन वसा के प्रमुख स्रोत होते हैं।
4. प्राय: सभी प्रकार की सब्जियाँ विटामिन एवं खनिज लवण प्रदान करती हैं।

कूट

(a) केवल एक (b) केवल दो (c) केवल तीन (d) ये सभी

उत्तर (a)

व्याख्या भोजन के घटकों के संदर्भ में केवल एक कथन अर्थात् (2) असत्य है, क्योंकि दूध, अण्डे एवं राजमा, मूँग, मटर जैसी दालें प्रोटीन के प्रमुख स्रोत हैं। प्रोटीन कोशिका विभाजन, वृद्धि एवं ऊतकों की मरम्मत हेतु आवश्यक होता है।

6 भोजन में विटामिन के संदर्भ में कौन-सा कथन सही है? *(Chap 1, Class-VI, NCERT) (Chap 5, Class-X, NCERT)*

1. सूर्य के प्रकाश में त्वचा द्वारा संश्लेषित विटामिन-D अस्थियों एवं दाँतों के विकास हेतु आवश्यक होता है।
2. खट्टे फल; जैसे-नींबू, टमाटर, संतरा, आदि विटामिन-C के स्रोत होते हैं।
3. विटामिन-E, D, A एवं K शरीर में संचित होते हैं, किंतु विटामिन-B एवं C नहीं।

कूट

(a) 1 और 3 (b) 1 और 2 (c) 2 और 3 (d) ये सभी

उत्तर (d)

व्याख्या भोजन में विटामिन के सन्दर्भ में दिए गए सभी कथन सही हैं। विटामिन-D सूर्य के प्रकाश में त्वचा द्वारा स्वत: ही संश्लेषित होता है। यह विटामिन आँतों में फॉस्फोरस एवं कैल्शियम के अवशोषण को बढ़ाकर इन्हें अस्थियों एवं दाँतों में निक्षेपित करता है।

खट्टे फल, जैसे-नींबू, टमाटर, संतरा, आदि विटामिन-C (एस्कार्बिक अम्ल) के स्रोत होते हैं। यह विटामिन रोग प्रतिरोधक क्षमता बढ़ाता है।

विटामिन -A, D, E एवं K वसा में घुलनशील होने के कारण शरीर में वसीय ऊतकों में संचित हो जाते हैं, जबकि विटामिन-B एवं C जल में घुलनशील होने के कारण मूत्र के साथ शरीर से निकल जाते हैं।

7 एल्फा-किरैटिन एक प्रोटीन है, जो *(Chap 6, Class-IX, NCERT)*

1. रुधिर में उपस्थित है।
2. त्वचा में उपस्थित है।
3. ऊन में उपस्थित है।

कूट

(a) केवल 1 (b) केवल 2 (c) 2 और 3 (d) 1, 2 और 3

उत्तर (b)

व्याख्या एल्फा-किरैटिन एक प्रोटीन है, जो त्वचा में उपस्थित होता है। यह त्वचा को जल प्रतिकर्षी बनाकर संक्रमण से बचाता है। त्वचा के अतिरिक्त यह प्रोटीन बाल, सींग, नाखून, आदि में भी उपस्थित होता है।

8 निम्नलिखित युग्मों पर विचार कीजिए। *(Chap 1, Class-VI NCERT) (Chap 6, Class-X, NCERT)*

	विटामिन		हीनता से होने वाला रोग
1.	विटामिन-C	—	स्कर्वी
2.	विटामिन-D	—	रिकेट्स
3.	विटामिन-E	—	रात्रि अंधता

उपरोक्त में से कितने युग्म सही सुमेलित नहीं है/हैं?

(a) केवल एक (b) केवल दो
(c) सभी तीन (d) इनमें से कोई नहीं

उत्तर (a)

व्याख्या दिए गए युग्मों में केवल एक युग्म अर्थात् (3) सही सुमेलित नहीं है, क्योंकि विटामिन-E की कमी जनन क्षमता को कम कर बंध्यता को बढ़ावा देती है, जबकि रात्रि अंधता (कम रोशनी में दिखाई नहीं देना) का कारण विटामिन-A की कमी होती है, जो नेत्र में रोडोप्सिन वर्णक के संश्लेषण हेतु आवश्यक होता है।

9 निम्न में से कौन-सा एक कथन सही नहीं है? *(Chap 1, Class-VI, NCERT)*

1. दूध में विटामिन-B नहीं होता।
2. विटामिन-A (रेटिनॉल) के अभाव के कारण त्वचा शुष्क तथा शल्की हो जाती है।
3. जोड़ों में पीड़ा होना स्कर्वी के लक्षणों में से एक है।
4. विटामिन-B_1 (थायमिन) के अभाव में हृदयाघात हो सकता है।

(a) केवल 1 (b) 2 और 3 (c) 1, 2 और 3 (d) केवल 4

उत्तर (a)

व्याख्या दिए गए कथनों में से कथन (a) सही नहीं है, क्योंकि दूध में विटामिन-B_2 एवं B_3 अल्प मात्रा में पाए जाते हैं।

विटामिन-A की कमी के कारण त्वचा शुष्क एवं शल्की हो जाती है। जोड़ों में दर्द होना स्कर्वी रोग का लक्षण है, जो विटामिन-C की कमी के कारण होता है। विटामिन-B_1 (थायमिन) की कमी बेरी-बेरी रोग एवं हृदयाघात का कारण हो सकती है।

10 मानव में दन्त विन्यास के सन्दर्भ में निम्न में से कौन-सा कथन असत्य है? *(Chap 2, Class-VII, NCERT)*

1. मानव में दूध के दाँतों की संख्या 20 होती हैं, जबकि शेष 12 दाँत स्थायी दाँत होते हैं।
2. कृन्तक भोजन को काटते हैं, जबकि रदनक भोजन को चीरते-फाड़ते हैं।
3. वयस्कों में कृन्तक की संख्या 8 होती है।

कूट

(a) 1 और 3 (b) 1 और 2 (c) केवल 1 (d) केवल 2

उत्तर (c)

व्याख्या मानव में दन्त विन्यास के सन्दर्भ में कथन (1) असत्य है, क्योंकि मानव में द्विबारदन्ती प्रकार के दाँत पाए जाते हैं अर्थात् ये जीवन में दो बार आते हैं। प्रथम बार छोटे बच्चे में अस्थायी दूध के दाँत जोकि संख्या में 20 होते हैं तथा द्वितीय बार वयस्कों में स्थायी दाँत जो संख्या में 32 होते हैं।

11 जिह्वा के संदर्भ में असंगत युग्म का चयन कीजिए। *(Chap 2, Class-VII, NCERT) (Unit 20, Class-IX Tamil Nadu Board*

सूची-I (जिह्वा के क्षेत्र)		सूची-II (स्वाद)
(a) अग्र क्षेत्र	—	मीठा स्वाद
(b) पार्श्व क्षेत्र	—	खट्टा स्वाद
(c) अग्र पार्श्व क्षेत्र	—	तीखा स्वाद
(d) पश्च क्षेत्र	—	कड़वा स्वाद

उत्तर (c)

व्याख्या जिह्वा के संदर्भ में दिए गए युग्मों में से युग्म (c) असंगत है। जिह्वा की ऊपरी सतह पर छोटे-छोटे उभार के रूप में पैपिला या अंकुरक पाए जाते हैं, जिन्हें स्वाद कलिकाएँ (Taste buds) कहते हैं। ये स्वाद कलिकाएँ जिह्वा के अग्र भाग में मीठा, पार्श्व भाग में खट्टा, अग्र पार्श्व भाग में नमकीन तथा पश्च भाग में कड़वे स्वाद का ज्ञान करवाती हैं। जिह्वा भोजन का स्वाद ज्ञात करने के अतिरिक्त लार को मिलाने, भोजन को निगलने तथा बोलने में सहायता करती है।

12 मानव पाचन तन्त्र के संदर्भ में कितने कथन असत्य है? *(Chap 2, Class-VII, NCERT)*

1. भोजन का पाचन सर्वप्रथम आमाशय से शुरू होता है, जो 'J' आकार का चौड़ा थैलीनुमा भाग होता है।
2. छोटी आँत आहारनाल का सबसे लंबा भाग है, जहाँ भोजन का सर्वाधिक पाचन एवं अवशोषण होता है।
3. बड़ी आँत में सेलुलोस का पाचन एवं जल का अवशोषण होता है।

कूट

(a) केवल एक (b) केवल दो
(c) सभी तीन (d) इनमें से कोई नहीं

उत्तर (b)

व्याख्या मानव पाचन के संदर्भ में केवल दो कथन अर्थात् (1) और (3) असत्य हैं।

भोजन का पाचन आमाशय से नहीं, बल्कि सर्वप्रथम मुखगुहा में ही लार में उपस्थित एमाइलेज या टायलिन एन्जाइम की उपस्थिति में प्रारंभ हो जाता है। यह एन्जाइम स्टार्च को माल्टोस में तोड़ता है।

आमाशय 'J' आकार की थैलीनुमा संरचना होती है, जहाँ अम्लीय माध्यम में प्रोटीन का पाचन शुरू होता है।

मानव में बड़ी आँत में सेलुलोस का पाचन नहीं होता है। यहाँ केवल जल एवं पचे हुए शेष भोजन का अवशोषण होता है। घोड़ा, गाय, हिरण जैसे शाकाहारी जन्तुओं में भोजन में उपस्थित सेलुलोस के पाचन के लिए बड़ी आँत की सीकम में सहजीवी जीवाणु पाए जाते हैं, जो सेलुलोस का पाचन करते हैं।

13 मानव तन्त्र में निम्नलिखित में से कौन-सा एक पाचक एन्जाइम नहीं है? *(Chap 2, Class-VII, NCERT)*

1. ट्रिप्सिन
2. गैस्ट्रिन
3. टायलिन
4. पेप्सिन

कूट

(a) केवल 1 (b) केवल 2
(c) 1, 2 और 3 (d) 1, 2, 3 और 4

उत्तर (b)

व्याख्या गैस्ट्रिन मानव तन्त्र का पाचक एन्जाइम नहीं है, बल्कि यह एक पाचक हॉर्मोन है, जो आमाशय की भित्ति से स्रावित होता है एवं जठरीय रसों के उत्पादन को प्रेरित करता है। ट्रिप्सिन एवं पेप्सिन प्रोटीन पाचक एन्जाइम हैं, ये प्रोटीन को पेप्टोन्स तथा पॉलीपेप्टाइड में तोड़ देते हैं, जबकि टायलिन स्टार्च (कार्बोहाइड्रेट) पाचक एन्जाइम है।

14 निम्न कथनों पर विचार कीजिए। *(Chap 2, Class-VII, NCERT)*

1. HCl की उपस्थिति की अनुक्रिया के रूप में ग्रहणी से सेक्रेटिन हॉर्मोन उत्पन्न होता है।
2. वसीय अम्लों की उपस्थिति की अनुक्रिया के रूप में क्षुद्रान्त्र से एन्टेरोगैस्ट्रॉन उत्पन्न होता है।

उपर्युक्त में से कौन-सा/से कथन सही है/हैं?

(a) केवल 1
(b) केवल 2
(c) 1 और 2
(d) उपर्युक्त में से कोई नहीं

उत्तर (a)

व्याख्या दिए गए कथनों में से कथन (1) सही है।

HCl युक्त अम्लीय एवं आंशिक पचित भोजन (काइम) के छोटी आँत की ग्रहणी (Duodenum) में प्रवेश करने पर ग्रहणी की भित्ति से सेक्रेटिन हॉर्मोन स्रावित होता है, जो अग्न्याशय को क्षारीय अग्न्याशयी रस (बाइकार्बोनेट + जल) के स्रावण के लिए प्रेरित करता है।

कथन (2) गलत है, क्योकि एन्टेरोगैस्ट्रॉन हॉर्मोन का स्रावण छोटी आँत से होता है। एन्टेरोगैस्ट्रॉन हॉर्मोन आमाशय में जठर रस के स्रावण को प्रेरित करता है।

15 निम्न कथन (A) **व कारण** (R) **को पढ़िए और नीचे दिए गए कूट की सहायता से सही उत्तर का चयन कीजिए।** *(Chap 2, Class-VII, NCERT)*

कथन (A) हमारे आहार में सभी प्रोटीनों का पाचन केवल क्षुद्रान्त्र में होता है।

कारण (R) अग्न्याशय से प्रोटीनों का पाचन करने वाली एन्जाइम को क्षुद्रान्त्र में छोड़ा जाता है।

कूट

(a) A और R दोनों सही हैं, तथा R, A का सही स्पष्टीकरण है।
(b) A और R दोनों सही हैं, परन्तु R, A का सही स्पष्टीकरण नहीं है।
(c) A सही है, किन्तु R गलत है।
(d) A गलत है, किन्तु R सही है।

उत्तर (d)

व्याख्या कथन (A) गलत है, किन्तु कारण (R) सही हैं।

हमारे आहार में उपस्थित प्रोटीन का प्रारम्भिक पाचन आमाशय के अम्लीय माध्यम से पेप्सिन एवं रेनिन द्वारा होता है। तत्पश्चात् प्रोटीन का पूर्णतया पाचन छोटी आँत में स्रावित अग्न्याशयी एन्जाइम ट्रिप्सिन द्वारा होता है।

16 सूची-I को सूची-II से सुमेलित कीजिए। *(Chap 2, Class-VII, NCERT)*

सूची-I (पाचक रस/एन्जाइम)	**सूची-II** (कार्य)
A. HCl	1. वसा का इमल्सीकरण
B. पित्त रस	2. वसा का पाचन
C. ट्रिप्सिन	3. कार्बोहाइड्रेट का पाचन
D. लाइपेज	4. प्रोटीन का पाचन
E. एमाइलेज	5. एन्जाइम का सक्रियण

कूट

	A	B	C	D	E		A	B	C	D	E
(a)	4	3	1	2	5	(b)	5	1	3	2	4
(c)	5	4	2	3	1	(d)	5	1	4	2	3

उत्तर (d)

व्याख्या सही सुमेलन A-5, B-1, C-4, D-2 एवं E-3 है।

HCl (हाइड्रोक्लोरिक अम्ल) आमाशय में जठरीय ग्रंथियों द्वारा स्रावित होता है तथा अम्लीय माध्यम (pH = 2) निर्मित कर प्रोटीन पाचक एन्जाइमों रेनिन एवं पेप्सिन के सक्रियण में अपनी भूमिका निभाता है।

पित्त रस यकृत में निर्मित होता है एवं पित्ताशय में सान्द्रित एवं संचित होता है। यह छोटी आँत में वसा के इमल्सीकरण (वसा की बड़ी बूँदों का छोटी-छोटी गोलिकाओं के रूप में टूटना) में सहायता करता है।

ट्रिप्सिन अग्न्याशयी रस में उपस्थित प्रोटीन पाचक एन्जाइम है, जो छोटी आँत में कार्य करता है।

लाइपेज अग्न्याशयी रस में उपस्थित वसा पाचक एन्जाइम है, जो छोटी आँत में कार्य करता है। एमाइलेज लार एवं अग्न्याशयी रस में उपस्थित कार्बोहाइड्रेट पाचक एन्जाइम होता है।

17 निम्न कथन (A) **व कारण** (R) **को पढ़िए और नीचे दिए गए कूट की सहायता से सही उत्तर का चयन कीजिए।** *(Chap 2, Class-VII, NCERT)*

कथन (A) **आहारनाल में पचा हुआ भोजन क्षुद्रान्त्र के रसांकुरों द्वारा अवशोषित होकर रुधिर एवं लसीका वाहिनियों में चला जाता है।**

कारण (B) **यकृत में अतिरिक्त ग्लूकोस के स्वांगीकरण द्वारा ग्लाइकोजन एवं वसा का निर्माण होता है।**

कूट

(a) A और R दोनों सहीं हैं तथा R, A का सही स्पष्टीकरण है।
(b) A और R दोनों सही हैं, परन्तु R, A का सही स्पष्टीकरण नहीं है।
(c) A सही है, किन्तु R गलत है।
(d) A गलत है, किन्तु R सही है।

उत्तर (b)

व्याख्या कथन (A) तथा कारण (R) दोनों सही हैं, परन्तु कारण (R), कथन (A) का सही स्पष्टीकरण नहीं हैं।

आहारनाल में पचा भोजन छोटी आँत के अंतिम भाग (इलियम) में रसांकुरों (Microvilli) द्वारा अवशोषित कर लिया जाता है। ये रसांकुर अंगुलीनुमा सूक्ष्म प्रवर्ध होते हैं, जो छोटी आँत की अवशोषण सतह का क्षेत्रफल कई गुना तक बढ़ा देते हैं। प्रत्येक रसांकुर के भीतर रुधिर एवं लसीका केशिकाएँ पायी जाती हैं, जो क्रमशः वसा के अतिरिक्त सभी पोषक तत्त्वों तथा वसा को अवशोषित कर परिवहन करती हैं।

यकृत में छोटी आँत से अवशोषित अतिरिक्त ग्लूकोस के संचय (स्वांगीकरण) द्वारा ग्लाइकोजन एवं वसा का निर्माण होता है।

18 जन्तुओं में श्वसन अंगों के संदर्भ में कौन-सा युग्म सुमेलित नहीं है? *(Chap 14, Class-XI, NCERT)*

(a) कॉकरोच – श्वास रंध्र
(b) केंचुआ – त्वचा
(c) मछली – गिल्स
(d) डॉल्फिन – त्वचा एवं क्लोम

उत्तर (d)

व्याख्या जन्तुओं में श्वसन अंगों के संदर्भ में युग्म (d) सुमेलित नहीं है। डॉल्फिन श्वसन के लिए त्वचा एवं क्लोम का प्रयोग नहीं करती है। यह एक स्तनी (Mammal) जन्तु है, जो श्वास लेने हेतु जल की सतह के ऊपर आकर फेफड़ों द्वारा गैसों (CO_2 एवं O_2) का विनिमय करती है।

मछली में गिल्स या क्लोम द्वारा, कॉकरोच में श्वास छिद्रों या रंध्रों (Spiracles) द्वारा एवं केंचुएँ में त्वचा द्वारा गैसों का विनिमय होता है।

19 **जीवों में श्वास के लेने एवं छोड़ने के संदर्भ में असत्य कथन कौन-सा है?** *(Chap 14, Class-XI, NCERT)*

1. मछलियों की श्वास की दर स्थलीय जीवों की तुलना में कम होती है।
2. एक वयस्क व्यक्ति 15-18 बार प्रति मिनट साँस लेता है।
3. मानव में उच्छ्वसित वायु में 16.4% ऑक्सीजन एवं 4.4% CO_2 पायी जाती है।

कूट

(a) केवल 2 (b) केवल 1 (c) 1 और 3 (d) 2 और 3

उत्तर (b)

व्याख्या जीवों में श्वास के लेने एवं छोड़ने के संदर्भ में कथन (1) असत्य है, क्योंकि जल में घुलित ऑक्सीजन की सांद्रता वायुमंडलीय ऑक्सीजन की तुलना में एक चौथाई ही होती है। अत: अधिक मात्रा में O_2 प्राप्त करने के लिए जलीय जीवों जैसे मछलियों में प्रति मिनट श्वास की दर स्थलीय जीवों से अधिक होती है।

20 **मानव श्वसन तन्त्र के संदर्भ में निम्न में से कौन-सा कथन असत्य है?** *(Chap 14, Class-XI, NCERT)*

1. श्वासनाल गले में ग्रासनाल से एपिग्लोटिस द्वारा पृथक् रहती है एवं यह हायलिन उपास्थि के छल्लों युक्त होती है।
2. फेफड़ों में उपस्थित गुब्बारेनुमा वायुकोष गैसीय विनिमय के प्रमुख स्थल होते हैं।
3. फेफड़ों के फैलने एवं सिकुड़ने का कारण केवल डायाफ्राम की गति होती है।

कूट

(a) 2 और 3 (b) 1 और 2 (c) 1 और 3 (d) केवल 3

उत्तर (d)

व्याख्या मानव श्वसन तन्त्र के संदर्भ में दिए गए कथनों में से कथन (3) असत्य है, क्योंकि फेफड़ों के फैलने एवं सिकुड़ने का कारण वक्षीय गुहा में उपस्थित आंतरिक अंतरापर्शुक पेशियों (Intercostal muscles) में संकुचन के कारण डायाफ्राम एवं पसलियों में गति होती है, जो फेफड़ों के आयतन में परिवर्तन लाती है।

21 **किसी सामान्य व्यक्ति में रुधिर के संदर्भ में, निम्नलिखित में से कौन-सा कथन सही है?** *(Chap 7, Class-VII, NCERT) (Chap 15, Class-XII, NCERT)*

1. धमनियों की तुलना में, शिराओं की संख्या कम होती है और उनमें हर समय शरीर के रुधिर की कम मात्रा रहती है।
2. रुधिर की कुल मात्रा का लगभग 70% रुधिर कोशिकाओं के रूप में होता है।
3. श्वेत रुधिर कोशिकाएँ (WBCs) केवल लसीका पर्व की बनी होती हैं।
4. रुधिर में WBCs की तुलना में प्लेटलेट्स अधिक होते हैं।

कूट

(a) 1 और 2 (b) केवल 2 (c) 1, 2 और 3 (d) केवल 4

उत्तर (d)

व्याख्या किसी सामान्य व्यक्ति में रुधिर के संदर्भ में कथन (d) सही है। रुधिर में श्वेत रुधिर कोशिकाओं (White Blood Corpuscles, WBCs) की तुलना में बिंबाणु या प्लेटलेट्स अधिक होती हैं, क्योंकि रुधिर में WBCs की संख्या 7000-11000 प्रति mm^3 होती है, जबकि प्लेटलेट्स की संख्या 2-5 लाख प्रति mm^3 होती हैं। धमनियों एवं शिराओं की संख्या बराबर होती है एवं धमनी में सदैव रुधिर की मात्रा शिरा की तुलना में अधिक होती है। रुधिर में 55% तक प्लाज्मा एवं 45% कोशिकाएँ (RBCs, WBCs एवं प्लेटलेट्स) पायी जाती हैं। WBCs का उत्पादन लसीका पर्वों (Nodes) के अतिरिक्त अस्थि मज्जा (Bone marrow) एवं थाइमस (Thymus) में होता है।

22 **शरीर में पायी जाने वाली रुधिर वाहिकाओं के संदर्भ में असत्य कथन कौन-सा है?** *(Chap 15, Class-XI, NCERT)*

1. शिरा की भित्ति पतली होती है एवं इसमें सदैव अनॉक्सीकृत रुधिर प्रवाहित होता है।
2. धमनी की भित्ति मोटी होती है एवं यह सदैव रुधिर को हृदय से दूर ले जाती है।
3. ऊतक स्तर पर एक स्तरीय भित्ति की बनी पतली केशिकाएँ पायी जाती है, जोकि धमनी के निरंतर विभक्त होने के कारण निर्मित होती है।

कूट

(a) 1 और 3
(b) 1 और 2
(c) केवल 1
(d) केवल 2

उत्तर (c)

व्याख्या शरीर में पायी जाने वाली रुधिर वाहिकाओं के संदर्भ में कथन (1) असत्य है, क्योंकि शिरा की भित्ति पतली होती है एवं इसमें अनॉक्सीकृत रुधिर का हृदय की ओर परिवहन होता है, किन्तु फुफ्फुसीय शिरा इसका अपवाद है जो ऑक्सीकृत रुधिर को फेफड़ों से हृदय की ओर लाती है।

धमनी की भित्ति मोटी होती है एवं यह सदैव रुधिर को हृदय से दूर ले जाती है इसमें ऑक्सीकृत रुधिर का परिवहन होता है, परन्तु फुफ्फुसीय धमनी इसका अपवाद है।

ऊतक स्तर पर समुचित गैसीय विनिमय एवं अन्य पदार्थों के आदान-प्रदान हेतु इसमें महीन एककोशिका स्तरीय केश नलिकाएँ या केशिकाएँ (Capillaries) पाई जाती हैं। ये धमनियों के निरन्तर विभाजित होने से बनती हैं एवं पुन: परस्पर मिलकर शिरा बनाती हैं।

23 **मानव हृदय के संदर्भ में निम्न कथनों पर विचार कीजिए।** *(Chap 15, Class-XI, NCERT)*

1. यह एक पेशीय अंग है, जो तीन कोष्ठकों का बना होता है एवं जीवन पर्यन्त कार्यरत् रहता है।
2. इसके स्पन्दनों का आरम्भन एवं नियमन शिरा-अलिन्द सन्धि द्वारा किया जाता है।
3. हृदय में अलिन्द की तुलना में निलय की भित्ति मोटी होती है तथा इनमें उपस्थित वॉल्व रुधिर के विपरीत प्रवाह को रोकता है।

उपर्युक्त में से कितने कथन असत्य हैं?

(a) केवल एक
(b) केवल दो
(c) सभी तीन
(d) उपर्युक्त में से कोई नहीं

उत्तर (a)

व्याख्या मानव हृदय के संदर्भ में केवल एक कथन अर्थात् (1) असत्य है क्योंकि मानव हृदय एक मुठ्ठी के आकार का पेशीय अंग है, जो चार कोष्ठकों का बना होता है, जिसमें दो अलिन्द एवं दो निलय होते हैं।

यह जीवन पर्यन्त कार्य करता है एवं इसके स्पंदनों का आरंभन एवं नियमन शिरा-अलिन्द संधि (SA-node) द्वारा होता है। इसे हृदय का पेसमेकर (Pacemaker) भी कहते हैं।

हृदय में अलिन्द की तुलना में निलय की भित्ति मोटी होती है, क्योंकि निलय रुधिर को बहुत अधिक दाब के साथ धमनियों में प्रवाहित करता है एवं इस कार्य हेतु निलय उच्च स्तर पर संकुचित होता है।

हृदय में अलिन्द एवं निलय के मध्य स्थित वॉल्व रुधिर के विपरीत प्रवाह (निलय से अलिन्द की ओर) को रोकते हैं, अर्थात् ये केवल एक ही दिशा में रुधिर का प्रवाह होने देते हैं।

24 मानव रुधिर परिसंचरण के संदर्भ में निम्न में से कौन-सा कथन सही नहीं है? *(Chap 15, Class-XI, NCERT)*

1. हृदय में अशुद्ध रुधिर दाँये अलिन्द में आता है, जहाँ से यह दाँये निलय में से होता हुआ फेफड़ों तक जाता है।
2. हृदय में शुद्ध रुधिर फेफड़ों से बाँये अलिन्द एवं बाँये निलय से होता हुआ महाधमनी तक प्रवाहित होता है।
3. मानव में द्विपरिसंचरण की खोज कार्ल लैंडस्टीनर व वीनर ने की थी।

कूट

(a) 1 और 3 (b) केवल 1
(c) 2 और 3 (d) केवल 3

उत्तर *(d)*

व्याख्या मानव रुधिर परिसंचरण के संदर्भ में कथन (3) सही नहीं है, क्योंकि मानव में रुधिर का दोहरा परिसंचरण होता है, जिसकी खोज विलियम हार्वे ने की थी। इसे दो भागों में बाँटा जाता है। शरीर के सभी अंगों में (फेफड़ों के अतिरिक्त) हृदय के बायें भाग (अलिन्द एवं निलय दोनों) में ऑक्सीकृत (O_2 युक्त या शुद्ध) रुधिर निलय द्वारा महाधमनी की सहायता से प्रवाहित होता है एवं महाशिरा की सहायता से हृदय के दाएँ अलिन्द में लौटता है।

हृदय के दाँये भाग (अलिन्द एवं निलय दोनों) में अनॉक्सीकृत (CO_2 युक्त या अशुद्ध रुधिर) रुधिर पाया जाता है, जो फुफ्फुसीय धमनी की सहायता से निलय से फेफड़ों की ओर ऑक्सीकृत होने के लिए जाता है एवं ऑक्सीकृत होकर फुफ्फुसीय शिरा की सहायता से बाँये अलिन्द में लौटता है।

25 मानव में रुधिर परिसंचरण तन्त्र के संदर्भ में असत्य कथन की पहचान कीजिए। *(Chap 7, Class-VII, NCERT)*

1. वयस्क मानव की स्पंदन दर 72 – 80 प्रति मिनट होती है जिसे स्टेथोस्कोप से सुन सकते हैं।
2. वयस्क मानव का रुधिर दाब 100/120 mm Hg होता है।
3. रुधिरदाब को स्फैग्मोमैनोमीटर द्वारा मापा जाता है।

कूट

(a) केवल 2 (b) केवल 3
(c) 1 और 3 (d) 2 और 3

उत्तर *(a)*

व्याख्या मानव में रुधिर परिसंचरण तन्त्र के संदर्भ में कथन (2) असत्य है, क्योंकि वयस्क व्यक्ति का रुधिरदाब 120/80 mm Hg होता है। रुधिर दाब रुधिर द्वारा रुधिर वाहिकाओं की भित्ति के विरुद्ध लगने वाला दाब होता है, जोकि शिराओं की तुलना में धमनियों में अधिक होता है।

हृदय के निलय के संकुचन के दौरान धमनियों की भित्ति पर लगने वाला दाब प्रकुंचन दाब कहलाता है, जबकि निलय के अनुशिथिलन के दौरान लगने वाला दाब अनुशिथिलन दाब कहलाता है, जोकि क्रमशः 120 mm Hg एवं 80 mm Hg होता है। इसे स्फैग्मोमैनोमीटर द्वारा मापा जाता है। वयस्क मानव के हृदय की स्पंदन की दर 72-80 प्रति मिनट होती है, जिसे स्टेथोस्कोप से सुन सकते हैं या नाड़ी द्वारा महसूस कर सकते हैं।

26 सूची-I में दिए गए जन्तुओं को सूची-II में दिए गए उनके प्रमुख नाइट्रोजनी उत्सर्जी उत्पादों से सुमेलित कीजिए। *(Chap 16, Class-XI, NCERT)*

सूची-I (जन्तु)	सूची-II (उत्सर्जी उत्पाद)
A. मोर	1. यूरिक अम्ल
B. मानव	2. अमोनिया
C. शार्क	3. यूरिया

कूट

	A	B	C
(a)	2	1	3
(b)	3	2	1
(c)	1	3	2
(d)	2	3	1

उत्तर *(c)*

व्याख्या सही सुमेलन A-1, B-3 एवं C-2 है।

मोर (पक्षी) यूरिक अम्ल के रूप में अर्द्धठोस नाइट्रोजनी वर्ज्य (waste) का उत्सर्जन करते हैं। ऐसे जन्तुओं को यूरिकोटेलिक कहते हैं।

मानव (स्तनी) यूरिया के रूप में नाइट्रोजनी अपशिष्ट का उत्सर्जन करते हैं। इसे उत्सर्जित करने वाले जन्तुओं के यकृत में अमोनिया और कार्बन-डाइऑक्साइड की अभिक्रिया के फलस्वरूप यूरिया बनती है। यूरिया उत्सर्जित करने वाले जन्तुओं को यूरियोटेलिक कहते हैं। शार्क (मछली) जलीय जीव होने के कारण अमोनिया को सीधे ही जल में विसरित/मुक्त कर देते हैं। ऐसे जन्तुओं को अमोनोटेलिक कहते हैं।

27 सूची-I में दिए गए उत्सर्जी अंगों को सूची-II में दिए गए उनके संबंधित उदाहरणों से सुमेलित कीजिए। *(Chap 16, Class-XI, NCERT)*

सूची-I (उत्सर्जी अंग)	सूची-II (उदाहरण)
A. मैल्पीघी नलिकाएँ	1. जोंक
B. हरित ग्रंथि	2. फीताकृमि
C. वृक्कक	3. प्रॉन
D. ज्वाला कोशिकाएँ	4. कॉकरोच

कूट

	A	B	C	D		A	B	C	D
(a)	4	1	2	3	(b)	4	2	3	1
(c)	3	4	2	1	(d)	4	3	1	2

उत्तर *(d)*

व्याख्या सही सुमेलन A-4, B-3, C-1 एवं D-2 है।

मैल्पीघी नलिकाएँ कॉकरोच (कीट) के उत्सर्जी अंग हैं। यह कीटों के शरीर में उदर गुहा में स्थित होती है।

हरित ग्रंथि प्रॉन (क्रस्टेशियन) के उत्सर्जी अंग हैं। यह प्रॉन में दूसरे एन्टीना के भीतर स्थित होते हैं।

वृक्कक जोंक (ऐनेलिड) के उत्सर्जी अंग हैं। यह कशेरुकी गुर्दे के समान कार्य करते हैं।

ज्वाला कोशिकाएँ फीताकृमि (प्लेटीहेल्मिन्थीज) के उत्सर्जी अंग हैं। यह एक खोखले कप के आकार का होता है, जिसमें सिलिया का एक गुच्छा होता है।

28 मानव उत्सर्जन तन्त्र के संदर्भ में असत्य कथनों की पहचान कीजिए। *(Chap 16, Class-XI, NCERT)*

1. वृक्क मानव के प्रमुख उत्सर्जी अंग होते हैं, जो रुधिर के pH का नियमन, परासरण संतुलन एवं यूरिया के निष्कासन का कार्य करते हैं।
2. वृक्क की संरचनात्मक एवं क्रियात्मक इकाई नेफ्रॉन कहलाती है, जो बोमेन सम्पुट एवं वृक्क नलिका की बनी होती है।
3. वयस्क व्यक्ति प्रतिदिन 1-1.8 लीटर मूत्र का उत्सर्जन करता है, जिसमें 5 – 8% यूरिया होता है।

कूट

(a) 2 और 3 (b) केवल 3 (c) 1 और 3 (d) केवल 2

उत्तर *(b)*

व्याख्या मानव उत्सर्जन तन्त्र के संदर्भ में कथन (3) असत्य है, क्योंकि वयस्क व्यक्ति में प्रतिदिन 1-1.8 लीटर मूत्र का निष्कासन होता है, जिसमें 95% जल, 2.5% यूरिया एवं शेष अन्य अपशिष्ट उत्पाद होते हैं।

वृक्क मानव के प्रमुख उत्सर्जी अंग होते हैं, जो सेम के बीज के आकार के होते हैं। ये एक जोड़ी उत्सर्जी अंग कशेरुक दण्ड के दोनों ओर उदरगुहा के पश्च भाग में पाए जाते हैं। इनकी संरचनात्मक एवं कार्यात्मक इकाई नेफ्रॉन कहलाती है, जो ग्लोमेरुलस (कोशिका गुच्छ) युक्त बोमेन सम्पुट एवं कुण्डलित वृक्कीय नलिका (समीपस्थ कुण्डलित नलिका, हेनले लूप एवं दूरस्थ कुंडलित नलिका) से मिलकर बनी होती है। ये रुधिर के pH का नियमन, लवण सांद्रता का नियमन, परासरण का नियमन एवं यूरिया का मूत्र के रूप में निष्कासन करते हैं।

29 मानव वृक्क के कार्य से संबंधित निम्न कथनों पर विचार कीजिए।
(Chap 16, Class-XI, NCERT) (Unit 20, Class-IX Tamil Nadu) (Chap 22 (Module (5) NIOS)

1. वृक्क में उत्सर्ग में कमी के पश्चात् स्वच्छ रुधिर वृक्कीय धमनी में वापस जाता है।
2. बोमेन सम्पुट से निस्यन्दित द्रव लघु नलिकाओं से गुजरता है, जहाँ अधिकांश ग्लूकोस का पुनरावशोषण होता है तथा वृक्कीय शिरा में रुधिर वापस भेजा जाता है।

उपर्युक्त में से कौन-सा/से कथन असत्य है/हैं?

(a) केवल 1 (b) केवल 2
(c) 1 तथा 2 (d) इनमें से कोई नहीं

उत्तर (a)

व्याख्या मानव वृक्क के कार्य से संबंधित कथनों में से कथन (1) असत्य है, क्योंकि वृक्क में निस्यन्दन (Filteration) के बाद शुद्ध रुधिर वृक्कीय शिरा में वापस आता है, जबकि वृक्कीय धमनी अशुद्ध रुधिर को बोमेन सम्पुट में निस्यन्दन (छानने) के लिए ले जाती है, जहाँ रुधिर महीन केशिकाओं के गुच्छे (केशिकागुच्छ या ग्लोमेरुलस) से गुजरता है। निस्यन्दन के पश्चात् छनित तरल कुण्डलित वृक्कीय नलिका में जाता है, जहाँ सम्पूर्ण ग्लूकोस का पुनरावशोषण हो जाता है।

30 मानव गुर्दे में बनने वाली 'पथरी' प्रायः किसकी बनी होती है?
(Chap 16, Class-XI, NCERT)

1. कैल्सियम ऑक्जलेट की
2. सोडियम एसीटेट की
3. मैंग्नीशियम सल्फेट की
4. कैल्शियम की

कूट

(a) केवल 1 (b) 1 और 4
(c) 2 और 3 (d) केवल 3

उत्तर (a)

व्याख्या वृक्क में निर्मित 'पथरी' या स्टोन वास्तव में, कैल्शियम ऑक्जलेट के क्रिस्टल होते हैं। वृक्क में जब ऑक्जलेट्स की मात्रा बढ़ जाती है, तो पथरी बनती है। शरीर में पोटैशियम, प्रोटीन, सोडियम और शर्करा की कमी या वृद्धि के कारण भी वृक्क में पथरी की समस्या हो जाती है।

31 निम्न में से पेशी के लिए सत्य कथन है। *(Chap 5, Class-VI, NCERT) (Chap 6 Class-IX, NCERT) (Chap 17, Class-XI, NCERT)*

1. कंकाल पेशियो को रेखित पेशी कहते हैं।
2. आहार नाल एवं जनन मार्ग के भीतरी भित्ति में स्थित पेशियाँ अरेखित व अनैच्छिक कहलाती है।
3. हृदय पेशी अनैच्छिक होती है।

कूट

(a) केवल 1 (b) 2 व 3
(c) 1, 2 और 3 (d) इनमें से कोई नहीं।

उत्तर (c)

व्याख्या कंकाल पेशियाँ शारीरिक कंकाल अवयवों के निकट सम्पर्क में होती है। सूक्ष्मदर्शी द्वारा देखने पर इनमें धारियाँ दिखाई देती है। इसलिए इन्हें रेखित पेशी कहते हैं। इनकी क्रियाओं पर तन्त्रिका तन्त्र का ऐच्छिक नियन्त्रण होता है।

अन्तरंग पेशियाँ शरीर के खोखले अन्तरंग अंगों; जैसे- आहार नाल, जनन मार्ग की भीतरी भित्ति में स्थित होती है। ये अरेखित एवं चिकनी होती है। इनकी क्रिया पर तन्त्रिका तन्त्र एवं ऐच्छिक नियन्त्रण नहीं होता है। इसलिए ये अनैच्छिक होती है।

हृदय पेशी रेखित होती है। लेकिन तन्त्रिका तन्त्र का नियन्त्रण नहीं होता है। इसलिए अनैच्छिक होती है।

32 निम्नलिखित खनिजों पर विचार कीजिए।
(Chap 5, Class-VI, NCERT) (Chap 17, Class XI NCERT)

1. कैल्शियम
2. लौह
3. सोडियम

उपरोक्त खनिजों में से मानव शरीर में पेशियों के संकुचन के लिए किसकी/किनकी आवश्यकता होती है/हैं?

(a) केवल 1
(b) 2 और 3
(c) 1 और 3
(d) 1, 2 और 3

उत्तर (d)

व्याख्या शरीर में पेशियों के संकुचन हेतु कैल्शियम, लौह एवं सोडियम की आवश्यकता होती है।

कैल्शियम आयन (Ca^{++}) पेशी संकुचन की क्रिया में प्रोटीन सम्मिश्रण ट्रोपोनिन से जुड़ कर एक्टिन तन्तु पर सक्रिय बंधन स्थल को मुक्त करता है।

पेशियों में उपस्थित मायोग्लोबिन वर्णक लौह (Fe) आयन का बना होता है, जो O_2 का परिवहन करता है।

पेशियों में संकुचन हेतु निर्देश तन्त्रिका तन्तु में आवेग संचरण के द्वारा प्राप्त होते हैं, जिसमें सोडियम आयन (Na^+) की प्रमुख भूमिका होती है।

33 मानव कंकाल तन्त्र के संदर्भ में कौन-सा कथन असत्य है?
(Chap 5, Class-VI, NCERT), (Chap 17, Class XI, NCERT)

1. मानव में 80 अक्षीय अस्थियाँ, जबकि शेष उपांगीय अस्थियाँ होती हैं।
2. मैलियस, मैंडीबल एवं स्टेपीज कर्ण की अस्थियाँ होती हैं।
3. वयस्क के कशेरुक दण्ड में 26 अस्थियाँ होती हैं, जबकि छोटे बच्चों में ये संख्या 33 होती हैं।

कूट

(a) केवल 3 (b) 1 और 2
(c) केवल 2 (d) इनमें से कोई नहीं

उत्तर (c)

व्याख्या मानव कंकाल तन्त्र के संदर्भ में कथन (2) असत्य है, क्योंकि मानव में मैलियस, इन्कस एवं स्टेपीज तीन कर्ण की अस्थियाँ होती हैं, जो श्रवण हेतु महत्त्वपूर्ण होती हैं, जबकि मैंडीबल निचले जबड़े की अस्थि होती है, जो मुख में पायी जाती है।

34 मानव कंकाल तन्त्र के संदर्भ में असत्य कथन का चयन कीजिए।
(Chap 5, Class-VI), (NCERT, Chap 17, Class-XI, NCERT)

1. कंकाल तन्त्र में गति का कारण पेशियों का शिथिल एवं संकुचित होना होता है।
2. पसलियों में 7 जोड़ी वास्तविक पसलियाँ पाई जाती हैं, जबकि शेष कूट पसलियाँ होती हैं।
3. कार्पल एवं मेटाकार्पल अस्थियाँ हाथ की कलाई एवं हथेली में पायी जाती हैं, जबकि टार्सल एवं मेटाटार्सल क्रमशः टखने एवं तलवे की अस्थियाँ होती हैं।

कूट

(a) केवल 1 (b) केवल 2
(c) 2 और 3 (d) केवल 3

उत्तर (b)

व्याख्या मानव कंकाल तन्त्र के संदर्भ में कथन (2) असत्य है, क्योंकि मानव में प्रथम सात पसलियाँ वास्तविक होती हैं, जो उरोस्थि (Sternum) से सीधे जुड़ी होती हैं। पसली संख्या 8, 9 एवं 10 कूट पसलियाँ होती हैं, जो 7वीं पसली से जुड़ी होती हैं एवं 11वीं तथा 12वीं पसलियाँ प्लावी या मुक्त पसलियाँ होती हैं, जो उरोस्थि या किसी भी अन्य पसलियों से जुड़ी नहीं होती है।

35 निम्न युग्मों में से सुमेलित युग्म कौन-सा है?

(Chap 5, Class-VI, NCERT), (Chap 17, Class XI NCERT)

	सूची-I (अस्थि)		सूची-II (शरीर में उपस्थिति)
(a)	टिबिया	–	पैर की अस्थि
(b)	इलियम	–	अंस मेखला की अस्थि
(c)	ह्यूमरस	–	हाथ की अस्थि
(d)	क्लेविकल	–	टखने की अस्थि

उत्तर (c)

व्याख्या दिए गए युग्मों में से युग्म (a) सुमेलित है। टिबिया एवं फिबुला पैर की अस्थियाँ होती हैं।

इलियम, प्यूबिस एवं इस्चियम कूल्हे या श्रोणि मेखला (Pelvic girdle) की अस्थियाँ हैं। ह्यूमरस बाँह (भुजा) की अस्थि है, जबकि रेडियस एवं अल्ना हाथ की अस्थियाँ है।

क्लेविकल (कॉलर बोन) एवं स्कैपुला कंधे या अंस मेखला (Pectoral girdle) की अस्थियाँ हैं, जबकि टार्सल टखने की अस्थियाँ होती हैं।

36 सूची-I को सूची-II से सुमेलित कीजिए और दिए गए कूट का उपयोग कर सही उत्तर चुनिए। *(Chap 17, Class-XI, NCERT)*

सूची-I (अस्थि)	सूची-II (नाम)
A. उरोस्थि	1. क्लेविकल
B. जत्रुक	2. पटेला
C. जानुफलक	3. स्कैपुला
D. स्कंध फलक	4. स्टर्नम

कूट

	A	B	C	D
(a)	4	1	3	2
(b)	1	4	2	3
(c)	1	2	3	4
(d)	4	1	2	3

उत्तर (d)

व्याख्या सही सुमेलन A-4, B-1, C-2 एवं D-3 है।

उरोस्थि (Breast bone) स्टर्नम (Sternum) कहलाती है, जो वक्ष में आगे की ओर स्थित होती है।

क्लेविकल (Clavicle) जत्रुक (Collar bone) कहलाती है।

पटेला (Patella) जानुफलक कहलाती है। यह घुटने की अस्थि है।

स्कैपुला (Scapula) स्कंध फलक (Shoulder blade) कहलाती है।

37 सूची-I में दिए गए संधियों के प्रकारों को सूची-II में दिए गए उनके उदाहरणों से सुमेलित कीजिए।

(Chap 5, Class-VI, NCERT) (Chap 17, Class-XI, NCERT)

सूची-I (सन्धियाँ)	सूची-II (उदाहरण)
A. कन्दुक खल्लिका सन्धि	1. गर्दन की सन्धि
B. कब्जा सन्धि	2. कलाई की सन्धि
C. धुराग्र सन्धि	3. कंधे की सन्धि
D. विसर्पी सन्धि	4. घुटने की सन्धि

कूट

	A	B	C	D
(a)	4	3	2	1
(b)	3	4	2	1
(c)	3	4	1	2
(d)	2	4	1	3

उत्तर (c)

व्याख्या सही सुमेलन A-3, B-4, C-1 एवं D-2 है

कन्दुक खल्लिका (Ball and Socket) सन्धि कंधे एवं कूल्हे की सन्धि होती है। इसे गोलाकार (Spheroidal) सन्धि भी कहते हैं।

कब्जा (Hinge) सन्धि घुटने एवं कोहनी की सन्धि होती है। यह एक प्रकार की श्लेष (Synovial) सन्धि है। धुराग्र (Pivot) सन्धि गर्दन की सन्धि होती है। इसे रोटरी (Rotary) सन्धि या ट्रोकॉइड (Trochoid) सन्धि भी कहते है। विसर्पी (Gliding) सन्धि कलाई की सन्धि होती है। यह भी श्लेष (Synovial) सन्धि है।

38 सूची-I को सूची-II से सुमेलित कीजिए।

(Chap 6, Class-X, NCERT) (Chap 18, Class-XI, NCERT)

सूची-I (मस्तिष्क का भाग)	सूची-II (कार्य)
A. प्रमस्तिष्क	1. पेशीय संतुलन
B. हाइपोथैलेमस	2. श्वसन एवं हृदय स्पंदन की दर का नियमन
C. मेड्यूला ऑब्लोंगेटा	3. स्मृति एवं तर्क का केन्द्र
D. अनुमस्तिष्क	4. तापनियामक केन्द्र

कूट

	A	B	C	D
(a)	3	4	1	2
(b)	2	3	4	1
(c)	4	3	2	1
(d)	3	4	2	1

उत्तर (d)

व्याख्या सही सुमेलन A-3, D-4, C-2 एवं D-1 है।

प्रमस्तिष्क स्मृति एवं तर्क के साथ-साथ बुद्धि का केन्द्र भी होता है। यह अग्रमस्तिष्क का सबसे बड़ा (80%) व विकसित भाग है। इसका बाह्य भाग धूसर पदार्थ (Grey matter) से बना होता है तथा भीतरी भाग श्वेत पदार्थ (White matter) से बना होता है।

हाइपोथैलेमस शरीर का ताप, भूख, प्यास, स्नेह, घृणा, नींद, आदि को नियंत्रित करता है साथ ही ये वसा तथा कार्बोहाइड्रेट के उपापचय का भी नियन्त्रण करता है।

मेड्यूला ऑब्लोंगेटा श्वास की लय, हृदय स्पंदन दर, छींकना, खाँसना, उल्टी, आदि का नियमन करता है।

अनुमस्तिष्क गमन, खेलने-कूदने, बैठने, आदि में पेशियों की स्थिति को नियन्त्रित करता है एवं शरीर का संतुलन बनाता है।

39 **प्रतिवर्ती क्रिया का उदाहरण निम्न में से कौन-सा है?** *(Chap 6, Class-X, NCERT) (Chap 18, Class-XI, NCERT)*

1. भोजन को देखकर लार का स्रावण
2. नींद का आना
3. आसन में बैठना
4. दौड़ना एवं कूदना

कूट

(a) केवल 1 (b) 2 और 3
(c) 3 और 4 (d) 1, 2, 3 और 4

उत्तर *(a)*

व्याख्या भोजन को देखकर लार का स्रावण होना प्रतिवर्ती क्रिया का उदाहरण है।

किसी उद्दीपन (Stimulus) के फलस्वरूप शीघ्रतापूर्वक होने वाली स्वचालित (Autonomous) और अनैच्छिक क्रिया को प्रतिवर्ती क्रिया कहते हैं: जैसे-स्वादिष्ट भोजन देखते ही मुँह में लार का आना, काँटा चुभते ही पैर का झटके के साथ ऊपर उठ जाना, तेज प्रकाश में आँख की पुतली का सिकुड़ जाना, छींकना, खाँसना, आदि प्रतिवर्ती क्रियाएँ हैं।

ये क्रियाएँ मेरुरज्जु से नियन्त्रित होती हैं। प्रतिवर्ती क्रिया तीव्रगति से होने वाली स्वचालित अनुक्रिया है। जिसके संचालन में मस्तिष्क भाग नहीं लेता है।

40 **निम्न कथन (A) व कारण (R) को पढ़िए और नीचे दिए गए कूट की सहायता से सही उत्तर का चयन कीजिए।** *(Chap 6, Class-X, NCERT) (Chap 18, Class-XI, NCERT)*

कथन (A) मानव में मेरुरज्जु से 31 जोड़ी मेरु तन्त्रिकाएँ निकलती हैं, जबकि कपाल से 12 जोड़ी कपालीय तन्त्रिकाएँ निकलती हैं।

कारण (R) ये तन्त्रिकाएँ स्वायत्त तन्त्रिका तन्त्र का निर्माण करती हैं।

कूट

(a) A और R दोनों सही हैं तथा R, A का सही स्पष्टीकरण है।
(b) A और R दोनों सही हैं, परन्तु R, A का सही स्पष्टीकरण नहीं है।
(c) A सही है, किन्तु R गलत है।
(d) A गलत है, किन्तु R सही है।

उत्तर *(c)*

व्याख्या कथन (A) सही है, किन्तु कारण (R) गलत है।

केन्द्रीय तन्त्रिका तन्त्र को शरीर के विभिन्न संवेदी भागों से जोड़ने वाली धागेनुमा तन्त्रिकाएँ, परिधीय तन्त्रिका तन्त्र बनाती हैं। प्रत्येक तन्त्रिका अनेक तन्त्रिका तंतुओं का गुच्छा होती है।

अधिकांश तन्त्रिका तंतु ऐच्छिक प्रतिक्रियाओं से संबंधित होते हैं। ये तन्त्रिकाएँ दो प्रकार अर्थात् मस्तिष्क से संबंधित कपालीय तन्त्रिकाएँ (Cranial nerves) तथा मेरुरज्जु से संबंधित मेरु अथवा सुषुम्नीय तन्त्रिकाएँ (Spinal nerves) होती हैं।

मानव में कपालीय तन्त्रिकाएँ 12 जोड़ी तथा सुषुम्नीय तन्त्रिकाएँ 31 जोड़ी होती हैं। इसमें से कुछ तन्त्रिकाएँ संवेदी, कुछ चालक तथा कुछ मिश्रित स्वभाव की होती हैं।

41 **निम्नलिखित में प्रतिवर्ती क्रियाओं के नियन्त्रण केन्द्र से सम्बन्धित है?** *(Chap 6, Class-X, NCERT, Chap 18, Class-XI, NCERT)*

1. प्रमस्तिष्क (cerebrum) एवं अनुमस्तिष्क (cerebellum)
2. कशेरूक दण्ड (spinal cord)
3. तन्त्रिका कोशिका (nerve cell)

कूट

(a) 1 और 2 (b) केवल 2 (c) 2 और 3 (d) 1, 2 और 3

उत्तर *(b)*

व्याख्या प्रतिवर्ती क्रियाओं का नियन्त्रण केन्द्र कशेरूक रज्जु या मेरूरज्जु (Spinal) में स्थित होता है।

किसी उद्दीपन (stimulus) के फलस्वरूप शीघ्रतापूर्वक होने वाली स्वचालित और अनैच्छिक क्रिया को प्रतिवर्ती क्रिया कहते हैं।

42 **सूची-I को सूची-II से सुमेलित कीजिए और दिए गए कूट का प्रयोग करके सही उत्तर चुनिए।** *(Chap 19, Class-XI, NCERT) (Chap 6, Class-X, NCERT)*

सूची-I (जैव अणु)	सूची-II (उदाहरण)
A. विटामिन	1. पेप्सिन
B. एन्जाइम	2. कैरोटिन
C. हॉर्मोन	3. कैरेटिन
D. प्रोटीन	4. टेस्टोस्टेरोन

कूट

	A	B	C	D
(a)	1	2	3	4
(b)	2	1	4	3
(c)	2	1	3	4
(d)	1	2	4	3

उत्तर *(b)*

व्याख्या सही सुमेलन A-2, B-1, C-4 एवं D-3 है।

कैरोटिन विटामिन-A का संघटक होता है। मानव शरीर द्वारा भोजन से प्राप्त बीटा-कैरोटिन विटामिन-A में परिवर्तित किया जाता है।

पेप्सिन आमाशय में स्रावित प्रोटीन पाचक एन्जाइम है।

टेस्टोस्टेरॉन नर लैंगिक हॉर्मोन है।

कैरेटिन एक प्रोटीन है, जो स्तनियों की त्वचा, खुर, नाखून, सींग, आदि में पाया जाता है।

43 **सूची-I को सूची-II से सुमेलित कीजिए और दिए गए कूट का प्रयोग करके सही उत्तर चुनिए।** *(Chap 19, Class-XI, NCERT)*

सूची-I (अंत:स्रावी ग्रंथियाँ)	सूची-II (स्रावित हॉर्मोन)
A. जनद्	1. इन्सुलिन
B. पीयूष ग्रंथि	2. प्रोजेस्टेरॉन
C. अग्न्याशय	3. वृद्धि हॉर्मोन
D. अधिवृक्क	4. कॉर्टिसोल

कूट

	A	B	C	D
(a)	3	2	4	1
(b)	2	3	4	1
(c)	2	3	1	4
(d)	3	2	1	4

उत्तर *(c)*

व्याख्या सही सुमेलन A-2, B-3, C-1 एवं D-4 है।

प्रोजेस्टेरॉन मादा जनद् ग्रन्थि अण्डाशय के कॉर्पस ल्यूटियम द्वारा स्रावित लैंगिक हॉर्मोन है। यह गर्भाशय के विकास एवं मासिक चक्र का नियन्त्रण करता है।

वृद्धि हॉर्मोन (सोमेटोट्रॉपिन) का स्रावण पीयूष ग्रंथि द्वारा होता है। यह शरीर की वृद्धि का नियन्त्रण करता है।

इंसुलिन का स्रावण अग्न्याशय ग्रंथि की लैंगरहैंस द्वीपिकाओं की β-कोशिकाओं द्वारा होता है। यह ग्लूकोस उपापचय (Metabolism) का नियन्त्रण करता है।

कार्टिसोल अधिवृक्क (एड्रीनल) ग्रंथि द्वारा स्रावित हॉर्मोन है। यह वसा, प्रोटीन तथा ग्लूकोस के उपापयच का नियन्त्रण करता है।

44 **निम्न कथन (A) व कारण (R) को पढ़िए और नीचे दिए गए कूट की सहायता से सही उत्तर का चयन कीजिए** *(Chap 19, Class-XI, NCERT)*

कथन (A) उदकमेह (डायबिटीज इन्सीपिडस) वाले व्यक्ति को प्रायः प्यास लगती है।

कारण (R) उदकमेह वाला व्यक्ति वैसोप्रेसिन के अतिशय स्राव से ग्रस्त रहता है।

कूट

(a) A और R दोनों सही हैं तथा R, A का ही स्पष्टीकरण है।
(b) A और R दोनों सही हैं, परन्तु R, A का सही स्पष्टीकरण नहीं है।
(c) A सही है, किन्तु R गलत है।
(d) A गलत है, किन्तु R सही है।

उत्तर (c)

व्याख्या कथन (A) सही है, किन्तु कारण (R) गलत है।

पीयूष ग्रंथि द्वारा मोचित वैसोप्रेसिन या एन्टीडाइयूरेटिक हॉर्मोन (Anti Diuretic Hormone, ADH) नेफ्रॉन में जल का पुनरावशोषण बढ़ा कर मूत्र को सांद्रित करता है। ADH की कमी होने से मूत्र पतला हो जाता है और इसकी मात्रा बढ़ जाती है, जिसे मूत्रलता (Diuresis) कहते हैं। इस कारण एक दिन में 1.5 लीटर के बजाय मूत्र की मात्रा बढ़कर 2 लीटर प्रतिदिन तक हो सकती है। शरीर में निर्जलीकरण (Dehydration) होने लगता है, जिससे व्यक्ति को प्यास अधिक लगती है। उदकमेह (Diabetes insipidus) कहते हैं। ADH हॉर्मोन की कमी से रुधिर अधिक गाढ़ा हो जाता है।

45 **पीयूष ग्रंथि अपने प्रेरक हॉर्मोनों के कारण अन्य अन्तःस्रावी ग्रंथियों की स्रावी सक्रियताओं को नियन्त्रित करती है। निम्नलिखित में से कौन-सी एक अन्तःस्रावी ग्रंथि, पीयूष ग्रंथि से स्वतन्त्र कार्य कर सकती है?** *(Chap 19, Class-XI, NCERT) (Chap 6, Class-X, NCERT)*

1. अवटु
2. जनन ग्रंथि
3. अधिवृक्क
4. परावटु

कूट

(a) केवल 1
(b) 2 और 3
(c) 1 और 3
(d) केवल 4

उत्तर (d)

व्याख्या पीयूष ग्रंथि को मास्टर ग्रंथि कहते हैं, क्योंकि अपने स्रावों से अन्य कई ग्रंथियों के कार्यों को नियन्त्रित करती है, किन्तु परावटु या पैराथॉयराइड ग्रंथि के कार्यों के स्रावण का नियन्त्रण पीयूष ग्रंथि नहीं करती है। पीयूष ग्रंथि थायरॉइड प्रेरक हॉर्मोन (Thyroid Stimulating Hormone, TSH) द्वारा अवटु या थायरॉइड ग्रंथि के कार्यों को नियमित करती है। यह ल्यूटिनाइजिंग हॉर्मोन (Luteinising Hormone, LH) एवं पुट्टिका प्रेरक हॉर्मोन (Follicle Stimulating Hormone, FSH) द्वारा जनन ग्रंथियों के कार्यों को नियन्त्रित करती है, जबकि एडीनोकॉर्टिकोट्रापिक हॉर्मोन (Adrenocorticotropic Hormone, ACTH) द्वारा अधिवृक्क (एड्रीनल) ग्रंथि के कार्यों को नियन्त्रित करती हैं।

46 **सूची-I को सूची-II से सुमेलित कीजिए।** *(Chap 19, Class-XI, NCERT)*

सूची-I (हॉर्मोनों)	सूची-II (मदों)
A. एड्रीनल	1. क्रोध, भय, खतरा
B. एस्ट्रोजन	2. गंध के बोध से साथी को आकर्षित करना
C. इन्सुलिन	3. स्त्रियाँ
D. फेरोमोन	4. ग्लूकोस

कूट

	A	B	C	D
(a)	3	1	4	2
(b)	1	3	2	4
(c)	1	3	4	2
(d)	3	1	2	4

उत्तर (c)

व्याख्या सही सुमेलन A-1, B-3, C-4 एवं D-2 है।

एड्रीनल ग्रंथि द्वारा स्रावित एड्रिनेलीन या आपातकालीन हॉर्मोन का स्रावण क्रोध, भय एवं डर जैसी स्थितियों में अधिक होता है।

एस्ट्रोजन मादा (स्त्री) लैंगिक हॉर्मोन है, जो अण्डाशय से स्रावित होता है एवं द्वितीयक लैंगिक लक्षणों के विकास, जननांगों के विकास, आदि को नियंत्रित करता है।

इन्सुलिन अग्न्याशय की लैंगरहैंस द्वीपिकाओं की β-कोशिकाओं द्वारा स्रावित हॉर्मोन हैं, जो ग्लूकोस के उपापचय (Metabolism) से संबंधित है। यह ग्लाइकोजेनेसिस द्वारा रुधिर में ग्लूकोस की मात्रा कम करता है।

फेरोमोन कीटों जैसे जन्तुओं की बहिःस्रावी ग्रंथि से मुक्त वाष्पशील रसायन होते हैं, जो वायु में फैलकर गंध के द्वारा नर या मादा साथी को अपनी ओर आकर्षित करते हैं।

47 **सूची-I को सूची-II से सुमेलित कीजिए दिए गए कूट का प्रयोग करके सही उत्तर चुनिए।** *(Chap 6, Class-X, NCERT)*

सूची-I (एन्जाइम/हॉर्मोन)	सूची-II (कार्य)
A. टायलिन	1. रुधिर में ऐन्जिओटेंसिनोजन को ऐजिओटेंसिन में बदलता है।
B. पेप्सिन	2. स्टार्च को पचाता है।
C. रेनिन	3. प्रोटीन को पचाता है।
D. ऑक्सीटोसिन	4. वसाओं को जल-अपघटित करता है।
	5. चिकनी पेशियों में सिकुड़न प्रेरित करता है।

कूट

	A	B	C	D
(a)	2	3	1	5
(b)	3	4	2	5
(c)	2	3	5	1
(d)	3	1	2	4

उत्तर (a)

व्याख्या सही सुमेलन A-2, B-3, C-1 एवं D-5 है।

टायलिन लार में स्रावित एन्जाइम है, जो स्टार्च को पचाता है।

पेप्सिन आमाशय में स्रावित एन्जाइम है, जो प्रोटीन को पचाता है।

रेनिन हॉर्मोन वृक्क द्वारा स्रावित होता है, जो रुधिर में एन्जयोटेंसिनोजन को एन्जियोटेंसिन में बदलता है।

ऑक्सीटोसिन पीयूष ग्रंथि से मोचित हॉर्मोन है, जो प्रसव के समय गर्भाशय की चिकनी पेशियों में संकुचन उत्पन्न करता है।

48 **टेस्टोस्टीरॉन के सन्दर्भ निम्न में से सत्य कथन है?** *(Chap 6, Class-VIII, NCERT) (Chap 2, Class-XII, NCERT)*

1. इसका स्त्रावण वृषण में लेडिंग कोशिकाओं द्वारा होता है।
2. यह हॉर्मोन नर में गौण लैंगिक लक्षणों का निर्माण में सहायक है।
3. यह स्टीरॉइड प्रकृति का एन्ड्रोजन है।

कूट

(a) केवल 1
(b) 2 और 3
(c) 1 और 3
(d) 1, 2 और 3

उत्तर (d)

व्याख्या टेस्टोस्टीरॉन नर लिंगी हॉर्मोन है। इसका स्त्रावण तरुणावस्था में आरम्भ होता है। इसका स्रावण वृषण में अन्तराली कोशिकाओं या लेंडिंग कोशिकाओं द्वारा होता है। यह स्टीरॉइड प्रकृति का एन्ड्रोजन है। यह हॉर्मोन नर गौण लैंगिक लक्षणों के निर्माण में सहायक है।

49 नर में सहायक ग्रन्थियों के सन्दर्भ में सत्य है?
(Chap 7, Class-X, NCERT) (Chap 2, Class-XII, NCERT)

1. इनमें कार्पस ल्यूटियम पाया जाता है।
2. सहायक ग्रन्थियों के बल्बोयूरीथ्रल या काउपर्स ग्रन्थियाँ पाई जाती हैं।
3. इनमें एक प्रोस्टेट ग्रन्थि पाई जाती है।

कूट

(a) केवल 1 (b) 2 और 3
(c) 1, 2 और 3 (d) इनमें से कोई नहीं

उत्तर *(b)*

व्याख्या नर में सहायक ग्रन्थियों के अन्तर्गत एक जोड़ी शुक्राशय एक प्रोस्टेट ग्रन्थि तथा एक जोड़ी बल्बोयूरीथ्रल ग्रन्थियाँ शामिल हैं। स्तनियों में अण्डोत्सर्ग के पश्चात् बनने वाली अन्तःस्त्रावी रचना कार्पस ल्यूटियम है। अतः कार्पस ल्यूटियम मादा जनन तन्त्र का भाग है।

50 अण्डवाहिनियाँ या फैलोपियन नलिका का निम्न में से कार्य है
(Chap 6, Class-VIII, NCERT)

1. यह अण्डाणु को गर्भाशय में पहुँचाती है।
2. यह निषेचन की क्रिया में सहायक है।

कूट

(a) केवल 1
(b) केवल 2
(c) 1 और 2
(d) उपरोक्त में से कोई नहीं

उत्तर *(c)*

व्याख्या प्रत्येक अण्डाशय से एक-एक नलिका जुड़ी होती है। जिसका दूसरा सिरा गर्भाशय से जुड़ा होता है। इसे ही अण्डवाहिनी फैलोपियन नलिका कहते हैं।

यह अण्डाणु को गर्भाशय में पहुँचाती है। जब अण्डाणु अण्डाशय से देहगुहा में आता है, तो यह पूर्ण परिपक्व नहीं होता। इसका शेष परिपक्वन अण्डवाहिनी में ही होता है। निषेचन की क्रिया भी अण्डवाहिनी में ही होती है।

51 निम्नलिखित में से कौन-सी कला परिवर्धनशील भ्रूण की शुष्कन से रक्षा करती है?
(Chap 2, Class-XII, NCERT)

(a) उल्ब (ऐम्नियॉन)
(b) अपरोपोषिका (ऐलेन्टॉइस)
(c) ज़रायु (कोरियॉन)
(d) पीतक कोश (योक सैक)

उत्तर *(a)*

व्याख्या उल्ब या ऐम्नियॉन परिवर्धनशील भ्रूण को सुरक्षा प्रदान करने वाली बाह्य भ्रूणीय झिल्ली होती है। यह भ्रूण को चारों ओर से घेरे रहती है। इस प्रकार भ्रूण एक गुहा से घिरा रहता है, इसे उल्ब गुहा कहते हैं। इस गुहा में उल्ब तरल भर जाता है। यह भ्रूण की बाह्य आघातों से सुरक्षा करता है तथा एल्ब्यूमिन का अवशोषण करता है। यह भ्रूण को सूखने से भी बचाता है। भ्रूण इस गुहा में नाभि रज्जु (Placental cord) के द्वारा लटका रहता है। उल्ब तरल में भ्रूण की कोशिकाएँ उपस्थित होती हैं। इन कोशिकाओं द्वारा भ्रूण का लिंग तथा आनुवंशिक विकारों का पता लगाया जा सकता है, इस विधि को उल्बवेधन (Amniocentesis) कहते हैं।

52 निम्न में से प्रोजेस्टीरॉन के लिए असत्य है?
(Chap 2, Class-XII, NCERT)

1. इस हॉर्मोन का स्रावण कार्पस ल्यूटियम द्वारा किया जाता है।
2. इस हॉर्मोन की उपस्थिति में गर्भाशय पेशियाँ संकुचन नहीं करती है।
3. इस हॉर्मोन का स्रावण प्लेसेन्टा द्वारा प्रसव के दौरान होता है।

कूट

(a) 1 और 2
(b) केवल 3
(c) 1, 2 और 3
(d) उपरोक्त में से कोई नहीं

उत्तर *(b)*

व्याख्या प्रोजेस्टीरॉन हॉर्मोन का स्रावण कार्पस ल्यूटियम द्वारा किया जाता है। इसे गर्भ हॉर्मोन (Pregnancy hormone) कहते हैं। सामान्य गर्भावस्था (Pregnancy) के लिए यह हॉर्मोन आवश्यक है। इस हॉर्मोन की उपस्थिति में गर्भाशय पेशियाँ संकुचन नहीं करती है व यह शान्त बना रहता है। रिलेक्सिन हॉर्मोन का स्रावण प्लेसेन्टा द्वारा प्रसव के दौरान होता है।

53 निम्न में से अलैंगिक जनन के सन्दर्भ में सत्य कथन है?
(Chap 7, Class-X, NCERT, Chap 6, Class-VIII, NCERT)

1. एक ही जनक से नए जीव का बनना।
2. *हाइड्रा* में मुकुलन से नया जीव का बनना।
3. *अमीबा* में द्विखण्डन से दो संतति का उत्पन्न होना।

कूट

(a) केवल 1
(b) 2 और 3
(c) 1, 2 और 3
(d) उपरोक्त में से कोई नहीं

उत्तर *(c)*

व्याख्या अलैंगिक जनन जिसमें केवल एक ही जनक नए जीवों को जन्म देता है। *हाइड्रा* में मुकुल (Bud) से नया जीव बनता है। जिसे मुकुलन (Budding) कहते हैं।

अमीबा में द्विखण्डन (Binary fission) की क्रिया द्वारा जीव विभाजित होकर दो संतति उत्पन्न करता है। जिसे द्विखण्डन कहते हैं।
मुकुलन और द्विखण्डन अलैंगिक जनन की विधियाँ है।
पुनरूद्भवन जिसमें कई टुकड़ों को काटकर प्रत्येक टुकड़ा विकसित होकर पूर्ण जीव का निर्माण कर देता है; जैसे—*प्लेनेरिया।* यह भी एक अलैंगिक जनन की विधि है।

अध्याय 08

स्वास्थ्य एवं रोग

स्वास्थ्य एवं रोग

स्वास्थ्य एवं रोग

स्वास्थ्य

- व्यक्ति की शारीरिक, मानसिक तथा सामाजिक जीवन क्षमता की पूर्णरूपेण समन्वयित स्थिति
- विश्व स्वास्थ्य संगठन के अनुसार, स्वास्थ्य केवल रोगमुक्त होने से संबद्ध नहीं है।
- अच्छा स्वास्थ्य हमारी कार्य करने की क्षमता को बढ़ावा देता है। यह हमारे सभी कार्यों को कुशलतापूर्वक संपन्न करने में सहायक होता है।

रोग

- शरीर के स्वस्थ संरचनात्मक अथवा क्रियात्मक अवस्था में किसी प्रकार का विकार उत्पन्न होना
- **रोग के लक्षण** (सर्दी, सिरदर्द, खाँसी, दस्त) विशिष्ट होते हैं।

रोग के प्रकार

जन्मजात रोग (जन्म से उत्पन्न)

- ऐसे रोग जन्म से ही प्रारंभ होते हैं, जन्मजात रोग कहते हैं। ये आनुवंशिक-अव्यवस्था के कारण तथा पीढ़ी-दर-पीढ़ी वंशागत होते हैं; जैसे–दांत्र-कोशिका अरक्तता हीमोफीलिया विभिन्न अंगों के विकास में विकार आदि जन्मजात रोग हैं।
- उदाहरण-दांत्र कोशिका (सिकेल) अरक्तता, हीमोफीलिया

उपार्जित रोग (जन्म के बाद अर्जित)

- उपार्जित रोग जन्म के बाद उत्पन्न होते हैं, जो निम्नलिखित प्रकार से हो सकते हैं
- असंक्रामक रोग
- संक्रामक रोग

संक्रामक व असंक्रामक रोग

संक्रामक व असंक्रामक रोग

- जैविक कारक सूक्ष्मजीव (जीवाणु, विषाणु, कवक, आदि)
- रोगी व्यक्ति से दूसरे स्वस्थ व्यक्ति में प्रत्यक्ष या अप्रत्यक्ष रूप से (जल, वायु, सम्पर्क) संचरित
- संक्रामक कारक (एककोशिकीय या बहुकोशिकीय जीव) रोगकारक (रोग उत्पन्न करने वाले)
- संचारी रोग
- **ट्यूबरकुलोसिस** (TB)- (*माइकोबैक्टीरियम ट्यूबरकुलोसिस*)
- छींकने, खाँसने से, जीवाणु जनित, अत्यधिक थकान
- **हैजा** (*विब्रियों कोलेरी*)- मक्खी द्वारा दूषित भोजन दस्त
- **आंत्रीय ज्वर** (*साल्मोनेला टाइफी*) दूषित जल से, मियादी बुखार
- **इन्फ्लुएन्जा** (*मिक्सोवाइरस इम्फ्लुएंजी*)- सम्पर्क द्वारा, अचानक ठण्ड- वायरस जनित
- **हिपेटाइटिस या यकृत शोथ**- Hepatitis-A & B संक्रमित जल व भोजन से
- मलेरिया, निद्रालु रोग, काला अजार प्रोटोजोआ जनित
- *अमीबीएसिस, एस्कैरियासिस, फाइलेरिएसिस- कृमिजनित*
- आनुवंशिक रोग
- एथलीट फुट, रिंगवर्म- कवकजनित

असंक्रामक रोग

- एलर्जी, कैंसर, कुपोषण (मैरेस्मस, क्वाशियोरकर) सम्बन्धी, मानसिक रोग
- औद्योगिक व प्रदूषण सम्बन्धी, अपह्यासित (हृदय, फेफड़ें, यकृत) सम्बन्धित रोग

रोगोपचार एवं प्रतिरक्षा

रोगोपचार

- संक्रामक रोगों को कम करने के लिए-रोग के प्रभाव कम करना, एंटीवायरस औषधि बनाना।
- **प्रतिजैविकों का विकास** अलेक्जेंडर फ्लेमिंग ने प्रथम प्रतिजैविक पेनिसिलीन की खोज की। (स्ट्रेप्टोमाइसिन, टेट्रासाइक्लिन व एरिथ्रोमाइसिन)
- प्रतिरक्षाकरण (पहले संक्रमण के अपेक्षा दूसरा संक्रमण शीघ्र समाप्त)
- **टीकाकरण** सर्वप्रथम एडवर्ड जेनर (1976) ने जेम्स फिप्स- को चेचक का टीका लगाया
- डिफ्थीरिया, परटूसिस चेचक-DPT टीका
- क्षय रोग- BGC (Bacillus Calmete Guerin) टीका

प्रतिरक्षा

- विशिष्ट रोगाणुओं के प्रति प्रतिरोध प्राप्त करना
- शाखा- प्रतिरक्षा विज्ञान, जनक-वॉन बेहरिंग
- **अविशिष्ट प्रतिरक्षा** (Non- specific) (किसी विशेष रोग से सुरक्षा प्रदान करने की बजाय सभी रोगों एवं प्रतिजनों से समान रूप में सुरक्षा)
- **उपार्जित प्रतिरक्षा** प्रतिजनों से सुरक्षा हेतु विशिष्टकृत कोशिकाएँ
- सक्रिय उपार्जित प्रतिरक्षा- (प्राकृतिक), कृत्रिम (टीका, जीवाणुक, विषाणु टीका)
- **निष्क्रिय उपार्जित प्रतिरक्षा** प्राकृतिक (जन्म के पश्चात माता के दूध से अर्जित प्रतिरक्षा), कृत्रिम (टिटनेस, रेबीज)

SOURCE NCERT Class-VIII सूक्ष्मजीव : मित्र एवं शत्रु, NCERT Class-XII मानव स्वास्थ्य तथा रोग
Unit 21 Class X Tamil Nadu Board स्वास्थ्य एवं रोग, Unit 22 Class IX Tamil Nadu Board सूक्ष्मजीवों का संसार
Chap 32 Module-7 NIOS स्वास्थ्य एवं स्वच्छता

1 मानव स्वास्थ्य के संदर्भ में कौन-सा कथन गलत है

(Chap 7, Class-XII, NCERT)

A. स्वास्थ्य सन्तुलित आहार, व्यक्तिगत और परिवेश की स्वच्छता के अनुसार प्रभावित होता है।

B. स्वास्थ्य पर्यावरणीय कारकों से प्रभावित होता है।

C. स्वास्थ्य भोजन पर निर्भर नहीं करता है

कूट

(a) A व B (b) केवल C (c) केवल B (d) केवल A

उत्तर (b)

व्याख्या विकल्प (c) कथन गलत है। स्वास्थ्य भोजन पर निर्भर करता है। स्वास्थ्य के लिए सन्तुलित आहार की आवश्यकता होती है। उचित मात्रा में पोषण प्राप्त न होने पर स्वास्थ्य पर प्रतिकूल प्रभाव पड़ता है।

2 मानसिक स्वास्थ्य के लक्षणों के संदर्भ में सही कथन है

(Chap 7, Class-XII, NCERT)

A. अच्छे स्वास्थ्य के लिए व्यायाम आवश्यक है।

B. लत डालने वाले पदार्थों से दूरी रखनी चाहिए।

C. भोजन पकाते समय, तापक्रम को अधिक रखना चाहिए ताकि रोगाणु मर जाएँ।

कूट

(a) A व B (b) B व C (c) A, B व C (d) ये सभी

उत्तर (c)

व्याख्या मानसिक स्वास्थ्य के लक्षणों के संदर्भ में A, B व C तीनों कथन सही है। अच्छे स्वास्थ्य के लिए, व्यायाम, उचित भोजन एवं स्वच्छ वातावरण की आवश्यकता होती है।

3 वर्ष 2005 में शरीर क्रिया विज्ञान तथा औषधि के क्षेत्र में मार्शल तथा वॉरेन को किसकी खोज के लिए नोबेल पुरस्कार प्रदान किया गया था?

(Chap 7, Class-XII, NCERT)

(a) *स्टेफाइलोकोकाई* (b) *हेलिकोबैक्टर पायलोरी*

(c) *एस्केरिस लुम्ब्रीकॉइड्स* (d) SARS बैक्टीरिया

उत्तर (b)

व्याख्या *हेलिकोबैक्टर पायलोरी* जीवाणु की खोज के लिए वर्ष 2005 मे मार्शल तथा वॉरेन को संयुक्त रूप से नोबेल पुरस्कार प्रदान किया गया था। यह जीवाणु पेप्टिक अल्सर का रोगकारक है।

पेप्टिक अल्सर का कारण तनावपूर्ण जीवन शैली एवं अपौष्टिक खाना ग्रहण करना है। इस खोज के कारण पेप्टिक अल्सर अब दीर्घकालिक एवं असहाय स्थिति वाला रोग नहीं है, बल्कि कुछ समय तक प्रतिजैविक (Antibiotic) के उपचार से ठीक हो जाता है। इस रोग में आमाशय तथा ग्रहणी (Duodenum) में एसिडिटी, दर्द तथा रक्तस्राव होता है।

4 व्यक्तिगत स्वास्थ्य के विपरीत सामुदायिक स्वास्थ्य का क्षेत्र विशाल होता है, क्योंकि इसमें एक वृहद् समुदाय सम्मिलित होता है। सामुदायिक स्वास्थ्य को प्रभावित करने वाले प्रमुख कारक कौन-से हैं?

(Chap 7, Class-XII, NCERT)

कूट

1. मोहल्ले की सफाई
2. स्वच्छ पेयजल की उपलब्धता
3. अच्छी रोजगार की स्थिति
4. सामाजिक सद्भावना
5. कोविड प्रतिरक्षीकरण
6. डायबिटीज रोग

कूट

(a) 1, 2, 3 और 4 (b) 1, 3, 4 और 5

(c) 1, 2, 3, 5 और 6 (d) 1, 2, 3, 4 और 5

उत्तर (d)

व्याख्या सामुदायिक स्वास्थ्य को प्रभावित करने वाले प्रमुख कारक मोहल्ले की सफाई, स्वच्छ पेयजल की उपलब्धता, अच्छी रोजगार की स्थिति, सामाजिक सद्भावना एवं कोविड प्रतिरक्षीकरण (Immunisation) आदि हैं, जबकि डायबिटीज रोग सामुदायिक स्वास्थ्य को प्रभावित नहीं करता है; यह व्यक्तिगत स्वास्थ्य को प्रभावित करने वाला हॉर्मोनल रोग है।

5 दिए गए रोगों को सूचीबद्ध कीजिए और सही विकल्प का चयन कीजिए।

(Chap 7, Class-XII, NCERT)

1. टायफॉइड
2. पीलिया
3. कुष्ठ रोग
4. क्षय रोग
5. मलेरिया
6. हाथी पाँव रोग

	तीव्र रोग	दीर्घकालिक रोग
(a)	3, 2, 4	1, 5, 6
(b)	4, 5, 6	1, 2, 3
(c)	1, 4, 5	2, 3, 4
(d)	1, 2, 5	3, 4, 6

उत्तर (d)

व्याख्या दिए गए रोगों के अनुसार सही विकल्प (d) है। तीव्र रोग वे रोग होते हैं, जिनकी शरीर को प्रभावित करने की अवधि कम होती है। ये मानव स्वास्थ्य पर दीर्घकालिक विपरीत प्रभाव नहीं डालते हैं; जैसे-टायफॉइड, पीलिया, मलेरिया, खाँसी-जुकाम आदि। जबकि दीर्घकालिक रोग वे रोग होते हैं, जो लंबी अवधि तक अथवा जीवन पर्यन्त स्वास्थ्य पर विपरीत प्रभाव डालते हैं, जैसे-कुष्ठ रोग, क्षय रोग, हाथी पाँव रोग, आदि।

6 निम्न कथनों पर विचार कीजिए। *(Chap 7, Class-XII, NCERT)*

1. हैजा एवं मोतीझरा जल जनित संक्रामक रोगों के उदाहरण हैं।
2. न्यूमोनिया, कोविड एवं इंफ्लूएंजा वायु संचारी संक्रामक रोग हैं।

उपयुक्त में से कौन-से कथन सही हैं?

(a) केवल 1 (b) 1 और 2

(c) केवल 2 (d) न तो 1 और न ही 2

उत्तर (b)

व्याख्या दिए गए दोनों कथन सही हैं।

संक्रामक रोग वे रोग होते हैं, जिनके रोगजनकों (जैसे-जीवाणु, विषाणु, कवक, आदि) का संक्रमण या संचार जल, वायु, कीट, सम्पर्क आदि द्वारा रोगी से दूसरे स्वस्थ व्यक्ति में होता है।

हैजा एवं मोतीझरा (टायफॉइड) जल द्वारा फैलने वाले संक्रामक जीवाणु जनित रोग है। न्यूमोनिया, कोविड, इंफ्लुएंजा एवं जुकाम वायु द्वारा फैलने वाले संक्रामक रोग हैं। इसके मुख्य लक्षण ठंड लगना, नाक बहना, ज्वर, श्वसनीय म्यूकोसा में शोथ, कमजोरी, श्वास लेने में तकलीफ आदि हैं।

7 सूची I को सूची II से सुमेलित कीजिए।

(Chap 7, Class-XII, NCERT)

सूची-I (रोग वाहक)	सूची-II (संबंधित रोग)
A. *क्यूलैक्स* मच्छर	1. *ट्रिपैनोसोमा*
B. सी-सी मक्खी	2. प्लेग
C. बालू मक्खी	3. हाथी पाँव
D. पिस्सू	4. काला अजार

कूट

	A	B	C	D
(a)	4	3	1	2
(b)	3	1	4	2
(c)	2	3	4	1
(d)	3	4	2	1

उत्तर (b)

व्याख्या सही सुमेलन A-3, B-1, C-4 एवं D-2 है।

क्यूलैक्स मच्छर हाथी पाँव/फाइलेरिया रोग के कारक *वुचेरेरिया बैन्क्रॉफ्टी* कृमि का वाहक है।

सी-सी मक्खी निद्रालु रोग के कारक *ट्रिपैनोसोमा* प्रोटोजोअन की वाहक होती है।

बालू मक्खी काला अजार रोग के कारक *लीशमॉनिया डोनोवेनी* प्रोटोजोअन की वाहक है।

पिस्सू प्लेग रोग का वाहक होता है, जोकि चूहों का बाह्य परजीवी है।

8 निम्नलिखित वर्गों में से कौन-सा वर्ग सही सुमेलित है?

(Chap 7, Class-XII, NCERT)

	रोग	प्रकार
(a)	डिफ्थीरिया, न्यूमोनिया और कुष्ठ	यौन संचारी
(b)	एड्स, सिफलिस और सुजाक	जीवाणुजन्य
(c)	वर्णांधता, हीमोफीलिया और दाँत्र कोशिका अरक्तता	आनुवंशिक
(d)	पोलियो, जापानी मस्तिष्कशोथ और प्लेग	जीवाणुजन्य

उत्तर (c)

व्याख्या दिए गए युग्मों में से युग्म (c) सही सुमेलित है।

वर्णांधता, हीमोफीलिया और दाँत्र कोशिका अरक्तता आनुवंशिक रोग हैं।

डिफ्थीरिया, (*कोरीनेबैक्टीरियम डिफ्थीरी*), न्यूमोनिया (*स्ट्रेप्टोकोकस न्यूमोनी*) और कुष्ठ (*माइकोबैक्टीरियम लेप्री*) जीवाणुजनित रोग हैं।

एड्स, सिफलिस और सुजाक यौन संचारित रोग होते हैं।

पोलियो, जापानी मस्तिष्कशोथ और प्लेग विषाणु जनित रोग होते हैं।

9 निम्नलिखित युग्मों पर विचार कीजिए।

(Chap 2, Class-VIII, NCERT)

	रोग		संक्रामक कारक
1.	मलेरिया	—	प्रोटोजोआ
2.	पोलियो	—	विषाणु
3.	तपेदिक	—	जीवाणु
4.	दाद	—	कवक

उपर्युक्त युग्मों में से कितने युग्म सही सुमेलित है?

(a) केवल एक (b) केवल दो (c) केवल तीन (d) ये सभी

उत्तर (d)

व्याख्या दिए गए सभी चार युग्म सही सुमेलित है।

मलेरिया *प्लाज्मोडियम* नामक प्रोटोजोअन द्वारा होने वाला रोग है।

पोलियो एंट्रो नामक विषाणु द्वारा होने वाला रोग है।

तपेदिक *माइकोबैक्टीरियम ट्यूबरकुलोसिस* नामक जीवाणु द्वारा होने वाला रोग है।

दाद *माइक्रोस्पोरम* नामक कवक द्वारा होने वाला रोग है।

10 साधारण जुकाम न्यूमोनिया से अलग है, क्योंकि

(Chap 7, Class-XII, NCERT)

(a) न्यूमोनिया एक असंक्रामक रोग है, जबकि सामान्य जुकाम एक संक्रामक रोग है।
(b) न्यूमोनिया वायरस जनित रोग होता है, जबकि साधारण जुकाम जीवाणु जनित रोग है।
(c) न्यूमोनिया में फुफ्फुस के वायु कोष्ठ संक्रमित होते हैं, जबकि साधारण जुकाम में नाक और श्वसन पथ संक्रमित होते हैं।
(d) न्यूमोनिया में श्वसन मार्ग की श्लेष्मी कला में सूजन व साधारण जुकाम में छाती में दर्द होता है।

उत्तर (c)

व्याख्या साधारण जुकाम न्यूमोनिया से अलग है, क्योंकि न्यूमोनिया में फुफ्फुस (Lungs) के वायु कोष्ठ (Alveoli) संक्रमित होते हैं। साधारण जुकाम में नाक और श्वसन पथ संक्रमित होते हैं। साधारण जुकाम राइनोवायरस द्वारा होने वाला एक संक्रामक रोग है, जिसमें श्वसन मार्ग की श्लेष्मी कला में सूजन आती है। न्यूमोनिया *स्ट्रेप्टोकोकस न्यूमोनी* जीवाणु द्वारा होने वाला संक्रामक रोग है। इसमें वायुकोष्ठों में तरल भर जाता है, जिससे साँस लेने में गंभीर समस्याएँ पैदा हो जाती हैं।

11 निम्नलिखित युग्मों पर विचार कीजिए। *(Chap 7, Class-XII, NCERT)*

	रोग	रोग कारक
1.	प्लेग	*यर्सिनिया पेस्टिस*
2.	सिफलिस	*ट्रिपोनीमा पैलिडम*
3.	काली खाँसी	*बोर्डेटेला पेस्टिस*
4.	आँत ज्वर	*साल्मोनेला टाइफी*

उपर्युक्त युग्मों में से कितने युग्म सही सुमेलित है?

(a) केवल एक (b) केवल दो
(c) केवल तीन (d) ये सभी

उत्तर (d)

व्याख्या दिए गए सभी चार युग्म सही सुमेलित है।

प्लेग रोग *यर्सिनिया पेस्टिस* नामक जीवाणु द्वारा होने वाला संक्रामक रोग है।

सिफलिस *ट्रिपोनीमा पैलिडम* जीवाणु द्वारा होने वाला यौन संचारित संक्रामक रोग है।

काली खाँसी *बोर्डेटेला पेस्टिस* जीवाणु द्वारा होने वाला संक्रामक रोग है।

आँत ज्वर (टायफॉइड) *साल्मोनेला टाइफी* जीवाणु द्वारा होने वाला संक्रामक रोग है।

12 सूची-I को सूची-II से सुमेलित कीजिए।

(Chap 7, Class-XII, NCERT) (IAS Pre 2005)

	सूची-I (रोग)		**सूची-II** (रोग के प्रकार)
A.	हीमोफीलिया	1.	हीनताजन्य रोग
B.	डायबिटीज	2.	आनुवंशिक रोग
C.	रिकेट्स	3.	हॉर्मोन की गड़बड़ी
D.	रिंगवर्म	4.	कवक संक्रमण

कूट

	A	B	C	D
(a)	2	3	4	1
(b)	2	3	1	4
(c)	3	2	1	4
(d)	3	2	4	1

उत्तर (b)

व्याख्या सही सुमेलन A-2, B-3, C-1, D-4 है।

हीमोफीलिया आनुवंशिक (लिंग सहलग्न) रोग है, जोकि असंक्रामक होता है। इस रोग में रुधिर के थक्का बनने से संबद्ध एकल प्रोटीन अनुपस्थित होता है।

डायबिटीज इंसुलिन हॉर्मोन की कमी/गड़बड़ी से होने वाला रोग है। इस रोग में रुधिर में ग्लूकोस की मात्रा बढ़ने लगती है।

रिकेट्स (असंक्रामक) हीनताजन्य रोग है। यह रोग बच्चों में विटामिन-D की कमी से होता है। इस रोग में अस्थियाँ मुलायम होकर मुड़ जाती हैं।

रिंगवर्म कवकीय संक्रमण द्वारा होने वाला त्वचा संबंधी रोग है।

13 फाइलेरियन कृमि *वुचेरेरिया ब्रैन्क्रॉफ्टी* द्वारा उत्पन्न रोग के संदर्भ में दिए गए कथनों में से कितने कथन असत्य है? *(Chap 7, Class-IX, NCERT)*

1. यह परजीवी लसीका वाहिकाओं एवं वाहिनियों में पाया जाता है।
2. इसका संक्रमण माइक्रोफाइलेरी लार्वा के द्वारा होता है।
3. इसका वाहक मादा *एनॉफिलीज* मच्छर है।

कूट

(a) केवल एक (b) केवल दो
(c) सभी तीन (d) इनमें से कोई नहीं

उत्तर *(b)*

व्याख्या फाइलेरियन कृमि के संबंध में कथन (3) असत्य है, क्योंकि इसका संक्रमण मादा *एनॉफिलीज* मच्छर से नहीं, बल्कि *क्यूलेक्स* मच्छर से होता है। इसे फाइलेरिया या हाथी पाँव रोग भी कहते हैं।

14 निम्न में से कौन-सा कथन सही है? *(Chap 7, Class-XII, NCERT)*

(a) सुदर्म अर्बुद, मेटास्टेसिस का गुण दर्शाता है।
(b) हेरोइन शारीरिक क्रियाओं को तेज करती है।
(c) मेलिग्नेंट ट्यूमर मेटास्टेसिस दर्शाते हैं।
(d) रोगी जिसकी शल्य क्रिया हुई हो, उन्हें दर्द से छुटकारा दिलाने के लिए कैनाबिनॉइड्स दी जाती है।

उत्तर *(c)*

व्याख्या दिए गए कथनों में कथन (c) सही है। अर्बुद या ट्यूमर्स दो प्रकार के होते हैं- सुदम (बिनाइन) और दुर्दम (मैलिग्नेंट) अर्बुद।

मेलिग्नेंट ट्यूमर्स, कैंसरकारी ट्यूमर्स होते हैं, जो शरीर के द्रव्य (रुधिर या लसीका) के साथ पूरे शरीर में फैल जाते हैं और मेटास्टेसिस द्वारा द्वितीयक ट्यूमर विकसित करते हैं। सुदम अर्बुद मेटास्टेसिस नहीं दर्शाते हैं। हेरोइन एक अवसादक (डीप्रेसेंट) है, जो शरीर के कार्यों को धीमा करती है। कैनाबिनॉइड्स विभ्रामक (हैलुसिन) पदार्थ होते हैं।

मॉर्फीन एक प्रभावी शामक (सेडेटिव) और पीड़ाहर है, जिन रोगियों की शल्यक्रिया (सर्जरी) हुई है, उनके लिए बहुत उपयोगी दर्द-निवारक है।

15 निम्न में से कौन-सा युग्म सही सुमेलित नहीं है? *(Chap 7, Class-XII, NCERT)*

	मलेरिया का प्रकार		रोग का कारक
(a)	तृतीयक मलेरिया	—	*प्लाज्मोडियम वाइवैक्स*
(b)	चतुर्थक मलेरिया	—	*प्लाज्मोडियम मलैरी*
(c)	तृतीयक मलेरिया	—	*प्लाज्मोडियम ओवेल*
(d)	प्रणाशी (दुर्दम) मलेरिया	—	*प्लाज्मोडियम लैंबलिया*

उत्तर *(d)*

व्याख्या दिए गए युग्मों में युग्म (d) सही सुमेलित नहीं है।

प्रणाशी मलेरिया या घातक मलेरिया *प्लाज्मोडियम फैल्सीपैरम* द्वारा होता है। इसमें लगातार बुखार बना रहता है। अतः यह मृत्युजनक होता है।

16 मलेरिया के संदर्भ में निम्न में से कौन-सा कथन असत्य है? *(Chap 7, Class-XII, NCERT)*

1. मानव में इस रोग का संक्रमण *प्लाज्मोडियम* के स्पोरोजोइट्स द्वारा होता है।
2. मादा *एनॉफिलीज* में *प्लाज्मोडियम* की लैंगिक अवस्था मीरोजोइट्स का विकास होता है।
3. इस रोग में कपकपी लगकर तेज बुखार आने का कारण RBCs के नष्ट होने पर हीमोजोइन टॉक्सिन का मुक्त होना है।

कूट

(a) 2 और 3 (b) केवल 2 (c) केवल 1 (d) इनमें से कोई नहीं

उत्तर *(b)*

व्याख्या मलेरिया के संदर्भ में कथन (2) असत्य है, क्योंकि माद *एनॉफिलीज* में *प्लाज्मोडियम* की लैंगिक अवस्था मीरोजोइट्स का विकास नही होता है। मीरोजोइट्स (लैंगिक अवस्था) मानव में लाल रुधिर कोशिकाओं (RBCs) में बनती है। इसके मुख्य लक्षण सिरदर्द, उल्टी, पेशीय दर्द, ठंड के साथ तेज ज्वर आना, पसीना आना, आदि हैं।

17 'अपरूपान्तरण' के सन्दर्भ में सही कथन है *(Chap 7, Class-XII, NCERT)*

A. रुधिर या लसीका तंत्र में कैंसर कोशिकाएँ दूसरे स्थानों या अंगों तक फैलती है।
B. कैंसर कोशिकाओं में और अधिक विभाजन का सफलतापूर्वक संदमन किया जाता है।
C. औषधियों के प्रभाव में कोशिकाओं का द्रुत विभाजन होता है।

कूट

(a) B व C (b) A व C (c) केवल A (d) केवल C

उत्तर *(c)*

व्याख्या अपरूपान्तरण के सन्दर्भ में कथन A सही है।
रुधिर या लसीका तन्त्र में कैंसर कोशिकाएँ दूसरे स्थानों या अंगों तक फैलती है। कैंसर/अर्बुद कोशिकाएँ सक्रियता से विभाजित होती है, जिससे वे अत्यावश्यक पोषकों के लिए सामान्य कोशिकाओं से स्पर्धा करती है और उन्हें नष्ट करती जाती है। जहाँ भी ये कोशिकाएँ जाती है, वहाँ ये नए अर्बुद बनाना प्रारम्भ कर देती है।

18 निम्न कथनों पर विचार कीजिए। *(Chap 7, Class-XII, NCERT)*

1. गाउट रोग में जोड़ों में लैक्टिक अम्ल के जमाव के कारण सूजन उत्पन्न होती है।
2. मधुमेह रोग का कारण ग्लाइकोजेनेसिस में कमी होती है।
3. पोलियो एक विषाणु जनित रोग है, जो केंद्रीय तंत्रिका तंत्र को प्रभावित करता है।

उपरोक्त में से कौन-सा/से कथन असत्य है/हैं?

(a) केवल 2 (b) 1 और 2 (c) केवल 1 (d) केवल 3

उत्तर *(c)*

व्याख्या कथन (1) असत्य है, क्योंकि गाउट रोग में जोड़ों में यूरिक अम्ल के जमाव के कारण सूजन (शोथ) उत्पन्न होती है। यह उत्सर्जन संबंधी कंकाल तंत्रीय विकार है।

19 निम्न कथन (A) व कारण (R) को पढ़िए और नीचे दिए गए कूट की सहायता से सही उत्तर का चयन कीजिए। *(Chap 7, Class-XII, NCERT)*

कथन (A) एथेरोस्क्लेरोसिस एवं आर्टेरियोस्क्लेरोसिस परिसंचरण तंत्र संबंधित विकार हैं।

कारण (R) इन विकारों की स्थिति में व्यक्ति को हृदयाघात की समस्या हो सकती है।

कूट

(a) A और R दोनों सही हैं तथा R, A का सही स्पष्टीकरण है।
(b) A और R दोनों सही हैं, परंतु R, A का सही स्पष्टीकरण नहीं है।
(c) A सही है, किंतु R गलत है।
(d) A गलत है, किंतु R सही है।

उत्तर *(b)*

व्याख्या कथन (A) और कारण (R) दोनों सही हैं, परंतु कारण (R), कथन (A) का सही स्पष्टीकरण नहीं है।

एथेरोस्क्लेरोसिस एवं आर्टेरियोस्क्लेरोसिस परिसंचरण तंत्र संबंधित विकार हैं। यह रोग धमनियों के अंदर कैल्शियम, वसा तथा अन्य रेशीय ऊतकों के जमा होने से होता है, जिससे धमनी की अवकाशिका (Cavity) संकरी (Narrow) हो जाती है, जिससे व्यक्ति को हृदयाघात (Heart Attack) की समस्या हो सकती है।

20 निम्न कथनों पर विचार कीजिए। *(Chap 7, Class-XII, NCERT)*

1. ऑस्टियोपोरोसिस बढ़ती आयु की महिलाओं (35^+) में विकसित होना प्रारंभ कर देता हैं, क्योंकि इस काल में हॉर्मोनल असंतुलन के कारण शरीर में लवणों का अवशोषण प्रभावित होता है।
2. रूमेटॉयड अर्थराइटिस एवं ऑस्टियोअर्थराइटिस एक ही प्रकार के रोग/विकार हैं।

उपरोक्त में से कौन-सा/से कथन असत्य है/हैं?

(a) केवल 1 (b) केवल 2 (c) 1 और 2 (d) इनमें से कोई नहीं

उत्तर *(b)*

व्याख्या दिए गए कथनों में कथन (2) असत्य है। ऑस्टियोपोरोसिस (Osteoporosis) बढ़ती आयु की महिलाओं (35^+) में विकसित होना प्रारंभ कर देता है, क्योंकि इस काल में हॉर्मोनल असंतुलन के कारण शरीर में कैल्शियम एवं फॉस्फेट जैसे लवणों का अवशोषण प्रभावित होता है। एस्ट्रोजन स्तर में कमी इसका सामान्य कारक है।

रूमेटॉयड अर्थराइटिस एवं ऑस्टियोअर्थराइटिस एक ही प्रकार के रोग नहीं है। रूमेटॉयड अर्थराइटिस एक स्व-प्रतिरक्षा विकार है, जबकि ऑस्टियोअर्थराइटिस (Osteoarthritis) जोड़ों की शोथ से संबंधित रोग है।

21 निम्नलिखित युग्मों पर विचार कीजिए। *(Chap 7, Class-XII, NCERT)*

	आनुवंशिक विकार		कारण
1.	डाउन सिंड्रोम	—	21 वें गुणसूत्र की अतिरिक्त प्रति
2.	क्लाइनफेल्टर सिंड्रोम	—	एक X गुणसूत्र की अधिकता
3.	टर्नर सिंड्रोम	—	एक X गुणसूत्र की कमी
4.	सिकिल-सेल एनीमिया	—	उत्परिवर्तन

उपर्युक्त युग्मों में से कितने युग्म सही सुमेलित है?

(a) केवल एक (b) केवल दो (c) केवल तीन (d) ये सभी

उत्तर *(d)*

व्याख्या दिए गए सभी युग्म सही सुमेलित है।

डाउन सिंड्रोम 21वें गुणसूत्र की अतिरिक्त प्रति होने से संबंधित आनुवंशिक विकार है।

क्लाइनफेल्टर सिंड्रोम एक X गुणसूत्र की अधिकता (XXY) से संबंधित आनुवंशिकीय विकार है।

टर्नर सिंड्रोम एक X-गुणसूत्र की कमी (XO) होने से होने वाला आनुवंशिकीय विकार है।

सिकिल-सेल एनीमिया उत्परिवर्तन संबंधी आनुवंशिकीय रोग है। यह अलिंग क्रोमोसोम सहलग्न अप्रभावी लक्षण है।

22 प्रतिरक्षा तंत्र के संदर्भ में निम्न में से कौन-सा कथन सही है? *(Chap 7, Class-XII, NCERT)*

1. उपार्जित प्रतिरक्षा विशिष्ट होती है एवं सक्रिय या निष्क्रिय रूप से प्राप्त की जा सकती है।
2. माँ के प्रथम दूध में मौजूद IgA, IgG एवं IgM प्रतिरक्षी प्राकृतिक निष्क्रिय उपार्जित प्रतिरक्षा का उदाहरण है।
3. यह शरीर में IgE प्रकार की इम्यूनोग्लोबिन एलर्जी होने की स्थिति में उत्पादित होती है।

कूट

(a) 1 और 2 (b) 1 और 3
(c) 2 और 3 (d) ये सभी

उत्तर *(d)*

व्याख्या प्रतिरक्षा तंत्र के संदर्भ में दिए गए सभी कथन सही हैं।

उपार्जित प्रतिरक्षा विशिष्ट होती है एवं सक्रिय या निष्क्रिय रूप से प्राप्त की जा सकती है। यह प्रतिरक्षा मनुष्य अपने जीवन काल में विकसित करता है। टीकाकरण या किसी बीमारी के संक्रमण में आकर प्रतिरक्षी (Antibodies) बनाकर उपार्जित प्रतिरक्षा विकसित की जा सकती है।

माँ के प्रथम दूध में उपस्थित IgA, IgG एवं IgM प्रतिरक्षी प्राकृतिक निष्क्रिय उपार्जित प्रतिरक्षा का उदाहरण है। IgA प्रतिरक्षी श्वसन तंत्र, पाचन तंत्र, अश्रु, लार व माँ के दूध में विद्यमान होती है। IgG प्रतिरक्षी रुधिर में पाई जाती है। IgM प्रतिरक्षा रुधिर तथा लसीका दोनों में पाई जाती है।

शरीर में IgE प्रकार की इम्यूनोग्लोबिन एलर्जी होने की स्थिति में उत्पादित होती है। यह कम मात्रा में रुधिर में पाई जाती है।

23 विशिष्ट उपार्जित प्रतिरक्षा के संदर्भ में सही कथन है? *(Chap 7, Class-XII, NCERT)*

A. विशिष्ट प्रतिरक्षा के रोगोत्पाद आक्रमणकारियों एवं प्रतिजनों से सुरक्षा के लिए भिन्न-भिन्न कोशिकाएँ होती है।

B. पूर्व रोगजनक द्वारा आक्रमण होने पर शरीर द्वारा की गई अनुक्रिया मंद हो जाती है।

C. इस प्रतिरक्षा में संवेदी अंग विशिष्ट कोशिकाएँ तथा लसिका अंग सम्मिलित है

कूट

(a) A व B (b) B व C (c) केवल A (d) ये सभी

उत्तर (c)

व्याख्या कथन (A) सही है। विशिष्ट प्रतिरक्षा के रोगोत्पादक आक्रमणकारियों एवं प्रतिजनों से सुरक्षा के लिए भिन्न कोशिकाएँ है।

कथन (B) व (C) गलत है, क्योंकि पूर्व रोगजनक द्वारा आक्रमण होने पर शरीर द्वारा की गई अनुक्रिया तीव्र हो जाती है। इस प्रतिरक्षा में संवेदी अंग विशिष्ट कोशिकाएँ तथा रुधिर में प्रवाहित प्रतिरक्षी होते हैं।

24 टीकाकरण के संदर्भ में निम्न में से कौन-सा कथन असत्य है? *(Chap 7, Class-XII, NCERT)*

1. टीका कृत्रिम सक्रिय उपार्जित प्रतिरक्षा का उदाहरण है, जिसकी खोज डॉ. एडवर्ड जेनर ने की थी।
2. भारत वर्तमान में अपने राष्ट्रीय टीकाकरण कार्यक्रम के कारण हिपेटाइटिस-A रोग के प्रति पूरी तरह से प्रतिरक्षित हो चुका है।
3. टीका मृत, निष्क्रिय रोगजनक या उसके टॉक्सिन की अल्प मात्रा द्वारा तैयार नियंत्रित प्रतिजन होता है।

कूट

(a) केवल 1 (b) केवल 2
(c) 1 और 3 (d) इनमें से कोई नहीं

उत्तर *(b)*

व्याख्या टीकाकरण के संदर्भ में कथन (2) असत्य है, क्योंकि भारत वर्तमान में अपने राष्ट्रीय टीकाकरण कार्यक्रम के कारण हिपेटाइटिस-A रोग के प्रति पूरी तरह से प्रतिरक्षित नहीं हुआ है। हिपेटाइटिस विषाणु के कारण पीलिया हो जाता है, जोकि प्राय: जल द्वारा फैलता है। इसके टीके को पाँच वर्ष की आयु के बाद देना अलाभकारी है, क्योंकि जब तक बच्चा इसके संक्रमण के प्रभाव में आकर इसके विरुद्ध प्रतिरक्षी हो चुका होगा। भारत पोलियो व चेचक रोग के प्रति पूरी तरह से प्रतिरक्षित हो चुका है।

अध्याय 09

पर्यावरण एवं पारिस्थितिकी

पर्यावरण एवं पारिस्थितिकी

पर्यावरण

पर्यावरण
- जीव पर्यावरण की विशिष्ट इकाई
- जीवन की आधारभूत इकाई- कोशिका
- जैवमण्डल- स्थलमण्डल+जलमण्डल+वायुमण्डल
- सजीव निवास करते हैं।
- परि + आवरण परिवेश (जीवों के चारों ओर उपस्थित क्षेत्र)
- जैविक और अजैविक घटकों से बना

पर्यावरण का वर्गीकरण
- वायुमण्डल (वायु से घिरा चारों ओर का क्षेत्र)- पृथ्वी के चारों ओर स्थित पारदर्शी गैसीय आवरण
- लगभग 300 किमी. ऊँचाई तक
- नाइट्रोजन (78.09%) ऑक्सीजन (20.95%), आर्गन (0.9%),CO_2 (0.039%) की उपस्थिति

जलमंडल
- पृथ्वी का लगभग 71% भाग जल से घिरा-नीला ग्रह; जीवन की उत्पत्ति का कारक
- सर्वाधिक जैव विविधता उपस्थित
- अधिक वर्षा व कम ताप से सघन वन जैसे ऊष्णकटिबन्धीय वन या सदाबहार वर्षा वन विकसित

स्थलमंडल
- (पृथ्वी की ऊबड़-खाबड़ उपजाऊ या ऊपरी सतह)
- पर्वत, गर्त, मैदान, पठार, रेगिस्तान
- पृथ्वी का लगभग 29% भाग
- मृदा पृथ्वी की सतह की उपजाऊ परत निर्माण- चट्टानों के भौतिक रासायनिक जैविक अपक्षय से, मृदा जनन अध्ययन पीडोलॉजी

पारिस्थितिकी, समष्टि, पारिस्थितिक अन्त: क्रिया तथा अनुकूलन

पारिस्थितिकी
- जीव व उसके पर्यावरण का पारस्परिक सम्बन्ध
- शब्द-रेटर (1868)
- अर्नेस्ट हैकल (1869) ने पारिस्थितिकी शब्द की पूर्ण व्याख्या की
- प्रो०रामदेव मिश्रा- भारतीय पारिस्थितिकी जनक

समष्टि
- विशिष्ट भौगोलिक क्षेत्र में किसी दिए गए समय पर निवास एवं परस्पर प्रजनन करने वाली समान जाति के जीवधारियों के समूह
- समष्टि के गुण (समष्टि आकार, घनत्व $D=\frac{N}{S}$
- जन्मदर, मृत्युदर, लिंग अनुपात, आयु संरचना, समष्टि वृद्धि

पारिस्थितिकी अन्तःक्रियाएँ
- (विभिन्न जातियों के सदस्य के मध्य अन्तक्रियाएँ)
- धनात्मक या लाभदायक अन्तःक्रियाएँ सहभोजिता (एक को लाभ)
- सहोपकारिता (दोनों को लाभ)
- **ऋणात्मक अन्तःक्रियाएँ** (प्रतिजीविता, प्रतिस्पर्द्धा, परजीविता, परभक्षण)

पारिस्थितिकीय अनुकूलन
- (वातावरण में होने वाले परिवर्तन के लिए संरचनात्मक, कार्यात्मक व आकारिकीय परिवर्तन
- **जलोद्भिद पादप** (पत्तियाँ बड़ी, सतह पर मोम सदृश्य पदार्थ, जड़ कम विकसित)
- **जलीय प्राणी** (शरीर नौकाकार, वाताशय)
- मरुद्भिद तनों पर रोम, कंटको की उपस्थिति तना चौड़ा, मांसल होकर पत्ती का कार्य (नागफनी)
- शरीर पर घने बाल (ठण्डे प्रदेश के जन्तु) शीत निष्क्रियता।

पारिस्थितिकी तंत्र

परिचय
- जीवों व पर्यावरण के मध्य होने वाले पारस्परिक सम्बन्ध से बना तन्त्र
- शब्द- ए.जी. टेन्सले (1935)
- ऑडम- पारितन्त्र पारिस्थितिकी की मूल इकाई

पारितन्त्र के प्रकार
- प्राकृतिक- जलीय पारितन्त्र (स्वच्छ, जलीय व समुद्री), स्थलीय (घास के मैदान, वन, मरुस्थल)
- कृत्रिम (जल जीवशाला, खेत)

पारिस्थितिक तन्त्र के घटक
- **जैविक घटक** -स्वपोषी (उत्पादक) हरे पादप, *सायनोबैक्टीरिया*)
- **विषमपोषी** (उपभोक्ता-प्रथम श्रेणी (कीट, चूहा, हिरन, खरगोश), द्वितीय श्रेणी (पक्षी, बिल्ली, कुत्ता) तृतीय श्रेणी (शेर, बाज, मनुष्य)
- **अपघटक** - सूक्ष्म या मृतोपजीवी (जीवाणु, कवक)
- **अजैविक घटक**- तापमान, प्रकाश, मृदा
- **खाद्य शृंखला** (भोजन ग्रहण के लिए एक-दूसरे पर निर्भर, श्रृंखला निर्माण)
- घास- टिड्डा- मेंढ़क- साँप- गिद्ध

खाद्य जाल
- खाद्य शृंखलाओं का जाल

ऊर्जा प्रवाह
- उत्पादक से उपभोक्ता की तरफ एकदिशीय
- लिंडमान (1942)-10% का नियम केवल 10% ऊर्जा का भाग स्थानान्तरित

पारिस्थितिक पिरामिड
- पारिस्थितिकी तन्त्र की पोषक संरचना का आलेखी प्रदर्शन
- संख्या का पिरामिड (घास के मैदान, तालाब- सीधा, वन- उल्टा)

SOURCE NCERT Class-VI सजीव-विशेषताएँ और आवास, NCERT Class-XII सजीव और समष्टियाँ, NCERT Class-XIII पारितंत्र, NCERT Class-X हमारा पर्यावरण, NIOS Module Chap 29 प्राकृतिक पर्यावरण, Unit 24 Class-IX, Tamil Nadu Board पर्यावरणीय विज्ञान

1 **किसी सजीव का पर्यावरण में वह स्थान जहाँ वह रहकर जीवन जीता है, उसका आवास कहलाता है। सजीवों व उनके आवास के संदर्भ में कौन-सा कथन सही है?** *(Chap 6, Class-VI, NCERT)*

1. वन, घास के मैदान, मरुस्थल, तटीय एवं पर्वतीय स्थल, स्थलीय आवास एवं झील, दलदल, नदी एवं समुद्र जलीय आवास के उदाहरण हैं।
2. ये आवास सजीवों, जैसे-पादप, जंतु एवं सूक्ष्मजीव तथा मृदा, वायु, प्रकाश, जल, आदि निर्जीव कारकों से बने होते हैं, जिन्हें क्रमशः जैविक एवं अजैविक घटक कहते हैं।
3. श्वसन, उत्सर्जन, गमन, जनन, पोषण, आदि सजीवों में होने वाली मूलभूत जैविक प्रक्रियाएँ होती हैं, जो उन्हें निर्जीवों से पृथक् करती है।

कूट

(a) 1 और 2 (b) 1 और 3 (c) 2 और 3 (d) ये सभी

उत्तर *(d)*

व्याख्या सजीवों व उनके आवास के संदर्भ में सभी कथन सही हैं। किसी सजीव का वह स्थान जिसमें वह रहता है, उसका आवास कहलाता है। अपने भोजन, वायु, शरण स्थल तथा अन्य आवश्यकताओं के लिए जीव अपने आवास पर निर्भर रहता है। विभिन्न प्रकार के पौधे एवं जीव-जंतु एक ही आवास में संयुक्त रूप से रह सकते हैं। स्थल पर कहीं भी पाए जाने वाले पौधों एवं जंतुओं के आवास को स्थलीय आवास कहते हैं। दलदल, जलाशय, झील, नदियों एवं समुद्र जहाँ पौधे एवं जंतु जल में रहते हैं, जलीय आवास हैं।

किसी आवास में पाए जाने वाले सभी सजीव जैसे कि पौधे एवं जंतु उसके जैविक घटक होते हैं। जबकि प्रकाश, मिट्टी, वायु एवं जल जैसे अनेक निर्जीव कारक अजैविक घटक होते हैं।

सजीवों में परिवेश के प्रति अनुकूलन की क्षमता होती है और जैविक प्रक्रियाओं के आधार पर इन्हें निर्जीवों से पृथक् किया जाता हैं।

2 **निम्नलिखित में से कौन-सा कथन असत्य है?** *(Chap 11, Class-XII, NCERT)*

(a) पक्षियों एवं स्तनधारियों को छोड़कर बहुत से कशेरुकी ताप नियामकता में असमर्थ होते हैं।
(b) ओस्मोकन्फर्मर्स शारीरिकीय अथवा व्यवहारिकीय तरीके से वातावरण से स्वतंत्र अपनी कोशिकाओं की परासरणीय सांद्रता को स्थिर बनाए रखने में सक्षम होते हैं।
(c) स्तनधारियों की सफलता, चाहे वे अंटार्कटिका में हो या सहारा रेगिस्तान में, मुख्य रूप से उनकी ताप नियमन की क्षमता पर निर्भर करती है।
(d) उपर्युक्त में से कोई नहीं

उत्तर *(b)*

व्याख्या कथन (b) असत्य है, क्योंकि ओस्मोकन्फर्मर्स (Osmoconformers) बाहरी वातावरण जैसे खारे पानी के अनुरूप अपने शरीर की परासरणीयता/परासरण सांद्रता को सक्रिय या निष्क्रिय रूप से परिवर्तित कर इसे खारे पानी के समकक्ष कर लेते हैं। स्वच्छ जल की कुछ मछलियाँ ऐसे जीव हैं, जो आस-पास के वातावरण से स्वतंत्र अपने परासरणी दबाव को सक्रिय रूप से नियन्त्रित कर स्थिर बनाए रखने में सक्षम होती हैं। इन्हें ऑस्मोरेगुलेटर (Osmoregulator) कहते हैं।

3 **पृथ्वी के वायुमण्डल के सन्दर्भ में निम्नलिखित कथनों में से कितने कथन सही है?** *(Class-XI, Old NCERT), (UPPSC Pre 2023)*

1. भूमध्यरेखा पर प्राप्त होने वाले सूर्यताप की कुल मात्रा, ध्रुवों पर प्राप्त होने वाले सूर्यताप की कुल मात्रा की लगभग 10 गुनी है।
2. अवरक्त किरणें सूर्यताप के लगभग दो-तिहाई भाग हैं।
3. अवरक्त तरंगें निचले वायुमण्डल में संकेन्द्रित जलवाष्प द्वारा वृहद् रूप से अवशोषित होती हैं।
4. अवरक्त तरंगें सौर विकिरण की विद्युतचुम्बकीय तरंगों के दृश्यमान स्पेक्ट्रम के भाग हैं।

कूट

(a) केवल एक (b) केवल दो (c) केवल तीन (d) ये सभी

उत्तर *(a)*

व्याख्या पृथ्वी के वायुमण्डल के संदर्भ में केवल एक कथन अर्थात् (3) सही है। वायुमण्डल के समस्त जल की 90% मात्रा वायुमण्डल की निचली सतहों में ही पाई जाती है।

पृथ्वी की सतह लघु तरंगदैर्ध्य की अवरक्त विकिरणों के रूप में सूर्यताप को प्राप्त करती है। पृथ्वी के वायुमण्डल की निचली परत क्षोभमण्डल होती है, जिसकी ऊँचाई 8 से 18 किमी तक पाई जाती है। यहाँ विद्यमान जलवाष्प अवरक्त सौर विकिरण को अवशोषित करती है। वहीं समतापमण्डल सूर्य पराबैंगनी किरणों से रक्षा कर मानव जीवन की सुरक्षा करती है।

4 **निम्न में से कौन-सा असंगत युग्म है?** *(Chap 11, Class-XII, NCERT)*

	सूची-I (प्राणी)		सूची-II (विवरण)
(a)	भालू	–	हाइबरनेशन
(b)	छिपकली	–	एस्टीवेशन
(c)	बैक्टीरिया	–	सुप्तावस्था में मोटी भित्ति वाले बीजाणु
(d)	जंतुप्लवक	–	उपरति

उत्तर *(b)*

व्याख्या दिए गए युग्मों में (b) असंगत युग्म है।

कुछ जंतु ग्रीष्म ऋतु से उच्च ताप तथा निर्जलीकरण जैसी समस्याओं से बचने के लिए ग्रीष्म निष्क्रियता (Aestivation) में चले जाते हैं; उदाहरण-घोंघे, मछलियाँ, आदि। इस अवस्था में पोषण, श्वसन, गति एवं अन्य शारीरिक गतिविधियाँ काफी धीमी पड़ जाती है, जबकि कुछ जंतु शीत ऋतु से बचने के लिए शीत निष्क्रियता (Hibernation) में चले जाते हैं, उदाहरण- भालू, छिपकली व अन्य सरीसृप, आदि।

5 **सूची-I को सूची-II से सुमेलित कीजिए।** *(Chap 11, Class-XII, NCERT)*

	सूची-I (पारिस्थितिकीय अंत:संबंधों के प्रकारों)		सूची-II (उदाहरण)
A.	परजीविता	1.	लाइकेन
B.	परभक्षण	2.	आर्किड एवं आम का पेड़
C.	सहोपकारिता	3.	मेंढक एवं टिड्डा
D.	सहभोजिता	4.	मानव और जूँ

कूट

	A	B	C	D		A	B	C	D
(a)	4	1	2	3	(b)	3	4	1	2
(c)	4	3	2	1	(d)	4	3	1	2

उत्तर *(d)*

व्याख्या सही सुमेलन A-4, B-3, C-1 एवं D-2 है।

परजीविता (Parasitism) में विषमपोषी जीव, पोषी (Host) के शरीर से अपना भोजन प्राप्त करते हैं, उदाहरण-मानव और जूँ।

परभक्षण (Predation) एक ऐसी ऋणात्मक पारस्परिक क्रिया है, जिसमें एक जीवधारी जिसे परभक्षी कहते हैं, दूसरे जीव जिसे भक्ष्य कहते हैं, को खाता है; जैसे—मेंढक, टिड्डे को खाता है।

सहोपकारिता (Symbiosis) में दोनों जातियों को लाभ होता है, क्योंकि दोनों जातियाँ एक-दूसरे पर कार्यिकीय निर्भरता दर्शाती है। शैवाल व कवक के मध्य अविकल्पी सहोपकारिता का सर्वोत्तम उदाहरण लाइकेन है।

सहभोजिता (Commensalism) में एक प्रजाति को तो लाभ होता है, जबकि दूसरी अप्रभावित रहती है अर्थात् उसे न तो कोई लाभ होता है और ना ही कोई हानि, उदाहरण—आर्किड और आम का पेड़।

6 मृदा निर्माण के संदर्भ में कितने कथन सही है?

(Chap 11, Class-XII, NCERT)

1. इसके दो भाग होते हैं—चट्टानों का अपक्षय एवं मृदाजनन।
2. सूर्य का प्रकाश, जल एवं वायु द्वारा घर्षण, पेड़-पौधे एवं जीव-जंतु, तापमान में निरंतर परिवर्तन तथा जलयोजन, कार्बोनेशन, जल अपघटन जैसी रासायनिक अभिक्रियाएँ चट्टानों का अपक्षय करती हैं।
3. सूक्ष्मजीवों के अपघटन की प्रक्रिया के परिणामस्वरूप मृदा में मौजूद कार्बनिक पदार्थ ह्यूमस में परिवर्तित हो जाते हैं, जो मृदा को उपजाऊ बना कर इसकी जलधारण क्षमता, वातन क्षमता एवं सरंध्रता बढ़ाते हैं।

कूट

(a) केवल एक (b) केवल दो
(c) सभी तीन (d) ये सभी

उत्तर *(d)*

व्याख्या मृदा निर्माण के संदर्भ में दिए गए सभी कथन सही हैं।

मृदा निर्माण के दो भाग होते हैं—चट्टानों का अपक्षय एवं मृदाजनन।

सूर्य का प्रकाश, जल एवं वायु द्वारा घर्षण, पेड़-पौधों व जीव-जंतु, तापमान में परिवर्तन तथा जलयोजन, कार्बोनेशन, जल-अपघटन जैसी रासायनिक अभिक्रियाएँ चट्टानों का अपक्षय करती है।

सूक्ष्मजीवों की अपघटन की प्रक्रिया के परिणामस्वरूप मृदा में उपस्थित कार्बनिक पदार्थ ह्यूमस में परिवर्तित हो जाता है, जो मृदा को उपजाऊ बनाकर इसकी जलधारण क्षमता, वातन (Aeration) क्षमता एवं सरंध्रता (Porosity) को बढ़ाते हैं।

7 मृदा की ऊपरी उपजाऊ परत की जल, वायु या अन्य कारणों से हानि मृदा अपरदन कहलाती है। इसके संदर्भ में कितने कथन असत्य है?

(Chap 12, Class-IX, NCERT)

1. मृदा अपरदन को रोकने में वृक्षारोपण करना एवं जंगलों को कटने से बचाना प्रमुख है।
2. कृषि में खेत में मृदा अपरदन को रोकने हेतु कंटूर कृषि, मल्चिंग, पट्टीदार खेती एवं झूम कृषि को बढ़ावा दिया जाता है।
3. मृदा के कटाव, बाढ़, भूस्खलन, आदि से बचाव हेतु ढलान वाले पर्वतीय क्षेत्र में अनेक छोटे-छोटे बाँध एवं एनीकट बनाए जाते हैं।

कूट

(a) केवल एक (b) केवल दो
(c) सभी तीन (d) इनमें से कोई नहीं

उत्तर *(a)*

व्याख्या मृदा अपरदन के संदर्भ में केवल एक कथन अर्थात् (2) असत्य है, क्योंकि झूम कृषि भारत के उत्तर पूर्वी राज्यों में की जाती है, जिसके कारण वनोन्मूलन तथा मृदा अपरदन होता है।

इस कृषि में कृषक जंगल के वृक्षों को काट देते हैं व पादप अवशेष को जला देते हैं और राख को उर्वरक के रूप में उस भूमि में छोड़ दिया जाता है, जबकि कंटूर कृषि, फसल-चक्र, सीढ़ीनुमा खेती, मुल्चिंग पट्टीदार खेती मृदा अपरदन को रोकने की विधियाँ हैं।

8 प्रकृति में निम्नलिखित में से किस जीव का/किन जीवों के मृदाविहीन सतह पर जीवित पाए जाने की सर्वाधिक सम्भावना है?

(Chap 12, Class-XII, NCERT) (IAS Pre 202)

1. फर्न
2. लाइकेन
3. मॉस
4. छत्रक (मशरूम)

नीचे दिए गए कूट का प्रयोग कर सही उत्तर चुनिए।

(a) 1 और 4 (b) केवल 2
(c) 2 और 3 (d) 1, 3 और 4

उत्तर *(c)*

व्याख्या प्रकृति में लाइकेन व मॉस के मृदाविहीन सतह पर जीवित पाए जा की सर्वाधिक सम्भावना है, क्योंकि लाइकेन नग्न चट्टानों, वृक्षों की छाल आदि पर पाया जाने वाला मूल विहीन तथा थैलस (सूकाय) शरीर वाला शैवाल एवं कवक युक्त सहजीवी जीव है, जबकि मॉस एक ब्रायोफाइट पादप है जिसमें मूल का अभाव होता है। यह पादप छोटा, असंवहनी एवं पुष्पहीन होत है, जो छाया व नमी युक्त तने की छाल, नमी युक्त चट्टानों, आदि पर पाय जाता है। इनमें मूलामास पाए जाते हैं।

मशरूम सड़े-गले कार्बनिक पदार्थ युक्त मृदा में पाया जाने वाला कवक है जबकि फर्न मूल युक्त टेरिडोफाइट पादप है, जो मृदा में पाया जाता है।

9 निम्न कथन (A) व कारण (R) को पढ़िए और नीचे दिए गए कूट की सहायता से सही उत्तर का चयन कीजिए।

(Chap 11, Class-XII, NCERT

कथन (A) **धारारेखित शरीर, गिल्स एवं चिकने शल्कों की उपस्थिति जलीय आवास के जीवों का प्रमुख अनुकूलन है।**

कारण (R) **जलीय आवास में मछलियों जैसे जीवों को धारा के प्रवाह के विपरीत तैरना पड़ता है।**

कूट

(a) A और R दोनों सही हैं तथा R, A का सही स्पष्टीकरण है।
(b) A और R दोनों सही हैं, परंतु R, A का सही स्पष्टीकरण नहीं है।
(c) A सही है, किंतु R गलत है।
(d) A गलत है, किंतु R सही है।

उत्तर *(b)*

व्याख्या कथन (A) और कारण (R) दोनों सही हैं, परंतु कारण (R), कथन (A) का सही स्पष्टीकरण नहीं है।

धारारेखित शरीर, गिल्स एवं चिकने शल्कों की उपस्थिति जलीय आवास के जीवों का प्रमुख अनुकूलन है।

जलीय आवास में मछलियों जैसे जीवों को धारा के प्रवाह के विपरीत तैरना पड़ सकता है, इसके लिए उनका शरीर धारारेखीय होता है। डॉल्फिन व व्हेल जैसे स्तनी जंतुओं में गिल्स के स्थान पर पीठ पर स्थित नासाद्वार अथवा वात-छिद्र द्वारा श्वसन होता है।

10 ध्रुवीय क्षेत्रों के संदर्भ में निम्न में से कौन-सा कथन असत्य है?

(Chap 11, Class-XII, NCERT)

(a) यहाँ प्रमुखतया ध्रुवीय भालू, पेंग्विन, आर्कटिक लोमड़ी, सील, रेनडियर, आदि जंतु पाए जाते हैं।
(b) यहाँ 6 माह तक दिन एवं 6 माह तक रात पाई जाती है।
(c) उत्तरी ध्रुव का न्यूनतम तापमान – 40°C तक हो सकता है, जोकि दक्षिणी ध्रुव से अधिक होता है।
(d) उत्तरी ध्रुव में पाए जाने वाले साइबेरियन सारस जैसे पक्षी शीतकाल में भोजन एवं प्रजनन के उत्तम अवसरों हेतु लंबी दूरी तय करके घना पक्षी विहार, भरतपुर तक आते हैं।

उत्तर *(c)*

व्याख्या ध्रुवीय क्षेत्रों के संदर्भ में कथन (c) असत्य है, क्योंकि उत्तरी ध्रुव का न्यूनतम तापमान –37°C से–40°C तक हो सकता है, जोकि दक्षिणी ध्रुव (अंटार्कटिका) की तुलना में बेहद कम होता है। यह 80° से –82°C तक तापमान हो सकता है। यहाँ हमेशा बर्फबारी होने के कारण यह क्षेत्र वृक्षहीन रहता है। रेनडियर, ध्रुवीय भालू एवं सील यहाँ के प्रमुख जंतु हैं।

11 ध्रुवीय क्षेत्र में पाए जाने वाले प्राणियों में किस प्रकार के आकारिकीय अनुकूलन पाए जाते हैं? *(Chap 11, Class-XII, NCERT)*

1. सफेद फर का पाया जाना
2. बेहतरीन घ्राण क्षमता
3. त्वचा के नीचे वसा की मोटी परत
4. लंबे कान एवं हाथ-पैर
5. शीत निष्क्रियता अनुपस्थित
6. शीत रुधिरतापी

कूट

(a) 2, 3, 4, 5, और 6 (b) 1, 2, 3 और 4
(c) 1, 3, 4 और 6 (d) 1, 2 और 3

उत्तर *(d)*

व्याख्या ध्रुवीय क्षेत्र में पाए जाने वाले प्राणियों में सफेद मोटा फर का पाया जाना, बेहतरीन घ्राण (Olfactory) क्षमता, त्वचा के नीचे वसा की मोटी परत का होना, आदि आकारिकीय अनुकूलन पाए जाते हैं। इनमें शीत निष्क्रियता भी उपस्थित होती है तथा ये प्राय: ग्रीष्म रुधिरतापी (Hot blooded) या नियततापी होते हैं। इनके कान व हाथ-पैर सामान्य रूप से छोटे होते हैं ताकि ऊष्मा का क्षय (Loss) कम हो।

12 निम्न में से मरुस्थलीय आवास के जंतुओं के अनुकूलन हैं *(Chap 6, 11 Class-VI, XII, NCERT)*

1. मूत्र का उत्सर्जन कम होना
2. पसीना नहीं आना
3. मोटा फर उपस्थित होना
4. मल शुष्क होना
5. मोटी वसा युक्त त्वचा
6. बिलकारी एवं रात्रिचर

कूट

(a) 1, 2, 3, 4 और 6 (b) 1, 2, 4 और 6
(c) 1, 2, 4 और 5 (d) 1, 3, 4 और 6

उत्तर *(b)*

व्याख्या मरुस्थलीय आवास के जंतुओं के अनुकूलनों में मूत्र का उत्सर्जन कम या गाढ़ा होना, पसीना नहीं आना, मल का शुष्क होना, बिलकारी एवं रात्रिचर होना आदि सम्मिलित होते हैं। इन्हें कम जल की आवश्यकता होती है तथा ये ग्रीष्म निष्क्रियता भी दर्शाते हैं।

13 सूची-I को सूची-II से सुमेलित कीजिए। *(Chap 11, Class-XII, NCERT)*

	सूची-I (आवास)		सूची-II (पादपों में अनुकूलन)
A.	मरुस्थल	1.	शंक्वाकार, तिरछी शाखाओं एवं सुई नुमा पत्तियों युक्त वृक्ष
B.	पर्वतीय क्षेत्र	2.	खोखला वायु युक्त तना, फूली हुई या कटी-फटी, रिबन नुमा पत्तियों युक्त पादप
C.	झील	3.	सुविकसित गहरी जड़ें, पत्तियाँ शूल में रूपांतरित, मोम की बाह्य परत उपस्थित

कूट

	A	B	C		A	B	C
(a)	2	1	3	(b)	3	1	2
(c)	2	3	1	(d)	3	2	1

उत्तर *(b)*

व्याख्या सही सुमेलन A-3, B-1, C-2 है।

अनुकूलन एक जैव विकास प्रक्रम है, जिसके अनुसार कोई जीव या पौधे अपने आवास के प्रति सहज एवं समायोजित होता है।

मरुस्थलीय आवास में पाए जाने वाले पादपों में सुविकसित गहरी जड़ें, पत्तियाँ शूल में रूपांतरित एवं पत्तियों व मांसल तने पर मोम की बाह्य परत उपस्थित होती है।

पर्वतीय क्षेत्र में शंक्वाकार तिरछी शाखाओं एवं सुईनुमा पत्तियों युक्त वृक्ष उपस्थित होते हैं।

झील जैसे जलीय आवास में खोखला वायु युक्त तना, फूली हुई या कटी-फटी रिबननुमा पत्तियों युक्त पादप उपस्थित होते हैं।

14 निम्न कथन (A) व कारण (R) को पढ़िए और नीचे दिए गए कूट की सहायता से सही उत्तर का चयन कीजिए। *(Chap 12, Class-XII, NCERT)*

कथन (A) वायुमंडल में ऑक्सीजन का एकमात्र स्त्रोत प्रकाश-संश्लेषण अभिक्रिया होती है, जबकि दहन एवं श्वसन इसके अपव्यय प्रक्रम है।

कारण (R) ऑक्सीजन चक्र, कार्बन चक्र से अंत: संबंधित होता है।

कूट

(a) A और R दोनों सही हैं तथा R, A का सही स्पष्टीकरण है।
(b) A और R दोनों सही हैं, परंतु R, A का सही स्पष्टीकरण नहीं है।
(c) A सही है, किंतु R गलत है।
(d) A गलत है, किंतु R सही है।

उत्तर *(b)*

व्याख्या कथन (A) और कारण (R) दोनों सही हैं, परंतु कारण (R), कथन (A) का सही स्पष्टीकरण नहीं है।

वायुमंडल में ऑक्सीजन का एकमात्र स्त्रोत प्रकाश-संश्लेषण अभिक्रिया होती है, जबकि दहन व श्वसन इसके अपव्यय प्रक्रम है। वायुमंडल में स्वतंत्र O_2 की मात्रा लगभग 21% होती है। ऑक्सीजन चक्र, कार्बन चक्र से अंत: संबंधित होता है, क्योंकि कोयला, पेट्रोलियम पदार्थों, आदि जीवाश्म ईंधनों के दहन में भी वायुमंडल की ऑक्सीजन व्यय होती है और कार्बन डाइऑक्साइड बनती है, जिसका उपयोग पादपों द्वारा प्रकाश-संश्लेषण की क्रिया में भोज्य पदार्थों के निर्माण में कर लिया जाता है। इस क्रिया में ऑक्सीजन बनती है, जो वायुमंडल में पुन: मुक्त कर दी जाती है।

15 पर्यावरण में अजैविक एवं जैविक घटकों के मध्य जल का चक्रण जल चक्र कहलाता है। इसके संदर्भ में निम्न में से कौन-सा कथन सही है? *(Unit 24, Class-IX, Tamil Nadu Board)*

1. सतही जल का सूर्य के प्रकाश में वाष्प बनकर उड़ जाना वाष्पीकरण कहलाता है।
2. बादलों का निर्माण संघनन प्रक्रिया का उदाहरण है, जिसमें जल ठोस अवस्था से द्रवीय अवस्था में परिवर्तित होता है।
3. महासागरों से वाष्पीकृत जल वर्षा, हिमपात, ओलावृष्टि, आदि के द्वारा सतह पर पहुँचता है तथा यहाँ से यह नदियों द्वारा पुन: महासागरों तक पहुँचता है।
4. खारी झीलों से नमक की प्राप्ति, भू-जल स्तर में वर्षा के कारण वृद्धि, भारी वर्षा द्वारा बाढ़, आदि जल चक्र के ही भाग हैं।

कूट

(a) कथन 1 के अतिरिक्त सभी सही हैं।
(b) कथन 4 के अतिरिक्त सभी सही हैं।
(c) कथन 2 के अतिरिक्त सभी सही हैं।
(d) उपर्युक्त सभी

उत्तर *(c)*

व्याख्या जल चक्र के संबंध में कथन (1), (3) और (4) सही हैं। यह पृथ्वी पर उपलब्ध जल के एक रूप से दूसरे में परिवर्तित होने और एक स्त्रोत (Source) से दूसरे स्रोत या एक स्थान से दूसरे स्थान की गति करने की चक्रीय प्रक्रिया है। महासागर, नदियों तथा अन्य सतही स्रोतों का जल सूर्य के प्रकाश में ताप द्वारा वाष्प बनता है। यह जल वाष्प (गैसीय अवस्था) वायुमंडल में ऊपर उठकर ठंडी हो जाती है और फिर संघनित होकर बादल बनती है। बादल बनने के बाद जल हिमपात (ठोस) या वर्षा (द्रव) के रूप में धरती पर आता है, जहाँ से यह नदियों द्वारा पुनः महासागरों में पहुँच जाता है। वाष्पीकरण द्वारा खारे झीलों से नमक की प्राप्ति, भूजल स्तर में वर्षा के कारण वृद्धि भारी वर्षा द्वारा बाढ़, आदि जल चक्र के ही भाग हैं।

कथन (2) गलत है, क्योंकि बादलों के निर्माण की प्रक्रिया 'संघनन' कहलाती है जिसमें गैसीय अवस्था में उपस्थित जल वाष्प द्रव अवस्था अर्थात् वर्षा जल में परिवर्तित हो जाती है।

16 पृथ्वी का सबसे बड़ा पारिस्थितिकी तन्त्र है- *(Chap 12, Class-XII, NCERT)*

1. बायोम 2. जलमण्डल
3. स्थलमण्डल 4. जीवमण्डल

(a) केवल 1 (b) 2 और 3
(c) केवल 3 (d) केवल 4

उत्तर *(d)*

व्याख्या जीवमण्डल पृथ्वी का सबसे बड़ा पारिस्थितिकी तन्त्र है। सीधे तौर पर जीवमण्डल को सभी पारिस्थितिकी तन्त्रों के योग के रूप में माना जाता है, जिसे पारिस्थितिकी तन्त्र के रूप में भी जाना जाता है और यह पृथ्वी पर जीवन का क्षेत्र भी है।

17 इन पारिस्थितिकी तन्त्र के एल्बिड़ो का मान के घटते क्रम में सही क्रम है *(Chap 12, Class-XII, NCERT), (Chap 6, Class-VI, NCERT)*

1. टेगा 2. ऊष्णकटिबन्धीय सदाबहार
3. ऊष्णकटिबन्धीय पर्णपाती 4. टुण्ड्रा

(a) 1 4 3 2 (b) 4 1 2 3
(c) 4 1 3 2 (d) 1 4 2 3

उत्तर *(c)*

व्याख्या इन पारिस्थितिकी तन्त्र के एल्बिड़ो मानों के घटते क्रम में सही क्रम टुण्ड्रा, टैगा, ऊष्णकटिबन्धीय पर्णपाती और ऊष्णकटिबन्धीय सदाबहार है।

18 किसी निश्चित क्षेत्र में उपस्थित समष्टि (Population) का घनत्व निर्भर करता है। *(Chap 11, Class-XII, NCERT)*

1. जन्म दर (Birth rate)
2. मृत्यु दर (Death rate)
3. आप्रवासन (Immigration)
4. उत्प्रवासन (Emigration)

कूट

(a) केवल 1 (b) 2 और 3
(c) 1 और 4 (d) 1, 2, 3 और 4

उत्तर *(d)*

व्याख्या किसी भी निश्चित क्षेत्र में उपस्थित समष्टि (Population) का घनत्व मुख्यतया 4 कारकों पर निर्भर करता है।

(i) जन्म दर (Birth rate)- समष्टि में नियत अवधि में नए सदस्यों का जन्म।

(ii) मृत्यु दर (Death rate)- समष्टि में नियत अवधि में मरने वाले सदस्य।

(iii) आप्रवासन (Immigration)- प्रजाति के वे जीव जो दिए गए समय में किसी अन्य स्थान से इस आवास में आ गए हैं।

(iv) उत्प्रवासन (Emigration)- प्रजाति के वे जीव, जो दिए गए समय में इस आवास को छोड़कर किसी अन्य आवास में चले गए हैं।

19 जनसंख्या की विशेषताओं और मापदण्डों के अध्ययन को परिभाषित करता है *(Chap 11, Class-XII, NCERT)*

1. जनसांख्यिकी 2. जनसंख्या पारिस्थितिकी
3. जनसंख्या घनत्व 4. मृत्यु दर

कूट

(a) केवल 1 (b) 2 और 3
(c) केवल 3 (d) 2 और 4

उत्तर *(a)*

व्याख्या जनसंख्या को व्यक्ति के बजाय समूह की विशेषताओं से परिभाषित किया जाता है। जनसंख्या की विशेषताओं के अध्ययन को जनसांख्यिकी (Demography) के रूप में जाना जाता है।

20 लॉजिस्टिक वृद्धि में अनन्तस्पर्शी प्राप्त होता है, जब *(Chap 11, Class-XII, NCERT)*

(a) 'r' का मान शून्य की ओर अग्रसर होता है
(b) $K = N$
(c) $K > N$
(d) $K < N$

उत्तर *(b)*

व्याख्या जनसंख्या के लॉजिस्टिक वृद्धि वक्र में $K = N$ होने पर वक्र अनन्तस्पर्शी हो जाता है। यह समष्टि को सीमित संसाधनों वाले आवास में वृद्धि को प्रारम्भ से धीमा, तत्पश्चात् सतत् वृद्धि करता हुआ एवं अन्त में ह्रासित होता हुआ दर्शाता है। इसकी समीकरण निम्नवत् है-

$$\frac{dN}{dt} = rN\left(\frac{K-N}{K}\right)$$

21 यदि '+' चिन्ह को लाभदायी परस्पर क्रिया के लिए, '–' चिन्ह को हानिकारक के लिए और '0' चिन्ह को उदासीन परस्पर क्रिया के लिए दिया जाता है, तो '+' '–' द्वारा प्रदर्शित समष्टि परस्पर क्रिया किसे सन्दर्भित करती है? *(Chap 11, Class-XII, NCERT)*

1. परजीविता 2. सहोपकारिता 3. प्रतिजीविता 4. सहभोजिता

कूट

(a) केवल 1 (b) 2 और 3 (c) 3 और 4 (d) केवल 4

उत्तर *(a)*

व्याख्या परजीविता (Parasitism) एक ऋणात्मक अन्त:क्रिया है, जिसमें परजीवी (Parasite) पोषद् (Host) के शरीर से आहार एवं आश्रय प्राप्त करता है तथा इसमें परजीवी को लाभ (+) होता है तथाा पोषद को हानि (–) होती है।

22 लॉजिस्टिक मॉडल का अनुसरण करते हुए किसी समष्टि वृद्धि दर शून्य के बराबर कब होगी? लॉजिस्टिक मॉडल को निम्नलिखित समीकरण से दर्शाया गया है

$dN/dt = rN(1-N/K)$ *(Chap 11, Class-XII, NCERT)*

(a) जब N पर्यावास की धारिता क्षमता के समीप हो
(b) जब N/K शून्य के बराबर हो
(c) जब जन्मदर की अपेक्षा मृत्युदर अधिक हो
(d) जब N/K ठीक एक हो

उत्तर *(d)*

व्याख्या लॉजिस्टिक वृद्धि मॉडल की समीकरण में

$$\frac{dN}{dt} = rN\left(1-\frac{N}{K}\right)$$ में

$N/K = 1$ होने पर $\frac{dN}{dt}$ का मान शून्य होगा, अर्थात् वृद्धि पर शून्य होगी।

23 अविकल्पी सहोपकारिता (Obligate) का सम्बन्ध है *(Chap 11, Class-XII, NCERT)*

1. शैवाल व कवक के मध्य अविकल्पी सहोपकारिता
2. उच्च पादपों व जीवाणुओं के मध्य अविकल्पी सहोपकारिता
3. शैवाल व जन्तुओं के मध्य अविकल्पी सहोपकारिता
4. जन्तु व प्रोटोजोआ के मध्य अविकल्पी सहोपकारिता

कूट

(a) 1 और 2 (b) 2 और 3
(c) 2 और 4 (d) 1, 2, 3 और 4

उत्तर *(d)*

व्याख्या अविकल्पी सहोपकारिता में दोनों जीव एक साथ स्थाई रूप से रहते हैं।

शैवाल व कवक के मध्य अविकल्पी सहोपकारिता का उदाहरण लाइकेन है। उच्च पादपों व जीवाणु के मध्य अविकल्पी सहोपकारिता चने व मटर आदि की जड़ों की गांठों में नाइट्रोजन स्थिरीकरण में सक्षम अन्त:सहजीवी जीवाणु *राइजोबियम* पाया जाता है।

शैवाल व जन्तुओं के मध्य अविकल्पी सहोपकारिता का उदाहरण *क्लोरेला वुल्गैरिस* नामक शैवाल, *हाइड्रा (Hydra)* के साथ सहकारी सम्बन्ध स्थापित करता है।

जन्तु व प्रोटोजोआ के मध्य अविकल्पी सहोपकारिता का उदाहरण दीमक व प्रोटोजोआ *ट्राइकोनिम्फा* (*Trichonympha*) के बीच सहोपकारिता का सम्बन्ध पाया जाता है।

24 सहभोजिता (Commensalism) के सम्बन्ध में निम्न में से सत्य कथन हैं- *(Chap 11, Class-XII, NCERT)*

1. दो जीवों के मध्य होने वाली पारस्परिक क्रिया।
2. एक जाति को लाभ होता है।
3. दूसरी जाति अप्रभावित रहती है।
4. स्थाई या अस्थाई का सम्बन्ध।

कूट

(a) केवल 1 (b) 1 और 2 (c) 3 और 4 (d) 1, 2, 3 व 4

उत्तर *(d)*

व्याख्या सहभोजिता दो जीवों के मध्य होने वाली पारस्परिक क्रिया है। जिसमें एक प्रजाति को लाभ होता है, जबकि दूसरी प्रजाति अप्रभावित रहती है, अर्थात् उसे न तो कोई लाभ होता है और ना ही कोई हानि। इस प्रकार का सम्बन्ध स्थाई या अस्थाई प्रकार का हो सकता है।

25 धनात्मक पारस्परिक क्रियाएँ निम्न में से सम्बन्धित है- *(Chap 11, Class-XII, NCERT)*

1. सहजीविता (Symboisis)
2. सहभोजिता (Commensalism)
3. अधिपादप (Epiphytic) पादप

कूट

(a) केवल 1 (b) 1 और 2
(c) 1, 2 और 3 (d) इनमें से कोई नहीं

उत्तर *(c)*

व्याख्या धनात्मक पारस्परिक क्रियाओं एक को लाभ या दोनों को लाभ होता है। हानि किसी भी जीव को नहीं होती है। इसके उदाहरण- सहजीविता, सहभोजिता व अधिपादप पादप है।

26 ऋणात्मक पारस्परिक क्रियाएँ निम्न में से किससे सम्बन्धित है *(Chap 11, Class-XII, NCERT)*

1. स्पर्धा या प्रतियोगिता (Competition)
2. परभक्षण (Predation)
3. प्रतिजीविता (Amensalism)
4. परजीविता (Parasitism)

कूट

(a) 1 और 2 (b) 2 और 3
(c) 1 और 4 (d) 1, 2, 3 और 4

उत्तर *(d)*

व्याख्या ऋणात्मक पारस्परिक क्रियाओं में एक जीव को या दोनों को हानि होती है। अत: ऋणात्मक पारस्परिक क्रियाओं के उदाहरण- स्पर्धा या प्रतियोगिता, परभक्षण, प्रतिजीविता एवं परजीविता है।

27 पारितंत्र या पारिस्थितिकी तंत्र के लिए निम्न में से कौन-सा कथन असत्य है? *(Chap 12, Class-XII, NCERT)* *(Chap 13, Class-X, NCERT) (BPSC Pre 2023)*

1. 'इकोसिस्टम' शब्द सर्वप्रथम ए. जी. टेन्सले ने दिया था।
2. यह जीवमंडल की संरचनात्मक एवं कार्यात्मक इकाई है।
3. घास का मैदान प्राकृतिक स्थलीय पारितंत्र का उदाहरण है, जबकि खेत कृत्रिम स्थलीय पारितंत्र का उदाहरण है।
4. एक्वेरियम एक प्राकृतिक जलीय पारितन्त्र का उदाहरण है।

कूट

(a) 2 और 4 (b) 3 और 4
(c) 1 और 2 (d) केवल 4

उत्तर *(d)*

व्याख्या पारितंत्र या पारिस्थितिकी तंत्र के संदर्भ में कथन (4) असत्य है, क्योंकि एक्वेरियम (जलजीवशाला) मानव निर्मित या कृत्रिम पारितंत्र का उदाहरण है। इस प्रकार के पारितंत्र का निर्माण एवं नियमन कृत्रिम रूप से मानव द्वारा किया जाता है।

28 पारितंत्र के जैविक घटकों के संदर्भ में कौन-सा कथन सही नहीं है? *(Chap 12, Class-XII, NCERT)(Chap 13, Class-X, NCERT)*

1. शाकाहारी जंतु पारितंत्र में सदैव प्राथमिक उपभोक्ता कहलाते हैं।
2. माँसाहारी जंतु द्वितीयक या तृतीयक श्रेणी के उपभोक्ता हो सकते हैं।
3. जीवाणु एवं कवक मृतोपजीवी होने के कारण ही अपघटक कहलाते हैं।
4. अपघटक पारितंत्र में पोषक तत्त्वों को मृत जीवों या कार्बनिक पदार्थों से पुन: लौटाते हैं, इसलिए इन्हें परिवर्तक भी कहते हैं।

कूट

(a) 3 और 4
(b) केवल 2
(c) 1 और 2
(d) इनमें में से कोई नहीं

उत्तर *(d)*

व्याख्या पारितंत्र के जैविक घटकों के संदर्भ में दिए गए सभी कथन सही हैं। शाकाहारी जंतु पारितंत्र में सदैव प्राथमिक उपभोक्ता कहलाते हैं। माँसाहारी जंतु द्वितीयक या तृतीयक श्रेणी के उपभोक्ता हो सकते हैं। जीवाणु व कवक मृतोपजीवी होने के कारण ही अपघटक (Decomposers) कहलाते हैं।

अपघटक पारितंत्र में पोषक तत्त्वों को मृत जीवों या कार्बनिक पदार्थ से पुनः लौटाते हैं, इसलिए इन्हें परिवर्तक (Transformers) भी कहते हैं। अतः पारितंत्र में यह तत्वों के पुनःचक्रण (Recycling) एवं अपशिष्टों के निस्तारण (Waste disposal) की महत्त्वपूर्ण भूमिका निभाता है।

29 पारिस्थितिकी पिरामिडों के संदर्भ में असत्य कथन की पहचान कीजिए। *(Chap 12, Class-XII, NCERT)*

1. संख्या के पिरामिड में प्रायः बढ़ते हुए पोषक स्तर के साथ जीव संख्या में कमी आती है, किंतु वृक्ष का पिरामिड इसका अपवाद है।
2. तालाब का जैवभार का पिरामिड सदैव सीधा होता है, क्योंकि इनमें उत्पादक जोकि पिरामिड के आधार होते है, की संख्या सर्वाधिक होती है।
3. ऊर्जा के एकदिशीय प्रवाह एवं लिंडमान के नियमानुसार ऊर्जा का पिरामिड सदैव सीधा होता है।

कूट

(a) केवल 1 (b) केवल 2
(c) 1 और 3 (d) इनमें से कोई नहीं

उत्तर *(b)*

व्याख्या पारिस्थितिकी पिरामिडों के संदर्भ में कथन (2) असत्य है, क्योंकि तालाब के जैवभार का पिरामिड सदैव उल्टा होता है। तालाब के पारिस्थितिक तंत्र में उत्पादकों या पादप प्लवकों की संख्या सर्वाधिक होती है, परंतु इनका जैवभार सबसे कम होता है। इन उत्पादकों की तुलना में शाकाहारी जीवों का जैवभार अधिक होता है। इसी प्रकार अगले स्तर पर भी जैवभार की मात्रा में क्रमशः वृद्धि होती जाती है व बड़ी मछलियाँ जो सर्वोच्च उपभोक्ता होती है, का जैवभार सर्वाधिक होता है।

30 पारितंत्र में उत्पादकता के संदर्भ में कौन-सा कथन सत्य है? *(Chap 12, Class-XII, NCERT)*

1. उत्पादकों द्वारा प्रति इकाई क्षेत्र एवं निश्चित समय में उत्पादित कार्बनिक पदार्थ (रासायनिक ऊर्जा) की मात्रा को सकल प्राथमिक उत्पादकता कहते हैं।
2. सभी नील-हरित जीवाणु एवं हरे पादप स्वपोषी होने के कारण उत्पादक कहलाते हैं एवं प्रायः एक स्थाई पारितंत्र में इनकी संख्या एवं जैवभार सर्वाधिक होता है।
3. पादपों में श्वसन में प्रयुक्त होने वाले कार्बनिक पदार्थों (भोजन) को छोड़कर उपभोक्ताओं के लिए संचित कार्बनिक पदार्थों की मात्रा द्वितीयक उत्पादकता कहलाती है।

कूट

(a) 2 और 3 (b) 1 और 3
(c) 1 और 2 (d) ये सभी

उत्तर *(c)*

व्याख्या पारितंत्र में उत्पादकता के संदर्भ में कथन (1) और (2) सत्य हैं। सूर्य के प्रकाश में स्वपोषी उत्पादकों जैसे स्वपोषी नील-हरित जीवाणु एवं हरे पादपों द्वारा प्रकाश-संश्लेषण की सहायता से प्रति इकाई क्षेत्र में निश्चित समय में उत्पादित कुल भोजन (कार्बोहाइड्रेट) या कार्बनिक पदार्थ की मात्रा सकल प्राथमिक उत्पादकता (Gross Primary Production, GPP) कहलाती है। प्रायः एक स्थायी पारितंत्र में इनकी संख्या सर्वाधिक होती है।

कथन (3) असत्य है, क्योंकि द्वितीयक उत्पादकता उपभोक्ता स्तर पर जन्तुओं में नए कार्बनिक पदार्थों के उत्पादन की दर होती है, जबकि पादपों में श्वसन में प्रयुक्त होने के बाद उपभोक्ताओं के लिए संचित शेष कार्बनिक पदार्थ (भोजन) की मात्रा कुल प्राथमिक उत्पादकता (Net Primary Production, NPP) कहलाती है।

31 पारितंत्र में जीवों के मध्य भोजन के रूप में ऊर्जा प्रवाह या अंतः संबंध खाद्य शृंखला कहलाता है। इसके संदर्भ में कितने असत्य कथन है *(Chap 13, Class-X, NCERT) (Chap 12, Class-XII, NCERT)*

1. खाद्य शृंखला में प्रत्येक जीव को पोषक स्तर के द्वारा दर्शाया जाता है।
2. खाद्य शृंखला में ऊर्जा का प्रवाह एकदिशीय होता है एवं सर्वोच्च उपभोक्ता को न्यूनतम ऊर्जा प्राप्त होती है।
3. घास → टिड्डा → मेंढक → सर्प → बाज एक परभक्षी खाद्य शृंखला का उदाहरण है, जबकि पादप प्लवक → जंतुप्लवक → छोटी मछली → बड़ी मछली परजीवी खाद्य शृंखला का उदाहरण है।

कूट

(a) केवल एक (b) केवल दो
(c) सभी तीन (d) इनमें से कोई नहीं

उत्तर *(b)*

व्याख्या खाद्य शृंखला के संदर्भ में केवल एक कथन अर्थात् (3) असत्य है, क्योंकि घास–टिड्डा–मेंढक–सर्प–बाज एक परभक्षी खाद्य शृंखला का उदाहरण है व पादपप्लवक–जंतुप्लवक–छोटी मछली–बड़ी मछली भी एक जलीय परभक्षी खाद्य शृंखला का उदाहरण है।

परजीवी खाद्य शृंखला बड़े जंतुओं से छोटे परजीवियों की ओर अग्रसर होती है। अतः इस खाद्य शृंखला में प्रत्येक पोषी स्तर पर जीव के शरीर का आकार कम होता चला जाता है, परंतु उनकी संख्या बढ़ती चली जाती है।

32 निम्नलिखित कथनों के आधार पर सही कूट का चयन कीजिए। *(Chap 13, Class-X, NCERT) (Chap 12, Class-XII, NCERT)*

1. पारितंत्र में ऊर्जा प्रवाह एकदिशीय एंव लिंडमान के 10% नियमानुसार होता है। अतः क्रमिक रूप से प्रत्येक पोषक स्तर पर 90% ऊर्जा का ह्रास होता है।
2. ऊष्मागतिकी के नियमानुसार ऊर्जा न तो उत्पन्न की जाती है एवं न ही नष्ट, केवल इसे एक रूप से दूसरे में रूपांतरित किया जा सकता है।

कूट

(a) कथन 1 सही है, जबकि कथन 2 गलत है।
(b) कथन 1 गलत है, जबकि कथन 2 सही है।
(c) कथन 1 एवं 2 सही हैं।
(d) कथन 1 एवं 2 गलत हैं।

उत्तर *(c)*

व्याख्या दिए गए दोनों कथन (1) और (2) सही हैं। पारितंत्र में ऊर्जा प्रवाह एकदिशीय एवं लिंडमान के 10% नियमानुसार होता है।

अतः इसमें क्रमिक रूप से खाद्य शृंखला के प्रत्येक पोषक स्तर पर 90% ऊर्जा का ह्रास होता है, जोकि जीवों द्वारा स्वयं के विभिन्न जैविक क्रियाकलापों जैसे-पोषण, उत्सर्जन, श्वसन, आदि में व्यर्थ हो जाता है।

ऊष्मागतिकी के प्रथम नियमानुसार ऊर्जा न तो उत्पन्न की जा सकती है और न ही नष्ट, केवल उसे एक रूप से दूसरे रूप में रूपांतरित किया जा सकता है।

33 वायुमंडल में सर्वाधिक मात्रा में उपस्थित नाइट्रोजन का पारितंत्र में अजैविक एवं जैविक घटकों के मध्य चक्रण नाइट्रोजन चक्र कहलाता है। इसके संदर्भ में असत्य कथन कौन-सा है? *(Chap 12, Class-XII, NCERT)*

1. पादप नाइट्रोजन को मृदा में से इसके विलेय रूप नाइट्रेट के रूप में ग्रहण करते हैं।
2. स्वतंत्र वायुमंडलीय नाइट्रोजन का इसके यौगिक में परिवर्तित होना नाइट्रोजन स्थिरीकरण कहलाता है, जोकि अजैविक रूप से आकाशीय बिजली के चमकने से नाइट्रोजन एवं ऑक्सीजन संयोजन द्वारा होता है।
3. नाइट्रोजन के स्वांगीकरण में पादप वायुमंडलीय नाइट्रोजन के ऑक्साइडों से अमीनो अम्लों का निर्माण करते हैं।

कूट

(a) केवल 1 (b) केवल 3
(c) 1 और 2 (d) इनमें से कोई नहीं

उत्तर (b)

व्याख्या नाइट्रोजन चक्र के संदर्भ में कथन (3) असत्य है, क्योंकि नाइट्रोजन के स्वांगीकरण (Assimilation) में पादप नाइट्रोजन का प्रयोग मुख्यतया नाइट्रेट के रूप में करते हैं। पादप की कोशिकाओं में नाइट्रेट के अपचयन से निर्मित अमोनिया (NH_3) अमीनो समूह (NH_2) के रूप में उपयोग में लाई जाती है। नाइट्रोजन पौधे की वृद्धि के लिए आवश्यक होती है। पौधे इसे मिट्टी से मुख्यत: नाइट्रेट के रूप में प्राप्त करते हैं।

34 **सूची-I को सूची-II से सुमेलित कीजिए।** *(Unit-24, Class-IX, Tamil Nadu Board)*

सूची-I (जीवाणु)	सूची-II (संबंधित प्रक्रिया)
A. *राइजोबियम*	1. नाइट्रीकरण
B. *नाइट्रोबेक्टर*	2. विनाइट्रीकरण
C. *बैसिलस वुलौरिस*	3. जैविक नाइट्रोजन स्थिरीकरण
D. *थायोबैसीलस डिनाइट्रीफिकेंस*	4. अमोनीकरण

कूट

	A	B	C	D
(a)	4	2	3	1
(b)	4	3	2	1
(c)	3	4	2	1
(d)	3	1	4	2

उत्तर (d)

व्याख्या सही सुमेलन A-3, B-1, C-4 एवं D-2 है।

राइजोबियम जीवाणु जैविक नाइट्रोजन स्थिरीकरण में सहायक है। ये मटर कुल के पादपों की जड़ों में सहजीवी के रूप उपस्थित होकर वायुमंडल में मौजूद स्वतंत्र नाइट्रोजन को नाइट्रोजन के यौगिकों में बदल देते हैं।

नाइट्रोबेक्टर नाइट्रीकरण क्रिया में सहायक है। ये अमोनिया को नाइट्राइट या नाइट्रेट में बदल देते हैं।

बैसिलस वुलौरिस अमोनीकरण में सहायक है। ये मृत जंतुओं तथा पादपों के शरीर एवं जंतुओं के उत्सर्जी पदार्थों का विघटन कर वातावरण में अमोनिया मुक्त करते है।

थायोबैसिलस डीनाइट्रीफिकेंस मृदा में उपस्थित नाइट्रोजन यौगिकों को स्वतंत्र नाइट्रोजन में बदल देते हैं। इससे मृदा ऊसर हो जाती है। यह विनाइट्रीकरण क्रिया कहलाती है।

35 **कार्बन चक्र पारितंत्र का सबसे महत्त्वपूर्ण गैसीय चक्र है। इसके संदर्भ में निम्न में से कितने कथन सही हैं?** *(Chap 12, Class-XII, NCERT)*

1. कार्बन चक्र मुख्यतया CO_2 का बना होता है, जिसके वायुमंडल में स्रोत लकड़ी एवं जीवाश्म ईंधन का दहन, श्वसन, अपघटन, आदि हैं।
2. CO_2 प्रकाश-संश्लेषण द्वारा भोजन के रूप में पादपों में संचित होती है एवं खाद्य शृंखला के द्वारा पारितंत्र के अन्य जीवों में इसका प्रवाह होता है।
3. महासागर CO_2 के सबसे बड़े संग्राहक होते हैं एवं यहाँ जल में विलेयशील CO_2 मोलस्क जीवों के कवच का निर्माण करती है।

कूट

(a) केवल एक (b) केवल दो
(c) सभी तीन (d) इनमें से कोई नहीं

उत्तर (c)

व्याख्या कार्बन चक्र के संदर्भ में दिए गए सभी तीन कथन सही हैं।

कार्बन चक्र मुख्यतया CO_2 का बना होता है, जिसके वायुमंडल में स्रोत लकड़ी एवं जीवाश्म ईंधन का दहन, श्वसन, अपघटन, आदि हैं।

CO_2 प्रकाश-संश्लेषण की क्रिया द्वारा भोजन के रूप में पादपों में संचित होती है एवं खाद्य शृंखला के द्वारा पारितंत्र के अन्य जीवों में इसका प्रवाह होता है।

महासागर CO_2 के सबसे बड़े संग्राहक होते हैं एवं यह जल में विलेयशील CO_2 मोलस्क जीवों के $CaCO_3$ के कवच का निर्माण करती है।

36 **निम्नलिखित में से कौन अनुक्रमण के प्रतिरूप हैं?** *(Chap 12, Class-XII, NCERT)*

1. स्पर्धा 2. मरुक्रमक 3. जलक्रमक

कूट

(a) केवल 1 (b) केवल 2 (c) 1 और 2 (d) 2 और 3

उत्तर (d)

व्याख्या मरुक्रमक एवं जलक्रमक दोनों ही अनुक्रमण के प्रतिरूप हैं। जल की कमी वाले स्थानों में होने वाला अनुक्रमण, मरुक्रमक (Herosere) तथा जलीय स्थानों में होने वाला अनुक्रमण जलक्रमक (Herosere) कहलाता है।

37 **निम्नलिखित में से मध्यक्रमक अनुक्रमण का उदाहरण है** *(Chap 12, Class-XII, NCERT)*

1. बाढ़ के पानी द्वारा लाई मृदा पर अनुक्रमण
2. जैविक अवशेषों पर अनुक्रमण
3. तालाब में खाद डालने पर अनुक्रमण

कूट

(a) केवल 1 (b) 2 और 3 (c) 1 और 3 (d) 1, 2 और 3

उत्तर (a)

व्याख्या बाढ़ के पानी द्वारा लाई गई मृदा पर अनुक्रमण मध्यक्रमक अनुक्रमण का उदाहरण है। मध्यक्रमक अनुक्रमण वह अनुक्रमण है, जहाँ मृदा में जल का स्तर सामान्य हो।

38 **निम्नलिखित में से प्रारम्भिक अनुक्रमण कारण का उदाहरण है** *(Chap 12, Class-XII, NCERT)*

1. बिजली 2. संघर्ष 3. ज्वालामुखी विस्फोट

कूट

(a) केवल 1 (b) केवल 2 (c) केवल 3 (d) 1 और 2

उत्तर (d)

व्याख्या बिजली एवं ज्वालामुखी विस्फोट प्रारम्भिक अनुक्रमण के कारण हैं। प्रारम्भिक कारणों के अन्तर्गत जलवायवीय तथा जैविक कारण सम्मिलित होते हैं।

39 **शैलक्रमक में निम्न में से कौन झाड़ी अवस्था के उदाहरण हैं?** *(Chap 12, Class-XII, NCERT)*

1. केपेरिस 2. हेटेरोपोगोन
3. चींटियाँ 4. एल्युसिना

कूट

(a) केवल 1 (b) केवल 2
(c) 2 और 3 (d) 1, 3 और 4

उत्तर (a)

व्याख्या शैलक्रमक में केपेरिस (Capparis) झाड़ी अवस्था के उदाहरण हैं। हेटेरोपोगोन बहुवर्षीय घास एल्युसिना वार्षिक घास के उदाहरण हैं। चींटियाँ चरम अवस्था में निवास करने वाले प्राणियों में एक है।

अध्याय 10

जैव-विविधता एवं संरक्षण

जैव-विविधता एवं संरक्षण

जैव-विविधता

परिचय
- भौगोलिक क्षेत्र में पादपों, जन्तुओं व **सूक्ष्मजीवों** की भिन्न जातियाँ
- **जनक** एडवर्ट ओ विल्सन

जैव-विविधता के स्तर
- आनुवंशिक विविधता (एक जाति में आनुवंशिक स्तर पर पाई जाने वाली विविधता)
- जातीय विविधता
- पारिस्थितिकीय विविधता

पृथ्वी एवं भारत में जातीय विविधता
- IUCN के अनुसार पृथ्वी पर जन्तुओं व पादपों की जातियों की कुल संख्या 1.5 मिलियन से अधिक
- भारत में जातीय विविधता- 8.1% भारत 12 महाजैव विविधता वाला देश

जैव-विविधता के प्रतिरूप
- **अक्षांशीय प्रवणता** (भूमध्य रेखा से ध्रुवों की ओर जैव-विविधता कम) सामान्यतया जैसे-जैसे हम भूमध्य रेखा से ध्रुवों और उष्णकटिबंधीय क्षेत्र (जिसका अक्षांशीय परास 23.5° उत्तर से 23.5° दक्षिण तक है) की ओर जाते हैं, तो जैव-विविधता कम होती जाती है;
- **जातीय क्षेत्र संबंध** (जातीय समृद्धि के मध्य संबंध- आयताकार-अतिपरवलय)
- इनके अनुसार, जातीय समृद्धि (पक्षी, चमगादड़, मछलियाँ, आदि) के मध्य संबंध एक आयताकार अतिपरवलय के रूप में परिलक्षित होता है।

जातीय विविधता का महत्त्व
- **डेविड टिलमेन** के अनुसार उच्च जातीय विविधता वाला पारितंत्र अधिक स्थायी होता है एवं इसकी उत्पादकता भी उच्च एवं स्थायी होती है।
- यह प्राकृतिक आपदाओं एवं विदेशी जातियों के आक्रमण को झेलने में भी सक्षम होता है।
- पारितंत्र में किसी एक जाति के महत्त्व को समझने हेतु पॉल एहरलिक ने रिवेट पोपर परिकल्पना दी।

जैव-विविधता की क्षति
- मॉरिशस का डोडो पक्षी, अफ्रीका का क्वैगा, रूस की स्टेलर समुद्री गाय आदि-जातियों का विलोपन
- **कारण** जल चक्र में बाधा, मरुस्थलीकरण, मृदा अपरदन अतिदोहन, सहविलुप्तता, विदेशी जातियों का आक्रमण आदि।

रेड डाटा बुक
- IUCN द्वारा प्रकाशित
- संकट ग्रस्त, विलुप्त जातियों का विवरण
- विकट संकटापन्न जातियों का विवरण
- विकट संकटापन्न जातियों, संकटग्रस्त जातियाँ, सुभेद्य जातियाँ स्थानीय विशेष क्षेत्रीय जातियों में विभेदित
- बाघ, गेंडा, लाल पांडा, संकटग्रस्त

जैव-विविधता का संरक्षण

स्व-स्थाने संरक्षण
- प्राणिजात (Fauna) व वनस्पतिजात (Flora) का उसके प्राकृतिक आवास में संरक्षण
- **जैव संवेदी क्षेत्र** (Hotspot)- खोज नार्मन मेयर (1988) ने दुर्लभ प्रजातियों की घनी आबादी वाले क्षेत्र है
- **उदाहरण** पश्चिमी घाट, श्रीलंका, पूर्वी हिमालय, इंडो बर्मा क्षेत्र
- **राष्ट्रीय उद्यान** (वह क्षेत्र शिकार खेलना, पशु चराना, फसल बोना निषेध); फ्लोरा एवं फॉना दोनों का संरक्षण
- जिम कॉर्बेट- उत्तराखण्ड (1936)- प्रथम राष्ट्रीय उद्यान
- **वन्यजीव** अभ्यारण्य (आरक्षित क्षेत्र) (प्राणियों अथवा जन्तुओं को मारना, शिकार पूर्णतः वर्जित व दण्डनीय)
- **बाघ आरक्षित क्षेत्र** (1 April-1973)-विश्व वन्यजीव कोष (WWF) तथा (IUCN) की सहायता से बाघ परियोजना शुरू।
- जैव-मंडल आरक्षित (संरक्षित क्षेत्र की विशेष श्रेणी)
- 1975 में यूनेस्को द्वारा दिया गया (परिचालन, प्रतिरोधक, केन्द्रीय क्षेत्र)
- नील गिरी- प्रथम (1986) जैव-मण्डल आरक्षित क्षेत्र

बाह्य स्थाने संरक्षण
- जन्तुओं एवं पादपों को उनके प्राकृतिक आवासों से दूर मानव निर्मित एवं नियंत्रित आवासों में संरक्षित
- जन्तुआलय (2003), वनस्पति उद्यान, वन्यजीव सफारी पार्क
- ऊतक संवर्धन, जीन बैंक, क्रायोप्रिजर्वेशन (–196°C पर तरल नाइट्रोजन पर ऊतकों, युग्मकों का संरक्षण)
- वनोन्मूलन एवं कारण
- वनों को समाप्त करने पर प्राप्त भूमि
- कारण- कृषि के लिए भूमि, घरों व कारखानों का निर्माण, फर्नीचर निर्माण

SOURCE NCERT Class-XII जैव विविधता एवं संरक्षण, NCERT Class-VIII पौधे एवं जन्तुओं का संरक्षण, NIOS Module-5 Chap 19 जैव विविधता एवं उसका वर्गीकरण

1 जैव-विविधता के संदर्भ में निम्न में से कितने कथन असत्य है?

(Chap 13, Class-XII, NCERT)

1. एडवर्ड ओ' विल्सन को जैव-विविधता का जनक कहते हैं।
2. रॉबर्ट के वैश्विक आंकलन के अनुसार अभी तक केवल 42% जातियों की ही खोज हुई है।
3. विश्व में सर्वाधिक जैव-विविधता कीटों में पाई जाती है।

कूट

(a) केवल एक
(a) केवल दो
(c) सभी तीन
(d) उपरोक्त में से कोई नहीं

उत्तर *(a)*

व्याख्या जैव-विविधता के संदर्भ में केवल एक कथन अर्थात् (2) असत्य है, क्योंकि रॉबर्ट के वैश्विक आंकलन के अनुसार अभी तक केवल 22% जातियों की ही खोज हुई है। रॉबर्ट के अनुसार, पृथ्वी पर जीवों की जैव-विविधता लगभग 7 मिलियन तक हो सकती है।

एडवर्ड ओ' विल्सन को जैव-विविधता का जनक कहते हैं।

विश्व में सर्वाधिक जैव-विविधता कीटों में पाई जाती है।

2 निम्न कथन (A) व कारण (R) को पढ़िए और नीचे दिए गए कूट की सहायता से सही उत्तर का चयन कीजिए

(Chap 13, Class-XII, NCERT)

कथन (A) **एलेक्जैंडर वॉन हम्बोल्ट के अनुसार शोध क्षेत्र में वृद्धि करने पर जैव-विविधता (जातीय विविधता) चरघातांकी रूप से निरंतर बढ़ती है।**

कारण (R) **जातीय-क्षेत्र सम्बंध वक्र में जातीय समृद्धि आयताकार अतिपरवलय के रूप में परिलक्षित होती है, जिसे लघुगणकीय पैमाने पर सरल रेखा की समीकरण** $\log S = \log C + Z \log A$ **के रूप में व्यक्त करते हैं।**

कूट

(a) A और R दोनों सही हैं तथा R, A का सही स्पष्टीकरण है।
(b) A और R दोनों सही हैं, परंतु R, A का सही स्पष्टीकरण नहीं है।
(c) A सही है, किंतु R गलत है।
(d) A गलत है, किंतु R सही है।

उत्तर *(d)*

व्याख्या कथन (A) गलत है, किंतु कारण (R) सही है।

एलेक्जैंडर वॉन हम्बोल्ट नामक जर्मनी के प्रसिद्ध प्रकृतिविद् व भूगोलशास्त्री ने दक्षिणी अमेरिका के वनों में काफी समय तक अध्ययन किया व शोध के पश्चात् यह बताया कि किसी भी दिए गए क्षेत्र की जातीय समृद्धि अन्वेषण क्षेत्र के साथ केवल एक सीमा तक ही बढ़ सकती है। इनके अनुसार एक निश्चित क्षेत्र एवं जातीय समृद्धि (Hyperbola) के मध्य संबंध एक आयताकार अतिपरवलय के रूप में परिलक्षित होता है। लघुगणकीय पैमाने पर यह संबंध एक सीधी रेखा के रूप में दर्शाया जा सकता है, जिसका समीकरण निम्नवत् है:

$$\log S = \log C + Z \log A$$

इसमें S = जातीय समृद्धि (Species richness)
A = क्षेत्र (Area)
Z = रेखीय ढाल (Regression coefficient)
C = अन्त:खण्ड (Intercept)

3 निम्न में से जैव-विविधता के संदर्भ में कितने कथन असत्य है?

(Chap 13, Class-XII, NCERT)

1. डेविड टिलमैन के अनुसार जैव-विविधता की वृद्धि क्षेत्र की उत्पादकता एवं पारितंत्र की स्थिरता को प्रभावित करती है।
2. पॉल एहरलिक की रिवेट पोपर परिकल्पना के अनुसार पारितंत्र के स्थायित्व में प्रत्येक जाति की भूमिका समान होती है।
3. ऑस्ट्रेलियन भेड़िया थाइलेसीन, मॉरीशस डोडो, कैस्पियन बाघ एवं अफ्रीकन जेब्रा (क्वेगा) IUCN की लाल डेटा पुस्तक में विलुप्त जातियों के उदाहरण हैं।

कूट

(a) केवल एक
(b) केवल दो
(c) सभी तीन
(d) उपरोक्त में से कोई नहीं

उत्तर *(a)*

व्याख्या जैव-विविधता के संदर्भ में केवल एक कथन अर्थात् (2) असत्य है, क्योंकि पॉल एहरलिक की रिवेट पोपर परिकल्पना के अनुसार पारितंत्र के स्थायित्व में प्रत्येक जाति का एक महत्त्वपूर्ण स्थान व निश्चित भूमिका होती है। पारितंत्र में कम महत्त्वपूर्ण जाति के विलुप्त होने से कम तथा अधिक महत्त्वपूर्ण जाति के विलुप्त होने से अधिक हानि की संभावना होती है।

4 जैव-विविधता की क्षति का सबसे प्रमुख कारण क्या है?

(Chap 13, Class-XII, NCERT)

(a) आवासीय क्षति एवं विखंडन
(b) अतिदोहन या शिकार
(c) प्रदूषण
(d) विदेशी जातियों का आक्रमण एवं सहविलुप्तता

उत्तर *(a)*

व्याख्या जैव-विविधता की क्षति का सबसे प्रमुख कारण आवासीय क्षति व विखंडन है। उष्णकटिबंधीय वर्षा-वनों के क्षेत्रफल में आने वाली कमी आवासीय क्षति के परिणामस्वरूप जैव-विविधता में आने वाली कमी का सबसे महत्त्वपूर्ण कारण है। आवासीय क्षति के अलावा प्रदूषण के कारण भी आवास का विखंडन हुआ है, जिससे कई जातियों के जीवन के लिए खतरा उत्पन्न हो गया है।

5 भारतीय गिलहरियों के बारे में निम्नलिखित कथनों पर विचार कीजिए *(Chap 13, Class-XII, NCERT) (UPPSC Pre 2023)*

1. वे भूमि में बिल बनाकर अपने नीड़ का निर्माण करती हैं।
2. वे अपने भोज्य पदार्थों, जैसे कि दृढ़फलों (नट) और बीजों को भूमि के अन्दर जमा करती हैं।
3. वे सर्वभक्षी होती हैं।

उपरोक्त में से कितने कथन सही हैं?

(a) केवल एक (b) केवल दो
(c) सभी तीन (d) कोई भी नहीं

उत्तर (a)

व्याख्या भारतीय गिलहरियों के बारे में केवल एक कथन सही है। भारतीय गिलहरियाँ सर्वभक्षी होती हैं, जो मुख्यतया बीज, मेवे एवं फल खाती हैं, किन्तु कभी-कभी ये पक्षियों के अण्डे, कृमि, कीट आदि भी खाती हैं।

कथन 1 और 2 सही नहीं हैं, क्योंकि भारतीय गिलहरियाँ मुख्यतया वृक्षवासी होती हैं एवं ऊँचे पेड़ों के शीर्ष भागों एवं तनों के कोटरों में अपना घोंसला बनाती हैं। प्राय: सभी भारतीय गिलहरियाँ पर्याप्त भोजन की उपलब्धता के कारण घोंसलों या बिलों में भोजन का संग्रहण नहीं करती हैं।

6 निम्नलिखित प्राणीजात पर विचार कीजिए
(Chap 13, Class-XII, NCERT) (UPPSC Pre 2023)

1. सिंह-पुच्छी मकाक
2. मालाबार सिवेट
3. साम्भर हिरण

उपरोक्त में से कितने आमतौर पर रात्रिचर हैं या सूर्यास्त के बाद अधिक सक्रिय होते हैं?

(a) केवल एक (b) केवल दो (c) सभी तीन (d) कोई भी नहीं

उत्तर (b)

व्याख्या सूर्यास्त के बाद अधिक सक्रिय होने वाले जानवरों में मालाबार सिवेट और सांभर हिरण प्रमुख हैं।

मालाबार सिवेट एक रात्रिचर प्राणीजात है। यह मूलत: भारत के पश्चिमी घाट में पाए जाने वाले माँसाहारी स्तनपायी हैं। इनकी प्रकृति एकान्त और गोपनीय प्रकार की है।

साम्भर हिरण रात्रिचर प्राणी है। ये मुख्यतया पर्णपाती झाड़ियों और घास के मैदानों में निवास करते हैं तथा रात्रि में बाहर निकलना पसन्द करते हैं।

कथन 1 सही नहीं है, क्योंकि सिंह-पुच्छी मकाक रात्रिचर प्राणी नहीं है। यह एक वृक्षवासी वानर है, जो रात्रि में पेड़ों पर सोता है।

7 प्राकृतिक संसाधनों के सन्दर्भ में निम्नलिखित कथनों में से कौन-सा/से कथन असत्य है/हैं?
(Class-XI, Old NCERT) (HPPSC Pre 2023)

1. जैविक संसाधन जीवमण्डल से प्राप्त संसाधन हैं और इनमें जीवन होता है, जैसे-मनुष्य, वनस्पति और जीव , मत्स्यकी, पशुधन, आदि।
2. वे संसाधन जिन्हें भौतिक, रासायनिक या यान्त्रिक प्रक्रियाओं द्वारा पुन: उत्पन्न किया जा सकता है, गैर-नवीकरणीय संसाधन के रूप में जाने जाते हैं।
3. वे संसाधन जो बहुत लम्बे भू-गर्भीय समय में होते हैं और उनके बनने में लाखों वर्ष लगते हैं, नवीकरणीय संसाधन कहलाते हैं।

नीचे दिए गए विकल्पों में से सही उत्तर चुनिए।

(a) केवल 1 (b) 2 और 3 (c) 1 और 3 (d) केवल 2

उत्तर *(b)*

व्याख्या प्राकृतिक संसाधनों के सन्दर्भ में कथन 2 और 3 असत्य हैं, क्योंकि ऐसे संसाधन जिन्हें भौतिक, रासायनिक या यान्त्रिक प्रक्रियाओं द्वारा पुन: उत्पन्न किया जा सकता है, नवीकरणीय संसाधन कहलाते हैं; उदाहरण-जल, वायु, वन, आदि।

वे संसाधन जो लम्बे भू-गर्भीय समय वाले होते हैं और उनके बनने में लाखों वर्ष लग जाते हैं, गैर-नवीकरणीय संसाधन कहलाते है; उदाहरण-कोयला, संगमरमर, आदि।

जैविक संसाधन सजीवों द्वारा प्राप्त संसाधन होते हैं; जैसे—रबर, मछली का तेल व माँस, लकड़ी, चमड़ा, आदि।

8 कुछ कारणों वश यदि तितलियों की जाति (स्पीशीज) की संख्या में बड़ी गिरावट होती है, तो इसका/इसके संभावित परिणाम क्या हो सकता/सकते है/हैं? *(Chap 13, Class-XII, NCERT) (IAS Pre 2017)*

1. कुछ पौधों के परागण पर प्रतिकूल प्रभाव पड़ सकता है।
2. कुछ कृष्य पौधों में कवकीय संक्रमण प्रचंड रूप से बढ़ सकता है।
3. इसके कारण बरों, मकड़ियों और पक्षियों की कुछ प्रजातियों की समष्टि में गिरावट हो सकती है।

कूट

(a) केवल 1 (b) 2 और 3 (c) 1 और 3 (d) 1, 2 और 3

उत्तर *(c)*

व्याख्या यदि किसी कारणवश तितलियों की जाति की संख्या में बड़ी गिरावट होती है, तो इसके परिणामस्वरूप कुछ पौधों के परागण पर प्रतिकूल प्रभाव पड़ सकता है, क्योंकि तितलियाँ पृथ्वी पर मौजूद बेहद महत्त्वपूर्ण परागणकारी जन्तु है तथा इसके कारण बरों, मकड़ियों और पक्षियों की कुछ प्रजातियों की समष्टि में गिरावट हो सकती है, क्योंकि तितलियाँ इन जीवों का भोजन होती हैं, परंतु तितलियों की संख्या में गिरावट होने से पौधों में कवकीय संक्रमण प्रचंड रूप से नहीं बढ़ सकता है।

9 भारत के निम्न प्राणियों पर विचार कीजिए।
(Chap 13, Class-XII, NCERT)
(Chap 5, Class-VIII, NCERT) (IAS Pre 2003)

1. मगरमच्छ 2. हाथी

उपर्युक्त में से कौन-सी संकटापन्न जाति/जातियाँ है/हैं?

(a) केवल 1 (b) केवल 2
(c) 1 और 2 दोनों (d) इनमें से कोई भी नहीं

उत्तर *(c)*

व्याख्या वे जंतु जिनकी संख्या एक निर्धारित स्तर से कम होती जा रही है और वे निकट भविष्य में विलुप्त हो सकते हैं, संकटापन्न (Endangered) जंतु कहलाते हैं, जैसे-हाथी, मगरमच्छ, काले हिरण, श्वेत आँखों वाले हिरण, सुनहरी बिल्ली, गुलाबी सिर वाली बत्तख, आदि भारत की प्रमुख संकटापन्न जातियाँ हैं।

10 रेड डाटा बुक के संदर्भ में सही विकल्प है
(Chap 13, Class-XII, NCERT)

(a) यह उन जीवों से संबंधित पुस्तक है, जो विलुप्तिकरण के कगार पर है।
(b) यह विशेष क्षेत्र में पाए जाने वाले पौधों से संबंधित पुस्तक है।
(c) यह उन जीवों से संबंधित पुस्तक है, जो फोटोपीरियोडिज्म दर्शाते हैं।
(d) उन जीवों से संबंधित है, जो विलुप्त हो गए हैं।

उत्तर *(a)*

व्याख्या रेड डाटा बुक उन जीवों से संबंधित है, जो विलुप्तिकरण के कगार पर है। प्रकृति संरक्षण के लिए अंतर्राष्ट्रीय संघ (International Union for Conservation of Nature and Natural Resources, IUCN) ने विलुप्त होते जीवों की जातियों की जानकारी के संबंध में 1 जनवरी, 1972 को एक पुस्तक का प्रकाशन किया, जिसे लाल डाटा पुस्तक (रेड डाटा बुक) नाम दिया गया है। इसका उद्देश्य वर्तमान में उपलब्ध जीवों की संख्या उपलब्ध कराना तथा आँकड़ों के माध्यम से लोगों को पर्यावरण एवं जीव संरक्षण के लिए प्रेरित करना है।

11 निम्नलिखित युग्मों में से कितने युग्म सही सुमेलित हैं?
(Chap 13, Class-XII, NCERT)

	सूची-I		सूची-II
1.	नॉर्मन मेयर	—	मानव आबादी क्षेत्र
2.	MAB कार्यक्रम	—	मानवीय क्रियाकलापों पर पूर्ण प्रतिबंध
3.	परिचालन क्षेत्र	—	हॉटस्पॉट
4.	केंद्रीय क्षेत्र	—	नीलगिरि बायोस्फियर रिजर्व

कूट

(a) केवल एक (b) केवल दो
(c) केवल तीन (d) इनमें से कोई भी नहीं

उत्तर *(c)*

व्याख्या दिए गए युग्मों में से कोई भी युग्म सही सुमेलित नहीं है।

नॉर्मन मेयर ने *स्व-स्थाने* संरक्षण के लिए पृथ्वी पर उच्च जैव-विविधता वाले क्षेत्रों की प्राथमिकता को बताने के लिए तप्त स्थल/हॉट-स्पॉट प्रणाली को वर्ष 1988 में विकसित किया था।

MAB (Man and Biosphere) कार्यक्रम के अंतर्गत विश्व भर में प्रकृति एवं मानवीय क्रियाकलापों को संतुलित करने हेतु जैवमण्डल आरक्षित क्षेत्रों की स्थापना पर जोर दिया गया। यूनेस्को द्वारा वर्ष 1975 में प्रारंभ किया गया। भारत का प्रथम जैवमंडल आरक्षित क्षेत्र नीलगिरी जैवमण्डल आरक्षित क्षेत्र है।

परिचालन क्षेत्र जैवमंडल आरक्षित क्षेत्र का बाहरी क्षेत्र है। इस क्षेत्र में मानव आबादी होती है, इसलिए यह मानव सक्रियता वाला क्षेत्र है।

केंद्रीय क्षेत्र जैवमंडल का केंद्रीय भाग है। यह भाग पूरी तरह वन्य जीवों के लिए संरक्षित होता है और इस भाग में मानव क्रियाकलाप पूर्णतया प्रतिबंधित है।

12 निम्न कथन (A) व कारण (R) को पढ़िए और नीचे दिए गए कूट की सहायता से सही उत्तर का चयन कीजिए *(Chap 13, Class-XII, NCERT)*

कथन (A) सभी जैव-विविधता हॉटस्पॉट क्षेत्रों का कुल क्षेत्रफल विश्व का 2% भी नहीं है, परंतु यहाँ 44% जातियाँ पाई जाती हैं एवं इन हॉटस्पॉट क्षेत्रों को विशेष सुरक्षा प्रदान कर जाति विलोपन की दर को 30% तक कम किया जा सकता है।

कारण (R) इस क्षेत्र में स्थानीय जातियों की संख्या उच्च होती है, उदाहरण के लिए हुलोका एवं गिब्बन पश्चिमी घाट की स्थानीय जातियाँ हैं।

कूट

(a) A और R दोनों सही हैं तथा R, A का सही स्पष्टीकरण है।
(b) A और R दोनों सही हैं, परंतु R, A का सही स्पष्टीकरण नहीं है।
(c) A सही है, किंतु R गलत है।
(d) A गलत है, किंतु R सही है।

उत्तर *(b)*

व्याख्या कथन (A) और कारण (R) दोनों सही हैं, परंतु कारण (R) कथन (A) का सही स्पष्टीकरण नहीं है। सभी जैव-विविधता हॉट-स्पॉट क्षेत्रों का कुल क्षेत्रफल विश्व का 2% भी नहीं है, परंतु यहाँ 44% जातियाँ पाई जाती हैं। इन हॉट-स्पॉट क्षेत्रों को विशेष सुरक्षा प्रदान कर जाति विलोपन की दर को 30% तक कम किया जा सकता है।

हॉट-स्पॉट पृथ्वी पर पादप तथा जंतुओं की दुर्लभ प्रजातियों की घनी आबादी के क्षेत्र हैं। हॉट-स्पॉट क्षेत्र में स्थानीय जातियों की संख्या उच्च होती है। संसार में कुल 36 जैव-विविधता हॉट-स्पॉट है। भारत के तीन जैव-विविधता पश्चिमी घाट और श्रीलंका, पूर्वी हिमालय एवं इंडो बर्मा क्षेत्र में हैं। भारत के पश्चिमी घाट में हुलोका व गिब्बन मिलते हैं। ये पश्चिमी घाट की स्थानीय जातियाँ हैं।

13 निम्न में से कौन-सा युग्म सुमेलित है? *(Chap 13, Class-XII, NCERT)*

	परियोजना/सम्मेलन	वर्ष
(a)	बाघ परियोजना	1973
(b)	हाथी आरक्षित क्षेत्र	1994
(c)	रामसर वेटलैण्ड संगोष्ठी	1986
(d)	जैव-विविधता पर ऐतिहासिक सम्मेलन	1993

उत्तर *(a)*

व्याख्या दिए गए युग्मों में से युग्म (a) सुमेलित है।

बाघ परियोजना 1 अप्रैल, 1973 को विश्व वन्यजीव कोष (World Wildlife Fund, WWF) तथा प्रकृति एवं प्राकृतिक संसाधनों के संरक्षण के लिए अंतर्राष्ट्रीय संघ (IUCN) की सहायता से प्रारंभ की गई थी।

हाथी आरक्षित क्षेत्र परियोजना वर्ष 1992 में जंगली हाथियों की रक्षा के लिए प्रारंभ की गई।

रामसर वेटलैण्ड संगोष्ठी वर्ष 1971 में ईरान के रामसर तट पर की गई जिसे रामसर कन्वेंशन भी कहा जाता है।

जैव-विविधता पर ऐतिहासिक सम्मेलन वर्ष 1992 में रियो-डि-जिनेरियो में हुआ। इसके अन्तर्गत जैव-विविधता संरक्षण के लिए उचित उपाय किए जाने का निर्णय किया गया।

14 'वनों पर न्यूयॉर्क घोषणा (न्यूयॉर्क डिक्लेरेशन ऑन फॉरेस्ट्स)' के सन्दर्भ में, निम्नलिखित में से कौन-से कथन सही हैं? *(Chap 13, Class-XII, NCERT) (IAS Pre 2021)*

1. 2014 में संयुक्त राष्ट्र जलवायु शिखर सम्मेलन में पहली बार इसका समर्थन किया गया था।
2. इसमें वन के ह्रास को रोकने के लिए एक वैश्विक समय-रेखा का समर्थन किया गया।
3. यह वैध रूप से बाध्यकारी अन्तर्राष्ट्रीय घोषणा है।
4. यह सरकारों, बड़ी कम्पनियों और देशीय समुदायों द्वारा समर्थित है।
5. भारत, इसके प्रारम्भ के समय, हस्ताक्षरकर्ताओं में से एक था।

नीचे दिए गए कूट का प्रयोग कर सही उत्तर चुनिए

(a) 1, 2 और 4 (b) 1, 3 और 5
(c) 3 और 4 (d) 2 और 5

उत्तर (a)

व्याख्या वनों पर न्यूयॉर्क घोषणा (New York Declaration on Forests) के सन्दर्भ में कथन 1, 2 और 4 सही हैं। संयुक्त राष्ट्र जलवायु शिखर सम्मेलन, 2014 में स्थापित किए गए इस घोषणा-पत्र में वर्ष 2020 तक वनों की कटाई की दर को आधा करने और वर्ष 2030 तक इसे समाप्त करने और सैकड़ों लाखों एकड़ खराब/बंजर भूमि को उपजाऊ बनाने का वादा किया गया है।

इस घोषणा पत्र को 37 सरकारों, 20 उप-राष्ट्रीय सरकारों, देशीय (Indigenous) समुदायों के 16 समूहों एवं 53 बहु-राष्ट्रीय कम्पनियों द्वारा अनुमोदित किया गया है।

कथन 3 और 5 सही नहीं हैं, क्योंकि यह एक स्वैच्छिक और गैर-कानूनी रूप से बाध्यकारी राजनीतिक घोषणा है। भारत इस घोषणा के हस्ताक्षरकर्ताओं में शामिल नहीं है।

15 निम्नांकित में से कौन-सा एक सुमेलित नहीं है? *(Chap 5, Class-VIII, NCERT) (UPPSC Pre 2010)*

(a) आंशी राष्ट्रीय उद्यान — कर्नाटक
(b) बालपक्रम राष्ट्रीय उद्यान — मेघालय
(c) चन्दोली राष्ट्रीय उद्यान — गुजरात
(d) हेमिस राष्ट्रीय उद्यान — लद्दाख

उत्तर (c)

व्याख्या दिए गए युग्मों में से युग्म (c) सही सुमेलित नहीं है।

चन्दोली राष्ट्रीय उद्यान महाराष्ट्र में सतारा, कोल्हापुर और सांगली जिलों में स्थित विस्तृत राष्ट्रीय उद्यान है। चन्दोली राष्ट्रीय उद्यान की स्थापना वर्ष 2004 में की गई थी। चन्दोली बाँध के पास स्थित इस उद्यान का कुल क्षेत्रफल 617.67 वर्ग किमी है। इस उद्यान को यूनेस्को द्वारा विश्व विरासत केन्द्र घोषित किया गया है।

16 निम्नलिखित में से कौन-सा विश्व में सुप्रचारित वन्यजीव अभियान है, जिसे वर्ष 1973 में शुरू किया गया था? *(Chap 13, Class-XII, NCERT) (Chap 5, Class-VIII, NCERT) (BPSC Pre 2023)*

1. सुन्दरबन परियोजना 2. प्रोजेक्ट टाइगर
3. लायन प्रोजेक्ट 4. इनमें से एक से अधिक

कूट

(a) केवल 1 (b) केवल 2
(c) 2 और 3 (d) 3 और 4

उत्तर (b)

व्याख्या प्रोजेक्ट टाइगर विश्व में सुप्रचारित वन्यजीव अभियान है, जिसे वर्ष 1973 में शुरू किया गया था। बाघों (भारत का राष्ट्रीय जन्तु) की सुरक्षा एवं उनकी घटती हुई जनसंख्या को ध्यान में रखकर भारत में 1 अप्रैल, 1973 को विश्व वन्यजीव कोष (WWF) तथा IUCN की सहायता से **बाघ परियोजना** (Tiger Project) प्रारम्भ की गई। प्रारम्भ में भारत में 9 बाघ रिजर्व थे, लेकिन अब तक 53 बाघ आरक्षित क्षेत्र का सरकार द्वारा अनुमोदन हो चुका है। उत्तराखण्ड में जिम कॉर्बेट राष्ट्रीय उद्यान, पश्चिम बंगाल में सुन्दरबन राष्ट्रीय उद्यान, मध्य प्रदेश में बाँधवगढ़ राष्ट्रीय उद्यान, राजस्थान में सरिस्का राष्ट्रीय उद्यान, असम में मानस राष्ट्रीय उद्यान और केरल में पेरियार राष्ट्रीय उद्यान भारत के कुछ प्रमुख बाघ आरक्षित क्षेत्र हैं।

17 सूची-I को सूची-II से सुमेलित कीजिए तथा सूचियों के नीचे दिए गए कूट से सही उत्तर का चयन कीजिए। *(Chap 13, Class-XII, NCERT)*

सूची-I (जैवमण्डल)		सूची-II (अवस्थिति)	
A.	सिमलीपाल	1.	उत्तराखण्ड
B.	पंचमढ़ी	2.	मेघालय
C.	नन्दा देवी	3.	मध्य प्रदेश
D.	नोकरेक	4.	ओडिशा

कूट

	A	B	C	D		A	B	C	D
(a)	4	3	2	1	(b)	4	3	1	2
(c)	1	3	4	2	(d)	3	4	1	2

उत्तर (b)

व्याख्या सही सुमेलन A-4, B-3, C-1 एवं D-2 है।

सिमलीपाल जैवमण्डल आरक्षित क्षेत्र ओडिशा राज्य में अवस्थित है। इसे भारत सरकार द्वारा वर्ष 1994 में राष्ट्रीय उद्यान घोषित किया गया। UNESCO ने वर्ष 2009 में इसे जैवमण्डल आरक्षित क्षेत्र के रूप में नामित किया।

पंचमढ़ी जैवमण्डल आरक्षित क्षेत्र मध्य प्रदेश राज्य में अवस्थित है। इसे भी वर्ष 2009 में UNESCO ने जैवमण्डल आरक्षित क्षेत्र के रूप में शामिल किया। यह सतपुड़ा पर्वत शृंखला में स्थित है।

नन्दा देवी जैवमण्डल आरक्षित क्षेत्र उत्तराखण्ड राज्य में अवस्थित है। यह हिमालय पर्वतमाला में स्थित है। इसे वर्ष 2004 से UNESCO ने जैवमण्डल आरक्षित क्षेत्र घोषित किया। नोकरेक जैवमण्डल आरक्षित क्षेत्र मेघालय में अवस्थित है। इसे वर्ष 2009 में UNESCO ने जैवमण्डल आरक्षित क्षेत्र घोषित किया था।

18 निम्न में से जैवमण्डलीय आरक्षित क्षेत्रों का महत्त्व है *(Chap 5, Class-VIII, NCERT)*

1. आरक्षित क्षेत्र पारिस्थितिकी एवं पर्यावरणीय अनुसंधानों के महत्त्वपूर्ण क्षेत्र हैं।
2. जैवमण्डलीय आरक्षित क्षेत्र जैव-विविधता को बनाए रखने में सहायक है। इसलिए इन्हें प्राकृतिक एवं आनुवंशिक खजाना कहा जा सकता है।
3. जैवमण्डलीय आरक्षित क्षेत्र अन्तर्राष्ट्रीय सहयोग को बढ़ावा देते हैं।

कूट

(a) 1 और 2 (b) 1 और 3
(c) केवल 3 (d) 1, 2 और 3

उत्तर (d)

व्याख्या जैवमण्डलीय आरक्षित क्षेत्र पारिस्थितिकी एवं पर्यावरणीय अनुसंधानों के लिए जैव-विविधता को बनाए रखने के लिए एवं अन्तर्राष्ट्रीय सहयोग को बढ़ावा देने के लिए महत्त्वपूर्ण क्षेत्र है एवं यह क्षेत्र शिक्षा एवं प्रशिक्षण का साधन भी है।

19 सूची I को सूची II से सुमेलित कीजिए तथा सूचियों के नीचे दिए गए कूट से सही उत्तर का चयन कीजिए। *(Chap 13, Class-XII, NCERT)*

सूची I		सूची II	
1.	क्रायोप्रिजरवेशन	A.	कायिक अंगों को बहुत कम ताप पर बर्फ में सुप्तावस्था में रखने की व्यवस्था
2.	जीन बैंक	B.	−196°C ताप पर द्रव नाइट्रोजन में जीवों, के युग्मों व बीजों को रखना
3.	बीज बैंक	C.	कैलस निर्माण एवं पराग संवर्धन के द्वारा पादपों का संवर्द्धन
4.	ऊतक संवर्धन	D.	कम ऑक्सीजन (O_2) आपूर्ति के साथ −10°C से −20°C पर बीजों को संग्रहित करना।

कूट

(a) 1- B, 2- D, 3- A, 4- C (b) 1- D, 2- C, 3- B, 4- A
(c) 1- B, 2- A, 3- D, 4- C (d) 1- C, 2- B, 3- A, 4- D

उत्तर (c)

व्याख्या निम्नताप परिरक्षण या क्रायोप्रिजरवेशन में जीवों के युग्मको, बीजों एवं बीजाणुओं को बहुत कम ताप पर (−196°C) पर द्रव नाइट्रोजन में रखा जाता है।

जीन बैंक या जर्मप्लाज्म बैंक वे स्थान हैं, जहाँ उपयोगी पादप पदार्थों; जैसे- बीज, अण्डे, परागकण तथा कोशिकाओं को सुरक्षित रखा जाता है। इसमें कायिक अंगों को भी बहुत कम ताप पर बर्फ में सुप्तावस्था में रखने की व्यवस्था है।

बीज बैंक में जीवित अवस्था में पादप जर्मप्लाज्म जीवित बीज होते हैं। बीजों का नमी घटक (5−15%) होना चाहिए। इन्हें कम ऑक्सीजन (O_2) आपूर्ति के साथ निम्न ताप (−10°C से −20°C) पर संग्रहीत करते हैं।

ऊतक संवर्धन (Tissue culture) में कैलस निर्माण, परागकण, पराग संवर्धन के द्वारा उन पादपों का संवर्धन किया जाता है, जो बीज रहित होते हैं।

20 निम्नलिखित परिवर्णी शब्दों (Acronyms) के विस्तृत रूपों (Expanded forms) में से कौन-सा सही है? *(Chap 13, Class-XII, NCERT)*

1.	UNEP	यूनाइटेड नेशन्स एन्वायरमेन्टल पॉलिसी
2.	EPA	एन्वायरमेन्टल पॉल्यूशन एजेन्सी
3.	IUCN	इण्टरनेशनल यूनियन फॉर कन्जर्वेशन ऑफ नेचर एण्ड नेचुरल रिसोर्सेज
4.	IPCC	इण्टरनेशनल पैनल फॉर क्लाइमेट चेन्ज

कूट

(a) केवल 1 (b) 2 और 3 (c) केवल 3 (d) 1, 2, 3 और 4

उत्तर (c)

व्याख्या IUCN या इण्टरनेशनल यूनियन फॉर कन्जर्वेशन ऑफ नेचर एण्ड नेचुरल रिसोर्सेज (International Union for Conservation of Nature and Natural Resources) को अब WCU या वर्ल्ड कन्जर्वेशन यूनियन (World Conservation Union) के नाम से भी जाना जाता है।

- **UNEP**- संयुक्त राष्ट्र पर्यावरण कार्यक्रम (United Nations Environmental programme)
- **EPA**- पर्यावरण संरक्षण समिति (Environmental Protection Agency)
- **IPCC**-अन्तर-सरकारी जलवायु परिवर्तन समूह (Intergovernmental pannel on Climate Change)

अध्याय 11

कृषि एवं पशुपालन

कृषि, एवं पशुपालन

कृषि, फसल उत्पादन में सुधार

कृषि
- एक ही किस्म के पौधे किसी स्थान पर बड़े पैमाने पर उगाना

वर्गीकरण
- उत्पादन के आधार पर अनाज (गेहूँ, मक्का, बाजरा) दालें (चना, मटर उडद), तेल युक्त बीजों वाली फसले (सोयाबीन, मूंगफली, तिल)
- **चारा फसल** (बरसीम, जई)
- ऋतु के आधार पर (खरीफ)-गर्मी व वर्षा ऋतु में जून से आरम्भ होकर अक्टूबर तक के महीने में उगाया जाना उदा. धान, सोयाबीन, मक्का, कपास
- रबी (शुष्क तथा शीत ऋतु में नवम्बर से अप्रैल तक-उगाना) उदा. गेहूँ, चना, मटर, सरसों

फसल उत्पादन में सुधार
- **संकरण** भिन्न आनुवंशिक गुणों वाले पौधों में संकरण द्वारा नई किस्म (संकर) या उच्च उत्पादक किस्म प्राप्त करना
- **अंतराकिस्मीय** पादप की दो भिन्न किस्म, अंतरास्पीशीज (एक वंश की दो भिन्न जाति), अंतरावंशीय विभिन्न जेनेरा के पादपों के मध्य संकरण
- **आनुवंशिक रूपान्तरित फसलें** उच्च उत्पादकता, उच्च गुणवत्ता के लिए
- फसल की किस्म सुधार के कारक
  - उच्च उत्पादन
  - उन्नत किस्में
  - जैविक तथा अजैविक प्रतिरोधक
  - व्यापक अनुकूलता

फसल उत्पादन प्रबंधन
- जुताई या मिट्टी तैयार करना
- बुआई एवं पोषक प्रबन्धन
- **खाद** (प्राकृतिक उर्वरक) वर्मी कम्पोस्ट (केंचुआ), हरी खाद (मूंग, ज्वार उगाकर उन पर हल चलाकर मिट्टी में मिलाना; पौधें हरी खाद में परिवर्तित
- भरपूर नाइट्रोजन, फॉस्फोरस, जैविक खाद
- **उर्वरक** (N, P व K की आपूर्ति कारक) मानवनिर्मित, सतत् उपयोग से मिट्टी की उर्वरता घटती है।
- **सिंचाई** फसलों को जल की आपूर्ति (नहरों, जलाशयों, कुओं)
- **फसल पैटर्न** खेती हेतु भूमि के एक ही क्षेत्र का उपयोग करके अधिकतम लाभ
- **मिश्रित फसल** गेहूँ + चना अथवा गेहूँ + सरसों अथवा मूँगफली + सूरजमुखी हानि की संभावना कम।
- **अंतराफसलीय** दो या दो से अधिक फसलों को एक साथ एक ही खेत में निर्दिष्ट पैटर्न पर उगाना- **उदाहरण** सोयाबीन + मक्का अथवा बाजरा + लोबिया
- **फसल चक्र** खेत में क्रमवार पूर्व नियोजित कार्यक्रमानुसार-विभिन्न फसलों को उगाने का चक्र

फसल सुरक्षा प्रबंधन
- खेतों में फसलों को खरपतवार, कीट-पीड़क, रोगों से सुरक्षा प्रदान करना।
- **खरपतवार** (अनावश्यक पौधे) गाजर घास (*पार्थेनियम*) मोथा (*साइरेनस रोटेंडस*) - को हटाना खरपतवारनाशी 2-4-D।
- **कीट-पीडक** फसल के स्वास्थ्य को प्रभावित कर उत्पादन को कम करते हैं; जैसे-टिड्डा

पशुपालन

पशुपालन
- पशुधन का वैज्ञानिक प्रबन्धन
- पशुओं को पालना, भोजन देना, प्रजनन, रोग नियन्त्रण

पशुकृषि
- **उद्देश्य** दूध प्राप्त करना, कृषि कार्य के लिए पशुओं को पालना; गाय (*बॉस इंडिकस*), भैस (*बॉस इंडिकस*)
- भारतीय पालतू पशुओं की दो नस्ल।

पशुओं की नस्लें
- देशी नस्ल (उच्च प्रतिरोधक क्षमता)- उदा. रेडसिंधी, साहीवाल; विदेशी नस्ल (दुग्ध स्त्रावण काल लम्बा) उदा. जर्सी, ब्राऊन स्विस

कुक्कुट पालन
- मांस व अण्डे उत्पादन हेतु
- मांस के लिए ब्रोलर, अण्डे के लिए लेअर मुर्गी का पालन
- देशी किस्म (असिल), विदेशी (लेगहॉर्न)
- कुक्कुट आहार में विटामिन-K अधिक

मत्स्य पालन
- मछली (प्रोटीन का समृद्ध स्त्रोत), मछली उत्पादन में झींगा, प्रॉन व मोलस्का सम्मिलित।
- प्राकृतिक स्त्रोत से मछली पकड़ना पंखयुक्त मछली- मुलेट, कवचीय मछली (झींगा, मस्सल, ऑएस्टर)
- मछली पालन में मछली संवर्धन (धान की फसल के साथ) ये ताजे जल व समुद्र तट के निकट

मधुमक्खी पालन
- शहद व मोम की प्राप्ति हेतु
- इसके लिए लागत कम
- अनेक उत्पाद शहद (खाने या अन्य उत्पाद)
- मोम (औषधीय सौन्दर्य हेतु); परागण में सहायक
- शहद- लेब्यूलेज, डेक्स्ट्रोज, माल्टोज
- *एपिस डोरसेटा* (शैल मधुमक्खी), *एपीस फ्लोरी* (लिटिल मधुमक्खी)

SOURCE NCERT Class-IX खाद्य संसाधनों में सुधार, NCERT Class-VII फसल उत्पादन एवं प्रबंध
Unit 23 Class-IX, Ecomomic Biology, Tamil Nadu Board
NIOS Module-7 Chap 31 भोजन उत्पादन एवं पशुपालन

1 निम्न में से असंगत युग्म कौन-सा है? *(Chap 12, Class-IX, NCERT)*

सूची-I (फसल का प्रकार)		सूची-II (फसल का उदाहरण)
(a) चारा फसल	–	वर्सीम एवं जई
(b) तेलीय फसल	–	सूरजमुखी एवं अलसी
(c) नकदी फसल	–	गन्ना एवं तंबाकू
(d) दलहन फसल	–	सोयाबीन एवं तिल

उत्तर (d)

व्याख्या दिए गए युग्मों में से युग्म (d) असंगत है, क्योंकि सोयाबीन एवं तिल दलहन फसल नहीं हैं।

तिल, सोयाबीन, सूरजमुखी, सरसों, अरंडी, अलसी, आदि तेल प्रदान करने वाली तिलहन फसलें हैं।

वर्सीम, जई, सूडान चारा प्रदान करने वाली फसलें हैं, जबकि गन्ना, तंबाकू, आलू, आदि नकदी फसलें हैं।

चना, मटर, मूँग, अरहर, उड़द, आदि दलहन फसलें हैं।

2 फसल उत्पादन में सुधार हेतु कार्यरत् विधियों के संदर्भ में कितने कथन असत्य है? *(Chap 12, Class-IX, NCERT)*

1. इसका उद्देश्य उच्च मृदा लवणता, रोग एवं पीड़क प्रतिरोधी फसलों का विकास करना है।
2. इसके अंतर्गत उच्च पोषक गुणवत्ता एवं कम परिपक्वन काल वाली फसलों का विकास किया जाता है।
3. इसके लिए HYV का विकास आनुवंशिक रूपांतरित (GM) फसलों के रूप में प्रमुखता से किया जाता है।

कूट

(a) केवल एक (b) केवल दो
(c) सभी तीन (d) इनमें से कोई नहीं

उत्तर (b)

व्याख्या फसल उत्पादन में सुधार हेतु कार्यरत् विधियों के संदर्भ में केवल एक कथन अर्थात् (3) असत्य है, क्योंकि उच्च उपज किस्म (High Yielding Variety, HYV) के विकास के लिए भारत में मुख्यतया कृत्रिम संकरण विधि का उपयोग किया जाता है, जिसके अंतर्गत दो भिन्न-भिन्न ऐच्छिक गुण वाली फसलों के मध्य संकरण करवाया जाता है एवं प्राप्त फसल में दोनों गुण विद्यमान होते हैं।

भारत में आनुवंशिकतया रूपांतरित (Genetically Modified, GM) फसल के रूप में केवल *Bt* कपास को ही स्वीकार किया गया है। GM फसलों का विकास उनके आनुवंशिक पदार्थ (Deoxyribonucleic Acid, DNA) में काँट-छाँट कर इसमें विजातीय जीन के निवेशन द्वारा किया जाता है।

4 फसलों के उत्पादन में पोषक प्रबंधन सर्वाधिक महत्त्वपूर्ण होता है तथा पादपों को ये पोषक तत्व मुख्यतया जल, वायु एवं मृदा से प्राप्त होते हैं। पादप पोषकों के संदर्भ में निम्न में से कितने कथन असत्य है? *(Chap 12, Class-IX, NCERT)*

1. पादपों को हाइड्रोजन एवं ऑक्सीजन प्रमुख रूप से जल से प्राप्त होती है।
2. पादप नाइट्रोजन को मुख्यतया मृदा से ग्रहण करते हैं, जोकि वृहत् पोषक तत्व है।
3. पादप कार्बन को मुख्य रूप से वायु से CO_2 के रूप में ग्रहण करते हैं।

कूट

(a) केवल एक (b) केवल दो (c) सभी तीन (d) इनमें से कोई नहीं

उत्तर (d)

व्याख्या पादप पोषकों के संदर्भ में दिए गए कथनों में से कोई भी कथन असत नहीं है। पादपों को वृद्धि हेतु विभिन्न पोषक तत्त्वों की आवश्यकता होती है जोकि मृदा, वायु एवं जल से प्राप्त होते हैं। इन पोषक तत्त्वों में से कुछ पोष तत्त्वों की पादपों को अधिक मात्रा में आवश्यकता होती है, जबकि कुछ पोष तत्त्वों की आवश्यकता कम मात्रा में होती है। इन्हें क्रमशः वृहत् पोषक तत्त्व ए सूक्ष्मपोषक तत्त्व कहते हैं। कार्बन, नाइट्रोजन, हाइड्रोजन, ऑक्सीज फॉस्फोरस, पोटैशियम, कैल्शियम, मैग्नीशियम, सल्फर आदि वृहत् पोषक तत हैं, जबकि आयरन, मैंगनीज, बोरॉन, जिंक, कॉपर, मॉलिब्डेनम, क्लोरीन आ सूक्ष्मपोषक तत्त्व हैं।

पादप वायु से कार्बन एवं ऑक्सीजन को CO_2 एवं O_2 के रूप में ग्रहण कर हैं, जबकि जल से हाइड्रोजन एवं ऑक्सीजन प्राप्त करते हैं। पादप नाइट्रोज को मृदा से नाइट्रेट के रूप में ग्रहण करते हैं।

5 खाद के संदर्भ में निम्न में से कौन-सा कथन सत्य है *(Chap 1, Class-VIII, NCER*

1. यह एक प्राकृतिक उर्वरक है, जो पोषक तत्त्वों की अल्प मात्रा, किं कार्बनिक पदार्थों की उच्च मात्रा युक्त होता है।
2. यह मृदा की उर्वरता एवं फसल का उत्पादन घटाती है।
3. यह चिकनी मृदा में जल अवशोषण का कार्य करती है तथा बालू मृ की जल धारण क्षमता बढ़ाती है।

कूट

(a) 1 और 3 (b) 1 और 2
(c) 2 और 3 (d) ये सभी

उत्तर (a)

व्याख्या खाद के संदर्भ में दिए गए कथनों में कथन (1) और (3) सत्य हैं। खाद एक प्राकृतिक उर्वरक है, जो जानवरों के गोबर, मूत्र, घास-फूस, पौधों वे अपशिष्ट जैसे जैविक कचरे के सूक्ष्मजीवी अपघटन द्वारा तैयार की जाती है खाद में कार्बनिक पदार्थों की मात्रा अधिक होती है तथा यह मिट्टी को अल मात्रा में पोषक तत्व प्रदान करते हैं।

खाद में कार्बनिक पदार्थों की अधिक मात्रा मिट्टी की संरचना में सुधा करती है। इसके कारण रेतीली (बालू) मिट्टी में जलधारण क्षमता ब जाती है।

चिकनी मिट्टी में कार्बनिक पदार्थों की अधिक मात्रा पानी को निकालने सहायता करती है, जिससे पानी एकत्रित नहीं होता है।

कथन (2) असत्य है, क्योंकि खाद मिट्टी को पोषकों तथा कार्बनिक पदार्थों परिपूर्ण करती है और मिट्टी की उर्वरता को बढ़ाती है, जिससे फसल क उत्पादन बढ़ता है।

6 उर्वरक एवं खाद के संदर्भ में निम्न कथनों पर विचार कीजिए। *(Chap 12, Class-IX, NCERT*

1. पटसन, मूँग, ज्वार, आदि पादप नाइट्रोजन परिपूर्ण हरी खाद क निर्माण करते हैं, जबकि केंचुएँ वर्मीकम्पोस्ट का निर्माण करते हैं।
2. रासायनिक उर्वरक NPK युक्त होते हैं एवं भारत में हरित क्रान्ति इनका प्रमुख योगदान है।
3. रासायनिक उर्वरक महँगे होने के साथ-साथ मृदा को बंजर बनाते है अतः इनके स्थान पर कार्बनिक खेती के प्रयोग को बढ़ावा दिय जाता है।

उपर्युक्त में से कितने कथन असत्य है/हैं?

(a) केवल एक (b) केवल दो
(c) सभी तीन (d) उपरोक्त में से कोई नहीं

उत्तर (d)

व्याख्या उर्वरक एवं खाद के संदर्भ में दिए गए कथनों में से कोई भी कथ असत्य नहीं है।

कुछ किसान फसल उगाने से पहले खेतों में कुछ पौधे; जैसे-पटसन, मूँग अथवा ज्वार, आदि उगा देते हैं और तत्पश्चात् उन पर हल चलाकर इन्हें खेत की मिट्टी में मिला दिया जाता है। ये पौधे हरी खाद में परिवर्तित हो जाते हैं, जो मिट्टी को नाइट्रोजन तथा फॉस्फोरस से परिपूर्ण करने में सहायक होते हैं। वह खाद या कम्पोस्ट जो केंचुओं द्वारा पौधों के अवशेषों तथा जानवरों के अपशिष्ट पदार्थों के शीघ्र निरस्तीकरण की प्रक्रिया द्वारा बनाया जाता है, वर्मीकम्पोस्ट कहलाता है।

रासायनिक उर्वरक व्यावसायिक रूप में तैयार पादप पोषक है। उर्वरक मुख्यतया नाइट्रोजन, फॉस्फोरस तथा पोटैशियम (N, P एवं K) प्रदान करते हैं। इनके उपयोग से अच्छी कायिक वृद्धि होती है और स्वस्थ पौधों की प्राप्ति होती है। परंतु ये आर्थिक दृष्टि से महँगे पड़ते हैं।

उर्वरक की अधिक मात्रा जल प्रदूषण का कारण होती है। उर्वरक का सतत् प्रयोग मृदा की उर्वरता को घटाता है, क्योंकि इनसे कार्बनिक पदार्थ की पुन: पूर्ति नहीं हो पाती है तथा इससे सूक्ष्मजीवों एवं भूमिगत जीवों का जीवन चक्र अवरुद्ध होता है। अत: मृदा को बंजर होने से रोकने के लिए कार्बनिक खेती के प्रयोग को बढ़ावा दिया जाता है, जिसमें रासायनिक उर्वरक, पीड़कनाशी, शाकनाशी, आदि का उपयोग बहुत कम या बिल्कुल नहीं होता है।

7 कार्बनिक खेती के संदर्भ में नीचे दिए गए कथनों को पढ़कर सही विकल्प का चयन कीजिए। *(Chap 1, Class-VIII, NCERT)*

1. इसमें लेग्यूम पादपों एवं नील-हरित शैवालों जैसे-*नॉस्टॉक* एवं *एनाबीना* का उपयोग किया जाता है।
2. इसमें रासायनिक उर्वरकों, पीड़कनाशी, कीटनाशी, शाकनाशी आदि का उपयोग कर लाभप्रद सूक्ष्मजीवों के उपयोग को बढ़ावा दिया जाता है तथा HYV बीजों का उपयोग किया जाता है।

कूट

(a) कथन 1 सही है, जबकि कथन 2 गलत है।
(b) कथन 1 गलत है, जबकि कथन 2 सही है।
(c) कथन 1 एवं 2 दोनों सही हैं।
(d) कथन 1 एवं 2 दोनों गलत हैं।

उत्तर (a)

व्याख्या कार्बनिक खेती के संदर्भ में विकल्प (a) सही है।

कार्बनिक कृषि में रासायनिक उर्वरकों, पीड़कनाशी, कीटनाशी, शाकनाशी, आदि का उपयोग न कर लाभप्रद सूक्ष्मजीवों के उपयोग को बढ़ावा दिया जाता है तथा उच्च उपज किस्म बीजों की जगह परम्परागत स्थानीय बीजों को प्रमुखता दी जाती है।

इसमें रासायनिक उर्वरक की जगह जैविक कारकों द्वारा निर्मित जैव उर्वरक प्रयुक्त करते हैं, जो मृदा में पोषक तत्त्वों की मात्रा बढ़ाकर फसल की उपज बढ़ाते हैं।

इसका एक उदाहरण पादपों/मृदा में नाइट्रोजन की उपलब्धता को सुनिश्चित करने हेतु प्रयुक्त लेग्यूम पादप (जैसे मटर) है, जिनकी मूल में नाइट्रोजन स्थिरीकारक सहजीवी जीवाणु *राइजोबियम* पाया जाता है।

यह जीवाणु वायुमण्डलीय नाइट्रोजन को नाइट्रेट में परिवर्तित करता है। इसी प्रकार नील-हरित शैवाल जैसे-*नॉस्टॉक* एवं *एनाबीना* नाइट्रोजन स्थिरीकरण द्वारा मृदा में नाइट्रोजन की मात्रा बढ़ाते हैं।

8 निम्न कथन (A) व कारण (R) को पढ़िए और नीचे दिए गए कूट की सहायता से सही उत्तर का चयन कीजिए। *(Chap 1, Class-VIII, NCERT)*

कथन (A) ड्रिप सिंचाई विधि फसलों में पानी देने की सबसे महँगी, किंतु एक बेहतर वैज्ञानिक विधि है।

कारण (R) इस विधि में स्प्रिंकलर विधि की तुलना में बहुत कम जल का उपयोग होता है तथा वाष्पीकरण द्वारा जल की हानि एवं जल-भराव जैसी स्थितियाँ उत्पन्न नहीं होती है।

कूट

(a) A और R दोनों सही हैं तथा R, A का सही स्पष्टीकरण है।
(b) A और R दोनों सही हैं, परंतु R, A का सही स्पष्टीकरण नहीं है।
(c) A सही है, किंतु R गलत है।
(d) A गलत है, किंतु R सही है।

उत्तर (a)

व्याख्या कथन (A) और कारण (R) दोनों सही हैं तथा कारण (R), कथन (A) का सही स्पष्टीकरण है। ड्रिप सिंचाई विधि फसलों में पानी देने की सबसे मँहगी, किंतु एक प्रभावी एवं बेहतर वैज्ञानिक विधि है। इस विधि में, पूरे खेत में फसलों की क्यारियों के साथ-साथ पाइप लगाए जाते हैं एवं प्रत्येक पादप की जड़ के पास पाइप में उपस्थित छिद्र से बूँद-बूँद करके पानी गिरता है। फलदार पौधों, बागों एवं वृक्षों को पानी देने की यह सर्वोत्तम विधि है।

इस विधि में स्प्रिंकलर विधि की तुलना में बहुत कम जल का उपयोग होता है, क्योंकि स्प्रिंकलर विधि में घूमने वाले नोजल द्वारा पानी का लगातार छिड़काव किया जाता है। ड्रिप सिंचाई विधि के द्वारा वाष्पीकरण द्वारा सतही जल की हानि एवं जल-भराव जैसी स्थितियाँ उत्पन्न नहीं होती हैं।

9 निम्न में से फसल उगाने के विभिन्न पैटर्नों/प्रकारों के संदर्भ में कितने कथन असत्य है? *(Chap 12, Class-IX, NCERT)*

1. मूँग + गेहूँ + गन्ना + मटर तीन वर्षीय फसल चक्र का एक उदाहरण है।
2. दो अलग-अलग फसलों को एक साथ एक ही समय पर एक ही खेत में उगाना मिश्रित फसलीकरण कहलाता है; उदाहरण- गेहूँ + मूँगफली।
3. अंतराफसलीकरण मिश्रित कृषि का विकसित एवं निर्दिष्ट पैटर्न है, जिसमें दो या अधिक फसलों को एकान्तर रूप से अलग-अलग पंक्तियों में उगाया जाता है।

कूट

(a) केवल एक (b) केवल दो (c) सभी तीन (d) इनमें से कोई नहीं

उत्तर (b)

व्याख्या फसल उगाने के विभिन्न पैटर्नों/प्रकारों के संदर्भ में केवल दो कथन अर्थात् (1) और (2) असत्य हैं।

किसी खेत में क्रमवार पूर्व नियोजित कार्यक्रम के अनुसार विभिन्न फसलों के उगाने को फसल चक्र कहते हैं। परिपक्वन काल के आधार पर विभिन्न फसलों के समूहों के लिए अलग-अलग फसल चक्र अपनाया जाता है।

गन्ना 3-5 वर्ष तक उपज देता है। अत: मूँग + गेहूँ + गन्ना + मटर कम-से-कम 4 से $4\frac{1}{2}$ वर्ष के फसल चक्र का उदाहरण है।

मिश्रित फसल में दो अथवा दो से अधिक फसलों को एक साथ ही एक खेत में उगाते हैं। जैसे- गेहूँ + चना अथवा गेहूँ + सरसों अथवा मूँगफली + सूरजमुखी। इससे हानि होने की संभावना कम हो जाती है, क्योंकि एक फसल के नष्ट हो जाने पर भी दूसरी फसल से उत्पादन की आशा बनी रहती है।

गेहूँ + मूँगफली मिश्रित फसलीकरण का उदाहरण नहीं है, क्योंकि गेहूँ रबी की फसल है, जबकि मूँगफली खरीफ की फसल है।

10 खरपतवार, कीट-पीड़क एवं पादप रोग फसल सुरक्षा प्रबंधन के प्रमुख घटक हैं। इनके संदर्भ में कौन-सा कथन सही है? *(Chap 12, Class-IX, NCERT)*

1. *जैन्थियम, पार्थेनियम,* आदि खरपतवार पादपों से जल एवं पोषक तत्त्वों हेतु प्रतिस्पर्धा करते हैं, जबकि कीट पादपों के विभिन्न भागों को खाकर उपज नष्ट करते हैं।
2. ग्रीष्म जुताई के अन्तर्गत खरपतवारों एवं पीड़कों को नियंत्रित किया जाता है।
3. नीम का तेल या रस, अंतराफसलीकरण, फसल चक्र, जैव पीड़कनाशी आदि खरपतवार एवं पीड़क नियंत्रण के सुरक्षित विकल्प हैं।

कूट
(a) 1 और 3 (b) 1 और 2 (c) 2 और 3 (d) ये सभी

उत्तर (d)

व्याख्या खरपतवार, कीट-पीड़क एवं पादप रोग फसल सुरक्षा प्रबंधन के प्रमुख घटक हैं। इस संदर्भ में दिए गए सभी कथन सही है। *जैन्थियम* (गोखरू), *पार्थेनियम* (गाजर घास), आदि खरपतवार के उदाहरण हैं। ये अनावश्यक पादप, भोजन, पोषक तत्त्व, स्थान, जल, प्रकाश, आदि के लिए फसली पादपों से स्पर्धा करते हैं।

प्राय: कीट-पीड़क निम्न तीन प्रकार से पौधों पर आक्रमण करते हैं

- ये मूल, तने तथा पत्तियों को काट देते हैं।
- ये पौधे के विभिन्न भागों से कोशिकीय रस चूस लेते हैं।
- ये तने तथा फलों में छिद्र कर देते हैं।

इस प्रकार ये फसल को नष्ट कर देते हैं और फसल का उत्पादन कम हो जाता है।

ग्रीष्म जुताई में खरपतवार एवं पीड़कों को नष्ट करने के लिए गर्मी के मौसम मे मृदा में गहराई तक हल चलाया जाता है। नीम का तेल या रस, जैव पीड़कनाशी के रूप में कार्य करता है। इसी प्रकार अंतराफसलीकरण, फसल चक्र, आदि खरपतवार एवं पीड़क नियंत्रण के सुरक्षित विकल्प हैं।

11 जीवों के निम्नलिखित प्रकारों पर विचार कीजिए

(Chap 12, Class-IX, NCERT)

1. जीवाणु 2. कवक 3. पुष्पीय पादप

उपरोक्त जीव-प्रकारों में से किसकी/किनकी कुछ जातियों को जैव पीड़कनाशियों के रूप में प्रयोग किया जाता है?

(a) केवल 1 (b) 2 और 3
(c) 1 और 3 (d) 1, 2 और 3

उत्तर (d)

व्याख्या जीवाणु (Bacteria), कवक (Fungi) एवं पुष्पीय पादप (Flowering plant) को जैव पीड़कनाशियों के रूप में प्रयोग किया जाता है। पीड़कनाशी जीवाणु का उदाहरण *बैसिलस थ्यूरिंजिएन्सिस*, पीड़कनाशी कवक का उदाहरण *ब्यूवेरिया बसियाना* एवं पीड़कनाशी पुष्पीय पादप का उदाहरण नीम है।

12 निम्नलिखित युग्मों में से कितने युग्म सही सुमेलित हैं?

(Chap 2, Class-VIII, NCERT)

पादप रोग		कारक
1. सिट्रस कैंकर	—	कवक जनित रोग
2. गेहूँ का रस्ट रोग	—	विषाणु जनित रोग
3. भिंडी का पीत रोग	—	पोषक हीनता जनित रोग
4. फूलगोभी का व्हिपटेल रोग	—	जीवाणु जनित रोग

(a) केवल एक (b) केवल दो
(c) सभी तीन (d) इनमें से कोई नहीं

उत्तर (d)

व्याख्या दिए गए युग्मों में से कोई भी युग्म सही सुमेलित नहीं है।

सिट्रस कैंकर नीबू की फसल में होने वाला जीवाणु जनित रोग है।

गेहूँ का रस्ट रोग कवक जनित रोग है, जो गेहूँ की पत्तियों को प्रभावित करता है। भिंडी का पीत रोग विषाणु जनित रोग है, जो येलो वेन मोजैक वायरस के कारण होता है। सफेद मक्खी इस वायरस की वाहक होती है।

फूलगोभी का ह्विपटेल रोग पोषकहीनता जनित रोग है। फूलगोभी का ह्विपटेल रोग मॉलिब्डेनम (Mo) तत्व की कमी के कारण होता है।

13 निम्नलिखित पर विचार कीजिए। *(Chap 2, Class-VIII, NCERT)*

1. पक्षी 2. उड़ती धूल
3. वर्षा 4. बहती हवा

उपर्युक्त में से कौन-से पादप रोग फैलाते हैं?

(a) 1 और 3
(b) 3 और 4
(c) 1, 2 और 4
(d) 1, 2, 3 और 4

उत्तर (d)

व्याख्या पादप रोग जन्तु (पक्षी), मिट्टी (उड़ती धूल), पानी (वर्षा) तथा हवा जैसे माध्यमों द्वारा फैलते हैं। पौधों में रोग बैक्टीरिया, कवक तथा विषाणु जैसे रोग कारकों द्वारा होता है।

14 मिश्रित खेती की मुख्य विशेषताएँ इनमें से कौन-सी है?

(Chap 12, Class-IX, NCERT)

1. नकदी फसलों और खाद्य फसलों दोनों की खेती
2. एक ही खेत में दो या दो से अधिक फसलों की खेती
3. एक साथ पशुओं का पालन और फसलों की खेती

कूट
(a) 1 और 2 (b) 2 और 3
(c) केवल 3 (d) इनमें से कोई नहीं

उत्तर (c)

व्याख्या एक साथ पशुपालन और फसलों की खेती मिश्रित खेती की मुख्य विशेषताएँ हैं और भारत में, पशुपालन को ग्रामीण भारत में कृषि गतिविधियों के साथ एक सहयोगी व्यवसाय माना जाता है।

पशुपालन भारतीय कृषि का एक अभिन्न अंग है, ग्रामीण आबादी के लगभग 55% लोगों की आजीविका को पोषित करता है क्योंकि भारत दुनिया का सबसे अधिक पशुधन मालिक है।

भारत में फसलों की खेती प्राथमिक गतिविधि है जो उद्योगों के लिए खाद्यान्न और कच्चे माल का उत्पादन करती है क्योंकि भारत की दो तिहाई आबादी कृषि गतिविधियों में संलग्न है। मिश्रित खेती, खेती का वह प्रकार है जिसमें फसल उगाना और पशुधन दोनों को एक साथ शामिल किया जाता हैं वैकल्पिक रूप से, मिश्रित कृषि वह कृषि पद्धति है। जिसमें एक ही कृषि क्षेत्र में एक से अधिक कृषि पद्धतियाँ होती हैं।

15 निम्न में से हरी खाद उगाने की मुख्य कारण है।

(Chap 12, Class-IX, NCERT)

1. एक फसल के लिए नाइट्रोजन और अन्य पोषक तत्वों की आपूर्ति
2. निम्न मृदा स्तर से फसल पोषक तत्वों को ऊपर लाना।
3. कार्बनिक अम्लों की रिहाई द्वारा लवणीय और क्षारीय मिट्टी के पुनर्ग्रहण में सहायता करता है।
4. मिट्टी की संरचना को नुकसान से बचाने के लिए आधारीय आवरण प्रदान करना।

कूट
(a) केवल 1 (b) 2 और 3
(c) 3 और 4 (d) 1, 2, 3 और 4

उत्तर (d)

व्याख्या हरी खाद वे फसलें हैं, जो मुख्य रूप से मिट्टी की उवर्रता और संरचना के निर्माण और रख-रखाव के लिए उगाई जाती हैं। हरी खाद की फसलें ऐसी होनी चाहिए कि उन्हें जल्दी उगाया जा सकें। जैसे मटर जाति का पौधा, सेम, मटर जैसे फलियाँ शामिल है। इन्हें पोषण की ज्यादा आवश्यकता नहीं है।

इन्हें उगाने से एक फसल के लिए नाइट्रोजन और अन्य पोषक तत्वों की आपूर्ति होती है। निम्न मृदा स्तर से फसल पोषक तत्वों को ऊपर लाया जाता है। कार्बनिक अम्लों के मुक्त होने से लवणीय और क्षारीय मिट्टी के पुनर्ग्रहण में सहायता होती है।

16 निम्न में से गाय या भैंस की नस्ल के संदर्भ में सही सुमेलित युग्म कौन-सा है? *(Chap 12, Class-IX, NCERT)*

	सूची-I (प्रकार)		सूची-II (नस्ल)
(a)	भारतीय गाय	—	जाफराबादी
(b)	विदेशी गाय	—	स्विस ब्राउन
(c)	विदेशी भैंस	—	रेड डेन
(d)	भारतीय भैंस	—	ओंगोल

उत्तर (b)

व्याख्या दिए गए युग्मों में से युग्म (b) सही सुमेलित है।

स्विस ब्राउन विदेशी गाय की एक प्रजाति है। यह स्विटजरलैंड तथा जर्मनी के अल्पाइन क्षेत्र में पाई जाती है।

अन्य युग्म सही सुमेलित नहीं है। जाफराबादी, भारतीय भैंस की एक प्रजाति है। इसका मूल स्थान गुजरात है। रेड डेन, विदेशी गायों की प्रजाति है, जो डेनमार्क में पाई जाती है। यह प्रजाति अधिकांश यूरोपीय देशों में मिलती है। ओंगोल, एक भारतीय गाय की प्रजाति है। यह आंध्र प्रदेश में पाई जाने वाली नस्ल है।

17 सूची I को सूची II से सुमेलित कीजिए। *(Chap 12, Class-IX, NCERT)*

सूची-I (जंतु)	सूची-II (विशेषता)
A. लेगहॉर्न	1. समुद्री मछली
B. मैकेरल	2. ब्रॉयलर
C. कार्प	3. लेयर
D. रोडे आइलैंड रेड	4. अंत:स्थलीय मछली

कूट

	A	B	C	D		A	B	C	D
(a)	3	4	2	1	(b)	4	2	1	3
(c)	3	1	4	2	(d)	4	3	2	1

उत्तर (c)

व्याख्या सही सुमेलन A-3, B-1, C-4 एवं D-2 है।

लेगहॉर्न यह इटली की एक मुर्गी की प्रजाति है। यह प्रजाति 'लेयर चिकन' के रूप में विश्व में अधिकांश देशों में प्रयुक्त होती है।

मैकेरल (मैकर्ल) यह एक सामान्य समुद्री मछली की प्रजाति है। यह समशीतोष्ण तथा उष्णकटिबंधीय समुद्री क्षेत्रों में पाए जाते हैं।

कार्प यह अंत: स्थलीय ताजे जल स्रोतों में पाई जाने वाली मछली है। यह यूरोप तथा एशिया के देशों में पाई जाती है।

रोडे आइलैंड रेड यह विदेशी नस्ल की 'ब्रायलर' है। इसका उपयोग अण्डों के उत्पादन के साथ माँस के लिए भी किया जाता है। इसका उद्गम स्थल संयुक्त राज्य अमेरिका है।

18 निम्न में से असंगत युग्म कौन-सा है? *(Chap 12, Class-IX, NCERT)*

(a) *एपिस सेरना इण्डिका* - भारतीय मधुमक्खी
(b) *एपिस फ्लोरी* - इटली की मधुमक्खी
(c) *एपिस मेलीफेरा* - व्यवसायिक मधुमक्खी
(d) *एपिस डोरसेटा* - शैल मधुमक्खी

उत्तर (b)

व्याख्या दिए गए युग्मों में से युग्म (b) असंगत है।

एपिस मेलीफेरा इटली की मधुमक्खी का वैज्ञानिक नाम है। इसे व्यवसायिक मधु उत्पादन में प्रयोग में लाया जाता है, इसलिए इसे व्यवसायिक मधुमक्खी भी कहते हैं। इनकी मधु एकत्र करने की क्षमता बहुत अधिक होती है। ये डंक कम मारती है, निर्धारित छत्ते में काफी समय तक रहती है और प्रजनन भी तीव्रता से करती है।

19 निम्न में से कौन-सा परीक्षण मवेशियों में होने वाले स्तन ग्रंथि की सूजन के रोग की पहचान से सम्बन्धित है? *(Chap 12, Class-IX, NCERT)*

1. विडाल परीक्षण
2. टेट्राजोलियम परीक्षण
3. स्ट्रेप कप परीक्षण

(a) 1 और 2 (b) केवल 3
(c) 1, 2 और 3 (d) इनमें से कोई नहीं

उत्तर (b)

व्याख्या स्ट्रेप कप परीक्षण मवेशियों में होने वाले स्तन ग्रन्थि की सूजन के रोग की पहचान से सम्बन्धित है।

इस परीक्षण को थ्रोट कल्चर रैपिड स्ट्रेप टेस्ट, रैपिड एंटीजन डिटेक्शन टेस्ट (RADT) स्ट्रेप्टोकोकल स्क्रीन के नाम से भी जाना जाता है। यह परीक्षण यह निर्धारित करने के लिए किया जाता है कि गले में खराश गले की खराबी है जो समूह ए स्ट्रेप्टोकोकस बैक्टीरिया के कारण होने वाला संक्रमण है।

स्तन ग्रन्थि की सूजन के उपचार के एक्रिफ्लेविन, ग्रेमिसिडिन और टाइरोथ्रिकिन है। यह एक जीवाणु जनित रोग है।

20 निम्न में से मेरिनो नस्ल की भेड़ से सम्बन्धित सत्य कथन है *(Unit 23, Class-IX, Tamil Nadu Board) (Chap 31, Module-7, NIOS)*

1. यह विश्व में सर्वाधिक ऊन देने वाली नस्ल है।
2. गर्दन तथा कंधों की त्वचा में झुरियाँ या सलवटे इसकी मुख्य पहचान है।
3. शरीर का रंग भूरा व मध्य गठीला है।

कूट

(a) केवल 1 (b) 1 और 2 (c) केवल 3 (d) 1, 2 और 3

उत्तर (b)

व्याख्या मेरिनो भेड़ से सम्बन्धित सत्य कथन 1 और 2 है। मेरिनो भेड़ की एक किस्म है। जो स्पेन से सम्बन्ध रखती है। इसका रंग सफेद, सुन्दर घुमावदार सींग व मादा सींग रहित होती है। गर्दन तथा कंधों की त्वचा में झुरियां या सलवटे इसकी पहचान है। इसकी त्वचा का रंग गुलाबी होता है। यह विश्व में सर्वाधिक ऊन देने वाली नस्ल है।

अध्याय 12

पर्यावरणीय प्रदूषण

पर्यावरणीय प्रदूषण

परिचय

- पर्यावरण के प्राकृतिक संघटकों (जल, वायु, मृदा) में हानिकारक जैविक; रासायनिक या भौतिक परिवर्तन प्रदूषक अवांछित कारक ओडम के अनुसार-प्रदूषक- निम्नीकरणीय एवं अनिम्नीकरणीय (BHC (Benzene hexachloride) अपमार्जक DDT)

वायु प्रदूषण

- **प्रमुख वायु प्रदूषक** (CO_2, CO, SO_2 ,NO_2, मीथेन, एथेन) खनन द्वारा उत्पन्न एवं धुएँ में उपस्थित धूल के महीन निलम्बित कण)
- **कारण** हाइड्रोकार्बन आधारित ईंधन का दहन, औद्योगिक अपशिष्ट, कृषि रसायन धातु (पारा, जस्ता (zinc), सीसा, आर्सेनिक, निकिल) कण की वायु में उपस्थिति
- **दुष्प्रभाव** वैश्विक ऊष्मन (Global warming) सल्फर व नाइट्रोजन के कारण अम्ल वर्षा, सीसा व कैडमियम (वायु में उपस्थिति) से हृदय रोग, खनन क्षेत्रों में श्रमिकों में सिलिकोसिस, CFC (क्लोरोफ्लोरो कार्बन) के कारण ओजोन परत अपक्षय। भोपाल गैस त्रासदी (मिथाइल, आइसोसाइनेट); ओजोन परत की मोटाई का डॉबसन में मापन

जल-प्रदूषण

- तेल रसायनों का शुद्ध जल में मिलना
- **दुष्प्रभाव** टायफाइड, हाथीपाँव, हैजा, डायरिया, फ्लोराइड सतही शैवाल की तीव्र वृद्धि-सुपोषण तथा शैवालों की तीव्र वृद्धि शैवाल प्रस्फुटन, जैव-आवर्धन
- **उपाय** जल स्रोतों की सफाई एवं जैविक खाद का उपयोग

ध्वनि, मृदा एवं रेडियोधर्मी प्रदूषण

ध्वनि प्रदूषण

- **ध्वनि की तीव्रता** डेसिबल (db) मापने का यन्त्र ऑडियोमीटर
- जिस स्केल पर ध्वनि की तीव्रता पढ़ी जाती है, उसे गुणात्मक पैमाना कहते हैं।
- प्रायः 80 db के स्तर से ऊपर की ध्वनि को शोर कहते हैं।

मृदा प्रदूषण

- मृदा के जैविक, भौतिक व रासायनिक तत्वों का सन्तुलन बिगड़ना
- **दुष्प्रभाव**- भूमि का बंजर होना, भूमि जल का प्रदूषण, मरुस्थलीकरण
- **उपाय** कीटनाशकों का प्रयोग, कूड़ा करकट का वैज्ञानिक विधि से निस्तारण

रेडियोधर्मी या विकिरण प्रदूषण

- रेडियोधर्मी तत्त्व (यूरेनियम, थोरियम, प्लूटोनियम) के परमाण्विक नाभिक के प्राकृतिक विघटन से निकली विकिरण (α, β, γ किरणें)
- **उपाय** परमाणु हथियारों पर प्रतिबन्ध, परमाणु बिजलीघरों का उचित रख-रखाव।

ठोस अपशिष्ट एवं इसका प्रबंधन

ठोस अपशिष्ट

- मानवीय क्रियाकलाप के कारण दैनिक जीवन में फेंकी या त्यागी गई ठोस वस्तुएँ; रद्दी कागज, टूटा फूटा सामान आदि- ठोस अपशिष्ट

ठोस अपशिष्ट के प्रकार

- **जैव निम्नीकृत पदार्थ** (निम्नीकरणीय प्रदूषक) वातावरण में कुछ समय पश्चात् सूक्ष्मजीवों की क्रियाओं द्वारा अपघटित।

  प्रभाव तीक्ष्ण दुर्गन्ध आना (वातावरण में), मृदा की उर्वरता कम होना
- **अजैव निम्नीकृत पदार्थ** (सूक्ष्मजीवों, विकिरण, ऑक्सीकरण से विघटित नहीं होना (प्लास्टिक, BHC, DDT, अपमार्जक)

  प्रभाव जल को प्रदूषित कर जलीय पारितन्त्र को नष्ट करना।

ठोस अपशिष्ट निस्तारण की विधियाँ

- ठोस अपशिष्ट निस्तारण हेतु 3R (Reduce, Reuse, Recycling) का उपयोग; पुनःचक्रण
- **कम्पोस्टिंग** (चमड़ा, पादप अपशिष्ट आदि का भूमि में दबाकर खाद निर्माण); सैनेटरी लैण्ड फिलिंग (गहरे गड्ढे खोदकर अपशिष्ट भरना)
- **दहन** (उच्च ताप पर अपशिष्ट को जलाना)
- **भस्मीकरण** (Incineration)- 900-1200°C तक तापक्रम पर अपशिष्ट को जलाना
- **पायरोलाइसिस** ऑक्सीजन की अनुपस्थिति में अपशिष्ट को कम ताप 600-800°C पर बन्द कक्ष में जलाना

SOURCE NCERT Class-VI हमारे चारों ओर वायु, NCERT Class-X हमारा पर्यावरण, NCERT Class-VII अपशिष्ट जल की कहानी, NIOS Module-6 वायु और जल, NIOS Module-7, प्राकृतिक पर्यावरण, NIOS Module-7, पर्यावरण पर मानवीय प्रभाव Unit 22, Class-X, Tamil Nadu Board, Environment Management

1 निम्न कथनों पर विचार कीजिए। *(Class-XI, Old NCERT)*

1. एक स्थिर वैद्युत अवक्षेपित कणिकीय पदार्थ को ऋणावेशित करके निष्कासित करता है।
2. परॉक्सी एसीटिल नाइट्रेट्स (PAN) एक द्वितीयक प्रदूषक है।
3. भारत सरकार द्वारा पर्यावरण सुरक्षा अधिनियम वर्ष 1984 में पारित किया गया था।

उपरोक्त में से कौन-सा/से कथन असत्य है/हैं?

(a) 1 और 2 (b) केवल 3
(c) 2 और 3 (d) ये सभी

उत्तर (b)

व्याख्या दिए गए कथनों में से कथन (3) असत्य है, क्योंकि भारत सरकार द्वारा पर्यावरण सुरक्षा अधिनियम वर्ष 1984 में नहीं, बल्कि 1986 पारित किया गया था। इसका उद्देश्य पर्यावरण के प्रदूषण को नियंत्रित करना एवं हमारे पर्यावरण की सुरक्षा कर इसकी गुणवत्ता को सुधारना था।

2 भारत में महानगरों में बढ़ती वायु प्रदूषण की स्थिति के संदर्भ में कौन-सा कथन असत्य है? *(Chap 11, Class-VI, NCERT)*

1. गाजियाबाद, उत्तर प्रदेश भारत का सर्वाधिक वायु प्रदूषित शहर है, जहाँ औसत $PM_{2.5}$ 106.6 $\mu g/m^3$ है।
2. शहरों में वायु प्रदूषण का प्रमुख कारण निजी वाहनों की बढ़ती संख्या है।
3. ऐरोसॉल, धूल एवं अन्य SPM कण नई दिल्ली में वायु प्रदूषण के प्रमुखतम कारण हैं।

कूट

(a) 2 और 3 (b) केवल 3
(c) 1 और 2 (d) ये सभी

उत्तर (b)

व्याख्या भारत में महानगरों में बढ़ती वायु प्रदूषण की स्थिति के संदर्भ में कथन (3) असत्य है, क्योंकि नई दिल्ली में वायु प्रदूषण के प्रमुखतम कारण NO_X (नाइट्रोजन के ऑक्साइड), SO_2 (सल्फर डाइऑक्साइड) तथा SPM (निलंबित कण) है। इन वायु प्रदूषकों की 24 घंटे राष्ट्रीय वायु गुणवत्ता मोनिटरिंग कार्यक्रम (National Air Quality Monitoring Programme, NAQMP) द्वारा निगरानी की जाती है। ऐरोसॉल, धूल के कण, सीसा, आर्सेनिक, आदि सहायक वायु प्रदूषक हैं।

3 परॉक्सीएसीटिल नाइट्रेट (PAN) एवं ओजोन क्षोभ मंडल में प्रकाश रासायनिक धुँध का निर्माण करते हैं, जिनका निर्माण सूर्य की पराबैंगनी विकिरणों की उपस्थिति में 'X' एवं 'Y' के द्वारा होता है। यहाँ 'X' एवं 'Y' हैं *(Chap 11, Class-VI, NCERT)*

(a) जल एवं SPM
(b) मेथेन एवं सल्फर डाइऑक्साइड
(c) नाइट्रोजन ऑक्साइड एवं हाइड्रोकार्बन
(d) नाइट्रोजन ऑक्साइड एवं ऑक्सीजन

उत्तर (c)

व्याख्या प्रश्न में दिए गए 'X' एवं 'Y', नाइट्रोजन ऑक्साइड एवं हाइड्रोकार्बन हैं। वायुमण्डल में प्रायः नाइट्रोजन के ऑक्साइड (NO_x), हाइड्रोकार्बन (HC) से मिलकर प्रकाश की उपस्थिति में जटिल प्रकाश रासायनिक अभिक्रियाओं द्वारा प्रकाश रासायनिक धुँध (Photochemical smog) का निर्माण करते हैं। यह सजीवों में श्वसन दर बढ़ा देती है तथा चर्म व नेत्र संबंधी रोग उत्पन्न करती है।

$$\underset{\text{नाइट्रोजन ऑक्साइड}}{NO_x} + \underset{\text{हाइड्रोकार्बन}}{HC} \xrightarrow{\text{पराबैंगनी विकिरण}} \underset{\text{परॉक्सी एसीटिल नाइट्रेट}}{PAN} + \underset{\text{ओजोन}}{O_3}$$

4 'अम्ल वर्षा' के संदर्भ में निम्न में से कौन-सा कथन असत्य है? *(Class-XI, Old NCERT)*

1. इस शब्द का उपयोग वर्ष 1872 में रॉबर्ट एंगस स्मिथ के द्वारा किया गया था।
2. इसका pH पश्चिमी वर्जिनिया, USA जैसे स्थानों में 6-4.5 तक हो सकता है।
3. स्टोन लेप्रोसी का कारण नाइट्रिक अम्ल एवं सल्फ्यूरिक अम्ल जैसे अम्ल वर्षा के उत्पाद होते हैं।

कूट

(a) केवल 2 (b) 1 और 2 (c) केवल 3 (d) 2 और 3

उत्तर (a)

व्याख्या अम्ल वर्षा के संदर्भ में दिए गए सभी कथनों में कथन (2) असत्य है, क्योंकि इसकी pH पश्चिमी वर्जिनिया, USA जैसे स्थानों में 3-3.5 तक हो सकती है।

कथन (1) और (3) सत्य है। अम्ल वर्षा शब्द का प्रथम बार प्रयोग वर्ष 1872 में रॉबर्ट एंगस स्मिथ के द्वारा किया गया था। इससे पूर्व वर्ष 1852 में रॉबर्ट एंगस स्मिथ ने पहली बार मैनचेस्टर, इंग्लैण्ड में अम्लीय वर्षा और वायुमण्डलीय प्रदूषण के बीच सम्बन्ध दिखाया था।

अम्ल वर्षा के कारण पत्थरों व मार्बल को होने वाली क्षति को स्टोन लैप्रोसी (Stone leprosy) कहते हैं। स्टोन लैप्रोसी का कारण नाइट्रिक अम्ल (HNO_3) एवं सल्फ्यूरिक अम्ल (H_2SO_4) जैसे अम्ल वर्षा के उत्पाद होते हैं। अम्ल वर्षा के कारण ताजमहल जैसे स्मारकों के संगमरमर का संक्षारण होता है।

5 राष्ट्रीय वायु गुणवत्ता मोनिटरिंग कार्यक्रम (NAQMP) के अंतर्गत देशभर के विभिन्न शहरों एवं कस्बों की वायु की गुणवत्ता या वायु प्रदूषण के स्तर की निगरानी करने का प्रावधान है। इस कार्यक्रम के अंतर्गत कौन-से वायु प्रदूषकों की 24 घण्टे निगरानी की जाती है? *(Class-XI, Old NCERT)*

(a) कणिकीय पदार्थ (PM)-2.5 एवं 10, SO_2 एवं NO_X
(b) कणिकीय पदार्थ (PM)-2.5 SO_2, NO_X एवं CO_2
(c) कणिकीय पदार्थ (PM)-10, SO_2, NO_X एवं CO_2
(d) कणिकीय पदार्थ (PM)-2.5 एवं 10, NO_2, CO_2 एवं SO_2

उत्तर (a)

व्याख्या राष्ट्रीय वायु गुणवत्ता मॉनिटरिंग कार्यक्रम (NAQMP) के अंतर्गत देशभर के विभिन्न शहरों एवं कस्बों की वायु की गुणवत्ता या वायु प्रदूषण के स्तर की निगरानी करने का प्रावधान है।

इस कार्यक्रम के अंतर्गत कणिकीय पदार्थ (PM) 2.5 एवं 10, SO_2 (सल्फर डाइऑक्साइड) और NO_x (नाइट्रोजन के ऑक्साइड) जैसे वायु प्रदूषकों की 24 घंटे निगरानी की जाती है।

छोटे आमाप के कण, जो कम भार के कारण वायु में निरंतर तैरते रहते हैं निलंबित कणिकीय पदार्थ (SPM) कहलाते हैं। इनका औसत आमाप 2.5 μm से 10 μm तक होता है।

6 वायु प्रदूषण के संदर्भ में कौन-सा कथन असत्य है? *(Chap 11, Class-VI, NCERT)*

1. वायु प्रदूषण निवारण एवं नियंत्रण कानून, 1981 को 1987 में संशोधन कर शोर को भी वायु प्रदूषण के रूप में सम्मिलित किया गया है।
2. शोर की तीव्रता डेसीबल (dB) में लार्म बैरोमीटर द्वारा मापी जाती है।
3. इलेक्ट्रोस्टेटिक प्रेसिपिटेटर बड़े उद्योगों की चिमनी में सल्फर डाइऑक्साइड (SO_2), नाइट्रोजन ऑक्साइड (NO_x) एवं SPM को पृथक् करने में प्रयुक्त होता है।

कूट

(a) 1 और 2 (b) केवल 2
(c) केवल 3 (d) 2 और 3

उत्तर (c)

व्याख्या वायु प्रदूषण के संदर्भ में कथन (3) असत्य है, क्योंकि इलेक्ट्रोस्टेटिक प्रेसिपिटेटर बड़े उद्योगों की चिमनी में सल्फर डाइऑक्साइड (SO_2), नाइट्रोजन ऑक्साइड (NO_x) को पृथक् करने के लिए उपयोग नहीं किया जाता है। बड़े उद्योगों की चिमनी में लगे इलेक्ट्रोस्टेटिक प्रेसिपिटेटर में उच्च विभव की विद्युत प्रवाहित की जाती है जिसके कारण धुएं में मौजूद कणिकीय पदार्थ (SPM) आवेशित होकर विपरीत इलेक्ट्रॉड से चिपक जाते हैं। तत्पश्चात् इन्हें (कणिकीय पदार्थ) पृथक् कर लिया जाता है।

7 जैव रासायनिक ऑक्सीजन मांग (BOD) किसके लिए एक मानक मापदण्ड है? *(Class-XI, Old NCERT) (IAS Pre 2017)*

(a) रुधिर में ऑक्सीजन का स्तर मापने के लिए
(b) वन पारिस्थितिक तंत्रों में ऑक्सीजन स्तरों के अभिकलन के लिए
(c) जलीय पारिस्थितिक तंत्रों में प्रदूषण के आमापन के लिए
(d) उच्च तुंगता क्षेत्रों में ऑक्सीजन स्तरों के आंकलन के लिए

उत्तर (c)

व्याख्या जैव रासायनिक ऑक्सीजन मांग (Biochemical Oxygen Demand, BOD) जलीय पारिस्थितिक तंत्रों में प्रदूषण के आमापन के लिए प्रयुक्त मानक या मापदण्ड है। उच्च BOD की मात्रा अधिक जल प्रदूषण का संकेत होती है।

ऑक्सीजन की वह मात्रा, जो सूक्ष्मजीवों को जल में उपस्थित कार्बनिक अपशिष्ट पदार्थों के पूर्ण विघटन के लिए आवश्यक होती हैं, जैव रासायनिक ऑक्सीजन मांग कहलाती है।

8 निम्नलिखित युग्मों में से कितने युग्म सही सुमेलित हैं? *(Chap 14, Class-IX, Old NCERT)*

	रोग		संबंधित कारक
1.	मिनामाटा	–	NO_3^-
2.	इटाई-इटाई	–	Hg
3.	ब्लू-बेबी सिन्ड्रोम	–	F^-
4.	फ्लोरोसिस	–	Cd

(a) केवल एक
(b) केवल दो
(c) केवल तीन
(d) उपरोक्त में से कोई नहीं

उत्तर (d)

व्याख्या दिए गए युग्मों में से कोई भी युग्म सही सुमेलित नहीं है।

मिनामाटा रोग प्रदूषित जल में मरकरी (Hg) नामक भारी धातु की उपस्थिति के कारण होता है। इस रोग में रोगी में सिर दर्द, डायरिया व हीमोलाइसिस आदि लक्षण दिखाई देते हैं।

इटाई-इटाई रोग प्रदूषित जल में कैडमियम (Cd) धातु की उपस्थिति के कारण होता है। इस रोग के लक्षण डायरिया तथा मंद वृद्धि होते हैं।

ब्लू-बेबी सिंड्रोम रोग प्रदूषित जल में नाइट्रेट (NO_3^-) की उपस्थिति के कारण होता है। इस रोग में बच्चे का शरीर नीले रंग का हो जाता है।

फ्लोरोसिस रोग प्रदूषित जल में फ्लुओराइड (F^-) की उपस्थिति के कारण होता है। इस रोग में व्यक्ति के दाँत तथा हड्डियाँ विकृत हो जाते हैं।

9 जल प्रदूषण के संदर्भ में निम्न में से कौन-सा कथन असत्य है? *(Chap 26, Module-6, NIOS)*

1. अपमार्जक एवं वाहित मल के कारण जल स्रोतों में फॉस्फोरस एवं नाइट्रोजन की मात्रा बढ़ जाती है।
2. यूट्रोफिकेशन शैवाल प्रस्फुटन के कारण होता है, जो O_2 की कमी उत्पन्न कर जलीय जंतुओं की मृत्यु का कारण बन सकता है।
3. सी-गल में डीडीटी की सांद्रता का 25 ppm तक बढ़ जाना जैविक आवर्धन कहा जाता है, क्योंकि यह माँसपेशियों में संचित अजैव-निम्नीकारी रसायन है।

कूट

(a) केवल 3 (b) 1 और 2
(c) केवल 1 (d) 2 और 3

उत्तर (a)

व्याख्या जल प्रदूषण के संदर्भ में कथन (3) असत्य है, क्योंकि सी-गल (seagull) पक्षी में डी डी टी (Dichlorodiphenyltrichloroethane, DDT) की सांद्रता का 25 ppm तक बढ़ जाना जैविक आवर्धन (biomagnification) का उदाहरण है, किंतु यह माँसपेशियों की अपेक्षा वसा में संचित अजैव निम्नीकरणीय रसायन है।

जैव आवर्धन की प्रक्रिया में शरीर में संचित होने के कारण DDT जैसे अजैव-निम्नीकरणीय रसायन की मात्रा खाद्य श्रृंखला के प्रत्येक पोषक स्तर पर क्रमिक रूप से बढ़ती जाती है।

मत्स्य भक्षी पक्षियों में DDT की उच्च सांद्रता कैल्शियम उपापचय को नुकसान पहुँचाती है, जिसके कारण इनके अंड कवच पतले हो जाते हैं और समय से पहले फूट जाते हैं, जिससे पक्षी की समष्टि (population) में कमी हो जाती है।

10 सूची-I में दिए गए रेडियोधर्मी तत्त्वों एवं सूची-II में दिए गए उनसे उत्पन्न कैंसर के प्रकारों को सुमेलित कीजिए *(Class-XI, Old NCERT)*

सूची-I (रेडियोधर्मी तत्व)	सूची-II (उत्पन्न कैंसर)
A. स्ट्रॉन्शियम-90	1. थायरॉइड कैंसर
B. यूरेनियम-235	2. रुधिर कैंसर
C. आयोडीन-131	3. पेशीय कैंसर
D. सीजियम-13	4. त्वचा कैंसर

कूट

	A	B	C	D
(a)	4	1	2	3
(b)	3	4	2	1
(c)	2	3	4	1
(d)	2	4	1	3

उत्तर (d)

व्याख्या सही सुमेलन A-2, B-4, C-1 एवं D-3 है।

स्ट्रॉन्शियम-90 (Sr^{90}) तत्व अस्थिमज्जा में जमा होकर रुधिर कैंसर तथा अस्थि कैंसर उत्पन्न करता है।

यूरेनियम-235 (U^{235}) तत्व त्वचा का कैंसर उत्पन्न करता है।

आयोडीन-131 (I^{131}) तत्व थायरॉइड कैंसर उत्पन्न करता है।

सीजियम-13 (Cs^{13}) तत्व पेशियों में जमा होकर पेशियों में कैंसर उत्पन्न करता है।

11 निम्न कथन (A) व कारण (R) को पढ़िए और नीचे दिए गए कूट की सहायता से सही उत्तर का चयन कीजिए

(Chap 13, Class-X, NCERT)

कथन (A) CO_2 की बढ़ती हुई सांद्रता जलवायु परिवर्तन एवं ग्रीन हाउस प्रभाव का प्रमुख कारण है।

कारण (R) CO_2 की वायुमण्डल सांद्रता वर्तमान में 385 ppm है।

कूट

(a) A और R दोनों सहीं हैं तथा R, A का सही स्पष्टीकरण है।
(b) A और R दोनों सहीं हैं, परंतु R, A का सही स्पष्टीकरण नहीं है।
(c) A सही है, किंतु R गलत है।
(d) A गलत है, किंतु R सही है।

उत्तर (b)

व्याख्या कथन (A) और कारण (R) दोनों सही हैं, परंतु कारण (R), कथन (A) का सही स्पष्टीकरण नहीं है।

CO_2 की बढ़ती हुई सांद्रता जलवायु परिवर्तन एवं ग्रीन हाउस प्रभाव का प्रमुख कारण है।

ग्रीन हाउस प्रभाव प्राकृतिक रूप से होने वाली परिघटना है, जिसके कारण पृथ्वी की सतह और वायुमंडल गर्म हो जाता है। इसमें CO_2 जैसे हरितगृह गैसें पृथ्वी की सतह से टकराकर लौटने वाली सूर्य की अवरक्त विकिरणों को अवशोषित कर पृथ्वी के तापमान में वृद्धि करती हैं। बढ़ते हुए वायु प्रदूषण के कारण पृथ्वी के औसत तापमान में हुई वृद्धि वैश्विक उष्णता कहलाती हैं।

हरितगृह गैसो में CO_2 (मुख्य), N_2O, CH_4, CO, CFC, आदि प्रमुख हैं। CO_2 की वर्तमान वातावरणीय मात्रा 380-385 ppm है। इसकी मात्रा ईंधन के दहन से जंगलों के कटाव तथा भूमि उपयोग में परिवर्तन से बढ़ती है।

वैश्विक ऊष्णता (Global warming) में कार्बन डाइऑक्साइड की बढ़ती मात्रा का सर्वाधिक योगदान है।

वैश्विक ऊष्णता के कारण जलवायु परिवर्तन जैसे- बेमौसम तीव्र वर्षा, बाढ़, सूखा, अल-नीनो प्रभाव, आदि समस्याएँ उत्पन्न होती हैं।

12 ठोस अपशिष्ट प्रबन्धन के सन्दर्भ में निम्न में से कौन-सा कथन सही है?

(Chap 13, Class-X, NCERT)

1. पाइरोलाइसिस में ऑक्सीजन की अनुपस्थिति में अपशिष्ट को 600°-800°C तक बंद कक्ष में जलाया जाता है।
2. इनसिनरेशन में ऑक्सीजन की उपस्थिति में अपशिष्ट को 250°-350°C तक खुले कक्ष में जलाया जाता है।

कूट

(a) कथन 1 एवं कथन 2 दोनों सही हैं।
(b) कथन 1 सही है, जबकि कथन 2 गलत है।
(c) कथन 1 गलत है, जबकि कथन 2 सही है।
(d) कथन 1 एवं कथन 2 दोनों गलत हैं।

उत्तर (b)

व्याख्या ठोस अपशिष्ट प्रबन्धन के सन्दर्भ में दिया गया कथन 1 सही है जबकि कथन 2 गलत है, क्योंकि इनसिनरेशन या भस्मीकरण ठोस अपशिष्ट के निस्तारण की तकनीक है, जिसमें ऑक्सीजन की उपस्थिति में खुले कक्ष में अपशिष्ट को 900°-1200°C तक के तापक्रम पर जलाया जाता है।
इसमें अत्यधिक वायु प्रदूषक हानिकारक गैसें उत्सर्जित होती हैं, पाइरोलाइसिस में ऑक्सीजन की अनुपस्थिति में अपशिष्ट को कम ताप 600°-800°C तक बंद कक्ष में जलाया जाता है।

13 निर्माण उद्योग में आमतौर पर किस औद्योगिक अपशिष्ट का उपयोग किया जाता है?

(Chap 13, Class-VII, NCERT)

1. फ्लाई ऐश
2. धातु मल
3. आपंक (स्लज)
4. रैड ऑक्साइड

(a) केवल 1 (b) 2 और 3 (c) 3 और 4 (d) इनमें कोई नहीं

उत्तर (a)

व्याख्या निर्माण उद्योग में आमतौर पर फ्लाई ऐश का उपयोग किया जाता है। फ्लाई ऐश का सीमेंट के उत्पादन में व्यापक अनुप्रयोग है। आज सभी उद्योग सीमेंट के उत्पादन में फ्लाई ऐश 25% मिला रहे हैं।

14 निम्न में से लीचेट से सम्बन्धित है?

1. स्थायी कार्बनिक प्रदूषक
2. यूट्रोफिक झीलों में पाए जाने वाले शैवाल
3. ओजोन अवक्षयकारी पदार्थ
4. भराव क्षेत्र से दूषित द्रव का निकास

(a) 1 और 2 (b) 2 और 3 (c) केवल 3 (d) केवल 4

उत्तर (d)

व्याख्या लीचेट वास्तव में दूषित तरल पदार्थ है, जो भराव क्षेत्र से प्रवाहित होते हैं। जैसे-जैसे वर्षा जल या अन्य तरल पदार्थ कचरे के माध्यम से कूड़ेदानों में बहते हैं, वे भारी धातुओं, कार्बनिक यौगिकों और पोषक तत्वों सहित विभिन्न हानिकारक पदार्थों को भंग करते हैं। यह दूषित तरल पदार्थ भराव क्षेत्र के तल पर जमा हो जाता है और इसे लीचेट कहा जाता है।

15 पायरोलिसिस के लिए कौन-सा कथन सत्य है?

(Class-XI, Old NCERT)

1. इस प्रकिया में ठोस को उच्च तापमान पर तोड़ा जाता है।
2. यह ठोस अपशिष्ट प्रबन्धन की एक विधि है।
3. इसमें वायु प्रदूषण बिल्कुल नहीं होता।

कूट

(a) 1 और 2 (b) 2 और 3 (c) 1, 2 और 3 (d) इनमें से कोई नहीं

उत्तर (c)

व्याख्या पायरोलिसिस ठोस अपशिष्ट प्रबन्धन की एक विधि है। इस प्रक्रिया में ठोस अपशिष्ट को उच्च तापमान पर विखण्डित किया जाता है। इसमें अपशिष्ट का दहन ऑक्सीजन की अनुपस्थिति में किया जाता है जिस वजह से ठोस अपशिष्ट ऑक्सीजन की उपस्थिति के बिना गर्मी से रासायनिक रूप से विघटित हो जाते हैं। इस प्रक्रिया में वायु प्रदूषण बिल्कुल नहीं होता है।

16 निम्न में से किस एकीकृत अपशिष्ट प्रबन्धन को व्यक्तिगत स्तर पर कम किया जाता है?

(Class-XI, Old NCERT)

1. दहन
2. निपटान
3. पुनर्चक्रण
4. स्त्रोत न्यूनीकरण

कूट

(a) 1 और 2 (b) 2 और 3 (c) 1, 2 और 3 (d) केवल 4

उत्तर (d)

व्याख्या स्त्रोत न्यूनीकरण (source reduction) अपने स्त्रोत पर उत्पन्न कचरे की मात्रा को कम करने की प्रक्रिया है जैसे कम पैकेजिंग वाले उत्पादों को खरीदना और जब भी संभव हो पदार्थ का पुन: उपयोग करना। स्त्रोत की कमी से पर्यावरण प्रदूषण को कम किया जा सकता है और भविष्य के लिए प्राकृतिक संसाधनों को बचाया जा सकता है।

अध्याय 13

जैव-प्रौद्योगिकी

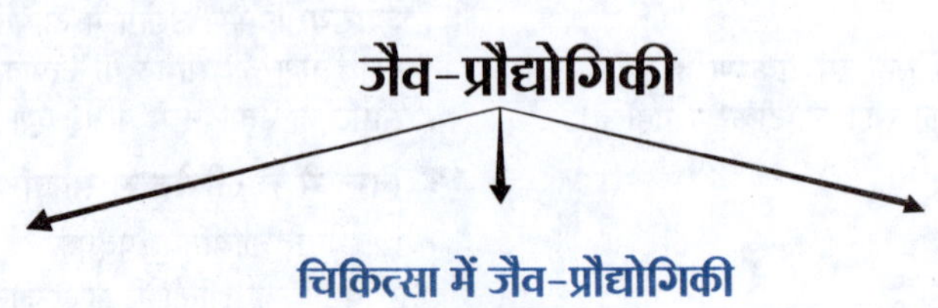

जैव-प्रौद्योगिकी की सहयोगी तकनीक

रासायनिक अभियांत्रिकी

- विशेष उत्पादों या पदार्थों को विकसित करने या बनाने के लिए जीवित प्राणियों एवं जीवों का उपयोग
- **आनुवंशिक या जीनी अभियांत्रिकी**
- जनक-पॉल बर्ग
- जीवों में वांछित लक्षण प्रारूप प्राप्त करने के लिए आनुवंशिक पदार्थ (जीन या DNA खण्ड) को जोड़ना या घटाना

पुनर्योगज DNA तकनीक

- दो भिन्न जीवों के DNA को संयुक्त करना
- **विदलन एंजाइम** (एक्सोन्यूक्लिएज एण्डोन्यूक्लिएज, प्रतिबन्धन एण्डोन्यूक्लिएज)
- आण्विक कैंची
- DNA लाइगेज- आण्विक संयोजक
- **क्लोनिंग वाहक**
- मार्कर जीन (टेट्रासाइक्लिन, क्लोरेफिनिकॉल) प्रतिजैविक औषधियों के प्रति- प्रतिरोधक कूट युक्त *E. coil* के लिए)
- क्लोनिंग या पहचान स्थल
- वाहक में एक ही पहचान स्थल या क्लोनिंग स्थल होना चाहिए।
- **प्लाज्मिड** सर्वाधिक प्रयोग उदा. pBR322 में टेट्रासाइक्लिन एवं एम्पिसीलिन प्रतिरोधी जीन। बैक्टीरियोफेज- क्लोनिंग वाहक (लेम्डा फेज), M-13 फेज वाहक

पादप व जन्तुओं में क्लोनिंग वाहक

- पादप में *एग्रोबैक्टीरियम ट्यूमिफेसियन्स* के Ti प्लाज्मिड
- जन्तुओं में रिट्रोविषाणु

चिकित्सा में जैव-प्रौद्योगिकी के उपयोग

मानव इंसुलिन

- प्रोटीन युक्त हॉर्मोन अग्न्याशय की बीटा (β) कोशिकाओं द्वारा निर्मित रुधिर में ग्लूकोस की मात्रा को नियन्त्रित करना
- हॉर्मोन की अपूर्णता ग्लूकोस स्तर बढ़ना (रुधिर में), मधुमेह (diabetes) का कारण
- इन्सुलिन की A व B शृंखलाओं को पृथक् करके डाइसल्फाइड बन्धों से जोड़ा गया- उत्पादित इन्सुलिन को मानव इन्सुलिन या ह्यूमूलिन कहा।

जीन चिकित्सा

- मानव में त्रुटिपूर्ण, जीन एन्जाइम का निर्माण कर आनुवंशिक रोगों का कारक
- अतः जीन उपचार द्वारा त्रुटिपूर्ण जीन को स्वस्थ जीन से प्रतिस्थापित करना।
- **उपयोग**-भ्रूण उपचार, रोगी उपचार
- **अन्य नाम**- रिजेनेरेटिंग थैरेपी

आण्विक निदान

- पॉलीमरेज शृंखला अभिक्रिया (PCR)- न्यूक्लिक अम्ल का आवर्द्धन
- **उपयोग** एड्स में HIV का पता लगाना, कैंसर में जीन में होने वाले उत्परिवर्तनों का पता लगाना
- **ब्लॉटिंग** सदर्न ब्लॉटिंग (DNA की पहचान), नदर्न ब्लॉटिंग (RNA की) एवं वेस्टर्न ब्लॉटिंग (प्रोटीन की)

पारजीनी जंतु

- आनुवंशिकी संगठन में आनुवंशिक अभियान्त्रिकी द्वारा परिवर्तन कर विकास
- **उद्देश्य** आनुवंशिक रोगों का उपचार, जीन चिकित्सा, क्लोन के उत्पादन

कृषि एवं उद्योगों में जैव-प्रौद्योगिकी का उपयोग बायोरिएक्टर एवं बायोपाइरेसी

कृषि में जैव प्रौद्योगिकी के उपयोग

- पादप की उच्च प्रतिरोधिता
- पादप जीन प्रारूप में परिवर्तन तम्बाकू, प्याज, टमाटर आदि की उत्कृष्ट प्रजातियों का विकास
- नॉन लेग्यूमिनस पादपों में नाइट्रोजन स्थिरीकरण की क्षमता का विकास

आनुवंशिकी रूपान्तरित पादप

- *Bt* कपास (*बैसिलस थ्यूरिंजिएन्सिस* जीवाणु द्वारा विषाक्त प्रोटीन का निर्माण
- **सुनहरा चावल में** कैरोटीन (विटामिन-A) की उपस्थिति, पारजीनी किस्म
- **पीड़क प्रतिरोधक तम्बाकू** (RNA अंतरक्षेप विधि का उपयोग)

औद्योगिक उपयोग

- जैविक पदार्थों का औद्योगिक संश्लेषण (हॉर्मोन, एन्जाइम इंटरफेरोन, वैक्सीन, प्रतिजैविक)
- औद्योगिक रसायनों का संश्लेषण (एसीटोन, ग्लिसरॉल, सिट्रिक अम्ल, लैक्टिक अम्ल)

बायोरिएक्टर

- (बड़े स्तर पर वांछित जैव-प्रौद्योगिकी उत्पाद के अधिक उत्पादन हेतु); अनुकूल परिस्थिति (pH, ताप, विटामिन, लवण, ऑक्सीजन)
- **सर्वाधिक उपयोग**
- विलोडित हौज बायोरिएक्टर

बायोपाइरेसी

जैव एकस्व या बायोपेटेंट (जैविक उत्पादों, आनुवंशिकी अभियान्त्रिकी, उत्पादन के सम्बन्ध में कानूनी अधिकार)

SOURCE NCERT Class-XII जैव प्रौद्योगिकी सिद्धांत एवं प्रक्रियाएँ, NCERT Class-XII जैव प्रौद्योगिकी एवं उसके अनुप्रयोग, Unit 20, Class-X, Tamil Nadu Board (Breeding and Biotecnology)

1 निम्न कथन (A) व कारण (R) को पढ़िए और नीचे दिए गए कूट की सहायता से सही उत्तर का चयन कीजिए। *(Chap 9, Class-XII, NCERT)*

कथन (A) वैज्ञानिक, DNA अणुओं को, चाहे वे अणुओं के किसी भी स्रोत से हों, इच्छानुसार अलग-अलग काट और एक साथ जोड़ सकते हैं।

कारण (R) DNA के टुकड़ों को रेस्ट्रिक्शन एंडोन्यूक्लिएज तथा DNA लाइगेज का उपयोग कर, जोड़ा-तोड़ा जा सकता है।

कूट

(a) A और R दोनों सही हैं तथा R, A का सही स्पष्टीकरण है।
(b) A और R दोनों सही हैं, परंतु R, A का सही स्पष्टीकरण नहीं हैं।
(c) A सही है, किंतु R गलत है।
(d) A गलत है, किंतु R सही है।

उत्तर *(a)*

व्याख्या कथन (A) और कारण (R) दोनों सही हैं तथा कारण (R), कथन (A) का सही स्पष्टीकरण है।

रेस्ट्रिक्शन एंडोन्यूक्लिएज बैक्टीरिया और आर्किया में पाया जाता है, जो वायरस से शरीर को सुरक्षा प्रदान करता है।

रेस्ट्रिक्शन एंडोन्यूक्लिएज को प्रयोगशाला में पुनर्योगज DNA निर्माण के लिए DNA के टुकड़ों को काटने अथवा हेरफेर करने के लिए प्रयुक्त करते हैं। यह DNA को कई टुकड़ों में काटकर उसकी प्रतिकृति को रोकता है। लाइगेज एंजाइम का उपयोग जीन क्लोनिंग में DNA अणुओं को जोड़ने में किया जाता है।

2 निम्न में से कौन-सा युग्म सही सुमेलित नहीं है? *(Chap 9, Class-XII, NCERT)*

	सूची-I		सूची-II
(a)	पैलिंड्रोमिक अनुक्रम	—	प्रतिबंधन एंडोन्यूक्लिएज
(b)	*EcoRI*	—	*इश्चेरिचिया कोलाई* जीवाणु
(c)	DNA लाइगेज	—	फॉस्फोडाइएस्टर बंध
(d)	RNA पॉलीमरेज	—	पॉलीमरेज श्रृंखला अभिक्रिया

उत्तर *(d)*

व्याख्या दिए गए युग्मों में से युग्म (d) सही सुमेलित नहीं है। RNAपॉलीमरेज का उपयोग पॉलीमरेज श्रृंखला अभिक्रिया (Polymerase Chain Reaction, PCR) में नहीं किया जाता है। RNA पॉलीमरेज का प्रमुख कार्य RNA के निर्माण में फॉस्फोडाइएस्टर बंधों के निर्माण को उत्प्रेरित करना है।

PCR में *Taq* DNA पॉलीमरेज एंजाइम प्रयुक्त होता है। यह एंजाइम DNA के किसी भी खुले भाग पर जुड़ सकता है तथा उच्च ताप में भी DNA के द्विगुणन की क्रिया को प्रारंभ करता है अर्थात् DNA टेम्पलेट से DNA का संश्लेषण करता है।

3 ऐगरोस जेल वैद्युत कण संचलन में, DNA खण्ड पृथक्करण किसके आधार पर किया जाता है? *(Chap 9, Class-XII, NCERT)*

1. केवल आवेश
2. केवल आकार
3. आवेश से आकार अनुपात

कूट

(a) केवल 1 (b) केवल 2 (c) 1 और 2 (d) 1 और 3

उत्तर (b)

व्याख्या DNA में समान द्रव्यमान और आवेश का अनुपात होता है इसलिए एक विद्युत क्षेत्र की उपस्थिति में DNA को आकार के आधार पर पृथक् किया जाता है।

इसका अर्थ यह है कि DNA के द्रव्यमान में वृद्धि के साथ, DNA पर ऋण आवेश भी समानुपातिक रूप से बढ़ता है, इसलिए जब ऐगरोस जैल वैद्युत कण संचलन के अधीन रखा जाता है, तो DNA को आकार के आधार पर पृथक् किया जाता है।

4 पुनर्योगज DNA प्रौद्योगिकी (आनुवंशिक इंजीनियरिंग) निम्न में से किसमें जीनों को स्थानांतरित होने देता है? *(Chap 9, Class-XII, NCERT)*

1. पौधो की विभिन्न जातियों में
2. जंतुओं से पौधो में
3. सूक्ष्मजीवों से उच्चतर जीवों में

कूट

(a) केवल 1 (b) 2 और 3
(c) 1 और 3 (d) 1, 2 और 3

उत्तर *(d)*

व्याख्या पुनर्योगज DNA प्रौद्योगिकी (आनुवंशिक इंजीनियरिंग) द्वारा जीनों को पौधों की विभिन्न जातियों में, जंतुओं से पौधों में तथा सूक्ष्मजीवों से उच्चतर जीवों में स्थानांतरित किया जाता है। इसके द्वारा पारजीनी (Transgenic) जीवों को उत्पन्न किया जा रहा है, जोकि गुणवत्ता, उत्पादकता तथा रोग प्रतिरोधक क्षमता में श्रेष्ठ होते हैं।

5 जैव प्रौद्योगिकी में *r*DNA को पोषी पादप कोशिका में प्रवेश करवाने हेतु जीन गन द्वारा DNA विलोपित सूक्ष्म कणों की बमबारी की जाती है। ये सूक्ष्म कण बने होते हैं *(Chap 9, Class-XII, NCERT)*

1. सिलिकॉन एवं जर्मेनियम के
2. स्वर्ण एवं रजत के
3. प्लेटिनम एवं टाइटेनियम के
4. स्वर्ण एवं टंगस्टन के

कूट

(a) केवल 1 (b) 1 और 3
(c) केवल 2 (d) केवल 4

उत्तर *(d)*

व्याख्या जैव-प्रौद्योगिकी में *r*DNA को पोषी पादप कोशिका में प्रवेश करवाने हेतु जीन गन द्वारा DNA विलोपित सूक्ष्म कणों की बमबारी की जाती है। ये सूक्ष्म कण स्वर्ण एवं टंगस्टन धातु के बने होते हैं। यह विधि पादपों में अत्यंत उपयोगी है, क्योंकि स्वर्ण या टंगस्टन धातु के DNA विलोपित सूक्ष्म कण उच्च वेग से बमबारी द्वारा पादप कोशिका की भित्ति को पार कर जाते हैं तथा DNA को केंद्रक में अंतरित कर देते हैं। इसको बायोलिस्टिक या माइक्रोप्रोजेक्टाइल बंबार्डमेंट भी कहते हैं।

6 पुनर्योगज डी.एन.ए. तकनीक के चरण नीचे दिए गए हैं *(Chap 9, Class-XII, NCERT) (RAS/RTS Pre 2023)*

A. आनुवंशिक पदार्थ की पहचान तथा पृथक्करण
B. DNA का दिखण्डन
C. बाह्य जीव उत्पाद की प्राप्ति
D. प्रवाहिक प्रक्रिया
E. DNA खण्ड को वाहक में जोड़ना
F. इच्छित DNA खण्डों का पृथक्करण
G. रुचि वाले जीन का परिवर्धन

H. पुनर्योगज DNA का पोषी कोशिका/जीव में स्थानान्तरण चरणों का सही अनुक्रम है

कूट

(a) $C \rightarrow A \rightarrow B \rightarrow D \rightarrow E \rightarrow F \rightarrow G \rightarrow H$
(b) $A \rightarrow D \rightarrow C \rightarrow B \rightarrow E \rightarrow G \rightarrow F \rightarrow H$
(c) $A \rightarrow B \rightarrow F \rightarrow G \rightarrow E \rightarrow H \rightarrow C \rightarrow D$
(d) $H \rightarrow F \rightarrow G \rightarrow E \rightarrow A \rightarrow D \rightarrow B \rightarrow C$

उत्तर (c)

व्याख्या पुनर्योगज DNA तकनीकी (Recombinant DNA Technology) में शामिल चरणों का सही अनुक्रम $A \rightarrow B \rightarrow F \rightarrow G \rightarrow E \rightarrow H \rightarrow C \rightarrow D$ है। एक कृत्रिम विधि द्वारा नियन्त्रित परिवेश में किसी भी सजीव के मूल DNA या सजीव (living thing) के आण्विक संगठन में परिवर्तन करने की विधियों एवं प्रक्रियाओं को पुनर्योजित DNA तकनीक कहते हैं। पुनर्योजित DNA तकनीक के चार चरण हैं प्रथम-आनुवंशिक पदार्थ का चयन। शोधन एवं पृथक्करण, द्वितीय-DNA का विखण्डन या जोड़ना, तृतीय-बाह्य जीव उत्पादन की प्राप्ति अर्थात् जीवाणु कोशिका में वाहकों (प्लाज्मिड्स) की स्थापना तथा दाता DNA का गुणन या क्लोनिंग और चौथा-प्रवाहिक प्रक्रिया यानी उपयोगी या इच्छित क्लोन जीनों की पहचान एवं इनका अन्य सजीवों में स्थानान्तरण।

7 पॉलीमरेज शृंखला अभिक्रिया (PCR) के संदर्भ में कितने कथन सही है? *(Chap 10, Class-XII, NCERT)*

1. PCR में DNA नमूने का प्रवर्धन कर उसकी अनेक प्रतिलिपियाँ बनाई जाती हैं।
2. PCR की खोज 1985 में कैरी मुलिस ने की थी।
3. PCR में उच्च ताप स्थायी *Taq* DNA पॉलीमरेज एंजाइम का उपयोग किया जाता है, जोकि एक विषाणु द्वारा प्राप्त होता है।

कूट

(a) केवल एक (b) केवल दो
(c) सभी तीन (d) इनमें से कोई नहीं

उत्तर (b)

व्याख्या पॉलीमरेज शृंखला अभिक्रिया (Polymerase Chain Reaction, PCR) के संदर्भ में केवल दो कथन अर्थात् (1) और (2) सही हैं।

PCR में DNA नमूने का प्रवर्धन कर उसकी अनेक प्रतिलिपियाँ बनाई जाती हैं। PCR की खोज वर्ष 1985 में कैरी मुलिस ने की थी। अपनी इस खोज के लिए इन्हें वर्ष 1993 में नोबेल पुरस्कार प्रदान किया गया था।

कथन (3) सही नहीं है, क्योंकि PCR में उच्च ताप स्थायी *Taq* DNA पॉलीमरेज एंजाइम का उपयोग किया जाता है, जो कि एक जीवाणु *थर्मस एक्वेटिकस* द्वारा प्राप्त होता है।

इस प्रक्रिया में तीन चरण विकृतिकरण, तापानुशीतन तथा दीर्घीकरण या प्रसार होता है। इस तकनीक का उपयोग फोरेंसिक जाँच, जंतु के परिरक्षित शरीर से DNA की प्रतिलिपियाँ तैयार करने आदि में किया जाता है।

8 जैल इलेक्ट्रोफोरेसिस तकनीक में DNA के टुकड़ों को पृथक् किया जाता है *(Chap 10, Class-XII, NCERT)*

(a) DNA के आण्विक भार के आधार पर
(b) DNA के आवेश के आधार पर
(c) DNA की ध्रुवता के आधार पर
(d) 'a' और 'b' दोनों

उत्तर (d)

व्याख्या जैल इलेक्ट्रोफोरेसिस तकनीक में DNA के टुकड़ों को निम्न दो प्रकार से पृथक किया जाता है

(i) DNA के आण्विक भार के आधार पर
(ii) DNA के आवेश के आधार पर

जैल इलेक्ट्रोफोरेसिस विधि द्वारा प्रतिबंधन एंडोन्यूक्लिएज द्वारा काटे ग DNA खंडों को पृथक् किया जाता है। DNA खंडों में फॉस्फेट के कार ऋणात्मक आवेश होता है। अत: DNA खंड, माध्यम में विद्युत क्षेत्र के कार धनात्मक इलेक्ट्रोड की ओर आकर्षित होते हैं एवं अपने आण्विक भार अनुसार व्यवस्थित हो जाते हैं।

इनमें सबसे छोटा DNA खण्ड धनात्मक छड़ के सबसे निकट होता है ए सबसे बड़ा DNA खण्ड सबसे दूर होता है।

9 अमेरिकी बहुराष्ट्रीय कंपनी मोनसांटो ने एक कीट-प्रतिरोधी कपास की किस्म बनाई है, जिसका भारत में क्षेत्र-परीक्षण किया गया है। निम्न में से किस जीवाणु का सम्बन्ध पारजीनी कपास से है? *(Chap 10, Class-XII, NCERT) (IAS Pre 200*

(a) *बैसिलस सबटाईलिस*
(b) *बैसिलस थूरिंजिएंसिस*
(c) *बैसिलस एमाइलोक्रीफैन्सिएन्स*
(d) *बैसिलस ग्लोब्लाई*

उत्तर (b)

व्याख्या अमेरिकी बहुराष्ट्रीय कंपनी मोनसांटो ने एक कीट-प्रतिरोधी कपा की किस्म बनाई है, जिसका भारत में क्षेत्र-परीक्षण किया गया। इसमें पारजी *बैसिलस थूरिंजिएंसिस* (*Bt*) जीवाणु के आविष जीन (Toxin gene)) पारजीनी कपास (Transgenic cotton) में अंतरण हुआ है।

बीटी आविष जीन पौधों में अभिव्यक्त होकर उनमें कीटनाशी क्राई प्रोटीन संश्लेषण द्वारा कीटों के प्रति प्रतिरोधकता पैदा करता है, जिससे कीटनाशकों उपयोग की आवश्यकता नहीं रह गई है।

10 पीड़कों को प्रतिरोध के अतिरिक्त, वे कौन-सी संभावनाएँ हैं, जिनके लिए आनुवंशिक रूप से रूपांतरित पादपों का निर्माण किया गया है? *(Chap 10, Class-XII, NCERT) (IAS Pre 201*

1. सूखा सहन करने के लिए उन्हें सक्षम बनाना।
2. उत्पाद में पोषकीय मान बढ़ाना।
3. अंतरिक्ष यानों और अंतरिक्ष स्टेशनों में उन्हें उगाने और प्रकाश-संश्लेष करने के लिए सक्षम बनाना।
4. उनकी शेल्फ लाइफ बढ़ाना।

कूट

(a) 1 और 2 (b) 3 और 4
(c) 1, 2 और 4 (d) 1, 2, 3 और 4

उत्तर (c)

व्याख्या पीड़कों को प्रतिरोध के अतिरिक्त सूखा सहन करने के लिए सक्ष बनाना, उत्पाद में पोषकीय मान बढ़ाना, उनकी शेल्फ लाइफ बढ़ाना, क प्रतिरोधकता, शाकनाशी प्रतिरोधकता, रोग प्रतिरोधकता, आदि उत्पन्न करने लिए आनुवंशिक रूपान्तरित (Genetically Modified, GM) पादपों निर्माण किया है। अंतरिक्ष यानों और अंतरिक्ष स्टेशनों में उगाने अ प्रकाश-संश्लेषण करने के लिए सक्षम बनाना, आनुवंशिक रूपान्तरित पादपों संबंधित नहीं है।

11 आनुवंशिक रूप से रूपांतरित फसलों के विकास हेतु प्रयुक्त Ti प्लाज्मिड के लिए निम्न में से कौन-सा कथन असत्य है? *(Chap 10, Class-XII, NCER*

1. यह द्विबीजपत्री पादपों में क्राउन गाल रोग के कारक जीव *एग्रोबैक्टीरियम ट्यूमीफेसिएंस* से प्राप्त प्लाज्मिड है।
2. यह प्लाज्मिड पादप कोशिका को ट्यूमर निर्माण के लिए प्रेरित करता है
3. यह तंबाकू के पादपों की जड़ों को संक्रमित करने वाले सूत्रकृमि प्रति प्रतिरोधकता प्रदान करता है।

कूट

(a) केवल 3 (b) 1 और 3
(c) 2 और 3 (d) ये सभी

उत्तर *(a)*

व्याख्या आनुवंशिक रूप से रूपांतरित फसलों के विकास हेतु प्रयुक्त Ti प्लाज्मिड के लिए कथन (3) असत्य है, क्योंकि RNA अंतरक्षेप विधि द्वारा तंबाकू के पादपों की जड़ों को संक्रमित करने वाले सूत्रकृमि (Nematoda) *मेलोइडोगाइनी इंकोग्नीसिया* नामक पीड़क के प्रति प्रतिरोधकता प्रदान की जाती है।

12 ***फ्लैवर सैवर*** **टमाटर के संदर्भ में कौन-सा कथन सत्य है?** *(Chap 10, Class-XII, NCERT)*

1. यह उच्च विटामिन-C की मात्रा युक्त GM टमाटर है।
2. यह उच्च प्रोटीन एवं विटामिन-A युक्त GM टमाटर है।
3. यह पॉलीगैलेक्टोयूरोनेज एंजाइम विहीन GM टमाटर है।
4. यह एक कवक प्रतिरोधी GM किस्म है।

कूट

(a) केवल 1
(b) 1 और 2
(c) केवल 3
(d) 1, 2 और 4

उत्तर *(c)*

व्याख्या *फ्लैवर सैवर* टमाटर के संदर्भ में कथन (c) सत्य है। यह पॉलीगैलेक्टोयूरोनेज एंजाइम विहीन आनुवंशिकीय रूपांतरित (GM) टमाटर है। इस एंजाइम की कमी से टमाटर शीघ्र मुलायम अथवा पकते नहीं हैं तथा इनकी आयु भी अधिक हो जाती है।

13 कवकमूलीय (माइकोराइज़ल) जैव-प्रौद्योगिकी को निम्नीकृत स्थलों के पुनर्वास में उपयोग में लाया गया है, क्योंकि कवकमूल के द्वारा पौधों में *(Chap 12, Class-XII, NCERT)*

1. सूखे का प्रतिरोध करने एवं अवशोषण क्षेत्र बढ़ाने की क्षमता आ जाती है।
2. pH की अतिसीमाओं को सहन करने की क्षमता आ जाती है।
3. रोगग्रस्तता से प्रतिरोध की क्षमता आ जाती है।

कूट

(a) केवल 1
(b) 2 और 3
(c) 1 और 3
(d) 1, 2 और 3

उत्तर *(d)*

व्याख्या किसी कवक तथा उच्च पादपों की जड़ों के बीच परस्पर सहजीवी संबंध को माइकोराइजा (Mycorrhiza) कहते हैं। इस प्रकार के सहजीवी संबंध में कवक आश्रय एवं पोषण हेतु पादप की जड़ों पर आश्रित होते हैं और यह बदले में पादप को फॉस्फोरस जैसे खनिज तत्व प्रदान करते हैं।

इस सहजीवी अंतर्संबंध कवकीयमूल को कहा है। इसके माध्यम से पौधों में सूखे के प्रति प्रतिरोधक क्षमता बढ़ती है तथा उनके अवशोषण क्षेत्र का विस्तार होता है। ऐसे पौधों में मृदा की अम्लीयता तथा क्षारीयता के साथ सामंजस्य बनाने और रोगों के प्रति प्रतिरोधक क्षमता विकसित करने की प्रवृत्ति भी आ जाती है।

14 निम्न कथन (A) व कारण (R) को पढ़िए और नीचे दिए गए कूट की सहायता से सही उत्तर का चयन कीजिए। *(Chap 10, Class-XII, NCERT) (IAS Pre 1999)*

कथन (A) **कीट प्रतिरोधी पारजीनी कपास,** *Bt* **जीन के निवेशन से निर्मित किया गया है।**

कारण (R) *Bt* **जीन एक जीवाणु से प्राप्त किया जाता है।**

कूट

(a) A और R दोनों सही हैं तथा R, A का सही स्पष्टीकरण है।
(b) A और R दोनों सही हैं, परंतु R, A का सही स्पष्टीकरण नहीं है।
(c) A सही है, किंतु गलत है।
(d) A गलत हैं, किंतु R सही है।

उत्तर *(a)*

व्याख्या कथन (A) और कारण (R) दोनों सही हैं तथा कारण (R) कथन (A) का सही स्पष्टीकरण है।

कीट प्रतिरोधी पारजीनी कपास *Bt* जीन के निवेशन से निर्मित किया गया है। *Bt* जीन *बैसिलस थूरिंजिएंसिस* जीवाणु से प्राप्त किया गया है। यह जीन कपास के पादपों में अभिव्यक्त होकर पीड़कनाशी क्राई प्रोटीन (आविष) कीटों के प्रति प्रतिरोधकता पैदा करता है, जिससे कीटनाशकों के उपयोग की आवश्यकता नहीं होती है।

15 विकासशील एवं गरीब देशों के नागरिकों में व्याप्त रतौंधी की समस्या के निदान हेतु उपयुक्त उपाय है *(Chap 10, Class-XII, NCERT)*

1. पारजीनी आलू का उपयोग
2. *फ्लैवर सैवर* टमाटर का उपयोग
3. सुनहरी धान का उपयोग
4. पोमेटो संकर का उपयोग

कूट

(a) केवल 1 (b) 1 और 2 (c) केवल 3 (d) 1 और 4

उत्तर *(c)*

व्याख्या विकासशील एवं गरीब देशों के नागरिकों में व्याप्त रतौंधी की समस्या के निदान हेतु सुनहरी धान का उपयोग किया जाता है।

इस किस्म में β-कैरोटिन (प्रोविटामिन-A या विटामिन-A का निष्क्रिय रूप) अच्छी मात्रा में होता है, जो विटामिन-A का मुख्य स्रोत है। यह β-कैरोटीन शरीर में विटामिन-A में परिवर्तित हो जाता है, जिससे शरीर में विटामिन-A की न्यूनता से रतौंधी नहीं होती है।

16 GM फसलों का महत्त्व है *(Chap 10, Class-XII, NCERT)*

1. खाद्य वैक्सीन का विकास
2. लवण एवं सूखे के प्रति प्रतिरोधकता
3. रोग प्रतिरोधक किस्मों का विकास
4. उच्च पोषक मूल्य युक्त फसल का विकास
5. उच्च मात्रा में बंध्य बीजों का विकास
6. इंटरफेरॉन संश्लेषण

कूट

(a) 1, 2, 3 और 4 (b) 2, 3, 4, 5 और 6
(c) 2, 3, 4 और 5 (d) 2, 3, 5 और 4

उत्तर *(a)*

व्याख्या GM (आनुवंशिकीय रूपांतरित) फसलों के महत्त्व में खाद्य वैक्सीन का विकास करना, लवण व सूखे के प्रति फसलों में प्रतिरोधकता प्रदान करना, रोग प्रतिरोधक किस्मों का विकास करना तथा उच्च पोषक मूल्य युक्त फसलों का विकास करना शामिल है।

उच्च मात्रा में बंध्य बीजों का निर्माण व इंटरफेरॉन का संश्लेषण GM फसलों द्वारा नहीं किया जाता है।

17 निम्न में से किस आनुवंशिक रोग के उपचार हेतु सर्वप्रथम रोगी के DNA में काँट-छाँट कर उसे जीन थैरेपी द्वारा उपचार प्रदान किया गया? *(Chap 10, Class-XII, NCERT)*

(a) ब्लू बेबी सिंड्रोम
(b) हीमोफीलिया
(c) सिकल सेल एनीमिया
(d) सिस्टिक फाइब्रोसिस

उत्तर *(a)*

व्याख्या आनुवंशिक रोग ब्लू बेबी सिंड्रोम के उपचार हेतु सर्वप्रथम रोगी के DNA में काँट-छाँट कर उसे जीन थैरेपी द्वारा उपचार प्रदान किया गया। इस रोग में प्रतिरक्षा तंत्र प्रभावित होता है। यह रोग X-गुणसूत्र पर उपस्थित एक जीन, जो एडीनोसीन डीएमीनेज (ADA) एंजाइम के संश्लेषण हेतु उत्तरदायी होता है, में उत्परिवर्तन के कारण होता है।

18 आनुवंशिक अभियांत्रिकी द्वारा प्राप्त ह्यूमुलिन के लिए कौन-सा कथन असत्य है? *(Chap 10, Class-XII, NCERT)*

1. इसमें C-पेप्टाइड शृंखला पाई जाती है।
2. इसमें A एवं B-पेप्टाइड शृंखलाओं को अलग-अलग जीवाणु में संवर्धित किया जाता है।
3. सर्वप्रथम 'एली लिली' नामक अमेरिकी दवा निर्माता कंपनी ने वर्ष 1983 में प्रथम कृत्रिम मानव इंसुलिन का विकास किया।

कूट

(a) 1 और 3 (b) केवल 1 (c) 1 और 3 (d) ये सभी

उत्तर *(b)*

व्याख्या आनुवंशिक अभियात्रिंकी द्वारा प्राप्त ह्यूमुलिन के संदर्भ में दिए गए कथनों में कथन (1) असत्य है, क्योंकि इसमें C-पेप्टाइड शृंखला नहीं पाई जाती है अर्थात् इसमें 33 अमीनो अम्लों युक्त 'C' पेप्टाइड नहीं होता है।

कथन (2) और (3) सत्य हैं। सर्वप्रथम 'एली लिली' नामक अमेरिकी दवा निर्माता कंपनी ने वर्ष 1983 में प्रथम कृत्रिम मानव इंसुलिन 'ह्यूमुलिन' का विकास किया था। आनुवंशिक अभियांत्रिकी में A व B पेप्टाइड शृंखलाओं को अलग-अलग जीवाणु में संवर्धित किया जाता है।

जैव-प्रौद्योगिकी के अनुप्रयोगों की नैतिक समस्याएँ

19 'RNA अंतर्क्षेप [RNA इंटरफेरेंस (RNAi)]' प्रौद्योगिकी ने पिछले कुछ वर्षों में लोकप्रियता हासिल कर ली है। इसके कारण निम्न में से कौन-से हैं? *(Chap 10, Class-XII, NCERT) (IAS Pre 2019)*

1. यह जीन अनभिव्यक्तिकरण (जीन साइलेसिंग) के विकास में प्रयुक्त होती है।
2. इसे कैंसर की चिकित्सा में रोगोपचार विकसित करने हेतु प्रयुक्त किया जा सकता है।
3. इसे हॉर्मोन प्रतिस्थापन चिकित्सा में रोगोपचार विकसित करने हेतु प्रयुक्त किया जा सकता है।
4. इसे ऐसी फसली पादपों को उगाने के लिए प्रयुक्त किया जा सकता है, जो विषाणु रोगजनकों के लिए प्रतिरोधी हो।

कूट

(a) 1, 2 और 4
(b) 2 और 3
(c) 1 और 3
(d) 1 और 4

उत्तर *(a)*

व्याख्या RNA अंतर्क्षेप (RNA इंटरफेरेंस) प्रौद्योगिकी ने पिछले कुछ वर्षों में लोकप्रियता हासिल की है। इसके कारण कथन (1), (2) और (4) में दिए गए हैं। यह जीन अनभिव्यक्तिकरण (जीन साइलेंसिंग) द्वारा रोगरोधी किस्मों के विकास में प्रयुक्त होता है। इसे कैंसर की चिकित्सा में रोगोपचार विकसित करने हेतु प्रयुक्त किया जा सकता है। इसे ऐसे फसली पादपों को उगाने के लिए प्रयुक्त किया जा सकता है, जो विषाणु रोगजनकों के लिए प्रतिरोधी हो। इसे हॉर्मोन प्रतिस्थापन चिकित्सा में रोगोपचार विकसित करने हेतु प्रयुक्त नहीं किया जा सकता है।

20 भारत में *Bt* बैंगन के प्रवेशन पर विरोध के कारण क्या है? *(Chap 10, Class-XII, NCERT) (IAS Pre 2012)*

1. *Bt* बैंगन की रचना इसके जीनोम में मृदा कवक के जीन को प्रवेश कराकर की गई है।
2. *Bt* बैंगन के बीज टर्मिनेटर बीज है, जिसके कारण किसानों को प्रत्येक मौसम के पहले बीज कंपनियों से बीज खरीदना पड़ता है।
3. एक आशंका है कि *Bt* बैंगन के उपभोग का स्वास्थ्य पर विपरीत प्रभाव पड़ सकता है।
4. यह भी चिंता है, कि *Bt* बैंगन के प्रवेशन से जैव-विविधता पर विपरीत प्रभाव हो सकता है।

कूट

(a) 1, 2 और 3
(b) 2 और 3
(c) 3 और 4
(d) 1, 2, 3 और 4

उत्तर *(c)*

व्याख्या *Bt* बैंगन के प्रवेशन पर विरोध के कारणों में कथन (3) और (4) शामिल है।

विशेषज्ञों का मानना है कि *Bt* बैंगन तथा अन्य जी. एम. फसलों की दीर्घकालीन विषाक्तता का अध्ययन नहीं किया गया है, जो व्यक्ति के स्वास्थ्य के लिए अत्यधिक चिंताजनक है।

पर्यावरणविद्, भारत जैसे देश में जहाँ जैव-विविधता की संपन्नता है, वहाँ *Bt* बैंगन को लेकर पर्यावरणीय तौर पर आनुवंशिक जैव-विविधता की सुरक्षा के कारण चिंतित हैं। पर्यावरणविद् माधव गाडगिल का मानना है कि *Bt* बैंगन की किस्मों के कारण अन्य किस्मों के प्रदूषित होने की संभावना है।

NCERT MCQ

प्रैक्टिस सेट्स (1-3)

सामान्य विज्ञान

इस प्रैक्टिस सेट की PDF प्राप्त करने के लिए नीचे दिए गए QR Code को Scan करें